J. W. Hauer · Der Yoga

J. W. HAUER

DER YOGA

EIN INDISCHER WEG ZUM SELBST

Kritisch-positive Darstellung nach den indischen Quellen
mit einer Übersetzung der maßgeblichen Texte

Verlag Bruno Martin

3. Auflage, 1983
Die deutsche Erstausgabe
erschien im Kohlhammer-Verlag,
Stuttgart, 1958

Umschlagentwurf: Bruno Martin
Druck: Fuldaer Verlagsanstalt, Fulda
Verlag Bruno Martin
Auf der Höhe 10
2121 Südergellersen
ISBN 3-921786-37-1

Vorwort

Dieses Buch ist in seinem 1. Teil die 2. völlig umgearbeitete und erweiterte Auflage des 1932 veröffentlichten Buches: „Der Yoga als Heilweg", Bd. I. Diesem Bande sollte bald ein zweiter folgen. Dieser II. Band bildet den III. Hauptabschnitt des jetzt erst veröffentlichten Gesamtwerkes.

Der lange Zeitabstand zwischen dem I. und II. Band und der veränderte Titel bedürfen einer Erklärung. Die Gründe dafür sind gewichtig. Nicht nur, daß politische Ereignisse kurz nach Veröffentlichung des „Yoga als Heilweg" tief auch in mein Leben und Schaffen eingriffen, auch meine Auseinandersetzung mit dem Yoga, die nicht nur theoretisch war, führte ihm gegenüber mehr und mehr zu einer kritischen Haltung. Mein Vortrag auf dem V. allgemeinen ärztlichen Kongreß für Psychotherapie in Baden-Baden 1930 „Der Yoga im Lichte der Psychotherapie" (veröffentlicht im Kongreßbericht Leipzig 1930, S. 1–21), war noch von einer gewissen Begeisterung getragen, die auch den anwesenden C. G. Jung ergriff. Der bei dem Vortrag ebenfalls anwesende Schöpfer des „Autogenen Trainings" J. H. Schultz bat mich um ein Kolloquium über den Yoga in einem kleineren Kreis, das anregend verlief. Das Problem, ob und inwieweit dieser östliche „Weg zum Heil" auch für den westlichen Menschen von Wert sei, blieb im Fluß und beschäftigte mich sehr ernstlich. War es nicht eine Irreführung oder gar eine Gefährdung, wenn man den um seinen eigenen „Heilweg" ringenden Menschen des Westens auf den Yoga hinwies? Waren für diesen Menschen nicht strenge wissenschaftliche Forschung, philosophische Besinnung in westlicher Weise, Leben und Tat die einzigen Wege zum „Heil"? Hatte der Westen nicht selbst in seiner Mystik auch einen Weg nach innen, der ihm besser taugte als der Yoga? Waren die sich entfaltende „Tiefenpsychologie" und Psychotherapie nicht genug? Brauchten wir überhaupt neue Anregungen vom Osten? Diese Probleme bestimmten auch die Vorträge und Seminarübungen im „Psychologischen Klub" C. G. Jungs in Zürich, die ich Anfang der dreißiger Jahre hielt, so Oktober 1932 ein deutsches und ein englisches Seminar über den tantrischen oder Kuṇḍalinī-Yoga (als Manuskript vervielfältigt vom Psychologischen Klub Zürich; eine Erlaubnis zu einer Veröffentlichung konnte ich nicht geben). Alle diese Arbeiten und sich anschließenden Aussprachen verstärkten meine Kritik; und am Schluß meines Vortrags über „Symbol und Erfahrung des Selbstes in der indo-arischen Mystik" auf der Eranos-Tagung in Ascona, August 1934 (veröffentlicht im Eranos-Jahrbuch 1934, S. 35–96; vgl. Hauer: „Glaubensgeschichte der Indogermanen", Bd. I, Stuttgart 1937, S. 27–96) habe ich meine damalige Haltung so formuliert: „Zum Selbst führen keine psychotechnischen Zugänge, sondern nur das Leben. Allerdings ein Leben, das in Welthinkehr und Einkehr in die Stille rhythmisch sich bewegt. Echter Yoga ist nichts anderes als echte Einkehr, um des Lebens Tiefe zu ergründen ... Wer sich des Lebens äußerer Wirklichkeit und dem konkret Gegebenen in vorgeblicher Sehnsucht nach dem Innern entzieht, den stößt die Wirklichkeit nach unerbittlichen Gesetzen aus ihrer schaffenden Gemeinschaft aus." Mit diesen Sätzen wandte ich mich energisch gegen jeden „Yoginismus", der den Yoga an sich zum Selbstzweck des Daseins erheben möchte; aber auch gegen eine vorbehaltlose Übertragung des Yoga in seinen indischen Formen nach dem Westen.

Damit war das Problem „Yoga und der Westen" in seiner ganzen Schärfe gestellt. War er nicht gar lebensfeindlich? Leben genommen in seiner tiefen Bedeutung als verantwortungsbewußt gelebtes Leben mit voller Bejahung der Schicksale, die es uns schafft; Leben als Ringen um das Selbst und um Gestaltwerdung aus dieser schöpferischen Mitte unserer leiblich-seelisch-geistigen Gesamtexistenz. Oder waren in jenem uralten „Weg zum Heil", den der Kulturbereich gefunden hatte, der wie kein zweiter in der Welt den „Weg nach Innen" suchte, trotz aller Andersheiten, Seltsamkeiten, ja Verirrungen, nicht doch Einsichten und Antriebe, die auch dem westlichen Menschen in seinem Ringen um Selbstverständnis und Selbstverwirklichung hilfreich sein könnten? Dies waren die Probleme, die mich trotz aller andern Arbeiten im Grunde nicht losließen.

Aber eine Antwort reifte langsam. Aus diesem Grunde konnte ich mich auch nicht entschließen, den bald vergriffenen I. Band des „Yoga als Heilweg" in 2. Auflage erscheinen zu lassen, trotz der Mahnung des entgegenkommenden Verlags. Vielleicht darf ich hoffen, daß die Antwort, die ich in dem jetzt vorliegenden Buch gebe, einigermaßen ausgereift ist. Aber das Problem bleibt auch für mich weiter in Bewegung. Doch länger zu warten, wäre Versäumnis, angesichts der Flut von Büchern über den Yoga, die zwar meistens wohlgemeint, aber fast durchweg ungenügend wissenschaftlich fundiert sind. Darunter sind gewiß auch einige ansprechende Versuche, die Yoga-Lehren und -methoden für eine westliche Schulung der Einkehr nutzbar zu machen, wie z. B. das kleine Werk Rāja-Yoga von O. A. Isbert. Aber eine streng wissenschaftliche Untersuchung über den Yoga fehlt bis jetzt in deutscher Sprache. Denn die verdienstvolle Skizze meines verehrten Lehrers R. Garbe im „Grundriß der indoarischen Philologie und Altertumskunde" „Sāṃkhya und Yoga", Straßburg 1896, zeichnet nur kurz Grundzüge der beiden Systeme. Diese Lücke kann auch nicht durch eine Übersetzung der Yogaschriften Vivekānandas aus dem Englischen ausgefüllt werden. Schon weil die Doppelübersetzung des Yogasūtra vom Sanskrit ins Englische und von da wieder ins Deutsche irreführende Verschiebungen des Ursinns der Texte mit sich bringt, ganz abgesehen von der einseitig vedantistischen Deutung der Texte durch Vivekānanda.

Aber auch in den andern europäischen Sprachen gibt es bis jetzt kein Werk, das sowohl die Entwicklung des Yoga von seinen Anfängen bis zu seinen letzten Phasen im Haṭhayoga, wie seine Grundzüge, seine Erfahrungen und letzten Ziele in religionspsychologischer und religionsphilosophischer Sicht aus den Grundtexten darstellt. Am nächsten kommt einer solchen Aufgabe die ausgezeichnete Studie des rumänischen Gelehrten Mircea Eliade „Yoga, Essai sur les origines de la mystique indienne", Paris-Bukarest 1936, auf die ich gerne und mit Nachdruck hinweise *). Auch die Untersuchungen von Sigurd Lindquist „Die Methoden des Yoga" Lund 1932, sind ein wesentlicher Beitrag zum Verständnis des Yogasūtra des Patañjali und seiner Kommentare. Sie sind philologisch ausgezeichnet. Ihre psychologischen Analysen sind allerdings weithin beeinträchtigt durch den Versuch Lindquists, den ganzen Yoga im Lichte der Hypnose zu deuten. Gewiß sind in manchen Yoga-Erlebnissen hypnotische Elemente festzustellen. Aber den eigentlichen Yogaweg und seine grundlegenden Erfahrungen als hypnotische Vorgänge zu begreifen, ist ein verhängnisvoller Irrtum, der vor allem die zentrale Erfahrung des Yoga, die Realisierung des Puruṣa völlig verkennt. (Vgl. darüber unten III. Hauptabschnitt.) Das Werk von Boris Sacharow „Das große Geheimnis, die verborgene Seite der Yoga-Übungen", Drei-Eichen-Verlag, München 1954, das den Haṭhayoga nach der Gheraṇḍa-Saṃhitā behandelt, ist insofern interessant, als der Verfasser (der sich von Svāmi Śivānanda in einem beigegebenen Faksimile den Titel „Yogirāj" bescheinigen läßt), den Haṭhayoga in Indien selbst geübt hat und die Photographien der zahlreichen, von ihm gemeisterten oft sehr seltsamen Körperstellungen dem Buche beigibt. Es sind übrigens dieselben, die R. Garbe von einem Yogin in Indien malen ließ und die R. Schmidt in seinem Buch „Fakire und Fakirtum", Berlin 1908, zusammen mit einer Übersetzung der Gheraṇḍa-Saṃhitā, einer der Hauptschriften des späten Haṭha-

*) Das Werk desselben Gelehrten: Le Yoga, Immortalité et Liberté, Paris 1954, ist mir eben jetzt während der Drucklegung vom Verfasser zugeschickt worden. Es zeigt dieselbe Gründlichkeit, wie das erwähnte Essay; ich konnte es aber nicht mehr verwerten. Ich freue mich, festzustellen, daß seine Schätzung des echten Yoga als unmittelbare Erfahrung des Letzthin-Wirklichen mit der meinigen zusammentrifft.

Die These, die heute von vielen Indologen vertreten wird, daß der Yoga eine Schöpfung der vorarischen Bevölkerung sei, die von den einwandernden Indoariern übernommen wurde, ist nach den in meinem Buche vorgelegten Forschungsergebnissen allerdings nicht mehr haltbar. Die Wurzeln des Yoga gehen bis in indo-iranische Zeit zurück. Die Bestätigung meiner Vrātya-Forschungen durch iranische Parallelen, vgl. den I. Hauptabschnitt dieses Buches, beheben jeden Zweifel.

Dies soll nicht heißen, daß in den Yoga nicht gewisse Elemente der schamanistischen Praktiken und Erlebnisse der vorarischen Bevölkerung eingegangen sind. Im Haṭhayoga, in den wilderen Sekten des Yoga und im tantrischen Yoga sind diese Einflüsse offensichtlich. Darum ist deren innere Struktur vom klassischen Yoga auch so wesensverschieden. Was ich bestreite ist nur die Meinung, die einwandernden Arier hätten den Yoga von der vorarischen Bevölkerung übernommen. Er ist vielmehr eine ureigene Schöpfung der Indoarier, deren Anfänge sie aus der indo-iranischen Zeit mitbrachten. Dabei darf nicht vergessen werden (vgl. S. 1 ff.), daß diese Wurzelelemente des Yoga teilweise Allgemeinbesitz der eurasischen Menschheit überhaupt waren, zu der sowohl die Indo-Iranier wie die vorarische Bevölkerung Altindiens (Draviḍas usw.) gehörten. (Vgl. dazu auch „Le Yoga ..." pag. 292 ff.)

yoga, veröffentlicht hat. So erstaunlich es ist, daß ein Europäer alle diese Übungen meistert, und so viel Interessantes das Buch auch bietet, zur wissenschaftlichen Durchdringung des Yoga genügt es nicht. Dazu fehlen dem Verfasser offenbar auch die sprachlichen Kenntnisse und die kritische psychologisch-philosophische Schulung. Die Tatsache, daß sich das Buch ausschließlich an den Haṭhayoga-Text hält, verhindert es auch, daß das eigentliche Wesen des Yoga klar genug heraustritt. Und wer wird im Westen Zeit und Kraft haben, sich solchen anstrengenden Übungen zu widmen, deren Nutzen dazu noch vielfach fraglich erscheinen muß. Das Buch von Sacharow zeigt mit unmißverständlicher Deutlichkeit, wie unmöglich es ist, diese Haṭhayoga-Methoden einfach in den Westen zu übertragen. (Über Haṭhayoga vgl. II. Hauptabschnitt, 3. Kap. in diesem Buch.)

Das Buch von Geraldine Coster „Yoga und Tiefenpsychologie", München 1954, habe ich erst nach Abschluß meines Manuskriptes durchsehen können (die englische Ausgabe: „Yoga and Western Psychology" ist mir noch nicht zugänglich). Das Buch stellt einen sehr ernsthaften Versuch dar, die Methoden und Erkenntnisse des Yoga und die westliche Psychotherapie miteinander zu vergleichen und für diese auszuwerten, so wie ich dies in dem schon erwähnten Vortrag auf dem allgemeinen ärztlichen Kongreß für Psychotherapie in Baden-Baden 1930 versucht habe. G. Coster betrachtet erfreulicherweise auch das Selbsterlebnis, wie es der Yoga anstrebt, und ihr Buch zeigt in den letzten Kapiteln das Streben, aus dem bloß Psychologischen zum Existenziellen vorzustoßen. Doch genügt die philologische und geistige Durchdringung des Yogasūtra des Patañjali bei ihr noch nicht zur vollen Erfassung der im Yoga liegenden Anstöße zur Vertiefung der psychologischen Schau und der psychotherapeutischen Praxis des Westens. (Daß der Verlag auf der Umschlagseite des Buches erklärt, die alten Texte des Meisters des Yoga, Patañjali, erschienen hier zum ersten Mal in deutscher Sprache, ist verwunderlich, da doch vollständige deutsche Übersetzungen von Paul Deussen in seiner „Allgem. Gesch. d. Philosophie" Bd. I, 3 und von mir in „Der Yoga als Heilweg" seit Jahrzehnten vorliegen.) Die Übersetzungen in G. Costers Buch sind übrigens unvollständig und nicht immer einwandfrei, wohl teilweise durch die Doppelübersetzung vom Sanskrit ins Englische und von da ins Deutsche.

Vor allem fehlt noch die Einsicht in die tiefen Zusammenhänge von Yoga und Religion. Diese können nur gewonnen werden, wenn der Yoga im Gesamtzusammenhang der religiösen Entwicklung Indiens betrachtet wird, wie sie von den Epen, den Upaniṣaden, insbesondere den śivaitischen und viṣṇuitischen Yoga-Upaniṣaden, den Schriften des Pālikanons und des buddhistischen Sanskritkanons, aber auch in den Schriften des tantrischen Yoga widergespiegelt wird. Den Yoga aus diesen Zusammenhängen herauslösen, heißt sein Wesen nicht in seiner ganzen Tiefe erfassen, so wie der Buddhismus unverstanden bleibt, wenn man aus seinem Weg und seinen Erkenntnissen und Erfahrungen das Nirvāṇa streicht. Es geht in allen diesen Bewegungen immer um eine letzthinnige Realität, deren Gegenwart, auch wenn sie noch nicht realisiert ist, jedes einzelne Stück des „Weges zum Heil" durchwaltet.

Dem gekennzeichneten Mangel mit Beziehung auf das Yoga-Schrifttum kann nur abgeholfen werden durch eine streng wissenschaftliche und umfassende Untersuchung der maßgeblichen indischen Quellen des Yoga, die sowohl geschichtlich-philologisch wie auch psychologisch-philosophisch orientiert sein muß, die aber zudem auch die existenzielle Bedeutung des Yoga im Auge zu behalten hat. Selbst der dem Yoga nicht gerade zugeneigte, weil ganz vedantistisch orientierte, große Indologe Paul Deussen riet (Sechzig Upanishads des Veda, S. 343), „diese absonderliche Erscheinung der indischen Kultur zu studieren", und sagt, daß „man wohltun werde, sie in ihrem ganzen Zusammenhang kennenzulernen, ehe man zu ihrer Beurteilung schreitet". Denn wir dürfen bei der Lage der Dinge in diesem Gebiet, wo Bücher über den Yoga wie Pilze aus dem Grunde unserer erregten Zeit schießen, der Antwort nicht mehr ausweichen, ob der Yoga, wie manche meinen, zum „induzierten Irresein" führt – bei gewissen Phantasten mag er in der Tat so wirken – oder ob er seine positive Bedeutung für den Westen hat, wenn er streng kritisch betrachtet und sein Wesentliches und vielleicht allgemein Gültiges herausgeholt wird.

Aus diesem Grunde wird in dem vorliegenden Werk (das in engem Zusammenhang steht mit meinen anderen indologischen Werken *) durch eingehende Analysen der zentralen Yogaerfahrungen das Hochziel des klassischen Yoga herausgearbeitet, nämlich die Erfahrung des Tiefenichs, des Selbstes *(puruṣa)*.

Die ganze Schulung des echten Yoga geht darauf aus, die Hemmungen und Hindernisse zu beseitigen, die diese Erfahrung nicht zum Geschehnis kommen lassen. Der Yoga betrachtet den Menschen, dem diese Erfahrung nicht geschieht, als radikal gefährdet, der heil-losen Welt und den Mächten der Unordnung ausgeliefert. Durch sie aber tritt der Mensch in die schöpferisch-tragende Mitte, von der aus er jedes Schicksal auch in der Zeit der Zerrüttung zu meistern imstande sein mag.

Von diesem Zentralpunkt des Yoga aus ergeben sich unmittelbare Beziehungen zum abendländischen Menschen in seiner radikalen Krise. Auch für ihn gibt es keine andere „Mitte" mehr, von der aus er der Zerrüttung der Zeit und der Zerfaserung seines Wesens standhalten und zu voller Verwirklichung seines Daseins kommen kann, als eben die Erfahrung des Tiefenichs. Dessen unzerstörbare Realität hat sich dem abendländischen Menschen in ungeheuren Schicksalen tausendfach, wenn oft

*) Die Anfänge der Yogapraxis im alten Indien, Stuttgart 1922 (Diss. Tübingen 1917); Der Vrātya, Bd. I, Die Vrātya als nichtbrahmanische Kultgenossenschaften arischer Herkunft, Stuttgart 1927; Das XV. Buch (Vrātyabuch) des Atharvaveda in der Festschrift für Pandit Gaurischankar Rai Bahadur Ojha (in Hindi, Delhi Saṃvat 1991); Glaubensgeschichte der Indogermanen, Bd. I, Stuttgart 1927.

auch nur für Augenblicke, enthüllt. Da wurde ihm ein „Ganz-Anderes“ als das nur empirische Ich, eine „Andere Dimension“ seiner Gesamtexistenz offenbar. So führte erschütternde Erfahrung das in die Tiefe gelebte Leben zur „Einkehr“ – und „Einkehr“ wieder zurück zum Leben, zur Welthinkehr.

Besinnung und Übung in diesem geistorganischen Rhythmus können diese Erfahrung vertiefen und festigen, so daß sie zur Quelle neuer Erkenntnisse und neuer geistiger Gestaltwerdung wird. So wie einst im alten Indien die ursprüngliche *ātman-puruṣa*-Erfahrung um die Wende des 1. Jahrtausends v. Chr. mitten im Zusammenbruch der überkommenen mythischen und kultischen Formen der Religion, und in schweren geschichtlichen Schicksalen, die in einem furchtbaren Bruderkrieg gipfelten, zur Begründung einer neuen philosophischen und religiösen Erfahrung und Schau und damit zu neuer innerer Sicherheit geführt hat.

Innere Schulung schafft Ordnung und Klarheit in der inneren Welt und daraus entspringen Ruhe und Tiefenblick, die Voraussetzungen jener stillen Ereignisse, in denen der Lärm und die Hast des lauten, drängenden Tages versinken und schöpferische Kräfte aufquellen, die in der Tiefe unseres Seins auf ihre Stunde warten.

Tübingen, Vorweihnachten 1956 J. W. Hauer

Ich darf hier noch dem Verlag für sein Entgegenkommen bei der Herausgabe dieses umfangreichen und druckschwierigen Werkes danken, ebenso Dr. Möller, Assistent am indologischen Seminar der Universität Tübingen, der sich der Mühe unterzog, die Fahnen mitzulesen. Nicht zuletzt auch meiner Frau Annie, die das ganze Manuskript geschrieben und alle Korrekturen mit unermüdlicher Sorgfalt gelesen hat.

Vorweihnachten 1957 J. W. Hauer

Vorwort zur 1. Auflage Der Yoga als Heilweg (1932)

Für den Yoga gibt es in deutscher Sprache wohl einige sehr verdienstvolle Vorarbeiten, aber noch keine umfassende Darstellung. Zu diesen Vorarbeiten rechne ich die gute Dissertation von dem sonst nicht bekannten Paul Markus „Die Yoga-Philosophie nach dem Rājamārtaṇḍa" (Leipziger Doktordissertation, Halle 1886). Auch die sehr fleißige Arbeit von H. Walter, Eine Übersetzung der Haṭhayogapradīpikā (Münchener Doktordissertation 1891, veröff. München 1893) und die teilweise Übersetzung der Gheraṇḍa Saṃhitā von R. Schmidt (in „Fakire u. Fakirtum", Berlin 1921) dürfen hier nicht vergessen werden. Vornehmlich aber sind zu erwähnen die meisterhafte Skizze meines verehrten, nun längst der Welt des Wandels entnommenen Lehrers R. Garbe, „Sāṃkhya und Yoga" (Grundriß der Indo-Arischen Philologie und Altertumskunde, Bd. III, 4. Heft, Straßburg 1896), ferner die scharfsinnigen und kenntnisreichen Abhandlungen H. Jacobis, besonders seine neueste „Über das ursprüngliche Yoga-System" (in Sitzungsberichte der Preuß. Akademie der Wissenschaften, Phil.-Hist. Klasse 1929 XXVI und 1930 XXII, als Sonderausgaben erschienen Berlin 1929 und 1930). Auch die schöne Skizze Paul Deussens in „Allgemeine Geschichte der Philosophie"[3] I, 3, 507–578 muß hierher gerechnet werden, wiewohl Deussen für den Yoga bei weitem nicht die innere Verwandtschaft und Kenntnis zur Verfügung gestanden sind, wie für den Vedānta, in dem er Meister war. Ich will es nicht versäumen, hier auch den anerkennenswerten Versuch eines Nichtindologen zu nennen, des Professors der Philosophie H. Gomperz, der den Yoga auf Grund von Übersetzungen vom philosophiegeschichtlichen Denken her darzustellen unternimmt (in seinem zu wenig beachteten Buche „Die indische Theosophie", Jena 1925). Ich hebe an ihm besonders hervor das wohlwollende Verständnis gegenüber einer ihm sehr fremdartigen Erscheinung und den guten Blick für das Wirkliche und Entscheidende am Yoga. Doch geht er allzuviel vom begrifflichen Denken des Westens aus. Man darf an den Yoga nicht von da aus herangehen, sonst wird er doch wieder trotz allem mißverstanden werden. Es gibt zu ihm keinen andern Zugang als den eines verwandten Erlebens. Hier ist besonders zu nennen das geistreiche Buch von H. Zimmer, „Kunstform und Yoga im indischen Kultbild", Berlin 1926, das ein Teilstück des Yoga, die Meditation an Kultbildern mit bedeutender Fähigkeit psychologischer und ästhetischer Durchschau vornehmlich nach den Texten des tantrischen Yoga behandelt. – Poul Tuxen, ein dänischer Indologe, hat den Versuch einer umfassenden Darstellung des Yoga gewagt „Yoga, en Oversigt over den systematiske Yogafilosofi paa Grundlag af Kilderne", Kopenhagen 1911. Ich verstehe nicht, warum das gründliche Buch nie von einem Kenner der Sprache ins Deutsche oder Englische übersetzt worden ist. So hat es gar wenig zur Kenntnis des Yoga im Westen beigetragen. Leider bin ich der dänischen Sprache nicht mächtig genug, um von dem Buch all das zu gewinnen, was es offenbar an Anregungen enthält. Im großen und ganzen scheint es mir jedoch denselben Charakter zu tragen, wie etwa Garbes Abriß: es referiert an Hand des Yogasūtra, des Yoga-Bhāṣya und der Vaiśāradī des Vācaspatimiśra systematisch über den Inhalt dieser Bücher, ohne daß dabei die hier verborgenen philosophischen und im besonderen die psychologischen Probleme durchgreifend angefaßt würden, um dadurch den fremdartigen Stoff dem Leser so nahe zu bringen, daß er von ihm in seinen eigenen Lebenstiefen bewegt wird.

Einen guten Schritt vorwärts in dieser Richtung macht ein Werk, das mir noch nicht lange vorliegt, obwohl es schon 1924 erschienen ist, „Yoga as Philosophy and Religion" by Surendranath Dasgupta, London-New York 1924. Mit einer seltenen Beherrschung der Texte verbindet sich bei diesem Gelehrten ein inneres Verwandtsein mit dem Gegenstand, das ihn befähigt, das Herz des Yoga zu spüren. Was dem Buche aber fehlt, ist die kritische Haltung gegenüber den Texten, die, soweit sie benutzt werden, zu gleichwertig nebeneinander treten. Ihre zeitliche Abstufung, die zugleich eine Entwicklungsgeschichte des Yoga bedeutet, ist nicht genügend angemerkt. Ferner liegt der Nachdruck auf dem Philosophischen und Religiösen, wobei in sympathisch berührender Gläubigkeit das hingenommen wird, was die Texte bieten, während die wichtigen psychologischen Probleme kaum angedeutet werden. Daß in dem Buch kein Versuch gemacht ist, den Yoga in Beziehung zur westlichen Therapie zu setzen, ist, da der Verfasser Inder ist, fast selbstverständlich.

Die Situation ist also die: obwohl heute innerhalb einer Reihe von Wissenschaften das Interesse für den Yoga in einer auffallenden Weise lebendig ist, fehlt es an einem umfassenden Werk über den Yoga, das unter dem Gesichtswinkel westlicher Problemstellung geschrieben, diesem wissenschaftlichen Interesse Genüge tun könnte. Daß also ein Werk, in dem der Yoga umfassend zur Darstellung kommt, ein wirkliches Bedürfnis ist, steht wohl außer Zweifel. Besonders aber scheint es mir ein Gebot der Stunde, den Yoga unter dem Gesichtspunkt der psychologischen Probleme anzufassen, von denen aus dann die religiösen und philosophischen Bereiche wieder neues Licht erhalten, und dabei muß zu der westlichen Wissenschaft und Heilmethode eine Beziehung hergestellt werden, die von sich aus in manchen Gebieten zu überraschend ähnlichen Resultaten kam wie der Yoga, nämlich zur Psychoanalyse und zu der darauf sich aufbauenden Psychotherapie.

Damit ist schon gesagt, daß sich nicht nur das rein wissenschaftliche Interesse dem Yoga zuwendet, sondern und in erster Linie das praktische. Der Westen sucht neue Wege nach innen in der Hoffnung, dort Quellen neuer Kraft zu entdecken. So irrlichtelierend dieses Suchen lange Zeit auch gewesen sein mag, heute fragt eine Bewegung von Ernst und Bedeutung nach diesen neuen Wegen, nämlich eben die Psychotherapie. Für sie wird auch, glaube ich, der Yoga die fruchtbringendsten Anregungen bieten können. Im Blick auf diese Situation ist das Buch in erster Linie geschrieben.

Ich habe mich, abgesehen von einem Überblick über die Geschichte des Yoga, in strenger Absicht darauf beschränkt, den klassischen Yoga darzustellen, d. h. den Yoga, wie er in den ersten Jahrhunderten nach Christus zur vollen Reife kam und im Yogasūtra und seinem frühesten Kommentar, dem Yoga-Bhāṣya, zur Darstellung gelangte, den Yoga, dessen erstmalige Blüte in die Zeit des Buddha fällt. In ihm vornehmlich sehe ich die Elemente, die als kräftige Anstöße in unserer geistigen Lage wirken können.

Der tantrische Yoga, für den wir jetzt als Quelle die Werke und Textausgaben von Sir John Woodroffe (Avalon) haben *), ist in seiner dyotheistischen oder vedāntistischen Grundtendenz so verschieden vom klassischen Yoga, daß er eine gesonderte Darstellung erfordert, die ich in nicht allzu ferner Zeit zu bieten hoffe. Denn abgesehen von der Bedeutung dieser Richtung des Yoga für die Erforschung des nordindischen Śivaismus wird wohl seine Kenntnis auch ein nicht Geringes beitragen zur Aufhellung der unterbewußten Bereiche in der menschlichen Seele und ihrer Funktionsgesetze **).

Auch den Haṭhayoga habe ich hier beiseite gelassen. Gewiß spielt er in Indien eine große Rolle, und seine Übungen treffen sich merkwürdig mit solchen der westlichen physiologisch gerichteten Psychotherapie, die von ihm manche Aufschlüsse zu erwarten hat. Aber der „Geist" dieses Yoga ist ein dem klassischen stark entgegengesetzter. Ich kann ihm mit bestem Willen, trotz seiner ständig wiederholten Versicherungen, er wolle Vorstufe für den höheren Yoga sein, nicht den Vorwurf ersparen, er sei die psychische Veräußerlichung einer auf die tiefsten Daseinsgründe gerichteten Methode, eine Veräußerlichung, die diese Gründe nicht immer öffnet, sondern häufig verdeckt. Eine psychologisch wohl gegründete Untersuchung über diesen Yoga gehört zu den dringendsten Erfordernissen der Yoga-Forschung; denn R. Rösels Arbeit „Die psychologischen Grundlagen der Yogapraxis", Stuttgart 1928, so verdienstvoll sie als ein Versuch ist, kann darum nicht genügen, weil es dem Verfasser an einer durchgreifenden Kenntnis des Quellenmaterials gefehlt hat, wie auch, wie mir scheint, an einer klaren Durchschau der Verschiedenheit in der geistigen Haltung des Haṭhayoga und des Yoga im Yogasūtra und in seinen wichtigsten Kommentaren. Hier ist noch viel zu tun und ich hoffe, daß die nächsten Jahrzehnte eine intensive Arbeit auf dem Gebiete des Yoga bringen werden. Vielleicht ist die jetzt von H. Palmié herausgegebene „Zeitschrift für Yoga-Kunde" auch ein Symptom für diese Bewegung.

Wenn die hier gebotene Darstellung des Yoga eine Einführung in die vor uns liegende Arbeit sein könnte, wären die Erwartungen, die ich an

*) Tantrik Texts vols. I–XIII Calcutta-London 1913 ff.
**) N. B. Vgl. oben S. 5.

dieses Buch knüpfe, aufs schönste erfüllt. Daß auch mein Buch nur ein Versuch ist, der von neuen abgelöst werden muß, bis wir diesen Stoff gemeistert haben, weiß ich selbst am besten. Hier gibt es noch lange nichts Endgültiges, wenn es überhaupt je auf diesem Gebiete von uns erreicht werden kann.

Zur Aussprache der indischen Wörter:

Vokale werden etwa wie im Deutschen gesprochen, doch sind die hellen Vokale i und e etwas dünner (palataler). Dabei ist zu beachten, daß ṛ ein vokalischer r-Laut ist, etwa wie „er" in „Helfer". e und o sind im Sanskrit immer lang. a, i, u wenn lang, bekommen einen Strich z. B. ā usw.

Palatale (Gaumenrand-Laute): c wird wie tsch, j wie dsch gesprochen.

Zerebrale (Gaumendach-Laute): ṭ ṭh ḍ ḍh werden gesprochen, indem man die Zunge so weit wie möglich zurückbiegt und an das Gaumendach preßt.

Halbvokale: y ist wie deutsches j in Jagd, v wie englisches oder französisches v zu sprechen.

Zischlaute: ś ist palatal, etwa wie deutsch „schön", ṣ zerebral, etwa wie deutsch „Schrei", nur ist die Zunge weiter zurückgebogen. s ist ein dentaler Zischlaut wie ein scharfes deutsches s.

Aspirate: kh, gh, ch, jh, th und dh, ṭh, ḍh sind mit deutlich nachfolgendem Hauchlaut zu sprechen, wie z. B. in „Backhuhn", „Bethaus", „erdhaft" usw. Der Hauchlaut ḥ ist sehr scharf zu sprechen mit leichtem Nachklang des dem Laut vorausgehenden Vokals.

Nasale: n ist dental, ähnlich wie im Deutschen, nur ist die Zunge näher bei den Zähnen, ṅ ist guttural wie in „ging", ñ ist palatal, etwa wie im spanischen cañon, ṇ ist zerebral (mit zurückgebogener, an das Gaumendach gepreßter Zunge zu sprechen), ṃ wird im Süden Indiens als summender m-Laut, im Norden nasal gesprochen.

Vorbemerkung für den Leser

Das vorliegende Werk ist streng wissenschaftlich, aber nicht nur für den Fachwissenschaftler geschrieben. Dieser mag, besonders im I. Hauptabschnitt, manches Neue finden; die *Entwicklungsgeschichte* des Yoga bis zum Yogasūtra ist hier zum erstenmal aus allen verfügbaren Quellen erarbeitet und berichtigt einige bisher auch in Fachkreisen herrschende irrige Ansichten.

Wem es aber in erster Linie um die Frage geht, was der Yoga in seinem innersten Wesen ist und was er für uns westliche Menschen bedeute, der beginne mit dem III. Hauptabschnitt, gehe dann zum II. und zuletzt zum I. Er wird dann entdecken, daß auch dieser letztere zum Ganzen gehört.

J. W. Hauer

Inhaltsverzeichnis

I. Hauptabschnitt

Geschichte und Entwicklung des Yoga von der vedischen Zeit bis zum Yogasūtra des Patañjali

1. Kapitel

Die Anfänge des Yoga in der vedischen Zeit 19—95

1. Die Wurzeln des Yoga im Kult, in seinen Übungen und Erlebnissen und im primitiven Ekstatikertum 19
2. Der Yoga als Methode und als Metaphysik. Eine Schöpfung arischer Ketzer 32
   - a) Die Bedeutung der sakralen Genossenschaften Vāyu-Rudra-Śivas für diese Entwicklung 32
   - b) Die Überlieferung der Vrātya-Weistümer im Atharvaveda 48
   - c) Die Rolle des Śatarudriya im frühen Yoga. Vāyu-Rudra-Śiva als Uryogin 79
   - Schlußergebnis 91

2. Kapitel

Der Yoga in den Upaniṣaden 95—165

- a) Die Yoga-Upaniṣaden der unmittelbaren Vrātya-Atharvaveda-Śatarudriya-Tradition. Eine Übersicht 95
- b) Die Śvetāśvatara-Upaniṣad, Übersetzung und Erklärung 117
- c) Die Viṣṇu-Yoga-Upaniṣaden und die Beziehungen des Yoga zum Brahmanismus 142
- d) Kurze Übersicht über die Ergebnisse der bisherigen Untersuchung .. 161

3. Kapitel

Der Yoga im Buddhismus und Jinismus 165—186

4. Kapitel

Der Yoga im Mahābhārata 186—209

1. Die Bhagavadgītā 187
2. Der Mokṣadharma, das XII. Buch des Mahābhārata 195

3. Kapitel

Der Yoga in der Rāmagemeinde 209–220

a) Die Rāma-Upaniṣaden 209
b) Das Yogavāsiṣṭha 212
c) Das Adhyātma-Rāmāyaṇa 219

II. Hauptabschnitt

Das Yogasūtra des Patañjali und die Entwicklung des Yoga bis zur Entstehung der Haṭha-Yoga-Schriften

1. Kapitel

Zusammensetzung und Geschichte des Yogasūtra 221—239

2. Kapitel

Die Texte des *pātañjalayogasūtram* 239—258

A) Der *nirodha*-Text 239
B) Der *īśvarapraṇidhāna*-Text 241
C) Der *kriyāyoga*-Text 244
D) Der *yogāṅga*-Text 247
E) Der nirmāṇacitta-Text 255

3. Kapitel

Der Yoga nach der Zeit des Yogasūtra 258—273

a) Grundlinien der Entwicklung 258
b) Die wichtigsten Kommentare zum Yogasūtra 263
c) Al-Bīrūnī, Yoga und die persische Mystik 268
d) Der Haṭhayoga und sein Gegenspieler Vijñānabhikṣu 270

III. Hauptabschnitt

Der Yoga als Weg zum Heil

1. Kapitel

Der Mensch und die Gesamtwirklichkeit in der Schau des Yoga 274—308

1. Die metapsychischen und metaphysischen Grundanschauungen des Yoga 274
2. *duḥkha,* Die leidvolle Hemmung als Grundbefindlichkeit des Menschen und der Welt 301

2. Kapitel

Der Heilweg 309—369

Einleitung .... 309—311
1. Die „Glieder“ oder Stufen des Yogaweges .... 312—336
2. Der Samādhi als psychologisches und ontologisches Problem .... 336—369
a) Das Wesen des Samādhi nach den Texten des Yogasūtra 336
b) Die Parallelbegriffe zu Samādhi 342
c) Beispiele für spontan auftretende Samādhi-Erlebnisse 349
d) Versuch einer zusammenfassenden Wesensschau des Samādhi im Blick auf die innersten Wirklichkeitserfahrungen 358
e) Die Beziehung der Samādhi-Erfahrungen zum Leben der Wirklichkeit und der Tat 366

3. Kapitel

nach der Bhagavadgītā
Der Yoga der Tat, lebensgesetzliches Werden und Wirken 370—406

1. Der *buddhi-yoga* als Weg zum rechten Werk 370
2. Die metaphysischen Wurzeln des Werdens und Wirkens 378
a) Die Tragik menschlichen Daseins und Wirkens 378
b) Die Überwindung der Tragik menschlichen Daseins und Wirkens durch die schöpferische Tat 386
c) Das Wesen der rechten Tat 388
d) Kampf und Opfer als die Kernbeispiele rechter Willenshaltung bei der Tat 390
e) Die letzthinnige Voraussetzung für das rechte Werk: Der Durchbruch zum Selbste 399
f) Der Widersacher des rechten Werkes und sein Gegenspieler 395
g) Die große Befreiung und der tiefe Frieden der Tat-Gehorsamen im Letzthin-Wirklichen 400

4. Kapitel

Der Yoga und der Westen. Die Psychotherapie 407—439

1. Die Notwendigkeit des eigenen abendländischen Weges 407
2. Die Psychotherapie 411
Anhang zum Kapitel Yoga und Psychotherapie 440

Anmerkungen 451

Register 481

Abkürzungen

AGPh	= Allgemeine Geschichte der Philosophie (Deussen)
AKM	= Abhandlungen der Kunde des Morgenlandes
Ait. Ār.	= Aitareya Āraṇyaka
ĀĀSS	= Ānanda Āśrama Sanskrit Series
Bhg	= Bhagavadgītā
Br.	= Brāhmaṇa
Bṛh. Up.	= Bṛhadāraṇyaka-Upaniṣad
Chānd. Up.	= Chāndogya-Upaniṣad
ERE	= Encyclopaedia of Religion and Ethics
GIPA	= Grundriß der indoarischen Philologie und Altertumskunde
HOS	= Harvard Oriental Series
Jaim. Up. Br.	= Jaiminīya-Upaniṣad-Brāhmaṇam
KSS	= Kashi Sanskrit Series
Kāṭh. S.	= Kāṭhaka Saṃhitā = Kāṭhakam
Kāṭh. = Kaṭh.-Up.	= Kāṭhaka = Kaṭha-Upaniṣad
Kauṣ Up.	= Kauṣītaki-Upaniṣad
Maitr. S.	= Maitrayaṇī Saṃhitā
Maitr. Up.	= Maitrāyaṇa-, Maitrāyaṇī-Upaniṣad, Maitreyī-Upaniṣad
Mhbh.	= Mahābhārata
Ṛv	= Ṛgveda
Śat. Br.	= Śatapatha Brāhmaṇa
Śvet. Up.	= Śvetāśvatara-Upaniṣad
Taitt. Ār.	= Taittirīya Āraṇyaka
Taitt. S.	= Taittirīya Saṃhitā
Taitt. Up.	= Taittirīya-Upaniṣad
Vāc.	= Vācaspatimiśra
Ybh	= Yogabhāṣya
YS	= Yogasūtra
ZDMG	= Zeitschrift d. deutschen morgendländischen Gesellschaft, Wien

I. Hauptabschnitt

Geschichte und Entwicklung des Yoga von der vedischen Zeit bis zum Yogasūtra des Patañjali

1. Kapitel

Die Anfänge des Yoga in der vedischen Zeit

1. Die Wurzeln des Yoga im Kult, in seinen Übungen und Erlebnissen, und im primitiven Ekstatikertum

Der Yoga als ausgebildetes System ist eine charakteristische Schöpfung des indischen Menschen, der wie kein anderer Menschentyp die „Einkehr" in die „innere Welt" und deren kernwesenhaftes Zentrum erstrebt und geübt hat. Seine Anfänge und ersten Stufen können bis in die indoarische Frühzeit der vedischen Epoche zurückverfolgt werden [1]. Die Wurzeln liegen aber noch viel tiefer. Wir haben Grund anzunehmen, daß schon in der den „Ariern" gemeinsamen indo-iranischen Epoche des 3.–2. Jahrtausends v. Chr. religiöse Übungen eine Bedeutung hatten, die in den ursprünglichen Yoga übergingen. Ja, es fehlen sogar die Gründe nicht für die Ansicht, daß schon die frühindogermanische Völkergemeinschaft dem „Sinnen" sehr zugetan war. Die zahlreichen altindogermanischen Worte für geistige Betätigungen und seelische Bewegungen, die bezeichnenderweise in einer gewissen Parallele zu den zahlreichen Worten für Licht und Lichtbewegungen stehen, zeugen dafür. Einige Wurzeln, so besonders *ci, cit* können sowohl „leuchten" wie „geistig hell, schauend, erkennend" bedeuten. So ist es z. B. im Ṛgveda oft nicht leicht zu entscheiden, welche Bedeutung zu wählen ist. (Vgl. dazu Graßmann, Wörterbuch zum Rig-Veda, S. 445 ff.). *cit* z.B. ist „geistiges Bewegtsein" wie „leuchtendes Mächtigsein". Dies ist auch der Grund, warum *cit* eine der tragenden und schaffenden Urmächte ist, neben *sat,* der energetischen und wesenhaften Seinsgrundlage alles Seienden und *ānanda,* der „Urlust", die allem Lebendigen innewohnt und es zeugend bewegt und vorwärtstreibt. Mit *sat-cit-ānanda* wird von den altindischen Weisen das Wesen des Letzthin-Wirklichen gekennzeichnet. Wie eng diese Wesensbezeichnung mit den höchsten Yogaerfahrungen zusammenhängt wird weiter unten zu zeigen sein.

Es mag hier weiterhin der Blick auf die Tatsache gelenkt werden, daß das sinnende Sichversenken bis in älteste Schichten der Menschheitsgeschichte zurückgeht, woraus dann, weil in dieser Versenkung die Inhalte der inneren Welt in eindrucksvoller Klarheit und Lebendigkeit sich gestalten, die uralte Überzeugung erwuchs von der Macht des Denkens und des Geistes überhaupt. Die Logosidee hat hier eine ihrer Wurzeln, wie auch die späteren Yogaspekulationen über die *vāc,* das schöpferische Urwort. Das „Kraftdenken" der Indianer, wie K. Th. Preuß es nennt, hängt mit diesen Erlebnissen des „Sinnens" zusammen. Selbst bei den Australiern fehlt nicht diese „Einkehr" in die innerste Lebens- und Schaukraft als Voraussetzung von Erleuchtungen. Das nordwest-australische *Jari* ist offenbar nichts anderes als die Erleuchtung aus dem Innersten; ebenso beschreibt Knud Rasmussen eine Übung bei den Eskimo, das *Quarrtsiluni,* die der Übung *dhāraṇā* und *dhyāna* im Yoga wohl verglichen werden kann; wie auch die anderen Übungen der körperlichen Zucht und geistigen Konzentration, welche den Anwärtern auf den Schamanenberuf bei den Eskimo und den Sibiriden auferlegt werden, Verwandtschaft mit Yogaübungen haben. Auf die dem Yoga so ähnlichen Vorgänge, die der junge Indianer zur Erlangung eines *Nagual* (Schutzgeist) zu vollziehen hat, habe ich schon früher hingewiesen: das Wesentliche daran ist das tagelange Sinnen in der Einsamkeit des Waldes oder der Steppe [2]).

Die Urelemente des Yoga, die aus einer dunklen Vorzeit in die geschichtlichen Epochen herüberströmen, sind vornehmlich sakraler Natur. Im Zusammenhang mit dem Kult können wir den Yoga im alten Indien literarisch am frühesten fassen. *yoga* von der Sanskritwurzel *yuj* (vgl. lateinisch jugum, griechisch ζεῦγος deutsch Joch) heißt „Anjochen, Anspannen". In den Schriften der vedischen Epoche Altindiens wird das Wort *yoga* und seine Wurzel *yuj* sehr häufig gebraucht. So jocht man z. B. Zauberkraft an, an sich selbst oder an einen Gegenstand; oder die Götter und andere übermenschliche Mächte werden durch Opfer, Spruch und Gesang „angejocht", d. h. zum Opferplatz, in die Opferversammlung gebeten oder gezwungen, je nach der Haltung des Opfernden. Wie in jedem Kult, so war auch im altindischen der aus primitiven Schichten stammende Glaube lebendig, daß das heilige Wort, das heilige Denken, die heilige Handlung als solche eine Macht ausüben. Der Grundgedanke ist der: der Kosmos ist erfüllt von verborgenen Mächten und Wesenheiten, die sich dem geben, der die geheimen Wege und Verbindungen zu ihnen kennt und zu gebrauchen versteht. Die Wurzel dieses Glaubens steckt in den merkwürdigen Erfahrungen des naiven und unmittelbar erlebenden Menschen, dem seine Gedanken zu Kraftbewegungen oder sinnlich erlebbaren Gestaltungen werden, in denen er offensichtlich die verborgene Wirklichkeit als unmittelbare Gegenwart erfährt [3]).

Der Weg zu diesen Geheimnissen und Mächten liegt also im Menschen selber. Ihn zu finden, ist es nötig, die schweifenden Gedanken anzujochen, d. h. sie streng gezügelt auf jenes Verborgene hinzulenken: das ist der typische Yoga im ursprünglichen Sinn. Aus der Natur des altindischen Opfers [4]) ergibt sich, daß Yoga in dem angedeuteten Sinn mit ihm aufs engste verknüpft ist. Wer seine Gedanken nicht anzujochen versteht, opfert wirkungslos an der überirdischen Wesenheit vorbei. Darum nimmt der Priester für dieses Werk seine Zuflucht zu dem unsichtbaren Schutzherrn des heiligen Werkes, zu Brahmaṇaspati, ohne den selbst des Kundigen Opfer nicht gelingt und der die Anjochung der

Gedanken fördern muß [5]). Neben Brahmaṇaspati ist es noch ein anderer Gott, der beim heiligen Werke und beim Anjochen der Gedanken hilfreich mitwirkt, das ist Savitar, der „Antreiber" oder „Beweger", „der die Regel des Werkes kennt, der als Opferweiser den Opferweisen beisteht, die ihren Geist anjochen, die ihre Gedanken anjochen" [6]). Ja dieser Gott „Antreiber" hat selbst einst, als er im Uranfang das Licht aus der Finsternis hervorholte, dies nur vermocht durch Yoga: „Anjochend den Geist in der Urzeit, fortspinnend die Gedanken, hat der ‚Antreiber' des Feuers Glanz erschaut und es vom Schoß der Erde hergebracht" [7]). Also *yoga* ist schöpferische Schau von Uranfang an. Im kultischen Yoga ist die Anjochung des Geistes, d. i. strenge Konzentration und hingebende Versenkung in rituelle Handlung und Gebet und in den Gott, von dem man Hilfe und Macht erwartet, oder in die verborgene Wirklichkeit, deren man Herr zu werden hofft, ein zentrales Element. Und der Gott „Beweger" war der Ur-Yogin des kultischen Bereiches, der in Av X, 8 und in der Śvet-Up. eine enge Verbindung mit dem vom Vrātya-Bereich herkommenden Ur-Yogin Vāyu-Rudra-Śiva einging. Diese Entwicklung war bedeutungsvoll für die ganze Geschichte des Yoga.

In engster Verbindung mit dem altindischen Opfer sind aber noch weitere uralte Bräuche zur magischen Machtgewinnung und zur Schau der Götter und der Einung mit ihnen geübt worden. Nicht allen Opferern gelang die „Anjochung" ohne weiteres. Sie bedurften einer peinlichen Vorbereitung. Diese trägt den selstamen Namen *tapas*, „Hitze, Erhitzung" [8]). Damit sind Übungen gemeint wie Fasten, schweigendes Stillsitzen in einer dunklen Hütte oder an einem abgelegenen Ort, oft zwischen Feuern, Stehen in der glühenden Sonne, Krampfstellungen, ermüdende Anstrengungen bei der Vorbereitung des Opfers (Backsteine-Schichten, Holz-Tragen, Feuer-Anzünden), das heilige Schweigen bei der Verrichtung gewisser Opfer usw. Diese Übungen schufen eine physiologische, vornehmlich aber eine „innere Erhitzung", die psychische Veränderungen in der Richtung eines überwachen Bewußtseins verursachten, in dem sich magische Machterlebnisse, Visionen, Auditionen, Entrückungen, wie es scheint, häufig ereigneten. Dazu kam noch die religiös-metaphysische Überzeugung, auf die der Feuerkult gegründet war. Agni, der „Feuergott", ist es, der als die schöpferische Hitze, als glühende Weltenergie in allem wohnt und in den leuchtenden Gestirnen, in Blitz und irdischem Feuer sich furchtbar und segnend kundtut. Sein ewiges Wesen und Walten glaubte man in *tapas* zu erleben. Agni gab die Erleuchtung, die in *tapas* über den „Erhitzten" hereinbrach, ja der *tapas*-Übende wird selbst mit der glühenden Weltenergie geladen, strahlt sie aus, wirkt durch sie, wird verwandelt in ein überirdisch schaffendes und schauendes Subjekt [9]). Durch *tapas* kehrt der Mensch ein in den schaffenden Urgrund, in „das blauschwarze Dunkel, die packende Kraft" [10]). Auch die Gottheit, die auf ihr Schöpferwerk sinnt, durchglüht sich mit *tapas*, um es zu wirken. So wird *tapas* zu einer Ur-Weltmacht:

„Welt und ewige Wirklichkeit wurden dargezeugt von dem erglühten *tapas*. Daraus entstand die Nacht und daraus das flutende Urmeer"[11]).

Die indische Geschichte ist voll von Männern, die in ungeheurer Anstrengung diese *tapas*-Kraft sich erwarben und unerhörte Dinge vollbrachten. Und innerhalb der brahmanischen Sphäre ist *tapas* bis heute ein wichtiges Stück des Yoga geblieben. Ja, auch Buddha hat zunächst, wie wohl bekannt, eine siebenjährige Epoche schwerster Askese durchgemacht, ehe er den „mittleren Pfad" der Erlösung fand[12]). Und selbst aus dem klassischen Yoga-Buch, dem Yoga-Sūtra, ist *tapas* noch nicht verschwunden, wenn sich dort auch *tapas* teilweise vom Opfer gelöst hat und z. T. andere Elemente enthält als das *tapas* brahmanischen Stils[13]).

Auch die Opferhandlung selbst enthielt Elemente genug, die den Opfernden zur Anjochung seines ganzen Gemütes zwangen und ihn in der Richtung des späteren Yoga seelisch schulten: die Konzentration auf Lied, Spruch, Körperbewegung, Griff nach dem heiligen Instrument usw., die alle strengster Regelung unterworfen waren, weil sonst das Opfer nicht wirkte, dazu noch die heiligen Speisen und Getränke mit ihrer erregenden Kraft und ihren metaphysischen Assoziationen[14]). Und als dann das Opfer seine allbeherrschende Bedeutung verlor, da blieb die Neigung und das Wissen um diese seelische Schulung und um ihre Bedeutung für die Verinnerlichung des Menschen als wirkungskräftiger Besitz einer neuen Epoche auch im brahmanischen Bereich zurück.

Ein weiteres wichtiges Stück des mit dem Kult verknüpften Uryoga ist *svādhyāya,* das Studium der bei Opferrezitation und -gesang verwendeten heiligen Texte, wörtlich übersetzt „das selbsteigene Hineingehen". Diese Vertiefung in die heiligen Texte stand auch in Altindien in höchstem Ansehen. Der größte Segen, der daraus entsprang, war dies, daß der sich Versenkende selber ein anderer Mensch wurde, wie es in einer Stelle des Śatapatha-Brāhmaṇa XI, 5, 7, 1 klassisch beschrieben ist[15]): „Er wird angejochten Geistes, seines eigenen Selbstes höchster Arzt, von Tag zu Tag zieht er geheime Kräfte an, die den Bösen verlassen. Er schläft gesund, gewinnt die Zügelung seiner Sinne und seliges Genügen an dem Einen, Gedeihen der Erkenntnis und der Herrlichkeit, Kochen der Welt *(lokapakti,* d. h. unbedingte Gewalt über sie), und bis in seine Nagelspitzen wird mit *tapas* er erfüllt." Wir haben hier in der Tat eine ganze Reihe von Elementen, die in den späteren Yoga eingegangen sind, wo ja auch, besonders im *kriyāyoga*-Text[16]) *svādhyāya* eine bedeutsame Rolle spielt, wenn *svādhyāya* auch im *yogāṅga*-Text zu einer Unterabteilung von *niyama* geworden ist[17]). Echte Konzentration auf einen geistigen Gegenstand schafft ja eben jene Weltabgezogenheit und Gemütseinung, die immer ein wesentliches Stück des Yoga ausgemacht haben.

Die Texte wurden im Dorfe schweigend *(manasā),* außerhalb des Dorfes laut *(vācā)* studiert. Dieses Studieren hatte schon in ältester Zeit den Namen *japa,* das ich mit „Murmel-Meditation" übersetze. Auch sie kann *vācā* und *manasā* geübt werden und spielt im späteren tantrischen Yoga, der eng mit Śiva verknüpft ist, eine außerordentliche Rolle[18]). Aber auch im klassischen Yoga wird diese Murmel-Meditation von den Anhängern des *īśvarapraṇidhāna*-Textes geübt, wie wir das aus YS I, 23 ff. entnehmen können[19]).

Der Ausweis der altindischen Dokumente bezeugt klar genug die Tatsache, daß im vedischen Kult und in den schöpferischen Vorgängen seiner Entstehung, wie Schau und Gestaltung neuer Riten und Opfergesänge, eine ganze Reihe von Elementen wirksam waren, die auf den Yoga hinführten, auch wenn dieser innerhalb des kultisch-brahmanischen Bereiches nicht als ein bestimmtes System ausgebildet wurde. „Anjochung des Geistes", d. h. strenge Konzentration und hingebende Versenkung in die Riten, Sprüche und Gesänge und in die angerufenen und beopferten Götter mußten in dafür begabten Menschen eine Seelenhaltung erzeugen, in der Erlebnisse sich ereigneten, durch die sie in ein Reich innerer „Wirklichkeiten" erhoben wurden. Es konnte nicht ausbleiben, daß der Gott den Priestern und Sängern sich gegenwärtigte, visionär in höchsteigener Person oder in erhebenden und erschütternden Machtäußerungen, wie etwa bei dem gleich anzuführenden Erlebnis des Viśvāmitra. Der *īśvarapraṇidhāna-yoga,* der Yoga der „Hingabe an den Herrn", hat hier eine seiner Wurzeln. Auch die Konzentration und Hingabe beim Studium der heiligen Texte mußte eine verinnerlichende Wirkung ausüben. Selbst noch im Yogasūtra (II, 44) wird betont, daß durch das Studium der heiligen Texte *iṣṭa-devatā-saṃprayoga* „Verbindung mit der Wahlgottheit" erlangt werde. *iṣṭa-devatā* ist die Gottheit, der man in besonderer Weise dient und vertraut. Im Yoga waren es vor allem Rudra-Śiva und Viṣṇu, die in besonderer Weise den Namen *īśvara* tragen.

In diesen kultischen Zusammenhängen ist auch das Wort Yoga geprägt worden. (Vgl. dazu die ausführliche Begründung in Hauer: Anfänge der Yogapraxis im alten Indien, S. 189 ff.) Die spezifische Bedeutung des Wortes ist allerdings erst in den Upaniṣaden zu belegen. Das Wort *yoga* „Anjochung", „Zügelung" und die Wurzel *yuj* „anjochen", „zügeln" kommen allerdings, wie schon erwähnt, in den vedischen Schriften sehr häufig vor. Das Wort bedeutet in der ältesten Schicht Anjochung der „Macht" *(brahman)* oder des Gottes durch Spruch, Lied und Opferhandlung und durch konzentriertes, hingegebenes Sinnen. Diese Anjochung geschieht selbst wieder durch *brahman. brahman* bedeutet in der ursprünglichen Erfahrung und Sicht der Alt-Inder, die mehr synoptisch-synthetisch und gefühlsbestimmt sind als rational-analytisch, als Gesamtes „Macht", die sich sowohl in Ergriffenheit und Andacht, wie in Spruch, Lied und Litanei äußert.

Im Laufe der Entwicklung ist das Wort bekanntlich Symbolwort für das Letzthin-Wirkliche und Schaffende geworden. Man muß sich darüber klar sein, daß alle die Bedeutungen des Wortes *brahman* aus einer umfassenden Wesenseinheit erwachsen, in die der Sprüche Murmelnde und Lieder Singende sinnend und betend schöpferisch einbezogen wird. So werden z. B. in einem Leben bedrohenden Kampf „Wasserdonnerkeile“ angejocht: „zu einem siegenden Yoga joche ich euch an mit *brahmayoga*“ (Av X, 5). Es mag hier schon darauf hingewiesen werden, daß dieser uralte wilde „Wasserdonnerkeil“-Zauber – wohl die magisch-symbolhafte, rituelle Darstellung eines verheerenden Gewitters – in einem *Vrātyalied* steht. Der Av braucht überhaupt *yuj* und *yoga* häufig in dem Sinne der Anjochung durch oder in Spruch und Lied. Dieser Gebrauch der Worte muß also den Av-Dichtern sehr geläufig gewesen sein. Daß die ursprünglichen Besitzer des Av die Vrātya waren, wird unten in Abschnitt c gezeigt werden. Dieser „Yoga“ kommt nur da zustande, wo strengste und innerlichste Konzentration in Spruch, Lied und Handlung, verbunden mit hingebendem Vertrauen in die ewige Macht geschieht. Dabei spielt sicher noch eine starke magische Einstellung keine unbedeutende Rolle. Indem der Magier, der Opferer und Beter „Macht“ und Götter im „Machtgebet“ „anjocht“, d. h. herbeiholt, indem er sich ihnen hingegeben zuwendet, jocht er sein eigenes Inneres, alle seine Seelenkräfte an, wird gestärkt, erhoben, hingerissen, wird ein *manoyuj*, „ein im Geist Angejochter“, wird selbst ein *brahmayuj*, „ein im Gebet und Macht Angejochter“.

Sehr bildkräftig wird dieses Tun und Erleben besonders auch im Zusammenhang mit dem Somakult besungen. Soma, der heilige Opfertrank, der Trank der Begeisterung überirdischen Lichtes und ewigen Lebens, unterstützt den Sänger und Opferer in seinem Streben: „Du lässest das vom Geiste angejochte Lied los, wie der Donner den Regen“ ruft der Dichter dem „König Soma“ zu (Rv X, 100); und Rv V, 46 fühlt ein solcher Sänger und Opferer sich selbst an die Deichsel des Wagens gespannt, der zu den Göttern fährt, um sie zum Opfer herbeizuholen: „Wie ein Roß, wissend habe ich mich selber an die Deichsel gespannt; ich ziehe sie, die helfende Beförderin. Kein Ausspannen wünsche ich, kein Zurückwenden. Die Pfade kennend leite der ‚Führer‘ geradeaus [20])“.

Daß diese Handlungen und Erlebnisse sich eng mit der Gottgemeinschaft verbinden, tritt immer wieder deutlich heraus. Richtig verstanden ist es der Gott selbst, der diese Anjochung der Gedanken und des Herzens zu höchsten und innersten Erfahrungen bewirkt. Aus ihnen entspringt sogar eine besondere Gottgestalt Brahmaṇaspati, Bṛhaspati, „der Herr des Gebets, der Andacht und inneren Erhebung und der ‚Macht‘“. Ohne ihn ist das Opfer der Begeisterten nichts. Er fördert die Anjochung der Gedanken (Rv I, 18, 7). Diese Erlebnisse führen auch schon hinüber zum Ergreifen eines Letzthin-Wirklichen: im Wissenden, Begeisterten ist das „Eine“ angejocht; in ihm lebt das „Eine“ (Av VIII, 9, 3).

Mit Gesang und Rezitation der heiligen Texte eng verbunden war die Silbe *om (hum)*. Sie wurde am Anfang und in bestimmten Abschnitten der Rezitationen und Gesänge von den mitwirkenden Priestern gesummt [21]), etwa unserem la-la zu vergleichen [22]). Der summende Ton von *om,* besonders wenn die Silbe lang hinausgezogen wurde, mußte konzentrierend wirken. Zudem wurde dieses Summen in den Schulen fern vom Lärm des Alltags oft irgendwo in der Einsamkeit der Steppe und des Waldes geübt, wo die Monotonie des Tones um so eindrücklicher wirkte. Sie mußte das Bewußtsein gegen die Außenwelt abdunkeln und Stille und Einung im seelischen Getriebe schaffen. Es konnte nicht ausbleiben, daß psychisch besonders begabte Menschen im Zusammenhang mit diesen Übungen seltsame Erfahrungen der Bewußtseinstiefung und Bewußtseinsweitung machten.

Hinzu kam noch die logische Inhaltsleere der Silbe. Man konnte in sie vieles hineingeheimnissen. So wurde sie zum Symbol der unfaßbaren Gottheit, des schlechthin Überweltlichen. „Wenn man einen Vers zu Ende rezitiert hat, so summt man danach *om,* ebenso wenn die Melodie zu Ende ist oder eine Opferformel. Das ist *der* Ton. Eben diese Silbe nun ist das Unsterbliche, ist das Jenseits-von-Furcht. In sie gingen die Götter ein und wurden unsterblich, jenseits-von-Furcht. Einer, der solches wissend, diese Silbe herausbrummt, den Ton, geht ein ins Unsterbliche, in das Jenseits-von-Furcht. Und wer darein eingeht: so unsterblich die Götter sind, so unsterblich wird er selber“ [23]).

Bei der Überwindung des Opferkultes und der Opferliteratur und der Hinwendung zu einem kultfreien „Sinnen“, in dem dann den Sinnenden die großen Wahrheiten der Upaniṣaden aufgingen, hat diese Silbe voll geheimnisvoller Symbolkraft eine große Rolle gespielt. Sie wurde zum Inhalt aller Veden erklärt, d. h. man konnte diese Silbe mit den von der Tradition sich lösenden und ihr entgegengesetzten Intuitionen und Spekulationen beladen und erklären, daß man damit ja den tiefsten Sinn der Veden, der in *om* stecke, erfülle. Der Menschengeist findet immer wieder einen Weg, sich der ungeheuren, gewissenanklagenden Macht der Tradition zu entziehen, wenn in ihm neues schöpferisches Leben aufbricht. So trat die Silbe, geladen mit tiefstem Inhalt, in den Mittelpunkt der spekulativen Versenkung, und die alten Upaniṣaden, besonders die der Sängerschulen, sind voll davon. Das Summen dieser Silbe nannte man *praṇava,* „das Hervorbrummen oder Vorausbrummen“ (als Einleitung zum Gesang). Bald bedeutete dieses Wort auch die gesummte Silbe selber. Und innerhalb des theistischen Yoga steht *om* und *praṇava* für die Gottheit, der man im meditierenden Summen der Silbe sich weiht [24]). So kann es uns auch nicht wundern, daß sie in der theologischen Spekulation mit *brahman* ineinsgesetzt wurde. *om* wurde Symbolwort für die schöpferische Urmacht. Das zum Av gehörige Gopatha-Brāhmaṇam enthält eine *Praṇava-Upaniṣad* (I, 1 16–30), die auch in das Oupnekhat aufgenommen wurde [25]). Aus dieser, allerdings späten AV-Up. ist jedenfalls zu folgern, daß in der Tradition des Av diese Silbe sich einer außerordentlichen Hochschätzung erfreute. Sie berührt sich darin eng mit der Chāndogya-Up., die als von Sāman-Sängern stammend, dem Summen der Silbe *om* und der Silbe selber die höchsten Attribute beilegt. „Wer die Silbe *om* 1000mal summt, dem werden alle Wünsche erfüllt", sagt die Praṇava-Up.

Eng verbunden mit der Silbe *om* steht in altvedischer Zeit eine andere Urmacht, *prāṇa,* „der Atem, das Atmen" [26]). Es leidet keinen Zweifel, daß die Atemübung zu den ältesten Stücken des Yoga gehört.

Ihr Ursprung ist vornehmlich in den Gemeinschaften zu suchen, die den altvedischen Opfergesang brahmanischer und ketzerischer Observanz übten. Dies waren die *chandogas,* die Sänger; *chandas* ist ursprünglich wohl Lock- oder Zauberlied, dann überhaupt „heiliges Lied". Die Melodien der Lieder wurden *sāman* genannt, das mit dem altnordischen *seidr* „Zaubergesang" wurzelverwandt ist, also in indogermanische Zeit zurückweist. Die Chāndogya-Up. stammt aus diesen Kreisen und ist ein klassisches Dokument der *prāṇa-* und *om*-Spekulation. Wie überall, so war auch hier der Gesang mit einer Atemschulung und Atemlehre verbunden. Schon die vedische Zeit zeigt eine Reihe von Fachausdrücken für die verschiedenen Atemarten, deren 3, 5, 6, 10 und noch mehr genannt werden. Ja, das Vrātya-Buch des Av XV kennt 21 verschiedene Atemarten [27]). Aus diesen Atemübungen entwickelte sich der *prāṇāyāma,* die „Atemzügelung" des klassischen Yoga. Die Hauptnamen der vedischen Zeit wurden adoptiert und sind heute noch im Gebrauch der Yogin: *prāṇa,* „der Aushauch", *apāna,* „der Ab- oder Einhauch", *vyāna,* „der Weg-Hauch, der Atem, der weg in die Nabelgegend gepreßt wird", *udāna,* „der Aufhauch, der dem Kopf zusteigt", *samāna,* „der gleichmäßig durch den ganzen Körper sich verteilende Atem". Wie bei *tapas,* so haben auch hier religiöse Überzeugungen mitgewirkt, die Beschäftigung mit dem Atem metaphysisch zu vertiefen. *prāṇa* wurde zur höchsten metaphysischen Macht, für die häufig der Wind als kosmische Äußerung galt. Mitgewirkt hat hier die Tatsache, daß Vāyu, der Windgott, der Hauptgott der Vrātyas war. Mit jedem Atemzug zieht der Übende göttliche Weltkraft in sich hinein, sättigt sich mit kosmischer Wirklichkeit, badet in dem kristallenen Lebensstrom des Alls. Bis zur Verzückung steigert sich dieses Erleben. Viśvāmitra, ein König, der auf seinen Thron verzichtete und Einsiedler wurde, einer der sogenannten Kṣatriya-Brahmanen und großer Ṛṣi, der Gegenspieler des berühmten vedischen Brahmanen Vasiṣṭha, rezitiert das aus tausend Bṛhatī-Strophen bestehende Mahadukta. Da kommt er zu Indras, des großen Gottes „liebem Wohnsitz". Dieser gewährt ihm eine Gnade. „Ich möchte dich erkennen", bittet Viśvāmitra. Ihm antwortet der Gott: „Ich bin Atem. Du bist Atem. Alle Wesen sind Atem. Atem ist jener, der dort glüht. In der Atemform durchdringe ich alle Räume ... Das gilt auch für Viśvāmitra: ‚ich bin, der dort glüht'. Also sprach er" (Aitareya Ār. II, 2, 3).

Alle Tätigkeiten und Übungen der irdischen Vrātya werden im Vrātya-Buch ins Kosmische erhoben, ein Beweis für die gewaltige Würde und Macht, die nach jenem Glauben an sie geknüpft war. In Lied III, 1 finden wir die später so wichtige Stehübung der Yogin, denn dort steht der Vrātya ein ganzes Jahr aufrecht da, worauf sich ihm die Götter nahen und ihn nach dem Grund seines Stehens fragen[28]). Der Vrātya fordert nun von den Göttern einen Sitz, den sie ihm aus übermenschlichen Mächten bauen, worunter die uralten Melodien, die Lieder und Sprüche der Vorzeit sich finden. Daß er auf diesem Sitze Lieder singt und die Sprüche murmelt, ist selbstverständlich. In der Tat zeigt ein Vergleich, daß dieser Sitz der Sitz der Sāman-Sänger ist *(āsandī)*, ins Kosmische erhoben; in brahmanischen Schriften wird er in ähnlicher Weise behandelt[29]). Kosmische Gewalten und die höchsten Geister umgeben den Vrātya auf dem Sitz in dienender Bereitschaft. Dann steht der Vrātya auf und tritt in Lied 6 seinen „Gang" an *(vi-cal)*, der schöpferische Bewegung bedeutet, so wie der Urgott als Ekavrātya einst die Welt und alle Mächte wandernd schuf. Aus Lied 8 und 9 können wir entnehmen, daß die Vrātya im Lande umherzogen und daß große Prozessionen ihnen folgten. Der Aufzug wird in Lied 2 sehr anschaulich geschildert: Der Vrātya steht auf einem Wagen, trägt einen merkwürdigen Bogen magischer Bedeutung und eine Lanze. Seine Kleidung und Schmuck sind phantastisch und erinnern an den heiligen Mann primitiver Zeiten. Bei ihm ist ein Barde und eine Dirne. Seinem von Pferden oder Maultieren gezogenen Wagen rennen Schnelläufer voraus[30]). Es sind Aufzüge, wie wir sie auch in andern Bereichen, etwa bei Prozessionen des Fruchtbarkeitsgottes, finden. Und es kann keine Frage sein, daß bei diesen Prozessionen der Vrātya den Gott und die Dirne die Göttin repräsentieren. Darum wird er überall mit großen Ehren empfangen, wie eine Gottheit behandelt. Wo er freundlich aufgenommen wird, bringt er ungeahnte Segnungen, Fluch aber, wo man ihn beleidigt (Av XV, Lied 10–13). Der Atem dieses kosmischen Vrātya ist 21fach. Er hat 7 Aushauche, 7 Einhauche und 7 Weghauche und jeder dieser Atem ist mit einer kosmischen Macht ineinsgesetzt.

Die Elemente, die der Vrātya dem Yoga zugebracht hat, lassen sich kurz so zusammenfassen: er hat Wesentliches beigetragen zu dem allgemeinen Typ des „heiligen Menschen", der mit übernatürlicher Macht geladen segenspendend und fluchbringend umherzieht. Seine besondere Beschäftigung mit dem Atem, wie sie aus Lied 15–17 ersichtlich ist, hat ohne Zweifel ein wichtiges Element in die späteren Atemübungen eingeführt. Seine Stehübung war ein Vorbild für manchen Yogin. Sein Singen auf dem heiligen Sitz wurde, wo es zu letztem Ernste kam, selbstverständlich zur Versenkung. Und die Tatsache, daß der Vrātya zur kosmischen Macht erhoben wurde, daß seine 21 Atem die gestaltete Welt sind, daß er sitzend zur Majestät und zum Ozean wird und bis an die Enden der Erde reicht (Lied 7), daß die ewigen Mächte ihn dienend umgeben und er einer Unsterblichkeit mit den Göttern (Lied 17), ja schließlich in Lied 1 zum Urgott wird, kann kaum anders erklärt werden als so, daß der Vrātya ungeheuer starke Erlebnisse der Entrückung, der Seelenweitung und der Steigerung des Persönlichkeitsbewußtseins hatte, wie sie z. B. noch YS I, 48 im Zusammenhang mit *samādhi* beschrieben sind, und wie sie überall da sich einstellen, wo der Mensch in der Verzückung über sein enges Ich, über Zeit und Raum hinausgehoben wird. An solche Erlebnisse knüpften sich in den Menschen, die nach letzten Gründen trachteten, von selbst Spekulationen, durch die sie über die Ebenen des individuellen Ichs hinausgehoben wurden und als das verborgene Subjekt, das so Ungeheuerliches erfuhr und ertrug, den ewigen Gott in ihnen erkannten. Durch solche Erlebnisse und die dadurch veranlaßten Spekulationen wurde der Vrātya zur schaffenden Urmacht, zur ewig wesenden Realität im All. Und mit ihm fühlte sich der irdische Vrātya wesenseins [31]).

Auch seltsame Elemente des tantrischen Yoga können z.T. auf den Vrātya und seine Zeremonien zurückgeführt werden, so z. B. die „heilige Begattung" *(daiva maithuna)*, der berauschende Trank, der, wie schon in Av XV, 11, *surā* genannt wird, wozu die Beschreibung der Arten und der Bereitung von *surā* im Mahānirvāṇatantra VI, 1 ff. zu vergleichen sind. Auch der Fleischgenuß *māṃsa* ist mit dem Bockopfer der Vrātya gegeben, ebenso der Genuß des heiligen Breies, der sich in den Schriften der Vrātya-Zeremonien findet. Und in den Liedern des Kuntāpa-Abschnittes im Av, die sehr wahrscheinlich zu Zeremonien gehören, die nach den Dokumenten von den Vrātya gestaltet sind, tritt auch eine lauten- und trommelschlagende Göttin auf, zusammen mit dem Gott, der einen dunkelschwarzen Haarschopf trägt (Rudra). Sie ist deutlich zu erkennen als eine vedische Kālī [32]). Es ist nicht verwunderlich, daß diese Vrātya-Elemente sich in den Übungen der den Śiva und seine Devī verehrenden tantrischen Yogins finden, denn in jenen Gegenden, welche die klassische Heimat des tantrischen Yoga sind, haben sich wohl die als Ketzer gebrandmarkten Vrātyas am längsten gehalten.

Eng verbunden mit dem Gott, der nach den alten Zeugnissen der Hauptgott der ursprünglichen Vrātya war, Vāyu-Rudra [33]), erscheint eine Gestalt, die dem Yoga rauheren Typs Elemente eines primitiven Ekstatikertums vererbt hat. Dies ist der *keśin*, der „Langhaar", dem ein packendes Lied im Rv gewidmet ist (X, 136) [34]). Er ist ohne Zweifel ein Vertreter jener alteurasischen Wildekstatiker, deren Nachfahren wir zu Beginn der geschichtlichen Zeit im eurasischen Bereich, und heute noch in Nord- und Zentralasien, antreffen. Aus diesen alteurasischen Zusammenhängen erklären sich manche Gemeinsamkeiten des Ekstatikertums und der primitiven mystischen Bewegungen bei den indogermanischen und semitischen Völkern und im Fernen Osten. Denn Eurasien, besonders Nordeurasien, ist seit der Mittelsteinzeit ein engverflochtener Kulturraum.

Daß der *keśin* zum Vrātyabereich Beziehungen hat, wird auch durch die Gestalt des alten Königsweisen Keśin Dārbhya oder Dālbhya, des Königs der Pañcālas, nahegelegt. Zu seinem *upavasatha* (Fasttag, Vorbereitung zur Somafeier und Ort, wo sie stattfindet) begaben sich nach dem Baudhāyana Śrauta-Sūtra bekehrte Vrātyas aus dem Kuruland, offenbar um auch ihn und sein Volk zum Brahmanismus zu bekehren [35]). Dabei kam es zu einer Auseinandersetzung mit einem anderen Weisen der Pañcāla, der offenbar diesem Bekehrungseifer widerstrebte und der eine schon mystisch gerichtete Opfertheorie vertrat, wie sein König, der weise Dārbhya. Im Kauṣīt. Br. VII, 4 wird berichtet, daß Dārbhya lehrte, bei der Weihe zum Opfer würden „die Götter im Menschen" geweiht und nicht der Körper. Auch verkündete er *śraddhā* „Glauben" als das Unvergängliche des Opfers. Hier ist die Wendung nach innen, vom Ritus weg vollzogen. In der Maitr. S. I, 6, 5 und Taitt. S. II, 6, 2, 3 wird ein Keśin Sātyakāmi erwähnt „der Langhaar-ewige-Wirklichkeit-Liebend" Verfasser eines Sāman, der von einem goldenen Vogel belehrt wurde. Wir erhaschen hier ein paar zerstreute Bruchstücke von dem Erleben und den Erkenntnissen dieser *keśin* in ihrer weiteren Entwicklung: die Grundrichtung geht offenbar auf eine Verinnerlichung, die vom äußeren Ritus wegführt, wenn es auch schwer ist, aus den mageren Andeutungen ein gesichertes Bild zu gewinnen. Diese „königlichen Weisen", wie überhaupt die Kṣatriyas, „Krieger" haben, wie später zu zeigen sein wird, einen wesentlichen Anteil an der Entwicklung der indischen Mystik, besonders durch ihre Betonung des *puruṣa*. Die Vrātyas, die in Av XV in einem kriegerischen Aufzug erscheinen, gehören ebenfalls in diesen Bereich. Es sind ursprünglich dem Urgott Vāyu-Rudra, der auch Kriegsgott war, geweihte sakrale Gemeinschaften.

Der Keśin-Hymnus des Rv trägt noch die ganze Lebendigkeit und Kraft der ursprünglichen Verzücktenerlebnisse in Gemeinschaft mit dem Hochgott Vāyu-Rudra in sich.

Der *keśin* ist in Ekstase geraten, weil er mit Rudra *viṣam* aus dem Becher trank. *viṣam* bedeutet in der späteren Sprache „Gift", dem Wortlaut nach aber „das Lebensmächtige". Es ist hier darunter wohl ein begeisternder Trank, wie etwa das gälische *whisge* (wovon Whisky), „Lebenswasser" gemeint. Auch in Av XV, 9 wird ja im Zusammenhang mit den Vrātya *surā* „Branntwein" genannt. Rauschtränke, auch giftiger Art, werden hin und her in den primitiveren Schichten gebraucht, um Verzückung und Schau der verborgenen Welt hervorzurufen. So trinken in Sibirien gewisse Schamanen einen Absud von Fliegenpilzen, und heute noch wird von den Yogin der niederen Sorte Hanf, Opium, Stechapfel u. a. dazu benützt.

Eine Übersetzung des Liedes mag hier folgen:

„Der ‚Langhaar' trägt das Feuer, trägt das ‚Lebensmächt'ge'
Der ‚Langhaar' trägt die beiden Welten.
Der ‚Langhaar' ist der lichte Himmel, da zum Schauen,
Der ‚Langhaar' wird ‚dies ewge Licht' genannt.
Der ‚Verzückten' *(muni)* Sielen sind die Winde,
Sie kleiden sich in ‚gelben Schmutz',
Sie wandern auf des Vāta (Windes) Bahn,
Wenn von den Göttern sie besessen.
Die Winde haben wir verzückt bestiegen,
Ihr Sterblichen seht unsre Leiber nur (sprechen die Verzückten).

Durch die Lüfte fliegt der ‚Langhaar' hin,
Schaut die Gestalten alle mit durchdringendem Blick.
Gotte um Gotte ist der Verzückte ein Genosse.
In Freundschaft zugetan zur Heiltat.
Vātas Roß ist er, Vāyus (des Sturms) Genosse.
Getrieben von den Göttern ist der Verzückte,
Die beiden Ozeane sind sein Wohnsitz im Osten und im Westen.
Auf der Schwanenjungfern Fährte schweift er,
Auf der Fährte der Lichtelben und der wilden Tiere.
Der ‚Langhaar' ist ein Kenner der Erleuchtung *(ketá* v. *cit),*
Ein süßer Freund (des Gottes) ganz und gar verzückt.
Vāyu hat ihm den Trank gequirlt,
Er quetschte ihm die Kunaṃnamā (die bös sich Krümmende),
Als der ‚Langhaar' einst mit Rudra,
Zusammen aus dem Becher das ‚Lebensmächtige' trank."

Dieses Lied schildert anschaulich das Erleben jener primitiven Verzückten, die im heiligen Rausch über alle Erdenschwere hinausgehoben zu kosmischer Weite gelangten, den Göttern gleich zu Sehern und Mächten wurden, die den Erdgebundenen Erkenntnis und Hilfe zu bringen verstanden. Rudra und Vāyu selbst wurden Keśin „Langhaar" genannt; ein Beiname der Durgā, der Gattin des Rudra-Śiva ist *keśinī* und die wilden Scharen, die mit ihnen verbunden sind, tragen ebenfalls die Bezeichnung *keśin.* Wir haben also ein Wort vor uns, das in der vedischen Zeit eine gewichtige Bedeutung hatte. Es mag hier daran erinnert werden, daß auch die Druiden der Kelten und die alten Thulr der Germanen in der Tradition als solche Keśin auftreten und der *fimbulthulr,* „der gewaltige Thulr" ist Odin, wie Rudra der göttliche Keśin und Muni ist. Daß die Keśin auch große geistige Intuitionen hatten, geht aus einem Lied des Rv hervor (I, 151, 6), das den beiden großen Hütern des Weltgesetzes, Mitra-Varuṇa gewidmet ist:

„Die Keśin jauchzen eurer Weltordnung zu,
Wo ihr, Mitra und Varuṇa, singend den Gang (der Weltordnung) wirket.
Laßt es strömen durch euer Selbst, laßt schwellen die Gedanken (oder Lieder).
Ihr leitet das Sinnen *(manman)* der Seher."

manman, von der Wurzel *man,* „denken, sinnen" ist das angespannte und hingebende Sinnen (daher die Verdoppelung). Aus diesem entspringt die seherische und dichterische Schöpferkraft, die von der Götter Selbst herabströmt; daraus werden die Sprüche und Lieder geboren, werden Weisungen der geistigen Weltordnung gewonnen, deren ewige Hüter die beiden uralten Götter sind.

muni war in vedischer Zeit ein Ausdruck für die wilde Verzückung und den Wildverzückten überhaupt wie z. B. Rv VII, 56, 8, wo die Maruts, die ursprüngliche Begleitschar des Rudra, so genannt sind. *Indra,* der in der vedischen Zeit der jüngeren arischen Erobererschar an die Stelle des Hochgottes der Früheren, Vāyu-Rudra trat und darum die stürmenden Maruts als Begleitschar erhielt, wird Rv VIII, 17, 14 „Freund der *muni*" genannt und in Av VII, 74, 1 tritt ein *munideva,* ein „muni-Gott" auf, der Zauber- und Heilkraft besitzt. Dieser „Muni-Gott" kann ursprünglich kein anderer gewesen sein als Vāyu-Rudra, der ja auch uralter Zauberarzt ist.

Auch sonst im vedischen Schrifttum treten *Munis als Ekstatiker* auf. Was vom Muni Aitaśa in Ait. Br. VI, 33 erzählt wird, paßt ganz zu dem Bild des Muni, das wir aus dem Rv und Av gewinnen; Verzückung und Vergöttlichung sind die Gaben, die ihn über die gewöhnlichen Sterblichen hinausheben und Seherweisheit und Heilmacht machen ihn zum Wohltäter seiner Gemeinschaft, wenn auch die im Alltag Befangenen ihn für verrückt halten, wie der Sohn des Aitaśa seinen Vater.

Das Wort *muni* führt übrigens in altindogermanische Zusammenhänge zurück. Es hängt mit der Wurzel *men* zusammen „geistig erregt sein, denken, sinnen". *muni* ist darum sprach- und sinnverwandt mit dem griechischen μανία, „Verzückung, Raserei, geistiges Erregtsein" (von der bekanntlich Plato alles Große ableitet) und mit μάντις „der in Verzückung Geratene, der Seher"; ebenso mit *Mimir,* dem Seher der altgermanischen Epoche [36]).

In Indien wurde das Wort für den begeisterten Weisen überhaupt gebraucht, für den in Erleuchtung Schauenden, wie für den in göttlicher Verschwiegenheit verharrenden Yogin. Weil die Verzückten sich für ihre seelischen Hochstimmungen auch durch schweigende Konzentration vorbereiteten, bekam das Wort später die Bedeutung „der Schweiger".

Als Ausdruck für den geweihten Mönch hat *muni* dann im Buddhismus eine neue Bedeutung gewonnen und wurde zu weltgeschichtlicher Größe in dem Titel Buddhas: Śākya-Muni.

Es mag hier noch auf die These von H. Lüders hingewiesen werden, nach der im Namen des Ammonios Sakkas (der bei Ammianus Marcellinus, einem römischen Geschichtsschreiber des 4. Jahrh. n. Chr., Saccas Ammonius heißt), der alte Titel Buddhas stecke, den ein buddhistischer Mönch in Alexandrien getragen habe. Dieser habe Plotin in altindische Weisheit eingeweiht und sei so zum Begründer des Neuplatonismus geworden.

Dieser These kann nicht ohne weiteres widersprochen werden. So ist das Wort *muni* ein Symbolwort für uralte und weltweite Zusammenhänge [37]).

Welch ein steiler Weg aber liegt zwischen jenem rauschverzückten Wildekstatiker des Rv und dem zur Höhe der Schau emporgestiegenen Śākya-Muni oder einem Plotin.

2. *Der Yoga als Methode und als Metaphysik*

Eine Schöpfung der indoarischen Ketzer

a) Die Bedeutung der sakralen Genossenschaften Vāyu-Rudra-Śivas für diese Entwicklung

Zwischen den Zeugnissen für yoga-ähnliche Übungen und Erlebnisse, wie wir sie in den ältesten vedischen Schriften finden, und dem schon weithin als ausgebildetes System auftretenden Yoga in den Upaniṣaden, zuvörderst in der Śvetāśvatara Up. und Kāthaka Up. der dritten oder vierten Altersschicht des vedischen Schrifttums, klafft eine nicht leicht zu überbrückende Lücke in der Entwicklungsgeschichte des Yoga. Die sogenannten Āraṇyakas und Brāhmaṇas, Dokumente des sich festigenden und wachsenden brahmanischen Kultes, bieten hier wenig.

Es ist trotzdem möglich, auf Grund der schon angeführten Zeugnisse des Vrātyabereiches einerseits und der ältesten Yoga-Upaniṣaden andererseits einen Hauptbereich der Entwicklung des Yoga festzulegen. Dies ist der Bereich, in dem der alte Gott Vāyu-Vāta-Rudra, später Śiva, „der Huldreiche, Gütige" genannt, und seine weibliche Partnerin, die ebenso alte Fruchtbarkeitsgöttin unter vielen Namen verehrt wurden. Dem Vāyu-Rudra wurde schon in alter Zeit der Name *mahādeva,* „Großgott", und *īśāna,* „Herrscher", bald auch der Name *tāra,* „Retter" (welcher Name auch Viṣṇu beigelegt wurde), gegeben. Unter den vielen Namen der Fruchtbarkeitsgöttin ragen hervor *umā* (ursprünglich wohl eine Flachsgöttin), die auch als Tochter des Himālaya gilt, *pārvatī,* „die Berggöttin", *ambikā,* „die Mütterliche", *durgā,* „die schwer zu Erreichende". Bald ist sie die *śakti,* „Kraft", des männlichen Gottes, oder auch *deṣṭrī,* „die Weiserin des Schicksals", *tārā,* „die Retterin oder die Strahlende", auch *ajā,* „die Ziege" neben *aja,* dem „Bock", zwei uralte Gestalten der vedischen Zeit, die in der mystisch-philosophischen Epoche als „die (der) Ungeborene" gedeutet wurden. Auch werden die uralten Namen für kosmisch-mythische Mächte wie *virāj,* „die weithin Herrschende oder Strahlende", die in Av-Liedern und auch im Rv als höchstes schaffendes Urprinzip besungen wird oder *aditi,* „die Unermeßliche oder frei Waltende" (wie z. B. in Kāṭh. Up. IV, 6, 7) auf sie angewendet. In der philosophischen Schicht der Schriften wird diese Göttin zur *prakṛti,* der „schöpferischen Urmacht", die in der Śvet.-Up. mit der „rot-weiß-schwarzen Ziege" *(ajā)* ineinsgesetzt wird, die der *aja,* „der Bock (oder der Ungeborene)", bespringt und so die Welt zeugt. Die Farben beziehen sich auf die *guṇas,* „Fäden" (des Weltgewebes). Dies sind die Weltstoff-Energien (siehe weiter unten). Dieses Bild der dreifarbigen Ziege geht durch die ganze Literatur des Yoga-Sāṃkhya. Jedenfalls tritt in den ältesten Yoga-Upaniṣaden und in den Av-Liedern, die zum Traditionsgut der Vrātya gehören, überall dieses uralte Götterpaar auf, teilweise schon ihrer ursprünglichen Eigennamen entkleidet, einfach als *deva,* „der Gott" (oder *puruṣa,* „der Mensch") und *devī,* „die Göttin" (vgl. Av X, 8 und Kāṭh.-Up. IV).

Die Stellung der männlichen und weiblichen Person dieses Götterpaares wechselt in den verschiedenen Schichten und Formen des Yoga im Laufe seiner langen Entwicklung. Bald stehen sie gleichberechtigt nebeneinander, bald tritt die Göttin zurück und der Gott bekommt als *deva, puruṣa, īśvara* eine so zentrale Stellung, daß die Göttin verschwindet; bald tritt die Göttin weit in den Vordergrund, wie in gewissen Formen des tantrischen Yoga. In diesem Wechsel zeichnet sich ein sehr wesentlicher gesetzmäßiger Vorgang der Religionsgeschichte ab: Bestimmt von zentralen Anliegen mit betont geistigem und ethischem Streben wird die männliche Form der Gottheit beherrschend, während da, wo das Biotische und das Seelisch-Gemüthafte sein Recht verlangt, die weibliche Form, ein nicht zu verneinendes Anliegen erfüllend, hervortritt. Es handelt sich hier um lebensgesetzliche Bewegungen der biotischen und geistigen Wirklichkeiten, in die der Mensch in seinem Werden einbezogen ist. Dabei spielt das Gesetz der Polarität eine wichtige Rolle; ebenso das Streben nach Ausgleich und Synthese. Indien ist geradezu das Schulbeispiel für diese Bewegungen. Aber auch die Geschichte des Abendlandes hat in engstem Zusammenhang mit der antiken und mediteran-vorderasiatischen Welt, die auch das Christentum umspannt, diesen hochwichtigen Vorgang vor Augen geführt. Einige Stichworte müssen hier genügen: Kraft und Ausbreitung des großen Muttergöttinnenkultes; Gegenstoß des ursprünglichen Christentums mit seinem Vatergott; auftauchender Marienkult; Scholastik; Hochentwicklung der Marienverehrung; Reformation und Aufklärung; Romantik und romantische Marienverehrung; liberal-protestantische Betonung eines geklärten Christus- und Vatergottglaubens; neuer Aufbruch der Marienverehrung (das „Marianische Zeitalter") und starke mystische Strömungen; Mariendogma und Widerspruch streng protestantischer Kreise.

Die indischen Dokumente lassen keinen Zweifel darüber, daß der eigentliche Yoga in dem Bereich des Rudra-Śiva, der *deva-* und *devī*-Verehrung seine Ausbildung erfahren hat. Rudra-Śiva ist seit alters als der Ur-Yogin anerkannt und sein Beiname *Vrātapati* (Hauer, Vrātya 191) weist die Richtung, wo die Kerngemeinschaft dieser Entwicklung gesucht werden muß.

Es besteht die Möglichkeit, daß auch der nicht streng brahmanische Bereich der Viṣṇu-Gemeinde sich schon sehr früh an dieser Entwicklung mitbeteiligte. Die Versuche Śiva und Viṣṇu ineinszusetzen treten darum am deutlichsten im Yoga-Bereich auf. Dies hat seine guten Gründe: diese beiden Götter sind keineswegs so verschieden wie allgemein angenommen wird. Ihre Unterscheidung: Viṣṇu, der Schöpfer und Erhalter, Śiva, der Zerstörer ist eine spätindische, rein brahmanische Konstruktion, die nicht der religionsgeschichtlichen Wirklichkeit entspricht.

Es wäre Zeit, daß dieser Irrtum endlich aus den religionsgeschichtlichen Darstellungen über Indien verschwinden würde.

Ziehen wir die lange unbeachtet gebliebenen Dokumente über die Vrātya zur Beantwortung der Frage heran, wo und wie sich der Yoga von der altvedischen Zeit bis zu den ältesten Yoga-Upaniṣaden entwickelt hat, so kommen wir zu dem gut begründeten Schluß, daß innerhalb der Rudra-Śiva-Gemeinde die diesem Gott geweihten Scharen, die seit uralters (d. h. schon seit indoiranischer Zeit) Vrātya genannt wurden, den Yoga als besondere Methode ausgebildet haben.

Die These, daß die Vrātyas als Wanderscharen sakralen Charakters in indoiranische Zeiten zurückgehen, ist neuerdings von der iranischen Forschung her bestätigt worden [38]). G. Widengren hat in einem Pahlavitext, der aber auf avestische Traditionen zurückgeht (Bahman Yast) eine Überlieferung über Zarathustras Visionen untersucht, und aufgezeigt, daß nach dieser Zarathustra von einem Kreis von Schülern und Genossen umgeben war, die eine strenggebundene Gemeinschaft bildeten. Diese Genossen tragen Namen, die indische Entsprechungen haben; hier kommt sogar der Ausdruck *urvaϑa* vor, der genau dem altindischen *vrātya,* sowohl etymologisch wie dem Sinn nach, entspricht. In einer eingehenden Untersuchung (Vrātya S. 179–194) habe ich die genaue etymologische Erklärung und sachliche Bedeutung dieses Ausdrucks gegeben. *vrātya* bedeutet einen Menschen, der zu einem *vrāta* gehört; *vrāta* aber bedeutet eine Schar, die ein *vrăta,* „ein Gelübde", auf sich genommen hat und durch dieses eng verbunden ist. Widengren übersetzt *urvaϑa* mit „Eidgenossen". Dies entspricht genau dem Ergebnis meiner Untersuchung des altindischen *vrātya.* Da wir aus vielen Gründen nicht annehmen können, daß hier eine gegenseitige Übertragung stattgefunden hat, bleibt kein anderer Schluß als der, daß die Vrātya-Genossenschaften schon in indoiranische Zeit zurückgehen und daß Zarathustra der Führer einer solchen Schar von Geweihten oder „Eidgenossen" gewesen ist. Damit ist die von mir schon in meinem Vrātya-Buch vertretene These von dem Ursprung vieler altindischer Weisheitsüberlieferungen innerhalb der Vrātya-Genossenschaften durch iranische Forschungen bestätigt und weiter begründet.

In der weiteren Entwicklung des Yoga innerhalb der Vrātyascharen sind ja dann auch die großen Erleuchtungen über den *puruṣa* im Menschen und den *Urpuruṣa* als Groß- und Allgott entwickelt worden und haben die religiöse und religionsphilosophische Entwicklung Indiens aufs tiefste beeinflußt, so wie die Erleuchtungen Zarathustras die Entwicklung der iranischen Religion.

Auch die anderen iranischen Namen, die auf jene „Eidgenossen" angewendet wurden, haben im Indischen ihre Parallelen, worauf auch Widengren hinweist: *driγu,* „arm" entspricht dem indischen *bhikṣu,* dem in heiliger Armut von milden Gaben lebenden Asketen oder Mönch (auch ein Āṅgirasa alter Zeit trägt den Namen Bhikṣu; er soll Rv X, 117, ein Loblied auf das Schenken gedichtet haben). Dem Wesen nach entspricht dieser *bhikṣu* dem Vrātya als *atithi*, der nach Av XV, 11 umherwandert und sich von den Angehörigen der Kriegerkaste bewirten läßt. Diese Bewirtung geschieht in höflichster Weise, als einer heiligen Person, die Segen ins Haus bringt, wie dies heute noch mit dem heiligen Bettler in Indien der Fall ist. Das iranische *vaēdəmnō* entspricht dem indischen *vidvān* „Der Wissende", wie sowohl der Vrātya als auch der Keśin immer wieder genannt werden. So ist der Keśin in Rv X, 136 ein *vidvān ketasya*, „Ein Wissender der Schauung". Dazu ist zu vergleichen Avesta, Yasna 51, 16, wo der Kavi Vištāspa die Erleuchtung *(čisti)* auf den Wegen Vohu Manahs, des erleuchtenden Geistes, durch die Macht des *maga* gewonnen hat, so wie der Keśin seine Erleuchtung in der Gemeinschaft mit Rudra durch das *viṣam* „Das Lebensmächtige" [39]). Ebenso ist der Vrātya ein *priya*, iranisch *frya*, denn er wird als „So Wissender" ein *priyam dhāman* „ein lieber Sitz" aller Götter und Mächte; und der Keśin ist ein *sakhi* „Freund" der Götter und der Menschen, insbesondere wohl seiner Genossen. Auch kleidet er sich in „rotgelben Schmutz", so wie sich der iranische *urvaϑa* in Lumpen kleidet. Seiner besonderen Kopfbedeckung entspricht beim Vrātya der *uṣṇīṣa* „Hitzeschutz", dessen Form allerdings nicht mehr genau auszumachen ist, da darüber verschiedene Überlieferungen bestehen. Der Keule des iranischen „Eidgenossen" entspricht der *pratoda* des Vrātya, eine Stoßwaffe, meist mit Stachelstock übersetzt. Da aber Rudra-Śiva auch den Beinamen Lakulīśa trägt (*lakuḍa* oder *lakula* „Keule") also Rudra auch „Herr der Keule" genannt wird und Rudra-Mahādeva dem Ekavrātya gleichgesetzt wird, mag der *pratoda* des alten Vrātya in gewissen Formen auch keulenartig gewesen sein.

Da bei den iranischen Kriegerekstatikern, zu denen der Kavi Vištāspa ohne Zweifel gehört hat, nach Wikander auch Atemübungen zur Erreichung visionärer Zustände gemacht wurden, hätten wir auch darin eine Parallele zu dem Vrātya mit seinen 21 Atemarten, die auf sehr energische Atemübungen hinweisen [40]). Widengren verweist noch auf die Parallele zwischen der in seinem Text geschilderten Vision des Zarathustra und der Vision Mārkaṇḍeyas im Mahābhārata, die auffallende Übereinstimmungen zeigen. Nun ist aber Mārkaṇḍeya auch, wie Pṛthu ein Bhārgava, ein berühmter Ṛṣi, Sohn eines Ṛṣi Mārkaṇḍa, der im *svayaṃbhuva manvantara*, im Zeitalter des Manu, gelebt hat. Er gehört also auch in die urindoarische, wenn nicht in die indo-iranische Epoche. Aus diesem Grunde ist auch seine Gestalt sehr vage und verschwommen [41]). Daß er aber durch seine Abkunft in den Vrātyabereich gehört ist kaum zu bestreiten.

Die Schilderung der iranischen *urvaϑa*, wie sie Widengren nach seinem Text gibt (a. a. O. S. 73) paßt genau auch auf die Vrātyagenossenschaften im alten Indien: „Dabei hat sich herausgestellt, daß wir auf die Einrichtung einer in indo-iranischer Zeit schon bestehenden Wanderschar sakralen Charakters stoßen, deren Kennzeichen neben dem Wandern vermutlich sakrale Armut und Bettelgang, eine besondere dunkle Lumpentracht mit einer hohen Spitzmütze, dazu eine spezielle Bewaffnung, nämlich die Keule, ausmachten, und die sich fernerhin in ihrem allgemeinen Auftreten durch eine gewisse Freiheit, um nicht zu sagen Ausgelassenheit auszeichnete. Solche Wanderscharen bestanden anscheinend aus einem Meister mit den sich um ihn scharenden Jüngern."

Die Gemeinschaften der Vrātya waren in Scharen von je 33 eingeteilt (auch die Götter treten in ältester Zeit am häufigsten mit der Zahl 33 auf). Sie hatten einen „Vorsteher" *sthapati* oder *gṛhapati* „Hausherr" als Opfervorsteher, und waren in Grade eingeteilt, die verschiedene Namen trugen. Es gab *jyeṣṭha* „Älteste" oder „Oberste", *madhyama* „Mittlere", *kanīyaṃs* „Jüngere" und *kaniṣṭha* „Jüngste" also Novizen, *sthavira* „Alte" (diese alte Vrātyabezeichnung ist vom Buddhismus übernommen worden, Pāli *thera,* fem. *therā*). Weiter gab es *nṛśaṃsa.*

Dieses Wort hat den Übersetzern Schwierigkeiten gemacht, kann aber in seiner Bedeutung durchaus klar bestimmt werden, wenn man die Vrātyatexte zugrunde legt (vgl. Hauer, Vrātya S. 149 ff.). Diese *nṛśaṃsa* waren auch besondere Anwärter auf den Posten des Vorstehers. Das Wort kann sowohl „Beschwörer, Verflucher" (etwa des Feindes im Kampfe), oder „Männerpreiser" „Sänger" bedeuten und muß dann zu den *gāthā nārāśaṃsī* „Männerpreisliedern" Beziehung haben, aus denen das Heldenepos herausgewachsen ist. Sie stehen in Verbindung mit den *itihāsa* „den Erzählungen: So-War-Es" und den *purāṇa,* den „Überlieferungen der Vorzeit" (vielleicht in einer Sammlung *itihāsa-purāṇa* zusammengefaßt und als *Fünfter Veda* bezeichnet), die verschiedentlich mit dem Av zusammen genannt werden (vgl. dazu Winternitz; Geschichte der ind. Lit. I, 260 ff.). In dieser Sammlung liegen auch die Wurzeln der späteren Purāṇas. Es mag hier erwähnt werden, daß mit dem Vrātya auch ein *māgadha* oder *sūta* (Barde) „wandert" und eine *puṃścalī* oder eine *brahmabandhū,* offenbar eine Sängerin und Tänzerin, die bei gewissen Fruchtbarkeitszeremonien, z. B. beim Mahāvrata sehr weiblich mitzuwirken hatte (Hauer, Vrātya, S. 246 ff.).

Eine besondere Klasse der Vrātya waren noch die *śamanīca medhra* „deren Zeugungsglied vollständig beruhigt ist"; der Ausdruck ist wohl mit dem auch im Mbh öfter als Beiwort von Ṛṣis erscheinenden *ūrdhvaretas* „dessen Samen oben bleibt oder nach oben steigt" zu vergleichen; auch als Beiwort von Rudra-Śiva vorkommend. (Vielleicht sind aus diesem Beiwort einige seltsame sexuelle Übungen des Haṭhayoga zu erklären. Nach den Yogaüberlieferungen steigt der nichtvergossene Same hinauf und nährt die Organe, besonders das Herz).

Es scheint, daß es neben den in Genossenschaften wandernden Vrātyas auch noch Einzelwanderer, *ekavrātya* gegeben hat in Parallele zu den *ekarṣis.* Wir haben solche Beispiele aus der vedischen Zeit, wie etwa der König Viśvaratha „der Herr aller Kriegswagen", der Asket wurde und sich darnach Viśvāmitra „Freund Aller" nannte, oder wie der König Bṛhadratha „der mit gewaltigem Kriegswagen" in der Maitr.-Up., bedeutende Männer, die der Welt entsagten und sich in der Einsamkeit der Betrachtung hingaben, oder durch die Länder wanderten, Weisheit und Segen verbreitend. Ekavrātya wurde dann auch der Name für den Einen höchsten Vrātya, den Gott, als Vorsteher der ihm geweihten Genossenschaften, der in Av. XV, 1 und sonst in der Vrātya-Überlieferung als Mahādeva, d. h. als Rudra auftritt.

Der Aufbau der Vrātya-Genossenschaft erinnert in vielem deutlich an den Aufbau heiliger Genossenschaften, die wir auch sonst in der Religionsgeschichte antreffen, und die sich vornehmlich in den Ländern rings um das östliche Mittelmeer zu Mysteriengemeinschaften entwickelt haben.

Da aber die Vrātya auch in kriegerischen Aufzügen und Ausrüstung auftreten und mit den *Rājanya,* dem Kriegeradel, in verwandtschaftlicher Beziehung standen, ist ein Vergleich mit den iranischen Männerbünden, deren Vorhandensein Wikander festgestellt hat, und weiterhin mit den Mithras-Genossenschaften durchaus angebracht (vgl. Stig Wikander: Der arische Männerbund, Lund 1938).

Nach diesen Zeugnissen ist die These begründet, daß diese sakralen Wanderscharen aus indo-iranischer Zeit nicht nur in Indien, sondern auch im Iran und in ganz Vorderasien ihre Nachfolger gehabt haben. Wesensart und Treiben der Vrātyascharen sind die uralte Voraussetzung nicht nur des Yoga in Indien, sondern auch des Derwisch- und Sufitums, bis auf die Kleidung hinaus. Selbstverständlich haben in Vorderasien noch andere Faktoren mitgewirkt, so z. B. der Neuplatonismus (der vielleicht auch vom Buddhismus beeinflußt ist; vgl. oben S. 31); dazu kommen dann vom 10. Jahrhundert n. Chr. ab, wie Albīrūnī bezeugt (vgl. darüber weiter unten), wieder neue Anregungen des inzwischen zu einem bedeutenden System gewordenen Yoga nach Persien und von dort nach Vorderasien.

Von hier aus fällt auch neues Licht auf den Zervanismus, der in Persien in den letzten Jahrhunderten v. Chr. auftaucht und offenbar damals eine starke Wirkung ausgeübt hat. Daß er nicht einfach eine Neuerung ist, sondern sehr alte Wurzeln in der vorzarathustrischen iranischen Religion hat, haben Iranisten wie Benviste, Schäder, Widengren u. a. betont [42]).

Im Unterschied von der streng dualistischen Religion des Reformators Zarathustra ist seit Eudemos, dem Schüler des Aristoteles, in Iran eine Religion bezeugt, in der ein göttliches Urprinzip geglaubt wurde, aus dem sowohl der Lichtgott Ahura-Mazda, wie die Dunkelmacht Angra Mainyu geboren wurden. Diese Urmacht wird *zrvan akarana,* „die unendliche oder ungeschaffene Zeit" und *zrvan dar goxva ata* „Ewige Zeit" (wörtlich „die seit langem selbstherrlich waltende Zeit") genannt. Sie taucht auch als eine zu verehrende Gottmacht in den jungavestischen Schriften auf.

Aus der Vorstellung eines solchen schaffenden Urprinzips, das sich besonders auch in den Zeitläuften und in ihrem Geschehen offenbart, entwickelte sich eine mystisch-philosophische Religion, der Zervanismus, der in den Jahrhunderten um die Zeitwende einen mächtigen Einfluß auf das religiöse Denken des Iran und ganz Vorderasiens gehabt hat. Unter den frühen Sassaniden war der Zervanismus sogar so etwas wie eine Reichsreligion, die auch offenbar Mani beeinflußte. Dieser Glaube an die „unbegrenzte, die ewige Zeit" als letzthiniger Schaffensmacht, die auch als Schicksalsmacht betrachtet wurde, verband sich bald mit der religionsphilosophischen Spekulation über die „Zeit" Αἰών, Χρόνος, die in Griechenland seit Pherikydes (6. Jahrhundert vor Zeitr.) eine einflußreiche Unterströmung des religiösen und philosophischen Denkens bildete. Diese religionsphilosophischen Spekulationen über die Zeit tauchen auch bei Platon und Aristoteles auf, die so unterscheiden, daß Αἰών als die ideelle, oder das zeitlose Sein der Zeit, Χρόνος dagegen als die empirische Zeit gilt. Dies sei hier erwähnt, weil diese Unterscheidung seltsamerweise dieselbe ist, die auch in dem Vrātyalied X, 8 und sonst gemacht wird. Denn hier wird unterschieden zwischen der Zeit, „die offenbar ist" (in Monaten usw.) und der anderen, die im Verborgenen als Urprinzip west und wirkt.

Nehmen wir noch hinzu, daß auch im Orphismus die „Zeit", Chronos, als ein Urprinzip waltet (dort vermischt mit anderen kosmischen und Gottmächten, die auf Schichten religionsgeschichtlicher Entwicklung hinweisen), so drängt sich die Frage auf, ob hier nicht altindogermanische oder gar vorindogermanische Zusammenhänge an der Wurzel liegen. Es sei hier noch auf die Ineinssetzung von Chronos und Kronos hingewiesen, mit dem uralten Gott, dessen frühe Herrschaft in die Zeit vor der Einwanderung der Indogermanen in die Mittelmeerländer zu setzen ist. Er wurde dann durch den indogermanischen Uranos eine zeitlang verdrängt, bis er durch die zweite indogermanische Welle unter Zeus–Patér in Griechenland endgültig gestürzt wurde. Auf diese Dinge kann hier nicht eingegangen werden; sie seien erwähnt, um ein Gefühl dafür zu erwecken, welche gewaltigen Bewegungen und Gegenbewegungen in der westeurasischen Religionsgeschichte sich vollzogen.

Wichtig aber ist in unserem Zusammenhang die Tatsache, daß auch der Orphismus mit seiner Gotturmacht Chronos eine mystisch-philosophische Genossenschaft entwickelte, und daß die „Zeit" als Gottmacht im Mithras-Glauben eine hervorragende Rolle spielte. Innerhalb dieser Gemeinde wurde diese Gottmacht Aion, vielleicht aber auch Kronos genannt. Daß der Mithraskult mit seiner geweihten Genossenschaft, seinen Einweihungsgraden usw. mit den altiranischen Kultgenossenschaften zusammenhängt, wird keinem Zweifel unterstehen. Damit aber sind wir wieder in der Sphäre jener iranischen *urvaϑa,* und der altindischen *vrātya* [43]).

In dem schon genannten Lied des Av X, 8, das, wie gezeigt, zu den Weistumsüberlieferungen der Vrātya gehört, findet sich eine bisher ganz übersehene Parallele zu dem iranischen *zrvan,* die sowohl wurzelhaft wie dem Sinn nach damit übereinstimmt. Alle Gelehrten, die sich mit dem *zrvan*-Problem befaßt haben, sind der Meinung, daß dieser

Ausdruck ganz für sich stehe. Er hat aber eine Entsprechung in Av X, 8, 6 in dem Wort *jarat*. Es ist ein substantiviertes Partizipium und bedeutet „alt seiend" das „Alt-Seiende"; dieses *jarat* stammt von derselben indogermanischen Wurzel wie das iranische *zrvan,* nämlich *ĝer* (vgl. Pokorny, Indogermanisches etymologisches Wörterbuch, S. 390 f.). Auch *zrvan* kann ursprünglich nichts anderes als „alt" bedeutet haben, wie die weiteren Entsprechungen im Iranischen und in den anderen indogermanischen Sprachen beweisen. Das Wort *jarat* steht in einem Zusammenhang, wo das offenbare und geheimnisvolle Wesen der Zeit und des Kreislaufes des Kosmos behandelt werden. Weltkreis und Zeitlauf werden dort als bewegte Gottwirklichkeit besungen, und zwar wechselt die Bezeichnung der göttlichen Urmacht zwischen Personhaftem und Nichtpersonhaftem, wie das im Altindischen sehr häufig der Fall ist. Von diesem *jarat* heißt es: Av X, 8, 6: „Offenbar seiend (nämlich in den Monaten, im Schaltmonat, im Jahr als der empirischen Zeit) ist es gegründet im Verborgenen. Das ‚Alt-Seiende' ist sein Name, ‚der große Urgrund' (*mahat padam,* sonst auch *padam paramam* ‚der allerhöchste Ort'; es ist der Ursprungsort für alles Werden). Dort ist das ganze Weltall eingefügt, was sich regt und atmet, ist dort gegründet."

Darauf folgt eine Strophe über das „Eine Rad", dessen eine Hälfte den ganzen Weltkreis erzeugt – dies ist der empirische Welt- und Jahreskreis. Die andere Hälfte, d. h. die transzendente Wesenheit der beiden, ist verborgen: „Wo ist sie?" fragt der Dichter. In Strophe 12 wird dann dieses Urprinzip das *anantam,* „das Unendliche" genannt und gesagt, das Unendliche und das Endliche hängen zusammen. Hier sei noch bemerkt, daß *mahat* ein Urprinzip im Yoga-Sāṃkhya geblieben ist, das auch in der nächsten Entwicklungsstufe des Yoga, in der Kāṭh. und Śvet-Up. an hoher Stelle steht. Auch ist zu verweisen auf Av XV, 1, wo *mahat* zu den kosmischen Urprinzipien gehört.

Vergleichen wir das Wesen und Wirken dieses *jarat* in der Vrātyaüberlieferung mit dem iranischen *zrvan,* mit dem es etymologisch und sinngemäß unzweifelhaft zu verbinden ist, so kann der Schluß mit guten Gründen gewagt werden, daß es sich hier um dieselbe Überlieferung über das Urprinzip „das Alte" („den Alten") handelt, die bis in indoiranische Zeit zurückgeht. Und zwar ist anzunehmen, daß diese Geheimlehre in jenen alten indo-iranischen Genossenschaften Eingeweihter zuerst erschaut, gestaltet und überliefert wurde. Zarathustras Vision, in welcher er erschaute, daß der gute und der böse Geist Zwillinge sind, also aus einem Schoß geboren, darf wohl als ein starker Nachklang jener alten Schauungen und Überlieferungen angesehen werden, die bei dem Propheten, der gewaltig von der personhaften Gottmacht erfaßt war, hinter dieser zurücktraten. Es mag hier noch bemerkt werden, daß auch im Namen Zarathustra das Wort *zara(n)t,* „der Alte" steckt.

Die *Entwicklung* des Wortes *zrvan* im Iranischen von der Bedeutung „der Alte" zu Zeit ist unschwer zu enträtseln. „Das (der) Alte" ist ja eine hervorragende Zeitbestimmung. „Der Alte, der Unendliche, der Ewige

Alte, der Uralte" sind Worte, die auch sonst häufig als Bezeichnung einer Urgottheit vorkommen mit den Parallelen im Neutrum zur Bezeichnung des unpersönlichen Aspektes der Urmacht. Und da jenes *jarat* „Uralte" immer gegenwärtig war, gegenwärtig ist und gegenwärtig sein wird, wo etwas in der Zeit geschieht, und die Zeit selbst sozusagen als transzendente Realität im Hintergrund alles zeitlichen Geschehens steht, also mit dem „Uralten" eins ist, konnte die Bedeutung „Zeit" aus *zrvan* selbstverständlich sich entwickeln. In Indien fand diese Entwicklung nicht statt; es lebte bei seiner immer mehr sich vertiefenden Einkehr sozusagen im Zeitlosen. Darum gab es für *jarat* keine parallele Entwicklung, die der von *zrvan* entsprochen hätte, sondern es schied aus der Reihe letzter Prinzipien aus.

Doch gibt es auch in der Vrātya-Überlieferung in der ältesten Schicht eine Zeit- und Schicksalsgottheit. Schon in der mit *jarat* verbundenen Zeitspekulation, wo es verschiedene Untergänge und Wiedererstehen von Schöpfungen gibt, muß die Idee von Schicksal und Zeit mit wirksam gewesen sein. Aber in einem Lied, das zweifelsohne zur Vrātya-Tradition gehört Av XIX, 53, 54, wird Kāla „die Zeit" als Maskulinum (wahrscheinlich von der indogermanischen Wurzel *kel* „treiben, jagen" also wörtlich „der Treiber") als höchste Gottheit besungen, von der das ganze Welt- und Zeitgeschehen mit unwiderstehlicher Gewalt vorwärts getrieben wird. (*kāla* ist kein junges Wort wie Schäder meint, denn es kommt schon Rv X, 42, 1 vor, und zwar in Zusammenhang mit dem Würfelspiel und bedeutet dort sicher Schicksal; Geldner hat die Bedeutung des Wortes an der Stelle nicht richtig erkannt.)

Kāla ist auch eng verbunden mit dem alten Vrātya-Gott Rudra. In der Atharvaśiras Up., die als das „Haupt" des Atharvaveda alte Überlieferungen der Rudra-Gemeinde enthält, wird Rudra *vyāpaka* „der Durchdringer (der Welt)" genannt; ihm sind alle Welten eingewoben und er wird von Kāla her, wie die Upaniṣad sagt, *vyāpaka* genannt. Dies kann nur so verstanden werden, daß er mit Kāla, der alles durchdringt, identisch ist. Diese Deutung wird gestützt durch einen Namen Rudras, nach dem auch eine Upaniṣad genannt wird, die in den Yogabereich gehört: *kālāgnirudra*. Wie Rudra häufig mit Agni, dem Feuergott ineinsgesetzt wird, so auch mit Kāḷa. (Möglicherweise ist Kālī ursprünglich die weibliche Entsprechung von Kāla als Rudra.)

In dem genannten Abschnitt und im folgenden tritt auch die Idee der Weltuntergänge und -aufgänge, die wir in Av X, 8 finden, auf: Wenn Rudra, der als Schlange symbolisiert wird, sich zusammenringelt, welken alle Welten; wenn er sich wieder aufringelt, erstehen sie neu. Wir haben also hier die urtümlichen mythologischen Erzählungen über den Brahma-Tag und die Brahma-Nacht. In diesem Zusammenhang taucht auch das Weltenei auf, das im Orphismus eines der schöpferischen Urprinzipien ist. Es ist hier daran zu erinnern, daß auch in den vorderasiatisch-griechischen Vorstellungen der „Ewigen Zeit" als ihr Symbol eine Schlange auftritt, die sich in den Schwanz beißt. Diese Parallelen können nicht zufällig sein. Die zwei Lieder im Av, die Kāla gewidmet sind, sind packende Schilderungen seiner gewaltigen Macht, die er in alle Weltkreise ausströmt, für seine Gewalt, mit der er alles vorwärtsreißt.

Auch eine andere Vrātya-Gottmacht, der Rohita, dem einige Lieder im Av gewidmet sind, wird im Av XIII, 2, 39, dem Kāla gleichgesetzt. Dieser Rohita ist nicht, wie vielfach angenommen wird, die Sonne, obwohl das Wort der Leuchtende, Strahlende bedeutet, sondern ein Name für den ewig schaffenden Urgott. Die Sonne ist nur eine seiner Offenbarungen. Wie Kāla ist auch Rohita „Herr der Geschöpfe", Prajāpati, der auch der Jahreslauf ist. Auch Kāla ist *samvatsara* „der Jahreslauf". Wie ein gewaltiger, mit Rossen bespannter Wagen rast er dahin, ihm gehören alle Wesen, die von ihm getrieben das Geschehen vorwärtstreiben. Er jagt dahin als Erster und als höchster der Götter. Seine Fülle gießt Kāla vielfach in das Weltall aus. Er ist alle Wesen. Doch gibt es eine Zeit, die „weggewendet" ist im höchsten Himmelsraum, „wie die Weisen sagen". Dies ist nicht etwa die Vergangenheit, denn die wäre ja nicht im höchsten Himmelsraum; sondern jene transzendente Zeit, die wir in Av X, 8 wie im Zervanismus und bei Plato und Aristoteles finden. Kāla als Schöpfer der Wesen überdauert sie alle und keine höhere Macht gibt es als ihn. In der Sonne glüht er auf, und Geist und Atem sind in ihm. Er ist des Weltalls Herrscher, Herr und Vater des Prajāpati. Er wird zu *brahman* und trägt in sich den „Höchsten". Auch die alten Seher, Angiras und Atharvan kommen in Kāla vom Himmel zur Erde. Wie eng diese mythische Gestalt mit dem mythisch gefaßten Zrvan-Akarana und mit Aion und Chronos vergleichbar ist, zeigt diese kurze Inhaltsangabe der beiden Lieder. Hier sind sicher mehr als mythologisch-philosophische Konvergenzen; hier müssen gemeinsame indoiranische, ja indogermanische Überlieferungen an der Wurzel liegen.

Und eben diese Überlieferungen bestimmten Denken und Leben der alten Vrātyascharen und schufen mit an dem Yoga und Sāṃkhya der späteren Zeit, an deren Metaphysik und Metapsychik. Es ist nicht ohne Bedeutung für Erkenntnis der Geschichte des Yoga, seiner Entwicklung und Ausbreitung, diese Zusammenhänge klar zu erkennen.

Das hohe Alter der Vrātya und deren Zusammenhang mit dem Yoga wird in den indischen Dokumenten auch ersichtlich durch ihre enge Verbindung mit Pṛthu Vainyu (Vainya). Pṛthu führt seinen Stammbaum auf den alten Seher und Sehergott Vena zurück, dem im Av zwei tiefsinnige philosophisch-mystische Lieder gewidmet sind (Av II, 1; IV, 1; übersetzt und erläutert in Hauer: Vrātya S. 349–355; vgl. auch S. 332). Dieser Vena ist nach diesen Texten ein vergeistigter Keśin und Ekavrātya, in dem die Sehermacht zu göttlich-schöpferischer Urmacht erhoben ist.

Pṛthu, der nach Pargiter (Ancient Indian Historical Tradition" S. 40; vgl. S. 202 ff.) in den Purāṇas mit seinem Stammbaum ganz außerhalb der brahmanischen Stammbäume steht und der besonders im Vāyupurāṇa als bedeutende Persönlichkeit erscheint, muß in sehr früher Zeit gelebt haben. Pargiter nennt ihn „a primeval King". Er wird im Vāyu-Purāṇa in einer Liste von Hymnendichtern aufgeführt, die zu der Sippe der Bhārgavas gehören. Sie sind die Nachkommen des uralten Feuerpriesters und Sehers Bhṛgu, der eng mit den Angirasas und den Atharvans, die ebenfalls Feuerpriester sind und die alle in indo-iranische Zeit zurückführen, verbunden ist. Auch diese Gestalten wurden, wie die Gestalt des Vena, des Vrātya und des Keśin vergöttlicht. Auch der Name Pṛthu selbst scheint in indo-iranische Zeit zurückzugehen; denn in Yašt XIII, 126 taucht ein Pərəϑvafsman auf; (die Bedeutung? Vielleicht „der weit ist mit Strophen"; vgl. Wörterbuch Bartholomä 894). Der Name könnte auch mit dem Volksnamen Pārtha, Pārthava, Parther zusammenhängen und würde dann auf einen parthischen Seherdichter hinweisen. Diese Dinge seien hier nur kurz erwähnt, um die Zusammenhänge zu betonen, in denen die Vrātya-Yoga-Bewegung steht.

Der indo-arische königliche Sänger und Weise Pṛthu herrschte in den indo-arischen Urzeiten in Ayodhya (Audh) und seine Herrschaft scheint sich über das Magadha-Land bis Bengalen ausgedehnt zu haben. Denn es wird von ihm berichtet, daß er dieses Land einem *māgadha* (vgl. dazu Vrātya S. 142 ff.) und Anūpa („Sumpfland", Bengalen), dem *sūta* (Barden) übergeben habe. Pṛthu gehört auch zu den in den Purāṇas aufgeführten *cakravartin*, „Weltherrschern" [44]).

Pṛthu steht nach dem Jaim-Up. Br. mit den Vrātya in engster Verbindung. So erhält er von den „göttlichen Vrātya" Belehrung über den geheimnisvollen Wesensgehalt der Silbe *om*, die der Symbollaut für *satya*, „Das Ewig-Wirkliche" ist und darum das ganze All trägt. Er scheint mit ihnen zahlreiche Zwiesprachen gehabt zu haben, die alle als Thema die verborgene Weisheit zum Gegenstand haben, deren Besitzer die Vrātyas sind. So wird er von ihnen belehrt über die „Götter der Götter", d. h. über ihre eigentlichen Selbste *(ātman, puruṣa)*. Es sind die Götter, die keiner Opfer bedürfen „sie achten die Darbringungen gering". Nach dieser Überlieferung drängten diese Vrātya der indo-arischen Urzeit schon über den Kult und die mythischen Gestaltungen der Götter hinaus. Ferner belehren ihn die Vrātya über Indra, von dem die *śrotya*, die Überlieferer der alten Traditionen so viel Widersprechendes sagen. „Die Hymnen schaffenden Seher der Vorzeit werden wiederum in diese Welt hereingeboren, um den Schatz der alten Weisheit zu hüten. Diese Weisen verkünden, daß derselbe *puruṣa* sich auf mannigfache Weise verkörpert." Also ist Indra nichts anderes als eine der vielen Manifestationen des Urpuruṣa. Diese Weisheit ist „das *sāman* ohnegleichen". Sie wissen auch „des Opfers höchste Urform" *(dhāman)*, erkennen also das geistige Wesen des Opfers. Wir haben hier in der Tat tiefe Schauungen der Vrātya schon in ältester Zeit [45]).

Aus diesen Zeugnissen geht deutlich genug hervor, daß neben dem indo-arischen Opferkult, der im Rv und in anderen großen Schriften, die sich in erster Linie mit dem Opferkult befassen, eine völlig anders gerichtete geistige Entwicklung sich vollzog, die in den Vrātyagemeinschaften ihren Mittelpunkt hatte.

Es mag hier noch die wichtige Tatsache vermerkt werden, daß einige Fragen des Pṛthu und die Antwort der Vrātyas sich wörtlich in einem der großen Weisheitslieder des Av X, 8, 35. 36. finden, wenn auch mit geringfügigen Abweichungen in der Lesart. Dies weist daraufhin, daß dieses tiefsinnige Weisheitslied, in dem eine Anzahl der Grundelemente des späteren Yoga-Sāṃkhya sich finden, auf die Überlieferungen der Vrātya zurückgehen muß. Wir haben damit einen festen Anhaltspunkt für die These, daß nicht nur das XV. Buch des Av, sondern auch eine Reihe anderer Lieder, die eng mit Av X, 8 zusammenhängen, zum uralten Grundstock des Av gehören. Die These, daß dieser ursprüngliche Atharvaveda der Veda der Vrātya war, wird weiter unten ausführlicher behandelt werden. Sie ist für die Stellung der Yoga-Upaniṣaden von Wichtigkeit; denn sie werden alle dem Av zugerechnet.

Hier ist auch der Ort auf die Rolle hinzuweisen, die der kriegerische Stand in der religiösen Entwicklung Altindiens gespielt hat. Die Frage ist schon öfter diskutiert worden, ohne daß unbedingte Einigung erzielt worden wäre.

Am entschiedensten hat Deussen (in seiner „Geschichte der Philosophie I, 1, S. 165 ff. und I, 2, S. 16 ff.) die These vertreten, daß die Kṣatriyas oder Rājanyas (dies ist die ältere Bezeichnung für den Kriegerstand), die Hauptvertreter der wichtigsten Weisheitslehren Altindiens gewesen seien. Er führt dafür entscheidende Texte an und ist der Meinung, sie hätten diese Lehren in Opposition zum brahmanischen Ritualwesen gepflegt und fortentwickelt. Er weist noch darauf hin, daß diese alten Überlieferungen aus den Upaniṣad-Texten nicht ausgemerzt wurden – nicht ausgemerzt werden konnten, weil die Überlieferung zu fest war – obwohl diese Texte dann weiterhin in den brahmanischen Schulen überliefert wurden, die gewiß ungern gegenüber den Kṣatriyas als Entdecker der alten Weistümer zurückstehen wollten. Vergleichen wir die von Deussen angeführten Upaniṣad-Texte mit dem, was Gegenstand der Unterredungen zwischen Pṛthu-Vainyu und den Vrātyas war, so entdecken wir ähnliche Weisheitslehren wie dort. Garbe hat der These Deussens zugestimmt und betont dabei noch, daß ja auch Buddha ein Kṣatriya gewesen sei, und ebenso der Stifter einer andern alten Ketzerreligion Altindiens, des Jinismus, Mahāvīra [46]). Dagegen hat Oldenberg gemeint, diese Behauptung sei weit über das Ziel hinausgeschossen. Er möchte die Entdeckung der Hauptlehren der Upaniṣaden doch den Brahmanen zuschreiben, wiewohl er die genannten Texte nicht beiseite schieben kann und den Kṣatriyas auf alle Fälle einen starken Einfluß auf die Entwicklung der altindischen Weisheitslehren zugesteht [47]).

Aber in dieser Auseinandersetzung sind nur die Upaniṣadtexte in Betracht gezogen worden und nicht auch die sehr alten Vrātya-Überlieferungen, die sicher älter sind als die brahmanischen Āraṇyakas und

Upaniṣaden. In ihnen tauchen aber schon, wie gezeigt, die großen Weisheitslehren Altindiens auf. Ziehen wir diese Traditionen mit heran, wozu vor allem auch die Vrātya-Weisheitslieder im Av gehören, so sprechen sie unbedingt für die These Deussens und Garbes, der ich zustimme. Dabei darf freilich die Sache nicht so angesehen werden, als ob innerhalb des Brahmanenstandes, wie er sich im Laufe der altindischen Geschichte entwickelte, nicht auch einzelne Weise aufgestanden wären, welche das altindische Geistesgut mit neuen Intuitionen bereicherten. So viel ist jedenfalls zu erweisen, daß in den Vrātya-Kreisen, die sich um den uralten weisen König Pṛthu scharten, die großen Schauungen altindischer Religion schon sehr früh entdeckt und lebendig wirksam waren. Die Vrātyas selbst waren ursprünglich sicher keine brahmanischen Priester, sondern sakrale Personen des Kriegerstandes. Nach dem Vrātyabuch Av XV 8 ist der Ekavrātya sogar der Erzeuger des *rājanya*, also des Kriegeradels. Es kann darum keine Frage sein, daß die Vrātyas mit dem altindischen Kriegeradel auch über ihren eigenen geographischen, völkischen und religiösen Bereich hinaus in engerer Verbindung standen und daß von ihnen ein starker Einfluß auf die weiteren Kreise dieses Kriegeradels ausging.

Wenn der brahmanische Bereich lange Zeit weithin seine ganze Kraft im Opferkult und den Spekulationen darüber verbrauchte, wandte sich offenbar der Kriegeradel sehr früh der Ergründung letzter Fragen auf kultfreiem, intuitivem und meditativem Wege zu. Seine besinnlicheren Naturen, deren Einkehr sicher auch durch die Erschütterung kriegerischen Tuns und gewaltiger kriegerischer Ereignisse mitbestimmt war, wandten sich von den alten Zeremonien, die ihnen in dieser Erschütterung keinen Halt boten, auf den Weg nach innen, dessen sie in ihrem Tatleben nötig bedurften. Auf die Tatsache, daß das Puruṣa-Erlebnis in solcher Erschütterung wohl sehr häufig auftauchte, ist schon hingewiesen. Aber auch der spätere Karma-Yoga der Bhagavadgītā ist hier wohl schon vorbereitet.

Licht auf die außerbrahmanische Entwicklung des Yoga werfen auch einige Notizen in den Purāṇas über die Teilnahme fürstlicher Persönlichkeiten an der Schöpfung von Sāmans. Es ist schon darauf hingewiesen, daß dieses Wort wurzelhaft mit dem altnordischen *seiðr* „Zauberhandlung", bei der auch alte Gesänge zur Hervorrufung von Ekstasen verwendet wurden, zu verknüpfen ist [48]). Die Sāmans waren Lieder alten Stiles mit besonderen Melodien und sind nicht identisch mit dem Inhalt des sogenannten Sāmaveda. Vielmehr sind im brahmanischen Kultus anerkannte Ṛgveda-Texte auf die alten Melodien gesungen worden, weshalb diese Texte in den alten brahmanischen Gesangbüchern, weil sie auf die Melodien nicht passen, oft merkwürdig auseinandergezogen werden müssen. Die echten alten Texte sind durch die Redaktionstätigkeit der Brahmanen aus der Überlieferung völlig verschwunden. Nur da und dort tauchen kleine Bruchstücke auf. In meinem Buch „Der Vrātya" (S. 246–296) habe ich versucht, zu zeigen, daß der sogenannte Kuntāpa-Abschnitt des Av (Buch XX, 127–136) noch alte Vrātyatexte enthält, die besonders bei der Mahāvrata-Feier, einem in die indogermanische Zeit zurückgehenden Fruchtbarkeitsfest, gesungen wurden. Mit den Sāman-Gesängen eng verbunden waren auch Atemübungen (wie überall, wo Gesang als Beruf gepflegt wird), und beide zusammen waren und sind heute noch in den primitiveren Schichten der Menschheit, Mittel zur Ekstase. Daß dabei selbstverständlich auch die Musik eine bedeutende Rolle spielte steht außer Zweifel. Die außerordentliche Entwicklung der Musik schon in vedischer Zeit wird durch die zahlreichen Namen von Musikinstrumenten in der vedischen Literatur bewiesen (vgl. dazu Hauer, Anfänge der Yogapraxis S. 50 ff., bes. S. 52). Auch heute noch werden Gesang, Musik und Tanz bei den ekstatisch-mystisch eingestellten Śiva- und Viṣṇu-Kṛṣṇa-Rādhā-Verehrern Indiens fleißig geübt, wie auch bei den sogenannten tanzenden Derwischen Persiens, Vorderasiens und Ägyptens, den Maulawis, den Nachfolgern Ǧelāl-ed-dīn Rūmīs, des großen persischen Mystikers im Mittelalter.

Daß die Vrātya Schöpfer und Besitzer der Sāman waren, kann gar nicht in Frage gestellt werden. Denn im Vrātyabuch sind eine Anzahl der wichtigsten Sāman genannt und der Vrātya sitzt auf einer *āsandī*, auf einem Sessel, auf dem der Sāman-Sänger überhaupt sitzt, und dessen Teile auch aus Sāman symbolisch zusammengesetzt sind. Es gibt im Av eine ganze *āsandī*-Spekulation, die sich auch durch die Brāhmaṇas und Upaniṣaden hindurchzieht; ein typisches Beispiel wie sakrale Gegenstände zum Anlaß von symbolhaften Intuitionen wurden. (Das ganze Material wird in meinem 2. Band Vrātya vorgelegt werden.) Aus Vergleichen geht auch hervor, daß viele Vrātyagemeinschaften durch den Vrātyastoma, d. h. die Bekehrungszeremonie als Sāman-Sänger oder Adhvaryus in den brahmanischen Kult eingebaut wurden.

In der purāṇischen Überlieferung, vor allem im Vāyupurāṇa, das seinen Namen von dem alten Vrātya-Gott Vāyu hat, treten eine Reihe von Angehörigen des Kriegerstandes, Fürsten und Könige auf, die Verfasser von Sāmans waren. So z. B. der König Kṛta, der 24 Sāman-Sammlungen „östlicher Art" geschaffen haben soll, ein Schüler des Hiranyanābha, eines Königs von Kośala, der ebenfalls Sāman-Dichter war. Dieser stand mit den Jaiminīyas in Verbindung, deren Vrātyaüberlieferungen oben erwähnt wurden, und soll auch einen gewissen Yājñavalkya in Yoga unterrichtet haben [49]).

Wir sehen aus diesen Überlieferungen, daß gerade in den Ländern, die außerhalb des brahmanischen Zentralbereiches lagen, eine nicht von Brahmanen beherrschte Entwicklung freien Lied- und Melodieschaffens sich vollzog. Die Vrātyas waren aufs engste damit verknüpft. Dies geht auch daraus hervor, daß alle wichtigen Nachrichten über die Vrātyas außerhalb des Atharvaveda in Schriften überliefert sind, die zum Sāma-Veda gehören. Auch die *āsandī*-Spekulationen finden sich in Ritualschriften, die sämtlich der Tradition des Sāmaveda angehören. Eine

Ausnahme besteht nur insoweit als auch die Schule der Kauṣītakin solche Spekulationen besitzt, obwohl sie nach ihrer Bekehrung den Ṛgveda als ihren Veda angenommen haben. Diese Ausnahme stützt aber die These von der engen Verbindung der Sāman mit den Vrātya, denn Kuṣītaka, mit dem Beinamen *sāmaśravasa* „der Sāman-Berühmte", der Urahn der Schule, war nach den von mir übersetzten Texten, ein Vrātya, der sich zum Brahmanismus bekehrte. Hier ist weiter darauf hinzuweisen, daß in dem Vrātya-Lied Av X, 8, 41 diejenigen, „die das *sāman* durch das *sāman* kennen", den „Ungeborenen" *(aja)*, d. h. den Urgott als das *tad*, „das Unbegreifliche Das" erschauen. Nach Jaim. Up. Br. I, 34 ff. sind dies die Eingeweihten, die durch das Verständnis der alten Gesänge hindurchgeschritten sind zum Verständnis des in ihnen wohnenden Weltgeheimnisses (vgl. unten die Übersetzung von Av X, 8). „Die das *sāman* durch das *sāman* kennen" ist eine jener mystischen Tautologien, in der die Auffassung steckt, daß alle heiligen Handlungen zwei Aspekte haben, einen empirischen, das im Irdischen Geschehende, und einen mystisch-metaphysischen; dieser letztere ist die verborgene, dynamische Quelle des empirisch Geschehenden. Und nur wer das Wesen dieser Quelle erfaßt, ist imstande, die heilige Handlung recht und wirkungskräftig auszuführen und die höchste Weisheit zu erschauen. Dieses Prinzip ist dann im Laufe der weiteren Entwicklung auch im brahmanischen Bereich in den Opferspekulationen häufig angewendet worden und hat nicht selten zu tiefsinnigen Betrachtungen geführt.

Als sich im Laufe der Jahrhunderte nach der altvedischen Zeit die brahmanische Kultur von ihrem Zentrum aus, das etwa in den Ländern um Delhi und den oberen Lauf der Jamunā und Gaṇgā zu suchen ist, ihre Herrschaft auch auf die oben genannten mehr nördlich und östlich gelegenen Länder ausdehnte, entstand durch diese Berührung, die zum Teil auch geistige Unterwerfung war, dann der Begriff der Kṣatriya-Brahmanen. Es waren Adelige, die sich der Einkehr zu Gott- und Selbstschau zuwandten. Auch die alten Bhārgavas, unter ihnen Pṛthu-Vainyu, Mārkaṇḍeya, die Śaunakas, die Besitzer des Atharvaveda, gehören in diese Sphäre [50]). Sie alle waren mehr der Einkehr und Schau zugetan als dem Opferkult. Hier erfüllte der Yoga die Sehnsucht nach der Gemeinschaft mit den Ewigen Mächten und ihrer Erkenntnisschau. Die Vrātyas aber waren in dieser Bewegung wesentliche Träger.

Wir sehen, wie sich, wenn wir alle uns zur Verfügung stehenden alten Überlieferungen beiziehen, der außerbrahmanische Bereich, in dem sich die Entwicklung des Yoga vollzog, immer mehr mit Gestaltung füllt. Es mag hier noch erwähnt werden, daß nach der purāṇischen Überlieferung ein König der Süd-Pañcāla und seine Frau, sowie seine Minister Yoga-Anhänger waren und Jaigīṣavya, ein berühmter Weiser im Mokṣadharma, ist Lehrer eines Fürsten Brahmadatta, der auf Grund dieser Belehrung ein Yogatantra verfaßt haben soll. Einer der königlichen Minister heißt Dviveda, weil er ein Chandoga (ein Sāman-Sänger) und ein Adhvaryu (ein Mantra-Kenner) ist, der vor allem die Opferhandlungen vorzunehmen hat. Es ist hier noch nicht deutlich gesagt, aber anzunehmen, daß diese Männer und Frauen schon mit dem Brahmanismus in Verbindung standen.

Viele Vrātyagemeinschaften wurden im Laufe der Zeit als *brahmabandhu* „brahma-Verbundene" (später verächtlich gebraucht) durch Bekehrungsopfer, die man Vrātyastomas nannte, in die brahmanische Ordnung aufgenommen. So verließen z. B. die Jaiminīyas ihre alte Religion und wechselten zum brahmanischen Ritus über; ebenso der schon genannte Kuṣītaka, von dem die Kauṣītakins ihren Namen haben, und die im Anschluß an den Ṛgveda ein wichtiges Brāhmaṇa und eine sehr originelle Upaniṣad schufen. Mit einem Makel des Ketzertums scheinen aber diese bekehrten Vrātyas, zu denen offenbar auch die Kaṭhas gehörten, immer behaftet geblieben zu sein [51]). Ihrem alten Gott Rudra scheinen aber manche dieser bekehrten Vrātya trotzdem noch treu geblieben zu sein, denn im Kauṣītaki Brāhmaṇa tritt Rudra noch als höchster Gott auf. Die Annahme liegt nicht fern, daß durch die bekehrten Vrātya Rudra in den brahmanischen Kultus eingeführt wurde, wo er aber immer eine prekäre Stellung innehatte, wobei seine dunklen Seiten geflissentlich in den Vordergrund geschoben wurden.

Aus den Zusammenhängen der Yogabewegung mit den Rājanya-Kṣatriya-Kreisen erklärt sich wahrscheinlich auch die Verbindung der Viṣṇu-Verehrer mit dem Yoga, die wohl schon in alte Zeiten zurückgeht. Nach einem der übersetzten Texte (Vrātya S. 112 ff.) kann man vielleicht sogar den Schluß ziehen, daß es Vrātya-Gemeinschaften gegeben hat, die den Viṣṇu als höchsten Gott verehrten. Diese Viṣṇu-gläubigen Vrātya haben sich offenbar unter ihrem Führer Budha (nicht Buddha) zum brahmanischen Ritus bekehrt und haben wohl damit den Viṣṇu-Glauben und -kult in den brahmanischen Bereich eingeführt. Daß die scharfe Entgegensetzung von Viṣṇu und Śiva eine späte brahmanische Konstruktion ist, ist schon erwähnt worden. Im Volksglauben waren die beiden Gottheiten einander verwandt und die Beziehungen gingen hin und her. Denn auch *viṣ-ṇu* „der Lebensmächtige, Wirkmächtige", wie der Name zu deuten ist (vgl. oben S. 29), war für seine Gemeinde ein Allgott, aufs innigste mit der Natur und ihren Zeugungskräften verknüpft, wie Vāyu-Rudra-Śiva, was im späteren Kṛṣṇa-Rādhā-Kult machtvoll hervortritt, eine das Volk tief ergreifende Parallele zum Śiva-Śakti-Glauben.

Die enge Verbindung zwischen den beiden Gottmächten kommt im Mahābhārata unmißverständlich zum Ausdruck. Kṛṣṇa und Arjuna sind in der Bhagavadgītā tieffromme Viṣṇu-Gläubige: aber vor der großen Schlacht verehren sie Śiva-Paśupati und Durgā und erhalten von diesen Gottmächten Waffen mit gewaltiger magischer Kraft und damit die Kraft zum Siegen. Auch ein anderer Held der Kaurava, Aśvatthaman (*aśvattha* „der mächtige, wilde Feigenbaum" ist der Weltenbaum in der Überlieferung der den Vrātya nahverwandten Cārakas) erhält von Śiva das furchtbare Schwert, mit dem er im Lager der Pāṇḍava vernichtend wütet[52]). In diesen Zusammenhängen findet sich auch der Yoga des Mahādeva, der in die Bhagavadgītā Eingang gewonnen hat und dessen Geist sie kräftig durchwaltet.

Dem Verfasser der Bhagavadgītā waren die in diesem Abschnitt aufgezeigten Zusammenhänge noch bewußt: der Sāmaveda gilt hier als der höchste von allen Veden. Dieser war sicher nicht der im brahmanischen Kult gebräuchliche, sondern der den Vrātya zugehörige ursprüngliche. Daraus erklärt sich auch die allen bisherigen Forschern unerklärte Tatsache, daß sich der höchste Gott Viṣṇu in Bhg X, 22 mit dem von den Brahmanen nicht gerade hochgeschätzten Sāmaveda ineinssetzt. Dieser Hochstellung des Sāmaveda folgen auch die spätesten Teile des Mahābhārata[53]). Auch der Stammbaum des Yoga, wie er in Bhg IV, 1 angegeben wird, Viṣṇu, Vivasvat, Manu, Īkṣvāku, *rājārṣayah* „die Kriegerweisen", entspricht genau der hier dargelegten Vorgeschichte des Yoga, nur daß die viṣṇuitische Tradition als obersten Gott, von dem die Urweisheit des Yoga kam, statt Vāyu-Rudra-Śiva, den Viṣṇu einsetzt, wie das auch in allen viṣṇuitischen Yoga-Upaniṣaden geschieht.

So erhellt sich auch das Rätsel, daß die Viṣṇu-Upaniṣaden mit den Rudra-Śiva-Upaniṣaden an den Atharvaveda angeschlossen werden. Dieser Veda war in seiner ursprünglichen Form, wie noch ausführlicher zu zeigen sein wird, der Veda der Vrātya, in deren Kreisen der Yoga in vedischer Zeit sich entwickelte. Innerhalb dieser gemeinsamen Yogabewegung wurden die Gegensätze zwischen den beiden Glaubensformen immer wieder ausgeglichen. Denn die Kraftquelle der Yogabewegung war ja das unmittelbare Puruṣa- und Gott-Erlebnis, in dem alle kultisch-dogmatischen Entgegensetzungen versanken. Die Verkündiger der Einheit dieser beiden Götter, wie der Götter überhaupt, für deren persönlichen Aspekt das Wort *īśvara* gebraucht wurde, waren die *śarvadarśina*, die „Alles-Schauer" oder „Alles-Prüfer", die nicht nur eine Glaubensform und eine Metaphysik als unbedingt verpflichtend anerkannten, sondern in allen das Letzthin-Gemeinsame entdeckten, also dem Ziel aller wahren religiösen Erkenntnis und Frömmigkeit zustrebten. Auch für diese Einsicht hat der Yoga einst in Altindien die Bahn gebrochen. Dazu weiter unten noch einiges mehr.

b) Die Überlieferung der Vrātya-Weistümer im Atharvaveda

Das ausführliche Dokument über die Vrātya, ihre Gottheiten, ihre Wanderungen und Riten, ihre Ausstattung usw. findet sich im XV. Buch des Av. Es ist das einzige streng in sich zusammenhängende Buch, in der zwanzig Bücher zählenden Sammlung, das nie von einem der brahmanischen Kommentatoren berücksichtigt wurde. Dies hat seinen guten Grund: In diesem Buch findet sich ein Hymnus, Av XV, 1, der den *ekavrātya*, „Ur-Vrātya", „Einen Vrātya", als die höchste Gottmacht besingt. Sie hat einst im Uranfang (Paipp. hat *agre*) durch ihr „Wandern“ den altbrahmanischen Prajāpati zu seiner schöpferischen Tätigkeit angeregt und sich in verschiedenen kosmischen Mächten und Gottgestalten geoffenbart. Dieser *ekavrātya* ist also ein Urgott, der denselben Namen trägt wie die ihm Geweihten. Die Hauptgottgestalt in diesem Hymnus, wie überhaupt im ganzen Vrātya-Buch ist neben den in Neutrum stehenden Urmächten wie *mahat, jyeṣṭham, brahman,* Jśāna-Mahādeva-Rudra, der uns bekannte Großgott der Vrātya, der auch sonst im Av mit seinen verschiedenen *tanū,* „Gott-Manifestationen“, eine höchste Stelle in dem Vrātya-Buch inne hat. Er tritt in Av XV, 5 schon in seiner sieben- (oder acht-)fachen Gestalt auf, die später im Śiva-Glauben eine so große Rolle spielt. Daß dieser mit dem uralten indo-iranischen Großgott Vāyu eins ist, wurde schon betont. Der sehr interessante Hymnus Av XV, 1, in dem eine Anzahl von Mächten auftreten, die im späteren Yoga-Sāṃkhya eine wichtige Stelle inne haben, möge hier seinen Platz finden: (der Hymnus ist nicht in vedischen Strophen gedichtet, sondern in einer rhythmisch bewegten Prosa, wie die noch zu nennenden *paryāya,* die für die Vrātya-Dichtung charakteristisch sind; vgl. unten).

„Im Uranfang war der Vrātya. Wandernd war er fürwahr. Er erregte den Prajāpati. Dieser Prājapati sah Gold in seinem Selbste [1]. Das ließ er gebären. Es wurde zum Einen. Dieses wurde zum heiligen Stirnzeichen [2]. Dieses wurde das ‚Große‘ [3]. Dies wurde zum ‚Ältesten‘ [4]. Dies wurde zu *brahman.* Dieses wurde zur schöpferischen Glut [5]. Dies wurde zum Ewig-Wirklichen *(satyam).* Durch dieses kam er ins Dasein.

Er wuchs heran. Er wurde der Große *(mahān).* Er wurde der ‚Großgott‘ *(mahādeva).* Der nahm die Herrschaft über die Götter an sich und wurde *īśāna* (‚der Herrschende‘). Der wurde der *ekavrātya.* Dieser nahm einen Bogen an sich; das ist des Mächtigen Bogen [6]. Blau ist

[1] Man erinnere sich hier an den *hiraṇyagarbha* „Goldkeim“, der mit dem Ur-Ei des Orphismus identisch ist.

[2] *lalāma,* das wohl identisch ist mit dem Stirnzeichen *tripuṇḍra* der Rudra-Verehrer. In einigen Yoga-Up. ist es das Symbol für den dreifach geschichteten Kosmos oder die drei *guṇa.* So wird es in Dhyāna meditiert.

[3] *mahat,* eines der großen schaffenden Urprinzipien des Yoga-Sāṃkhya; es begegnet uns auch in der Kāṭh.-Up.

[4] *jyeṣṭham,* dies ist in dem Vrātya-Lied Av X, 7 ein schöpferisches Urprinzip, das als früheste Emanation im Weltwerden aus dem *mahat* ersteht. Es wird oft auch mit *brahman* ineinsgesetzt. *jyeṣṭha* im Mask. ist ein Beiwort des schöpferischen Urgottes in Av X, 8, 28.

[5] *tapas,* darunter werden vor allem die Anstrengungen und Kasteiungen verstanden, die mit Kulthandlungen oder mit dem Leben in der Einsamkeit der Asketen verbunden waren, weil sie innere Erhitzung, Glut erzeugten. Dann steht es für die schöpferische Innenglut überhaupt und wurde schon in der vedischen Zeit zu einer kosmogonischen Macht. Vgl. Hauer, Yoga-Praxis 98 ff.

[6] *indra* steht hier in seiner Grundbedeutung, nicht für den Gott.

seine untere Seite, rot sein Rücken (Regenbogen). Mit dem Blauen wehrt er das Unliebe der Sippe ab. Mit dem Roten durchbohrt er den Hasser." „So sagen die *brahman*-Künder."

In diesem Hymnus ist der Ur-Vrātya die ewigschaffende Macht, der dann in der Götterwelt als Mahādeva-Iśāna die Herrschaft ergreift. Hier sind eine Reihe von Schöpfungsprinzipien und Mächten genannt, wie *mahat, mahān, ekam, tapas,* die besonders in der Yogatradition eine wichtige Stelle innehaben und die einschließlich *jyeṣṭham* schon im Av bedeutungsvoll sind.

Der Av, der uns in zwei Rezensionen vorliegt (in der kaschmirischen Paippalāda- und der Śaunaka Rez.; Śaunaka war, wie erwähnt, einer der alten Kṣatriya-Brahmanen) ist ohne Zweifel in seiner späteren Fassung von brahmanischer Seite redigiert worden. (Wohl in der Zeit zwischen den altvedischen Schriften und den frühen Upaniṣaden.) Es ist darum immer ein Rätsel gewesen, wie das Hauptdokument der Vrātya, nämlich das XV. Buch des Av, in diese Sammlung kam, da ja doch die Vrātya im brahmanischen Bereich seit alters als schlimme Ketzer galten, sofern sie nicht durch die sogenannten Vrātya-Stomas, d. h. die Reinigungs-Opfer, denen sich die Vrātya beim Eintritt in die brahmanische Ordnung unterziehen mußten, bekehrt wurden. Ebenso rätselhaft ist es, daß Rudra im Av eine so hervorragende Stelle einnimmt, und daß das XX. Buch des Av mit seinen urtümlich-erotischen Liedern darin aufgenommen werden konnte *).

Alle diese Rätsel lösen sich, wenn wir das Verhältnis der Vrātya zum Av richtig sehen. Wir sind schon oben (S. 43) auf die aufschlußreiche Tatsache gestoßen, daß alte Strophen aus der Überlieferung des Vrātya-Weistums, wie sie uns im Jaim-Up. Br. entgegentreten, sich in Av X, 8, 35, 36, 41 finden. Dadurch wird bewiesen, daß dieses Lied in den Bereich der Vrātya-Überlieferung gehört, wie auch das aufs engste mit ihm zusammenhängende Weisheitslied Av X, 7 über den *skaṃbha* „den Weltenstützer" u. a. hervorragende Themen. Mit diesen Liedern stehen aber, wie zu zeigen sein wird, die beiden großen Hymnen über den *puruṣa* X, 2 und XI, 8 in engster Verbindung. Diese Lieder sind teilweise bei den Riten des Puruṣamedha rezitiert worden, wie auch das große Puruṣa-Lied Av XIX, 6. Ihrer Form nach sind es weithin Rätsellieder, die mit Frage und Antwort, oder auch ohne Antwort, weil diese vom Lehrer gegeben wurde, offenbar bei Einweihungsriten gebraucht wurden. Auch die Hymnen auf Kāla, den Gott der Zeit und des Schicksals in Av XIX, 53, 54 gehören hierher, wie oben gezeigt worden ist.

In Hauer, Vrātya, 246–296 ist ferner durch eingehende Untersuchung

*) Diese Lieder sind übrigens, abgesehen von Hauer, Vrātya, 267–278, wo eine Anzahl übersetzt und gedeutet werden, von der Indologie völlig übersehen und auch nie übersetzt worden. Whitney-Lanman lassen das XX. Buch in ihrer Übersetzung des Av einfach weg, und Lindenau hat in der 2. Aufl. des Roth-Whitneyschen Sanskrittextes das XX. Buch ebenfalls einfach fortgelassen. Warum?

gezeigt, daß das große Fruchtbarkeitsfest *mahāvratam* „das Großgelübde" oder „die Großweihe", das in alt-indogermanische Zeit zurückgeht, den Vrātya zuzuschreiben ist. Ebenso daß die urtümlichen Kuntāpa-Lieder des XX. Buches des Av zum Mahāvrata gehören. Diese Lieder müssen also ebenfalls zur Überlieferung der Vrātya gerechnet werden. Ferner gehören die tiefsinnigen Lieder auf Vena den Sehergott, vielleicht ein vergöttlichter Seher, von dem Pṛthu seinen Beinamen Vainya (yu) hat Av II, 1, IV 1 (übersetzt und erläutert in Hauer, Vrātya 349–355) durch die Verbindung der Vrātya mit Pṛthu-Vainyu zur Vrātya-Überlieferung.

Zu dieser muß auch der Hymnus auf den Ur-Puruṣa, Av XIX, 6, der in verschiedenen Rezensionen im altvedischen Schrifttum auftaucht (Rv X, 90 Vājasaneyi Saṃhitā XXXI; Taittirīya Āraṇyaka III, 12, wie auch in den *ṛcaka* bei den Kaṭhas, nach Schroeder bei Whitney-Lanman Av 903), gerechnet werden. Denn die wichtige, der Form nach sehr alte Gāyatrī, welche das Śatarudriyam einleitet (vgl. unten), bezieht sich, wie zu zeigen sein wird, auf diesen Puruṣa, der auch in den Puruṣa-Liedern der Vrātya X, 2; XI, 8 im Hintergrund steht. Dies wird bewiesen durch die enge Verbindung dieser beiden Puruṣa-Lieder mit den Vrātya-Liedern X, 7. 8. (vgl. dazu weiter unten).

Diese kurzen Hinweise genügen, um zu zeigen, daß sich um das XV. Buch des Av eine Anzahl hochbedeutsamer Hymnen gruppieren, die alle in den Bereich der Vrātya gehören.

Dazu ist zu vermerken, daß das XV. Buch des Av formal eine Gattung darstellt, die nur im Av vorkommt. Es ist aufgebaut in sogenannten *paryāyas* „Umläufen"; es sind rhythmische Litaneien und nicht streng in den vedischen Versmaßen geformte Lieder. Solcher *paryāyas* gibt es in den 2. und 3. großen Abteilungen des Av: VIII–XII und XIII–XVIII, eine ganze Reihe. Sie alle behandeln große Themen, die auch sonst in der Vrātya-Überlieferung angeschlagen werden: VIII, 10, wo die Urmacht Virāj „die weithin Herrschende, oder Strahlende" besungen wird, die uns schon oben begegnet ist, und die im Yoga bis hinein in das zum 7.–8. Jahrhundert n. Chr. gehörende Yogavāsiṣṭha lebendig bleibt. IX, 6 ein Hymnus auf den *atithi,* „den heiligen Wanderer" oder „Gast", auch eine Bezeichnung des Vrātya in Av XV; IX, 7 ein Lied auf den Urstier, der als mythische Gestalt sicher in indo-iranische, vielleicht sogar in indogermanische Zeit zurückgeht, in dem Vāyu die Ganzheit des göttlichen Urstiers genannt wird; ferner das Lied X, 5, in dem die Wasserdonnerkeile mit *brahmayoga* angejocht werden (vgl. oben S. 20 ff.); dieses Lied ist mit richtig gebauten Strophen gemischt. Dann ein Lied auf das Reisbreiopfer *(odana),* mit dem offenbar ekstatische Erlebnisse verbunden waren, denn die ihn kochen gehen in den Himmel ein und ein geheimnisvolles *tad* wird dadurch in den Menschen aufgenommen; *tad* ist aber eines der alten Worte für das höchste Prinzip. Dazu ist zu vgl. Av XI, 7, wo ein „Restopfer" auftaucht, das mit einem Rauschtrank genossen wurde, der zur Ekstase führte, auch dort kommt das geheimnisvolle *tad* vor, das im Sänger und Opferer machtvoll wirkt (vgl. dazu Hauer, Yoga-Praxis 128 ff., wo diese Lieder im einzelnen gedeutet werden). Ein weiteres großartiges Paryāya-Lied ist XIII, 1 auf den Rohita, der aber nicht, wie von den meisten angenommen, die Sonne ist, sondern wie durch das weitere Paryāya-Lied XIII, 4 bewiesen wird, Vāyu als der höchste Gott. Rohita, „der Rote" ist einer der vielen Beinamen Rudras (vgl. auch oben S. 41 ff.). XVI, 1, ist ein großer Zyklus in 9 Paryāyas, der Beschwörungen gegen allerlei Gefahren und zur Stärkung enthält, wie auch Verwünschungen der Feinde, so wie wir sie dem Nṛśaṃsa, einem besonderen Vrātya, zuschreiben können (vgl. oben S. 36). Auch in diesem Hymnus gelangt der Sänger offenbar in Ekstase zur Lichtwelt und vereinigt sich mit dem ewigen Licht, das in der Sonne strahlt.

Zwischen diesen Paryāya-Hymnen stehen altertümliche Hymnen über den Geweihten (*brahmacārin* XI, 5; vgl. Hauer, Yoga-Praxis 79 ff.) usw., die alle ihrer Art nach in der Sphäre des Vrātya ihre Heimat haben.

Aus diesen Tatsachen kann kein anderer Schluß gezogen werden als dieser: Die Bücher VIII–XX des Av sind eine zusammenhängende Überlieferung der Vrātya-Genossenschaften (es kommen hier auch Worte vor, wie z. B. *mahman,* „die Macht" in Av X, 2 und im XX. Buch des Av, die sonst nirgends in dieser Form in der altvedischen Literatur vorkommen). Da aber auch z. B. II, 1 und IV, 1 zur Überlieferung der Vrātya gehören, ist ferner zu schließen, daß auch in den vorausgehenden Büchern mit ihren zahllosen Beschwörungsformeln viel altes Vrātyagut steckt. In der Tat gehen ja eine Anzahl dieser Beschwörungen, wie z. B. der Zauber für gebrochene Knochen und beifolgende Verletzungen, nachweislich in indogermanische Zeit zurück (der Merseburger Zauberspruch für Beinbruch und Verrenkung hat eine nicht zu verkennende Übereinstimmung mit einem ähnlichen Zauber im Av). So können wir den Satz aufstellen, daß der Atharvaveda in seiner ursprünglichen Form, mit seinem Kernstück Av XV, dem Vrātya-Buch, als Veda der Vrātya zu gelten hat.

Erst als die alten Vrātya-Gemeinschaften durch viele Bekehrungen zum Brahmanismus sich auflösten und der Brahmanismus zur alleinigen Herrschaft kam, geriet dieser „vierte Veda" in die Hände von Brahmanen und wurde teilweise in ihrem Sinne redigiert. Doch wagten sie offenbar nicht, den alten Bestand ernstlich anzugreifen, und es ist anzunehmen, daß vieles davon in den Vrātya-Genossenschaften lebendig blieb, die sich energisch dem Yoga zuwandten und auf diese Weise durch die philosophische und theologische Weiterbildung ihres Überlieferungsgutes und ihrer Erfahrungen immer ein Gegengewicht gegen die alleinige Herrschaft des Brahmanismus bildeten. Bei dieser Sicht löst sich auch, wie schon erwähnt, ein weiteres Rätsel der indologischen Forschung, daß nämlich alle Yoga-Upaniṣaden dem Av zugezählt werden. In der Tat ist in diesen Upaniṣaden das im Av enthaltene Weistum lebendig weitergebildet.

Dieser Schluß wird weiter gestützt durch die ältesten Namen des Av *atharvāṅgirasaḥ* oder *bhṛgvangirasaḥ*. Denn alle diese drei Gestalten, Atharvan, Aṅgiras, Bhṛgu, (Feuer)-Priester aus indo-iranischer Zeit, haben wir schon in enger Verbindung mit den Vrātya angetroffen.

Die weitere eingehende Begründung der vorgetragenen These ist dem II. Band des Vrātya vorbehalten.

Um eine Vorstellung von Art und Inhalt der Vrātya-Weisheitslieder zu geben, werden im folgenden einige dieser Lieder übersetzt und vergleichend erläutert.

Av X, 8 [54])

Dieses Lied ist eine Sammlung von Bruchstücken uralter indo-arischer Weistümer. Der Inhalt einiger Stücke davon geht sehr wahrscheinlich sogar in indo-iranische, ja indogermanische Zeit zurück, wie auch jene Weisheitslieder auf den Urstier und den Urmenschen. Daß es sich hier um eine Sammlung von Bruchstücken handelt, wird klar aus den sehr verschiedenen, teilweise seltenen Versmaßen und aus der Fülle der Motive philosophisch-mystischen Erfahrens und Denkens, die geschwind, wie das Thema eines Musikstückes, aufklingen und dann wieder verschwinden, um von einem andern abgelöst zu werden. Das Lied hat manches mit dem großen Rätsel- und Einheitslied des Dīrghatamas, des „Tiefdunklen" (vgl. den Beinamen des Heraklit) Ṛv. I, 164 gemeinsam; es enthält ebenfalls eine Reihe von Rätseln. Häufig haben wir die Frageform des Rätsels, ohne daß die Antwort gegeben wird. Diese mußte der Gefragte entdecken oder wissen. Es war offenbar alter Brauch, allerlei Weisheit in der Form von Rätseln aufzubewahren. Beispiele im germanischen Bereich sind die sogenannten Heidreks-Rätsel, die Genzmer in dem II. Bande seiner Edda-Übersetzung 154 ff. darbietet. Auch in Griechenland waren solche Rätsel in der heiligen Überlieferung Brauch [55]). Zu vergleichen ist auch das bekannte Rätsel-Gedicht von Schiller:

„Auf einer großen Weide gehen
Viel tausend Schafe silberweiß" usw.

Diese Rätsel wurden, wie z. B. Jaiminīya-Upaniṣad-Brāhmaṇa zeigt, bei den Prüfungen der Kultgenossenschaften den Einzuweihenden zur Beantwortung vorgelegt. Es ist wohl anzunehmen, daß, wenn der Prüfling die Antwort nicht fand, was wohl häufig der Fall war, da es um hohe Dinge ging, der Lehrer die von der Tradition bewahrte Lösung selbst gab.

In dem Av. X, 8 vorausgehenden Liede wird *skaṃbha* „die Weltsäule" oder „der Weltenstützer", mit dem Weltenbaum und dem Welt-Urmenschen ineinsgesetzt. Dieser aber ist eins mit dem höchsten *brahman (jyeṣṭha brahman)*, also mit dem ewigen Lebensgrund. An diesen Gedanken schließt sich X, 8 an. Die beiden ersten Verse gehören wahrscheinlich sogar zum vorausgehenden Lied. Jedenfalls hängen die beiden Lieder aufs engste zusammen.

Der Weltenstützer (skaṃbha)

Vers 1. „Der Vergangenes und Zukünftiges und alles beherrscht und dem das Licht einzig gehört, ihm, dem höchsten *brahman,* sei Verehrung."

Vers 2. „Durch den *skaṃbha* sind Himmel und Erde auseinandergestützt. Im *skaṃbha* ist dies ganze All selbsthaft *(ātmanvat* ‚mit *ātman* begabt'), was atmet und mit den Augen blinkt."

Der Kreislauf des Werdens

Vers 3. „Drei Schöpfungen gingen ja schon des Vergehens Weg und andere kamen, der Sonne sich zu freuen. Der Große aber blieb bestehen, den Weltenraum durchdringend. Der ewig Grüne (der Weltenbaum) ging in die Grünen ein." [1]

Der Weltkreis und das Jahr als ewig bewegte Gottwirklichkeit

Vers 4. „Zwölf Felgen, ein Rad, drei Naben – wer begreift das? Darein sind 360 Speichen gefügt und Zapfen, die immer fest sind." [2]

Vers 5. „Dies beachte wohl, o du Savitar: Sechs Zwillinge, einer aber ist einzig geboren. In ihm, der ihr einzig Geborener ist, suchen sie ja Anteil." [3]

[1] Wir erinnern uns hier an: „Grün aber ist des Lebens goldner Baum."

[2] Dies ist eines der Rätsel für das Jahr von 360 Tagen mit 12 Monaten und 3 Hauptjahreszeiten, Frühling, Sommer und Herbst-Winter. Im Jahr tut sich der Gott in Zeit und Ordnung schaffend kund. Sprossen, Reifen und Vergehen sind die drei Phasen des Lebens. Vgl. Ṛv I, 164, 48.

[3] Der Angeredete ist der Einzuweihende, den Savitar, der Antreiber in Besitz genommen hat und der deshalb selbst ein *savitar* ist. Vgl. dazu unten Śvetāśvatara-Up. II, 2 und Hillebrandt Ritualliteratur S. 53. Die 6 Zwillinge sind 6 Monatspaare; die Monate werden im Indoarischen häufig paarweise aufgeführt. Der Einziggeborene ist der Schaltmonat, der periodisch eingefügt wird, um das Jahr von 360 Tagen mit dem Sonnenlauf in Übereinstimmung zu bringen. Dieser Schaltmonat als Auffüller der Jahreszyklen ist das heilige Symbol der verborgenen Kraftquelle des Zeitenlaufes, in dem alle Zeiten ihre Existenz haben. Dabei ist zu beachten, daß nach indo-arischer Auffassung die Zeit nicht ein leerer Ablauf ist, sondern eine kraft- und gestaltgeladene, schaffende Wirklichkeit. So ist auch das Jahr nicht einfach der Ablauf von so und soviel Tagen, sondern ein Wesen voller Gottgegenwart und wird darum auch mit dem Schöpfergott ineinsgesetzt. Solche Spekulationen über das Jahr und seinen Kreislauf bilden ein beliebtes Thema der indo-arischen Weisen und wir dürfen wohl annehmen, daß gerade dieses Thema hinübergreift in indogermanische Zeiten. Dies scheint mir aus den Untersuchungen Wirths, so viel Problematisches seine Schlußfolgerungen auch enthalten mögen, als gesichert. Zu den eben übersetzten Versen ist zu vergleichen Ṛv I, 164, 10 ff. Dort ist die Rede von dem „Einen", der göttlichen Urmacht, die keinen besonderen Namen trägt. Vers 10 ff.:

Vers 6. „Offenbar ist es und ruht doch im Verborgenen, „Das Alte" ist sein Name, „der Große Urgrund" (Ursprungsort). Dort ist dieses ganze Weltall eingefügt, was sich regt und atmet ist darin gegründet." [4]

Vers 7. „Das Eine Rad dreht sich mit Einem Radkreis, mit tausend, die nie vergehen. Vorn (im Osten) steigt es empor, hinten (im Westen) geht es nieder. Mit seiner einen Hälfte hat es den ganzen Weltkreis erzeugt – doch seine andere Hälfte, wo ist die?" [5]

Die Sonne als Gotterscheinung

Vers 8. „Ein Fünfgespann zieht den Ersten (*agra* auch der vorderste) von ihnen. Und Seitenpferde ziehn angejocht mit. Was er noch nicht durchschritten hat, ist der Sicht offen, doch nicht das Durchschrittene. Das Höchste ist näher, das Untere ist ferner." [6]

„Drei Mütter trägt der Eine, drei Väter (die drei Erden und die drei Himmel), aufrecht steht er da; niemals aber machen sie ihn müde." ...

„Das zwölfspeichige Rad dreht sich immer wieder rings am Himmel, ohne daß es altert. Da stehen, o Agni, Söhne in Paaren 720" (360 Tage und 360 Nächte).

„Den Fünffüßigen (das Jahr, das hier nach 5 Jahreszeiten gezählt wird), den Zwölfteiligen nennen sie den Vater, der in der fernen Hälfte des Himmels in der Fülle west" (vgl. Av X, 8, 29).

„Andere aber nennen ihn den Weitblickenden, der in einem sechsspeichigen Siebenrade in der Höhe eingefügt wohnt."

(Dieses geheimnisvolle Rad ist die schaffende Kraft des Jahresrades. Dem gegenüber steht dann das Jahresrad, das in der Zeit in Erscheinung tritt):

„Auf dem fünfspeichigen Rade, das ringsum sich dreht, haben alle Wesen ihren Stand genommen. Seine Achse läuft sich nicht heiß, obwohl sie vieles trägt. Seit Ewigkeit wird sie nicht abgenützt mitsamt der Nabe."

[4] Vgl. oben S. 38 ff.

[5] Das Weltenrad in seiner Bewegung zeigt sich im Rad des Firmaments. Bei dem Einen Radkreis könnten wir an die Milchstraße denken, bei den tausend, die nicht vergehen, an die Sterne. Der Mensch sieht immer nur die eine Hälfte dieses Weltkreises, die andere bleibt ihm nach indischer Anschauung ewig verborgen. Jener verborgene Teil ist das Symbol für das unbegreiflich Transzendente, während die dem Menschen sichtbare Hälfte des Weltkreises der Ausdruck der der Welt zugewandten immanenten Seite der schaffenden Urmacht ist. Daß ein Rad den Weltkreis oder die Wesen „zeuge", klingt nur uns auffallend. Nach indo-arischer Auffassung ist dieses Rad zugleich schaffendes Wesen, denn es ist ja der weltgewordene Gott.

[6] Dies ist ein typischer Rätselvers. Daß der *agra* unter den im vorherigen Vers geschilderten Erscheinungen hervorragen muß, ist klar. Es muß entweder der Mond oder die Sonne sein. Am ehesten scheint mir aber wegen des Fünfgespannes der Vers auf die Sonne gedeutet werden zu müssen. Das „Durchlaufene" ist wohl der untere Halbkreis des Weltenrundes, aus dem die Sonne am Morgen emporsteigt und den wir nicht schauen. Das noch nicht Durchlaufene ist der eben beginnende Tag und sein Raum. Wenn die Sonne auf- und untergeht, also tief steht, ist sie ferner, als wenn sie hoch ist und ihre Hitze und Helle mächtig niederstrahlt.

Der Mensch als seltsames Wunder

Vers 9. „Seitwärts geht die Öffnung eines Bechers, oben ist der Boden. Drin ruht eine allgestaltige Herrlichkeit. Da sitzen die sieben Seher all zusammen, die dieses Großen Hüter sind.“ [7]

Die Silbe om als Symbol des Unbegreiflichen

Vers 10. „Welcher Laut *(ṛc)* ist es, der vorn und hinten angejocht wird und überall und ringsum, mit dem das Opfer zu Anfang ausgespannt wird? Diesen erfrage ich von dir.“ [8]

Das Ewig-Eine in allem Seienden

Vers 11. „Jenes, das sich regt, das fliegt und steht, und das atmend-nichtatmend die Augen aufschlägt, zum Allgestaltigen geworden, trägt es die Erde und ist doch Eines nur.“ [9]

Vers 12. „Das Unendliche ist vielfach ausgespreitet; das Unendliche und das Endliche hängen zusammen. Die beiden voneinander scheidend wandelt des Firmamentes Hüter, er, der das Vergangene und das Zukünftige kennt.“ [10]

Der Gott im Menschen

Vers 13. „Der Herr der Schöpfung regt sich im Mutterschoße; obwohl ihn keiner sieht, wird vielfach er geboren. Mit seiner einen

[7] Aus der Bṛhadāraṇyaka-Upaniṣad II, 2, 3, geht hervor, daß mit diesem Rätsel der Mensch, d. h. des Menschen Haupt, gemeint ist, das in Analogie zum Weltall steht. Die sieben Seher *(ṛṣis)* sind die sieben Kräfte im Haupt des Menschen, die fünf Sinne und wohl *manas,* das „Denken“ und *buddhi* „die Vernunft, der Geist“. Die allgestaltige Herrlichkeit ist der im Menschen wesende Gott als Selbst. Im Weltall, zu dem der Mensch in Analogie steht, sind diese sieben Seher mit den göttlichen Mächten ineinsgesetzt.

[8] Dieser Vers findet seine Erklärung aus Śvetāśvatara-Upaniṣad IV, 8; Ṛv. I, 164, 39; vgl. Av IX, 9, 10. Der erfragte Laut ist der *om*-Laut, der zu Beginn des Opfers gesummt wird, ebenso am Schluß und der überall in den Pausen des Opferliedes in verschiedenen Formen ertönt. Er war ursprünglich einfach das Summen, um den Anfangston des Opfergesanges an-, den Ausgangston ausklingen zu lassen, wurde aber dann immer mehr mit Geheimnis umhüllt und schließlich zur heiligen Silbe als Symbol des höchsten und unbegreiflichen Gottwesens, das tragende und schaffende Geheimnis im Weltall und im Menschen. Darum sagt die Śvetāśvatara-Upaniṣad: „Wer den höchsten Ton der *ṛc* nicht weiß, in dem sich alle Götter als in dem höchsten Himmel niedergelassen haben, was soll er mit der *ṛc* denn anfangen?, – die ihn aber kennen, die sitzen dort (nämlich eben am höchsten Ort) zusammen.“

[9] Jenes *(tad)* ist ein altes indo-arisches Wort für die letzte Wirklichkeit und den ewigen Weltengrund, der sich in die lebendige Welt zur Allgestalt auswirkte. Von dieser Erkenntnis her werden dann die vielen Götter überwunden. Sie sind nur Namen und Erscheinungsformen für das Eine, wie es in Ṛv I, 164, 46 heißt.

[10] Der Hüter des Firmaments ist der große Gott, der Schöpferherr, der sich in der Sonne verkörpert und der die Welt in Erscheinung treten läßt. Da das

Hälfte hat er den ganzen Weltkreis erzeugt, doch seine andere Hälfte, welcher Lichtglanz ist das?“ [11]

Der im kosmischen Kreislauf wirkende Gott

Vers 14. „Alle schauen ihn mit dem Auge, der das Wasser emporträgt wie eine Wasserträgerin mit dem Krug. Nicht alle aber kennen ihn im Geist.“ [12]

Das Weltgütige im Herzen der Welt

Vers 15. „In weiter Ferne leuchtet es in Fülle, in weiter Ferne schwindet es, durch Mangel, das hehre Wunderwesen im Herzen des Weltalls. Ihm bringen Herrschaftsträger Spenden dar.“ [13]

Vers 16. „Woher die Sonne aufsteigt, wohin sie wieder heimgeht. Das eben meine ich, das ist das Höchste. Nicht übersteigt es jemals irgend etwas.“

Die Sonne als Darstellung des Göttlichen

Vers 17. „Die jetzt und einstens und in uralten Zeiten sich um den Veda redend mühten, der das Wissen schenkt: sie sprechen alle nur von Ihm – Āditya, dem zweiten Agni und dem dreifaltigen Schwan.“ [14]

Vers 18. „Tausend Tagweiten sind die Flügel des goldenen Schwanes ausgespannt, wenn er am Himmel fliegt. Die Götter alle trägt er in seiner Brust und wallt dahin und nimmt die Wesen (Welten) alle auf in seinem Blick.“

Endliche aus dem Unendlichen sich entfaltet und zum Unendlichen sich dehnt, reichen die beiden aneinander, Unendliches und Endliches sind eng benachbart.

[11] Dies ist die Geburt des Gottes im Menschen, in dessen Herzen er als *puruṣa* und *ātman* wohnt. Wiederum ist mit der einen Hälfte die Immanenz, mit der andern die unbegreifliche Transzendenz symbolisiert. Der Vers findet sich in verschiedenen Fassungen, vgl. oben Vers 7 und Av XI, 4, 22.

[12] Dies ist ein Stück indo-arischer kosmischer Anschauung und Weltanschauung. Die Strahlen der Sonne, die durch die Wolken brechen, ziehen nach dieser Überlieferung das Wasser des Meeres, der Flüsse und der Teiche zum Himmel empor, daß es wieder als befruchtender Regen niederströmen kann. Wir erinnern uns hier an das Goethesche: „Vom Himmel kommt es, zum Himmel steigt es und wieder nieder zur Erde muß es.“ Dies ist das Werk des Gottes, der den ewigen Kreislauf des Wassers wirkt. Nur wenn man von der kosmischen Anschauung hindurchschaut zum Innern mit dem metaphysischen Tiefenblick, erkennt man dies. Vgl. dazu Ṛv I, 164, 7.

[13] Ursprünglich wohl ein Rätselvers über den Mond (vgl. Jaiminīya-Up. Br. IV, 21 ff. und Kauṣ.-Up.). Aber hier wohl der unerschöpfliche Lebensgrund der Welt, der überall da einströmt, wo des Existierenden Kraft sich zu erschöpfen droht.

[14] Der Āditya ist eigentlich Sohn der Aditi, der Unendlichkeit, die zugleich die gütige Weltenmutter ist. Mit dem Wort werden höchste Götter bezeichnet, vor allem aber auch die Sonne. Sie ist der zweite Agni. Der dritte Agni ist das Herd- und Opferfeuer, der erste Agni das Urfeuerwesen.

Vers 19. „Durch das Ewig-Wirkliche glüht er dort oben. Durch das Andachtsgebet blickt er hier auf (wenn das Opferfeuer entzündet wird). Durch Atem atmet er quer durch (die Welt). Er, auf dem das Höchste beruht.“

Die Versenkung

Vers 20. „Wer wahrlich die zwei Reibhölzer kennt, durch die das ewige Gut herausgequirlt wird, der mag sich dünken als der Wisser des Hehrsten, der dürfte wohl das große Brāhmaṇam *(mahadbrāhmaṇam)* kennen.“ [15]

Der Gott als der die Welt Genießende

Vers 21. „Fußlos entstand er im Uranfang; im Uranfang brachte er das Himmelslicht. Dann wurde er vierfüßig und genußfähig gab er sich jedem Genusse hin.“ [16]

Vers 22. „Genußfähig soll der sein und viele Speise soll er essen, der den Gott, der (alle) überragt, den Ewigen verehrt.“

Der Gott in Tag und Nacht

Vers 23. „Sie nennen ihn den Ewigen und doch ist er auch jetzt noch immer wieder neu. Tag und Nacht werden fortgezeugt, der eine aus den beiden Wesensformen des andern.“ [17]

Der Ewig-Reiche

Vers 24. „In ihm west Eigenes, ein Hundert, Tausend, Hunderttausend, hundert Millionen, Unzähliges. Dies vertilgen sie und er sieht nur zu: darum strahlt der Gott auf diese Welt.“ [18]

[15] Dieser Vers ist nur aus Śvet.-Up. I, 14; II, 1 ff. zu verstehen. „Den eigenen Leib zum unteren, das ‚Summen‘ zum oberen Reibholz machend, mag man durch der Versenkung Quirlübung den Gott erschauen wie ein Verborgenes.“ Das Bild ist von dem uralten Brauch der Erzeugung des Opferfeuers hergenommen, die durch Reibhölzer geschieht. Hier ist die Zügelung des Leibes und der Seele in der Versenkung als eine Feuerquirlung mit Hilfe der heiligen Silbe *om* bezeichnet, die das Herz öffnet und den Geist klärt. *mahad brāhmaṇam,* das auch in Vers 33, 37, 38 vorkommt, ist die heilige Überlieferung; „das große Brāhmaṇam“ enthält die höchste Weisheit der durch Yoga Wissenden, gegenüber den Brāhmaṇas der Opferdiener.

[16] Auch dieser Vers ist aus Śvet.-Up., IV, 5 zu verstehen. Gott und Welt werden dort, sicher in Bildern uralter Zeit, als ein Paar bezeichnet, Bock und Ziege. Es ist die zeugende und die empfangende und gebärende Gottmacht; die empfangende und gebärende wird zur Welt. Das ist die spätere *prakṛti.* So genießt der Gott die Welt. Die beiden Wörter *aja* und *ajā,* die dort gebraucht werden, heißen auch der „Ungeborene“ und die „Ungeborene“, also die von Ewigkeit Seienden.

[17] Die Bedeutung des letzten Satzes ist wohl die: Im Tag schlummern Tag und Nacht; daraus wird die Nacht. In ihr schlummern Nacht und Tag. Daraus wird Tag. Die Nacht begreift den Tag, der Tag die Nacht in sich.

[18] Die unerschöpflichen Güter, die von jenem Ewig-Reichen ausgehen, sieht der Gott seine Wesen verzehren – und hat seine Freude daran. Denn dazu ist

Das feine Geheimnis und die heilige Liebe

Vers 25. „Da ist ein Eines, das ist feiner als ein Haar und noch Eines, das gleichsam niemand erschaut. Doch ist es eine Gottheit, umfassender als dieses Weltall: diese ist meine Liebe.“ [19]

Vers 26. „Diese Schöne altert nicht, eine Unsterbliche ist sie in des Sterblichen Haus. Wem sie bereitet ist, der liegt (bei ihr), der sie bereitet hat, ist alt geworden.“ [20]

Der Gott in Menschengestalt

Vers 27. „Weib bist du, du bist Mann und Knabe auch und Mädchen. Als Greis wankst du am Stabe. Du trittst ins Dasein und bist allgesichtig.“ [21]

Vers 28. „Du bist der Leute Vater, auch ihr Sohn, du bist ihr Ältester und auch ihr Jüngster. Er ist ja der Eine Gott, in den Geist *(manas)* eingegangen. Als Erster ward er einst geboren und ist doch auch im Mutterleibe.“ [22]

Das Ewig-Unerschöpfliche

Vers 29. „Aus Fülle biegt er schaffend die Fülle heraus (wie der Töpfer den Topf aus einer Tonmasse); Fülle wird aus der Fülle ergossen. Jetzt möchten wir auch das noch wissen, woher sie ausgegossen wird.“ [23]

die Welt geworden, daß sie „gegessen werde“. Das Weltessen ist ein alter indoarischer Ausdruck für die Weltbejahung. In seinen Wesen genießt der Gott die Welt.

[19] Nach Śvet.-Up. V, 8, 9 ist dieses Allerfeinste der *puruṣa,* der im Menschen und im Weltall wohnt. Und so sehr der indo-arische Mensch jener Zeiten das „Essen der Welt“ bejahte, so gilt seine letzte Liebe doch dieser verborgenen Gottheit in der Welt.

[20] Der letzte Teil des Verses ist schwer verständlich. Ich wage die Vermutung, daß hier der indogermanische Gedanke der „heiligen Hochzeit“ aufklingt. Wie Himmel und Erde als Urgötter sich einen, so daß die blühende Welt wird, so eint sich der Sterbliche mit der unsterblichen Gottheit zum vollen Leben.

[21] Dieser Vers findet sich wörtlich in Śvet.-Up. IV, 3.

[22] Die vedischen Schriften reden häufig vom Gott, daß er im Uranfang geworden sei. Er kam aus dem Unbegreiflichen ins Dasein, um die Welt zu schaffen und wird personhaft erlebt von der menschlichen Persönlichkeit. Aber wie bei Eckehart ist diese Erscheinungs- und Erlebnisform der Gottheit nicht das Letzthinige. dahinter west der Gottabgrund, aus dem Gott und Welten aufsteigen, um wieder in ihn einzugehen. (Vgl. dazu aus Eckehart: „Nun will ich etwas sagen, was ich nie gesagt habe: Gott und Gottheit unterscheiden sich wie Himmel und Erde ... Gott wird und ent-wird ... Ehe die Kreaturen da waren, da war Gott nicht Gott. Er war, das er war.“) Das unbegreifliche Wunder, das in den beiden Versen beschrieben werden soll, ist dies, daß dieser Urgott in einen menschlichen Mutterschoß eingeht, jedesmal, wenn ein Kind gezeugt wird, und im Geist des Menschen gegenwärtig wohnt.

[23] Vgl. dazu den Eingang zu Śvet.-Up. In der Wurzel *ac, añc* liegt der Ursprung der beiden philosophischen Schlüsselworte der Sāṃkhya-Yoga-Philosophie, die ebenfalls im Rudra-Bereich entstanden ist, *avyakta* und *vyakta.*

Die ewig gebärende mütterliche Macht der Welt
Antwort auf die Frage 29

Vers. 30. „Sie die Ewige, von Ewigkeit geboren, die Uralte ist dies All ringsum geworden. Die große Göttin, die in der Morgenröte aufleuchtet und die in jedem, der die Augen aufschlägt, aufschaut." [24]

Vers 31. „Die Gütige (*avi*, das auch „Schafmutter" heißen kann) ist ihr Name; als Göttin thront sie, von der ewigen Weltordnung umhüllt. Aus ihrer Werdeform *(rūpa)* bekränzen die grünen Bäume sich mit Grünem."

Der immer nahe Gott

Vers 32. „Nah ist er (der Gott); man entgeht ihm nicht. Nah ist er; doch man sieht ihn nicht. Sieh doch des Gottes Weisheitskraft *(kāvyam):* nicht ist er je gestorben, nicht wird von Alter er verzehrt." [25]

Die Gottbegeisterung

Vers 33. „Von dem Urersten angetrieben tönen die Worte, jedes in seiner Art. Wenn die Redende (d. i. *vāc*, die inspirierende Gottmacht) kommt, dann nennt man das das große Brāhmaṇam." [26]

Das blühende Geheimnis der Welt

Vers 34. „Ich frage dich nach der ‚Blume der Wasser', wo Götter und Menschen eingefügt sind wie Speichen in der Nabe. Da, wo sie durch *māyā* verhüllt liegt." [27]

avyakta ist „das Unentfaltete", der unterschiedslose Lebensgrund. *vyakta* ist die entfaltete Welt. Der Vers 29 spricht von dem ewigen Kreislauf des Werdens und Ent-werdens aus dem unerschöpflichen Grund der Gottheit.

[24] Schon in der Śvet.-Up. ist diese ewige Göttin als *prakṛti*, als „schaffende Urnatur" bezeichnet, siehe oben S. 32.

[25] Das Wort *kāvyam* scheint hier auffallend. Es ist aber dasselbe, was die Runenweisheit des Odin ist. Weil der Gott alle Runen kennt, kann er schaffend die Welt „dichten" ohne daß sich seine Lebenskraft verliert. Es steckt in dem Wort auch der Begriff des zauberischen Wissens um das Lebenselexier, um den Ewigkeitstrank. Zum Gesamtsinn wäre zu vgl. der Anfang von Hölderlins Hymnus „Patmos": „Nah ist und schwer zu fassen der Gott."

[26] Hier wird die Bedeutung von *mahad-brāhmaṇam* ganz klar. Es ist die vom Gott selbst geschenkte große Weisheit, die nur dem Yogabeflissenen zuteil wird.

[27] Dieser zunächst dunkel erscheinende Vers ist eben ein Stück jenes *mahad-brāhmaṇam.* Das dichterisch-mystische Bild „Blume der Wasser" ist genommen von der Lotosblumenknospe, die unsichtbar im Wasser ruht und von dort langsam aufsteigt, um im Lichte des Tages aufzublühen. Es ist das schaffende, innerste Wesen der Welt, das geheime *tad*, in dem alles wurzelt. *māyā* ist die Baumacht des Gottes, der wie ein Zauberer die Welt hervorgehen läßt. *māyā* ist aber auch die aus dem schaffenden Keim des Lebens sich aufbauende Welt. Dieser Keim selbst bleibt verborgen. Der Eingeweihte aber kennt ihn. Über *māyā* siehe unten die Übersetzung der Śvetāśvatara-Up.

Die immer wirkenden Gottmächte in der Welt

Vers 35. „Welches sind die Götter, durch die angetrieben der Wind weht, die die fünf Himmelsrichtungen zu Einem Raum machen, die das Opfer gering geachtet haben, die Führer der Wasser.“ [28]

Vers 36. „Einer von ihnen (von den Göttern) waltet über die Erde. Der andere ist rings zum Luftraum geworden. Der Austeiler ist unter ihnen, spendet den Himmel und andere betreuen alle Räume.“ [29]

Der innerste Zusammenhang der Dinge

Vers 37. „Wer den ausgespannten Faden kennt, in den die Wesen eingewoben sind, und wer des Fadens Faden kennt, der kennt das große Brāhmaṇam.“

Vers 38. „Ich kenne den ausgespannten Faden, in den alle Wesen eingewoben sind. Ich kenne des Fadens Faden. Darum kenne ich das große Brāhmaṇam.“ [30]

Der Ewig Bleibende in den Weltuntergängen

Vers 39. „Als das Feuer einst zwischen Erd und Himmel verbrennend raste, alles mit seiner Glut vernichtend, als ‚die Gattinen‘ [31], die nur Einen Mann haben, bis in die fernsten Fernen reichten, wo war denn da der Feuerbringer *(mātariśvan)*?“

Vers 40. „In die Urwasser war der Feuerbringer eingegangen, die Götter in die rollenden Meere. Der Hocherhabene aber blieb bestehen, den Weltenraum durchdringend. Der ‚Reiniger‘ (Vāyu

[28] Dieser Vers ist eine Frage, die ein Fürst der indo-arischen Überlieferung, Pṛthu Vainya nach Jaiminīya-Upaniṣad-Brāhmaṇa I, 34, an die himmlischen Vrātya richtet. Sie geben dann die Antwort, die in unserem Liede den 36. Vers bildet.

[29] In Jaiminīya-Upaniṣad-Brāhmaṇa werden dann auch die weiteren Erklärungen gegeben. Agni, der Feuergott ist es, der über die Erde waltet. Vāyu, der Windgott, west im Luftraum. Die Sonne schenkt den Himmel, Mond und Sterne walten über die Räume. Es sind die göttlichen Mächte, welche die Welt in Ordnung und Bewegung halten. Wer die Welt richtig erleben will, muß um sie wissen. Diese Gottmächte haben das Opfer verachtet, d. h. es sind die Götter in den Göttern, die eigentlichen göttlichen Selbste, die keiner Opfer bedürfen und die im Unsichtbaren wohnen. Vgl. dazu Hauer, Vrātya 298.

[30] Das Bild des Fadens, an dem die Welten aufgereiht sind, symbolisiert den lebendigen und gesetzmäßigen Zusammenhang der ganzen Welt. Das Bild wird ausführlich besprochen in Bṛhadāraṇyaka-Upaniṣad III, 7, 1 ff. Des Fadens Faden ist wohl der dort genannte *antaryāmin*, die im Innern der Welt wohnende und diese lenkende Macht. Das Bild wird auch in der Bhagavadgītā verwendet, wo die Welten an diesem Faden aufgereiht sind wie Perlen an einer Schnur, VII, 7; vgl. Dhyānabindu-Up. V. 8. Vielleicht ist hier auch auf die *guṇa* angespielt.

[31] Diese sind die Flammen, die aus dem Feuer herausschlagen.

als der reinigende Wind) war in die Weltgegenden eingegangen.“ [32]

Vers 41. „Höher als die ‚Gāyatrī‘ gleichsam geht sein weiter Schritt bis ins Todlose *(amṛta)*. Die das *sāman* durch das *sāman* kennen – wo ward der Ungeborene als ‚Das‘ geschaut?“ [33]

Der Unbegreifliche als Weltgott und als schaffender Helfer

Vers 42. „Er beherbergt alle Güter, er häuft sie auf. Als Gott ist er gleichsam ein Beweger. Aus ewiger Wirklichkeit stammt seine Ordnung. Als Indra steht gleichsam er im Kampfe um die Schätze.“ [34]

Derselbe im Herzen des Menschen als ewiges Selbst

Vers 43. „Eine Lotosblume, neuntorig, von drei *guṇas* (den Weltstoffenergien) umhüllt –, welches selbsthafte Schauerwesen in ihr wohnt, die *brahman*-Wisser wissen es.“

[32] In diesen beiden Versen wird ein früherer Weltuntergang beschrieben. Nach indo-arischer Anschauung kommen und gehen nicht nur die Wesen und die einzelnen Welten, sondern das Weltall selbst mit seinen tausend und abertausend Einzelwelten kommt und geht in ewigem Kreislauf. Wenn die Welten schlummern, ist dies die Brahma-Nacht, wenn sie wieder auftauchen aus dem ewigen Lebensgrunde, ist es der Brahma-Tag. Auch die Edda hat ja diese Lehre von dem Kreislauf der Welten, wie der Mythos von Ragnarök zeigt und der Eingang der Völuspa, wenn er richtig verstanden wird. *mātariśvan* ist Feuerbringer und Windgott, der segnend die Welt betreut, vergleichbar dem Feuerbringer Prometheus. Wenn die Welt im Feuer zusammenstürzt, dann gehen auch die Götter, die in der geschaffenen Welt ordnend walten, ein in das ungestalte Ursein, das durch die Urwasser und das rollende Meer *(salila)* symbolisiert wird. Am Schluß des Verses 40 findet sich noch ein interessantes Wortspiel. Wir haben in Vers 3 unseres Liedes auch die Lehre von den kommenden und gehenden Welten. Dort aber ist eine Weltentstehung beschrieben und darum geht der Hocherhabene, der Grüngoldene in die Grünen ein, d. h. in das grünende Leben. Der Grüngoldene wird dort als *haritaḥ* bezeichnet. Hier in Vers 40 wird ebenfalls dieses Wort *haritaḥ* gebraucht. Aber es bezeichnet hier die Weltgegenden, und das Eingehen des Gottes ist nicht das Eingehen in eine geschaffene Welt, sondern das Eingehen in das Ungestaltete.

[33] Dieser merkwürdige und dunkle, z. T. in abgebrochenen Sätzen aufgebaute Vers redet von der unvergänglichen Gottheit, die beim Weltenbrand in den geheimnisvollen Abgrund des Urseins zurückgeht. Die Gāyatrī, das dreiteilige Versmaß, das wir schon kennen aus dem Anfang des Śatarudriyam (vgl. unten S. 79 ff.), ist nach Av IV, 35, 6, XIII, 3, 20 der Schoß des Todlosen, also das Symbol des Ortes der Unsterblichkeit. Der Urgott Vāyu-Rudra ist selbst darüber hinausgeschritten in das Innerste der Welt. Dort ruht er, bis er neue Welten schafft. Diejenigen, die das *sāman* durch das *sāman* kennen, sind nach Jaiminīya-Up. Br. I, 34 ff. die Eingeweihten, die durch das Studium der heiligen Gesänge hindurchgeschritten sind zum Verständnis des in ihnen verborgenen Weltgeheimnisses.

[34] In diesen Versen ist ein neues Thema angeschlagen. Dieser verborgene Gott ist der Beweger der Welt. Er ist auch der Kampfgott Indra, der dem Arier half, den Besitz des Landes und seiner Reichtümer zu erringen.

Vers 44. „Wunschlos, kühnstark, todlos, urseiend, mit Wesen gesättigt, nicht einem andern je botmäßig. Wer diesen *ātman* kennt, den kühnstarken, den unalternden, den ewig-jungen, der fürchtet sich nicht vor dem Tode.“ [35]

Die Überschriften der verdeutschten Verse zeigen, daß wir in diesem Liede in der Tat alle die großen Errungenschaften des indo-arischen Glaubens und Denkens im Keime besitzen. Die oft unbeholfene und noch stark mythische Form, in der die Gedanken hier auftreten, weist in alte Zeiten zurück, die in der Ferne in die indo-iranische und indogermanische Vorzeit sich verlieren. Dafür ist vor allem auch die Mystik des Jahreslaufes und des Weltkreises ein Beweis. Analogien zu den Überlieferungen in unserem Liede finden wir sowohl im Iran wie bei Plato.

Fassen wir nun kurz zusammen, was in unserem Liede als das *mahad brāhmaṇam* überliefert wird:

Der Keim alles Seins und Werdens ist das Unfaßbar-Eine, das Ewig-Seiende und Wirkende in allem. Es entfaltet sich zu Gottmächten und zur Fülle der Welt. Überpersönlich west es als *tad* und *ekam,* aber personhaft ist es Selbst der Welt und der Menschen und waltet als Gott und mütterliche Göttin solange der Weltlauf währt, die Welt zu genießen und sich zu freuen an den Wesen, die aus der Lustfülle der Welt leben und in Not und Tod sich im göttlichen Selbste und im Einen, dem sie gleich sind, bergen. Die höchste Erscheinung des Gottes ist der leuchtende Weltkreis, der im schaffenden, wohlgeordneten Jahr die Wesen werden läßt und sie wieder in sich aufnimmt. Der Weltkreis kommt und geht wie die Wesen alle. Unerschöpflich aber ist der Quellgrund alles Lebens und ewig steht der schaffende Gott. Das innerste Geheimnis in der Welt ist das ewige Selbst, das im Herzen der Menschen wohnt. In ihm ist der Mensch dem Gott verbunden. Aus dieser Gottverbundenheit vermag er die Welt zu meistern und schließlich weltüberlegen im Dasein zu stehen.

[35] Vgl. dazu Av X, 2, 30 ff., unten übersetzt u. erklärt u. den Schluß des anthropolog. Liedes Av XI, 8 unten wiedergegeben u. Śvet.-Up. III, 8, 10. V, 1. Mit diesen zwei Schlußversen ist das heiligste Geheimnis dieser Weistümer enthüllt: der Ewig-Bleibende, der alle Weltumstürze übersteht, wohnt als Selbst im Herzen eines jeden Menschen. Wer ihn erkennt, wird welterhaben mitten im Weltsein. Um diese Erkenntnis ranken sich, wie ein goldener Blütenkranz, die Gedanken der Śvet.-Up. In diesen Versen treten zum erstenmal auch die drei *guṇas* auf. *guṇa* bedeutet wörtlich „der Faden“ oder „die Strähne“. Das Bild leitet sich wohl von der mythischen Vorstellung der Welt als eines (Schicksals-)Gewebes her, das der Gott und die von ihm bestallten Mächte weben. Es gibt nach der späteren Sāṃkhya-Yoga-Lehre drei solcher *guṇas: tamas, rajas* und *sattva,* wörtlich „das Dunkle“, „das Glühende“ und „das Lichte“. Die *guṇas* sind die Kraftsubstanzen, aus denen die Welt und der Mensch gebaut sind, die Weltstoffenergien. Dieser Vers zeigt den engen Zusammenhang unseres Liedes mit einer philosophischen Strömung, die in erster Linie mit dem Rudra-Bereich verknüpft ist, denn in der Śvet.-Up. werden diese Gedanken dann philosophisch weiter entwickelt.

puruṣa „der Mensch“ ist in der Yoga-Phraseologie ein Kernbegriff. *puruṣa-khyāti* „Schau des puruṣa“ ist im Yogasūtra und überhaupt in der Yogatradition die entscheidende Erfahrung, die zur Erlösung führt [56]). *puruṣa* steht in der Upaniṣad-Literatur als Parallele zu *ātman*, wobei es in den vornehmlich brahmanisch bestimmten Upaniṣaden eine etwas unsichere Stellung hat. In diesen ist ohne Zweifel *ātman* „das Selbst“ der Zentralbegriff. *puruṣa* bedeutet also nicht nur Mensch im geläufigen Sinn, sondern auch den inneren Menschen, *den* Menschen, „den Menschen an sich“, also das Kernwesen Mensch (Die Übersetzung des Wortes durch „Seele“, „Geist“ ist ebenso irreführend wie die Übersetzung von *ātman* mit Seele). Dann aber bedeutet *puruṣa* auch noch, wie schon erwähnt, den göttlichen Urmenschen, aus dem, wie in einer früheren Schicht aus dem Urstier (vgl. den Stier im Mithraskult) nach gemeinsamer indogermanischer Überlieferung die Welt entstanden ist [57]).

Es ist auffallend, daß *puruṣa* im Rv., abgesehen von dem schon genannten Lied X, 90, viel seltener vorkommt als *ātman*, während gerade im Av, im Veda der Vrātya und in der von dem Vrātya-Yoga-Bereich bestimmten Tradition *puruṣa* eine hervorragende Stelle einnimmt. Daraus muß der Schluß gezogen werden, daß *puruṣa* vornehmlich die Vrātya-Yoga-Sāṃkhya-Bezeichnung für das Kernwesen des Menschen gewesen ist, während die brahmanische Literatur *ātman* bevorzugt. Wir haben im Mbh. diese Unterscheidung ausdrücklich bezeugt, wo gesagt wird, daß der *ātman*, der jeglicher Wesenheit innewohnt, im Sāṃkhya *puruṣa* heiße [58]). Es ist darum anzunehmen, daß der Ausdruck *puruṣa* in die brahmanische Religion oder in ihre Vorstufen durch die Vrātya eingeführt worden ist, und zwar durch solche, die sich zum Brahmanismus bekehrten. Daher mag seine etwas unsichere Stellung in diesem Bereich gegenüber dem *ātman* zu erklären sein. Innerhalb des Yoga-Sāṃkhya-Bereiches behielt das Wort puruṣa immer seine erste Stelle.

Die zwei Lieder des Av, X, 2 und XI, 8, in denen der Mensch in seiner körperlichen und seelisch-geistigen Struktur in anschaulichen Bildern geschildert wird, sind wohl die älteste „Anthropologie“, die wir aus der Weltliteratur kennen. Dabei wird schon in ihnen entscheidend auf die tiefste Wurzel hingewiesen, aus welcher der Mensch erwachsen ist, nämlich auf *brahman*, die Urmacht alles Seins. Eine Antwort auf letzte Fragen über das Wesen des Menschen.

Diese beiden Lieder gehören sehr eng zusammen mit den Weisheitsliedern auf *skaṃbha*, den „Ewigen Weltenstützer“ und „Weltenmenschen“. In diesen Liedern sind schon alle Grundelemente der Anthropologie, Psychologie, Metapsychik und Metaphysik des Yoga-Sāṃkhya enthalten. Sie finden darum hier ihre Stelle.

Es sind teilweise Frage- und Rätsellieder, auf die schon hingewiesen wurde. Denn viele ihrer Strophen beginnen mit: *kena* „durch wen?“

kasmin „in wem?“ oder mit anderen Frageworten wie *kaḥ* „wer?“, *kva* „wo?“ usw.

Av. X, 2 behandelt zunächst den Bau des Leibes (Strophe 1–8); dann die verschiedenen Funktionen und seelischen Bewegungen des leiblich-seelisch-geistigen Gesamtgefüges Mensch (9–17); dann wird von der Kraft des Menschen als eines geistigen Schöpfers gehandelt, die ihn weit über Irdisches in die Sphäre der Gottmächte erhebt und schließlich mit der göttlichen Urmacht eint. Versmaß und Inhalt aller dieser Weisheitslieder, wie sie der brahmanisch redigierte! Av. bietet, weisen darauf hin, daß hier Bruchstücke aus offenbar größeren Traditionsmassen, die verloren wurden, zusammengebaut sind.

Eine Übersetzung des Liedes mag hier folgen:

Von wem gefügt sind des Menschen Fersen?
Von wem das Fleisch (die Muskeln), von wem die beiden Knöchel?
Von wem die fein-geschickten Finger, die Öffnungen?
Von wem die beiden *uchlakha* [1] in der Mitte? Wer gab ihm seinen festen Stand?
Aus was machten sie die Knöchel unten und die beiden Kniescheiben des Menschen oben,
Als sie die Beine getrennt gestalteten?
Wo sind der beiden Knie-Bänder, wer weiß das? [2]
Quadratisch gefügt, zusammenlaufend an den Enden
Ist die geschmeidige Tonne oberhalb den Knien (der Rumpf).
Wer schuf das, was die Hüften sind, die Schenkel,
Durch die der Rumpf so wohl gefestigt da steht?
Wie viel Götter waren es und welche,
Die des Menschen Brust und seines Halses Teile zusammenfügten?
Wie viele setzten ihm die Brustwarzen auf, welcher Gott die beiden Schlüsselbeine?
Wieviel Götter fügten die Schulterknochen ineinander, wie viele die Rippen? [3]
Wer fügte seine beiden Arme fein zusammen (und sprach): „Mannhaftes mög' er wirken“.
Welcher Gott, dem es obliegt, setzte die beiden Schultern an den Rumpf?
Wer bohrte am Kopf die sieben Öffnungen,
Ohren, Nase, Augen, Mund,
Durch deren Macht vielfältiger Meisterung

[1] *uchlakha* ist ein unbekanntes Wort, die Bezeichnung „in der Mitte“ weist auf die Geschlechtsorgane.

[2] Es ist anzunehmen, daß diese anatomischen Fragen von den Novizen beantwortet werden mußten. Hier ist darauf hinzuweisen, daß ja Rudra, der große Gott der Vrātya, auch Arzt *(bhiṣak)* ist und daß seine Geweihten, wie auch heute noch viele wandernde Yogin, Wunderdoktoren waren und sind, die in Indien einen großen Ruf haben.

[3] Der Novize mußte Zahl der Rippen usw. kennen. Darum wird nach der Zahl der schaffenden Mächte und nach ihren Namen gefragt.

Vierfüßler und Zweifüßler ihren Weg dahingehen? [4]
In die beiden Kinnladen setzte er (der Gott) die vielgewandte Zunge,
Fügte ihr ein die mächtige Wortgewalt.
Er regt und regt sich innerhalb der Wesen
Sich in Wasser kleidend. Wer versteht das? [5]
Wer war es, der als erster das Hirn des Menschen schichtete,
Die Stirne, das Hinterhaupt, das Schädeldach,
Ein „Geschichtetes" in seinen beiden Kinnladen und dann
Zum Himmel aufstieg – Welcher Gott ist das? [6]
Das Liebe und das Unliebe, das vielfältige,
Den Schlaf (Traum), Beklommenheit und Mattigkeit,
Die Wonnen und die Freude, woher
Bringt sie der Mensch, der Ungeheure *(ugra)*? [7]
Bedrängnis, Niedergang, Vernichtung, Armut, woher sind sie?
Woher Gelingen, Gedeihen, Erfolg, Verstand und schöpferischer Aufbruch? [8]
Wer schuf in ihm die Säfte, vielfältig verzweigt zum Kreislauf dargeboten,
Die scharfen, hellroten, leuchtend roten, kupferroten rauchfarbigen,
Die aufwärtssteigen, abwärts, seitwärts im Menschen?
Wer setzte in ihn die „Gestalt" *(rūpa)*,
Wer die „Mächtigkeit" *(mahman)*, den „Namen" *(nāman)*,
Wer in den Menschen den Gesang *(gātu)*,
Die geistige Helle *(ketu)*, wer edles Benehmen? [9]

[4] Durch die Sinne sind die Lebewesen imstande, sich in dieser Welt zurechtzufinden; durch die Lautgebung sind sie imstande, sich in Gemeinschaft helfend zu verständigen; durch den Mund nehmen sie die Nahrung auf.

[5] „Er" innerhalb der Wesen, der sich in Wasser kleidet, ist eine Aussage über den Urgott. Dies wird hier metaphorisch auf die menschliche Zunge angewandt, d. h. auf den Menschen, der durch die Sprache sich schöpferisch betätigt; seine Wortgewalt ist sozusagen Gottgewalt. Er gibt den Dingen und Wesen Namen und damit geistige Realität. Dieser „Mensch in der Zunge" kleidet sich in Wasser: der Speichel, der ja das gute Sprechen ermöglicht, wird hier symbolisch in Verbindung mit den Urwassern gebracht. Eine solche Erklärung etwa mußte auf die Frage „Wer versteht das?" gegeben werden können. Die Weisheitslieder des Av sind voll solcher Rätselfragen.

[6] Das „Geschichtete" muß wieder die Zunge mit den Zähnen, dem Gaumendach usw. sein und die Antwort auf die Frage „Welcher Gott ist das?" lautete wohl: Tvaṣṭar „der Zimmermann-Schöpfer". Vielleicht ist auch an die Vāc gedacht, die ewige Urmacht der Sprache, die im Himmel thront.

[7] Man denke hier an des Sophokles Chor in „Antigone". „Nichts Gewaltigeres als der Mensch ...", *deinós* hat dieselbe Bedeutung wie *ugra;* in ihr schwingt etwas von dem ungeheuer Unheimlichen des Menschenwesens.

[8] *uditi* kann neben *mati* wohl kaum etwas anderes bedeuten.

[9] *rūpa* als philosophischer Begriff bedeutet „Gestaltkraft", die im Menschen und in der ganzen Welt als struierendes Prinzip wirksam ist. *nāman* „der Name" ist ebenfalls ein philosophischer Begriff und bedeutet die Macht, die das innere Wesen schafft. Es gibt eine ganze *nāmarūpa*-Philosophie in den altindischen Texten (vgl. dazu H. Oldenberg, „Vorwissenschaftliche Wissenschaft", Göttingen 1919, 102 ff.). Doch hat Oldenberg das Unterscheidende zwischen *nāman* und *rūpam* nicht scharf genug gesehen. *mahman* kommt, abge-

Wer wob in ihm den Lebensodem *(prāṇa)*, wer den Einhauch *(apāna)*?
Wer den Durchhauch *(vyāna)*? Welcher Gott begabte den Menschen
mit dem Ganzhauch *(samāna)*? [10]
Wer legte in den Menschen als einz'ger Gott das Opfer?
Wer das Ewig-Wirkliche *(satyam)*, wer das Gesetzlose *(an-ṛtam)*? [11]

sehen von Av XX, 48, 3 sonst nirgends in der altvedischen Literatur vor; es scheint also ein ausgesprochenes Vrātya-Wort zu sein (vgl. oben S. 53). *gātu* kann auch Gang bedeuten; dann müßte aber auch dies Wort als philosophischer Begriff gefaßt werden. *ketu* ist die Erleuchtung, die geistige Schau, verwandt mit *keta* im Keśin-Lied (vgl. oben S. 28 ff.).

[10] Die Atemtechnik und Unterscheidung der verschiedenen Atemarten bilden ein Hauptstück der Vrātya-Überlieferung, wie schon oben erwähnt. Im Vrātyabuch Av XV, 15 sind nicht nur die drei Hauptatemarten *prāṇa, apāna* und *vyāna* genannt, sondern auch je sieben Unterarten dieser drei Arten. *samāna* tritt hier neu auf. Die Bedeutung dieser verschiedenen Namen der Atemarten im einzelnen können für den, der sich eingehender mit der Yogaliteratur beschäftigt hat, nicht zweifelhaft sein, so unsicher die Deutung selbst bei Indologen ist: *prāṇa* ist der „Aushauch". Da der Aushauch als der eigentliche Atem gilt, steht er auch für den Lebensodem überhaupt; er wird zur kosmogonischen Macht, weil ohne ihn nichts Lebendiges ist. *apāna* ist der „Einhauch", denn es ist der Atem, der hinabgeht, vom Mund in die Lunge. *vyāna* ist der Atem, der beim Atemanhalten, das mit einigem Druck geschieht, sozusagen durch den Körper strömt; hier ist ein Gefühl für die Durchdringung des Organismus mit Sauerstoff. *samāna,* wörtlich „der Zusammenhauch" ist der Atem, der bei den Atemübungen still durch den ganzen Körper sich ausbreitet und die sich entwickelnde Kohlensäure sozusagen in sich aufnimmt, also der Zusammenschluß der beim Ein- und Ausatmen entstehenden chemischen Verbindungen. Später wurde noch ein *udāna* „Hinaufhauch" unterschieden, der entsteht, wenn die langangehaltene Luft sozusagen nach oben steigt. Das ist die eigentümliche Affektion des Gehirns, die man beim krampfhaft angehaltenen Atem spürt, Wirkung der sich mehrenden Kohlensäure und eines gewissen Druckes. Dies führt nicht selten zu Halluzinations- und Entrückungserlebnissen. Alle diese „Atemarten" sind nicht verschiedene Atem, sondern verschiedene Atemerlebnisse bei der ausgebildeten Atemtechnik.

Im Zusammenhang mit *prāṇa* ist dann auch das große Weisheitslied des Av XI, 4, das *prāṇa* zum Urprinzip erhebt, entstanden. Dieses Lied muß als die Grundlage der *prāṇa*-Philosophie in der altindischen Literatur angesehen werden (zu *prāṇa* als kosmisches Prinzip vgl. Deußen, Allg. Gesch. d. Phil. I. 1, 294 ff., bes. 300 ff.).

Es mag hier noch darauf aufmerksam gemacht sein, daß die Vrātya als Sāman-Sänger gezwungen waren, sich mit dem Atem, seinen Arten und der Atemtechnik eingehend praktisch und theoretisch zu befassen. Daraus ist die Atemtechnik des Yoga entstanden.

[11] *satyam,* von sat „das Seiende" bedeutet das mit dem Seienden Verbundene, das seine Wesenheit Tragende; es ist einer der großen metaphysischen Grundbegriffe Altindiens und muß deshalb übersetzt werden „das Ewig-Wirkliche". Dieses wirkt in der irdischen Sphäre alles Wirkliche und Echte und gewinnt darum im Laufe der Zeit die Bedeutung „Wahrheit". Im altindischen Denken wird kein Unterschied gemacht zwischen dem Wirklichen als Wesensmacht und der Auffassung und Formung des Wirklichen in Bewußtsein und Wort. „Wirklichkeit und Wahrheit" sind ein Einheitliches für diese synthetische Schau. Ebenso liegt es mit *an-ṛtam: ṛtam* ist die *„ewige Ordnung, das Urgesetz"*. Auch dieses Wort kann darum die gesetzhaft geordnete Wirklichkeit wie Wahrheit bedeuten. *an-ṛtam* also „das Gesetzlose, Unwirkliche, die Lüge".

Woher kam ihm der Tod, woher das Unsterbliche?
Wer tat ihm an die Kleidung, wer schöpfte ihm die Lebenskraft?
Wer reichte Tatkraft ihm, wer schuf ihm ein die Raschheit?
Wodurch dehnte er die Wasser aus, wodurch schuf er den Tag zum Licht?
Wodurch entflammte er die Morgenröte, wodurch gab er das Abendwerden? [12]
Wer legte Samen in ihn (sprechend:) fortgesponnen werde der Faden der Geschlechter?
Wer erschloß in ihm die Weisheit, wer gab in ihn Musik und Tanz?
Wodurch erfüllte der Mensch die Erde, wodurch besiegte er selbst den Himmel?
Durch welche Macht die Berge, wodurch ist den Werken er gewachsen?
Wodurch folgt er dem Donnergott, wodurch dem weitschauenden Soma?
Wodurch dem Opfer und dem Glauben, wodurch ist in ihn der Geist gesetzt?
Wodurch erlangt der Mensch die heilige Kunde, wodurch jenen „Allerhöchsten" hier?
Wodurch den Feuergott? Wodurch maß er des Jahres Lauf? [13]
(Nun folgt die Antwort:)
Das *brahman* ist's, das heilige Kunde erlangt, das *brahman* diesen Allerhöchsten.
Das *brahman* diesen Agni. Als Mensch maß *brahman* aus den Jahreslauf. [14]
Wodurch wohnt mit den Göttern er auf dieser Erde, wodurch mit des Göttervolkes Sippen?
Wodurch ist wirklich Herrschermacht, wodurch ein anderes Ohn-Macht?
Das *brahman* (im Menschen) ist's, das mit den Göttern wohnt, das *brahman* wohnt mit der Götterscharen Sippen.
Das *brahman* ist die Herrschermacht, die seiend ist, das *brahman* ist das andere auch, die Ohn-Macht.
Wodurch ist diese Erde weithin gebreitet, wodurch ist hochgebaut der Himmel?
Wodurch ist dieses hohe Firmament gesetzt, hinstreckend sich und krümmend?

[12] Diese Rätselfrage geht ohne Zweifel auf den *puruṣa* als schaffenden Urgott und ist wohl versehentlich in diesen Zusammenhang geraten.

[13] Der Zusammenhang beweist, daß in den übersetzten Strophen bedeutende Erfahrungen des Menschen als geistiges Wesen und Schöpfer beschrieben sind. „Der weitschauende Soma" ist Ausdruck für den Begeisterungs- und Erleuchtungstrank der Opferer; durch ihn gelangt der Mensch zur Schau der Götter oder wird zu ihnen entrückt.

[14] *brahman* „die ewige Wirkmacht", die sich in Andacht, Gebet und Lied kundtut, ist die Wurzel alles geistigen Erlebens und Schaffens, es ist die letzthinige Wirklichkeit, die richtig gesehen im schöpferischen Tun und Schauen des Menschen wirksam ist. Diese Sicht zeigt sowohl tiefe Erkenntnis wie Verehrung und Verantwortungsbewußtsein für das menschliche Schaffen.

Durch das *brahman* ist die Erde weithin gebreitet, das *brahman* ist als hoher Himmel aufgebaut.
Das *brahman* ist als hohes Firmament gesetzt, hinstreckend sich und krümmend.
(Nun folgt das Hauptstück dieses Liedes: Der Mensch als Schöpfung überirdischer Mächte, in dem das *brahman* wohnt als in einer Burg als selbsthaftes Schauerwesen *yakṣam ātmanvat*):
Als der Atharvan sein Haupt, und was das Herz ist, zusammengenäht hatte,
Regte er ihn über dem Hirn vom Haupte her als „Läuterer" an. [15]
Dies Atharvan-Haupt ist fürwahr ein Gottgefäß, gar wohl gefügt,
Dies Haupt betreut erhaltend der Lebenshauch, die Speise und der Geist.
Ward der Mensch aufwärts geschaffen oder etwa seitwärts (wie das Tier)?
Oder ist er in allen Richtungen (Weltgegenden) zu Hause,
Der die Burg des *brahman* kennt, woher der Mensch *puruṣa* genannt wird? [16]
Wer diese Burg des *brahman* kennt, die vom Todlosen umhüllte,
Dem verleihen das *brahman* und die *brahman*-Erfüllten Schaukraft, Lebensodem und Nachkommenschaft. [17]
Den läßt fürwahr das Auge nicht im Stich, noch Lebensodem bis ins Alter,
Wer diese Burg des *brahman* kennt, von der er *puruṣa* genannt ist. [18]

[15] *Atharvan,* der Urweise indoarischer Zeit, den wir schon kennen, wird hier als göttliche Schöpfermacht besungen. So sind auch die anderen alten Ṛṣis im altvedischen Mythus schaffende Schöpfermächte. Sie sind in mythischer Gestalt die schöpferischen Geistmächte im Letzthin-Wirklichen, die sich auf Erden verkörpern und in das irdische Geschehen hineinwirken. „Läuterer" *(pavamāna)* heißt der Atharvan, weil er wie Soma, der den Geist läutert, den Menschen erleuchtet, zu Schauungen und Erkenntnis führt. Zu erinnern ist hier auch an den obenerwähnten Urseher Vena, der in der Vrātya-Tradition als schöpferischer Urweiser auftritt.

Interessant ist, daß nach der Auffassung dieser Strophe der Schädel des Menschen zusammengenäht ist. Auch unsere Anatomie redet von Schädelnähten.

[16] Der Mensch ist in allen Himmelsrichtungen oder Weltgegenden zu Hause, weil sein Geist überall hinschweift. Keine Höhe und keine Tiefe, die er nicht zu ergründen sucht und ergründet. Die zweite Hälfte der Strophe enthält die schon erwähnte Etymologie von *puruṣa,* als *puriśaya* „der in der Burg (des *brahman*) Wohnende", die in der gesamten Yoga-Sāṃkhya-Tradition immer wieder auftaucht (vgl. oben S. 62 ff. und Anm. 51).

[17] *cakṣus* steht hier sowohl für das leibliche wie für das innere Auge wie auch prāṇa den irdischen Lebensodem wie die überirdische Wesensmacht bedeutet. Daß dazu noch *prajā* Nachkommmenschaft genannt ist, beweist wie lebensfreudig diese Vrātyasänger noch waren.

[18] Die Auffassung, daß innere Schau und Wesensverknüpfung mit den göttlichen Urmächten auch das irdische Leben kraftlebendig durchwirken – eine Auffassung, die in der Tat der vieltausendjährigen Erfahrung der Menschheit entspricht – durchzieht die ganze Yogaliteratur bis heute. Die Gefahr dieser Auffassung ist freilich da, wo die magische Haltung vorherrscht,

Zehn Ringwälle hat diese Burg der Götter, die uneinnehmbare, neun Tore,
Drin ist ein goldenes Gefäß, Lichtstrahlen, von ewigem Glanz umhüllt.
In diesem goldenen Gefäß, das drei Speichen hat, drei Stützen
Welch selbsthaft Schauerwesen darin wohnt – die *brahman*-Wisser wissen es.
In diese helle, goldene, mit Herrlichkeit umhüllte Burg,
Die golden leuchtende, die unbezwingbare ist das *brahman* eingegangen. [19]

Die Idee vom Menschen als einer „Burg des *brahman*", in der ein wunderbares Gefäß oder eine Lotosblume, nämlich das Herz ist, welches das große Geheimnis, *ātman-puruṣa-brahman* in sich wohnen hat, ist aus der Vrātya-Tradition, die wir im Av und sonst aufgedeckt haben, unmittelbar in die an den Av angeschlossenen Upaniṣaden eingegangen, tritt aber dort weiter entwickelt in metaphysischer Schau auf. So z. B. in Muṇḍaka-Up. II, 2, 7. 9, in der Brahma-Up., wo Śaunaka den Pippalāda um Belehrung über die *brahman*-Burg bittet. Diese erfolgt in starker Anlehnung an Av X, 2 (wir erinnern uns hier daran, daß sowohl

daß diese Wahrheit verkehrt wird in den Aberglauben des Lebenselexiers durch Yoga-Übungen. Wir haben dieselbe Entwicklung auch im chinesischen Taoismus, der in seinen niederen Schichten in abwegige Magie ausartete.

[19] Zu diesen drei Strophen ist zu vergleichen das oben übersetzte Stück Av X, 8, 43 ff. Das goldene Gefäß in der Burg des *brahman* ist das Herz; die drei Speichen oder Rippen und die drei Stützen sind, wie in der genannten Stelle, die *guṇas;* das „selbsthafte Schauerwesen" *(yakṣam ātmanvat)* ist das Selbst; die zehn *cakra* (Kreise, Ringe, Ringwälle) sind, wie Deussen vermutet, vielleicht die zwei Augen, zwei Ohren, zwei Arme, zwei Hände, zwei Beine, welche die *brahman*-Burg, den Menschen nach außen schützen. Wahrscheinlich aber hat das Wort *cakra* hier noch eine tiefere Bedeutung: es mögen mystische Innenkreise sein, von denen man das innerste Geheimnis Mensch umgeben glaubte. Möglicherweise sind aus dieser Auffassung die Cakras des späteren tantrischen Yoga erwachsen.

Der eigentümliche Ausdruck *yakṣam* ist aus der ungeheuren Ergriffenheit und dem Schaudern der Entdeckung des Letzthin-Wirklichen im Menschen gewählt; *yakṣ* bedeutet „mit Gewalt, schauerlich, unheimlich andringen", *yakṣaḥ* ist der Dämon (man vergleiche hier das griechische Daimon für die im Menschen wirkende Schicksalsmacht). *yakṣam* als Bezeichnung eines Letzthin-Wirklichen gehört der Vrātya-Tradition an. Es findet sich auch in diesem Sinne in anderen Vrātya-Liedern, so z. B. Av VIII, 9, 6. 26, in dem die *virāj* als Urmacht besungen wird: „in deren Geheiß und Antrieb sich das *yakṣam* regt". In Strophe 26 wird der „Eine Stier" (Rudra), der Eine Seher, die Eine Ursetzung *(dhāman),* das Eine Gebet (von dem alle Gebete ihren Ursprung haben) und das Eine *yakṣam* auf Erden besungen. Dieses *yakṣam* ist eben das „Schauerwesen" im Menschen, die ungeheure kernwesenhafte Realität Mensch. Im Skambha-Lied, Av X 7 tritt ein *mahad yakṣam* „das große Schauerwesen" auf, das in aller Wesen Mitte west und wirkt. In dieses sind die Götter alle eingefügt, wie Äste in den Baumstamm. Dieses *yakṣam* ist also das Ewig-Wirkliche überhaupt, das überall geheimnisvoll sich regt und offenbart und das auf den Menschen in numinöser Erregung schauervoll andringt. Aus eben dieser Erregung ist der seltsame Ausdruck mit Notwendigkeit entsprungen (vgl. dazu auch Hauer, Vrātya, 306 ff., bes. 310 und Geldner zu Rv X, 88, 13; ebenso Gop. Br. I, 1, 1 u. Jaim. Br. 3, 203; Kena-Up. 15; Kauś. 95; Śat. Br. 11, 2, 3, 5).

von Śaunaka wie von den Paippalāda eine Rezension des Av vorhanden ist). Die Nārāyaṇa-Up., eigentlich eine Viṣṇu-Up., in der aber auch Rudra eine hervorragende Stelle innehat, verbindet das Bild von der *„brahman-Burg“* mit dem der Lotosblume. Diese Geheimlehre wird dann bezeichnenderweise Atharva-śiras „das Haupt des Atharvan“ oder „das Haupt des Atharvaveda“ genannt. Ebenso hängt die Ātmabodha-Up. aufs engste mit Av X, 2 zusammen. Alle diese Up. gehören zum Yoga-Bereich. Nach einer Lesart von Śvet.-Up V, 1 ist auch in dieser die *„brahman-*Burg“ genannt mit dem Beiwort *akṣara* „unvergänglich“ und *ananta* „ewig“.

In den großen alten Upaniṣaden findet sich die *„brahman-Burg“ (brahmapura)* in der Chāndogya-Up. VIII, 1, 1, wo ein ausführlicher Abschnitt über das Selbst geboten wird. „Jene kleine Lotosblume, die in dieser *brahman-*Burg, der kleine Raum in ihr, in dessen Innerem der Welten-Äther *(ākāśa)* west, was darin ist, das fürwahr soll man suchen, das fürwahr ist zu erkennen.“ Dieser große Weltenäther, der im kleinsten Raum des Herzens wohnt, trägt in sich Himmel und Erde, Feuer, Wind, Sonne und Mond, den Blitz und die Sterne, alles, was der Mensch hat und nicht hat, ist darin beschlossen. Und das, was darin ist, altert mit dem Alter nicht noch wird es je durch Mord vernichtet. Dies ist die wahre *brahman-*Burg, das Selbst *(ātman),* frei von Sünde, frei von Alter, frei von Tod und frei von Leiden, ohne Hunger, ohne Durst. Was dieses Selbst an Zielen in sich trägt, ist wirklich; was es sich vornimmt, das geschieht wahrhaftig. Dieser *ātman* ist wie ein verborgener Goldschatz, über den die Leute achtlos hinweggehen bis ihn einer findet.

Daß die Sāman-Sänger ursprünglich in enger Verbindung mit den Vrātyas waren, wurde schon erwähnt. Es ist darum nicht auffallend, daß in einer Upaniṣad, die zum Sāmaveda gehört, diese alte Vrātya-Tradition weiter entwickelt wurde, wobei dann *puruṣa* durch *ātman* ersetzt wurde.

In diesem Zusammenhang mag auch noch die Kena oder Talavakāra-Up. genannt werden, die ebenfalls zum Sāma-Veda gehört, und zwar zur Schule der Jaiminīyas. Doch wurde sie auch in die Av-Sammlung der Upaniṣaden eingereiht, wohin sie rechtmäßig gehört, denn in ihr erscheint das *yakṣam* als oberstes Prinzip mit dem *brahman* ineinsgesetzt. Diese Upaniṣad ist eine direkte Weiterentwicklung des eng mit den Vrātyas verbundenen Jaiminīya-Upaniṣad-Brāhmanam. Auch ihre sprachliche Form weist in die Richtung der übersetzten Vrātya-Av-Lieder; sie gehört in die Gattung der Frage- und Rätsellieder, deren Strophen mit *kena* „wodurch“ beginnen. Die erste Strophe ist ohne Zweifel ein Zitat aus einem dieser Lieder:

„Wodurch (oder durch wen) getrieben, vorwärts geschnellt fliegt der Gedanke?
Wodurch angejocht geht der Lebensodem von Anfang vorwärts?
Wodurch getrieben haben sie (die Menschen) die Sprache?
Welcher Gott jochte das Auge, das Gehör an?“

Und nun wird in tiefsinnigen Gedanken ausgeführt, daß alle die Funktionen und Begriffe nicht das Wesentliche seien, daß Worte wie *brahman* usw. nur ein ferner Hinweis auf das sei, was sie sagen sollen. Daß die Upaniṣad eine Sonderstellung gegenüber den brahmanisch bestimmten Upaniṣaden einnimmt, wird weiter bestätigt durch das Geheimwort *tadvanam* für das höchste Prinzip, das den Indologen so viel Kopfzerbrechen gemacht hat. Es läßt sich aus der Vrātya-Av-Tradition ohne Schwierigkeit erklären. *tadvanam* ist nämlich nichts anderes als „jener ewige Feigenbaum", der auch in der Tradition der uns bekannten Kaṭhas als höchstes Prinzip gepriesen wird und von dem es in der Kaṭh. Up. VI, 1 heißt: „Das ist fürwahr das Leuchtende, das ist *brahman*, das wird das Todlose genannt. In ihm haben alle Welten ihren Halt, darüber hinaus gibt es nichts" (vgl. dazu auch unten das Kapitel: Der Yoga in den Upaniṣaden).

Wenn wir uns nach indogermanischen Zusammenhängen umsehen, so ist zu erinnern an Mimameið, den „Baum Mimirs" und an „Hoddmimirs Holz", ein Name für die Weltesche, die den Weltuntergang übersteht und in dem sich *lif* und *lifthrasir* „Leben und Lebensdrang" bergen, bis der Fimbulwinter vorüber ist und wieder eine neue Welt entsteht [59]).

In der Kena-Up. finden sich auch zum erstenmal die tiefsinnigen Gedanken über die schlechthinige Unverkennbarkeit des Letzthin-Wirklichen, von dessen Erkenntnis nur in Paradoxien geredet werden kann. Sie nimmt Hauptgedanken von Cusanus zwei Jahrtausende vorweg [60]) (vgl. dazu unten das Kapitel: Der Yoga in den Upaniṣaden).

Ein anderes anthropologisches Lied des Atharvaveda ist Av XI, 8. Dieses Lied ist seiner ganzen Form und sprachlichen Ausdrucksweise nach älter als das oben übersetzte. Es sind sozusagen die ersten Schritte auf dem Weg von der mythischen Schau zur philosophischen Erkenntnis [61]). Es enthält sehr tiefsinnige Gedanken über das Menschenwesen, die in eine oft sehr schwungvolle mythische Sprache gekleidet sind. Der Aufbau des Liedes ist von einer eindrucksvollen Folgerichtigkeit.

Strophe 1–4 wird die Entstehung des Menschen in der Urzeit geschildert: *manyu* „der Geistdrang" nimmt sich eine Gattin *ākūti* „die Zielschau", aus dem Hause *saṃkalpas* „Schöpfungswille, Entschlußkraft". *brahman* und *tapas* „die schöpferische Glut" und *karman* „Werkmacht und Werkgesetz" sind Werber und Brautführer. Der Mensch ist nach dieser Auffassung mit Beistand der Urmächte aus männlichem und weiblichem Wesen geworden.

Dann werden die „10 Götter", nämlich die seelisch-geistigen Fähigkeiten und Funktionen, die als Götter im Menschen wirken, geboren, und zwar von zehn mythischen Göttern, den transzendenten Wirkmächten der im Menschen wohnenden „Götter". Sie gehen in den Menschen ein: Aushauch, Einhauch, Gesicht, Gehör, Vergehen und Bestehen, Durchhauch und Aufhauch, Rede (*vāc* = Logos), Geist *(manas)*. Diese „10 Götter", die als Grundfunktionen im Menschen walten, sollen *ākūti* zu *manyu* bringen. So wird der Mensch ein leiblich-seelisch-geistiges Gesamtgefüge, Person.

Der *purāṇavid* „der Kenner der Urzeitüberlieferung" weiß, daß es damals noch keine der bekannten Götter gab, noch keine Jahreszeiten. *karman* „Werk" war *jyeṣṭham* „das Älteste", das Urprinzip, von dem alles andere geschaffen wurde. Str. 5 ff.

Der Begriff *jyeṣṭham* „das Älteste" als höchste Urmacht hat in den Vrātyaliedern, so z. B. in Av X, 7, 8 die erste Stelle unter den kosmogonischen Mächten inne; *jyeṣṭham,* das hier mit *karman* „Werk, Tat" ineinsgesetzt wird (man vergleiche dazu Goethes „im Anfang war die Tat"), wurde im weiteren Verlauf der metaphysischen Spekulation *brahman* gleichgesetzt.

Sie wissen auch, daß es vor dieser Erde schon einmal eine Ur-Erde gab und daß die Götter, die man ehrte in der alten Zeit, von Göttern stammen, die vor diesen waren, von Urmächten die sich in den Göttern, die verehrt wurden, dargestalteten. Dann wird geschildert wie die alten Götter den Menschen (aus dem Urstoff) mit allen seinen Teilen „zusammengossen", wobei *saṃdhā* „die Zusammenfügerin, die Harmonie" mitwirkte und *īśā* „die Herrscherin", die Gattin des *vaśa* „der Willenskraft", ihn mit herrlicher Farbe schmückte; und ein Tvaṣṭar „Bildner", des vedischen Schöpfergottes Tvaṣṭar Vater, bohrte die Öffnungen an diesem Gebilde. In dies sterbliche Haus gingen „die Götter ein", d. h. die schon genannten Kräfte und Funktionen.

Zu diesen gehören aber auch sozusagen als polare Entgegensetzung die „üblen Götter", d. h. die negativen Funktionen wie Müdigkeit und Auflösung und – seltsamerweise auch der Schlaf; Alter, Kahlheit und Grauwerden, Hang zum Diebstahl, Böstat und Hinterhältigkeit. Doch über allem steht das Ewig-Wirkliche, die Wahrheit *(satyam),* Opfer, große Herrlichkeit, Kraft, Herrschermacht, Machtstrahlung *(ojas).*

In diesem Lied, das im wesentlichen mit der Auffassung von X, 2 übereinstimmt, zeigt sich doch wieder eine Sondertradition, woraus wir schließen können, daß auch in den verschiedenen Genossenschaften der Vrātya diesen jeweils eigentümliche Auffassungen vertreten und weitergegeben wurden. Auch kann keine Frage sein, daß dieses Lied, wie X, 2, Bruchstücke von verschiedenen Traditionen enthält.

Die mannigfaltigen Begriffe zeigen, mit welchem Tiefblick und Scharfsinn Sein und Tun des Menschenwesens von jenen Forschern und Weisen analysiert wurden. Eingeschlossen sind auch eine Menge anatomisch-medizinischer Kenntnisse, die in der Psychologie und Medizin der späteren Zeit von Wichtigkeit sind und in immer neuen Versuchen klarer bestimmt wurden. Daß die „10 inneren Götter" das primitive Vorbild der späteren zehn *indriya* „Funktionen" des Yoga-Sāṃkhya sind, ist wohl keine Frage. Die Idee, daß es Götter waren, also überirdische Wesenheiten, die als Funktionen in den Menschen eingingen, ist im späteren Yoga-Sāṃkhya psychologisch und philosophisch geklärt und vertieft worden: aus dieser Idee entstanden nämlich die sogenannten *tanmātra* „die metapsychischen Wesenheiten der im Irdischen erscheinenden Kräfte und Funktionen". So erwächst aus diesen urtümlichen Voraussetzungen ein auch heute noch in der indischen Psychologie und Philosophie gültiges System. Eine ganzheitlichgerichtete Anthropologie wird gut tun, die Grundgedanken dieses Systems ernster zu nehmen als es bisher geschehen ist. Denn es stecken darin Tiefenerkenntnisse von Bedeutung für die Wesensschau des Menschen.

Dies gilt besonders auch von der metaphysischen Grundkonzeption des Wesens Mensch. Sie ist hier dieselbe, wenn auch mit anderen Bildern und Begriffen wie in dem schon übersetzten Lied X, 2.

„Was die Urwasser waren, was die Gottheiten, was die Virāj war, mit
brahman eins,
Das alles ging als *brahman* in den Leib ein, als „Wesenherrscher"
(prajāpati) über ihn.
Die Sonne und der Windgott *(vāta)* teilten sich in des Menschen Auge
und Lebensodem.
Doch sein anderes Selbst teilten die Götter Agni (dem Feuergott) zu.
Deshalb fürwahr erkennt der Wissende den *puruṣa* als jenes *brahman.*
Es wohnen ja in ihm die Götter alle, wie Kühe in der Hürde.
Gleich beim Tode teilt er sich nach dreien Sphären:
Nach dorthin geht er mit dem einen Teil
Und mit dem andern dorthin,
Doch hier bleibt mit dem dritten er. [1]
In den stillen, uralten Wassern
Ist seine Leibeshülle dann geborgen.
Darinnen ganz zuinnerst ist die „Macht" *(śavas)*
Drum wird er „Macht" geheißen. [2]

In engstem Zusammenhang mit den *puruṣa*-Ideen des Av steht der große Hymnus auf den Urpuruṣa, aus dem die Welt entstand in Av XIX, 6. Dieser Hymnus findet sich im altvedischen Schrifttum in verschiedenen Rezensionen, so auch in dem Nachtrag-Buch des Rv Maṇḍala X, 90 [62]). Dieses Nachtrag-Buch fällt literargeschichtlich etwa in dieselbe

[1] Das Auge, d. h. die Augenkraft geht nach altindischer Anschauung zur Sonne („wär nicht das Auge sonnenhaft ..."); sein Lebensodem in den Wind; sein Selbst geht in den Feuergott, der immer auf Herd und Opferstätte sich brennend offenbart. Dies ist eine Sonderüberlieferung und es ist die Frage ob *puruṣa* hier nicht von *ātman* unterschieden ist; denn das innerste Wesen des Menschen geht ja, wenigstens in späterer Überlieferung, zum Letzthin-Wirklichen zurück, von dem es nie getrennt war.

[2] Diese Strophe hat Deußen völlig mißverstanden, da er das eine Mal *śava* „Leichnam", das andere Mal *śavas* „Macht" liest. Er hält das ganze für einen Wortwitz entsprechend seiner Gesamtauffassung des Liedes. Dies ist keineswegs der Fall, wenn hier auch ein verstecktes Wortspiel mit *śava-śavas* angedeutet ist. Vielmehr ist in dieser Strophe in etwas rätselhafter Sprache zum Ausdruck gebracht, daß die Elemente des Körpers wieder zu ihrem Ursprung zurückkehren (denn die Urelemente der Welt sind aus den Urwassern entstanden), daß aber ein Geheimnisvolles, Mächtiges hier noch zu erahnen ist, nämlich ein Unvergängliches, eben das Kernwesen des Menschen, „der Mensch an sich", der mit jener ewigen Macht sich eint.

Zeit wie der ursprüngliche Av. Da der älteste Bestand des Rv literargeschichtlich älter ist als der Av, wurde selbstverständlich angenommen, daß die Rv-Fassung die ursprüngliche sei. Ein genauer Vergleich zeigt aber, daß die Av-Rezension die ursprünglichere Fassung bewahrt hat. Die Anordnung der Strophen, die in den verschiedenen Rezensionen wechselt, ist im Av folgerichtiger. Wenn wir die Bedeutung, die der Begriff *puruṣa* im Av, d. h. in der Vrātya-Tradition hat, bedenken, ist diese Tatsache nicht verwunderlich. Es kann keine Frage sein, daß der in diesem Hymnus besungene Puruṣa ein Hochgott der Vrātya-Gemeinschaft und der Vāyu-Rudra-Gemeinde überhaupt war. Die bekannte Strophe 6 in diesem Hymnus, nach welcher der Brahmane dessen Mund oder Gesicht sei, die beiden Arme die Krieger, die Mitte, d. h. der Rumpf, die Bauern und daß die Śudra, die unterworfenen nichtarischen Dienstleute, aus seinen beiden Füßen entstanden seien, ist ganz offensichtlich ein sehr später Einschub der brahmanischen Redaktoren. Dies beweist bündig die Tatsache, daß auf die Frage in Strophe 5, was des Puruṣa Gesicht, Arme, Schenkel und Füße seien, in Strophe 7 eine völlig andere Antwort gegeben wird, als in der vorausgehenden 6. Strophe.

Wie das Śatarudriyam erscheint auch dieses Stück der Vrātya-Tradition als eine gesonderte Upaniṣad (vgl. dazu Deussen „60 Upanishaden", 830 ff.) aber in der Fassung des Rv, weil auch die Upaniṣaden vielfach brahmanisch redigiert wurden. Diesem Puruṣa ist als weibliche kosmische Urmacht zugesellt die Virāj, die uns in der Vrātya-Tradition immer wieder begegnet. Und zwar ist hier die Paradoxie der gegenseitigen Entstehung der einen aus der anderen Urmacht, hinter der sich der Glaube verbirgt, daß das Letzthin-Wirkliche in seinem Ursprung nicht begriffen werden kann, zum erstenmal deutlich ausgedrückt: „Der Puruṣa ist aus der Virāj erstanden, aus ihm erstand die Virāj." Zugleich ist damit die tiefe Erkenntnis im mythischen Bild gefaßt, daß in der kosmischen Urmacht männliche und weibliche Energien wesen und wirksam sind. Diese Ur-Polarität ist auch im Zusammenhang mit Vāyu-Rudra-Śiva religiös und religionsphilosophisch fruchtbar gewesen.

Aber auch die Idee, daß aus dem geopferten Puruṣa die Welt und alle Wesen entstanden, gehört zu den großen Intuitionen jener alten Weisen.

Ad. E. Jensen hat in seinem Buch: „Mythus und Kult bei Naturvölkern" nachgewiesen, daß die Opferung eines Gottwesens, woraus dann die Welt oder wichtige Grundlagen des menschlichen Daseins entstehen, in die Kulturschicht der Altpflanzer gehört, die noch nicht zu einem richtigen Ackerbau gelangt waren. Wir finden diese Idee auch als Ymir-Mythus bei den Germanen. Indo-iranische-Tradition zeigt aber noch eine ältere Schicht, in welcher ein Urstier geopfert wird, aus dem die Welt oder wichtige Lebensgrundlagen entstehen. Im Mithraskult steht diese Opferung des Urstiers im Mittelpunkt. Auch Rudra war ein solcher Stier; seine Opferung war ein wichtiges Stück des altindischen Kultes. Es muß sich also um frühindogermanische oder noch ältere Traditionen handeln.

Der tiefere Sinn dieses Gottopfers ist, wenn auch in primitiver Auffassung, daß die göttliche Urmacht in bestimmten Gottgestalten aus ihrer überweltlichen Einheit in die Differenzierung der Weltwirklichkeit hinaustritt, sich sozusagen opfernd in Welt und Leben ergießen muß, damit diese von ewigen Wirkmächten erfüllt und immer neu genährt seien [63]).

Doch hat schon dieses alte Puruṣa-Lied den Gedanken klar ausgesprochen, daß der sich so in die Welt ergießende, also immanente Gott, noch eine andere überweltliche, also transzendente Existenz behält. Hier ist zu erinnern an dieselben Gedanken in dem oben übersetzten Lied Av X, 8. Es stecken also in diesen alten Liedern tiefe und schwere Probleme des Verhältnisses von Gott und Welt, vom Wesen und Wirken des Urschöpferisch-Letzthin-Wirklichen. Die mythischen Formen, in der diese Probleme auftreten, haben eine zeugungskräftige Ursprünglichkeit, die durch die Jahrtausende gewirkt hat, und sie befassen in der Tat schon alles Wesentliche der theologisch-religionsphilosophischen Fragen und Antworten, die von dieser alten Zeit bis heute das religiöse Denken der Menschheit beherrschen. Erst wenn wir dies klar erkennen, bekommen wir ein Gefühl für die Kraft der religiösen und theologisch-philosophischen Bewegung, die in jenen alten Gemeinschaften des Vāyu-Rudra-Puruṣa-Glaubens lebendig war und aus deren Schoß das Yoga-Sāṃkhya entsprang.

Wie eng diese Puruṣa-Theologie sich mit dem Yoga verknüpft, wird durch die in altertümlicher Form auftretende *gāyatrī* bewiesen, die in ihrer ältesten Fassung das *Śatarudriyam* im *Kāṭhakam* einleitet, und bis weithinein in die spätere Entwicklung des Yoga eine beherrschende Stelle inne gehabt hat:

tad puruṣāya vidmahe
mahādevāya dhīmahi
tan no rudraḥ pracodayāt

„Dies (Loblied) haben wir uns dem Puruṣa erfunden,
Dem Großgott geben wir uns sinnend hin.
Möge Rudra dies uns fördern."

tad „dieses" (Loblied) ist das Śatarudriyam „der große Rudrapreis", den die Gāyatrī einleitet (vgl. dazu den nächsten Abschnitt); sie wurde Symbol der höchsten Gottmacht, eben des Vāyu-Rudra, über der nach Av X, 8, 41 das „Todlose" west, in das der Gott emporsteigt.

Die ersten Strophen des Puruṣa-Liedes schlagen das gewaltige metaphysische Thema des Vrātya-Weistums ergreifend an: Sie mögen hier ihren Platz finden [64]).

Tausendarmig ist der Puruṣa,
Tausendaugig, tausendfüßig.
Die Erde allerwärts umhüllend,
Wohnt er doch in dem „Zehnfingerbreiten". [1]

[1] Das „Zehnfingerbreite" ist der kleine Raum im Herzen, in dem das Selbst und mit ihm die Gottmächtigkeit wohnt.

Mit drei Vierteln stieg er auf zum Himmel,
Ein Viertel nur tritt hier wieder und wieder in das
Dasein.
Nach allen Seiten breitet er sich aus,
In dem, was Speise ißt und nicht ißt.
So groß sind seine Mächtigkeiten.
Doch steht der Puruṣa noch weit darüber.
Ein Viertel nur von ihm sind alle Wesen,
Drei Viertel sind das Unsterbliche im Himmel. [2]
Der Puruṣa fürwahr ist dieses All,
Gewordenes und Zukünftiges.
Doch ist er auch Herr des Todlosen,
Das mit dem „Anderen" vereint ist. [3]

Zum Schluß möge noch auf einige wichtige Hymnen des Av hingewiesen werden, deren Inhalt in der Yoga-Tradition, besonders in deren Gottschau, wirksam geworden ist. In der Grundhaltung eng verwandt mit dem Puruṣa-Hymnus ist der sogenannte *kaḥ.*-Hymnus Rv X, 121, dessen Strophen mit dem Kehrreim endigen: *kasmai devāya haviṣā vidhema* „Welchem Gotte sollen wir mit Opfern dienen?" Es ist die Frage nach dem „Unbekannten Gott", die immer dann auftaucht, wenn die althergebrachten Götter ihre Macht verlieren. Brahmanische Theologie hat daraus einen Gott *kaḥ* „Wer?" konstruiert. Der Hymnus gehört also in eine Zeit, in der die Gottesidee über die althergebrachten Gottgestalten hinauswuchs. In der 1. Strophe wird der „Unbekannte Gott" zum goldenen Keim, was auf Av XV, 1 hinweist. Dann wird in vielen Fragen, in der Weise der oben genannten Fragelieder, bei jeder betrachteten Wirklichkeit irdischer und überirdischer Art die Frage gestellt, wer der Gott sei, durch den dies alles wurde. Im Rv wird in einer letzten, dem ursprünglichen Lied hinzugefügten Strophe der brahmanische Prajāpati als der genannt, den man verehren soll. Aber daß dies eine Neuerung ist, zeigt die vorletzte Strophe: „Möge er uns nicht schädigen, der der Schöpfer ist der Erde usw." Diese Bitte an den Gott, den man als höchsten verehrt, nicht zu schädigen, ist typisch für die Rudra-Lieder.

Die endgültige Bestätigung aber, daß dieser Hymnus zur Vrātya-Tradition gehört, ist die Tatsache, daß er eine Erweiterung des Hymnus auf einen „Unbekannten Gott" Av IV, 2 ist, in dem die Parallelen zu den uns schon bekannten Av-Vrātya-Mythen und -begriffen noch sehr deutlich sind. Zudem steht dieser Hymnus unmittelbar nach dem schon erwähnten Vena-Hymnus, der ja durch Pṛthu-Vainyu sicher in die Vrātya-Tradition gehört. Ein brahmanischer Redaktor hat dann Prajāpati ein-

[2] Diese Strophe ist in ihrer Grundidee identisch mit der vorausgehenden; wir haben hier wahrscheinlich zwei Fassungen desselben Gedankens von verschiedenen Überlieferungen.
[3] Der „Andere" ist eben der Transzendente (vgl. auch Anmerkung 59).

gesetzt, vielleicht an Stelle eines andern Namens. Wir erinnern uns hier daran, daß Vrātyascharen ihren Urgott Vāyu-Rudra verließen und sich zum brahmanischen Prajāpati bekehrten. Wenn im ursprünglichen Hymnus je ein Name stand auf die Frage: „Welchem Gotte sollen wir mit Opfern dienen", kann es nur der Urgott der Vrātya gewesen sein, nämlich Vāyu-Rudra oder *īśvara.* Im Av-Hymnus ist es offenbar der „Gold-Keim", der als erstes Prinzip gefeiert wird.

Ein ähnliches Lied auf die göttliche Urmacht ist der gewaltige Hymnus auf den *prāṇa,* den „Lebensodem", der sehr deutliche Anklänge an Av X, 8 hat[65]). *prāṇa* als Urmacht ist uns schon in den Vrātya-Überlieferungen des Jaim-Up. Brāhmaṇam begegnet.

Daß Sänger, Tänzer und Musiker sich mit Wesen und Macht des Atems befaßten und in der mythisch-metaphysischen Sphäre jener Zeit ihn als Urmacht erkannten, ist durchaus zu verstehen. Es mag hier noch bemerkt werden, daß auch in der Chāndogya-Up. der *prāṇa* als Urmacht auftritt; auch die Chāndogyas waren ja Sāman-Sänger. In diesem *prāṇa* ist das ganze All gegründet, in seiner Herrschergewalt ist alles, was existiert. Er ist der *īśvara* der Welt, eben der Gott, der keinen besonderen Namen mehr trägt, sondern den allgemeinen Namen „Herr", dem allein die Verehrung gebührt.

Weil der Atem aus metaphysischen oder metapsychischen Tiefen kommt, weil er die erste Äußerung des innewohnenden *puruṣa* ist, sozusagen sein Urwesen, wird auch dem Atem Verehrung zuteil; ist doch in ihm der Ewige Prāṇa allgegenwärtig. Man lobte die geheime Heilkraft des rechten Atmens: „Was in dir (im *prāṇa*) die Heilkraft ist, das schenke uns zum Leben."

Auch die Heilkräuter, „die atharvanischen, die angirasischen, die göttlichen, für die Menschen geborenen", sproßen hervor, weil Prāṇa sie belebt und über sie sich als Regen ausschüttet. Er regt sich im Mutterleibe als *puruṣa;* da ist er mit den „inneren Gottheiten". So wird er dargeboren immer wieder, ist das Gewordene, das Seiende und Zukünftige. Als „Vater" geht er mit Helferkräften in den „Sohn" ein.

Das Schlußgebet des Hymnus ist Dank und Bitte zugleich: „Der du Herrscher bist über jegliche Geburt, / Über alles, was sich lebendig regt, / Der Unermüdliche durch *brahman* Kühn-Starke, / der Prāṇa steh mir helfend bei!"

Auch an einige urtümlichere Lieder ist hier zu erinnern, die ebenfalls zu dieser zusammenhängenden Überlieferung gehören. In Av XI, 7 wird ein höchstes Prinzip *ucchiṣṭa* mit Namen gefeiert. Dieses Wort bedeutet „Opferrest", der feierlich verzehrt wurde.

Bei dieser Zeremonie scheinen sich bei einigen Verehrern starke ekstastische Erlebnisse ereignet zu haben, aus denen sich ein kräftiger Machtglaube entwickelte. Dies führte zur Erhebung des *ucchiṣṭa* zu einem kosmischen Urprinzip. Der Ausdruck wurde offenbar symbolisch gedeutet als „das, was als Rest bleibt", wenn alles Geschaffene und alle Gottmächte erfaßt und gewürdigt sind, sozusagen „der ewige Rest", das schlechthin Transzendente. Wir erhalten hier wieder einen selten aufschlußreichen Blick in die primitiven Wurzeln der metaphysischen Schauungen und Gestaltungen [66]).

Ein ähnliches Lied ist das auf den *odana* „das Breiopfer", bei dem auch *surā* „Branntwein" verwendet wurde. Auch dieser *odana* wurde in derselben Weise ins Metaphysische erhoben und als Symbolwort, wohl auch als Geheimwort, für die schaffende Urmacht verwendet (Av IV, 34. 35; zu *surā* vgl. Av XV, 9. Die ausführliche Behandlung dieser Lieder findet sich in Hauer, Anfänge der Yogapraxis S. 130 ff. und oben S. 28) [67]).

Die vorausgehend behandelten und genannten Lieder der Vrātya-Tradition aus dem Av enthalten die grundlegenden Elemente, aus denen sich die Psychologie, Metapsychik und Metaphysik des Yoga-Sāṃkhya entwickelt haben. Eine Reihe ihrer Bilder und Ausdrücke, ihrer Begriffe und Symbole bleiben durch die ganze Geschichte des Yoga-Sāṃkhya lebendig.

Über ihnen allen steht aber die *Puruṣa*-Erfahrung mit ihrer Polarität der Gottschau und Menschenschau dieser Urkunden. Sie wirkt eine gewaltige, spannungsreiche Einheit, ist tiefste Quelle aller lebendigen Kräfte in dieser Bewegung.

Auch sind diese Urkunden durchdrungen von einem metapsychisch-metaphysischen Idealismus, einem altindischen mythischen Vorläufer des platonischen, der aber, wie dieser, schon beginnt, die Grenze des Mythus zum Reich des Logos hin zu überschreiten. Alles irdisch Erscheinende stammt aus metapsychisch und metaphysisch vorausgehenden Wesenheiten: die heiligen Sprüche und Gesänge, die Opfer, die Götter, die von Göttern stammen, die keine Opfer brauchen usw. Die Sāman-Sänger, die das irdische *sāman* durch das *sāman,* dessen überirdische Wesenheit, in seiner Tiefe erkennen, sind die Eingeweihten (vgl. oben Av X, 8, 41; Übersetzung und Deutung des Spruches). Sie wissen auch, wo der „Ungeborene", der Urgott als *tad,* als jenes unnennbare Geheimnis geschaut wird – sie selbst haben es erschaut. Dieser metapsychische und metaphysische Idealismus beherrscht die ganze Entwicklung des Yoga-Sāṃkhya bis zu dem vollendeten System, in dem *tattvatā,* „Dasheiten", *tanmātra* „metapsychisch-metaphysische Realitäten", der *sūkṣma-* und *sthūla*-Aspekt „das Subtile und Stoffliche aller Erscheinungen", die alle in einem Urschöpferischen ihren Grund haben, zu einem großartigen, hierarchisch gegliederten Bau gefügt werden. In diesen alten Urkunden sind geistige Bausteine für Jahrtausende. Die ganze indische Geistesgeschichte bis heute hat sie verwendet.

ç) Die Rolle des Śatarudriya im frühen Yoga. Vāyu-Rudra-Śiva als Ur-Yogin

Das Śatarudriya ist uns in verschiedenen Lesarten überliefert [68]). Das ursprüngliche Śatarudriya ist eine urtümliche Litanei auf Rudra-Śiva und seine mannigfachen Erscheinungen in der Götterwelt und in der Weltwirklichkeit. Der Name mag daraus entstanden sein, daß die Litanei ursprünglich 9mal 12, also 108 Namen enthielt (die Zahl 108 ist eine der großen heiligen Zahlen im Bereich der Rudra-Śiva-Gemeinde), die zugleich Aspekte oder Erscheinungsformen des Gottes waren. Im Laufe der Zeit wurde diese Litanei allerdings erweitert und im Mbh haben wir schließlich ein *śivasahasram,* einen „Tausendśivapreis", in dem die ganze Rudra-Śiva-Theologie, -Mystik und -Metaphysik enthalten ist.

Die mannigfaltigen Erscheinungen *(tanū)* des Gottes wurden teilweise verselbständigt, so daß eine Vielzahl von Rudras aufkamen und den Gläubigen erschienen. Aber es ist gewiß ein Irrtum, wenn z. B. R. Otto, der ein verdienstvolles Büchlein über „Gottheit und Gottheiten der Arier" (Gießen 1932) verfaßt hat, in dem er auch das Śatarudriya übersetzte und mit wegweisenden Bemerkungen versah, in evolutionistischer Befangenheit meint, der Eine Rudra sei aus einer Vielzahl von Rudras aufgestiegen. Das Gegenteil ist der Fall: die ältesten Zeugnisse weisen auf Einen Urgott, der sich in vielen Gestalten manifestiert. Die Einheit dieses Gottes strömt aus in alle Bereiche und Zeiten und erscheint da jeweils in besonderer Form. Seine Formen werden in Gegensätzen geordnet: seine gütigen werden seinen furchtbaren, unheimlichen und zerstörenden in jener Spannung entgegengesetzt, die R. Otto mit Recht die Spannung des Faszinosum „des Anziehenden" und Tremendum „des Furchtbaren" genannt hat. Kein altindischer Gott, außer vielleicht der uralte Varuṇa, bei dem sich deutliche Spuren dieses Gegensatzes finden, ist ein so klassisches Zeugnis für den von Otto aufgezeigten Gegensatz wie Rudra-Śiva. Mit Recht wird er von Otto darin mit dem germanischen Wodan-Odin verglichen, der ja schon längst als indogermanische Parallelgestalt zu Vāyu-Rudra- Śiva erkannt worden ist.

Das Śatarudriya, im Schoß der Vāyu-Rudra-Gemeinde entstanden, ist, wie zu zeigen sein wird, ein Hauptstück in den Meditationsübungen des ursprünglichen Yoga gewesen. Man hat diese Litanei gemurmelt *(jap)* und dabei Gestalten, Erscheinungsformen und Wesen dieses Allgottes innerlich realisiert. (Der Ausdruck dafür ist *bhāvanā,* die auch im klassischen Yoga und im Buddhismus eine wichtige Übung darstellt; sie ist das Wesentliche des *dhyāna* (vgl. Weiteres unten).

Der älteste Text des Śatarudriya ist ohne Zweifel die Fassung, die wir im Kāṭhakam haben, dem sehr alten Ritualbuch der Carakas „der Wanderer", die auch nach ihrer Bekehrung noch als Ketzer galten [69]).

Die Litanei ist in diesem Brāhmaṇam eingeleitet durch die schon genannte Gāyatrī altertümlicher Form *tat puruṣāya vidmahe / mahādevāya dhīmahi / tan no rudraḥ pracodayāt* [70]). Diese Gāyatrī ist eng verwandt mit der berühmten Sāvitrī Rv III, 62, 10, die seit alters vom Schüler oder Novizen bei Beginn des Studiums gesprochen wird: *tat savitur vareṇ(i)yam / bhargo devasya dhīmahi / dhiyo yo naḥ pracodayāt* „In Andacht sinnen Savitars / erlesenem Glanz wir nach / Unsere Gedanken mög er fördern." Doch macht diese Gāyatrī gegenüber jener urtümlichen den Eindruck einer Neuerung. In der Tat ist Savitar „der Beweger, Antreiber“ eine Hypostase der antreibenden Macht der ewigen Gottheit allüberall im irdischen Raum, im Kosmos und seinen Gesetzen und in der inneren Welt. Er ist erwachsen aus Erfahrungen der „Macht“-erlebnisse des Großgottes. In Av X, 8 (also im Vrātya-Bereich) ist er uns als „Antreiber“ der inneren Bewegungen entgegengetreten, und es scheint, daß sich der Eingeweihte mit ihm identisch fühlte. Auch in den älteren Teilen der Śvet. Up. erscheint er als der Antreiber in den Yogaübungen und -erlebnissen. Seine *amati* „gewaltig andringende Lichtmacht“ wird auch im Rv gepriesen und angerufen. Savitar hat alle Merkmale eines Urgottes. Er trägt auch, wie Rudra, den Titel *asura*, ein Wort, das ohne Zweifel in indo-iranische Zeit zurückgeht (vgl. Ahura Mazda). Auch das *bharga* mag in jene Zeit zurückverweisen (vgl. *bhṛgu, bhārgava*). Das Wort *savitar* mag aus demselben Bereich erwachsen sein wie *īśvara* und eignete sich, wie dieses, für verschiedene Glaubensbereiche. Die Gāyatrī aus Rv III, 62 wurde als *sāvitrī* im *upanayana* „Einweihung der Jünglinge“ gebraucht und spielt dann im brahmanischen Bereich eine ähnliche Rolle wie die Gāyatrī aus dem Kāṭhakam im Rudra-Yoga-Bereich [71]).

Daß die alte Gāyatrī in der Yogatradition lebendig geblieben ist, müssen wir schließen aus der Tatsache, daß sie auch im tantrischen Yoga eine Entsprechung hat, und zwar ist hier die ursprüngliche, altertümliche Form beibehalten. Sie findet sich z. B. im Mahānirvāṇa-Tantra, einem Hauptwerk des tantrischen Yoga XI, 109 ff. in der Form: *paśupāśāya vidmahe / viśvakarmaṇe dhīmahi / tan no jīvaḥ pracodayāt* [72]).

Das Śatarudriya ist dann, wie schon kurz erwähnt, im späteren Yoga des XII. Buches des Mbh zu dem großen Lobgesang auf Rudra-Śiva mit den 1008 Preisworten dieses Gottes *(Śivasahasranāmastava)* ausgebaut worden, den Prajāpati zu Ehren Śivas anstimmte, indem er sich ihm als dem höchsten Gotte beugte. Diesem Tausend-Namen-Preis und seiner meditativen Murmelung wird dieselbe Wirkung zugeschrieben, wie einst dem *japa* des Śatarudriya in der alten Zeit. Ein Vergleich der beiden Preislieder auf Rudra-Śiva zeigt eine metaphysische Überhöhung der Gottgestalt des Rudra und eine seelisch-geistige Vertiefung des religiösen Erlebens und Denkens; zugleich aber auch die Maßlosigkeit des sich entwickelnden Hinduismus, der in seelischen Ausschweifungen jede Form sprengt und im Rausch von Namen und Begriffen ins Unermeßliche stürmt. Man kann die strenge Begriffs- und Wortzucht des Yogasūtra auch als eine Gegenbewegung sehen, die zum Wesentlichen zurückführte.

Die Wesensart des alten Rudra-Japa wird deutlich erkennbar in den Ślokas, die der alten Einleitungs-Gāyatrī im Kāṭhakam unmittelbar folgen:

„Verehrung deinem Zornmut, Rudra, deinen Armen sei Verehrung.
Auch deinem Pfeile sei Verehrung,

Mit der Erscheinung, die da gütig *(śiva)* [1]
Nicht-schauerlich, die kein Übel strahlt,
Mit der heilsamsten erscheine herrlich hier,
Der du auf den Bergen wohnst.
Den Pfeil, den du schußbereit in deiner Hand hältst, Bergbewohner,
Den mache gütig, Bergwart, nicht schädigen mög' er Mensch noch Tier.
Mit freundlichem Spruche, Bergbewohner, reden wir dir zu,
Daß all unser Lebendiges vom Krankheitsdämon frei und wohlgemut sei.
Der erste der Besprecher hat uns besprochen, der Arzt, der Göttliche.
Weg treibe alle Schlangen, alle bösen Schnapperinnen,
Alle Hexen, das niedrige Gelichter.
Der dort, der Kupferfarbene, der Rötliche, der Braune auch
Der ist uns durchaus heilgesinnt [2]
Und jene Rudras, die sich rings in allen Gegenden tausendfach herumtreiben,
Deren Zorn sind wir entgangen.
Der dort, der heranschleicht, blauhalsig, weitlohend,
Und den die Hirten sahen und die Wasserschöpferinnen
Und den die Lebewesen alle sehen, der, wenn man ihn erblickt,
Soll uns gnädig sein.
Verehrung (Verneigung) sei dem Blauhalsigen, dem Tausendäugigen, dem Gnädigen.
Auch seinen Mannen habe ich Verehrung erwiesen.
Die beiden Enden der Sehne deines Bogens löse,
Wirf weg die Pfeile, die in deinen Händen, o Erhabener.
Ohne Sehnen ist der Bogen nun des Lockenträgers,
Ohne Pfeilspitzen der Pfeilbewehrte.
Dahin sind seine Pfeile, leer ist sein Köcher.
Die Waffe, die in deiner Hand, o Gnädigster, dein Bogen,
Mit dieser umgib uns von allen Seiten, mit Gesundheit,
Deines Bogens Waffe soll auf allen Seiten uns vor Gefahren schützen.
Nun lege deinen Köcher in dieser Speiche nieder." [3]

Nun wird die Zeremonie unter Murmelung weiterer Strophen fortgesetzt.

„Verehrung deinem Gewaffen, dem nicht mehr gespannten, dem angriffskühnen,

[1] *śiva* hier noch als Eigenschaftswort; später wird daraus ein Eigenname des Gottes Rudra. Es ist auch im Śatarudriya nicht immer klar, ob das Wort nicht schon als Eigenname gebraucht wird.

[2] Diese Farbnamen gehen auf Rudra selbst, der hier, wie im ganzen Preislied, in vielen Gestalten auftritt, die eine Neigung haben, sich zu verselbständigen.

[3] Die Feststellung, daß der Bogen ohne Sehne ist usw. ist eine Art beschwörendes Gebet, das durch die Wiederholungen immer andringender aufsteigt. Der Kampfbogen Rudras wird zum heilenden Zauberbogen. Die „Speiche" ist ein Teil des Altars, auf den wohl als Analogiezauber und Symbol offenbar ein Köcher und wohl auch Bogen niedergelegt wurde zum Zeichen, daß Rudra ganz in seiner gütigen Gestalt erscheint.

Mit beiden Armen bezeugen wir Verehrung deinem Bogen.
Da du den Bogen abgespannt, o Tausendaugiger, du mit hundert Köchern,
Und der Pfeilspitze Schnauze zerbrachst, gütig sei und wohlgesinnt.
Nun sind deine Pfeile der Güte voll, ist auch dein Bogen voller Güte.
Gütig ist dein Pfeilschuß nun, mit ihm sei gnädig uns zum Leben."

Nach diesem Eingangsgebet, das mit rituellen Handlungen verbunden war, beginnt die große Litanei an den Herrn der Welt, die meditativ gemurmelt wurde:

„Verehrung sei dem Goldarmigen, dem Heerführer, dem Herrn der Weltgegenden usw." [4]

Diese Litanei verbreitet sich nun hundertfach über alle Bereiche des Daseins, über die lichten und über die dunklen, in denen sich Rudra in unzähligen Gestalten und Erscheinungen offenbart, zusammen mit seiner Gattin Umā, der „Großen Mutter", der Tochter des Himālaya, die aber auch zugleich Flachsgöttin ist, also in die Schicht des frühen Pflanzertums gehört. Dann wendet sich der Preis wieder zurück und die Bitte um Gnade und Schutz klingt wieder auf. Die Litanei endet mit dem Bittruf:

„Gütig sei uns der Reinglänzende!"

und die gleich zu nennende Maitrāyaṇī-Fassung ruft den Rudra an, auf dem Pfad heranzukommen, der zur Lichtwelt führt und den Anbetenden zu leiten wie eine Kuh.

Dann wird der Gott gebeten, wieder dahin zurückzukehren, wo er herkam: „Geh du, o Erhabener! Dem, der wieder und wieder herkommt, immer wieder dem Blick sich zeigt, mit der Gottmacht, mit der Stierkraft, mit der Schar, mit dem ‚Teilnehmer' (an der Kulthandlung) –, dem nach heiligem Brauch Beopferten, dem Verehrungswürdigen Verehrung, dem Gütigen, Verehrung sei dir – schädige nicht! Den, der hergefahren, fahrt ihn her, den Verehrten verehrt, den Entlassenen entlaßt. Geh auf dem Pfad! Geh' zum Himmel, geht zum Himmel! Geh zum Licht, geht zum Licht!! Geh zum ewigen Lichtglanz, geht zum ewigen Lichtglanz! Verehrung sei dir! Nicht schädige! Nicht!"

Mit diesem feierlichen Schlußanruf wird der erschienene Gott, der zwar gütig ist, aber dessen Gegenwart von Unheimlichem und Furchtbarem (er heißt *ugra*) umwittert ist, gebeten, wieder in die ewige Lichtwelt zurückzukehren, aus der er in lichten und dunklen Erscheinungen auf Erden sich zeigt und bei den Gläubigen Einkehr hält. Der Plural bezieht sich wohl auf die vielen *tanū* des Rudra, die mit ihm in die Himmelswelt zurückkehren.

Die Fassung des Śatarudriya in der Maitrāyaṇī-Saṃhitā II, 9 ist offensichtlich eine Weiterbildung der älteren Fassung im Kāṭhakam. Die alte Rudra-Gāyatrī wird von der Maitr. S. aufgenommen, aber weiterhin

[4] Seine goldenen Arme sind die Milchstraße, die sich über die ganze Welt streckt, die auch in Av X, 8 erscheint.

auf verschiedene Gottheiten, Mächte und Machtübungen übertragen. Da nach dem Herausgeber L. von Schröder auch dieses Werk zu den ältesten Texten der vedischen Zeit gehört, muß diese Weiterbildung schon sehr früh geschehen sein (vgl. die Einleitung zu der Ausgabe X ff. und bes. XVIII). Daß die Maitrāyaṇīyas mit den Kaṭhas eng verbunden sind, ist schon gesagt worden. Die Götter, die mit der alten Gāyatrī in entsprechender Abwandlung in den einleitenden Strophen zum Śatarudriya besungen sind, sind folgende: Gāṅgaucya (ein altes Beiwort des Kriegsgottes Skanda), Kumāra „der Junge" (Beiname des Kriegsgottes in jüngerer Gestalt), Kārttikeya und Skanda „der Überfaller" (der Hauptname des Kriegsgottes), Karāḍa (ein furchtbares Tier), Hastimukha „der Elefantenköpfige", Datin „der Stoßzähnige", Gaṇeśa „der Herr der Scharen", die im Śatarudriya aufmarschieren (ursprünglich ein Beiname Rudra-Śivas, dann Name eines Sohnes des Śiva und der Pārvatī „der Berggöttin", der Gott mit dem Elefantenleib). Er ist der Gott der Klugheit und Weisheit, der beim Beginn jedes Studiums angerufen wird, mit jener alten, aus dem Rv angeführten Gāyatrī. Diese Gestalten sind religionswissenschaftlich sehr aufschlußreich, denn hier sind verschiedene Erscheinungsformen des Großgottes zu selbständigen Gottgestalten erhoben. Alle diese Gestalten sind neue Schöpfungen der religiösen Phantasie innerhalb der Rudra-Śiva-Gemeinde.

Diese Schöpfungen verbinden sich aber in der Maitr. S. mit ausdrücklichen Gestalten der brahmanischen Sphäre und mit dem Viṣṇu-Glauben und seinem Namen. Wir tun hier einen Blick in die Verschmelzung der verschiedenen Religionsbereiche Altindiens in schon sehr früher Zeit. So finden wir hier eine Gāyatrī auf den *caturmukha* „den Viergesichtigen" und *padmāsana* „der auf dem Lotos sitzt" und *brahmā*, den Großgott der brahmanischen Sphäre. Hierauf folgen Namen der Viṣṇu-Gemeinde: Keśava „der Langhaarige", ein Beiname Viṣṇu-Kṛṣṇas; Nārāyaṇa „der Sohn Naras", wie schon erwähnt ein Beiname Viṣṇus; Nara „Mensch" ist die viṣṇuitische Parallelgestalt zu Puruṣa (vgl. unten S. 142 ff.). Dann folgen verschiedene Namen für Sonne, die wahrscheinlich in verschiedenen Genossenschaften der Sonnenanbeter gebraucht wurden, wie *bhāskara* „Lichtmacher", *prabhākara* „Glanzmacher", *bhānu* „das Leuchten"; ferner Soma als König und Großkönig, *candra* „der Mond", *jvalana* „das Flammen", *vaiśvānara*, ein Beiname des Feuergottes, *vahni* „das Feuer, das die Opfer zu den Göttern trägt".

Dann wird *tya-Japa* angerufen „das sinnende Murmeln über Jenen" („Jener" ist hier zweifelsohne ursprünglich Rudra), dann *mahājapa* „die große Murmelung" (ohne Zweifel das Śatarudriya, das ja unmittelbar folgt) und *dhyāna* „das Sinnen, die meditative Versenkung" und endlich *paramātman* „das höchste Selbst, der Allgeist" und *vainateya* „der Sohn der Vinatā", die eine Tochter des Dakṣa, der schöpferischen Weisheit ist. Dieser Vainateya ist kein anderer als Garuḍa, der Sohn eines mythischen Urweisen Kaśyapa, der selbst zu einer schöpferischen Potenz erhoben wurde. Garuḍa ist der mythische Fürst der Vögel, Viṣṇus Vehikel bei seinen Fahrten durch alle Sphären des Kosmos, der schon bei seiner Geburt durch sein hellstrahlendes Licht die Götter in Furcht setzt, so daß sie ihn als höchstes Wesen anbeten; sein Bruder Aruṇa ist Wagenlenker der Sonne, ein anderer Bruder, Suparṇa „der Lichtadler", der in dem mystischen Lied Rv I, 164 auf dem Weltenbaum sitzt, ein Symbol des Puruṣa. Vainateya ist eindeutig mythisches Symbol des ewigen Lichtes mit dem Viṣṇu die Welt waltend durchstreift, zugleich Symbol der schöpferischen Lichtenergie. Darum steht diese letzte Gāyatrī nach Japa und Dhyāna, den auf Erleuchtung zielenden Übungen, die zur mystischen Einung mit dem höchsten Selbste führen, mit Recht an dieser Stelle. Auf Vainateyas Lichtflügeln schwingt sich in dieser mythischen Epoche der Meditierende in die höchsten Sphären der Wirklichkeit und darüber hinaus zum Letzthin-Wirklichen, mit dem er sich eint. Das schöpferische Geschehen dieses Erlebnisses wird ausdrücklich betont, indem im dritten Vers Paramātman-Vainateya-Gāyatrī – *sṛṣṭi* „Schöpfung" als helfende Urmacht angerufen wird.

Zwischen der ursprünglichen Puruṣa-Mahādeva-Rudra-Gāyatrī, die im Kāṭhakam noch allein steht, und dem ausgebauten Gāyatrī-Zyklus in Maitr. S. muß eine geraume Zeit der Entwicklung liegen, in der die alte, von der Rudra-Gemeinde und den Vrātyas herkommende Überlieferung, die brahmanischen religiösen Schöpfungen, und die Viṣṇu-Mythologie deutliche Verbindung miteinander haben. In dieser Zeit wurden auch *japa* und *dhyāna* zu Großmächten der religiösen Entwicklung Altindiens, die schon anfingen in allen Bereichen des religiösen Lebens schöpferisch zu wirken. Darum stehen sie in diesem Gāyatrī-Zyklus der Maitr. S. an so hervorragender Stelle als Machtwirklichkeiten neben den Gottmächten.

Trotzdem blieb der altüberlieferte Inhalt dieses *japa* und *dhyāna,* das Śatarudriya auch in der Maitr. S. Denn unmittelbar nach dem eben behandelten Gāyatrī-Zyklus folgt das Śatarudriya, beginnend mit *namas te Rudra* „Verbeugung (Verehrung) dir, Rudra usw." Im Mānava Śrautra-Sūtra wird darum auch mit Beziehung auf die einleitenden Gāyatrī-Strophen dieses Stück in der Maitr. S auch *Rudrajapa* genannt.

Auch die Einleitung zu diesen Gāyatrīs in der Maitr. S bestätigt diesen Schluß:

„Heran sollen dich die Falben fahren, die Wohlgesinnten!
Hieher mit den Schimmeln, mit den strahlenden,
Den Windesschnellen, den Gedankenschnellen, den Gewaltigen,
Zu meiner Darbringung bei diesem Opfer, o Śarva („Geschoßträger", ein Beiname oder eine Erscheinungsform des Rudra)!
Her bringe ich den, der urgeboren,
Vor den Göttern, vor den Ṛṣis, vor den Asuras,
Den großen Gott *(mahādeva),* den Tausendaugigen, den Gütigen *(śiva).*"

Vom Śatarudriya und seiner Murmelmeditation führen dann direkte Linien zu den ältesten Yoga-Upaniṣaden. Diese sind besonders deutlich zu erkennen in der ältesten Schicht der Śvetāśvatara-Upaniṣad in Kap.

II und III, wo Zitate aus dem Śatarudriya eingefügt sind und Rudra der Eine große Gott genannt wird, dessen Schau und Erkenntnis Befreiung von allem Unheil und Heilsgewinnung bringt.

Die älteste Schicht dieser Upaniṣad (vgl. unten die Übersetzung) ist in der Tat eine direkte Fortsetzung des Śatarudriya- Japa und -Dhyāna. Die Zusammenhänge mit dem Śatarudriya lassen die Entwicklung vom urtümlichen Schutzgebet, als welches sich diese Großlitanei darstellt, bis zu der verinnerlichten Meditation und Gottschau deutlich erkennen.

Diese Entwicklung ist religionsgeschichtlich und religionspsychologisch wie auch theologisch sehr aufschlußreich: Das Śatarudriya in heiliger Andacht gemurmelt und meditiert, war zunächst eine seelisch-geistige Sicherung vor Ängsten, die aus bekannten und unbekannten Gefahren sprießen und den Menschen in Unsicherheit werfen. Bei seiner „Murmelung" wurde das Wesen Rudras und seiner vielen Gestaltwerdungen und Erscheinungen, seine Waffen und ihr Ziel innerlich angeschaut, bewußt gemacht, „realisiert" (der Ausdruck dafür im Yogasūtra ist, wie schon erwähnt, *bhāvanā,* ein Begriff, der auch im Buddhismus eine wichtige Rolle spielt). Durchdrungen wurde diese Meditation von einem kräftigen Glauben an den göttlichen Schutz. Die vertrauende Sicherheit in den Götterschutz und die göttliche Güte, die alle seine zornigen Ausbrüche in Heil verwandelt, gibt Kraft zur Überwindung aller Schwierigkeiten und Gefahren. Dazu aber kommt die innere seelisch-geistige Erhebung und schließlich die Erleuchtung, das sich Gegenwärtigen des Gottes selbst auch in seiner höchsten Form als Ur-Puruṣa, und schließlich in der Inbrunst, ihn ganz zu besitzen, das Erlebnis der unmittelbaren Gemeinschaft mit ihm und damit der Läuterung durch die heilige Lichtenergie, die ihn durchstrahlt. Eine genaue Betrachtung der sittlichen Ideen des Yoga läßt überdies erkennen, daß dieses erhebende und klärende Innengeschehen die Menschen hörsam machte für sittliche Forderungen, die Voraussetzungen einer solchen Gottgemeinschaft sind. So erwächst aus diesen uralten Wurzeln ein verpflichtender Gott- und Heilsglaube, der uns in den Yoga-Upaniṣaden so ergreifend entgegentritt.

Die Zeugnisse für den Anschluß der Yoga-Upaniṣaden an die obengenannten und teilweise ausführlicher behandelten Überlieferungen der Rudra-Śiva-Gemeinde und der Vrātya-Weistümer im Av sind sehr zahlreich, können aber hier nur durch kurze Hinweise bezeichnet werden.

Im Vordergrund stehen dabei das Śatarudriya, der Hymnus auf den Urpuruṣa, die anthropologischen Lieder des Av und die eng damit zusammenhängenden großen Weisheitslieder Av X, 7. 8.. Es sind jene Frage- und Rätsellieder, die mit *kaḥ* „wer?", *kena* „durch wen, wodurch?", *kasmin* „in wem (was)?" usw. sich an den in die geheime Weisheit Eingeweihten oder Einzuweihenden richten. Eine der bedeutendsten dieser Upaniṣaden trägt ja auch den Namen Kena-Up. (vgl. oben S. 71 ff.).

Eine Anzahl von Yoga-Upaniṣaden nennen ausdrücklicherweise das

Śatarudriya, oder die diese Litanei einleitende Gāyatrī als Grundlage der *japa-dhyāna*-Übungen des Yoga. Das Śatarudriya ist sogar in der Sammlung des Sultans Dara-Shakoh, dem sogenannten Oupnekhat, als besondere Upaniṣad unter dem Namen Schat-Roudri eingefügt, wie auch der Hymnus auf den Urpuruṣa unter dem Namen Bark'he Soukt, der auch verkürzt und vertieft mit einigen interessanten Zutaten als Nīlarudra-Up. in den Upaniṣad-Sammlungen sich findet [73]). Diese Tatsache ist keineswegs verwunderlich, wenn man sie im Licht der vorangegangenen Ausführungen betrachtet.

Die Verbindung des Śatarudriya mit dem Yoga tritt auch sehr deutlich heraus in der Tradition der Jābālas. Von Jābāla, dem unehelichen Sohn einer Jăbālā, findet sich eine Erzählung in der Chāndogya Up. IV, 4, 1. 2. 4.. Er heißt dort Satyakāma „Liebhaber des Ewig-Wirklichen" – seine Mutter nannte ihn so, statt nach dem Vaternamen, der ihr unbekannt war. Diese Erzählung ist ein Zeugnis für den freien Geist dieser Sāman-Sänger, welche die Chāndogya-Upaniṣad geschaffen haben. Satyakāma erhält als Hirte Erleuchtungen von einem ihn anredenden Stier, dem Feuer, einem Schwan und einem Tauchvogel über das *brahman;* ebenso wird sein Schüler Upakosala von den verschiedenen Opferfeuern belehrt über den *puruṣa,* der in der Sonne, im Mond, im Blitz. Am Ende der Geschichte (Chānd. Up. IV, 4, 15) steht eine große Belehrung über den *puruṣa,* der hier mit *ātman* ineinsgesetzt wird, und den Weg dieses *puruṣa* zur ewigen Lichtwelt und zu letzthiniger Befreiung. Es sind Gedanken, die uns aus der Vrātya-Tradition wohlbekannt sind. In der Jābāla-Upaniṣad fragen die Brahmacārin, die Novizen, in Keuschheit lebende Wahrheitssucher, ihren Lehrer, namens Yājñavalkya („der im Opfer-Bastgewand"; ein Name, den eine Reihe von Weisheitslehrern Altindiens tragen. Vgl. Pargiter, Index), durch welchen *japa* man Todlosigkeit erreiche. Er antwortet: „Durch das Śatarudriya. Dies sind die Namen des Todlosen. Durch sie wird man nämlich todlos."

Hier sind also die Namen des Gottes Rudra Symbolworte für den ewigen Gott, in dem das Todlose wohnt und wirkt. Seine hundertfältigen Gestalten sind lebendiger Ausdruck seiner Todlosigkeit. Denn nach indischer Auffassung sind Namen immer auch Träger einer innewohnenden Wesenheit.

Auch in der Jābāli-Up. wird die Verbindung des Yoga mit dem Śatarudriya unterstrichen. Diese Upaniṣad ist eine Anweisung zu einer Konzentration auf das *tripuṇḍra,* das Sektenzeichen der Rudra-Śiva-Gläubigen, das aus drei Querstrichen auf der Stirn besteht, und zur Meditation über dessen geheimen Sinn. Jeder der drei Striche bedeutet bestimmte Realitäten überirdischer Wesen und Göttlichkeiten. Der dritte Strich bedeutet den Sāma-Veda, die Erkenntniskraft, das höchste Selbst, den Großgott usw.. Wer diese Meditation übt, wird von allen Makeln gereinigt, er gelangt zu allen Göttern, er wird ein *sakala-rudra-mantra-japin* „einer der das ganze Rudra-Gebet murmelnd meditiert hat" – er wird nicht mehr wiedergeboren.

Dieser Ausdruck beweist, daß im Zusammenhang mit der Meditation über das Sektenzeichen ursprünglich auch das Śatarudriya gemurmelt und meditiert wurde, daß aber die Tendenz bestand, über diese Murmelung hinauszukommen und sich schweigend innerlich auf das heilige Zeichen zu konzentieren, in dem die ganze Wesenheit des großen Gottes sich konzentriert verkörperte. Wichtig ist hier auch zu vermerken, daß in dieser Up. der dritte Strich des Tripuṇḍra, der als Symbol der höchsten Gottmächte gilt, dem Sāmaveda gleichgesetzt ist. Wir haben also die alte, uns schon bekannte Tradition, wonach, entgegen der brahmanischen Auffassung, der Sāmaveda der höchste Veda ist. Es mag hier kurz auf die schon genannte Kālāgnirudra-Up. hingewiesen werden, die eine ausführliche Anleitung zu einer solchen Meditation gibt. Dort sind die drei Gottheiten der drei *rekhā* „Striche" Maheśvara, Sadāśiva, Śiva. Wer diese Meditation recht übt, geht in die Gemeinschaft mit Śiva ein.

In der Jābāladarśana-Up., einem sehr ausführlichen Yogabuch, in dem der achtpfadige Yoga mit allen Unterabteilungen gründlich dargelegt ist, wird neben *īśvara-pūjanam* „Verehrung des Herrn" unter den *niyama*-Übungen auch *japa* „Murmelung" und *vratam* („Gelübde", wovon auch über *vrāta*, Vrātya abgeleitet ist) angeführt. *japa* kann in Worten oder auch nur im Geist *(manasā)* geübt werden, d. h. also bloß meditierend. Auch diese Up. handelt ausführlich über *dhāraṇā* „Konzentration" und *dhyāna* „Meditation" des Tripuṇḍra als Mittel der Versenkung in das Wesen des Gottes. Doch ist die symbolische Bedeutung nicht in allem identisch mit der Jābāli-Up. Auch hier ist aber der Gottmächte höchster Mahādeva und auch hier wird der *sakala-rudra-mantra-japin* nicht mehr wiedergeboren. Die Murmelung und Meditation des Śatarudriya muß also innerhalb der ursprünglichen Yoga-Bewegung als höchste Leistung angesehen worden sein.

Es scheint allerdings teilweise auch die Eingangs-Gāyatrī des Śatarudriya allein meditiert worden sein. In der Varada-Tāpanīa-Up. im 5. Kap. ist von einer *nicṛt-gāyatrī* des Rudra Gaṇapati die Rede, die als *mantrarāja* „königlicher Spruch" bezeichnet wird. Wer sie murmelt (wobei immer meditatives hingegebenes Murmeln gemeint ist) gewinnt Zauberkräfte und alles Heil. Die Einstellung ist stark magisch; es handelt sich also um eine primitivere Tradition. Mit ihm kann sich kein anderes Mantra vergleichen. Wer es kennt weiß alles. Rudra ist hier ebenfalls Allgott [74]).

In vielem eng verbunden mit der Jābāla-Tradition ist die früheste Schicht der Śvetāśvatara-Upaniṣad. Ihr III. Kap. schließt sich unmittelbar an die Überlieferung des Śatarudriya an, aus dem auch Teile wörtlich angeführt werden. Der Eine Höchste Gott ist hier Rudra; einen zweiten gibt es nicht. Er steht auch höher als *brahman*, der einzige Herr. Die ihn erkennen werden unsterblich.

Im II. Kap. ist der Anschluß an Atharvaveda X, 7. 8., wie auch an Av XV, 1, ferner an den Hymnus des Urpuruṣa Av XIX, 6 sehr deutlich sichtbar. Besonders beweiskräftig ist, daß in Śvet. Up. II, 6 (vgl. I, 13 ff.)

dasselbe Bild für die Meditation verwendet wird wie in Av X, 8, 20, nämlich das von der Feuerquirlung mit den beiden Reibhölzern, wobei der Körper mit dem unteren, der *om*-Laut mit dem oberen Reibholz verglichen wird. In diesem Zusammenhang ist in Śvet. Up. II, 5, 7 (vielleicht auch 11) ein *brahma pūrvyam* genannt, das „mit Verbeugungen angejocht" wird, *namobhir,* ein Ausdruck, der für das Śatarudriya in besonderer Weise kennzeichnend ist. Der Zusammenhang weist daraufhin, daß es sich hier um ein längeres Gebet handelt. Da in Kap. III der Śvet. Up. das Śatarudriya teilweise wörtlich zitiert wird, ist wohl kein Zweifel, daß es sich hier um diese Litanei handelt, die in der Meditation dem Rudra, der auch als *savitar* auftritt, angejocht wird. (Vgl. dazu unten das Kap. über die Śvetāśvatara-Up. und die Übersetzung mit den Anmerkungen.)

Die Atharvaśiras – „Atharvan-Haupt"-Up. trägt ihren Namen wohl, wie Deussen vermutet, aus dem anthropologischen Vrātya-Hymnus Av X, 2, 26 ff. (vgl. oben S. 69). *atharvaśiras* ist ein Symbolwort für das mit überirdischer Weisheitskraft erfüllte Haupt des Menschen, des *puruṣa.* Sie zitiert eine Anzahl Strophen aus Av X, 2 und feiert den Rudra als allerhöchstes Prinzip *(paramaparam).* Er tritt hier unter seinem alten uns bekannten Namen auf. Er ist der erhabene Maheśvara „Großherrscher". Eine Anzahl der Strophen dieser Up. sind dieselben wie in der Śvet. Up. Durch ihn gewinnt man die *puruṣa*-Schau, die hier in das Erleben der Einzigkeit des Gottes mündet, dem sich der Schauende in „Bloßheit" *(kaivalyam)* eint. Der Schlußabschnitt dieser Upaniṣad nennt ebenfalls die Rudra-Lieder als Gegenstand einer Murmelmeditation. Aber weit darüber steht die Meditation des *atharvaśiras,* das zu einer radikalen und uneingeschränkten Läuterung führt. Vedastudium, das Baden an heiligen Plätzen, Opfer und die Murmelung von Gāyatrī-Strophen usw. werden darin aufgehoben, wie auch 10 000 *praṇavas* (*om*-Laute). Wer das *atharvaśiras* meditierend murmelt, dem wird stufenweise Reinheit, Läuterung, Kraft, Herrschaft und ewiges Sein zuteil.

Auch die zu höchster Erkenntnis aufgestiegene Kaivalya-Up., eines der bedeutenden Dokumente altindischer Metaphysik, enthält am Schluß einen Hinweis auf die Bedeutung des Śatarudriya: „Wer das Śatarudriya studiert, wird ein vom Feuergott Gereinigter, ein von Vāyu Gereinigter, ein von *ātman* Gereinigter, ein durch *surā*-Trinken Gereinigter, ein von Brahmanen-Mord Gereinigter, ein von Gold-Diebstahl Gereinigter, ein von Gebotenem und Verbotenem Gereinigter. Darum ist er gestützt auf den *avimukta* ‚der der Erlösung nicht bedarf', ein Beiwort des Rudra-Paśupati. Als einer der die *āśramas* (Lebensstadien) hinter sich gelassen hat, soll man das Śatarudriya murmeln alle Zeit oder einmal. Durch dieses erlangt man die Erkenntnis, die Vernichtung des Saṃsārastromes. Darum, wer so es weiß, erreicht den Ort der Bloßheit *(kaivalyam).* Erreicht den Ort der Bloßheit."

So geht der *muni,* der diesen Gott in der Versenkung erfährt *(dhyā-*

tvā), zum „Uralten" ein, dem Schoß aller Dinge.

Deussen in „60 Upanishaden" S. 738 steht vor dem Schluß dieser „edlen Upaniṣad" als vor etwas Unfaßlichem, so daß er vermutete, die Stelle sei aus Versehen an diesen Ort geraten. Er konnte keine Verbindung zwischen der urtümlichen Litanei des Śatarudriya zu den hohen Gedanken finden, die in der Upaniṣad vorgetragen werden. Die hier vorgelegte Untersuchung erklärt die hohe Schätzung des Śatarudriya in der Kaivalya-Up. ohne Schwierigkeit. In der Vrātya-Yoga-Bewegung war seit alters die große, dem Vāyu-Rudra-Śiva gedichtete Litanei ein zentraler Gegenstand der Konzentration und Meditation. Die vielen Erscheinungsformen dieses Groß-Gottes, der als *puruṣa* in ihnen allen wohnt und trotzdem als Ewig-Transzendenter über allen seinen Erscheinungsformen west, einen sich schließlich in einer höchsten göttlichen Realität, die auch im Menschen wohnt. Wer sie erfährt, löst sich von allen Bindungen, wird ein *kevala,* einer der nur noch diese Wesenheit ist; er tritt in *Kaivalyam* ein, in der auch die höchste Gottmacht wohnt, die trotzdem sich in unzähligen Gestalten gegenwärtigt. So führt die Meditation dieser Gestaltungen zur tiefsten Versenkung und zur höchsten Schau.

Die Kaivalya-Up. ist also rechtens dem Av angeschlossen, dem ursprünglichen Veda der Vrātya, deren Hochgesang Rudras Lob war.

Es mag hier noch darauf hingewiesen werden, daß noch Vācaspatimiśra in seinem Kommentar zu Yogasūtra II, 1, wo die Hingabe an *īśvara* als Teil des *kriyā*-Yoga bezeichnet wird, das Śatarudriya nennt als einen der Texte, die für das Studium des Yoga-Übenden geeignet seien. Und auch in Yogasūtra I, 28 wird noch ein *japa* erwähnt, der mit *om* zusammenhängend an die alte Murmelmeditation erinnert.

Aber auch in der von Viṣnu bestimmten Sphäre des Yoga findet sich noch ein Hinweis auf die Murmelmeditation im Zusammenhang mit Rudra, nämlich in der Nṛsiṃhapūrvatāpanīyā-Up. V, 10. Dort wird der Rudrajapa als wichtiges Mittel zur Erlösung genannt, wenn darüber dann auch die ebengenannte Upaniṣad als höchstes Mittel gestellt wird. So auch in der Mahā-Up. IV, ebenfalls eine Viṣṇu-Upaniṣad, in der man durch Murmelung zum Todlosen eingeht. Es ist ein ähnlicher Schluß wie in der Atharvaśiras-Up. In diesen Viṣṇu-Upaniṣaden ist die Tradition des alten Yoga-Urgottes Vāyu-Rudra-Śiva und des Ur-Puruṣa überall noch lebendig. Aber sie ist viṣṇuitisch umgebildet und Nārāyaṇa, der Großgott der Viṣṇu-Gemeinde wird über Rudra-Śiva gestellt: dieser ist eine Gestaltwerdung des viṣṇuitischen Großgottes. Hier bahnt sich der Ausgleich zwischen zwei verschiedenen religionsgeschichtlichen Bereichen an, die nicht selten in Spannung, ja in den niederen Schichten der Anhänger, im Streit miteinander standen. Jedenfalls ist die Bedeutung der alten Rudra-Tradition hier wirksam. Der *īśvara-praṇidhāna*-Yoga des Yogasūtra ist die unmittelbare Fortsetzung dieser alten Tradition. Selbst noch im Yogavāsiṣṭha, das wohl erst im 6.–8. Jahrhundert n. Chr. in der Rāma-Gemeinde entstanden ist, tritt in einem herrlichen Preislied

Rudra-Śiva als höchster Gott auf, obwohl wir uns hier in der viṣṇuitischen Sphäre befinden. Wo Yoga geübt wurde, war der alte Hochgott der Vrātya immer noch gegenwärtig. (Eine ausführlichere Behandlung der Yoga-Upaniṣaden findet sich im nächsten Kapitel.)

Schlußergebnis dieser Untersuchung

Wir können nun die Ergebnisse der vorausgehenden Untersuchung bündig zusammenfassen. Der Yoga als Methode und als selbständiges System ist nicht innerhalb des brahmanisch-kultischen Bereiches entstanden, obwohl auch in ihm die „Anjochung" der Gedanken in Opferlied und -spruch, die an den Gott sich hingebende Versenkung, nicht selten zu Erleuchtungs- und Entrückungserlebnissen führte, sondern in der Gemeinschaft, die seit alters den Urgott Vāyu-(Vāta)-Rudra-Śiva unter verschiedenen Namen und Gestalten verehrte, die sein vielfältiges und entgegengesetztes Wesen offenbarten.

Innerhalb dieser Gemeinde gab es Genossenschaften von „Geweihten", die Vrātya genannt wurden, und die als heilige Sänger und Ritenmeister im Lande umherzogen. Sie waren keine Brahmanen im orthodoxen Sinne, sondern standen mit den Kriegern, Hirten und Pflanzern in enger Verbindung (vgl. Av XV, 8 und oben S. 32 ff.). Die Anfänge dieser Genossenschaften gehen in indo-iranische, wahrscheinlich sogar in indogermanische Zeit zurück. Die kriegerischen kultischen Genossenschaften der Germanen und die griechischen Kureten usw. gehören hieher [75]). Ihre heiligen Überlieferungen sind im Av in seiner ursprünglichen Gestalt enthalten. Ebenso gehört zu ihnen das alte Śatarudriya mit seiner einleitenden Gāyatrī, die selbst zu einer Art Urmacht erhoben wurde, und als *mantrarāja* „Spruchkönig" in der Geschichte des Yoga und bei seinen Übungen eine hohe Bedeutung gewann, sowohl in ihrer ursprünglichen Form, wie in ihren Abwandlungen.

In diesen heiligen Genossenschaften, die als die bedeutenden Träger eines mit ihrem Hochgott verbundenen Weistums anzusehen sind, erwuchs im Zusammenhang mit Gesang, Musik und Tanz eine Atemschulung, aus welcher der *prāṇāyāma* des Yoga sich entwickelte, wie auch andere im späteren Yoga wichtige Übungen. Die überlieferten Weistümer, deren Mantra und Litaneien wurden in hingebender Betrachtung gemurmelt *(japa)* und wurden so mit Notwendigkeit Gegenstand einer innigen Meditation *(dhyāna),* das Hauptstück des Yogaweges. Diese Übungen, wie auch die ausgedehnten und erregenden Riten, denen sich die sich Weihenden unterzogen, Askese, Enthaltsamkeit, Genuß heiliger Getränke usw., führten zu Entrückungs- und Erleuchtungserlebnissen, die das alte Weistum bereicherten und vertieften. Einzelne dieser Geweihten, die Ekavrātyas, wie auch solche, die unmittelbar etwa in einem schweren Schicksal vom „Andrang des Unirdischen" ergriffen wurden, führten einsam wandernd und hausend die Bewegung in stillere Tiefen und lichtere Höhen. Das *puruṣa*-Erlebnis und eine durchklärte Gottschau brachen da oft mit unerhörter Gewalt durch. So wuchs der Yoga in der Epoche entscheidender geschichtlicher und geistiger Umbrüche von der Zeit der ältesten vedischen Schriften bis zu den Upaniṣaden zu dem Yoga, der als Weg zum Heil, d. h. zur inneren wurzeltiefen Befreiung, in den Yoga-Upaniṣaden in allen Tonleitern, Akkorden und Melodien besungen wird.

Der Einfluß dieser Yoga-Bewegung wirkte sich am ehesten auch in der Gemeinde der Viṣṇu-Verehrer aus, bei deren Kriegern das *puruṣa*-Erlebnis schon früh durchgebrochen war. Viṣṇu-Nārāyaṇa und Rudra-Śiva wechselten als höchste Götter oft ihren Platz, ohne daß das Gesamtsystem dadurch verändert worden wäre. Im *īśvara* einigten sich beide; waren sie doch auch in ihrer ursprünglichen Gestalt identisch.

Die Yogabewegung griff aber auch hinein in den kultisch-brahmanischen Bereich, während dieser seinerseits immer weitere Kreise in seinen Bann zog. Denn sein straffer Kult und seine Erziehung in einer sakral streng bestimmten Ordnung und Kultur waren dazu angetan, innerhalb der strömenden geistigen Bewegungen, die auch immer in der Gefahr standen entweder ins Nur-Magische abzusinken oder ins Uferlose zu zerfließen, eine beherrschende Mittelpunktsmacht im arischen Indien zu werden. Die Upaniṣaden, die unter diesem Einfluß stehen, wie z. B. die große Bṛhadāraṇyaka-Up. zeigen klare und tiefe Denker von bedeutender Formkraft. Diesem wirkungsvollen Einfluß konnten sich auch die Vrātya-Genossenschaften nicht entziehen. Viele von ihnen gingen geschlossen zum Brahmanismus über. Die unverkennbaren Zeugnisse davon sind die sogenannten Vrātyastomas, die sich in alten, schwierigen Texten finden (übersetzt und ausführlich erläutert in Hauer: Vrātya). Diese sind ausgedehnte Opferzeremonien, die uns auch wichtiges Material über Leben, Treiben und Aufbau der Vrātya-Genossenschaften liefern. So sind z. B. die Jaiminīyas oder Talavakāras (*talava* bedeutet Musiker) offenbar solche Vrātyas gewesen, die sich von Vāyu zu Prajāpati, der in der Wende der Zeiten im brahmanischen Bereich als höchster Gott auftaucht, bekehrten. Es ist nicht unwahrscheinlich, daß er eine gegnerische Parallelbildung zu Paśupati ist, Beiname Rudras als „Herr der Tiere". Auch die Kaṭhas, denen das Kāthakam und die Kaṭh-Up. zugehört, sind solche heiligen Wanderer gewesen, wie auch die Maitrāyaṇīyas; beide werden in der Tradition Carakas „Wanderer" genannt. Auch die Kauṣītakins sind, wie schon erwähnt, bekehrte Vrātyas (vgl. oben S. 47). Und da die Vrātyas die berühmtesten Sāman-Sänger des vedischen Altertums sind, wie oben gezeigt wurde, stehen auch die Chāndogyas mit ihnen in Verbindung. Sie sind, wie die Jaiminīyas, in den brahmanischen Kultus als Sāman-Sänger eingebaut worden. In der Tradition der Sāman-Sänger finden wir auch die ausführlichsten Überlieferungen über die Vrātyas. Andere Gemeinschaften wie z. B. die Carakas sind als Adhvaryus, als Ritenmeister und Mantra-Sprecher (Murmeler) verwendet; die Kauṣītakins auch als Rezitatoren von Opferliedern. Diese bekehrten Vrātyas müssen es gewesen sein, die *japa-dhyāna* und überhaupt den sich ausbildenden Yoga im brahmanischen System wirksam zu machen versucht haben. Sie haben wohl auch ihren alten Veda, den Atharvaveda der brahmanischen Redaktion unterworfen.

Zeit und Ort dieser Vorgänge können aus den Texten so weit bestimmt werden als zeitliche und geographische Bestimmungen in der alten Geschichte Indiens möglich sind. Das brahmanische „Mittelland" lag ursprünglich um das alte Kurukṣetra, das Land am Ober-Mittellauf der beiden großen Ströme Nordindiens Jamunā und Gaṅgā. Dieser brahmanische Bereich schob sich schon in der vedischen Zeit langsam den genannten Stromtälern entlang nach Süd-Osten, wo Kāśi „Benares" als geistiger Mittelpunkt erwuchs. Der Bereich der nichtbrahmanischen Bewegungen legt sich um dieses Mittelland sowohl in nordwestlicher wie südwestlicher und nordöstlicher und östlicher Richtung. Es besteht hohe Wahrscheinlichkeit, daß der Vāyu-Rudra-Bereich sogar eine ältere arische Einwanderungsschicht darstellt, die von den nachdrängenden späteren Einwanderern an die Randgebiete des „Mittellandes" verdrängt wurden.

In diesen Außenbereichen sind auch die großen Ketzerreligionen Jinismus, Buddhismus und die ursprüngliche Viṣṇu-Religion entstanden. Die Zeit in der sich dieser Umbruch und diese Formung der nichtbrahmanischen Religionen vollzogen hat, liegt zwischen etwa Tausend v. Ztr. und der Zeit Buddhas, der im 6./5. Jahrhundert v. Ztr. lebte und wirkte. Der schicksalhafte Wendepunkt dieser Entwicklung ist der furchtbare Bruderkampf arischer Herrscherhäuser, dessen Epos den Kern des Mahābhārata bildet.

Außerhalb des brahmanischen Ordnungssystems ging die Entwicklung andere Wege in verschiedener Richtung. Zunächst haben trotz mannigfacher gegenseitiger Berührung und gegen die drohende Übermacht des brahmanischen Systems des Madhyadeśa Vrātya-Genossenschaften versucht ihre eigene Sphäre zu behaupten. Sie haben das XV. Buch des Av geschaffen und um dieses den Atharvaveda, den „4. Veda" in seiner ursprünglichen Form gebildet. Ihnen verdanken wir die Sammlung und wohl auch die teilweise Neufassung der alten Vrātya-Überlieferungen in den großen Weisheitsliedern, mit denen auch viel kleinere Lieder und Sprüche verbunden waren, welche die alten magischen Riten der Vrātya begleiteten, teils helfender, teils abwehrend-verfluchender Art. Ob die alte Trennung der Lieder in Atharvan-Lieder, helfende, Weisheit und Frieden schaffende *(śānta)*, und Aṅgiras-Lieder *(ghora)*, die furchtbaren Verfluchungslieder, schon in diese oder in eine noch ältere Zeit zurückgeht, muß offen bleiben [76]). Im Laufe der Entwicklung scheint aber die brahmanische Einstellung der Betreuer des Av außerordentlich gewachsen zu sein. Diese Av-Brahmanen wurden offenbar ausgesprochene Ritualisten, wohl bezahlte Hauspriester von Fürsten; von ihren magisch wirkenden Opfern hingen nach ihrer Behauptung Leben und Macht des Fürsten, Sicherheit des Landes und Wohl und Wehe des Volkes ab. Ihre wirkungsvollen Riten verlangten darum auch hochherzige und reiche Geschenke. Die Ansprüche dieser neuen Brahmanen schossen so ins Kraut, daß man wohl sagen kann, keine vedische Schrift versteige sich mit Beziehung auf Ansprüche und Vorrechte der Brahmanen zu solchen Anmaßlichkeiten wie einige Lieder und Aussprüche des Av. Sie nennen sich ohne Scheu *deva* „Götter", sind darum unbedingt unverletzlich. Ihnen irgendwelchen persönlichen oder sachlichen Schaden zuzufügen ist eine unverzeihliche Sünde, die mit Höllenstrafen gerächt wird. *brahman,* die göttliche Urmacht wohnt in ihnen, darum heißen sie auch *brāhmaṇa.* Hier taucht auch schon die Andeutung eines *jus primae noctis* auf, das heute noch von gewissen Brahmanen aufrechterhalten wird [77]). Von diesen Av-Brahmanen, die übrigens auch erklärten, daß kein Opfer ohne ihren Beistand im rechten Sinn wirkungskräftig sei, stammt die uns heute vorliegende Redaktion des Av.

Diese kurzen Seitenblicke mögen erhellen, wie selbst schöpferisch bedeutende Bewegungen durch Verleugnung der verpflichtenden Macht geoffenbarten Weistums auf gefährliche Abwege geraten können.

Ein anderer Weg im Anschluß an die alte Tradition des Av und des Śatarudriya führte dagegen zu dem Yoga der geistig bedeutenden Upaniṣaden und erreichte dort die höchsten Ziele (vgl. oben S. 86 ff. und das nächste Kapitel).

Die Vrātya-Genossenschaften in ihrer indo-iranisch-vedischen Form verschwinden im Laufe dieser Entwicklung. Der Name Vrātya und ähnliche Bildungen wie Vrātīna werden auf verschiedene Gemeinschaften und Personen angewendet, die außerhalb der brahmanischen Gemeinschaft stehen (vgl. Hauer, Vrātya S. 194 ff., bes. 217 ff.). Aber in den Gemeinschaften der verschiedenen Pāśupatas, d. h. der an Śiva-Paśupati sich anschließenden Glaubensgemeinschaften hat sich die Grundstruktur, vor allem aber der alte Vāyu-Rudra-Śiva-Glaube durch die Jahrhunderte, ja Jahrtausende erhalten. Ihr altes heiliges Buch geht in seinen Ursprüngen in jene alte Zeit des Vāyu-Glaubens zurück; es findet sich im Vāyupurāṇa, dessen älteste Schichten vor dem 1. Jahrtausend v. Ztr. liegen müssen. Es enthält in den Kapiteln 11–15 eine ausführliche Darstellung des Yoga, der bei den Pāśupatas, wie einst bei den alten Vrātyas, ein wesentliches Element des Glaubens und Lebens ist. Dort findet sich auch ein großer Śiva-Hymnus, der als Maheśvara verehrt wird.

Auch das Mahābhārata enthält ausführliche Dokumente über diese Gemeinschaften, die sich nach dem alten Namen Vāyu-Rudras „Paśupati" „Herr des Viehs, der Lebewesen", nennen. Dort taucht Śiva auch als *lakulīśa* „Herr der Keule" auf, was in älteste Zeiten zurückweist. Auch diese Erscheinungsform des alten Gottes hat eine besondere Gemeinde. Und der *ūrdhvaretas,* „der dessen Samen nach oben steigt" (von einigen gedeutet als „der mit aufgerichtetem Phallus"), dem wir schon früher begegnet sind und den wir im Sinne einer Haṭha-Yoga-Übung gedeutet haben, findet sich im Mbh als Beiwort der *lakulīśa*-Yogins, dort verstanden als solche, die in strenger Keuschheit leben [78]). Auch diese

Beispiele sind eine Bestätigung der Tatsache, die man bei der Erforschung indischer religiöser Bewegungen nie aus dem Auge verlieren darf, daß uralte Traditionen sich oft in erstaunlich unveränderter Form durch die Jahrtausende erhalten, während daneben aus denselben Ursprüngen höchste Gestaltungen erwachsen. Fülle und Überfülle strömen in unverminderter Dynamik ineinander. Man kann darum mit gutem Recht von einem Ewigen Indien reden.

2. Kapitel

*Der Yoga in den Upanisaden**

a) Die Yoga-Upaniṣaden der unmittelbaren Vrātya-Atharvaveda-Śatarudriya-Tradition

Eine Übersicht

In den großen und grundlegenden Upaniṣaden der ältesten Zeit, die unzweideutig dem brahmanischen Bereich angehören, in der Bṛhadāraṇyaka-, Taittirīya-, Chāndogya-, Kauṣītaki-, Aitareya-Upaniṣad kommt der Yoga im ausgesprochenen Sinne nicht vor, wenn auch *dhyāna* hier selbstverständlich zu Hause war, wie die feinsinnigen Sätze der Chāndogya-Up. VII, 6, 1 zeigen: „Versenkung fürwahr, steht über dem *citta* („die innere Welt“; in ihrer Zusammenfassung die einheitliche seelisch-geistige Funktion des Menschen). Die Erde ist gleichsam in Versenkung, der Luftraum, der Himmel, die Wasser, die Berge sind gleichsam in Versenkung, die Götter und die Menschen. Denn Menschen, die Größe erlangt haben, haben gleichsam Versenkung als Anteil bekommen. Die andern aber sind klein, streitsüchtig – Klatschbasen und Verleumder –, die aber groß sind, die haben Versenkung als ihren Anteil erhalten“ [1]. In der Tat wird in diesen Upaniṣaden *yoga* nur einmal erwähnt, nämlich in der zum schwarzen Yajurveda gehörigen Taitt.-Up. (wie schon erwähnt hat die Taitt. Samh. eine wichtige Rezension des Śatarudriya bewahrt). In II, 4, 1, werden dem Menschen verschiedene Selbste *(ātman)* zugeschrieben, die alle *puruṣavidha* „puruṣaartig“ sind und die, eins im andern immer weiter nach innen liegend, sozusagen als eigenartige und in gewisser Weise selbständige Funktionsselbste das Gesamtwesen Puruṣa ausmachen. Diese Selbste sind: *annarasamaya,* „das aus Nahrungskraft Bestehende“ (also das Selbst der körperlichen Funktion), *prāṇamaya* „das aus Lebensodem Bestehende“, *manomaya* „das aus Denkkraft oder Geist Bestehende“, *vijñānamaya* „das aus Erkenntnis Bestehende“, *ānandamaya* „das aus Urlust Bestehende“. In dem *vijñānamaya ātman* ist *yoga* der *ātman,* also die wesentliche Funktionskraft. Aus diesem Befund muß der Schluß gezogen werden, daß der Yoga im brahmanisch-kultischen Bereich bekannt war und daß dem Kernstück des Yoga, *dhyāna,* eine hohe Bedeutung zugesprochen wurde, daß er aber als Bewegung und System in jener Zeit der frühen Upaniṣaden sich außerhalb des brahmanisch-kultischen Zentralbereiches entfaltete. Hier sog die Opferspekulation und der Kampf um den Durchbruch durch sie und um den Ausbruch aus dem Kultwesen überhaupt die wesentlichen Kräfte auf.

Wir haben deshalb die Fortsetzung der Geschichte des Yoga in der Zeit der Upaniṣaden in jenem oben festgestellten Hauptbereich zu suchen, auf jeden Fall in der Sphäre, die in der alten Tradition des Rudra-Śiva-Glaubens und der Vrātya-Genossenschaften stand. Die Zeugnisse dafür sind außerordentlich vielfältig.

Unter den großen alten Yoga-Upaniṣaden ragen hervor die Kaṭha-Upaniṣad und die Śvetāśvatara-Upaniṣad. Beide stehen, wie oben schon erwähnt, in der unmittelbaren Rudra-Śiva-Tradition. Die letztere zitiert das Śatarudriya und steht auch deutlich erkennbar in der Av-Tradition. Sie wird unten auszugsweise übersetzt und eingehend erläutert werden.

Die Kaṭha- oder Kāṭhaka-Up., derselben Schule zugeschrieben wie das Kāṭhakam, dessen Rezension des Śatarudriya wir als die älteste erkannt haben und in der die alte Tradition um den Puruṣa, die zum ausgebildeten Yogasystem führte, vertieft und erhöht fortgesetzt wird, besteht aus zwei nicht schwer voneinander zu trennenden Upaniṣaden. Beide bestehen aus verschiedenen Schichten, die auf eine lange Entwicklung hindeuten.

Die älteste Schicht knüpft an eine interessante Gestalt der altindischen Tradition an, nämlich an den Naciketas *(na-ciketas)* „der Nicht-Wissende, Nicht-Erleuchtete, der Thumbe". Wir wissen von ihm sonst nichts. Aber er ist, wenn wir seine Gestalt im Zusammenhang mit der bisher dargelegten Vorgeschichte des Yoga betrachten, der Prototyp des Novizen, der seine Weihe zu erhalten sich anschickt. Die Erzählung, in deren Mittelpunkt Naciketas steht, findet sich im Taitt.-Br. III, 11, hat aber ursprünglich den Kaṭhas angehört [2]). Der Vater des Naciketas, Vājaśravasa gab seine ganze Habe in einem sogenannten All-Habe-Opfer hin, um das Leben als Hausvater aufzugeben und in die Einsamkeit zu gehen. Bei diesem Opfer überkam den Naciketas *śraddhā* „Glaube", und eine Stimme forderte den Vater auf, den Sohn auch dranzugeben, aber nun nicht als Opfer, sondern als Weihling. Diese Geschichte ist schon von den Alten nicht mehr ganz verstanden worden. In Hauer, „Anfänge der Yogapraxis", 79 ff., bes. 95 ff. ist im Anschluß an eine Anzahl von Liedern des Av und Rv die These begründet, daß dieser Einzuweihende nach altem Brauch, den wir nicht nur aus Indien, sondern aus vielen Beispielen der naturvölkischen Religion kennen, durch Fasten, Einsamkeit, Meditation und allerhand Prüfungen in einen Trancezustand versetzt wurde, der symbolisch als Tötung betrachtet wurde. In diesem Trancezustand erleben viele der Einzuweihenden das Reich des Todes und erhalten dort Erleuchtungen.

So auch Naciketas. Er erschaut nach der ursprünglichen Tradition eine besondere Art von Feuerschichtung. Er gerät dann mit Yama, dem Herrscher des Totenreiches, in dem er drei Tage und Nächte weilt, in ein Zwiegespräch und drängt diesen durch immer tiefere Fragen zu immer tieferen Antworten. So gewinnt er Weisheit über letzte Dinge, vor allem über Wesen und Schicksal des Menschen nach dem Tode. Wir sind hier in einer alten uns wohlbekannten Sphäre: es ist der „Geweihte", der sich von nun an der geoffenbarten Weisheit hingibt.

Aus diesem Keim entfaltete sich dann die Yoga-Tradition wie sie uns in der Kaṭha-Up. heute vorliegt.

Die beiden Upaniṣaden, aus denen heute die Kaṭh.-Up. besteht, behandeln etwa dieselben Themata aus derselben metaphysisch-religiösen Grundhaltung heraus, wenn auch verschieden in Stil und in der Auffassung des Einzelnen.

Die eine Up. bildet das I. Kapitel, Vallī I–III, diese ist die zeitlich spätere; die andere das II. Kapitel, Vallī IV–VI, ist die zeitlich ältere [3]). Schon in Vallī II, 12 wird der Yoga als Weg zu letzter Wirklichkeit genannt: „Der tapfere Weise, der den schwer zu schauenden, in Rätseltiefen eingegangenen, im Verborgenen weilenden, den abgründigen, uralten Gott erkannt hat durch den Selbst-Einkehr-Yogaweg *(adhyātma-yogādhigamane)*, läßt dahinten Freud und Schmerz." Vor allem aber wird in den Schlußabschnitten der beiden Upaniṣaden der Yoga ausführlich, wenn auch nicht ganz übereinstimmend behandelt. Die wichtigsten Verse sind Vallī III, 10–15:

10. „Höher als die Sinne *(indriya)* stehen die Dinge *(artha)*; höher als die Dinge das Denkorgan *(manas)*; höher als das Denkorgan das „Gemüt", das Geistorgan *(buddhi)*; höher als das Geistorgan das große Selbst *(ātmā mahān)*." (*buddhi* wird unten eingehend behandelt werden.)

11. „Höher als dies Große *(mahat)* das Unentfaltete (*avyaktam,* wörtlich „das Nicht-Herausgebogene"); höher als das Unentfaltete ist ‚der Mensch' (*puruṣa; puruṣa* ist hier die höchste Wirklichkeit im Weltall und im Menschen); höher als ‚der Mensch' ist nichts, er ist die Grenze, ist der höchste Gang *(gati)*."

12. „Dies Selbst, in allen Wesen tief verborgen, tritt nicht zutage. Doch wird es geschaut von den ‚Fein-Schauern' mit dem feinen Geistorgan, das sich zum höchsten Grad geläutert hat."

13. „Mit klarem Bewußtsein *(prajñā)* feßle man die Rede und das Denkorgan. Dann feßle man das Bewußtsein im Erkenntnis-Selbst *(jñānātman = buddhi)*. Die Erkenntnis hemme man im großen Selbst und dieses in dem Selbst der absoluten Ruhe *(śāntātman)*."

14. „Steht auf, wacht auf, wenn ihr das ‚beste Teil' erlangt habt, merket auf! Der schwierige Pfad, von dem die Weisen künden, der ist wie Messers Schneide scharf, schwer zu begehen."

15. „Was lautlos, unfühlbar und formlos, unvergänglich und unschmeckbar, ewig, was geruchlos, ohn' Anfang, ohne Ende, noch höher

als das Große, der feste Pol – wer dies erschaut, wird aus des Todes Rachen erlöst.“

Zum Vergleich setze ich hieher Vallī VI, 7 ff.:

7. „Höher als die Sinne ist das Denkorgan; höher als das Denkorgan der ‚lichte Weltstoff‘ *(sattva = buddhi)* höchster Art. Höher als der ‚lichte Weltstoff‘ ist das ‚Große Selbst‘. Über dem ‚Großen‘ ist das höchste Unentfaltete.“

8. „Doch höher als das Unentfaltete ist ‚der Mensch‘, der Allesdurchdringer, der kein ‚Merkmal‘ mehr hat. Wenn diesen man erkennt, wird man erlöst und geht ein zu der Unsterblichkeit.“

9. „Sein Wesen bietet keinem Blick sich dar und keiner sieht ihn mit dem Auge; im Herzen, im Gemüt, im Geiste [4]) wird er dargebildet. Unsterblich werden die, die solches wissen.“

10. „Wenn die fünf Erkenntnisorgane *(jñānāni)* stillstehen zusammen mit dem Denkorgan, und wenn das Geistorgan nicht mehr sich regt, so nennt man das den höchsten Gang.“

11. „Und dies versteht man unter *yoga:* die feste Fesselung der Sinne, wenn man von jedem Denken sich löst; denn *yoga* ist ein Werden und Vergehen.“ [5])

12. „Er (der *puruṣa*) kann nicht mit Worten, noch mit Denken, noch auch mit Schau ergriffen werden: ‚Er ist‘, wie anders als indem man so es kündet, soll man erfassen Ihn. ‚Er ist‘, nur so ist zu erfassen Er, weil ‚beide‘ desselben Wesens sind. ‚Er ist‘, des so Erfaßten Wesen senkt sich herab.“

Ein Vergleich der beiden parallelen Abschnitte zeigt, daß sie im wesentlichen denselben metaphysischen Aufbau haben, nur daß der Abschnitt in III, 10 ff. zwischen Sinne und Denkorgan die „Dinge“ einschiebt, die hier, da es sich um den Aufbau der „inneren Welt“ handelt, als die feinen Schwingungen der äußeren Erscheinungswelt im Bewußtsein betrachtet werden müssen, und daß in VI, 7 statt Geistorgan *(buddhi)* der „lichte Weltstoff höchster Art“ steht. Die beiden sind auch im späteren Yoga noch identisch. Der „Aufbau der inneren Welt“ *(citta)* im Yoga ist also von unten nach oben: Sinne (Sinneseindrücke) *(indriya),* Denkorgan *(manas),* Geistorgan *(buddhi),* das „Große Selbst“ *(mahān ātmā = mahat).* In III, 13, wo ein Versuch gemacht wird, die Stufen der Versenkung genauer zu fassen, ist dann offenbar *buddhi* und Erkenntnis-Selbst als identisch zu denken. Das „große Selbst“ ist offenbar das ewige Selbst im Menschen, das noch von sich weiß, während das „Selbst der absoluten Ruhe“ der Seelenabgrund ist, in dem auch das Wissen von sich selbst versinkt. Über diesem so beschriebenen Wesen des Menschen in seinem Weltsein steht das unentfaltete Welt-Wesen *(avyaktam),* das im klassischen Yoga-Sāṃkhya mit *prakṛti,* „Urnatur“ ineinsgesetzt wird und das hier als eine besondere Seinsform der zur Welt werdenden ewigen Wirklichkeit anzusehen ist. Aber über diesem Weltsein im potentiellen Sinn steht der absolute *puruṣa,* der „Mensch“, der über allem Werden in unerschütterlicher Ruhe thronende Gott, der auch im Innersten des Menschen wohnt, dessen „Selbst der absoluten Ruhe“ in unfaßbarer Weise mit diesem ewigen Gott wesenseins ist.

Wir haben in diesem Aufbau schon alle wichtigen psychisch-metapsychischen Prinzipien des späteren Yoga-Sāṃkhya in systematischer Folge: *indriya, manas, buddhi, avyaktam, puruṣa,* nur *ahaṃkara* „der Ichmacher“, das kosmische und irdisch-menschliche Individuationsprinzip, fehlt hier, während es in Śvet.-Up. V, 8 auftritt, wie denn in jener Upaniṣad ebenfalls alle die genannten Prinzipien der Yoga-Sāṃkhya-Metapsychik vorhanden sind [6]. Daß in Kap. VI (wie auch in Kap. I der Śvet.-Up.) eine schon sehr hoch durchgebildete Yoga-Sāṃkhya-Philosophie im Hintergrund steht, wird jedem deutlich, der diese Kapitel mit den späteren Phasen jener Philosophie vergleicht [7].

Der Yoga-Weg, wie er in Kaṭh.-Up. VI, 10 angedeutet wird, enthält zwar alle wesentlichen Elemente: Zurückziehung der Sinne *(pratyāhāra),* Zügelung des Denkorgans, Konzentration *(dhāraṇā),* Stillegung des Geistorgans, Einfaltung *(samādhi),* ist aber noch bar jeder Systematik. Dagegen ist in der Darlegung des *yoga* III, 13 der Versuch einer strengeren Systematik der Konzentration und der Versenkung gemacht. In Umrissen tritt hier schon die spätere Unterscheidung zwischen *dhāraṇā, dhyāna, samādhi saṃprajñāta und asaṃprajñāta* „noch mit Bewußtsein verknüpft“ und „nicht mehr mit Bewußtsein verknüpft“, heraus, wenn auch die Ausdrücke abgesehen von *dhāraṇā* in VI, 11 noch fehlen.

Philosophisch von höchster Bedeutung sind die Sätze, welche die Erfassung des *puruṣa* in Kaṭh.-Up. VI beschreiben: Er wird erfaßt in einem reinen „Existentialurteil“, das sich fällt im Menschen, weil die beiden, der menschliche und der absolute *puruṣa,* wesenseins sind. Der *puruṣa* ist hier nicht mehr Gegenstand der Schau oder der Erkenntnis, sondern er *„istet“* nur noch und erlebt sich eben als Istenden und sonst als nichts, weil er in dieser seiner letzten Realität keine Qualität mehr hat. Im Grunde haben wir auch in Śvet.-Up. I, 10 denselben Gedanken. Diese Upaniṣaden haben damit die höchste *yoga*-Erfahrung schon sehr frühe mit überraschender philosophischer Kühnheit klassisch formuliert.

Zu der älteren Yoga-Tradition innerhalb des brahmanischen Bereiches gehört auch die Maitrāyaṇī-Upaniṣad in ihren frühesten Stücken [8].

Auch die Maitrāyaṇas sind, wie die Kaṭhas, Adhvaryus des Schwarzen Yajurveda, mit einem Śatarudriya, das auf den Yoga hin weitergebildet wurde (vgl. oben S. 83 ff.). Sie sind also, wie oben gezeigt, alte Rudra-Śiva-Verehrer, die sich zum Brahmanismus bekehrt haben. Daß die Maitrāyaṇas trotz ihrer Bekehrung zum Brahmanismus und ihrer Betonung von Vedastudium und brahmanischen Pflichten (vgl. Maitr.-Up. IV, 3) von dem orthodoxen brahmanischen Bereich nie voll anerkannt wurden, ist durch eine Reihe von Zeugnissen erwiesen [9]. Sie scheinen vor allem sowohl im Nordwesten wie im Osten des orthodoxen Gebietes, also in den eigentlichen Ketzergegenden gelebt und dort für den Brahmanismus in ihrer Weise gewirkt zu haben. Offenbar haben sie hier ihre alten

Yoga-Traditionen weiter gepflegt. Auch daß Rudra-Mahādeva in der in Anm. 8 erwähnten Maitr.-Up. als Verkündiger dieser Up. und als Allgott gepriesen wird, weist in diese Richtung.

Aus diesen geschichtlichen Verhältnissen erklärt sich die Zusammensetzung der Maitr.-Up. Sie enthält einmal uralte Opferspekulationen brahmanischen Stils, die bis an die vedische Zeit heranreichen. Daß ihre Altertümlichkeiten gewollte Archaismen seien, wie Deussen in „Sechzig Upanishads" 312 f. meint, ist eine völlig unbewiesene Behauptung, zu der er gezwungen wurde durch seine falsche Auffassung von der Entwicklung des Yoga-Sāṃkhya überhaupt. Er hat bei seiner Beweisführung übersehen, daß die Upaniṣad keineswegs als ein einheitliches Gebilde angesehen werden kann und daß in ihr ältere und jüngere Elemente deutlich unterschieden werden müssen. In diese Opferspekulationen schieben sich dann Yoga-Elemente und ein auffallend fortgebildetes Sāṃkhya-System ein; vor allem sind *japa* und *dhyāna* überall in den älteren Teilen verstreut. Es wird sich hier ähnlich verhalten wie bei der Kaṭh.-Up., daß einesteils die Maitrāyaṇas eine eigene alte Rudra-Yoga-Tradition hatten, daß sie aber auf der anderen Seite sehr stark von der brahmanischen Entwicklung beeinflußt wurden. So entstand bei diesen „Schulen" eine unauflösliche Vermischung der brahmanischen und der Rudra-Yoga-Sāṃkhya-Tradition, wie sie sich innerhalb des Brahmanismus dann im XII. Buch des Mbh. vollends durchgesetzt hat.

Daß sich dieser Kreis in einer späteren Zeit energisch gegen den drohenden Einbruch des mächtig aufstrebenden Śivaismus gewehrt hat, zeigt die Verfluchung der Ketzer, Maitr.-Up., Prapāṭhaka VII, 8–10, die gegen niemand anders gerichtet sein kann als eben gegen die Śivaiten. Daß dieser Kampf gegen den Śivaismus nicht mit einem Sieg der rein brahmanischen Richtung endete, dafür ist ein gültiger Beweis das Mbh. selbst, wo ja Rudra-Śiva als höchster Gott in den brahmanischen Bereich einzieht [10]).

Der Grundstock der Upaniṣad wird wohl in die buddhistische Zeit gehören und die Litanei des Königs Bṛhadratha im Eingang der Up. über den Jammer der Welt mag zum Vorbild für die buddhistischen Litaneien dieser Art geworden sein. Wenn der zukünftige Buddha den Namen Maitreya trägt, so ist dies auch wohl ein Anzeichen dafür, daß zwischen den beiden Bereichen ein enger Zusammenhang besteht.

In den geographischen Bereich des Buddhismus werden wir auch durch den Namen gewiesen, der im Mittelpunkt der Maitr.-Up. steht. Nach dem Anfang der Upaniṣad geht ein König Bṛhadratha, der zu den Kriegerweisen gehört (vgl. oben S. 42 ff.), nachdem er seinen Sohn in die Herrschaft eingesetzt hat, in die Einsamkeit, der Welt entsagend und höchste Askese übend. Die Tradition über diesen König ist uns im Mbh. (II, 19 ff.) noch aufbewahrt und ebenso in den Purāṇa [11]). Aus diesen Traditionen geht hervor, daß Bṛhadratha König von Magadha war und daß seine Familie Paśupati = Rudra-Śiva z. T. mit Menschenopfern verehrte. Neben diesem Gott verehrte sie eine Göttin, die von den Feinden der Familie eine *rākṣasī* genannt wird. Aus Mbh. II, 18 ist sie deutlich als die Gemahlin des Śiva zu erkennen.

Dieser König nun erhält nach einer tausendtägigen Askese von dem ihm erscheinenden Śākāyanya die Lehre des erhabenen Maitrī mitgeteilt. In diesen Text ist eingefügt die Tradition der Vālakhilyas, die *ūrdhvaretasaḥ* genannt werden, d. h. die „den Samen verhalten", die streng enthaltsam Lebenden [12]).

Die Upaniṣad-Texte, die in der Überlieferung der Maitrāyaṇas sich finden, enthalten alle wichtigen Elemente des Yoga und Sāṃkhya. Die beiden sind auch hier wie in der früheren Tradition vereinigt. Doch findet sich in der Maitr.-Up. VI, 30 schon ein polemischer Hinweis auf das Yoga-Sāṃkhya, in dem nicht mehr der *puruṣa,* sondern nur *guṇa* gebunden und erlöst wird. Dies ist aber die Lehre des klassischen Sāṃkhya, das also schon in dieser Zeit anfing, sich von dem früheren zu trennen.

Wie mir scheint, lassen sich in dem uns vorliegenden Überlieferungsstoff drei Stufen der Entwicklung deutlich unterscheiden. Die erste enthält noch alle Elemente der alten Opferspekulationen. Diese Textmasse ist enthalten in den ersten fünf Kap. und in dem früheren Teil von Kap. VI. Es sind die Teile, die sich auch in der Maitr.-Up. der 108 Upaniṣaden finden. Ihren Höhepunkt bilden die Śloka, die den Kern von ĀSS VI, 34 ausmachen und die auch in den 108 Upaniṣaden im IV. Prapāṭhaka ohne die einleitenden Opferspekulationen stehen:

1. „Gleichwie ein Feuer, wenn das Brennholz gar ist, zur Ruhe kommt in seinem Mutterschoß, so kommt die ‚innere-Welt' *(citta)* zur Ruhe in ihrem Mutterschoß durch das Aufhören ihrer Bewegungen *(vṛtti),*"

2. „bei dem, des Denkorgan *(manas)* zur Ruhe kam in seinem Mutterschoß, und des Begehren steht nach ewiger Wirklichkeit *(satya).* Doch steckt er in der Sinnendinge Zwang, lebt er im Wesenlosen, dem Werkgesetze untertan."

3. „Die ‚innere Welt', das ist der ‚Kreislauf' *(saṃsāra),* sie muß man reinigen mit Anstrengung. Wie seine innere Welt, so ist er (der *puruṣa*). Dies ist ein ewiges Geheimnis [13])."

4. „Durch die Beruhigung der inneren Welt wird gut und böses Werk vernichtet. Hat man im voll beruhigten Selbst den Stand genommen, erlangt man ewige Seligkeit."

5. „Wenn die ‚innere Welt' so wie den Sinnendingen verhaftet, dem *brahman* wäre, wer würde dann von Banden nicht befreit?"

6. „Das Denkorgan ist zweifacher Art, so ist uns überliefert, rein und unrein. Unrein heißt es, wenn Begierde und Wille es bewegen, rein, wenn von Begierde es befreit."

7. „Wenn der Muni das unstete Denkorgan reißt aus Versinken *(laya)* und Zerstreuung *(vikṣepa)* und den denkfreien Zustand so erreicht, dann steigt er auf zum höchsten Punkt."

8. „So weit ist stillzulegen *(niroddhavya)* es im Herzen, bis es ver-

schwindet und vergeht. Das ist Wissen, das Erlösung. Die andern aber sind von ‚Knoten' überstreut." [14])

9. „Wenn man durch die ‚Einfaltung' *(samādhi)* den Geist *(cetas)* von allem Schmutz gewaschen und in das Selbst sich einsenkt – die Seligkeit, die einer dann erlangt, die malen keine Lieder aus, das muß man selbst in eigener Erfahrung fassen."

10. „Im Wasser gibts für den kein Wasser mehr, kein Feuer mehr im Feuer, im Himmelsraume keinen Raum – wenn so die ‚innere Welt' im Innern ganz vergangen, dann wird ‚der Mensch' *(puruṣa)* endlich befreit."

11. „Denn das Denkorgan ist Ursache der Bindung und Erlösung. Hängt es an der Erscheinungswelt, ist es gebunden, befreit davon ist es erlöst. So ist es überliefert."

Eine 2. Stufe der Yoga-Überlieferung ist nachzuweisen in dem Abschnitt VI, 18 ff. (der in den beiden Maitr.-Up. der 108 Upaniṣaden fehlt), denn dort wird schon in strenger Systematik ein „sechsgliedriger Yoga", die Vorstufe des achtgliedrigen in späteren Upaniṣaden und im YS aufgestellt. In VI, 17 ist die Rede von dem Einen, Unendlichen, der als *brahman* die Welt im Anfang war, der wachbleibt, wenn das Weltall untergeht und der die Weltseele wieder aus dem Schlummer weckt. Dies sind alte Av-Traditionen. Er wohnt im Weltall, wohnt als Feuer im Herzen, der Eine allein, zu dessen Einheit der so Wissende gelangt. Dann heißt es in VI, 18: „Dies aber ist die Regel zu ihrer Erlangung: Atemzügelung *(prāṇāyāma)*, Einziehung der Sinne, Abkehr von der Außenwelt *(pratyāhāra)*, Versenkung *(dhyāna)*, Konzentration *(dhāraṇā)*, forschende Betrachtung *(tarka)*, Einfaltung *(samādhi)*, das heißt man den sechsgliedrigen Yoga *(ṣaḍaṅgayoga)*." Da *āsana* = Sitzart und *yama* und *niyama*, wenigstens gewisse Teile von ihnen, hin und her in der Up. verstreut sind, so haben wir hier in der Tat schon alle Elemente des systematisch durchgebildeten Yoga.

tarka spielt in den buddhistischen Schriften in der Zusammensetzung *vitarka-dhyāna* eine ziemliche Rolle, so daß wir annehmen dürfen, dieser Abschnitt gehöre in die Zeit des älteren Buddhismus, der ja gerade *dhyāna* in einer unendlich feinen Weise differenziert hat. *tarka* als besonderes Glied des *yoga*, wird weiter unten behandelt werden; es wird aus der späteren Systematik des Yoga ausgeschieden, wogegen der buddhistische Ausdruck *vitarka* als eine Phase des *dhyāna* beibehalten wird. Da *vitarka-dhyāna* offensichtlich eine Weiterbildung des einfachen *tarka* ist, so dürfen wir annehmen, daß nicht die Maitr.-Up. vom Buddhismus, sondern umgekehrt der Buddhismus von der Tradition der Maitr.-Up. beeinflußt ist.

Eine dritte Stufe des Yoga scheint in der Maitreya-Up. vorzuliegen, wo *Mahādeva* in 30 Versen den Erlösungsweg des Yoga und die Geheimnisse des Menschen und des Gottes in reichlich symbolischer Form offenbart. Dies ist alte Rudra-Śiva-Tradition. Aber diese Richtung führt hier schon dem tantrischen Yoga zu. Die Schlußverse empfehlen die Verehrung des Gottes als Mittel zur Erlösung, lehren aber dann eine radikale Aufhebung aller inneren Bewegungen und Schauungen, so daß die Verse z. T. an die Meditationsübungen des späteren Buddhismus erinnern.

27. „Von innen erfüllt (mit dem meditierten Gotteswesen), von außen erfüllt wie ein voller Krug im Wasser; von innen leer, von außen leer wie ein leerer Krug im Raum."

28. „Dann sollst du nicht mehr in dem Selbste tragen den Erfahrungsgegenstand noch auch die Erfahrung, alle Realisierung *(bhāvanā)* sollst du von dir werfen. Was dann noch bleibt, das sei! Den ‚Wahrnehmer' sollst du aufgeben, das Wahrnehmen und den Gegenstand der Wahrnehmung, zusammen mit den Einwohnungen *(vāsanā)*."

29. „Genieße eines Selbstes, das ganz für sich, das glänzt in einem Glanze, der vor allem Schauen liegt."

30. „Wenn alle Willensstrebungen völlig zur Ruhe gekommen und ein Sein sich einstellt, das unbeweglich wie ein Fels, wenn Schlaf und Wachen sind verschwunden, das ist der Zustand ureigener Form des *puruṣa*."

Während die beiden besprochenen Upaniṣaden brahmanischen Theologenschulen angehören, die ursprünglich in der alten Rudra-Śiva und Yoga-Tradition standen, in der das Śatarudriya eine hervorragende Stelle innehatte, sind alle anderen Yoga-Upaniṣaden mit gutem Recht aus den oben dargelegten Zusammenhängen dem *Atharvaveda* zugeteilt.

Die Av-Zusammenhänge der Yoga-Upaniṣaden sind besonders in der Puruṣa-Lehre und in einer Reihe von Begriffen kosmischer Urmächte bei eingehenderem Studium überall zu entdecken.

Am ausgesprochendsten ist der Zusammenhang in der Cūlikā-Up. und den Upaniṣaden zu ersehen, die den Namen Atharvan in ihrem Titel tragen.

Die Cūlikā-Up. ist darum für die Aufhellung der Geschichte des Yoga-Sāṃkhya von Bedeutung, weil ihr Name sie als eine kurze Zusammenfassung aller großen Av-Themen im Sinne des sich entwickelnden Systems bezeichnet. *cūla (= cūḍā)* bedeutet nämlich den spitzen Aufsatz auf einer Säule, also Spitze, in welche die Säule ausläuft. Die Upaniṣad ist ein Beweis dafür, daß die Av-Lieder in der Tat für die Meditation des Yoga von hoher Bedeutung waren. Zunächst wird in den ersten Strophen der göttliche *puruṣa* gepriesen, der im *sattvam,* dem Lichtenergiestoff der Gesamtwirklichkeit als *guṇa-freier* Gott west, und mit der *prakṛti* „Schaffung", die hier als *māyā* erscheint (hier wohl noch in dem altvedischen Sinne als Weltbaukraft), alle Wesen zeugt und dann als Knäblein an ihrer Brust trinkt, der Eine *īśvara,* in zahllosen Geburten.

Diese Wesensgebärerin brüllt mit der Stimme der Kuh – es ist die uralte *Virāj,* die auch als Kuh erscheint (vgl. Av IX, 10), die nach dem Puruṣa-Lied den Urpuruṣa zeugte, der sie zeugte, ein göttliches Urpaar, aus dem die Welt entstand (vgl. oben S. 75).

prakṛti, die auch in der Śvet-Up., und zwar dort wohl zum erstenmal in der Geschichte des Yoga-Sāṃkhya auftaucht, ist nicht „Materie", wie ab und zu das Wort wiedergegeben wird, sondern hat dieselbe Bedeutung wie das lateinische *natura* „Gebärung", und zwar im Sinne der *natura naturans* in der Philosophie des Johannes Scotus Eriugena. Sie eint sich dem Urpuruṣa, dem Einen Gott. Diesen Einen Gott, den „Herrn" schaut der Erleuchtete als Adler, der die Frucht am Weltenbaum genießt und der doch in seiner andern Gestalt, nämlich in der transzendenten, in ewiger Gelassenheit vom Gipfel des Weltenbaumes das Weltgetriebe betrachtet. Dies ist eine Anspielung auf Rv I, 164, 20, eine Strophe, die auch sonst in den Yoga-Upaniṣaden als symbolkräftiges Beispiel für den immanenten und transzendenten Puruṣa erscheint. (Vgl. Śvet.-Up. IV, 6 u. Muṇḍaka-Up. III, 1, 1.)

Diesem „Herrn" gelten alle Opfer und alle Lieder, ihn preisen die Atharvans mit ihren Sprüchen (hier wohl die Atharva-Lieder) und ihren *viddhi* (das Wort hier wohl verstanden als Riten, die mit Weisheitsliedern verknüpft waren).

Dann werden alle die heiligen Gestalten und Mächte des Av wie ihn die Atharvans und die Bhārgavas verkündet haben als Offenbarungen und Symbole dieses höchsten Gottes angeführt. *brahman, brahmacārin* (Av XI, 5) *vrātya* (Av XV). *skaṃbha* „der Weltenstützer" (Av X, 7. 8.) *palita* „der Uralte, der Altersgraue" (vgl. Av IX, 10, 9 u. Rv I, 164), *anaḍvān* „der Urstier" (Av IV, 11). *rohita* „der flammend-Rote" (nicht der Sonnengott, wie häufig gedeutet, sondern ein Ur- und Allgott, der auch als Sonnengott erscheint; vgl. Av XIII, 1. 2. 3.), *ucchiṣṭa* „der Opferrest, der Rest im philosophisch-transzendenten Sinn, Av XI, 7 (vgl. oben S. 78), *kāla* „Zeit, Schicksal" (Av XIX, 53, 54), *prāṇa* (Av XI, 4) *ātman,* der *bhagavān, puruṣa* (vgl. dazu die anthropologischen Lieder Av X, 2, XI, 8 und Av X, 8, bes. Strophe 42 ff. u. XIX, 6), *śarva, bhava, rudra* (vgl. z. B. Av XI, 2 u. XV, 5), *īśvara, virāj* (Av VIII, 9, 10), *pārśni* oder *pṛśni* (vgl. Av II, 1), *salilam* „das Urwassergewoge" (Av X, 7, 38, XI, 4, 21 und VIII, 9, 1); dazu noch Prajāpati, der seit der Bekehrung der Vrātya immer wieder als eine Erscheinungsform des vom Yoga verehrten Urgottes erscheint. (Vgl. Av XV, 1.)

In den weiteren Strophen wird dieser allumfassende *īśvara* im Sinne eines theistischen Yoga-Sāṃkhya dargestellt, der das *avyaktam* als *vyaktam* 24fach erscheinen läßt, als der Eine, der sich von *brahman* bis zu der Pflanzenwelt hindurchzieht und dem das ganze Weltall eingewoben ist. Zu ihm kehrt alles wieder zurück, aus ihm gebiert sich alles wieder neu. Daß dieser Eine als „Sechsundzwanzigster" auch als „Siebenundzwanzigster" (wie sonst als „Fünfundzwanzigster") von den Atharvans als *guṇa*-freier *puruṣa* der Sāṃkhyas, als „Haupt" von allem gepriesen wird (wohl auch hier eine Anspielung auf das „Atharvanhaupt" von Av X, 2, 27) beweist, daß hier schon eine entwickelte Sāṃkhya-Lehre vorliegt. Denn im Sāṃkhya sind vierundzwanzig Grundprinzipien des Weltbaues herausgearbeitet, dem als fünfundzwanzigster der Puruṣa entgegengesetzt wird. Die Zahl der Prinzipien schwankt allerdings zunächst noch, so daß der Puruṣa auch als Sechsundzwanzigster oder als Siebenundzwanzigster erscheint. Diese vierundzwanzig oder fünfundzwanzig Weltprinzipien *(tattva* „Dasheiten") sind: *prakṛti* (auch *pradhāna* „die Grundlage genannt"), die *buddhi* „die schauende und schöpferische Vernunft", auch *mahat* „das Große" (Prinzip, *tattva),* oder *mahān* „der Große" genannt; beides alte Benennungen aus Av XV, wo sie noch nicht die systematische Bedeutung des Sāṃkhya haben. Der *ahaṃkāra* „der Ichmacher", d. h. das bewußte Funktionszentrum der inneren Welt, das sich im Ichbewußtsein und im Ichwillen darstellt; *manas* „das verstandliche Denken", das uns hilft, in der Welt der Erscheinungen uns zurechtzufinden. *buddhi, ahaṃkāra* und *manas* bilden in sich wieder eine gewisse Einheit; dann die fünf Wahrnehmungsvermögen *(jñāna-indriya)* (Hören, Fühlen, Sehen, Schmecken, Riechen) und die fünf „Tatvermögen" *(karma-indriya),* die Fähigkeiten des Handelns und des Ausdrucks (Reden, Greifen, Gehen, Entleeren [Stoffwechsel] und Zeugen); dann die fünf „feinen Elemente" *(tanmātra),* aus denen Äther, Luft, Feuer, Wasser und Erde hervorgehen, die durch Vermischung mit Grobstofflichem zu den uns empirisch unmittelbar zugänglichen fünf „groben" *(sthūla)* Elementen werden, es sind dies die *bhūta.* Zusammen ergeben sich 24 Prinzipien, wozu puruṣa als 25. kommt.

Zählen wir dazu *avyakta* und schließlich noch *vyakta* als besondere Prinzipien, so kommen wir zu fünfundzwanzig oder sechsundzwanzig Weltprinzipien, denen der Puruṣa als wesensanderes, urschöpferisches Prinzip gegenübersteht, als der Sechsundzwanzigste oder Siebenundzwanzigste (vgl. dazu auch das 1. Kap. im III. Hauptabschnitt).

Da die Cūlikā-Up. mit ihrem unmittelbaren Anschluß an die großen Themen des Av sicher nicht zu den späten Upaniṣaden gehört, muß sich also im Laufe der Jahrhunderte seit den ursprünglichen Vrātya-Genossenschaften neben der praktischen Versenkung in die überlieferten Weisheiten und in das Letzthin-Wirkliche auch eine außerordentlich hochgesteigerte Gedankenarbeit vollzogen haben. Daß dies schon sehr früh in der nachvedischen Zeit geschah, wird auch durch die subtilen Unterscheidungen, die wir in den Predigten des Buddha finden (man denke an seine Anatta-Predigt), bewiesen. Diese Gedankenarbeit wurde sicher von anderen Typen geleistet als von denen, die in entschiedener Weltabkehr sich dem Letzthin-Wirklichen in Versenkung hingaben. So entstand ein *sāṃkhya-yoga,* der uns als neuer Begriff in der Śvet.-Up. VI, 13 entgegentritt. Dieser *sāṃkhya-yoga* betonte die forschend-spekulative Schau. Im Laufe der Entwicklung verlor er mehr und mehr den *īśvara* als urschöpferisches Prinzip aus dem Auge; sein Interesse galt einzig dem *puruṣa* im Menschen. Das Verhältnis von Sāṃkhya und Yoga wird weiter unten eingehender behandelt werden.

Auf eine interessante Notiz in der Cūlikā-Up. soll hier noch hingewiesen werden; eine ähnliche findet sich auch in der Kaṭh.-Up., daß nämlich diese Upaniṣaden nicht nur im Kreis von Wissenden und Schülern vorgetragen wurden, sondern auch beim Totenmahl. Diese Notiz wirft ein helles Licht auf die starke Anteilnahme des Volkes an der geistigen Entwicklung, die sich im Kreise der Eingeweihten vollzog (vgl. dazu auch Mānavadharmaśāstra III, 188 und Deussen „60 Up." S. 278).

Ein weiteres aufschlußreiches Dokument der Entwicklung des Yoga in diesen Jahrhunderten ist die schon erwähnte Atharvaśiras- „Die Atharvan-Haupt"-Upaniṣad. Auch sie schließt sich unmittelbar an die alte Tradition an und will das „Hauptstück des Atharvan", d. h. die höchste aus der alten Überlieferung sich entfaltende Weisheit lehren (vgl. oben S.71, 89). Atharvan ist ja der Urweise, einer der Urheber des ursprünglichen Av, richtig gesehen ist es kein anderer als Vāyu-Rudra-Śiva selbst, der in dieser Upaniṣad die höchste Weisheit lehrt. Er ist nicht nur alle Welten, sondern auch alle Götter, der Eine, Große, der auf dem Yogaweg zu erreichen ist. Auch hier wird vielfach auf die Av-Überlieferung zurückgegriffen, wie auch auf Überlieferungen, die in der Śvet-Up. verwendet sind. Die Tendenz der Upaniṣad ist schon, über alle Gegensätze der Glaubensgemeinschaften und Theologien hinweg die große Einheit zu schaffen, die dann im Mbh die *sarvadarśin* „die Alles-Seher oder -Prüfer" verkündigen. *sarvadarśin* ist übrigens auch der Name eines Buddha und eines Arhant der Jaina, wieder ein Beweis für die engen Zusammenhänge dieser Ketzerreligionen mit der Vrātya-Yoga-Tradition. Doch wird hier noch Rudra als Name dem Einen Groß- und Allgott der Einheit gelassen. Es ist ein Weiser der Rudra-Gemeinde, der hier einen kühnen Vorstoß zur Einheit aller Glaubensrichtungen macht.

In diesem Zusammenhang erscheint die Silbe *om*, auf die in der Atharvaśiras-Up. ein großer Nachdruck gelegt wird, noch einmal in einem neuen Licht. Diese eine Silbe mit ihrem unendlich nachhallenden Ton *m* konnte so recht das Symbol der Einheit aller Götter werden, verschmelzen sich doch in ihrem *o* nach indischer Auffassung *a* und *u* zu einer unauflöslichen Einheit.

Es kann keine Frage sein, daß die Yogaerfahrungen, in denen schließlich die Formen aller Götter in einem Letzthin-Wirklichen verschmolzen, das der Yogin als einen Zustand seiner eigenen inneren Welt erlebte, stärkster Anstoß zur Überwindung aller Sonderungen und Verengungen der Gottwirklichkeit wurden. In diesen Tiefenerfahrungen, die zugleich auch tiefe theologische Einsichten reifen ließen, verschwanden die gängigen Unterschiede der Riten, Mythen und Gottesvorstellungen. Diese theologische und religionsphilosophische Bedeutung des Yoga, wie aller Mystik, darf nicht übersehen werden, wenn wir deren geistesgeschichtliche Stellung innerhalb der Weltgeschichte der Religionen begreifen wollen.

Der Rudra-Hymnus, den alle Götter in der Atharvaśiras-Up. anstimmen, ist ein gutes Beispiel dieser Einheitsschau.

Die Upaniṣad beginnt damit, daß die Götter zur Himmelswelt gehen und den Rudra fragen: „Wer bist du?“ Er antwortet: „Ich bin der Eine, ich war als Erster da. Ich bin gegenwärtig und ich werde sein. Außer mir gibt es keinen andern. Ich bin der, der aus dem Innern in das Innere drang: in das Innere der Welträume ging ich ein. Ich bin ewig und nicht-ewig, offenbar und nicht-offenbar, *brahman* und nicht-*brahman;* ich bin östlich, westlich, südlich, nördlich ... ich bin männlich, sächlich, weiblich.“ Dann werden alle möglichen Erscheinungen, die er ist, aufgezählt. (Wir erinnern uns hier an den Stil des Śatarudriya, der hier für die höchste Einheitsschau verwendet wird!) und dann erklärt Rudra: „Alle bin ich – Ich bin das Unendliche.“ Dann schauen die Götter den Rudra an, versenken sich in ihn und beginnen mit erhobenen Armen einen großen Lobgesang:

Rudra ist der Erhabene, ist Brahmā,
Verehrung ihm, Verehrung!
Rudra ist der Erhabene, ist Viṣṇu,
Verehrung ihm, Verehrung!

So geht es litaneiartig weiter:

Alle Gottmächte ist Rudra; er ist die großen Opfermächte; er ist der ganze Kosmos, die Zeit (*kāla,* auch Schicksal), Todesgott und Tod, das Todlose auch; das All, das Grobe und das Feine, das Lichte und das Dunkle. – Er ist das Ganze, das Ewig-Wirkliche, – Alles.

„Verehrung ihm, Verehrung!“

Dieser Rudra-Preis ist verglichen mit dem alten Śatarudriya eine gewaltige Überhöhung und Vertiefung der Gottschau dieser Rudra-Verehrer, die auf starke Erfahrungen und Erleuchtungen innerhalb der Yogabewegung schließen lassen. Das *Śivasahasra* des Mbh geht in dieser Richtung weiter, zeigt allerdings schon die Wucherung von Epigonen.

Für die Erhellung der Religionsgeschichte Altindiens sind diese Dokumente von größter Wichtigkeit. Die Alleinheit des alten Gottes und seine Heilandskraft sind so überzeugend verkündigt, daß wir annehmen müssen, die Rudra-Śiva-Gemeinde und in ihr die Genossenschaft der Yogin, aus welcher diese Upaniṣaden hervorgingen, seien eine wirkungsvolle Kraft im religiösen und philosophischen Leben jener Zeit gewesen.

Der Gott ist *tāra,* der Soter „Retter“, der allen als Einer und Eines das Eine Heil bringt. Dies wird in den weiteren Kapiteln ausführlich und mit metaphysischer Tiefenschau dargelegt. Er läßt seine Verehrer an der rettenden Erkenntnis teilnehmen und nimmt sie in seine Gemeinschaft auf, so daß sie eins werden mit ihm. Er läßt das Heil offenbarende Wort ausströmen und nimmt es wieder in sich hinein, alle Seinsformen aufgebend und erhebt sich in Yoga-Herrschaft zum Unaussprechlichen. Darum heißt er der Erhabene, heißt er der Großherr.

Nordindien war in diesen Jahrhunderten, in denen diese Dokumente entstanden, auch politisch in starker Bewegung und die schweren Schicksale jener Zeit mögen mitgewirkt haben, daß die schöpferischen Tiefen aufbrachen, aus denen die rettende Botschaft in die Zeit erging.

Eng verwandt mit der Atharvaśiras-Up. ist die Atharva-śikhā-Up. *śikhā* bedeutet „Spitze". Sie behandelt die Meditation des *om*-Lautes, der alles in sich enthält und zusammenfaßt im Sinne des Yoga, in dem der *īśāna* als höchster Herrscher und Allgott in der Meditation verehrt wurde. Wer sich ihm auch nur einen Augenblick ganz hingibt, hat höheren Gewinn als von hundert Opferhandlungen. Der *om-Laut* ist in der Tat Śiva, symbolhaft gegenwärtig, in ihm gewinnt man die Erlösung von der Wiedergeburt.

Die Abwendung des Yoga von dem vedischen und brahmanischen Opferkult ist radikal. Innerhalb dieser geistigen Sphäre gilt die Innenschau und die unmittelbare Gotterfahrung alles. Sie zerbricht die Fesseln des brahmanischen Ritualismus und bahnt den Weg zur Entfaltung einer kultfreien, meditativ-vertieften Frömmigkeit. Diese konnte dann zwei Wege einschlagen: den der reinen, weltabgeschiedenen Beschauung oder den des tatfroh-handelnden Menschen, der aber sein Wirken in der Erkenntnis des Kernwesens im Menschen, des *puruṣa,* das in allen Erschütterungen unantastbar bleibt, und in der Gotteinkehr wurzeln ließ, wie dies dann die Bhagavadgītā in ihrem Karma-Yoga wegweisend darlegt.

In diesem Bereich entstand auch die Kaivalya-Up, die eines der bedeutendsten Dokumente altindischer Gottschau und Metaphysik ist. In ihr wird der Śiva als *brahmayoni* als „Mutterschoß des *brahman", d.* h. als höchstes Gottwesen verehrt, zusammen mit seiner Gattin, die hier den Namen *umā* trägt. Wir sind dieser Upaniṣad schon im Zusammenhang mit dem Śatarudriya begegnet. Nach ihr ist auch der Mensch *brahman,* wenn er durch *śraddhā* „Herz-dran-setzen, gläubiges Vertrauen", durch *bhakti* „liebende Hingabe" und *dhyāna*-Yoga sich dem Gotte eint:

„So erlangt man die Erkenntnis,
Die Vernichtung des Saṃsāra-Stromes.
Darum wer so es weiß,
Erreicht den Ort der Bloßheit,
Erreicht den Ort der Bloßheit *(kaivalya)."*

kaivalya wurde Ausdruck einer der wesentlichsten Begriffe im Yoga für den Zustand des Erlösten. *kevala* heißt: für sich sein, einzig sein, ganz sein im Sinne einer restlos einheitlichen Ganzheit, also frei von allen unterscheidenden Merkmalen, Beziehungen und Bindungen, „absolut". Darum übersetze ich *kaivalya* mit „Bloßheit", weil dieser Begriff der deutschen Mystik genau das bezeichnet, was mit dem Sanskritausdruck gemeint ist, aus derselben letzthinigen Erfahrung entsprungen. Wir sehen wie in solchen, oft sehr verschiedenen Ausgangsformen und Erfahrungen konvergierende Linien auftauchen, die in der Sphäre eines menschheitlichen consensus zusammenlaufen.

Es mag hier noch einmal auf die Kena-Up. hingewiesen werden, die zur Tradition der Jaiminīyas oder Talavakāras gehört, also zu der Tradition jener bekehrten Vrātyas, und die sich unmittelbar an die alten Kena-Lieder des Av anschließt (vgl. oben S. 71 ff.). Im älteren Teil dieser Upaniṣad, in dem das *brahman* als *yakṣam* auftaucht, ist es die Umā, die Gattin Rudra-Śivas, die dem Indra das *brahman* erklärt. Gemäß der Stellung der Talavakāras im brahmanischen System wird *brahman* als die transzendente, aber überall gegenwärtig wirkende letzthinige Wirklichkeit verehrt. Es ist anders als das Gewußte, anders als das Nicht-Gewußte, das Nicht-Erkannte: „Wie wir es von den Altvorderen gehört, die es uns gelehrt haben." Es ist das wodurch alles geschieht, wodurch alles getan wird usw., das aber nicht gehört, nicht gesehen wird usw., das „Ganz Andere, Transzendente". Und hier finden sich die oft angeführten Sätze, in denen Wissen und Nicht-Wissen in paradoxen Entgegensetzungen wechseln, die *docta ignorantia* des Cusanus:

„Wenn du meinst, es gut zu kennen, ist dies eine Täuschung.
Auch jetzt noch kennst du nur seine Erscheinungsform,
Was von ihm du bist, und was in den Göttern,
(d. h. das Immanente in Götter- und Menschenwelt).
Dies Gewußte ist weiter zu bedenken:

Ich meine nicht es gut zu wissen,
Doch weiß ich auch, daß ich es nicht nicht weiß.
Wer von uns dieses weiß und auch nicht weiß,
Der weiß auch, was es heißt: ich weiß es nicht.
(Wer die Paradoxie richtig versteht, weiß auch was die Verneinung hier bedeutet.)

Wem's ‚unverstanden' ist, der hat's verstanden,
Wem es ‚verstanden' ist, der weiß es nicht.
Den ‚Erkennenden' ist es ‚unerkannt',
Doch den ‚Nicht-Erkennenden' ist es ‚erkannt'.

In innerer Erleuchtung gewußt wird es verstanden.
Denn man findet da das Todlose
(durch unmittelbare Erfahrung und Heilsgewinnung).
Durch das Selbst findet man die Kraft,
Durch Wissen findet man das Todlose.

Wenn man es hier findet, so ist es *satyam* (ewige Wirklichkeit),
Die kühnen Weisen, die es in allen Wesen schauen, werden unsterblich."

Diese kleine Upaniṣad ist ein Zeugnis dafür, daß auch innerhalb des brahmanischen Bereiches die alten Traditionen mächtig weiterwirkten und sich dort mit dem in diesem Bereich durch bedeutende Geister Errungenen vereinigten. Hier ist auch darauf zu verweisen, daß sowohl das Śatarudriya, wie auch die *kasmai*-Hymne (vgl. oben S. 77 ff.), die Überlieferungen, die den Urpuruṣa als höchsten Gott preisen, ebenso der Vena-Hymnus sogar in das Gedankengut des Weißen Yajurveda mit seinen verschiedenen Verzweigungen eingegangen sind. Und dieser darf als das Hauptwerk des orthodoxen kultisch-brahmanischen Bereiches gelten. In ihm ist aber Prajāpati als der höchste Gott an die Stelle des Urpuruṣa Vāyu-Rudra getreten (vgl. Vājasaneyi S. VIII, 36 und XVI; XXXI, 17–22; XXXII, 1–12 und Deußen, Allg. Gesch. Phil. I, 132 f.; 291 ff., und Sechzig Up. 830 ff. und 833 ff.). So entstand das gemeinsame große Reich des Religiösen, das Leben und Kultur Altindiens schöpferisch durchdrang. Ein Quellgrund immer neuen Lebens, der in Jahrtausenden nicht versiegte.

Eine besondere Stelle unter den Yoga-Up. nehmen die *bindu*-Upaniṣaden ein. *bindu* heißt „Punkt". Es ist der sogenannte *anusvāra* unter dem *m* der Silbe *om,* das häufig auch nasal gesprochen oder gesummt wird, also *oṃ*. Als heiliges Symbol wird *om* als aus *a – u – m* gebildet erklärt und hat ein besonderes Zeichen. Dieses gesummte *ṃ,* d. h. der summende Nachhall nach dem *m,* heißt *nāda* „Ton".

Die *bindu*-Yoga-Upaniṣaden legen zwar großes Gewicht auf die Murmelmeditation mit der Silbe *om,* besonders aber auf die Versenkung in den abgründigen Symbolgehalt des *nāda.* Denn *om* ist Symbol des gestalteten *brahman;* der Nachhall aber symbolisiert das absolute, schlechthin transzendente *brahman.*

Dieser Nachdruck läßt die Tendenz der Zeit deutlich erkennen: man ließ alle spekulativen und erlebnisartigen Gestaltungen der ewigen Wirklichkeit mit einer ungeheuren Inbrunst für das über allen Gestaltungen Thronende dahinten, obwohl man sich bewußt war, daß man nicht an den Gestaltungen vorbei, sondern nur durch sie hindurch zum Un-be-Dingten (zur „Bloßheit") kommen kann: „Wie in Milch der Butterseim, so wohnt in allen Dingen Erkenntnis. Unablässig mit dem Geist als Quirlstock soll man sie quirlen. Des Wissens Auge soll man sich erwerben. Erst dann mag man zum höchsten Licht sich wenden. Der Weise, der Wissen und Erkenntnis mit heiligen Schriften sich abmühend in Wahrheit ergriff, wirft den ganzen Bücherkram hinweg wie einer, der nach Körnern sucht, die Spreu." (Brahmabindu-Up. 18 ff.)

Das ist ja das widerspruchsvolle Geheimnis dieser Erlösung von der Welt: nur wer die Welt und ihres Seins Vielfältigkeit lebend und erkennend durchdringt, den läßt sie aus ihrem Zwange los und entsendet ihn in die Freiheit ewigen Seins.

Die 5 *bindu*-Upaniṣaden in meiner Ausgabe der 108 Upaniṣaden sind Brahmabindu-Up. (die auch den Namen Amṛtabindu-Up. trägt) 127 ff.; die Amṛta-(nāda)-bindu-Up. 152 ff.; die Tejobindu-Up. 223 ff.; die Nādabindu-Up. 242 ff.; die Dhyāna-bindu-Up. 244 f.

Aus ihnen kann die Entwicklung dieser *om*-Meditation und -Spekulation ersehen werden, die in jeder Beziehung lehrreich ist für das Verständnis und die Entwicklung des Yoga in jenen Jahrhunderten zur Zeit und nach der Entstehung des Buddhismus. Sie gehen von Anfängen aus, die noch in der vedischen Zeit liegen, zeigen aber einen unwiderstehlichen Drang, zu einem absolut Letzthinigen vorzustoßen, das von allen Gestaltungen und Merkmalen frei ist, damit dem buddhistischen Streben nahe verwandt, das ja alle Götter und Gottmächte dahinten läßt und einem absolut Ungewordenen und Ungestalteten zustrebt. Dies wird im Nirvāṇa erfahren, bis schließlich nur noch *śūnyam,* das „Leere" (das „Nichts" aller unbedingten Mystiker) bleibt, das aber in erschütternder Dialektik wieder in das „Alles" umschlägt.

Die Nādabindu-Up. schließt sich an Av XII, 3, 14 an, wo der alles umfassende und durchdringende Urgott als ein goldener Schwan erscheint, der seine Flügel 1000 Tagreisen ausspannt, alle Götter in seiner Brust tragend und alle Wesen beschauend. Er besteht aus den 3 ½ Moren dem *om* a+u+m sowie einem besonderen Zeichen. Sein rechter Flügel ist das *a* der heiligen Silbe *om, u* sein linker, *m* ist sein Schwanz, der Nachhall (besonderes Zeichen) sein Haupt. Seine Füße die Weltstoffenergien *rajas* und *tamas,* sein Leib das *sattvam, dharma,* das „Gesetz" ist sein rechtes Auge, *adharma,* das „Ungesetz" sein linkes Auge. Auf diesem goldenen Schwan steigt der *yogavicakṣaṇa* „der durch Yoga schauend Gewordene" zu den höchsten Höhen der Erkenntnis und des Seins:

Zum Reinen, zum Allesdurchdringenden
Zum fleckenlosen Śiva,
Zum höchsten *brahman* immerleuchtend,
Von dem alles Leuchten strömt.

Für die Technik der Konzentration und Meditation sehr aufschlußreich ist hier die Verbindung von altüberlieferten Bildvorstellungen mit dem symbolgeladenen Sinnen von *om,* das einmündet in einen aller bildhaften und begrifflichen Inhalte entleerten Ton, der schließlich immer leiser werdend erlischt.

Die Brahmabindu-Up. (Amṛtabindu)-Up. gibt eine Beschreibung des Yoga bis zu *nirodha.* Sie ist identisch mit einem Teil der Verse in Maitr.-Up. VI, 34. An diese Darlegung des Yoga schließt sich dann eine Beschreibung der Paradoxie im Wesen des *brahman* an. Die höchste Erkenntnis des Yogin in dieser Up. ist *brahmāsmi:* „Ich bin *brahman*", eine bekannte alte Up.-Formel. Durch die Versenkung in den Laut *om* wird Sein erreicht und nicht ein Nichts.

„Das eben ist das teillose *brahman,* das von Begriffen frei und unbesalbt ist. Indem einer erkennt: dies *brahman* bin ich, erlangt er das *brahman,* das unerschütterliche – dies von Begriffen freie, unendliche. Dies ursachlose, für das kein Beispiel je sich findet, das unvergleichliche erkennt man als den höchsten Śiva. Da ist dann keine Stillegung *(nirodha)* mehr und auch kein Wiedererwachen, weder Bindung noch

Erlösungslehre, kein Wunsch mehr nach Erlösung, noch auch Erlösung – das ist die höchste Art des Seins." Hier wird, wie immer wieder in den Yoga-Up. *brahman* eingebaut. Aber das Höchste ist Śiva in seiner merkmallosen Absolutheit.

Ein zweiter Teil der Up. führt aus, wie der Weise das „Wort-*brahman*", d. h. das ewige Wesen, über das man noch spekulieren, von dem man noch reden kann, hinter sich lassen müsse, um zum höchsten *brahman* zu gelangen. Doch geht der Weg zur höchsten Form der ewigen Wirklichkeit nur durch die in Erscheinung und Wort gestaltete Wirklichkeit, durch die gewordene Welt. In einem Schlußteil der Upaniṣad wird diese der Viṣṇu-Gemeinde zugeteilt. Vāsudeva, Kṛṣṇa als Inkarnation des Viṣṇu spricht:

Was allen Wesen Heimstätte ist,
Was in allen Wesen wohnt,
Indem ich das alles umfasse,
Bin ich das, Vāsudeva, bin ich das, Vāsudeva.

Der geschichtliche Vorgang ist hier deutlich sichtbar: Der Grundstock aller diese Upaniṣaden ist śivaitisch. Sie bauen aber *brahman* ein, das durch die Herrschaft des Brahmanismus ein Grundbegriff alles religionsphilosophischen Denkens wurde; dann bemächtigte sich die Viṣṇugemeinde dieser Yoga-Traktate und setzte Viṣṇu an die Stelle von Śiva.

Die Amṛta(nāda)bindu-Up. hat als höchsten Gott den Rudra (Viṣṇu ist hier nur Lenker des Om-Wagens, mit dem der Yogin, der alle heiligen Schriften von sich wirft, als wären sie ein brennend Feuer, aus der Welt der Gebundenheit fährt). In dieser Up. spielt die Versenkung in die Gāyatrī eine große Rolle. Diese ist wohl die uns von der Kāṭh. S. her bekannte *tatpuruṣāya-Gāyatrī*. Die Up. enthält sehr ins einzelne gehende Vorschriften über Ort und Art des Sitzens, über Nahrung und Lebenswandel des Yogin, – systematische Ansätze zum späteren *yama* und *niyama* –. Vor allem aber hat diese Up. auch den sechs-gliedrigen Yoga (wie die Maitr.-Up., wenn auch die Ordnung etwas verschieden ist), mit einer psychologisch und metaphysisch sehr fein durchgeführten Erklärung dieser sechs Glieder.

In der Amṛta(nāda)bindu-Up. taucht auch das Wort *maṇḍala* auf, das ebenfalls in den Vrātya-Bereich gehört (Jaim. Up. Br. I, 30, 4; vgl. Geldners im PW schriftliche Eintragung unter *maṇḍala*.) In der Meditation des tantrischen Yoga ist es ein zentrales Stück. *maṇḍala* heißt „Kreis, Umgang", dann ausgeschmückter Kreis von *maṇḍ*, „schmücken". Es handelt sich ursprünglich um kreisförmige Verzierungen, wie sie von den Frauen bei Festen vor den Türen mit Blumenblättern oder Buntkreiden auf den Boden und sonst gezeichnet werden. Diese Maṇḍala haben ihre geheime Bedeutung und eigneten sich darum gut als Konzentrations- und Meditationsgrundlage. Freilich wird in unserer Upaniṣad das *maṇḍala* „gemurmelt". Dies heißt wohl, daß die einzelnen

Figuren und ihre Bedeutung meditativ gemurmelt werden. In Strophe 20 und 38 ist aber das *maṇḍala* der offene Kreis, durch den der Meditierende zur höchsten Yoga-Erfahrung durchstößt, wenn er die Sphäre seiner inneren Welt ungehemmt von allen Vorstellungen und Bindungen an die Subjektivität durchbricht und zur „Bloßheit" des Seins an sich *(kaivalyam)* gelangt. Das ursprünglich mit Figuren erfüllte Maṇḍala hat sich entleert, nachdem sein ganzer Bedeutungsgehalt innerlich realisiert wurde, was einer Durchklärung der inneren Welt gleichkommt. Denn die Symbole für Götter und Mächte sind zugleich Symbole für innere Machtwirklichkeiten. Ist das *maṇḍala suṣira* (Adjektiv von *su* + *ṣira* „Rinnsal") „reinströmend", „ganz klar", „hell", dann „hohl, leer" geworden, steht das meditierende Selbst allein *(kevala)* da, in seiner letzthinigen Realität als reines Selbstsein, und wird so Durchgang zum Letzthin-Wirklichen. Es ist nicht ohne Interesse, daß das Wesen, das diesen Kreis durchbricht und zum Haupte steigt *māruta* „Marut-Wesen" genannt wird. Die Maruts sind ursprünglich die Begleiter des Urgottes Vāyu-Rudra. Das „Marut-Wesen" im Menschen ist also wohl ein urtümliches Wort für Puruṣa, das Kernwesen des Menschen, das vom Großen Vāyu-Rudra stammt.

Ein gutes Beispiel dieser *bindu-Upaniṣaden* ist die Dhyānabindu-Upaniṣad, in welcher die Meditation der *om*-Silbe tiefsinnig dargelegt und ausgedeutet wird. Der Sündenhaufen, und wäre er viele Meilen breit, wird durchbrochen durch *dhyāna-yoga,* dessen höchste Ausprägung die *bindu*-Meditation ist, die Versenkung in den „Nachhall".

Nach der Dhyānabindu-Up. ist der *bindu* höher als die „Keimsilbe" *om.* Höher als der *bindu* ist der (nachhallende) Ton. Über diesen hinaus gibt es ein noch Höheres, einen „höchsten Ort" *padam paramam,* auch „Ursprungsmacht", den Tonlosen. Auch über diesen hinaus gibt es ein noch Höheres, das ungenannt bleibt: Der Yogin, der dies findet, der wird von allen Zweifeln frei.

Hier wird der Versuch gemacht, zu immer höheren, gestalt- und inhaltslosen Wesenheiten vorzudringen. Man spürt, wie diese Yogin von einem unwiderstehlichen Drang, ja von einer geradezu unheimlichen Denk- und Erlebnisgewalt immer weiter fortgerissen werden, das Unfaßbare „unfaßbar" zu erfahren: Ein Hunderttausendstel einer Haarspitze, von dem ein Teil, und davon noch die Hälfte, und wenn auch dies noch schwindet: das ist das, was von nichts mehr „besalbt" ist, d. h. ohne jedes faßbare Merkmal. Dies sind die ersten tastenden Schritte auf dem Weg zum *śūnyam,* zur absoluten „Leere" des späteren Buddhismus, in der alles gründet und die doch von allem, was denkbar und erfaßbar ist, bloß in ewiger Ferne absoluter Transzendenz west – und doch dem ergriffenen und erleuchteten Herzen innewohnt. In dieser ungeheuren Spannung schwingt unaussprechlich befreiende Kraft.

Der Weg dazu geht Stufe um Stufe durch die Yoga-Übungen bis zu absoluter Entnommenheit aus allen Bindungen, die auch der höchste Geistesflug noch in sich trägt. Es ist der Zustand des *samādhi asaṃ-*

prajñāta in seiner höchsten Steigerung. Die psychologische Betrachtung dieser Zustände wird im III. Hauptabschnitt gegeben werden.

In dieser Upaniṣad, die durch einen späten Zusatz der zwei ersten Strophen zu einer Viṣṇu-Up. gestempelt werden sollte – ein Beweis für die Bedeutung des *bindu-dhyāna* im viṣṇuitischen Bereich – finden sich aufschlußreiche Bemerkungen über *prāṇāyāma* und *dhyāna* im Zusammenhang mit den bekannten hinduistischen Göttern. Bei *pūraka* „dem Einatmen", meditiert man den vierarmigen Viṣṇu am Nabel, in der Farbe einer Flachsblüte; bei *kumbhaka* „dem Atemanhalten" meditiert man den Gott Brahmā, den viergesichtigen, auf seinem Lotossitz im Herzen, rot-weiß von Farbe; bei *recaka* „dem Ausatmen" meditiert man den „Dreiäugigen", in Farbe wie reiner Bergkristall, als Lotosblume achtblätterig, blütenabwärts, den Kelch gesenkt, den Stengel hoch, den *sarvadevamayaśiva* „den Śiva in der Gestalt aller Götter, der als Herz im Menschen west". Diese Meditation charakterisiert auch diese Yoga-Up. als śivaitisch.

Es ist sowohl psychologisch wie metaphysisch-theologisch aufschlußreich, diese Stufen des Pfades zum Letzthin-Wirklichen von den gestalthaften Götterbildern bis zum Un-Gestalteten, Unfaßbaren und Unsagbaren zu betrachten. Symbole als Stützen der Meditation und innerste unmittelbarste Erfahrung bedingen einander hier gegenseitig. Ein Beweis für das ewig-unauflösliche Verflochtensein von Gestaltetem und Gewordenem und dem Ungestalteten, Ungewordenen. Das Ungewordene drängt nach Werden ins Gewordene, das Gewordene nach Entwerden ins Ungewordene in ewiger Spannung.

Die Tejo-bindu-Up., die Upaniṣad des „Glanzmacht-Punktes", d. h. die Up., in der der Nachhall des *om*-Lautes, als Symbol des Letzthinigen im absoluten Sinn, meditiert wird, gehört ursprünglich unzweifelhaft dem Rudra-Śiva-Bereich an, obwohl durch Identifikation des *śūnyam* mit *brahman* ein Adoptionsversuch für den brahmanischen Bereich gemacht wird, wie auch durch Einschub von Viṣṇu für den viṣṇuitischen. Denn alle großen Weistümer dieser Up. werden von Śiva-Parameśvara geoffenbart.

Diese sehr ausführliche Up. ist insofern für die Geschichte der Entwicklung des Yoga von hoher Bedeutung als in ihr der Ausdruck *śūnyam* „das Leere", für das Absolute auftaucht. Dieser Ausdruck ist schon vorbereitet in der Amṛta(nāda)bindu-Up., wo ja, wie schon erwähnt, das *maṇḍala* so lange meditiert wird, bis es *suṣira* „hohl – leer" geworden ist und der Yogin durch es hindurchbrechen kann zum Absoluten, zu ewiger Befreiung.

Die Upaniṣad ist sprachlich sehr schwierig, aber die Grundtendenz wird völlig klar: Hier wird nicht mehr über *om* und seinen Symbolgehalt meditiert, sondern jenseits von allen diesen Vorübungen auf die Erfahrung eines Absoluten hingesteuert, das so bar jeder Bezeichnung, aller Beziehungen und Merkmale ist, daß schließlich mit unausweichlicher Notwendigkeiten der Ausdruck *śūnyam* für es sich einstellt. Die große Litanei, die Parameśvara lehrt und die, ein negatives Gegenstück zum Śatarudriya mit den vielfältigen *tanū* des Rudra-Śiva in der Weltwirklichkeit, wiederholt das *na me* „nicht habe ich" (das und das) mit Bezug auf alles Erscheinende, Erfahrbare und Denkbare in endloser Reihenfolge, die offenbar hier Meditationsmittel ist. Diese vielen *na me* soll der Meditierende auch auf sich beziehen, dann ist er ein *jīvanmukta* „ein schon bei Lebzeiten Erlöster".

In den entscheidenden Strophen des Eingangs wird das gewaltige Thema des Śūnyam kraftvoll angeschlagen. Es sollte durch die Jahrtausende bis heute nicht mehr verklingen, weil der Buddhismus es aufnahm und zu einer Metaphysik höchster Form ausbaute. Sagte mir doch neulich ein junger japanischer Philosoph christlicher Abstammung, Christus sei – recht verstanden – nichts anderes als das Śūnyam! So sagten auch christliche Mystiker des Abendlandes. Die entsprechenden Strophen der Up., die zugleich die Paradoxität des Śūnyam betonen, mögen hier ihren Platz finden:

> Dem „Glanzmacht"-Punkte gilt das höchste Sinnen *(dhyāna)*
> Das im Allselbst-Herzen seine Stätte hat.
> Dem atomfeinen, selig-wesenden, befriedeten,
> Das erst grob, dann fein, dann höchstes.

Nachdem die Schwierigkeit dieses Sinnes dargelegt ist, heißt es dann:

> Dies ist des *brahman* Allerinnerstes.
> Dies ist des Viṣṇu Allerhöchstes.
> Unausdenkbar für das Selbst, das noch im Denken weilt,
> Das im höchsten Himmel seine Statt hat.
> . . . .
> Nicht- Leeres ist's, doch ist sein Wesen Leeres.
> Als Leeres übersteigend steht's im Herzen.
> Nicht ist es Meditieren noch auch der, der meditiert.
> Nicht zu meditieren ist's, und doch zu meditieren.
> Alles ist es, nicht gibts ein Höheres.
> Leer ist es, drüber hinaus gibts kein Höheres mehr.
> Unausdenkbar, unerwacht (zu gestalthaftem Dasein) kein
> Ewig-Wirkliches mehr.
> Darüber hinaus weiß man nichts mehr.

Die *bindu*-Upaniṣaden gehen alle von einer theistischen Grundlage aus. Und zwar ist ihre ursprüngliche Gottheit ohne Zweifel Rudra-Śiva. Doch wurde von der Viṣṇu-Gemeinde der Versuch gemacht, sie für den Gott Viṣṇu als höchsten Gott in Anspruch zu nehmen. Dies ist nur sehr unvollkommen gelungen; der alte Gott behält seine Herrschaft im Yogabereich, in dem immer wieder seine theistische Neigung durchbricht. Um so eindrücklicher ist das Ringen über die theistische Schau zu einem Absoluten vorzudringen, für das schon seit alters *brah-*

man das Symbolwort bildete. Und gerade diese Polarität der Gotterfahrung und Gottschau gibt der ganzen Bewegung ihre stets erneute Dynamik, die alle Bereiche des religiösen und religionsphilosophischen Denkens und Erlebens in ihren Bann zwingt.

Ein Yoga-Traktat ausgesprochen theistischer Prägung ist die Yoga-śikhā-Up. In dieser Up. ist ein deutlicher Anklang an *bhakti* als einem Hilfsmittel für den, dem es schwer wird, den Yogaweg zu gehen. (Über *bhakti* vgl. weiter unten.)

Die Haṃsa-Up. gibt sich als eine Unterredung zwischen Śiva und Pārvatī, seiner Gemahlin. Schon diese Form weist in die Richtung des späteren tantrischen Yoga. Auch haben wir hier schon die sechs „Zentren" *cakra* mit ihren charakteristischen Namen: *(mūla) – ādhāra, svādhiṣṭana, maṇipūraka, anāhata, viśuddhi, ājñā.* Im Vordergrund stehen eigentümliche Murmelrezitationen über den *haṃsa* (Schwan). Schon in der Śvet.-Up. wird das in die Welt eingekörperte Selbst *haṃsa* genannt, I, 10: „In diesem allebendigen und aller Enden in sich fassenden gewaltigen *brahman*-Rade irrt ein Schwan umher, weil er sein Selbst und den ‚Beweger' für getrennt hält. Doch heimlich gesucht von Ihm geht ein er zur Unsterblichkeit." Das *brahman*-Rad ist die gestaltete Welt, die durch „des Gottes majestätische Macht" in Bewegung gehalten wird (Śvet.,Up. VI, 1). Und dieser „Beweger" heißt in der Haṃsa-Up. der *paramahaṃsa* „Der Groß-Schwan.

Auch hier ist Om-Spekulation und -Meditation von höchster Bedeutung und die Versenkung in den nachhallenden Summlaut Mittel zur Einung mit *brahman:* „In ihm versinkt das Bewußtseinsorgan; wenn aber mit dem Bewußtseinsorgan Wille und Begriffswelt, Gut und Böse verbrannt sind, dann erstrahlt er ewig-selig *(sadāśiva)* zu Gott-Energie *(śakti)* geworden, in allem gegenwärtig, selbstleuchtend, rein, erwacht, ewig, von Weltbesalbung frei, zur Ruhe gekommen. Das ist die Vedalehre."

Eine merkwürdige, für die beginnende Psychotechnik des Yoga höchst instruktive Up. ist die Kṣurikā, die „Messer"-Upaniṣad, deren Hauptinhalt aus Anweisungen zu Atem- und Konzentrationsübungen besteht, mit Hilfe deren man Glied um Glied vom Bewußtsein „abschneidet", bis vollständige Stillegung aller Bewußtseinsbewegungen, *nirodha,* erreicht wird. Hier ist viel Nachdruck auf die suggestive Psychotechnik gelegt, wenn auch Anmerkungen nicht fehlen, die auf eine innere Klärung hinweisen. Auch die Ausmalung des Adernsystems, wie sie in dem späteren Yoga so häufig ist, weist in die Richtung, die sich dann zum Haṭha-Yoga entwickelt hat. Für den Zustand des Erlösten wird in dieser Up. das Wort *nirvāṇa* gebraucht: „Wie ein Licht, das ausgebrannt, im Augenblick des Erlöschens dahinschwindet, so schwindet der Yogin, der alle Bereiche verbrannt hat, dahin." Das Wort *nirvāṇa* weist auf die großen Zusammenhänge des Yoga mit dem Buddhismus hin und es scheint, daß innerhalb dieses Bereiches schon eine gewisse Veräußerlichung des Yoga sich einzuschleichen begann.

In den brahmanischen Bereich gehören die sog. Saṃnyāsa-Upaniṣaden. Die Grundtendenz dieser Up. ist eine etwas andere als die der Yoga-Up. Während dort das Opferwesen überhaupt keine Rolle mehr spielt, ist die strenge Voraussetzung des Saṃnyāsin-Lebens in diesen Up. der brahmanische Lebenswandel. Dieser ist bekanntlich in vier Abschnitte eingeteilt, die *āśrama* „Bemühungen" genannt werden. Der erste Abschnitt ist ausgefüllt vom Studium und wird vom *brahmacarin* „dem, der auf *brahman* ausgeht", in der Einsamkeit bei einem Lehrer verbracht. Er kann 12 und mehr Jahre dauern. Im zweiten Abschnitt heißt der Brahmane *gṛhastha* „Hausvater". In diesem Abschnitt tut der Brahmane seine Pflicht der Welt gegenüber, indem er heiratet und Kinder zeugt, und gegenüber dem brahmanischen Kult, durch den sein Leben streng umhegt ist. Der wahre Brahmane aber – wie überhaupt der fromme Arier brahmanischer Observanz – entsagt dann wieder dem Weltleben und wird *vānaprastha* „Wald-Einsiedler". Er ist dort noch Brahmane, trägt die Opferschnur, hat oft sein Weib bei sich, pflegt ab und zu auch des Opfers; aber sein Ziel geht auf tiefe Besinnung. Und mit Hilfe von Yoga-Übungen trachtet er nach den ewigen Geheimnissen, die sich ihm einstens in seinem ersten Lebensabschnitt nur unvollkommen enthüllen konnten, weil ihm die Welterfahrung mangelte. Hat dieser Einsiedler Erleuchtung erlangt, so wirft er auch den letzten Rest des einstigen Lebens von sich, er wird *saṃnyāsin* „Entsager", und wandert als einer, der in allem Irdischen heimatlos geworden ist, durch die Welt als „der Großschwan" *paramahaṃsa,* dem Gotte gleich, der nirgends zu Hause und doch überall daheim ist, weil er seinen Standpunkt in *brahman* genommen hat.

Die Yoga-Elemente in den Saṃnyāsa-Up. treten nicht sehr hervor. Soweit sie da sind, gehen sie wohl zum Teil auf die alten Yoga-Traditionen des brahmanischen Bereiches zurück, zum Teil scheinen sie mir aber von dem Yoga des Rudra-Śiva-Bereiches übernommen zu sein. Die wichtigste Saṃnyāsa-Up., die sog. Brahma-Upaniṣad, in welcher der Yoga ziemlich deutlich hervortritt, enthält in ihren späteren Teilen Zitate aus der Śvet.-Up. und eine Reihe von Anklängen an ihre Grundgedanken. Dies legt den Schluß nahe, daß der Kreis der Brahma-Up. von dorther beeinflußt worden ist. Wie denn die Saṃnyāsins auf ihren Wanderungen sich wohl in den Yogakreisen umsahen und aufhielten, weil sie nun den Yoga zum Lebenszweck erwählt hatten.

b) Die Śvetāśvatara-Upaniṣad

Übersetzung und Erklärung [15])

Als das wichtigste Dokument des Yoga in der Zeit der großen Upaniṣaden hat die Śvetāśvatara-Up. zu gelten (vgl. oben S. 96 ff.). Sie schließt sich in ihrer ältesten Schicht, wie schon erwähnt, unmittelbar an das Śatarudriya und den Av an, zeigt aber in den verschiedenen Kapiteln eine noch zu erkennende Entwicklung bis zu den hohen philosophischen Begriffen, die im *sāṃkhyayoga,* dem „Yoga der forschenden Intuition" eine bedeutende Stelle innehaben.

Eine neue Übersetzung der wichtigsten Stücke der Upaniṣad ist hier auch darum angebracht, weil Deußen, der Übersetzer der „60 Upanishaden", ihre geschichtliche Stellung und ihren Grundcharakter infolge seiner einseitigen vedantistischen Betrachtungsweise mißverstanden hat. Mit Beziehung auf die Entwicklung des Yoga-Sāṃkhya ist seine Auffassung irreführend und hindert das richtige Verständnis dieser bedeutenden Bewegung und damit eines wesentlichen Stückes der Geistesgeschichte Indiens [16]).

In der indischen Überlieferung wird die Śvetāśvatara-Upaniṣad einer der vedischen Theologenschulen, die zum Schwarzen Yajurveda gehören, zugeteilt, und zwar den Carakas, die zusammen mit den ihnen eng verbundenen Kaṭhas im Śatapatha-Brāhmaṇa als Ketzer gebrandmarkt sind [17]). Es ist hier daran zu erinnern, daß auch die Maitrāyaṇīs zu den Carakas gehören, deren Upaniṣad eine der wichtigsten im Yogabereich ist. Diese Zusammenhänge decken also einen Zentralbereich des frühen Yoga auf. Wir haben aber kein Anzeichen dafür, daß es eine vedische Theologenschule der Śvetāśvataras gegeben hat, denn irgendein Rest eines Śvetāśvatara-Kanons ist bis jetzt nicht gefunden worden. Wir müssen also diese Zuteilung wohl als eine spätindische Fiktion betrachten. Vielmehr ist aus der Upaniṣad selber klar, daß sie der Rudra-Gemeinde zugehört hat und diese hat nie eigentliche Theologenschulen, jedenfalls nicht im brahmanisch-orthodoxen Sinne gebildet. Dieser Gemeinde *(saṅgha)* hat nach ihrer Überlieferung ein Ṛṣi die Upaniṣad geschenkt (VI, 21). Dieser Weise hieß nach demselben Vers Śvetāśvatara. Nach meiner Auffassung ist dies kein anderer als Rudra-Śiva selbst. *śvetāśvatara* heißt nach der üblichen Auslegung „das weiße Maultier". Nach einer Überlieferung, die Max Müller ans Licht gezogen hat, heißt die Śvetāśvatara-Upaniṣad auch Śvetāśva [18]). Nun ist aber *śvetāśva* „das weiße Roß" oder „der auf weißem Roß" ein Beiname von Rudra-Śiva selbst [19]). In der śivaitischen Überlieferung heißt ferner Śiva *tara,* das ist „der hinüber hilft, der Helfer, der Überwinder, der Sieger". *śvetāśvatara* kann also auch als „der Helfer oder der Heiland auf dem weißen Rosse" gedeutet werden. Dieser Śvetāśvatara wurde dann in der späteren Überlieferung ein Weiser, der die Upaniṣad geschaut und überliefert hat. In der ursprünglichen Überlieferung ist dieser *maharṣiḥ* aber der Gott selber, denn von ihm unmittelbar begeistert erschauten die Weisen des Gottes verborgene Weisheit (III, 4; IV, 12). So wird er auch in Jaim. Up. Br. IV, 1 der *samānabuddha* „der ganz Erwachte" genannt, ein Wort, das dann übrigens in den Buddhismus übergegangen ist und auf Buddha selbst angewendet wurde. Daß sich im Weisen des Gottes Weisheitskraft unmittelbar verkörpert, ist ja uralte indoarische Auffassung.

Die Upaniṣad, wie sie uns vorliegt, ist nicht ein einheitliches Buch von einem Verfasser, sondern besteht aus einer Reihe von einzelnen Upaniṣaden, die aus verschiedenen Zeiten stammen und immer dieselben Hauptthemata behandeln [20]).

Das älteste Stück ist Kapitel III. Dieser ursprüngliche Grundstock der Śvet. Up. schließt sich in Zitaten und Beiwörtern des Gottes unmittelbar an das *Śatarudriya,* an Av XV, 1 und andere altüberlieferte Texte des Rudraglaubens an, die auch der Atharvaśiras Up. zugrundeliegen [21]). Dann folgen IV und V; eine weitere Schicht ist Kapitel II und der erste Teil von VI; das I. Kapitel und der letzte Teil von VI sind späteste Schicht. Jede Upaniṣad behandelt die drei Grundthemata Gott, Seele, Welt und ihr Verhältnis zueinander. Das rechte Wissen darüber ist das *trividham brahmam.* In allen ist die wichtigste Frage selbstverständlich, wie der Mensch im Weltverhang Gott erkennt und aus der Bindung von ihm erlöst werden könne.

Erkennt man diese Tatsache der verschiedenen Schichten, so fällt der Vorwurf, den man der Upaniṣad häufig gemacht hat, daß sie einen sehr wirren Gedankengang habe, dahin. Jede einzelne Upaniṣad ist, aufs Ganze gesehen, klar aufgebaut und das einleitende und abschließende Kapitel sind Zusammenfassungen auf Grund neuer philosophischer Auseinandersetzungen. Die frühesten Teile sind noch stark mythisch bestimmt, die jüngsten gehen schon in philosophische Systematik über und lassen vermuten, daß weltanschauliche Kämpfe zur Zeit ihrer Gestaltung im Gange waren.

Die absolute Zeit unserer Upaniṣad zu bestimmen, ist außerordentlich schwer, wie ja überhaupt die absolute Chronologie im indoarischen Schrifttum eines der schwierigsten Probleme der Forschung darstellt. Wir können im höchsten Fall eine relative Chronologie aufstellen und müssen uns für feste Daten mit Wahrscheinlichkeitsgründen begnügen. Die frühesten Teile der Upaniṣad knüpfen fraglos an die vedische Zeit an, wie schon die Zitate aus den vedischen Schriften und die z. T. noch gebrauchten mythischen Formen beweisen. Die späteren Teile gehören nach meiner Auffassung in die Zeit, in der die weltanschaulichen Kämpfe in Indien zum erstenmal bedeutendere Formen annahmen, nämlich in die Zeit Buddhas und unmittelbar nach Buddha. Selbstverständlich ist es nicht ausgeschlossen, daß auch noch nach dieser Zeit die Upaniṣad Überarbeitungen und Einschübe hat erleiden müssen [22]).

Sehr wichtig ist unsere Upaniṣad für die Geschichte des Sāṃkhya und des Yoga. Kapitel V enthält die wichtige Tradition über Kapila, den Gründer der Sāṃkhya-Philosophie, der hier zum erstenmal erwähnt wird. In Kapitel VI ist Nachdruck auf den *sāṃkhyayoga* gelegt (dies ist eine Zusammensetzung, in der das erste Glied das zweite näher bestimmt), also auf den Yoga, der sich auf philosophische Arbeit und Einsicht stützt. Damals waren Sāṃkhya und Yoga noch nicht getrennt. Aber der Yoga fing schon an, zwei verschiedene Richtungen einzuschlagen. Neben dem betont philosophischen *sāṃkhyayoga* hebt Kapitel I den *dhyānayoga* heraus, bei dem der Nachdruck auf der Versenkung liegt.

Im Lauf der Jahrhunderte sind dann die beiden Systeme zu ihrem eigenen Schaden weithin auseinandergetreten, ja sie haben sich sogar da und dort in gegnerische Lager gespalten. Aufs Ganze gesehen hat unsere Upaniṣad noch eine gesunde Vereinigung der beiden, nämlich philosophisches Forschen über die Weltprinzipien und Versenkung in die letzten Gründe des Seins, die Hingabe an den Gott.

In Kapitel II ist *savitar*, „der Beweger", ein Gott, der im Ṛgveda häufig besungen wird, der Helfer beim Yoga. Dieser Savitar, der ja auch in Av X, 8 der Einsicht wirkende ist, ist eine Gottmacht, die alles Leben, vor allem auch das geistige bewegt, eng mit Viṣṇu und Rudra verbunden, ja mit ihnen eins. Er hat selbst einstens in der Urzeit durch Anjochung seines Geistes das Licht gefunden und der Welt geschenkt. Er ist es, der dem Yoga-Beflissenen bei seiner Versenkung hilft. Diese Verknüpfung des Yoga mit der Weltschöpfung zeigt uns auch deutlich, welchen Sinn er für jene die Versenkung Übenden hatte: er sollte den Menschen hineinführen in den Bereich schöpferischer Kraft; sein Innerstes sollte lichtlebendig werden zur Schau und aus der Schau geborenem Leben. Wenn er in der Versenkung in die „Abgeschiedenheit" (um ein Eckehartsches Wort zu brauchen) einkehrte, so war dies das große Stillewerden der Seele zu innerer Klarheit und Neugeburt.

Wenn wir die Frage nach der Tradition aufwerfen, aus der die Upaniṣad lebt, so werden wir in allen Kapiteln, auf das oben übersetzte Vrātya-Lied Av X, 8 gelenkt. In diesem großen Weisheitsliede stecken schon alle Grundgedanken unserer Upaniṣad, wenn auch die Stimmung in der Upaniṣad eine andere und vor allem der philosophische Gedanke fortgeschritten ist.

Dann aber ist, wie die frühesten Kapitel in der Upaniṣad deutlich zeigen, vor allem auch das Śatarudriya zur Grundlage des Studiums und der Andachts- und Meditationsübungen gemacht worden. Dieses Śatarudriya wird in Kapitel II, 5 als das *brahma-pūrviyam* bezeichnet, das heißt, „das uralte Andachtslied". Auch andere Upaniṣaden, die mit der Śvet.-Up. aufs engste zusammenhängen, z. B. die Kaivalya- und die Jābāla-Upaniṣad, empfehlen dieses Śatarudriya ebenfalls zur Grundlage für die nach Weisheit Suchenden. (Vgl. oben S. 79 ff.)

Die Grundrichtung der Upaniṣad ist von den Forschern lange genug mißverstanden worden. Dies liegt teilweise an dem unglückseligen Einfluß, den einer der bedeutendsten und verdienstvollsten Forscher im Gebiet der Upaniṣaden, Paul Deußen, nicht nur auf die Anschauung der Laien, sondern selbst auf diejenige der Indologen ausgeübt hat. Nach seiner Auffassung ist die gesamte indische Mystik und Philosophie im Grunde Monismus. Alles, was sich nicht in dieses System eines Monismus fügen wollte, sah Deußen für einen Abfall von dem Ursprünglichen an. Daß dies eine völlige Verkennung der Religionsgeschichte Altindiens ist, ist heute innerhalb des Kreises der Forscher anerkannt, wiewohl Deußens Meinung in der laienhaften Betrachtung der indischen Religion, wozu auch ein guter Teil der theologischen Literatur zu rechnen ist, die sich mit Indien beschäftigt, noch immer eine unheilvolle Rolle spielt. Daß Deußen bei seiner Haltung unsere Upaniṣad mißverstehen mußte, ist klar. Sein Urteil über sie faßt er im Vorwort zu seiner Übersetzung folgendermaßen zusammen: „Bei einem so feinen und fruchtbaren Denker, als welcher uns der Dichter der Upaniṣad in allen diesen Dingen entgegentritt, ist schwer zu begreifen die Vorliebe desselben für die personifizierende Auffassung des Göttlichen in der Weise der Volksreligion, wie diese, nachdem schon 2, 1–5 ein förmliches Gebet an Savitar um Erleuchtung aus dem Yajurveda eingeflochten war, namentlich in den Stücken 3, 1–6 und 4, 11–22 hervortritt, welche, unter einem Schwall vedischer Zitate, das Brahman als Īśa, Īśāna (persönlichen Gott) und speziell als Rudra (identisch mit Hara 1, 10) feiern, sei es infolge individueller Neigungen, sei es vermöge einer unwürdigen Akkommodation an herrschende Zeitströmungen." Dies Urteil ist völlig schief.

Die Upaniṣad ist eine große Urkunde des altindischen Theismus, die den Einen Gott *eka deva* in der Form des Rudra-Śiva zusammen mit einer weiblichen Urmacht verkündigt, die aber hier hinter ihm zurücktritt. Der Gott ist Allherrscher. Auch diese Urkunde hat zwar die indoarische Polarität zwischen dem personalen Element in der Gottheit und dem Überpersonalen nicht aufgegeben, aber das Personale steht bei ihr weit im Vordergrund. Der Eine Gott ist in der Upaniṣad der Schöpfer und Vernichter der Welt, der Urgrund, aus dem sie aufsteigt und in den sie in der Endzeit wieder hineingerissen wird. Auch hier, wie oben in Av X, 8, haben wir wieder die Lehre vom Kreislauf des Kosmos, das indoarische, ja indogermanische Urerlebnis vom Fluß alles Gestalteten. Das heraklitische πάντα ῥεῖ ist hier mit dem Gotterleben aufs innigste verknüpft. Der Gott ist das Bleibende in diesem Strom der Dinge. Er ist Werden und Vergehen, ohne daß er sich wandelt; aus seinem Urgrund tun sich Mutterschöße auf, die er alle beherrscht. Er ist Ursache, Beweger und Antreiber der Welt, der Alleinzige, der Allesmacher, Alleswisser, des Selbstes Ursprung, der Kenner der Zeiten, Schaffer, der die *guṇas,* Weltstoffenergien, trägt, der Allweise (VI, 16). Überall aber ist seine Polarität klar erfaßt. Die vedische Form dieser Polarität, der Güte und der Furchtbarkeit, des schaffenden Lebens und des vernichtenden Grimmes, ragt noch durch die Zitate aus den vedischen Schriften in die Upaniṣad herein, wenn auch im Vordergrund die Güte und helfende Macht, die Nähe und der segnende Beistand stehen. Eine andere Polarität, die der Immanenz und Transzendenz, ist in der Upaniṣad in wundervoller Klarheit erfaßt. Die Immanenz hat drei Aspekte. Der Eine Gott ist die Welt, von seinen Teilen ist sie durchdrungen. Dann ist er das schaffende Geheimnis der Welt, jenes unbegreiflich tiefe Leben, das ewig ist, wo alles wird und vergeht. Und endlich ist er die ewige Tiefe des Menschen, der Gott, der in ihm wohnt. Und diese Erkenntnis ist die höchste Schau, die von der Weltbedrückung erlöst. Dieser Immanenz gegenüber steht eine Transzendenz. Der Gott im Abgrund alles Seins, der deus absconditus, der nicht mehr mit den Worten wie Güte, Wille,

Tun und allem, was empirisch sich auswirkt, bedacht werden kann. Der Mensch aber, der in der Weisheit der Śvet.-Up. lebt, ist ein Beglückter, der überall, wo Welt ist und Leben, den Gott schaut, zugleich aber weiß, daß in diesem Werdenden und Vergehenden ein Unvergängliches west, in dem er selber lebt, das er im Tiefsten ist.

Doch muß hier noch darauf hingewiesen werden, daß die Stimmung selbst innerhalb der Upaniṣad sich wandelt. Mit Beziehung auf diese Stimmung, auf das Weltgefühl, können wir von der vedischen Zeit an eine ständig sich verstärkende Linie der Weltabkehr nachweisen. In Av X, 8 ist noch keine Spur von Weltmüdigkeit. Überall bricht die Freude am Kosmos und am Leben durch, obwohl schon dort die großen letzthinigen Erkenntnisse von dem Weltüberseienden im Keime da sind. Auch in der ältesten Schicht der Śvet.-Up. ist von einer Weltabkehr noch nicht viel zu merken, wenn auch die Sehnsucht nach deṃ *amṛtam,* nach der Unsterblichkeit, dem Todlosen, mächtig aufklingt. In den späteren Schichten aber tut sich eine gewisse Weltmüdigkeit, die in Buddha zu ihrem Höhepunkt gelangt ist, deutlich kund, und zwar, wie mir scheint, in dem so oft wiederholten Satze: *jñātvā devaṃ mucyate sarvapāśaih:* „Wenn man den Gott erkannt hat, wird man von allen Fesseln frei." Und der *puruṣa* im Bilde des Schwan wird schon empfunden als hin und her getrieben in dem großen *brahman-Rade,* in der Welt. Jedoch ist nicht zu verkennen, daß selbst in diesen späteren Schichten noch eine religiöse Welt- und Lebensbejahung vorhanden ist, die aus dem Bewußtsein fließt, daß die Welt von Gott durchdrungen sei.

Man hat häufig dafür, daß die Upaniṣad eine Weltverneinung lehre, das Wort *māyā* in Kapitel IV angeführt, das dort für die Schöpfung gebraucht wird. Jedoch ist es nicht richtig, wenn man *māyā* mit „Illusion" übersetzt. *māyā* ist eines der großen Worte der indischen Religionsphilosophie und die geläufige Übersetzung des Wortes „Illusion", „Täuschung" usw. ist irreführend. Das Wort wird im Ṛgveda von den großen Göttern, den *asuras,* zu denen Indra, Varuṇa und Rudra gehören, gebraucht. Sie heißen dort *māyin,* das heißt, „die *māyā* besitzen". Durch *māyā* legt Indra Ṛv III, 53, 8 um seine *tanu,* d. h. um seine innere Wesenheit herum *māyās.* Das sind die verschiedenen Erscheinungsformen des Gottes bei seinem Kommen zu den Menschen. Also *māyā* ist in diesem Fall Erscheinung, Verkörperung in irdischer Gegenwärtigkeit. Von Rudra wird Ṛv II, 33 gesagt, daß sich von ihm die Asuramacht nicht trenne; diese Asuramacht wird in III, 38, 7 von den *māyin,* d. i. den Göttern, angelegt, die so angetan im Stier, der zugleich Kuh ist, das *rūpam,* die ewige Gestaltwelt schaffen. *māyā* ist also hier göttliche Schöpferkraft. Man könnte es mit „zauberischer Weltbaukraft" wiedergeben. Das Wort leitet sich her aus einer Wurzel *mā,* wohl erweitert zu *mai,* die in indogermanische Zeit zurückführt. Ihre ursprüngliche Bedeutung ist „(mit den Armen) ausmessen". Daraus entwickelt sich dann „messend, ordnend schaffen, bauen". Eine andere Entwicklungslinie führt von hier zu der Bedeutung:

„mit den Armen hantieren, um Tricks hervorzubringen, magische Gebilde schaffend". Im Grunde haben diese beiden Bedeutungen in *māyā* immer mitgeschwungen. *māyā* ist einmal eine mehr reale, das andere Mal eine mehr illusionäre Erscheinung. In Śvet.-Up. IV, 9 ff. werden *māyā* und *prakṛti* ineinsgesetzt. *prakṛti* ist ein Wort, das in diesen Texten zum erstenmal auftaucht, und bedeutet „Schaffen, Schöpfung"; es wird dann zum großen, mütterlich-gebärenden Urprinzip der Welt. So ist jedenfalls *māyā* in den angeführten Texten der Upaniṣad zu verstehen als eine aus dem Gottwesen entsprungene Erscheinung. Die Welt hat sich, wie die *māyās* um die *tanū* des Indra aus dem Gottwesen als dessen Erscheinungsform ins Sichtbare gestaltet. An sich ist sie real. Verglichen mit dem Gott, der in allem Werden und Vergehen bleibt, ist sie nur Vorübergehendes, Vergängliches. Und der Nicht-Weise sieht durch diesen *māyā*-Schleier nicht mehr durch zum ewigen Gottwesen. Zu diesem aber muß er erwachen, wenn er ewige Wirklichkeit gewinnen will. Unsere Upaniṣad lehrt also nicht, wie eine Anzahl von früheren Forschern gemeint hat, einen Vedānta des Illusionismus. Sie steht der Welt viel positiver gegenüber, wobei wir wiederum nicht vergessen wollen, daß auch der Vedānta durchaus nicht so weltabgewandt ist, wie man im Westen gemeinhin glaubt [23]).

Nicht leicht ist das Verhältnis des Gottes zu *brahman* in den verschiedenen Teilen der Upaniṣad zu bestimmen. *brahman* bedeutet ja „das Erhabene, die heilige Macht", die im Weltsein verborgen west, dann auch diese Macht im Gebet und die Andacht selber [24]). Durchweg in der indoarischen Zeit ist *brahman* in irgendeinem Sinne letzte Wirklichkeit. Innerhalb des brahmanischen Systems ist die Neigung, in diesem unpersonalen *brahman* das Höchste und Letzte zu sehen, sehr stark. In unserer Upaniṣad dagegen tritt das personale Moment der letzten Wirklichkeit in dem *eka deva,* wie schon gesagt, in den Vordergrund, *brahman* wird ihm zunächst untergeordnet, so in III, 7, wo vom Gotte gesagt wird, daß er höher sei als *brahman.* Innerhalb dieser frühesten Schicht der Upaniṣad ist das durchaus begreiflich [25]). Ganz deutlich ist die Stelle V, 5 f., wo von dem Einen Gott, der als der Allwaltende die *guṇas* hin und her verteilt, gesagt wird, er sei *brahmayoni,* d. h. der Ursprung oder der Mutterschoß des *brahman.* Denselben Gedanken finden wir in Muṇḍaka-Upaniṣad III, 1, 3, wo der Schöpfer, der Herr, der *puruṣa,* ebenfalls *brahmayoni* genannt wird, so wie der Gott auch in Śvet. Up. VI, 16 der allmächtige und allwissende *ātmayoni,* das ist Ursprung des *ātman* genannt wird. Damit stellt sich natürlich unsere Upaniṣad in Widerspruch zu der herrschenden Auffassung im Brahmanismus. Ohne Zweifel stehen im Hintergrund theologisch-philosophische Auseinandersetzungen über *brahman* und *deva.* Den Höhepunkt erreichen diese Auseinandersetzungen in unserer Upaniṣad im I. Kapitel, wo der Gottgläubige seinen Gegnern die Frage vorlegt, was die Ursache des *brahman* denn sei und die Antwort gibt, der Mutterschoß aller Dinge sei der *puruṣa,* das ist der ewige Gott selber. Im IV. Kapitel der Upaniṣad aber haben wir den Versuch, die beiden, *brahman* und *deva,* miteinander ineinszusetzen. Denn dort wird in Vers 2 vom Gott geheimnisvoll als von einem *tad* „das" geredet, indem ein Zitat aus der vedischen Zeit auf ihn angewendet wird. Gleich aber wird dann in Vers 3 fortgefahren: „Du bist Weib und du bist Mann usw." Der Eine Gott, das personale Selbst der Welt ist *brahman,* aber *brahman* wird hier sozusagen als Prädikat des Gottes angesprochen wie Sonne, Mond und Feuer als kosmische Prinzipien Prädikate dieses Einen Gottes sind. Dieses *brahman,* das dem *jyeṣṭha* oder *parama brahman* der Vrātya-Lieder gleichzusetzen ist, ist Grundlage des kosmischen Werdens, *akṣara,* das ist die unvergängliche Urnatur, der gebärende Muttergrund der Welt und aller Lebewesen. Es ist eine Erscheinungsform des weltwerdenden *puruṣa* [26]). In diesen Muttergrund gehen die durch die Erkenntnis des Gottes und des wahren Wesens der Welt Befreiten nach I, 7 und VI, 10 wieder ein. Die Weisen, die das Innerste des Weltenrades, nämlich den in ihm wesenden Gott erkennen, ihm sich ganz ergebend, versinken von den Geburten erlöst in *brahman.* Wie eine Spinne hat der Gott in VI, 10 die Welt aus sich entlassen und sich in sie eingehüllt. Und er wird angerufen: „Dieser gebe uns Eingang in das *brahman.*" Es ist nicht unmöglich, daß wir hier auch den Versuch haben, durch brahmanische Überarbeitung die Upaniṣad diesem Kreise annehmbar zu machen, denn man sollte doch als letztes Ziel überall in der Upaniṣad den Eingang in den Gott erwarten, wie auch in der Bhagavadgītā.

Übersetzung in Auswahl *)

Eingang

Om!

„Fülle ist Jenes. Fülle ist Dieses. Aus Fülle wird Fülle geschöpft. Wenn Fülle von Fülle genommen, bleibt immer noch Fülle als Rest [1]."

„Heil (sei diese Verkündigung) den Ohren! ... Möge (er) uns beiden zusammen helfen! So (bitten wir). Friede [2]!"

Kapitel I

Die Frage nach dem letzten Grund des Seins

1. [3] „Was ist die Ursache des *brahman* [4] ? Woher (warum) sind wir geworden? Wer ist unseres Lebens Antrieb, und wo ist unseres Da-

*) Vgl. die Ausführungen am Schluß der Anmerkungen über die Śvet.-Up.

[1] Dieser Eingang findet sich auch in der Īśa-Upaniṣad. Er erklärt sich aus Av X, 8, 29 (siehe oben S. 59).

[2] Die zwei, die miteinander beten, sind der Lehrer und der Schüler. Der Angerufene ist Savitar, der Gott des Studiums, an den der Weisheitsbeflissene jeden Morgen sein Gebet richtet.

[3] Der Satz im Eingang: *brahmavādino vadanti* ist ein späterer konventioneller Zusatz, wie der Vokativ am Ende von Vers 1 zeigt. Denn wenn die *brahman*-Wisser angeredet sind, so werden nicht auch die *brahman*-Verkünder die Frager sein.

[4] Mit dem mächtigen Akkord einer für *brahman*-Theologen geradezu lästerlichen Frage setzt die Upaniṣad ein, nämlich mit der Frage nach der Ur-

seins Stützpunkt? Wer waltet über uns, die wir im Wirbel von Lust und Leid uns drehen, jeder in seiner Sonderart, ihr *brahman*-Wisser [5]?"

2. „Ist Zeit, Natur, Notwendigkeit, der Zufall, sind die Elemente der Ursprung? ‚Der *puruṣa* ist (als Ursprung) zu denken' [6]. Nicht aber ist die Verbindung dieser (der vorhin genannten weltbildenden und weltbestimmenden Mächte mit dem *puruṣa*) verursacht durch des Selbstes Seinsart (wie manche glauben) [7]. Denn auch das Selbst ist nicht mächtig der Ursache von Lust und Leid."

3. „Die des Versenkungsyoga [8] pflogen, erschauten die Selbstkraft des Gottes, von seinen eigenen *guṇas* [9] umhüllt, der ob allen jenen Ursachen von Zeit bis *ātman* als der Eine waltet [10]."

sache von *brahman.* Man bedenke: Die Frage ist an die *brahmavid* gerichtet, d. h. an die Theologen, die sich rühmen, die letzte Wirklichkeit in *brahman* entdeckt zu haben. Der Frager hat, wie der nächste Vers zeigt, eine andere Antwort bereit. – *brahman* lasse ich unübersetzt. Die Wurzel *bṛh* heißt: „Groß, mächtig, hehr sein." Man könnte es etwa mit „Das Ewig-Mächtige" oder „Das Machtgeheimnis", „Das Urmächtige" übersetzen; aber keine dieser Übersetzungen trifft ganz den numinosen Charakter des Wortes.

[5] Die *brahman*-Wisser *(brahmavid)* sind die brahmanischen Theologen, denen hier von einem Ketzer die schwere Frage entgegengehalten wird, ob ihr Absolutes als letzter Urgrund gelten dürfe. Doch kann *brahmavid* auch den „Wissenden um letzte Dinge" überhaupt bedeuten.

[6] Über den *puruṣa* vgl. oben S. 64 ff. bez. S. 74 ff.

[7] Dieser Satz muß zusammengenommen werden mit dem letzten Teil von Vers 3, wo der Seher die Selbstkraft des Gottes *devātmaśakti* (eines der recht merkwürdigen, neugebildeten Sonderworte unserer Upaniṣad) als Ursache der „Verbindung" schaut, im Gegensatz zu denen, die das Wesen des *ātman* als die Weltursache betrachten (etwa weil er sich, durch Nichtwissen verblendet, in das Weltnetz verstrickt). Der Satz erklärt sich ferner aus Versen wie V, 12; VI, 3. 5 u. a., wo der eine Gott die „Verbindung" schafft oder eingeht, das heißt die Verknüpfung seiner selbst durch die Einzelseele mit der sich entfaltenden Welt.

[8] *dhyānayoga.* Offenbar wurde schon frühe ein Unterschied gemacht zwischen den niederen und höheren Formen des Yoga. Der *dhyānayoga,* im Unterschied vom *sāṃkhyayoga,* ist der meditative Weg, bei dem der Mensch sich ganz öffnet für den Andrang des Tiefstwirklichen und Ewigwirklichen. Hier kommt es letztlich nicht mehr auf das an, was der Mensch mit seiner Innenforschung erreicht, sondern darauf, daß die Wirklichkeit, die an sich ist und ewig ist, sich ihm als einem im Kernwesen Wesensverwandten zeigen und einen will. Über *dhyāna* „Versenkung", vgl. unten den III. Hauptabschnitt 2. Kapitel.

[9] *svaguṇaiḥ.* Die Grundbedeutung von *guṇa* ist „Faden". Die alten vedischen Dichter haben die Welt vielfach mit einem Gewebe verglichen. So bekommt das Wort im Laufe der Entwicklung die Bedeutung „die Welt konstituierende Kraftsubstanz" (vgl. oben S. 63). Es gibt deren drei: *sattva* „die helle Lichtsubstanz", *rajas* „die rotglühende Substanz der leidenschaftlichen Bewegung", *tamas* „die dunkle Substanz der Schwere", vgl. dazu IV, 5. Die Urkraft *(prakṛti, pradhāna)* baut sich aus den drei *guṇas* auf. Eine einheitliche Übersetzung des Wortes ist darum schwer, weil die *guṇas* nicht passive Substanzen, sondern aktive Kraftsubstanzen sind. Und da je nach dem Überwiegen des einen oder anderen *guṇa* in der Welt oder im Menschen die Art und Qualität sich ändert, kommt dem Wort *guṇa* auch die Bedeutung „be-

Der Eine Gott als treibende Macht im Weltgefüge

4. „In Ihn vertiefen wir uns als in (das Rad) mit dem Einen Radkranz, das Dreifaltige, mit sechzehn Felgen, mit einem Halbhundert Speichen und mit zwanzig Nebenspeichen [11]. In Ihn, der mit sechs Achtheiten in allen Gestalten die eine Schlinge auswirft, der auf drei getrennten Pfaden einherschreitet und durch zwei Ursachen die eine Verblendung schafft [12]."

Der Eine Gott im Strom der Welt

5. „(Wir versenken uns in ihn) als die im Fünfstrom sich Ergießende, in fünf Geburten furchtbar Kreißende, in Fünf-Lebenshauch Wogende, des Fünf-Bewußtseins Urgrund. Die im Fünf-Wirbel sich Drehende, die in der Fünf-Leid-Stromschnelle Tosende, die fünfzigfach sich Teilende, in fünf Abschnitten hin sich Wälzende [13]."

stimmende Eigenschaft" zu. Die beste Verdeutschung wäre „Weltstoffenergie", weil sie den Inhalt des Wortes am ehesten vermittelt, wobei nicht zu vergessen ist, daß jenes Denken die geistig-seelischen und materiellen Qualitäten, die wir zu trennen gewohnt sind, ineins faßt. Ich habe mich, wie in der Anmerkung zur Übersetzung gesagt, wieder entschlossen, einfach das Sanskritwort zu lassen. In unserer Upaniṣad sind die *guṇas* durchaus noch dem Gotte eigen *(svaguṇa!)*, das heißt aus ihm entsprungen und von ihm abhängig. In diese seine eigenen *guṇas* hüllt sich der ewige Gott ein, der in der Schöpfung und im Selbste sich manifestiert, wie sich der *puruṣa-ātman* nach Av X, 8, 43. 44 in die *guṇas* einhüllt. Im klassischen Sāṃkhya wurde *puruṣa* von *prakṛti* absolut getrennt. Dies ist aber eine späte, rationalisierende Auflösung der widerspruchsvollen Einheit von Gott und Welt. Unsere Upaniṣad hält die Polarität fest. Hier ist Gott noch alles in allem. Für das spätere Sāṃkhya vgl. R. Garbe Sāṃkhya-Philosophie², Leipzig 1917.

[10] Diese Sätze sind entscheidend für die ganze Upaniṣad: Über dem *ātman* steht der Eine Gott, der ihn, das empirische Selbst, in dem des Gottes Kraft (nämlich der *puruṣa*) verborgen ist, in die Welt einführt und ihn darum auch wieder erlösen kann.

[11] Wir haben hier eines der wichtigen Meditationsmotive. Vgl. dazu Av X, 8, 7 und oben S. 64 ff. Die Zahlenvergleiche hier sind die im Sāṃkhya gebräuchlichen. Im Yoga-Sāṃkhya wurde schon sehr frühe die mannigfaltige Erscheinungswelt und die Komplexität des Menschen durch Zahlenverhältnisse zu meistern versucht; (*sāmkhya* bedeutet ja auch später „das System, das mit Zahlen umgeht"). Das Dreifaltige sind die drei *guṇas*, die sechzehn Felgen nach dem Kommentar die fünf Elemente und die elf Sinne usw. Einzelheiten zur Stelle siehe bei Hauschild und bei Garbe „Sāṃkhya". Es ist wohl keine Frage, daß das Rad hier ein Mittel der Betrachtung des Gottes ist. Ursprünglich war es das Weltenrad; hier ist es Symbol für das bewegte Leben der Welt und für ihren Bau überhaupt, und für die Innenwelt.

[12] Die Schlinge ist *kāma* „das Verlangen nach Genuß und nach Dasein". Sie führt zu „Weltverblendung" in die der Gott alle Wesen bindet durch zwei Ursachen, nämlich durch die guten und die bösen Werke usw. Die Weltverblendung besteht darin, daß der Mensch nicht mehr durch die Welt hindurch den Gott sieht.

[13] Die Adjektive sind alle fem. gen., da sie sich auf die Urmaterie als die Erscheinungsform des Einen Gottes in der Welt beziehen. Die Einzelheiten sind schwer zu deuten; doch ist klar, daß die fünf Elemente gemeint sind, die in mannigfachen Erscheinungsweisen und Formen sich im Weltsein offenbaren.

Die Seele in der Heimatlosigkeit der Welt und ihr Heimgang

6. „In diesem, allen Wesen Leben gebenden und zum All sich formenden gewalt'gen *brahman*-Rade wird ein Schwan umhergetrieben, weil er das Selbst und den Beweger für getrennt hält. Doch – heimgesucht von Ihm geht ein er zur Unsterblichkeit [14]."

7. „Dies (Weltenrad) wird aber besungen als das höchste *brahman*. Die Dreiheit ist in ihm; und die gute Stütze ist das Unvergängliche. In ihm den Anderen erkennend gehn ein in das *brahman* die *brahman*-Wisser, ganz Ihm hingegeben, von der Geburt erlöst [15]."

8. „Dies Zusammengejochte [16], Vergängliches, Entfaltetes und Unentfaltetes, das All trägt er, der Herr. In Ohn-Macht aber ist das Selbst gebunden, weil es Genießer ist. Wenn es den Gott erkannt, wird es erlöst von allen Banden."

Das dreifaltige Geheimnis

9. „Zwei sind da, Ungeborene, wissend der eine, unwissend der andere, Herr der eine, Nicht-Herr der andere [17]. Es gibt ja eine Ungeborene (Ziege), die mit Genießer und Genußobjekt verjocht ist [18]. Und das Ewige Selbst, das allgestaltige, ist ja Nicht-Täter. Wenn einer diese Dreiheit findet, ist dies das heilige Wissen [19]."

[14] „Der Schwan" ist der in die Welt gebundene Mensch; der Heimsucher ist Gott. Solange der Mensch die Identität mit Gott noch nicht erkannt hat, ist er nicht frei.

[15] In unserer Upaniṣad ist *brahman* eine bestimmte Seinsform des Gottes, sozusagen seine erste Manifestation, mittels deren er aus dem „ganz Anderen" heraustritt. Dieses ist die „gute Stütze, das „Unvergängliche". Die Dreiheit ist der Puruṣa = der ewige Gott als Beweger der Welt, das Unvergängliche = *brahman*, das sich zur vergänglichen Welt auswächst oder entrollt, um einen Gegenstand zum Erleben der Welt = *bhogya* für den Dritten, den Erleber, *bhoktar* den *jīvātman*, d. h. den in der Welt als Mensch lebenden *puruṣa*, zu schaffen.

[16] *saṃyukta* ist das aus der Verbindung Gottes mit dem Dasein Entstandene, die Welt in ihrer Gegensätzlichkeit von Ewigem und Vergänglichem, die aber von dem Einen Gott umspannt wird.

[17] Der eine Ungeborene ist der Gott, der nie in den Irrtum der Welt verstrickt wird, denn er tut kein Werk, untersteht darum nicht dem Gesetz des *karman*, obwohl er Träger aller Weltgestaltungen ist. Der andere Ungeborene ist das durch Genuß in das Weltgetriebe gebannte ewige Selbst.

[18] *ajā* kann die Ungeborene oder die Ziege heißen. Dies ist die Urmaterie im mythologischen Bild der Urziege, welcher sich der Urbock (*aja*, der Ungeborene) zur Weltzeugung zugesellt (vgl. dazu IV, 5). Weil sie dem Menschen, dem Genießer, die Genußobjekte darbietet, bindet sie ihn in die *avidyā*, den Grundirrtum, aber gerade durch diese Bindung erkennt er sich als ewig. Allein das Welt-Essen führt zur erlösenden Erkenntnis.

[19] Vgl. zu *akartar* III, 20. Das Wissen um diese Dreiheit: Gott, Welt, Seele und um ihre Beziehung zueinander, das zur Erlösung führt, heißt hier wie in Vers 12 *brahmam*, das „brahmanische Wissen" im wahren Sinn. Siehe Anmerkung *) am Schluß des Abschnittes.

10. „Das Vergängliche ist Urmaterie [20]. Das Unsterblich-Unvergängliche ist der Entraffer. Über das Vergängliche und das Selbst herrscht als der Eine Gott Er [21]. Durch Versenkung in Ihn, durch Vereinigung mit Ihm und durch die Wesens-Einheit mit Ihm [22] erlangt man, zu dem Ziel in Stufen steigend, das Wegrollen der Allverblendung [23]."

11. „Wer Gott erkennt, (erlangt) Vernichtung aller Fesseln. Wo die Bedrängnisse [24] geschwunden sind, da ist Geburt und Tod behoben. Durch Versenkung in Ihn (gewinnt) bei der Trennung vom Körper er ein Drittes: die All-Herrschaft [25], als Heiler [26], des Liebessehnsucht sich erfüllt hat."

Einheit von Gott, Seele, Welt

12. „Diese (All-Herrschaft) muß man erkennen als ewig im Selbste verborgen. Nichts Höheres kann man ja ergründen. Wenn der ‚Genießer' die ‚Genußwelt' und den ‚Antreiber' erkannt hat, dann ist alles gesagt. Dies ist das dreifaltige heilige Wissen [27]."

[20] *pradhāna* ist die Weltstoffgrundlage des Seins. Im späteren Sāṃkhya ist sie ewig wirksam; vgl. R. Garbe, Sāṃkhya-Philosophie 260 ff. Das Vergängliche ist die werdende und ent-werdende Welt, die aus der Urmaterie hervorgeht. Dem gegenüber steht das *akṣara,* das dem *pradhāna* in seiner noch unentfalteten Form gleichzusetzen ist. Dies ist ewig (*amṛta,* todlos) und ist der Gott in seiner stoffwesenden Form.

[21] *hara* „der Entraffer"; Rudra-Śiva ist gemeint, weil er die Welten, die er geschaffen, wieder verschlingt. Er ist im Vergang und Wiederaufstieg der Welt das Ewig Bleibende.

[22] Zu *tattvabhāva* vgl. Kāṭh.-Up. VI, 13 und oben S. 96 ff. Vgl. dazu noch unsere Upaniṣad II, 14 f.

[23] *viśvamāyā* ist das All als Erscheinung, in die der Mensch gebannt, das Wesentliche nicht erkennen kann. Auf den drei Stufen der Versenkung, der Vereinigung, des Einsseins, rollt dieser Daseinsbann von ihm weg.

[24] *kleśa* „Qualen", „Bedrängnisse", wie Begierde, Zorn, Genußsucht usw. sind die Grundübel, die die Seele in dem Kreislauf der Geburten festhalten. Vgl. dazu H. Jacobi, Über das ursprüngliche Yogasystem, Berlin 1929, 15 ff. und unten die Übersetzung des Yogasūtra.

[25] *viśvaiśvarya* ist der Charakter des alles beherrschenden Herrn, dem der Erlöste wesengleich wird.

[26] *kevala* „ganz, heil geworden, von allen Hemmungen frei", der Ausdruck, der dann vornehmlich im Sāṃkhya-Yoga für den Erlösten gebraucht wird; vgl. oben S. 108 und unten III. Hauptabschnitt, 2. Kap. 2.

[27] Dieser Halbvers hat allen Übersetzern Schwierigkeiten bereitet (auch Schrader hat dessen Konstruktion in seiner Übersetzung nicht erkannt); man hat sich deshalb mit einer „Verbesserung" helfen wollen (*bhoktāram* statt *bhoktā*). Dies ist typisch für die Art, wie man mit diesem Upaniṣad-Text umgegangen ist, statt mühevoll in sein Eigenwesen einzudringen. Der Sinn wird, wenn man den Gesamtsinn der Up. im Auge behält, klar: „Der Mensch, der in der Welt lebt und sie ‚ißt', soll durch sie hindurchdringen und erkennen, daß die Welt als Gegenstand seines Lebens und Wirkens einen ewigen, nicht einfach mit ihr identischen Grund hat, eben den ‚Antreiber', Gott als die ewige, schaffende Wirklichkeit. Dann erfaßt er die drei großen Realitäten: Er sich als Subjekt, die werdende und entwerdende Welt und den Ewigen, mit dem er im Tiefsten eins ist." Dies ist der einfache, aber gewaltige Inhalt des dadurch dreifach gegliederten heiligen Wissens (vgl. Vers 9).

13. „Wie die Erscheinungsform des Feuers, wenn es in seinen Mutterschoß (das Reibholz) zurückgegangen, nicht sichtbar ist und doch seine Wesenskraft nicht aufhört, vielmehr aus dem Holz-Mutterschoß wieder hervorgeholt werden kann [28] – so auch das Beiderseitige [29] im Körper durch den heiligen Laut *om* [30]."
14. „Den eignen Leib zum unteren, *om* zum oberen Reibholz machend, mag man durch der Versenkung Quirlübung den Gott erschauen, wie ein Verborgenes [31]."

Kapitel II

Kap. II beschreibt Wesen und Wirkung des Yoga; ich übersetze es im Auszug.

Savitar, der „Beweger", wird als Schutzherr des Yoga angerufen

1. „Anjochend die Denkkraft in der Urzeit, ausspreitend die Gedanken hat der ‚Beweger' des Feuers Glanz erschaut und es vom Schoß der Erde hergebracht [32]."
2. „Mit angejochter Denkkraft sind wir in der Bewegung des Gottes ‚Beweger', mit Kraft begabt zum Himmelslicht zu gehen [33]."
7. „Und möge der ‚Beweger' *(savitar)* durch Bewegung sich an dem uralten *brahman* ergötzen. Dort nimm deinen ‚Werdesitz'. Nicht hat er dein recht Erfülltes verworfen [34]."

[28] Das Feuerquirlen, bei dem in einem weichen auf dem Boden aufgestellten Holz ein harter Quirlstock gedrillt wird, soll den Prozeß der Entdeckung des im Menschen verborgenen ewigen Wesens durch den Yoga veranschaulichen. Wie der Funken aus dem Holz leuchtet der *puruṣa* im Herzen auf.

[29] *ubhayam* ist das innerste Wesen des Menschen, das zwar in der Welt individuelles Selbst aber doch mit dem Einen Gotte wesenseins ist; darum „beiderseitig".

[30] *praṇava,* das meditative „Summen" der Silbe Om, ebenso diese Silbe selbst ist Symbol der Versenkung in den Gott.

[31] Dieser Vers im Zusammenhang mit den vorausgehenden kennzeichnet die Bedeutung der Versenkungspraxis: Sie ist nicht selbst Weg zur Erlösung, nur Hilfsmittel zur Gottschau, welche die Gotteserkenntnis bekräftigt und bestätigt. Gotteserkenntnis allein, so wird immer und immer wieder in unserer Upaniṣad gesagt, ist der Weg zur Erlösung.

[32] Der Vers geht in altvedische Zeit zurück und findet sich auch in verschiedenen vedischen Saṃhitā. Vgl. dazu oben Kap. 1.

[33] Durch die Nennung des Yoga, den der Gott in der Urzeit geübt hat, wird auch für den Gläubigen die Wirkungskraft des Yoga gewährleistet. Der Yoga-Übende wird selbst von *savitar*-Kraft erfüllt, wird ein *savitar* (vgl. oben Av X, 8, 5).

[34] Dieser Vers ist schwierig zu verstehen. Sicher ist aus dem Zusammenhang, daß er mit der Versenkung zu tun hat. Schon in Vers 1 tritt Savitar als der Yogin der Urzeit auf. Das „uralte *brahman*" ist das Śatarudriyam (dazu Anmerkung *). Savitar wird durch die Murmelmeditation erfreut. Dieser Ausgangspunkt der Versenkung ist zugleich der Geburtsort *(yoni)* der erlösenden Erkenntnis. Ich habe dies mit „Werdesitz" wiederzugeben versucht. Savitar, der Betreuer des Wahrheitsuchers, wird, wenn dieser alles treu erfüllt, seine Bemühungen nicht umsonst sein lassen.

Anweisung zu den Yoga-Übungen

8. „Den Leib dreifach straff aufgerichtet, gerade haltend [35], die Sinne mit der Denkkraft einsammelnd im Herzen [36] mag der Weise mit dem *brahman*-Nachen alle Fluten überqueren, die Furcht einjagenden [37]."

9. „Dann presse er die Hauche hinaus und hemme streng (jede) Bewegung. Geht ihm der Atem aus, so atme er wieder durch die Nase ein [38]. Wie jenen schlecht bespannten Wagen zügle der Weise seine Denkkraft wohl bedachtsam [39]."

10. „An einem ebenen, reinen, von Geröll, von Hitze und von Sand freien, durch Töne, Teich und anderes dem Gemüte angenehmen Orte, der nicht das Auge quält und durch eine Höhle vorm Winde Schutz gewährt, übe man Versenkung [40]."

Die erlösende Schau, Samādhi

14. „Wie eine Kugel von glänzendem Metall, die mit Lehm bedeckt war, wohl gereinigt wieder in Glanz erstrahlt, so wird der leibgewordene (Geist) der Eine [41], der sein Ziel erreicht hat, frei von Leid, sobald des Selbstes Dasheit [42] *(ātmatattva)* er erschaut."

[35] Nach dem Kommentar sollen Brust, Hals, Kopf emporgereckt sein. Vgl. dazu Bhagavadgītā VI, 13. Im klassischen Yoga ist dies *āsana* „Sitzart".

[36] Die Einziehung der Sinne weg von den Gegenständen der äußeren Wahrnehmung wird im klassischen Yoga *pratyāhāra* genannt.

[37] Das Bild vom Überqueren der Fluten (des *saṃsāra*) im Nachen der Meditation oder des Wissens wird auch im Buddhismus häufig gebraucht.

[38] Diese Übung heißt *prāṇāyāma* „Atemzügelung" und zerlegt sich in *recaka* „Ausstoßen des Atems", *pūraka* „Anfüllung" und *kumbhaka* „Festhalten".

[39] Die Zügelung des *manas,* die oft mit der Zügelung eines von wilden Pferden bespannten Wagens verglichen wird (vgl. dazu Kāṭhaka-Up. III, 4) heißt im späteren Yoga *dhāraṇā* „die Festlegung". Es ist die Konzentration der Denkkraft auf einen Gedanken, etwa den Gottes.

[40] Ganz ähnlich im Buddhismus. Vgl. dazu Fr. Heiler, „Die buddhistische Versenkung" 2, 12. Das *prayuj* „anjochen" im Texte entspricht dem *dhyāna.*

[41] *eka* „der Eine", nicht mehr einer von den Vielen, die in das Weltleid verstrickt sind, der Unbedingte, befreit von der Vielheit der Bedingungen.

[42] Das Wort, das ich mit „Dasheit" wiederzugeben suche, heißt in Sanskrit *tattva,* zusammengesetzt aus *tad* „das" und *tva.* Später hat das Wort die Bedeutung „wahres Wesen". Seine Entstehung und Bedeutungsentwicklung muß aus einer doppelten Bedeutung von *tad* her verstanden werden. *tad* ist „das" im Sinne von diesem und jenem, als dem gestalteten Sosein. Aber schon in vedischer Zeit hat es die Bedeutung „Jenes letzte, innerste Wesen". Daraus entspringt die Doppelbedeutung „das Sosein in seinem eigentlichen Wesen, die wahre Natur eines Wesens, seine innere Potentialität, aus dem das Empirische zum Dasein entspringt, und das innerste Wesen des Weltseins überhaupt". Es ist die Potentialität der Welt, die ontisch-dynamische Vorbedingung des Werdens. Das Wort ist eine Neubildung der Weisen, welche die Śvet.-Up. geschaffen haben, ebenso natürlich die Bildungen *ātmatattva, brahmatattva.* Der Sinn der Verse ist der: Wer das eigentliche Wesen des *ātman,* den *ātman* als Selbst-an-sich, und dann mit dieser Erkenntnis das innerste Wesen des *brahman,* das

15. „Wenn aber einer durch des Selbstes Dasheit als mit einem Lichte des *brahman* Dasheit *(brahmatattva)* schaut, drein sich versenkend, wird er, den Ungeborenen, Unerschütterlichen, von jeder Dasheit freien Gott erkennend, erlöst von allen Fesseln [43]."

Schlußpreis des Gottes, der in die Welt einging

16. „Dieser Gott durchdringt ja alle Räume. Vor uralters geboren, weilt er doch im Mutterleibe. Geboren wurde er und wird geboren werden. Den Menschen abgewendet steht er, der nach allen Seiten hin Gesicht geworden [44]."
17. „Dem Gotte, der im Feuer, in den Wassern, dem, der der ganzen Schöpfung innewohnt, der in den Kräutern, in den Bäumen, Ihm sei Verehrung dargebracht, Verehrung [45].'

Kapitel III *)

Rudra ist der Eine Gott

1. „Der als der Eine Netzbesitzer [46] mit Herrscherkräften herrscht; die Welten all beherrscht mit Herrscherkräften. Der als der Eine nur bei der Entstehung und beim Bestand der Welt zugegen –, die solches wissen, sind unsterblich."
2. „Der Eine ist ja Rudra, zu keinem Zweiten stehen (die Weisen), – der diese Welten all beherrscht mit Herrscherkräften. Den Menschen abgewendet hat er sich zur Endzeit zusammengerollt, indem er alle Welten wieder in sich hineinzog, als der Hüter [47]."

„Ding-an-sich", den ewigen Grund der Erscheinungswelt schaut, wird dann auch den Transzendenten erkennen, den absoluten Gott, nicht nur den Immanenten, in der Welt Erscheinenden. Wir haben hier eine auffallende Analogie zu der hinter Kants kritischer Philosophie stehenden Metaphysik.

[43] Siehe vorige Anmerkung.

[44] Auch dieser Vers stammt aus der altvedischen Tradition und findet sich in verschiedenen altvedischen Schriften, vgl. besonders oben Av X, 8. Dieser Gott hat seit uralters in verschiedenen Göttergestalten in der Welt, im Menschen sichtbare Existenz gewonnen und wird so ohne Aufhören immer wieder in die Welt geboren. In allem Dasein offenbart er sich. Aber er hat, obwohl sein Angesicht überall sich offenbart, doch auch eine den Menschen abgewandte, verborgene Seinsart; vgl. III, 2.

[45] Lesarten dieses Verses finden sich in Atharvaveda VII, 87, 1 und in verschiedenen vedischen Saṃhitās. Dort ist überall der Name des Gottes genannt, nämlich Rudra, während unser Text dafür *deva* „Gott" einsetzt. Dies hat seinen besonderen Grund. Bis jetzt hat unsere Upaniṣad den Eigennamen des Einen Gottes streng verschwiegen, um die fragende Aufmerksamkeit des Schülers aufs höchste zu spannen: „Wer mag dieser Eine Gott wohl sein?" Erst in Kap. III folgt die Enthüllung.

[46] *jālavān* „Netzbesitzer", erklärt der Kommentar als *māyāvin* (vgl. dazu IV, 9 f.), der die „Weltverblendung" schafft. Wahrscheinlich ist aber etwas anderes gemeint. Rudra ist in den vedischen Schriften auch ein wilder Jäger, der auf Fang ausgeht. Er fängt die Wesen, die er einst geschaffen, zur Endzeit wieder ein in seinem Netze und bringt so die Schöpfung zu Ende. Vgl. dazu V, 3.

[47] Nach alter Kunde hat Rudra-Śiva die Welten wiederholt vernichtet und

Der Eine Gott als Schöpfungsoffenbarung

3. [48] „Nach allen Seiten Auge, Gesicht nach allen Seiten, nach allen Seiten Arm und Fuß. Mit seinen beiden Armen, seinen Schwingen schweißt Erd und Himmel schaffend er zusammen, der Eine Gott [49]."
4. „Der der Götter Ursprung und Hervorgang, der Allgebieter, Rudra, der ‚große Seher'. Er schuf den Goldkeim [50] in der Urzeit. Er binde uns an feine Einsicht."

Gebet um Rudras Gnade

5. „Deine Erscheinungsform, o Rudra, die gütig [51], die nicht Furchtbares, nicht Übel ausstrahlt – mit dieser heilsamsten Form blicke gnädig auf uns nieder, o du Bergbewohner."
6. „Den Pfeil, den du, o Bergbewohner, in deiner Hand trägst, schußbereit, den, ‚Berg-Beschützer', mache gütig, o schädige nicht Mensch noch Tier!"

Rudra, der über alles erhabene, alles umfassende Gott

7. „Die ihn, den Großen, erkennen, der höher noch als Jenes [52] als das *brahman,* den Herren, der in jedem Körper, in allen Wesen geheim sich birgt, des ganzen Weltalls Einen Umfasser, die sind unsterblich."

wiedergeschaffen (vgl. Av X, 8 u. Śvet. Up. V, 3). Als die Urschlange rollt er sich zur Weltnacht zusammen und bewahrt die Welt in sich zu neuer Entrollung.

[48] Die Verse 3, 5, 6 (wahrscheinlich auch Vers 4) sind altvedische Zitate.

[49] Dieser Vers steht in dem Lied auf den Allschöpfer (Viśvakarman Ṛgveda X, 81). Das Bild ist vom Schmied genommen, der mit einem Schwanenflügel das Feuer entfacht und das geglühte Eisen zusammenschweißt.

[50] *hiraṇyagarbha* ist in der brahmanischen Theologie die schöpferische Urkraft. Vgl. dazu Deußen, Allgemeine Geschichte der Philosophie I, 1, 129 ff. Rudra ist hier Schöpfer dieses Urprinzips, während er in Kap. IV, das ein Versuch ist, zwischen den brahmanischen und den in unserer Upaniṣad vertretenen ketzerischen Ansichten zu vermitteln, es nur „entstehen sieht", IV, 12; vgl. dazu Av XV, 1 u. oben S. 49; die beiden Verse III, 4 und IV, 12 stimmen, abgesehen von dieser charakteristischen Änderung, wörtlich überein!

[51] Dieser und der nächste Vers sind Zitate aus dem Śatarudriyam. *tanū śivā. tanū* „Körper" ist die gestalthafte Manifestation des Gottes, eine Erscheinung, in der bestimmte Seiten seines Wesens wirkungsmächtig sich verkörpern. Die Wesenspolarität des Gottes Rudra ist schon oben betont worden: er erscheint furchtbar, grauenerregend, strafend und vernichtend und ist doch gütig *(śiva).* Dieses Beiwort wird schon in unserer Upaniṣad sein Eigenname, der später den Namen Rudra völlig verdrängt hat. Rudra lebt zwar neben Śiva in der epischen Epoche weiter, aber er ist meist nicht mehr als die mythologische Schattengestalt des einstigen Hochgottes.

[52] *tataḥ param, brahmaparam* sind Zusammensetzungen, die grammatisch auf den Einen persönlichen Gott bezogen werden müssen, wie der Akkus. masc. *bṛhantam* zeigt. Sie sind bis jetzt von allen Übersetzern falsch bezogen worden. Vgl. Anm. *) am Schluß dieses Abschnittes.

8. „Ich [53] kenne jenen *puruṣa,* den Großen, den sonnenleuchtenden, jenseits der Finsternis. Wer ihn erschaut, der schreitet über den Tod hinaus. Es wird kein anderer Pfad gefunden (dorthin) zu gehen."

9. „Nichts ist höher als er, nichts ist geringer, nichts ist feiner als er und nichts größer. Wie ein Baum steht er im Himmel eingewurzelt; das All ist von dem *puruṣa* erfüllt [54]."

10. „Was höher noch als dieses All ist, das Ohngestalte, von keinem Fehl Bedrückte –, die dieses wissen sind unsterblich. Die andern aber gehen wieder ein zum Leid [55]."

Die Wesenspolarität des Gottes

11. „All-Antlitz ist er, All-Haupt, All-Hals. In aller Wesen Herzenshöhle wohnt er, das All durchdringend, der Erhabene [56], drum ist er der Allgegenwärtige, Gütige *(śiva)* [57]."

12. „Der große Fürst ist *puruṣa,* des lichten Seins Urheber [58]. Er waltet jener (Kraft der) All-Erreichung [59] ganz fleckenlos, der Licht ist, der der Unvergängliche."

13. „Daumengroß der *puruṣa,* das innere Selbst, wohnt immer in der Menschen Herzen. Mit dem Herzen, dem Gemüt, der Denkkraft wird er bildhaft erfaßt [60]. Die solches wissen, sind unsterblich."

. . . .

[53] Der Lehrer redet, der die Schüler in die Heilslehre einweiht, weil er selbst der Erfahrung des Gottes teilhaftig geworden ist.

[54] Der in die Welt sich offenbarende Gott wird schon in altvedischer (schon in indogermanischer) Zeit als Baum betrachtet (vgl. dazu Hauer Urkunden und Gestalten S. 365 ff.). Seit der Coelarisierung der Mythologie, die alle Urkräfte in den Himmel verlegte, wurzelt dieser Weltenbaum (der sicher zunächst aus der Erde emporwuchs) im Himmel, wächst also von oben nach unten. Vgl. dazu Kāṭh.-Up. VI, 1 und zum Weltenbaum L. v. Schroeder, „Die Weltesche", Bayreuther Blätter 1916; ders., Lebensbaum und Lebenstraum in Festschrift Ernst Kuhn zum 70. Geburtstag, München 1916, 59–68. Das „wie" zeigt, daß jene mythologische Vorstellung schon als Bild empfunden wird.

[55] Dieses geheimnisvolle *tad* ist der Gott in seinem über alle irdisch-menschlichen Seinsprädikate erhabenen Wesen. So sehr auch das personale Element der Gottheit in unserer Up. betont wird, es schwingt doch auch wieder hinüber in das Überpersonale ähnlich wie bei Eckehart.

[56] *bhagavān;* dieses Wort wird bald die höchste Bezeichnung für die Götter des indo-arischen Monotheismus, Rudra-Śiva und Viṣṇu. Für Rudra wird es schon im Śatarudriya gebraucht.

[57] *śiva* ist hier wohl schon Eigenname geworden, vgl. V, 14.

[58] *sattva,* eigentlich „Seiend-heit" ist im Sāṃkhya-Yoga die lichte Weltsubstanz.

[59] *prāpti* ist die durch den Yoga erlangte Wunderkraft, mit der man alles erreichen kann. Im Yoga wird immer vor der selbstsüchtigen Benützung dieser Kraft gewarnt. Hier soll gesagt werden: der Gott wohnt überall; waltet über alles, aber nur in Güte und Heiligkeit; er wird durch sein Wohnen in der Welt nicht befleckt.

[60] *abhikḷpta,* vgl. Kāṭh.-Up. VI, 9, ist ein schwieriger Ausdruck. Aus den vedischen Parallelstellen ist aber zu entnehmen, daß das Wort bedeutet: „als Entsprechung dargestellt sein", etwa durch einen bestimmten Opferritus usw. Der Gedanke ist: Gott wohnt verborgen im Herzen, aber im fühlenden und

14. „Ihn (preist man) als den, der aus aller Sinne *guṇas* [61] herstrahlt – und doch von allen Sinnen Freien, des Alls waltenden Fürsten, des Alls erhabene Zuflucht."

20. „Kleiner als ein Atom, doch größer als die Größe weilt er verborgen als das Selbst in dieser Kreatur. Ihn schaut der von Qual Befreite, als den dem Willensdrang Entnommenen [62], als die Majestät, den Herren – durch des Schöpfers Gnade [63]."

21. „Ich kenne ihn, den Unalternden, Uranfänglichen, das Selbst des Alls, den durch große Macht Allgegenwärtigen, von dem verkündigt wird, daß er Wiedergeburt vernichte und den die Lehrer preisen als den Ewigen."

Kapitel IV

Der Eine unberührte Gott in der Weltentfaltung. Eingangsgebet

1. „Der als der Eine, selbst von ‚Farben' nicht gebrochen, gar vielfach durch Machtentfaltung zahllose Farben zwecksetzend schafft – in dem am Ende dieses All vergeht und im Anfang wiederkehrt, der Gott verbinde uns mit feiner Einsicht."

Der Gott im Kosmos, im Menschen

2. „Das ist das Feuer, das die Sonne, das der Wind und das der Mond. Das ist die Helle (des Kosmos), das das *brahman,* das die Wasser, das der Geschöpfe Herr [64]."

3. „Weib bist du, du bist Mann und Knabe auch und Mädchen. Als

bewußten Geiste schafft sich der Mensch ein dem Wesen seines Glaubens entsprechendes Bild vom ewigen Gott. Daß alle „Gottesbilder" u. „Gottesbegriffe" auf Grund von Glaubenserfahrung vom Menschen geschaffene Symbole sind, hatten die altindischen Weisen schon klar erkannt. Schrader übersetzt gut: „ihn sich zur Anschauung bringen".

[61] Die *guṇas* sind sowohl die formierenden Kräfte der Sinne, wie auch in bestimmten Zusammensetzungen ihre Gegenstände. Der Gedanke, daß in diesen Sinnenbewegungen der Schöpfer herstrahlt, ist sowohl nach dem Vedāntismus, wie nach dem klassischen Sāṃkhya eine Ketzerei. Wir haben hier noch die ursprüngliche Form des Yoga, in der die Welt als Schöpfung des Gottes betrachtet wird. Da und dort schimmert in der Upaniṣad sogar etwas durch von der Freude am Weltprozeß, in den der Gott eingegangen ist.

[62] *akratu* ist der in ewiger Ruhe verharrende Gott gegenüber dem in der Welt Schaffenden. Diese Polarität ist für unsere Upaniṣad bezeichnend. Vgl. I, 9

[63] *prasāda,* hier wie in Kāṭhaka-Upaniṣad II, 20 tritt das Wort frühestens in der Bedeutung „Gnade" auf. Seine eigentliche Bedeutung ist „Herablassung, Herkommen" im Sinne des Nahe- oder Gegenwärtigwerdens zu Offenbarung und Hilfe.

[64] Dies ist ein Zitat aus der Vājasaneyi-Saṃhitā = Taittirīya-Āraṇyaka X, 1, 2, 7. Im alten Text hat das *tad* die Bedeutung „das Urprinzip". Hier soll es offenbar aufgefaßt werden als die Kraft des Gottes in den vielfältigen Einzelerscheinungen. Das ergibt sich auch aus dem Wechsel des *sa* in *tad* (zu *prajāpatiḥ*) am Ende des Verses.

Greis wankst du am Stabe. Du trittst ins Dasein und bist allgesichtig [65]."

4. „Du bist der blau-und-goldene Vogel, mit roten Augen [66], die blitzesschwangere (Wolke), die Gezeiten, die Weltmeere. Gleichsam ohne Anfang entrollst du dich durch deine Allmacht, von dem die Wesen all gezeugt sind."

Die Materie als Urziege

5. „Die Eine Ziege [67] (die Ungeborene), die rot-und-weiß-und-schwarze, die viele Junge wirft, die ihr gleichartig, bespringt, Gefallen findend, der Eine Bock (der Ungeborene). Der andere Bock (Ungeborene) verläßt sie, die ihn genossen hat [68]."

Das Opferwerk und aller Veden Inhalt, die ganze Welt ist māyā, in die die Einzelseele gebannt ist

9. „Die heiligen Gesänge, die Opfer, die Darbringungen, die Gelübde, das Vergangene und Zukünftige und was die Veden vermelden – aus

[65] Aus Atharvaveda X, 8, 27.

[66] Nach dem Kommentar soll das heißen, Gott sei auch alles fliegende Getier in seinen schillernden Farben von der Biene an. Das ganze Kapitel IV ist mit dem großen Śiva-Preis im Mahābhārata zu vergleichen XII, 286 (284) ff. (vgl. dazu Deussen-Strauß, Vier philosophische Texte des Mahābhāratam, Leipzig 1922, 522 ff.). Dort sind viele mit unserem Text identische Ausdrücke (vgl. den Abschnitt: Der Yoga im Mahāhbārata unten).

[67] Vgl. zu diesem Vers Kap. I, 9.

[68] Derselbe Vers in Mahānārāyaṇa-Upaniṣad XII, 5 (Bomb. ed. der 108 Upaniṣaden) und Taittirīya-Āraṇyaka X, 12, 5. Dieser aus uralter Mythologie stammende Vers enthält in ausgeprägtem Bilde die Hauptlehre des ursprünglichen Yoga-Sāṃkhya und wird deshalb auch in den späteren Sāṃkhya-Schriften immer wieder zitiert, so in der Einleitung zu Vācaspatimiśras Sāṃkhyatattvakaumudī; vgl. auch Śaṅkara zu Brahmasūtra I, 4, 8–10. Nach ihm geht dieser Vers auf Chāndogya-Upaniṣad VI, 4, 16 zurück; ihm folgt Deussen, Sechzig Upanishaden, 301. Dies ist sicher nicht richtig, wenn auch die Farben der Urziege von dorther genommen sein mögen. Das Bild wurzelt in der altvedischen Mythologie. Der Urgott wurde in der ältesten indo-arischen Mythologie unter dem Bild des Bockes *(aja)* angeschaut. Die Urgöttin war dann *ajā*, die Ziege, beide vergeistigt in „der Ungeborene" und „die Ungeborene". Da das Wort *aja* sowohl „Bock" wie „ungeboren" bedeuten kann, bot sich diese Mythologie leicht der Vergeistigung dar. In der mythologischen Epoche herrschte der Glaube, daß dieses Urpaar durch Begattung alle Wesen gezeugt habe. So ist auch in unserer Upaniṣad die Idee, daß der *aja* die *ajā* bespringt und so die Wesen, Gefallen und Genuß findend, zeugt, noch lebendig. Sie ist aber vertieft zu dem Glauben an den Gott als schöpferische Urmacht, der auch die Materie, aus der er dann die Wesen hervorgehen läßt, geschaffen hat. Es vermischt sich mit diesem Bilde dann das andere von der Einzelseele, die das Weltendasein genießt und, nachdem sie es genossen und aus der Weltverblendung zur Erkenntnis an den Einen Gott erwacht ist, diese verläßt als der andere *aja*, d. h. als der Erlöste, der nun wieder zu Gott zurückkehrt. Wie durchweg in der Upaniṣad vermischt sich so der Gott als Ewiger und Schöpfer mit der Einzelseele. Vgl. auch Anmerkung 79.

ihm läßt der *māyā*-Träger [69] dieses Weltall strömen. Und darin ist ‚der Andere' [70] durch *māyā* gebannt."

10. „Man soll aber wissen: *māyā* ist Schöpfung [71]. Der *māyā*-Träger aber ist der Große Herrscher. Von den Elementen, die Teile von ihm sind, ist diese Welt allenthalben durchdrungen."

11. „Der jedem Mutterschoß als Einziger vorsteht, in dem dies All entsteht und wiederum vergeht – wer ihn erschaut als Herrn, als Gabenspender, als preisenswerten Gott, der geht zu jenem Frieden ewig ein [72]."

Kapitel V

Kap. V ist eine Urkunde, die den Ein-Gottglauben der Rudra-Śiva-Gemeinde mit dem Sāṃkhya-Yoga verbindet. Der Eine Gott hat dem Kapila, dem ins Mythische erhobenen Stifter des Systems, die Offenbarung des Pfades schon in der Urzeit geschenkt. Damit verknüpft sich noch einmal eine eindrucksvolle Verkündigung von der widerspruchsvollen Existenz der Seele. (Zu Kapila und Sāṃkhya vgl. unten den Abschnitt: der Yoga im Mahabhārata.)

Der Widerspruch in der Seele und die Erlösung durch die Offenbarung

1. „Zwei wohnen in dem Unvergänglichen, dem Unendlichen, der höher als das *brahman* [73]: Wissen und Nichtwissen verborgen hingesetzt an ihren Ort [74]. Vergänglich ist ja das Nichtwissen, das Wissen aber ist unsterblich. Der aber waltet über Wissen und Nichtwissen, das ist ‚der Andere' [75]."

[69] Vgl. oben Anm. 46.

[70] „Der Andere" ist eben der von *māyā* freie Gott als Einzelseele.

[71] Der Ausdruck *prakṛti* kommt hier in dem Sinn von „Hervorbringung, Schöpfung" zum erstenmal vor. Man übersetzt das Wort gewöhnlich mit „Natur, Urmaterie". Diese Bedeutung hat es auch im späteren Sāṃkhya, vgl. Garbe a. a. O., S. 266 ff., 346 f. Dort ist die *prakṛti* die selbständig hervorbringende Urmaterie, die schaffende Natur. Hier aber ist *prakṛti* durchaus ein Werk des „Großen Herrschers", des Einen Gottes. Der Vers wehrt sich gegenüber dem Mißverständnis von *māyā* als Illusion, eine Auffassung, die offenbar schon damals in der brahmanischen Philosophie auftauchte; er will *māyā,* die Gestaltungskraft und die Gestaltung des Gottes im All als wirkliche Hervorbringung, als Schöpfung aufgefaßt wissen und den Gott als Schöpfer.

[72] Mit diesem Vers kehrt der Gedankengang zum Anfang von Kap. IV zurück. Damit ist eine der Upaniṣaden zu Ende. Das zeigt auch der folgende Vers, der eine Wiederholung von III, 4 ist mit der erwähnten bedeutsamen Abwandlung, s. oben Anm. 50 zu III, 4.

[73] Der Unvergängliche, Unendliche ist der *puruṣa* in der empirischen Seele. Die „Verbesserungen" der Übersetzer haben den Vers mißdeutet.

[74] Der etwas holpernde Satz: *nihite yatra gūḍhe* will offenbar die Rätselhaftigkeit des Vorhandenseins von Wissen und Nichtwissen in der unergründlichen Tiefe der Seele ausdrücken. *avidyā* wohnt ja seit Uranfang in der Welt und im Menschen.

[75] Der „Andere" ist der innerste *puruṣa,* der ewige Gott, dem Wissen und Nichtwissen untersteht; das heißt, der das Nichtwissen durch seine Gnade vertreibt, wie er ja auch nach I, 2 die alleinige Ursache von Lust und Leid ist.

2. „Der jedem Mutterschoß als Einziger vorsteht, allen Formen und allen Entstehungen. Der den Seher Kapila [76] den (von ihm) Bewegten [77] schon im Anfang mit Erkenntnis emporträgt und schaut, wie er geboren wird [78].“

3. „Der Gott, der je und je sein Netz weithin ausspreitet in diesem ‚Feld‘ rafft es auch wieder weg [79] und, wenn er wieder sie entlassen, als Herr, wo immer Herren sind [80], die Oberherrschaft ausübt, das große Selbst.“

Die Seele in ihrem geheimen Aufbau

8. „Er, der Daumengroß [81], von sonnengleicher Gestalt, der mit Willen und Ichkraft angetan, wird auch erschaut wie einer Ahle Spitze groß, ein Höherer durch Vernunft-*guṇas* und Selbst-*guṇas* [82].“

9. „Der ‚Lebendige‘ [83] aber ist zu wissen als der Teil nur von eines

[76] Kapila ist hier schon ins Mythische erhoben. Der Anfang des Sāṃkhya-Yoga muß also ziemlich weit vor unserer Upaniṣad liegen. Daß hier mit Kapila der mythische Stifter des Sāṃkhya-Yoga gemeint ist, kann nicht bezweifelt werden, denn das ganze Kapitel ist voll von Sāṃkhya-Ideen.

[77] *prasūta* kann auch heißen „gezeugt“.

[78] Das Präsens ist auffallend. Der Kommentar übersetzt einfach in die Vergangenheit. Ich habe das Präsens stehen lassen. Vielleicht ist es gesetzt, um das ewige Faktum dieser Offenbarung auszudrücken. Die sogenannten Textverbesserungen Hillebrandts und anderer sind unnötig. Zu *bibharti* ist zu vergleichen Ṛv I, 164, 4. Dieser Kapila verkörpert sich immer wieder. Vgl. dazu unten den Abschnitt Mokṣadharma bes. Kap. 218, wo Pañcaśikha als Verkörperung des Urweisen Kapila angesehen wird. Den Glauben an solche Verkörperungen haben wir schon oben bei den Vrātya gefunden.

[79] Der Gott läßt die Schöpfung aus sich entstehen wie die Spinne ihr Netz und rafft sie am Ende auch so wieder in sich hinein.

[80] Das *patayastatheśaḥ* hat zu vielen „Verbesserungen“ Anlaß gegeben. Jeder Übersetzer hat wieder anders geraten. In Wirklichkeit handelt es sich um eine eigenartige anakoluthische Konstruktion, die innerhalb unserer Upaniṣad nicht auffallend ist: *(yathā patayas tathā īśaḥ.)* „Herren“ sind die kosmischen Herrschermächte.

[81] Der „Daumengroß“ als Name des *puruṣa* im Menschen, d. h. seines verborgenen göttlichen Wesens, ist weitverbreitete Tradition (vgl. dazu III, 13; Kāṭh.-Upaniṣad VI, 9, 17), wahrscheinlich indogermanisch (wenn nicht noch älter); denn die Vorstellung vom „Seelenmännchen“ findet sich auch überall im germanischen Bereich. In unserem Vers ist ein Versuch gemacht, über diese Vorstellung hinauszukommen und die geheime Natur der Seele durch immer mehr sich verflüchtigende Raumvorstellungen klar zu machen. Diese Versuche, über die räumliche Vorstellung hinaus zum überräumlichen Sein, zur dynamischen Funktion überzugehen, weisen in die Anfänge philosophischen Denkens im alten Indien. Daß man dem *puruṣa* mit dem Begriff des Feinsten, Unteilbaren beizukommen sucht, erinnert an Leibnizens Monadenlehre.

[82] Die Seele scheint in konzentrischer Ausdehnung angenommen: der „Daumengroß“ trägt in sich Willen *(saṃkalpa)* und Ichkraft *(ahaṃkāra,* „Ichmacher“) die untersten Fähigkeiten des inneren Menschen. Das „wie einer Ahle Spitze Große“ trägt Vernunft *(buddhi)* und Selbst *(ātman)* in sich. Das noch Feinere wird in V, 9 genannt.

[83] *jīva* der „Lebendige“ ist ursprünglich das ewige Lebensprinzip im Menschen, mit der Gottheit identisch; so schon Chānd.-Upaniṣad VI, 11, 2 ff. Später bedeutet *jīva* die Seele in ihrer irdischen Darstellungsform.

Schweifhaares Hundertstel noch hundertfach gespalten: und eben er wird dem Unendlichen zuteil [84]."

Die Gott-Seele ist geschlechtlos

10. „Er (der *jīva* oder der Gott) ist nicht Weib, Er ist nicht Mann, Er ist nicht sächlichen Geschlechts [85]. Je nach der Art des Körpers, den Er annimmt, wird Er von dieser Art umhüllt."

Die Paradoxie der Erkenntnis in der Welt

14. „Die ihn erkennen, der im Dasein zu erfassen, und der doch der ‚Nestlose' heißt, des Daseins und des Nichtseins Macher, den Gütigen [86], den Gott, den Schöpfer der aus Atomen gebauten Schöpfung –, die lassen ihren Leib dahinten."

Kapitel VI

Gott, der alleinige Beweger

1. „Die einen Dichter verkünden die Natur (als Weltursache) und andere die Zeit, die Irrenden. Doch ist's des Gottes hehre Macht, durch die das *brahman*-Rad gedreht wird."

Die stufenweise Weltentfaltung aus dem Gotte

2. „Von dem in Ewigkeit dies All umhüllt ist, der Geist, Schöpfer der Zeit, die *guṇas* tragend, allwissend. Von ihm beherrscht entrollt das ‚Werk' sich, das zu verstehen ist als Erde, Wasser, Feuer, Luft und Äther."
3. „Hat er das ‚Werk' vollbracht und wieder rückwärts gewendet, dann geht er wieder durch die ‚Dasheit' in die Nichtverjochung mit der ‚Dasheit' ein, mit einem, mit zweien, mit dreien, mit achten, mit Zeit und mit den reinen Selbst-*guṇas*." [87]

[84] Gerade dieses räumlich auf den kleinsten Punkt Reduzierte – dieses Paradoxon betont der das Paradoxe liebende Dichter! – gehört der Unendlichkeit an. An der räumlichen Unfaßbarkeit geht dem Dichter die Ewigkeit dieser inneren Realität auf. Die inneren Seins- und Wirkungseinheiten sind nun vom äußersten *(saṃkalpa)* bis zum innersten und unfaßbarsten *(jīva)* aufgezählt.

[85] *napuṃsakaḥ* ist = „neuter". Wir müssen nach diesem Vers annehmen, daß die Frage nach dem Geschlecht des Gottes und der gottgleichen Seele eine Streitfrage der Zeit war. Diese Frage war schon durch die mythologische Vorgeschichte und die Theologie gegeben. Der Gott als Mann, die Gottheit als Weib waren durch die uralten Götterpaare geläufige Vorstellungen. *brahman* und *tad* waren grammatisch sächliche Prinzipien. Hier wird nun ein Schritt im theologischen Denken Alt-Indiens gemacht: Der Gott (und mit ihm das ewige Selbst) wird über alle diese Unterscheidungen als ihn nicht betreffend herausgehoben. Zugleich wird erklärt, daß die Teilung der Wesen nach Geschlecht der Weltordnung, nicht dem Wesen des Gottes angehört. Vielleicht müssen wir hier auch eine Polemik gegen die konkretere Vorstellung in IV, 3 sehen.

[86] *śiva;* auch hier vielleicht schon Eigenname; vgl. III, 11.

[87] Vgl. zu Dasheit oben S. 130 f. Anm. 42. Ich lese statt *sametya yogam sametу ayogam.* Hier ist (wie Schrader richtig gesehen hat), die Weltvernichtung

Der Gott im empirischen Weltleben und seine Erlösung

4. „Der, nachdem er die ‚Werke', die *guṇa*-behaftet sind, begonnen, alle Daseinsarten [88] hin und her verteilen kann. – Sind diese nicht mehr vorhanden, so fällt das Werk dahin, das hier gewirkt wird [89]. Und ist das Werk geschwunden, so scheidet er von Dasheit als der Andere." [90]

Schluß-Preis

5. „Als Anfang ward er erschaut, als Grundursache der Verbindung (des *puruṣa* mit der Welt) [91], erhaben über die drei Zeiten und teillos, (von dem), der ihn verehrte als den Allgestaltigen, den Welt-Gewordenen, hoch zu Preisenden, den Gott, der unserem Geiste innewohnt, den Uralten."
6. „Er ist erhaben über den Weltenbaum [92], die Zeit und die Gestaltungen, der ‚Andere', aus dem der weithin gespreitete Kosmos ringsum sich entrollt. Ihn, der das Recht herbeiführt, die Sünden vertreibt, als Gnadenherrn erkennend, den im Selbste Wohnenden, den Unsterblichen, der alle Ursatzungen setzt."
7. „Ihn, den höchsten Großherrn der Herren, der Götter höchste Gottheit, den höchsten Fürsten der Fürsten, der jenseits (wohnt), Ihn wollen wir finden, den Gott, den Weltenherren, der zu preisen."

*

beschrieben (vgl. oben S. 131), bei welcher der Gott wieder in das reine Gottheitswesen zurückgeht, entjocht von den Weltformen, die aus dem *tattva*, der Dasheit, dem potentiellen Sosein, entspringen. Durch die Stufe des *tattva* entjocht er sich von ihm zu unbedingtem, reinem Sein, aus dem dann wieder die Welt durch die Stufe des *tattva* wird. Wir haben hier einen noch unbeholfenen Versuch, die Welt in Hegelschen und Schellingschen Kategorien zu begreifen. Die Zahlen sind wohl so zu deuten: mit dem Einen (dem *jīva-puruṣa*), mit zweien (dem Wissen und dem Nichtwissen, V, 1), mit dreien *(sattva, rajas, tamas)*, mit achten (das sind die fünf Sinne mit *saṃkalpa-manas, ahaṃkāra, buddhi)*. Dies alles sind noch kosmische Prinzipien; aus diesen entsteht dann in der Zeit das empirische Selbst mit seinen feinen Organen. Vgl. dazu noch V, 8.

[88] *bhāva* sind Daseinszustände wie Tugend, Laster, Erkenntnis, Nichterkenntnis usw., die von der verschiedenen Verteilung der drei *guṇas* im Menschen abhängen. Vgl. Garbe „Sāṃkhya" 310 ff.

[89] Wenn die *bhāva* durch die Gotteserkenntnis aufgelöst sind, tritt die Befreiung von dem Gesetz des *karman* ein.

[90] Damit entrinnt die gebundene Seele dem Weltzusammenhang, wird der Andere, der unbedingte Geist und damit wieder seiner unverhüllten Gottnatur teilhaftig. Der ganze Weltprozeß hat keinen anderen Zweck, als dem Menschen an ihm seine Andersheit, sein Ewig-Sein zu zeigen, damit er die Erlösung gewinnt.

[91] Nach dem Kommentar ist der Grund der Verbindung der Seele mit dem Körper die *avidyā*. Die letzte Ursache dieses Grundes von allem Werden ist aber Gott, der die Welt durch seine Macht entstehen läßt. Zu Ende gedacht: er ist der Verursacher der *avidyā*, die aber das Tor ist zur Erlösung, so wie auch in der abendländischen „christlichen" Mystik von rücksichtslosen Denkern wie Böhme u. a. Gott letzten Endes als der Verursacher der Sünde gedacht werden muß, die zur Erlösung zwingt.

[92] Vgl. dazu III, 9; IV, 6 ff.

Nun folgen eine Anzahl von Nachträgen, weithin Wiederholungen des schon Gesagten, in denen wieder das berühmte Bild vom Gott erscheint, der, wie eine Spinne in ihre Fäden, sich als der Eine in die Fäden der Urmaterie hüllt, „gemäß seiner Natur", d. h. weil ihm Verkörperung ins Irdische wesensnotwendig ist.

Diese Nachträge zeigen eine deutliche Beziehung zum brahmanischen Bereich: der Gott schenkt dem Schauenden Eingang ins *brahman;* dieser Eine Gott schafft auch Brahmā, „den Uralten" und entläßt für ihn aus sich die Veden.

In Strophe 21 wird dann noch gesagt Śvetāśvatara, der Wissende habe durch die Gnade des Gottes *brahman* als höchstes Läuterungsmittel verkündigt, und zwar den „über die (4) Lebensstadien Erhabenen", das von der Gemeinde der vollendeten Ṛsis „genossen" werde. Der Name der Upaniṣad wird also hier nicht von einer vedischen Schule, sondern von einem *vidvān* abgeleitet.

Nach einer Warnung, dieses höchste Geheimnis keinem anzuvertrauen, der dafür nicht die Voraussetzungen habe, klingt ein neues Thema im Yoga-Bereich auf, nämlich das der *bhakti* „der liebend-vertrauenden Hingabe an den Gott" und an den Wegweiser zu ihm, den *guru:*

23. „Wer dem Gotte höchste *bhakti* weiht, und wie dem Gott dem Lehrer, dem leuchtet hell das hier Verkündete, dem Groß-Selbstigen *(mahātman),* leuchtet hell dem Groß-Selbstigen."

Ich fasse die Grundgedanken der Śvetāśvatara-Upaniṣad nun kurz zusammen:

1. Sie lehrt einen betonten „Monotheismus": Rudra-Śiva ist nicht nur der höchste Gott, er ist der absolute Eine. Die Göttin versteckt sich hinter Bildern und löst sich auf in *prakṛti,* das „Schaffen'. Doch steht mit dem Personalen der Gottheit das Überpersonale ihres Wesens in polarer Spannung.

2. Dieser Gott ist die Ursache der Vereinigung der „Seele" mit der geschaffenen Welt. Er ist der „einzige Beweger". Aus ihm kommt die Urmaterie; er bewirkt durch seine schaffenden Kräfte die aufeinanderfolgenden Entwicklungsstufen der Welt bis hinunter zur Einkörperung der Seele in die Welt. Zwar wird nicht genau unterschieden zwischen Emanation und Schöpfung (offenbar empfanden jene Denker dieses „Entweder-Oder", das unser theologisches Denken so heftig bewegt, überhaupt nicht; wo der Eine Gott einziger Beweger ist, verlieren die von der empirischen Welt hergenommenen Denkformen ihre Bedeutung!). Aber es wird unbedenklich von diesem Einen Gott als „Schöpfer" und Herrn gesprochen [27]).

3. Wie Gott die Welt geschaffen, so rafft er sie in der Endzeit wieder zusammen. Der Weltschöpfungen sind viele, denn das Schaffen des Gottes ist ewig, aber wie nichts Geschaffenes Dauer hat, so muß auch der geschaffene Kosmos zu seiner Zeit vergehen.

4. Alles ist von Ihm durchdrungen, in jedem Wesen wohnt Er ver-

borgen. Seine Kraft ist die letzte Wirklichkeit im Menschen. Die Upaniṣad scheut sich nicht, das Verhältnis des Menschen zu Gott als Wesensidentität zu kennzeichnen. Er wohnt verborgen in den Herzen der Menschen. Er nimmt die Weltstoffe auf sich und mit ihnen tausend Gestalten; Er tut Taten und wandert von Dasein zu Dasein. Er im Menschen, bis dieser durch die Erkenntnis des ewigen überweltlichen Gottes erlöst wird.

5. Die Ausdrücke „Genießer" und „das zu Genießende" bezeichnen das Verhältnis des in die geschaffene Welt eingegangenen Gottes zu dieser. Wir dürfen diesem Ausdruck entnehmen, daß der Gott an dieser seiner Welt eine Lust hat, daß er sie schuf aus Freude am Sein.

6. Doch ist dies Sein von einem ungeheuren Widerspruch zerrissen, von *duḥkha* „Leid", von der radikalen Hemmung [28]).

Die metapsychische Wurzel von *duḥkha* ist *avidyā,* die falsche Ansicht über das Wesen der Welt und der eigenen Seele: daß nämlich die empirische Seele in ihrer radikalen Hemmung und die Welt in ihrem Wechsel von „Lust und Leid" von scheinbar ungehemmtem Leben und qualvoller Gebundenheit die entscheidende Wirklichkeit seien. Diese *avidyā* ist das große Rätsel des Glaubens.

Zwar wird die Frage nach dem Warum der *avidyā* nicht bewußt gestellt, steht vielleicht nicht einmal so deutlich im Hintergrund des Bewußtseins, wie bei uns, deren Denken zweck- und zielbestimmt ist. In jenen Sphären ist das Denken tatsachenbestimmt (wenn man mit Tatsachen die geistig-seelischen Gegebenheiten meint). Man will ergründen, was ist und stellt sich dazu verneinend oder bejahend, sucht daraus, wenn verneinend, einen Weg. Das eindrücklichste Beispiel dieser Beschränkung ist Buddha, der jede metaphysische Spekulation mit Energie von sich abgewendet hat. Ich glaube, der Grund war die deutliche Erkenntnis, daß alle diese Fragen im Grund zwecklos sind, weil sie nicht beantwortet werden können.

Doch wenn die Frage auch bewußt nicht gestellt wird, so scheint sie mir doch versteckt in der andern Frage, wer denn die Ursache dieser „Verbindung" (Gottes und der Seele mit der Welt) sei. Die Antwort in unserer Upaniṣad ist deutlich: „Es ist der Eine Gott." Innerhalb dieser Upaniṣad war sie eine Notwendigkeit. So ist schließlich Gott auch der Verursacher der *avidyā,* denn diese bindet ja den *puruṣa* in den Kreislauf der Geburten. Hier lauern letzte, ungeheure Fragen, die kein Seher rational herauszusagen wagt. Doch glaube ich, der Grundhaltung der Upaniṣad diesen Fragen gegenüber gerecht zu werden, wenn ich so deute: In Lust und Leid erkennt der *puruṣa* die Nichtigkeit des Daseins. Er sehnt sich nach dem Unveränderlichen, dem Ewigen; er will der „Andere" sein. An der geschaffenen, der Bindung unterworfenen Welt wird ihm sein eigener Gegensatz zu ihr bewußt, und erlöst von ihr, befriedigt und befriedet, kehrt er aus der Welt zum Unbedingten heim [29]).

7. Der in die Welt eingegangene Gott ist auch der „Andere", ist reines Licht, ist heilig. Er ist nicht nur *deus absconditus* in dem Sinne, daß er

in unbegreiflicher Lust diese Welt mit ihrem radikalen Widerspruch geschaffen hat und in sie eingegangen, die Seele in den widerspruchsvollen Weltlauf bannt, er ist auch „lichtverborgenen Wesens“, von allen Weltstoffen gereinigt, wohnend im Abgrund ewiger Ruhe. Und tief genug geschaut, ist auch das Selbst des Menschen dieses Wesens, obwohl verstrickt in das Netz der „Weltverblendung“. Die Polarität im Wesen Gottes und im Wesen des Menschen bildet die gewaltige Spannung im Glauben und Denken dieser Weisen, ja ist geradezu das Grundthema unserer Upaniṣad.

8. Wer diesen ewigen, über alle Widersprüche und Wandlungen erhabenen, von allen Weltstoffen befreiten Gott erkennt, der ist erlöst von der Gebundenheit der Welt, der wird unsterblich. Einen anderen Weg zur Erlösung gibt es nicht. Die Grundformel der Upaniṣad ist: „Den Gott erkennend wird von allen Banden man befreit.“

Ein Hilfsmittel zu dieser befreienden Gotterkenntnis ist der Yoga. Er läutert und sammelt das Bewußtsein von den Zerstreuungen, macht die innere Welt frei von allen Hindernissen, von Sorgen und Ängsten, so daß das Selbst, der Wesenskern des Menschen jenem Letzthin-Wirklichen, das als Gott sich offenbart, sich einen kann. Die Grundhaltung der Upaniṣad ist Hingabe an diesen in allem Dasein sich offenbarenden Gott. Und das Wort *bhakti* klingt wie ein herrlicher Schlußakkord zum erstenmal im altindischen Schrifttum in der letzten Strophe der Śvet.-Up. auf, damit eines der größten Themata indischer Gottschau und Frömmigkeit anschlagend: die liebende Hingabe an den Ewigen, des Menschendaseins letzter Sinn, aller Frömmigkeit Erfüllung [30]).

Der Yogaweg ist in der Śvet.-Up. schon voll ausgebildet, wenn auch die achtfache Stufenreihe *(aṣṭāṅga-yoga)* noch nicht erreicht ist. *āsana* „Art des Sitzens (und des Ortes der Versenkung)“, *prāṇāyāma* „Atemzügelung“, *pratyāhāra* „Zurückziehung der Sinne von der Erscheinungswelt“, *dhāraṇā* „die Konzentration des Bewußtseins“, *dhyāna* „die Versenkung“ und *samādhi* „die Einfaltung“ sind deutlich gekennzeichnet.

Die Unterscheidung von *dhyānayoga* „Yoga der Meditation“ und *sāṃkhyayoga* „Yoga der philosophischen Forschung und Intuition“ weist schon auf kommende Entwicklungen.

Die Śvet.-Up. stellt eine so bedeutende Phase in der Entwicklung des Yogaweges dar, daß sie füglich als eines seiner vornehmsten Dokumente besonders ausführlich behandelt werden muß.

c) Die Viṣṇu-Yoga-Upaniṣaden und die Beziehungen des Yoga zum Brahmanismus

Die Viṣṇu-Upaniṣaden, die alle aus den oben angegebenen Gründen an den Av angeschlossen sind, stehen in starker Abhängigkeit von den ursprünglichen Rudra-Śiva-Upaniṣaden, wie ein Vergleich deutlich zeigt.

Die Yogatattva-Up. z. B., die den Viṣṇu als den Großen Yogin bezeichnet:

> Viṣṇu ist der Name des großen Yogin
> Ein Großmächtiger, groß an *tapas*
> Auf dem Weg zum Ewig-Wirklichen,
> Schaut man den höchsten Puruṣa wie eine Leuchte.

übernimmt von der Dhyānabindu-Up. wesentliche Strophen, wie ja in dieser auch Viṣṇu eingeführt wird.

Die kleine Mahā-Up. ist ein gutes Beispiel dieser Abhängigkeit und der Übertragung śivaitischer Yogatraditionen auf Viṣṇu. Der fünfundzwanzigfache *puruṣa* (also der Mensch, dessen leiblich-seelisch-geistiges Gesamtgefüge sich aus fünfundzwanzig Prinzipien zusammensetzt; vgl. oben S. 104 ff.) wird in dieser Upaniṣad von *nara* geschaffen, der in Kap. 2 und 3 als *nārāyaṇa* auftritt, wo er Śiva und Brahmā schafft. *prakṛti* wird hier durch *tejas* „Glanzmacht" ersetzt und *puruṣa* durch *ātman*. *nara* „Mensch" und *nārāyaṇa* eigentlich „Menschensohn" sind hier identisch (vgl. oben S. 84). Beide Benennungen werden sowohl auf den Götter und Welt schaffenden Urgott angewendet, wie auch auf einen Urweisen, wie dies im Rudra-Śiva-Bereich seit alters mit *puruṣa* der Fall war. Wo der höchste Gott bei Namen genannt wird, ist *nārāyaṇa* immer Viṣṇu und nicht Rudra. Dies legt den Schluß nahe, daß die viṣṇuitische Theologie und Metaphysik in Auseinandersetzung mit dem Rudra-Śiva-Bereich, von dem sie stark beeinflußt wurde, sich aufbaute und daß hier, wo man den Urgott Viṣṇu benannte, anstatt *puruṣa, nara* und *nārāyaṇa* zum höchsten Gott erhoben wurden. Literargeschichtlich festzulegen sind die beiden Ausdrücke dadurch, daß sie im Gesetzbuch des Manu, das in seiner heutigen Form kaum vor dem 2. Jahrhundert vor Christus anzusetzen ist, vorkommen. Doch sind in diesem alte Überlieferungen verarbeitet, die uns vielleicht unbekannt sind, und es ist sehr wahrscheinlich, daß *nara* und *nārāyaṇa* keine Neuschöpfungen sind, sondern aus diesen stammen.

Jedenfalls aber ist die Parallele von *nara-nārāyaṇa* und *puruṣa* einwandfrei, denn sie bedeuten sowohl „Mensch" in irdischer Erscheinung, wie den ewigen Schöpfergott. Die Parallelität der *puruṣa-* und *nara-*Gestalten und die Priorität der *puruṣa*-Spekulation geht auch aus der Nārāyaṇa-Up. hervor: *om – namo nārayaṇāya* ist in ihr die große Formel. Hier erschafft Nārāyaṇa alle Welten und Götter ganz analog dem Rudra in der Atharvaśiras-Up. In der Tat wird diese Nārāyaṇa-Up. am Schluß auch Atharvaśiras genannt, ein strikter Beweis für die Abhängigkeit von dieser. Denn Atharvaśiras ist ein Name, der für eine Rudra-Upaniṣad unbedingt gültig ist, nicht aber für eine Viṣṇu-Upaniṣad.

Auch die Nṛsiṃha-pūrva-tāpanīya-Up., eine mystische Betrachtung „des Mann-Löwen", einer Inkarnation des Viṣṇu ist ein Beweis für die Priorität der Rudra-Śiva-Upaniṣaden. Dort wird nämlich die alte Gāyatrī auf Rudra so umgedichtet:

om. nṛsiṃhāya vidmahe / vajranākhāya dhīmahi / tan naḥ siṃhaḥ pracodayāt.
„om. Dem Mann-Löwen erfanden wir uns dies / Dem Donnerkeilkralligen geben wir uns sinnend hin / Dies möge uns der Löwe fördern."

Daß dies eine Umdichtung ist, ist ganz eindeutig; anstatt des im Anfang stehenden *tat,* das in diesem Zusammenhang entweder nicht verstanden wurde oder fehl am Platze schien, wurde *om* eingesetzt.

In dieser Upaniṣad nimmt Prajāpati die Stelle des großen Schöpfergottes ein, ein Zeichen, daß wir uns in der Nachbarschaft des brahmanischen Bereiches finden, aus dem viel Elemente, einschließlich des Gottes Brahmā in die Upaniṣad aufgenommen wurden. Das geheime *mahāviṣṇum,* in dem zu meditierenden *mantrarāja,* dem „Mantra-König", welches als das Höchste gepriesen wird, weist aber auf Viṣṇu als den obersten Gott. Hier taucht auch ein geheimnisvolles *cakra* auf, das auf *maṇḍala*-ähnliche Meditationen deutet.

Wir sehen in diesen Dokumenten, wie die Rudra-Śiva-Theologie und der eng mit ihr verbundene Yoga, die beide in einer alten Tradition und in einer lebenskräftigen Gemeinde wurzelten, maßgeblich auf die anderen religionsgeschichtlichen Bereiche einwirkten.

Ein wichtiges Dokument für diese Einwirkung und die gegenseitige Durchdringung der verschiedenen religionsgeschichtlichen Bereiche Altindiens ist die Mahānārāyaṇa-Up. (oder einfach Nārāyaṇa-Up.) [31]). Wie der Name sagt, handelt sie von *nārāyaṇa* und Viṣṇu ist in ihr der höchste Gott. Der 13. Abschnitt (Av Rez. 11) enthält einen Lobpreis auf Nārāyaṇa, der offensichtlich den großen Preisliedern der Ṛudra-Śiva-Tradition nachgebildet ist, und für das vor allem auch das große Puruṣa-Lied Av XIX, 6 als Vorbild diente. Diese Upaniṣad enthält auch einen Lobpreis auf die „Große Göttin" *(mahādevī),* hier *sarasvatī* genannt, und auf Rudra selbst als den höchsten Gott mit allen seinen Erscheinungsformen. Auch tritt hier das *liṅgam* auf (das śivaitische Symbolwort für Phallus), dem Verehrung dargebracht wird. Es werden Strophen aus der Śvet.-Up. zitiert, unter anderem auch die alte Strophe der Yoga-Sāṃkhya-Tradition von der rot-weiß-schwarzen Urziege, das Symbol für die Prakṛti mit ihren drei Guṇas. Wir haben also offensichtlich eine Vermischung der Rudra-Śiva- und Viṣṇu-Tradition.

Die Mahānārāyaṇa-Upaniṣad zerfällt deutlich in zwei Teile, einen älteren und einen jüngeren. Im älteren, der teilweise sehr primitive Formen aufweist, ist fraglos Rudra-Śiva der höchste Gott, neben den eine große Göttin tritt. Im jüngeren Teil, Abschnitt 78 ff. ist Brahmā der höchste Gott. Einschübe dieser Tendenz finden sich allerdings auch schon früher, z. B. 38 ff. Da aber im ersten Teil der Upaniṣad Nārāyaṇa verschiedentlich als Allgott gepriesen wird, in Ausdrücken, die seit langem Rudra zugehören, so kann gar kein Zweifel bestehen, welcher Gott in der Upaniṣad ursprünglich an erster Stelle stand. Zudem ist jene uralte Gāyatrī auf Rudra aus dem Kāṭhakam XVII mehrere Male in der Upaniṣad zitiert.

Die Entwicklung zum Brahmanischen hin kann gut erkannt werden in einer Reihe von ähnlichen Gāyatrīs brahmanischer Prägung, die zwar die altüberlieferte grammatische Form beibehalten, aber ganz neue Götterwesen hinzubringen und nicht einmal mehr das Gāyatrī-Versmaß streng einhalten [32]).

Die Tatsache, daß ganze Abschnitte der Mahān.-Up. mit der Śvet.-Up. identisch sind, macht den Schluß zwingend, daß die beiden weithin aus derselben Traditionsmasse geschöpft haben, ja ursprünglich zum selben Bereich gehören. Wahrscheinlich steht hinter der Mahān.-Up. wiederum ein Kreis von Rudra-Gläubigen, die versuchten, mit der brahmanischen Welt ihren Frieden zu machen. Der Kreis, in dem diese Up. studiert wurde, hat offenbar Yoga fleißig geübt: „Mit der Silbe *om* jocht man sein Selbst an, das ist die große Geheimlehre", heißt es in Abschnitt 79. „Im Verlangen nach der Erkenntnis des letzten Vedasinnes sind die Asketen zu zweifelsfreiem Wissen gekommen, durch den Entsagungsyoga *(saṃnyāsayoga),* haben die Asketen die Reinheit ihres *sattva* erlangt" (Abschnitt 12) [33]). Wie hoch die Versenkung gewertet wird, zeigt deutlich Abschnitt 13: „Der sich Versenkende ist nur mit Nārāyaṇa beschäftigt, die Versenkung ist der höchste Nārāyaṇa." Die Upaniṣad ist aber durchzogen von der Tendenz, den Yoga auf eine ganz bestimmte Richtung zu lenken und zu reduzieren, nämlich auf *nyāsa* und *tyāga* „die Entsagung". Sie wird als die höchste Form des Asketentums gepriesen, die über dem Opfer und allem guten Werk steht (Abschnitt 79; vgl. dazu oben über die Saṃnyāsa-Up.).

Damit lenkt die Upaniṣad weg sowohl vom frommen Werk wie von der ausgebildeten Methode des typischen Yoga hin zu einer Grundhaltung des ganzen Menschen, die als das Zentrum gewertet wird. Sie allein genügt zum Heil, denn sie führt zum Gotte. Diese Richtung des „Entsagens" führt im weiteren Verlauf der Entwicklung zu *bhakti* einerseits und bereitet andererseits den Boden für den Buddhismus. Es ist nicht ohne Bedeutung für das Verständnis dieser Bewegungen überhaupt, zu sehen, wie auch z. B. in dem deutschen Mystiker Eckehart die Entwicklung weggeht von der methodischen Mystik hin zur Lehre der Selbstaufgabe als dem einzigen Weg zum Heil. In den „Reden der Unterscheidung" mahnt er immer wieder zu jener „Askese der Selbstaufgabe, die ohne Geißel und Gürtel, ohne dionysische Qual und Wonne Schicht um Schicht das Zeitlich-Menschliche abträgt, bis sein göttliches Fundament freiliegt [34])."

Diese Höchstschätzung von *nyāsa* tritt besonders in Abschnitt 78 der Nārāyaṇa-Up. hervor, wo eine Stufenreihe von Mächten und Taten aufgestellt wird, die von den verschiedenen Menschen als das Höchste *(param)* gepriesen werden: *satyam, tapas,* wobei Fasten als Höchstes gepriesen wird, *dama* „die Bezähmung", *śama* „die Beruhigung", *dāna* „das Schenken", *dharma* „die fromme Pflicht", *prajana* „das Zeugen", *agnayaḥ* „die Opferfeuer", *agnihotram* „das regelmäßige Feueropfer", *yajña* „das Opfer", *mānasa* „die geistige Betrachtung", *nyāsa* „die Entsagung" – „so sagt Brahmā". „Brahmā aber ist der Höchste. In Wahrheit, er ist der Höchste. Alle die andern stehen unter ihm. Die ‚Entsagung' überragt sie." „Entsagung" ist die Wirklichkeit, die in der inneren Welt des Menschen dem höchsten Gott Brahmā im Reich der Götter und Mächte entspricht.

Dieser Abschnitt ist Ausdruck eines starken Strebens über das sonst so hoch gepriesene fromme Werk des brahmanischen Opferkultes hinauszukommen, ohne daß dagegen polemisiert wird. Es zeigt sich hier die echt indische Haltung, alle Erscheinungs- und Gestaltungsformen des Religiösen als Stufen zu einer höchsten Form zu betrachten. Der Schlußabschnitt der Upaniṣad bietet eine bemerkenswerte Vergeistigung des Opfergedankens, die einmündet in die Auffassung, daß die Tat eine von Gottmacht durchdrungene Wirklichkeit ist, in der sich das religiöse Sein als Teil des sinnvollen Weltgeschehens darstellt. Dieser Schlußabschnitt ist von derselben Haltung durchdrungen, wie der prachtvolle Abschnitt Chānd.-Up. III, 16, 17, wo es heißt: „Der Mensch in seinem lebendigen Dasein ist das (rechte) Opfer." Der *ātman* ist der Opferspender, sein Glaube ist die Gattin, sein Leib das Brennholz, seine Liebe das Opferschmalz, sein Eifer das Opfertier. Seine Askese ist das Opferfeuer, seine Bezähmung der Opfertierschlachter, seine Rede der Opferlohn, den der Opferer Altindiens den Priestern zu geben pflegte. Seine Weihe ist sein Getragenwerden (im Mutterleibe, wo er sich, wie der sich Weihende, in der Stille der Weihhütte für das Opfer, so für das Lebensopfer vorbereitet). Die Gezeiten seines Lebens sind die Gezeitenopfer, wenn er ißt, ist dies die Opferspende ... Wenn er sich vergnügt, ist dies die *upasad*-Feier (ein besonderer Teil der großen Opferfeier). Sein Sterben ist das Schlußbad (das nach Abschluß des altindischen Opfers genommen werden mußte). Dies ist sein Feueropfer und seine große Soma-Feier, die bis ins Alter und in den Tod dauert.

Wer solches weiß, erlangt beim Tode Machtgrößen und als höchste, die Machtgröße des *brahman*.

Diese Gedanken sind in der Tat umstürzender Art, wenn man bedenkt, wie sich der brahmanische Kult und Ritualismus zur alleinigen Herrschaft aufzuschwingen versuchte und wie er heute noch in gewissen Sphären indischen Lebens herrscht. Wer sich von diesen Gedanken bestimmen ließ, war sicherlich auf dem Weg, das Leben in seiner weltwirklichen Daseinsform zu heiligen und darum verpflichtend zu führen. Wenn sich in diesen Upaniṣaden auch erst die Anfänge eines Durchbruches zu dieser Haltung zeigen, darf ohne Widerspruch gesagt werden, daß damit Entscheidendes in der geistigen Entwicklung der Menschheit errungen wurde. Im Zusammenhang mit *nyāsa* hat sich immer eine starke Neigung der indischen Religion zur Entwirklichung des irdischen Daseins gezeigt. Aber es hat nie an solchen gefehlt, die sich von der in diesem Schlußkapitel sich offenbarenden Tiefenschau des Daseins leiten ließen. Auch in Indien ging die Entwicklung langsam vor sich, und die Menschheit als Ganzes ist noch weit vom Ziel zu diesen Erkenntnissen und zu dieser Haltung, ohne die die Menschheit das Leben in seiner Fülle nie zu meistern imstande sein wird. Die Großgestalten dieser Gesinnung im modernen Indien wie Takkur und Gandhi haben eben aus diesem Grunde weltgeschichtliche Bedeutung gewonnen.

Der Weg, auf dem der indische Geist zu diesen Erkenntnissen vordrang, war die Wendung nach innen, die „Introversion", die in schöpferischer Dialektik umschlug zu einer, in erfahrenen Gott-Tiefen wurzelnden, „Extraversion", wie sie der *karmayoga* der Bhagavadgītā dann klassisch kundtut (vgl. unten III. Hauptabschnitt, 3. Kap.).

Tatkräftiges Wesen also, fromme Gesinnung, echtes Leben und echte Tat sind ein „Opfer", eine Darbringung an die Lebensmächte, die das Ganze schaffend durchwalten und ein inneres Reich aufbauen – so etwa können wir diese symbolhafte Parallelisierung vom brahmanischen Opfer und gelebtem Leben kurz zusammenfassen.

Damit ist das viel zuwenig beachtete und auch von Fachleuten teilweise mißverstandene Verhältnis von *ātman-puruṣa-brahman*-Schau und sittlichem Verhalten berührt, dessen klare Erkenntnis für das Verstehen des Yoga von Bedeutung ist. In den frühesten Stufen des Yoga tritt die Bedeutung des Sittlichen nicht besonders hervor. Dagegen ist in den großen Upaniṣaden, die mit dem brahmanischen Opferkult verknüpft sind, schon sehr früh die Bedeutung einer sittlichen Haltung betont. Freilich ist sie auch hier kein Wert an sich, der in der angeführten Stelle aus der Chānd.-Up. aufzudämmern begann, sondern Mittel auf dem Erkenntnisweg, der zu *ātman-brahman* führt. Diese Spannung ist übrigens in der ganzen Entwicklung des Yoga spürbar, selbst im Karmayoga der Bhg. mit der Neigung, die sittliche Gestaltwerdung gegenüber der von allem Weltleid erlösenden Erkenntnis zurücktreten zu lassen. Immerhin sind aber in den alten Upaniṣaden starke Ansätze zu der Ausbildung eines sittlichen Ideals [35]). Diese Bemühungen, die dann in den ältesten Yoga-Up. fortgesetzt werden, haben wohl auch Einfluß auf die Entwicklung des Yoga gehabt und sind dann vom Buddhismus, ohne Zweifel von Buddha selbst, weitergeführt und vertieft worden.

In der angeführten Stelle aus der Chānd.-Up. werden *tapas* „Askese", *dāna* „Freigebigkeit", *ārjava* (bei Lauenstein irrtümlicherweise *arcava*) „Rechtschaffenheit", *ahiṃsā* „Nichtschädigen" und *satyavacana* „Wahrheitssprechen" besonders hervorgehoben. Sehr energisch wird in diesen Upaniṣaden immer auch das Freisein von Begierde betont; der *akāmayamāna* „der Begierdelose" nur erlangt die höchste und erlösende Erkenntnis (Bṛh.-Up. IV, 4, 6); ebenso *dama* „die Bezähmung" und *śama* „die Beruhigung", d. h. ruhiges Gemüt, Gleichmut in allen Wandlungen und Erschütterungen, ferner *śraddhā* „das-Herz-Dransetzen, das große Trauen."

Die Taitt.-Up. enthält in I, 9 eine Art Pflichtenordnung oder Tugendtafel, die versucht, den Menschen der brahmanischen Frömmigkeit einem ganzen Leben als Glied der Gemeinschaft zu verpflichten, wohl gegenüber der Überbetonung des asketischen Ideals. Demgegenüber wird aber bei jeder Tugend eingeschärft, daß sie mit *svādhyāya* „eigenem Forschen" (in den heiligen Schriften) und *pravacana* „Verkündigung" (der heiligen Schriften) verbunden sein müsse: Tugend und brahmanische Frömmigkeit gehören eng zusammen. *ṛtam* „Recht", *satya* „Wirklichkeitshingabe, Wahrheit", *tapas* „Askese", *dama* „Bezähmung", *śama* „ruhiges Gemüt", *agnayaḥ* „die Opferfeuer, Opfer", *agnihotra* „das tägliche Feueropfer", *atithaya* „Gastfreundschaft, Gastlichkeit", *mānuṣa* „menschliche Gesinnung, Menschlichkeit", *prajā* „Nachkommenschaft, Familie", *prajana* „Zeugungsgemeinschaft", *prajāti* „Sippen-Geschlechtergemeinschaft", dies sind die Grundpflichten dieses frommen Lebens.

Dieser vollen Pflichtenordnung werden Einseitigkeiten von gewissen Lehrern entgegengestellt, von denen der eine nur *satyam*, der andere nur *tapas*, der dritte nur Forschen und Lehren der heiligen Schriften betont.

Ein Vergleich dieser ganzheitlich gerichteten Pflichtenordnung mit dem *yama* und *niyama* des Yoga verrät ohne Zweifel die Tendenz zur Verselbständigung des Yogaweges als eines zunächst ganz nach innen gerichteten Heilspfades, eine Tendenz, die dann erst wieder im Karmayoga eine Gegenbewegung fand. Diese nie aufhörende Spannung zwischen restloser Hingabe an den Heilsweg und dem fordernden Leben hat der Yoga selbst nie bis zu einer metaphysisch verwurzelten unangreifbaren Synthese ausgetragen.

Bedeutsam für die Zusammenhänge der Yoga-Entwicklung ist die Tatsache, daß sich in der Mahān.-Up. auch ganz bestimmte Ausdrücke finden, die im späteren tantrischen Yoga eine so große Rolle spielen, so z. B. *sadāśiva* (vgl. den Abschnitt 21 der Up.). Die verschiedenen Strömungen, die hier durcheinanderlaufen, geschichtlich klar zu erkennen ist aber außerordentlich schwer, besonders auch, weil die zeitlichen Schichten kaum mehr freizulegen sind. Nur so viel ist klar, daß die verschiedenen Bereiche immer weniger isoliert ineinander- und durcheinandergingen, weil die brahmanische Kultur eine geistige Einheit schuf, die das ganze Indien nördlich des Dekhan und im Laufe der Jahrhunderte nach Zeitr. auch diesen und die Randgebiete erfaßte. Diese Entwicklung legte den Grund zu einer geistigen Einheit des ganzen indischen Subkontinents, der heute mit seinen 3½ Hundert Millionen Einwohnern sich anschickt, eine einheitliche Kulturprovinz gewaltigen Ausmaßes zu werden.

In den bisher betrachteten Upaniṣaden sind uns eine Reihe von Yogaübungen entgegengetreten, die schon in eine psychologisch feindurchfühlte Stufenreihe eingeordnet waren. Ebenso sind da und dort immer wieder Voraussetzungen sittlicher Art für das Gelingen des Yoga genannt worden. Aber diese treten gegenüber den großen Schauungen noch in den Hintergrund. Wir wenden uns nun der Upaniṣad zu, in welcher alle „Glieder" des Yoga, wie sie im Yogasūtra des Patañjali beschrieben sind, auftreten. Dieser systematisch aufgebaute Yogaweg wird der achtgliedrige Yoga (yogasāṣṭāṅga) genannt.

Dies ist die Jābāladarśana-Up.[36]), deren Ursprung auf eine Inkarnation von *Viṣṇu* zurückgeführt wird, denn ihr Verkündiger ist Dattātreya; ein *mahāyogin,* ein erhabener *bhūtabhāvana* „Heilbringer", ein vierarmiger *mahāviṣṇu,* d. h. eine Inkarnation des Viṣṇu (die vierte nach der Überlieferung der Purāṇas), der in die Allherrschaft des Yoga eingeweiht war[37]). So berichtet der Eingang der Upaniṣad.

Bezeichnend für diese Upaniṣad ist, daß sie die sittlichen Voraussetzungen, die rechte Haltung und das richtige Handeln betont in den Vordergrund stellt. Insofern bildet sie einen Übergang zum Yogasūtra, wenn dieses auch alles straffer zusammenfaßt. Es mag sich im Laufe der Entwicklung des Yoga herausgestellt haben, daß ohne ein rechtes, sittlich bestimmtes Leben die Wucherung über- und unterbewußter Erlebnisse einriß, und statt wahrer Einsicht und echtem Werden und Leben aus ihr, ungezügelte Schauungen sich breitmachten, und daß dies schließlich innerhalb der Yoga-Bewegung zu einer Verwilderung des sittlichen Lebens führte. In den primitiven Voraussetzungen des Yoga lauerte stets die Gefahr einer solchen Verwilderung; und das Fakirtum Indiens gibt uns zahllose Beispiele dafür. Den echten Yogin aber ging die tiefe Erkenntnis auf, daß wahre Weisheit und Schau nur einem sauberen Wesen und einem durch strenge Zucht gereinigten Gemüt geschenkt wird. Sie erfaßten hier strenge Lebensgesetze: Wo die Triebe herrschen, wird die Kraft innerer Sammlung verzehrt, ihre immer unruhvolle Bewegung verwirrt den Geist und hindert die Einsicht, die uns still aus der klar erkannten Wirklichkeit entgegenwächst. Aus solchen Erfahrungen und Erkenntnissen ist der Nachdruck zu erklären, der immer deutlicher spürbar in den edlen Upaniṣaden auf die sittlich-seelische Durchbildung des ganzen Menschen gelegt wird.

Es ist wohl möglich, daß diese Entwicklung durch den Buddhismus gefördert wurde, der ja die sittliche Zucht *(sīla)* als Vorbedingung der erlösenden Erkenntnis und der Heilserfahrung betont[38]). Zucht des ganzen Menschen und Heilserfahrung gehören so eng zusammen, daß sie als zwei verschiedene Seiten derselben inneren Wirklichkeit verstanden werden müssen: „Völliges Nirvāṇa erreichen nur diejenigen, die von den Grundübeln frei sind." „Von sittlicher Zucht durchdrungen ist die Versenkung sehr fruchtreich und sehr segensreich; von der Versenkung durchdrungen, ist die erlösende Erkenntnis sehr fruchtreich und sehr segensreich; von der erlösenden Erkenntnis durchdrungen wird die innere Welt ganz befreit von den Grundübeln."

In diesen Sätzen ist das wechselseitige Ineinander von sittlicher Zucht, Erkenntnis und Befreiung gültig gekennzeichnet.

Die Anfänge der Jābāladarśana-Up. gehen sicher, wie die der anderen Yoga-Upaniṣaden, weit zurück. Wenn wir die verschiedenen Yoga-Upaniṣaden miteinander vergleichen, müssen wir den Schluß ziehen, daß es eine Reihe von Yoga-Genossenschaften oder Yoga-Schulen gab, in denen besondere Traditionen gepflegt wurden, die dann von einem hervorragenden Glied der Genossenschaft in besonders bewegten und schöpferischen Zeiten, vielleicht auch in Auseinandersetzung mit anderen Richtungen gültig geformt wurden. Die Formung der Jābāladarśana-Up., wie sie uns in den Sammlungen vorliegt, ist wohl in der Zeit nach dem Buddhismus, aber vor der Entstehung des Grundtextes des Yogasūtra entstanden, also etwa in den Jahrhunderten 500–300 v. Ztr.

Die Belehrung über den Yoga, die in dieser Upaniṣad vorgetragen wird, verkündet Dattātreya seinem Schüler, einem erlesenen Muni namens *Sāṃkṛti,* der ein *bhaktimān* war. Als acht Glieder des Yoga werden angegeben: *yama, niyama, āsana, prāṇāyāma, pratyāhāra, dhāraṇā, dhyāna, samādhi.* Diese acht Glieder werden dann in sehr ausgedehnten Darlegungen erläutert. Die systematische Durchbildung des Yoga muß also in dieser Zeit geschehen sein.

Daß der Aufbau dieses achtgliedrigen Yogaweges von echten psychologischen Einsichten in das Wesensgefüge der inneren Welt und in die wachstumsartige Entwicklung der Stufen innerer Schulung bestimmt ist, zeigt sich bei näherer Betrachtung der einzelnen Stufen [39]).

Auf Grund der verschiedenen Texte des Yogasūtra ist allerdings anzunehmen, daß sich verschiedene Richtungen des Yoga hielten, die nicht alle diese strenge Systematik einhielten. Man darf sich die Entwicklung in dem großen Bereich, der jetzt vom Yoga erfaßt wurde, nicht zu uniform denken. Traditionen lokaler Art, verschiedene Wesensart und Ziele der Yoga-Übenden, geographische und geschichtliche Bedingungen usw. machten immer ihren Einfluß geltend.

Aufschlußreich ist in der Jābālad.-Up. die Aufzählung der Einzelelemente von Yama und Niyama. Sie zeigen, daß die Zucht der Yogabeflissenen mit Strenge und psychologisch-ethischer Feinfühligkeit entwickelt wurde. Zu Yama gehören 10 Unterglieder: *ahiṃsā* „Nichtschädigen“, *satya* „Wahrhaftigkeit“, *asteya* „Nichtstehlen“, *brahmacarya* „Keuschheit“, *dayā* „Mitleid“, *ārjava* „Gradheit“, *kṣamā* „Geduld“, *dhṛti* „Festigkeit“, *mitāhāra* „Mäßigkeit“ (im Essen und Trinken), *śauca* „Reinheit“. Dabei wird betont, daß diese Tugenden *kāyena, manasā, vācā,* „mit dem Körper, dem Geist und dem Wort“ geübt werden müsse, das heißt also, daß innere Gesinnung, Wort und Handeln eine Einheit bilden müssen.

Zu Niyama „der strengen Zügelung“ gehören *tapas,* „Askese (vielerlei Art)“, *saṃtoṣa* „Zufriedenheit“, *āstikya* „Wirklichkeitshaltung“ (man könnte das Wort mit „Realismus“, Glaube an die Wirklichkeit der Welt übersetzen, als Gegensatz zum „Illusionismus“ oder „absoluten Idealismus“, die in jenen Jahrhunderten besonders im buddhistischen Bereich aufkamen; der Yoga betont demgegenüber immer die Realität der Welt und Gottes). *dāna* „Freigebigkeit“, *īśvarapūjana* „Verehrung des göttlichen Herrn, Gottesfurcht“, *siddhāntaśravaṇa* „Hörwilligkeit für Gültiges oder für die ans Ziel Gekommenen“, *hrī* „Schamgefühl“, *mati* „Besonnenheit“, *japa* „Murmeln“ (der heiligen Namen und Silben in hingebender Versenkung), *vrata* „Weihung, Gelübde, Treue“.

Diese Tafel der Tugenden ist viel reichhaltiger als die im Yogasūtra (vgl. II, 3 ff.). Dort sind es jeweils nur fünf Unterglieder. Man ist versucht, daraus zu schließen, daß die Jābālad.-Up. eine spätere Weiterentwicklung der Tugendreihe des Yogasūtra ist. Dies scheint mir aber nicht richtig: denn ein Vergleich zeigt, daß die Liste im Yogasūtra eine straffere Zusammenfassung darstellt, bei der nur Wesentlichstes beibehalten wird, das die sittliche Grundhaltung des Menschen zentral bestimmt, mit Beziehung auf sich selbst, auf die Gemeinschaft, und auf die Gottheit. Zudem scheint die Ersetzung von *siddhāntaśravaṇa* durch *svādhyāya* „eigenes Studium" eine Entwicklung zur Freiheit von der Autorität und ein Hinweis auf den Wert eigener Forschung zu bedeuten. Denn die Tendenz mancher Yoga-Schulen und Yoga-Lehrer, den Schüler an die Autorität zu binden, war immer groß und bildete eine versteckte Gefahr für die Schulung, der viele erlagen. Solange sich die Tradition auf die wesentlichen Grundstücke einer langen Erfahrung und einer durch strenge Arbeit gereinigten Erkenntnis beschränkte, wirkte sie sich nicht in ihrer Gefährlichkeit aus. Wo aber die besonderen Traditionen einzelner Lehrer und kleiner Schulen in den Vordergrund geschoben wurden, was nicht selten der Fall war, mußte die Bindung an die Autorität verheerend wirken und den Schüler einer Heterosuggestion unterwerfen, die ihn hinderte, zu eigenem echten Erleben und selbständigem Erkennen zu kommen. Auf die weiteren Einzelheiten der anderen Glieder des Yoga soll hier nicht eingegangen werden. Sie werden durch die unten gegebene Übersetzung des Yogasūtra weiter erläutert und im 2. Kap. des III. Hauptabschnittes eingehend betrachtet.

Diese Entwicklung zur *Gurubhakti* im viṣṇuitischen Yoga ist besonders deutlich in der Tripādvibhūti-Mahānārāyaṇa-Upaniṣad [40]). Sie enthält zwar viele Elemente der früheren Entwicklungsepochen des Yoga, aber die Entstehungszeit der Upaniṣad in ihrer jetzigen Form ist mit Sicherheit die Zeit des tantrischen Yoga, von dem sie stark beeinflußt ist, und der Bhakti-Bewegung, welche als beherrschende die tantrische ablöste, also etwa die Jahrhunderte 600–1200. Genauere Daten für diese späteren Upaniṣaden anzugeben ist zunächst noch nicht möglich. Doch sind für diesen Bereich die großen religiösen Bewegungen, deren Aufeinanderfolge und Ineinander einigermaßen deutlich chronologisch erkannt und festgelegt werden können, wichtiger als Kalenderdaten.

Diese Upaniṣad stellt ein umfangreiches Yogakompendium dar, das in der angeführten Sammlung der 108 Up. die Seiten 308–330 einnimmt. Ihren Namen „Dreischritt-Machtentfaltung-Mahānārāyaṇa-Up." hat sie wohl von den drei Schritten mit denen Mahānārāyaṇa, d. i. Viṣṇu das gesamte Weltall durchmißt und machtentfaltend durchdringt. Alles Höchste im Weltall, in den inneren Wirklichkeiten und im kosmischen und seelisch-geistigen Geschehen sind die Machtentfaltungen, *vibhūti* Viṣṇus, wie sie so eindringlich in Bhg X geschildert sind, und die Arjuna in Kap. XI als „Gestaltungen", *rupāṇi* visionär schaut.

Es mag hier zurückblickend auf die Geschichte des Yoga erwähnt werden, daß in Bhg X, 22 als der höchste Veda der Sāmaveda und als die höchsten Weisen, die Viṣṇu selbst ist, die Bhṛgu und Kapila genannt sind (X, 25). Ebenso gehört in diesen Zusammenhang der Name, der in unserer Up. am Anfang und am Schluß erscheint: Ātharvana-Mahānārāyaṇa-Up. und die Kennzeichnung der Up. im 1. Kap., wo Brahmā den Viṣṇu bittet, ihn als Schüler aufzunehmen und in das höchste Geheimnis der Weisheit einzuführen, was ihm dieser in seiner Gnade gewährt. Die Up. wird dort als höchstes Geheimnis bezeichnet, als ein *brahman devadarśi* „ein Gottschauer-*brahman*", das zur Atharva-Schule *(ātharvaṇaśākhā)* gehört. Sie gilt als ein uraltes Zwiegespräch zwischen Lehrer und Schüler, das durch sein Allbekanntsein (von Lehrer-Folge zu Lehrer-Folge) „wach bleibt" (d. h. dessen Strahl- und Leuchtkraft nie erlischt). Es wundert uns deshalb auch nicht, daß wir in dieser Up. auch die uns wohlbekannte alte Gāyatrī der Yoga-Tradition finden: *tat puruṣāya vidmahe / mahādevāya dhimāhi / tan no rudraḥ pracodayāt* (Kap. VII).

In diesem Kap., das Anweisungen für mystische Diagramme (*ṣaṭkoṇacakra* „das Sechseckdiagramm"), Anrufungen und zu summende Geheimsilben enthält, die in tantrische Richtung weisen, wird Viṣṇu als Großgott angerufen, der in zahllosen Gott- und Mächte-Erscheinungen sich offenbart; auch Rudra-Śiva und seine Śakti gehören zu ihnen.

Diesem Gott in tausendfältiger Gestalt gilt letztlich tiefste Meditation und höchste Hingabe. Dies ist der Bhakti-Yoga im Sinne der Bhg, aber ohne deren zuchtvolle Straffung in Gedanken und Worten. Hier reißt rauschhaft-visionäre Schau den Yogin fort zu endlosen und verzückten Preisungen des geliebten Gottes, der Uranfang und Ende alles Geschaffenen, ewiger Keim und Mutterschoß und verschlingender Abgrund von allem ist.

Einen Begriff der Gottmeditation dieser Up. im Sinne des *īśvarapraṇidhāna* des Yogasūtra gibt gleich der Eingang, wo Brahmā den Viṣṇu bittet, ihn in das „Geheimnis des allerhöchsten Wesens" einzuführen, weil er allein der Verkünder dieses Geheimnisses sei:

„Denn du allein bist der All-wisser, du allein bist der All-Mächtige, du allein bist der All-Erhalter, du allein bist der All-Gestaltige *(sarvasvarūpa,* der das All als seine eigene Gestalt hat, sich als All verkörpert), du allein bist der All-Herr, du allein bist der All-Beweger, du allein bist der All-Hüter, du allein bist der All-Vernichter... das urewige Selbst,... der von Sein und Nichtsein Verschiedene, ... der nach innen und außen sich Breitende, ... der feiner als das Allerfeinste, ... der größer als das Allergrößte, ... der Vernichter des Nichtwissens, die Urwurzel von allem, ... der Veranstalter des Nichtwissens, ... die Tragstütze des Nichtwissens, ... Wissen und Nichtwissen, ... der als Wissen sich verkörpert, der alles Wissen übersteigt, ... Die Ursache der Ursache des Alls, ... der Inbegriff aller Ursachen, du bist aller Ursachen Verneinung, ... der am Ungeteilten seine Lust hat, ... der am Ringserfüllten seine Lust hat, ... der seine Lust hat an dem, das jenseits alles Erreichbaren. Du allein bist der Vierte des Vierten (*turīyaturīya; turīyam* ist der vierte Wesenszustand des *ātman,* in dem dieser über den traumlosen

Tiefschlaf hinausschreitet zur unsagbaren Einung mit dem *paramātman* oder dem *brahman* oder dem Unsag- und Unfaßbaren. Vgl. weiter unten). Du allein bist derjenige, der auch über diesen vierten Zustand hinausgeschritten ist *(turīyātīta;* Viṣṇus Wesen ist selbst dem *turīyam* noch übergeordnet). Du bist der zu erjagen ist in der Unendlichkeits-Upaniṣad (dies ist eben die hier behandelte Up.),... der in allen heiligen Schriften zu erjagen ist, ... der in allen heiligen Überlieferungen *(āgama)* zu erjagen ist[41]), die Brahmā (oder *bráhman?*), den „Herrscher" (*īśāna* = Rudra-Śiva), den „Burgenbrecher" (*puraṃdara* = Indra) verkünden, die alle todlos sind ..., der durch alle, die nach Erlösung streben zu erjagen ist,... der von den mit Todlosigkeit Erfüllten zu erjagen ist, ... der, dessen Wesen das Todlose ist, dessen Wesen das Todlose ist, dessen Wesen das Todlose ist. Du allein bist Alles, du allein bist Alles, Du allein bist Alles,... Du allein bist die Befreiung, du allein bist Geber der Befreiung, du allein bist der Weg zur uneingeschränkten Befreiung. Nichts ist, das über dich hinausginge (*vyatiriktam* „für das Raum wäre über dich hinaus"). Was auch immer als über dich hinausgehend geglaubt wird, das ist eitel Krampf – dies ist klar entschieden.

Darum bist du allein der Künder, bist du allein der Lehrer, bist du allein der Vater, bist du allein der Lenker von Allem, bist du allein Alles, bist du allein der, auf den das Sinnen sich richten soll – das ist gut und klar entschieden."

Diese Litanei zum Preise des Viṣṇu, des Mahānārāyaṇa, die ähnlich wie das Śatarudriya für Rudra zu meditieren ist, wird für denselben Zweck ergänzt durch eine Litanei zum Preise des *bráhman,* mit dem Viṣṇu Mahānārāyaṇa ineinsgesetzt, ihm aber zugleich auch untergeordnet wird. Denn A und O dieser Litaneien ist dieser Eine höchste Gott. Die theistische Haltung mußte sich selbstverständlich mit dem unpersönlichen Begriff des Göttlichen irgendwie auseinandersetzen. Theologisch ist diese *bráhman*-Litanei selbstverständlich mit dem das *bráhman* zuhöchst setzenden *Advaita* eins, wobei zwar die theistische Tendenz vorwiegt, aber trotzdem das persönlich-überpersönliche Wesen des Göttlichen in polar gespannter Einheit lebendig bleibt.

„Wie ist es aber mit *bráhman?* Das *bráhman* wird nicht betroffen von der Dreiheit der Zeit. Es ist unbetroffen von jeglicher Zeit überhaupt (d. h. vom Zeit-Sein in jeder Beziehung). Das *bráhman* hat Guṇa- und Nicht-Guṇa-Gestalt. Das *br.* ist völlig rein von Anfang, Mitte, Ende. Das *br.* ist wahrhaftig dieses All. Das *br.* ist jenseits, ist Māyā, jenseits der Guṇa. Das *br.* ist ganz erfüllt von Unendlichem, Unermeßlichem, Unteilbarem. Das *br.* ist unzweiheitlich, Höchstes, Urlust, Reines, Erwachtes, Befreites, Ewig-Wirkliches kraft eigenen Wesens, Durchdringendes, Ungeschiedenes, Unzerspaltenes. Seiend, geistend, Urlust-selbstleuchtend ist das *bráhman.* Es ist außer der Reichweite von Verstand und Wort. Allem Schluß-folgernden Denken entnommen. Man soll es wissen als das unermeßliche Veda-Ende (*anantavedānta* bedeutet hier wohl das Unermeßliche, Letzthin-Wirkliche, wie es der Vedānta glaubt). Von Raum,

Zeit, Stoff völlig losgelöst und frei ist *br.* All-erfüllt ist das *br.*, das Vierte *(turīyam)*, Eine ohne jegliche Gestalt. *br.* ist das Zweitlose, Unaussprechbare. In der Om-Silbe verselbstet sich das *br.* (in der irdischen Welt). Weil es sich in der Om-Silbe verselbstet, wird das *br.* ausgesprochen. Durch die Om-Silbe und die andern Laute verselbstet sich das *br.* in allen Mantras. Das *br.* verselbstet sich in der „Schritt-(Fuß)-Vierheit" (*pādacatuṣṭaya;* vgl. dazu unten die Bemerkungen über *turīyam*). Was ist dieses Schritt-(Fuß)-Vierheitliche *bráhman?* Es ist der Irrwissen-*(avidyā)*-Schritt, der Rechtswissen-Schritt *(suvidyā)*, der Urlust-Schritt und der „Vierte Schritt". Der „Vierte Schritt" ist das „Vierte des Vierten" *(turīya-turīya)*. Was aber ist der Unterschied in dieser „Schritt-(Fuß)-Vierheit"?

Der Irrwissen-Schritt ist der erste; der Wissen-Schritt der zweite; der Urlust-Schritt der dritte. Der *turīya*-Schritt ist der vierte. Nirgends anders als in dem ersten Schritt (hin zum Weltwerden) liegt das urwurzelhafte Irrwissen (*avidyā* ist die metaphysisch-kosmische Urmacht alles Daseins, das sich vom Letzthin-Wirklichen sondert und in dieser Sonderung seine Einheit mit diesem vergißt, meinend es sei in sich existierend, sei ein anderes als Jenes). Wissen, Urlust und der vierte Seinszustand *(turīya)* sind die Zweige, die alle Schritte durchdringen. Damit ist der Unterschied von Wissen und den andern (Seinszuständen) erklärt. Dies ist die Unterweisung in „Jenem" *(tad)*, durch Darlegung des Hauptgegenstandes, nämlich des *tad.* Von der irdischen Wirklichkeit her gesehen ist da in der Tat kein Unterschied (der *pāda).* Von diesem (dem *turīya*) abwärts geschieht eine einzige Folge, ein „Schritt", der vom Irrwissen bunt durchdrungen ist. In der Aufwärtsfolge geschieht ein Drei-Schritt, ein Todloses, das bezeichnet wird durch Geläutertes, erleuchtete Schau und Urlust. Und dieses flammt strahlend auf als eine Ballung von weltloser, allerhöchster Urlust und eines ungeteilten unermeßlichen Machtglanzes.

Das *(tad)* west als Unaussprechliches, Unlehrbares, als ungeteilte Urlust, als etwas das nur Eine einige Essenz hat. Da erstrahlt die mittlere Unterweisung des mittleren Schrittes; das Ewig-Durchdringende (*vaikuṇtha* ist ein Name für Indra und Viṣṇu bedeutend: „der Durchdringende"; das Neutrum weist auf überpersönliche Wesenheit) in der Erscheinung eines Stromes von unermeßlicher Glanzmacht. Und das flammt auf als unübersteigbare Urlust als ungeteilte *bráhman*-Urlust in der Erscheinung einer eingeborenen Gestalt.

Es wird geschaut wie ungeteilte Maṇḍalas. Es strahlt als des großen Viṣṇu höchster Ort, prangend in ungeteilter Urlust, als unermeßliche Viṣṇu-Gott-Glanzmacht, ein Strom, der im Innern leuchtend hinzieht. Es wird geschaut dem Gefäß gleich des Todlosen des Todlosen (*amṛtāmṛta,* vgl. *turīyaturīya)*, das inmitten des Milchmeers ist, als der allerhöchsten Viṣṇu-Urquelle *(dhāman).*

Der Herrlich-Schöne ist mit Gott-Macht-Glanz ins Herz eingegangen, der herrlich schöne Puruṣa ist im Herzen wie die Sonnenscheibe, der Sonnen-Narāyaṇa. Der Unermeßliche, der Ungeteilte, der Zweitlose, höchster Urlust Volle ist mit Machtglanzstrahl ins Herz gekommen; der urewige Nārāyaṇa wird so geschaut. Er ist in Wahrheit das *turīyam brahman.* Er wahrlich ist noch über das *turīyam* hinausgestiegen. Dies wahrlich ist Viṣṇu."

Damit ist der Meditierende wieder in den Bannkreis der persönlichen Gottheit eingetreten, die sozusagen die personhaft konzentrierte Gottmacht ist, die dem Menschen gnadenvoll begegnet.

Und nun wird Viṣṇu wiederum gepriesen als der, der über alles hinausgeht: „Viṣṇu ist als der Verkündiger des *bráhman* nach seinem ganzen Wesen, d. h. seiner All-Umfassenheit zu nennen: Er ist das höchste Licht, Er hat die Māyā überschritten, Er hat die Guṇas überschritten, Er hat die Zeit überschritten, Er hat alle Werke überschritten, Er ist frei von den Bedingungen des Ewig-Wirklichen *(satyam),* Er ist der höchste Herr, Er ist der uralte Puruṣa, der Verkündiger aller Mantras vom Summlaut *(om)* an genannt werden muß, frei von Anfang und Ende, der doch wieder erfüllt ist von Anfang, Raum, Zeit, Stoff, dem Nicht-Ewigen, trotzdem in der Gestalt Ewiger Wirklichkeit am Ātman sich ergötzend, in seiner Eigen-Gestalt nicht bedrängt von der Zeit-Dreiheit, im Eigen-Lichte strahlend, wesend aus eigenem Glanz, nur sich selbst gleich, von jeder Beimengung frei, auch frei von allem, was sein Wesen überstiege, bei dem kein Unterschied von Tag und Nacht, kein Unterschied von Jahr- und Zeitenanfang, in der eigenen Urlust und in der Unendlichkeit unausdenkbar mächtig, der Ātman im Ātman, der höchste Ātman, der Erkenntnis-Ātman, der *turīya ātman* (der ‚vierte Ātman', ein Begriff, der den *ātman* Mahānārāyaṇas über *antarātman, paramātman* und *jñānātman* noch hinausheben soll, so wie auch das *turīyam brahman* ein solcher Steigerungs- und Überbegriff ist; man vgl. dazu das *hypér* in der neuplatonisch-christlichen Mystik). So ist der Verkünder von Uranfang zu nennen, der unangetastet von der „Zweiheit" in höchster Urlust west, der ewige Machtentfaltung ist, ungeteilt im Wesen, gestaltlos, merkmallos, namenlos, rein (von allem). Er ist der Eine Gott Nārāyaṇa, kein Zweiter ist neben ihm".

In sich steigernder Inbrunst reißt es den Sinnend-Liebenden durch alle Sphären der inneren Schau und des Denkens, wobei die Paradoxie des Gottwesens durch Entgegensetzungen gekennzeichnet und als *coincidentia oppositorum* gepriesen wird, bis nichts mehr bleibt als reines, ewiges Sein, das sich aber doch wieder in dem Einen, urewigen Gott, dem man in Hingabe verbunden ist, konzentriert. So entsteht eine gewaltige, kaum mehr faßbare Spannung der Vernunft und des Gemüts zwischen persönlicher und überpersönlicher Gottergriffenheit, die für die höchsten Stufen der theistischen Yoga-Upaniṣaden so charakteristisch ist. Religionsphilosophisch ist dies bis heute die befriedigendste Antwort in dem nie endenden theologischen Streit über den persönlichen Gott und das unpersönliche Göttliche.

Das diese „Übersteigungs-Theologie", wie man diese Art von Gotteskunde nennen könnte, ihren Ursprung nicht einfach in vernunftmäßigen Spekulationen, sondern in den Yoga-Erfahrungen hat, daß wir also hier einer psycho-empirischen Metaphysik begegnen, zeigt der in unsere Upaniṣad so zentral gestellte Begriff des *turīyam.* Denn dieser Begriff stammt aus der Yoga-Erfahrung und kann in den Upaniṣaden noch in seiner Entstehung und Entwicklung gefaßt werden. Das Wort *turīya* taucht in der Up.-Spekulation am frühesten in der Bṛh.-Up. (V, 14) im Zusammenhang mit der Gāyatrī auf, jenem uralten (wohl indogermanischen) Versmaß von 3 × 8 jambisch geordneten Silben, in dem die oben behandelte altertümliche Strophe *tat-puruṣāya* usw. gedichtet ist, wie auch die hochheilige Sāvitrī Rv III, 62, 10. Von den 3 *pada* (Füße, Verse, Schritte) der Gāyatrī werden in der Bṛh.-Up. der 1. dem Weltall gleichgesetzt, der 2. den 3 Veden, der 3. den 3 Hauchen *prāṇa, apāna, vyāna,* also dem Lebensodem. Darüber hinaus gibt es in dieser dreiversigen Strophe einen 4. Vers, *turīyam padam,* den unhörbaren und unsichtbaren, sozusagen die transzendente Wesenheit der Gāyatrī, die sich „glanzreich in der Sonne über allem Erdenstaub" offenbart. Auf dieses *turīyam padam* ist die irdische Gāyatrī und alles, was sie symbolisch ist, gegründet. Dieses *turīyam padam* ist aber in *satya,* der „ewigen Wirklichkeit" gegründet, diese in der Urmacht *(bala)* und diese in *prāṇa,* dem ewigen Lebensodem. *satya, bala* und *prāṇa* sind sozusagen die im *turīyam padam* wirkenden kosmisch-metaphysischen Urmächte. Wir sehen, wie hier das spekulative Sinnen schon früh auf eine transzendente ewige Wirklichkeit gerichtet ist.

Eben dieses Sinnen will aber der Yoga zur inneren unmittelbaren Erfahrung der dem Sinnen gegebenen Gegenstände erheben. So bemächtigt er sich auch dieses Gegenstandes und entdeckt, daß die Bewußtseinsphasen, die das Sinnen durchläuft, vom Wachzustand, in dem die Gesamtwirklichkeit durch die Sinne vernommen wird, zum Traumerleben *(svapna),* der allnächtlichen Parallele zur visionären Schau, zum traumlosen Tiefschlaf (*suṣupti* „guter Schlaf"), dem Zustand der Bewußtseinsstille, bis zu jenem überbewußten Zustand, in dem es weder Erkennen noch Nichterkennen, nur noch unterschiedloses Einssein gibt, in der Tat Seinsphasen des *ātman* sind, und darum Phasen des Seins überhaupt. Ist doch das Selbst in allen diesen Phasen „Wirklichkeit" erfahrend, so äußere wie innere, und steht durch diese Erfahrungen, die allgemein sind, wo geschulte Innenerfahrung besteht, mitten in der Gesamtwirklichkeit mit allen ihren Dimensionen, auch mit jener „ganz andern", die man im Wachzustand „ahndet", in jenem letzten überbewußten Zustand aber nur *ist.*

Diese Art der Spekulation ist gemeint, wenn hier von einer „psychoempirischen Metaphysik und Ontologie" die Rede ist.

Alle Spekulationen über das *turīyam* als Bewußtseins- und Seinszustand des *ātman* und als immanent-transzendente Seinswirklichkeit überhaupt, wie sie sich in der altertümlichen Māṇḍūkya-, der Maitrāyaṇa, der Brahma-, der Nṛsiṃha-, Uttara-Tāpanya- und andern Upaniṣaden, im besonderen auch in unserer Tripādvibhūti-Mahānārāyaṇa-Up. finden, müssen letztlich von jenem höchsten Bewußtseinszustand her verstanden werden, den der Yoga *samādhi* nennt (vgl. darüber III. Hauptabschnitt, 2. Kap. 2).

In der Māṇḍūkya- und den ihr folgenden Upaniṣaden wird als Grundlage der *turīya*-Spekulation die Silbe *om* benützt mit ihren drei *pāda* (Füße oder Moren) a – u – m über denen ein vierter steht, der *amātra* „der mora-lose". Diese werden dann Bewußtseinszuständen des *ātman* gleichgesetzt: „Die vierte Stufe hat keine Entsprechung mehr in der Om-Silbe. Hier ist weder Innenerkennen noch Außenerkennen, kein ‚geballtes' Erkennen noch auch Nichterkennen. Dies ist das vierte Viertel (Fuß) von *brahman-ātman,* ein Zustand für den jede Bezeichnung zu verneinen ist, wo alles Existierende in ewige Ruhe sich auflöst, der zweitlose Śiva, der *caturtha-* (‚vierte') *ātṃan,* er ist *der ātman",* heißt es in der Māṇḍ.-Up. Die der Māṇḍ.-Up. beigegebene Kārikā des Gauḍapāda behandelt dann diese Seins- und Bewußtseins-Zustände des *ātman* philosophisch sehr eingehend. Aus diesen Zeugnissen erhellen sich die Spekulationen unserer Up. über das *turīyam.*

Dabei ist wohl zu bedenken, ob in diesen Spekulationen nicht der alte Mythos von den drei Schritten des Viṣṇu, mit denen er die Gesamtwirklichkeit durchmessen und in Besitz genommen hat, mitwirkt. Sein *paramaṃ padam,* sein „höchster Schritt" oder Ort, auch *dhāman* „Ursetzung", „Urquell" von allem genannt, ist schon früh als das eigentlich Transzendente, das immanent alles durchdringt, verkündet worden. Darum werden auch *pāda,* Fuß, Viertel und *padam* Schritt in diesen Zusammenhängen auswechselbar.

Der besondere Yoga-Pfad, der Bhakti-Yoga, wird in der Tripād.-Up. an verschiedenen Stellen gelehrt, wobei auch Blicke auf andere Yogamethoden geworfen werden. Er wird in Kap. VIII als der beste und gefahrloseste Weg zur Großen Befreiung gepriesen: „Der Bhakti-Yoga ist ohne jegliche Gefahr, durch den Bhakti-Yoga geschieht die Große Befreiung. Solchen, die mit *buddhi* begabt sind, geschieht die Erkenntnis der „Dasheit" (*tattvam* ist das Letzthin-Seiende) auch ohne besondere Anstrengung und in kurzer Zeit. Der die Bhakti-Frommen Liebende (Viṣṇu) rettet aus eigenem Antrieb die in Bhakti Verharrenden von allen Hindernissen der Großen Befreiung. Er gewährt alle Wünsche; er ordnet die Große Befreiung an."

„Denn ohne Ursache entsteht ja keine Wirkung. Ohne Bhakti wird kein *brahman*-Wissen geboren. Darum wirf alle andern Mittel weg und verlaß dich allein auf Bhakti, werde einer der fest steht in Bhakti, werde einer, der fest steht in Bhakti! Mit Bhakti werden alle ‚Erreichnisse' (= Wunderkräfte) erreicht. Nichts gibt es, das durch Bhakti nicht erreicht werden könnte.

Der Schüler, nachdem er so die Lehre des Guru gehört hat (wie Brahmā die des Viṣṇu-Mahānārāyaṇa), das ganze Geheimnis des allerhöchsten Wesens mit hellem Geist erfaßt und alle Zweifel beiseite geschoben hat, faßt den Entschluß: Nun will ich schnell die Große Befreiung vollenden, steht dann auf, erweist dem Guru Verehrung, indem er ihn rechts herum umwandelt, vollbringt für die (alten) Gurus das Guru-Opfer und wird durch die Zulassung des Guru Schritt für Schritt einer der in Bhakti feststeht; erlangt durch das Höchstmaß von Bhakti die vollreife Erkenntnis und dadurch wird der Schüler dann ohne krampfhafte Anstrengung schnell offensichtlich Nārāyaṇa." So lautet die Upaniṣad.

Daß in dieser Form des Yoga der *guru* eine entscheidende Rolle spielt, ergibt sich mit innerer Notwendigkeit. Ist er doch der Stellvertreter des Gottes; ihm steht nicht nur eine *successio magistrorum* bis zum Gott selber zur Verfügung, der nach Bhg IV, 1 den Yoga als erster dem Vivasvat verkündigt hat; sondern der Gott selbst hat sich in großen Lehrern verkörpert. In diesem Glauben hat ja auch die Śvet-Up. in ihrer jüngsten Schicht (VI, 23; vgl. oben S. 140) für den Guru dieselbe Bhakti gefordert wie für den Gott.

Die Stellen, in denen in der Tripād.-Up. die Stellung des Guru im Bhakti-Yoga dargelegt wird, sind für die Entwicklung der Guru-Ver-Verehrung in Indien von Bedeutung, z. B. Kap. VIII: *guruḥ kaḥ iti* „Was ein Guru ist (und welche Rolle er in diesem Yoga spielt) wird dargetan: Der Guru ist der unanfängliche Nārāyaṇa, der sich dem irdischen Auge als Mensch darstellt." Der ewige Verkünder des Bhakti-Yoga, Mahānārāyaṇa, verkörpert sich also im irdischen Guru. Darum darf das große Geheimnis des allerhöchsten Letzthin-Seienden auch keinem mitgeteilt werden, der die Gurubhakti ablehnt, keinem der den Guru nicht hört. Ohne Gurubhakti gibt es keine vollendete Bhakti und ohne Bhakti gibt es kein Heil! Damit ist der Heilsuchende unbedingt an den Guru gebunden, der gegenwärtig an der Stelle des Urguru Nārāyaṇa steht.

Daß damit eine große Gefahr für den freien Yoga heraufbeschworen, Hörigkeit und enge Sektiererei gefördert wird, ist durch die Geschichte des Yoga zur Genüge bezeugt. Sie erscheint bekanntlich wieder in der sogenannten „Übertragung" innerhalb der westlichen Psychotherapie. Im Yogasūtra ist darum der Yogapfad ganz auf die in voller Freiheit geschehende Erfahrung des Selbstes abgestellt. Sie befreit innerlich von jeder Hörigkeit gegenüber dem Guru. Auch unsere Up. kennt diese Erfahrung: Da wo der Gläubige auch über die Bhakti hinausdringt wird er ganz frei.

In Kap. V wird der Pfad der Yogabhakti dargelegt: „Ohne die Belehrung durch einen Guru kann auch in Millionen von Weltaltern die Befreiung nicht erlangt werden, selbst von den Göttern nicht." Ein echter Lehrer muß dem Schüler die Lehre vom rettenden Gott vortragen. Der Schüler vernimmt und meditiert sie. Dann wird der Glaube *(śraddhā)* „Das-Herz-dransetzen" geboren. Dann geschieht, durch das Festwerden des Herzens die Vernichtung der Knoten übler Strebungen. Dann verschwinden alle üblen Lüste, die im Herzen wohnen. Darauf offenbart sich der höchste Ātman in der Samenkapsel des Herzenslotos. Dann entsteht die zur festen Stätte hinüberrettende Viṣṇubhakti. So tritt die Entlüstung *(vairāgya)* ein. Durch die Entlüstung erscheint der Zustand der Erkenntnis in der Buddhi (*buddhi* ist das Organ der Erleuchtung). Durch „Übung" *(abhyāsa)* kommt Schritt für Schritt die Erkenntnis des *tad* zur vollen Reife. Durch die reife Erkenntnis wird man ein schon zu Lebzeiten Befreiter *(jīvanmukta)*. Da verschwinden alle karmischen Einwohnungen (über den Begriff *vāsanā* vgl. weiter unten), von reinen und unreinen Taten. Dann wird man durch die „Einwohnung" der zur festen Stätte hinüberrettenden, reinen Lichtweltstoffenergie einer, der auch über Bhakti hinausgelangt. Im Zustand, der über Bhakti hinausliegt, wird man *Nārāyaṇa,* All-seiend, und erstrahlt machtvoll in allen Seinszuständen. Alle Nārāyaṇa-durchwesten Welten erstrahlen dann machtvoll (in ihm).

Über diesen Nārāyaṇa hinaus aber gibt es nichts.

Dieser Yoga-Pfad ist ein schönes Beispiel organisch wachsender Einkehr und Befreiung in der Erfahrung eines Letzthin-Wirklichen im Menschen, der seiner Wesens-Identität mit dem Letzthin-Wirklichen in allem erfahrend inne wird. Die Stufen dieses Pfades entsprechen seelisch-geistigen Wachstumsgesetzen, die nur echte und lange Erfahrung enthüllen konnten.

1. Der Schüler vernimmt durch einen ergriffenen Lehrer die Kunde von einem höchsten, rettenden Gott.

2. Diese Kunde erweckt im Herzen des Hörenden Vertrauen, das eigene Herzdransetzen an diese große Botschaft.

3. Durch die Kraft dieses Vertrauens wird das vorher von Zweifeln und Sehnsucht hin und her gerissene Herz fest, der Mensch gewinnt einen zureichend sicheren Stand für weiteres inneres Wachsen.

4. Dadurch geschieht eine innere Lockerung und Lösung, die vorläufige Befreiung vom Banne übler Neigungen, die bisher den Menschen nach allen Richtungen vom rechten Pfad abgedrängt haben.

5. In dieser inneren Lockerung schwächen sich die animalischen Triebe ab, die sogenannte Tiefenschicht fängt an, in das leiblich-seelisch-geistige Gesamtgefüge des Menschen befreiend einzugreifen.

6. Dem Menschen wird offenbar, daß er eine in der Tiefe wurzelnde entscheidungskräftige Person ist. Er ist kein Getriebener mehr, sondern ein Werdend-Wirkender. Das „Selbst" leuchtet ihm in herzoffenen Augenblicken auf.

7. Dankbar-liebend gibt sich dieser Mensch der Macht hin, die ihn auf diesem Pfad führt und ihn sein eigenes Selbstgeheimnis schauen läßt, die Bhakti, die Gottesliebe bricht machtvoll durch.

Dies ist die Erfüllung des ersten Halbwegs des Bhaktiyoga.

8. Ergriffen von dieser großen Erfahrung entringt er sich der Herrschaft aller Leidenschaften, die nur solange deutlich erkennbar oder

versteckt ihn binden, als er das große Geheimnis seines Selbstes und der in ihm sich offenbarenden Gottmacht nicht erfaßt hat.

9. Der so Befreite, in der Macht des Selbstes und der Gottmacht Stehende, erlebt eine wunderbare Klarheit des Geistes, die von keinem Nebel und Wirbel der Leidenschaften mehr getrübt werden kann: Die großen Erkenntnisse dämmern im schauenden Geiste auf. Ahndungen des „Ganz Andern", des „Unirdischen" dringen auf ihn ein.

10. Doch diese Erfahrungen werden immer wieder gestört durch Gegenkräfte im eigenen Innern oder aus der Umwelt. Die *vāsanā* „die Einwohnungen", d. h. die tief im Unbewußten wurzelnden und wirkenden Widerkräfte einer völligen inneren Befreiung machen ihre Macht geltend.

Darum ist *abhyāsa* „Übung", unablässiges Bemühen in dem Errungenen und Geschenkten lebendig werdend zu verharren, nötig. Sie wird ja auch im *nirodha*-Text des Yogasūtra, und so oft in den Yogaschriften eingeschärft.

11. Erst langsam, Schritt für Schritt kommen so die aufdämmernden Erkenntnisse, die ja zugleich Lebensmächte sind, zur Reife.

12. Erst dann werden auch die, vielleicht durch Vererbung (nach indischer Anschauung aus den früheren Existenzen stammenden) tief im Unbewußten wurzelnden Widerkräfte aufgelöst, tritt die endgültige Befreiung zu Lebzeiten ein, zu der allerdings nur wenige, besonders Begnadete vordringen. Dann erst wird *sattva,* die lichte Weltstoffenergie allein herrschend im Menschen.

13. In diesem Zustand inneren Lichtseins realisiert der Strebende sein Selbst als wesensidentisch mit der höchsten Gottmacht: Er „wird" Nārāyaṇa, d. h. er erkennt sein Selbst als eine Individuation dieser Gottmacht. Aber diese Gottmacht wird ihrerseits erkannt als eine Gestaltwerdung des Letzthin-Wirklichen; sie verliert alle Grenzen dieser Gestaltwerdung und weitet sich ins Unendlich-Ewige, Unsagbare und Unfaßbare in „Jenes", das man nur noch in ehrfürchtigem Schauer nennen kann.

14. Damit gelangt der Befreite aber auch über *bhakti,* die Verehrung und Hingabe an einen Gott mit besonderem Namen und besonderen Merkmalen, hinaus.

Der erste Halbweg des Bhakti-Yoga endet mit dem Durchbruch zur *bhakti,* für die der Gott und der Lehrer, der ihn zuerst verkündet, im Mittelpunkt stehen. Der zweite endet mit dem Übersteigen der *bhakti.* So gelangt der Strebende zur völligen Befreiung von allen Bindungen, er wird autonom im Einssein mit dem Letzthin-Wirklichen.

Wer am Ende des ersten Halbwegs stehen bleibt, ist immer in der Gefahr der Heteronomie. Die Hingabe an einen besonderen Gott und dessen Verehrung muß untergehen in der Einheit, in „Jenem Einen".

Dessen unfaßbares Wesen erfüllt nun machtvoll strahlend das Selbst, und damit strahlt alles Sein, das von dem Einen durchdrungen ist, im

Selbste auf. Das Selbst des so Befreiten west im Allumfassenden, mit dessen Urgrund es ja eins ist.

Nun kann der *jīvan mukti* „der schon im Leben Befreite“ wieder in die unbefreite Welt hinaustreten, wie es einige Saṃnyāsa-Up. schildern, ohne Gefahr von ihr umgarnt und verschlungen zu werden. Er ist zum Heilträger geworden in der Welt des Unheils.

d) Kurze Übersicht über die Ergebnisse der bisherigen Untersuchung

Die Übersicht über die wichtigsten Yoga-Upaniṣaden läßt erkennen, daß der Yoga in den Jahrhunderten vor und nach dem Auftreten Buddhas sich in einer außerordentlich starken Bewegung befand. Es müssen durch ganz Indien, soweit es von der indo-arischen Kultur in Besitz genommen wurde, Genossenschaften von Yogin und einzelne Yogin ihr eigenartiges Leben und Erfahren verbreitet und wirksam gemacht haben.

Die Geschichte dieser Bewegung in den Upaniṣaden, die mit aller Wahrscheinlichkeit zu dieser Epoche gehören oder in ihr ihre Anfänge haben (denn die meisten dieser Upaniṣaden sind in Entwicklungsschichten aufgebaut), ist in kurzen Zügen diese:

1. Zunächst muß auf einen Unterschied zwischen den ältesten Upaniṣaden und dem späteren Yoga-System hingewiesen werden: die metaphysische Grundhaltung ist verschieden. Während im späteren System der *puruṣa* von der äußeren und inneren Welt als dem Wesens- und Schaffensbereich der Urnatur absolut getrennt ist, weil er ein radikal anderes Wesen hat, ist in diesen Upaniṣaden die gesamte Wirklichkeit von den Sinnen bis zum höchsten Gottwesen noch eine, enthalten in und getragen von dem über allem thronenden ewigen *puruṣa.* Die *prakṛti* ist Wundertat des „großen Herrn“, von dessen Elementen als von Teilen die ganze Welt durchdrungen ist,der das Weltsein entrollt in allen seinen Stufen von dem Unentfalteten bis zur äußersten Entfaltung, der das Entfaltete und das Unentfaltete trägt als der Herr. (Vgl. Śvet.-Up. IV, 10, I, 8 und Kap. VI.) Gott und Weltwerden sind noch verknüpft, die Weltenergie ist die Śakti des Gottes (Śvet.-Up. VI, 8). Und wie in Av X, 8 neben dem ewigen Gott die große Göttin erscheint, die der Gott selber in anderer Erscheinungsform ist, so in Kāṭh.-Up. IV, 7 die uralte Göttin Aditi und weiterhin in der Śvet.-Up. die „Ungeborene“ (die „Ziege“), die der „Ungeborene“ (der „Bock“) bespringt, um mit ihr die Welt zu zeugen und zu genießen. Die absolute Trennung des Gottes und der Welt ist nach den uns vorliegenden Dokumenten eine Frucht späterer Entwicklung. Auch aus der inneren Dialektik des philosophischen Gedankens ergibt sich dieselbe Entwicklungsreihe: Im ursprünglichen Erleben des Gottes und der Welt ist ihre Einheit gegeben. Aber die Absolutheit des Gottes wurde, um sie gegen alle Angriffe des Weltseins sicherzustellen, so ins Ungeheuerliche gesteigert, daß jede ursächliche Verknüpfung

mit dem Weltsein als eine Gefahr für diese Absolutheit abgeschnitten wurde. Aus demselben Grunde hat man dann im späteren System den *mahān atmā* = *mahat,* der doch in der Kāṭh.-Up. offensichtlich die empirische Erscheinungsform des ewigen *puruṣa* ist, der *buddhi* als einer Erscheinungsform der Urnatur gleichgesetzt: auch die höchsten Bewegungen und Seinszustände der inneren Welt sollten vom *puruṣa* in ihr getrennt werden, damit dieser über allem und getrennt von allem in absoluter Ruhe wohnen mochte, der ganz Andere, den nichts antasten konnte.

2. Zunächst kann festgestellt werden, daß religionsgeschichtlich verschiedene Bereiche der Yogabewegung in den Upaniṣaden deutlich erkennbar heraustreten.

a) Der alte Wurzelbereich der Anhänger des Vāyu-Rudra-Śiva-Glaubens, in dem dieser höchste Gott als *ekadeva, īśvara, puruṣa, mahādeva* usw. das letzte Ziel aller Yoga-Bemühungen blieb, und zwar durch die Schau des *puruṣa* im eigenen Innern, der mit dem Ewigen Puruṣa wesenseins ist.

In diesem Bereich zeigen sich starke monotheistische Tendenzen. Doch tritt zu diesem Gott mehr oder weniger deutlich eine weibliche Partnerin in vielen Gestalten und Namen. Wir müssen also hier eine duotheistische Unterströmung feststellen, die bald schwächer, bald stärker an die Oberfläche drängt. Hier werden seelisch-geistige Gesetzmäßigkeiten sichtbar, nämlich die mann-weibliche Polarität und Spannung der Gesamtwirklichkeit. Doch wird sowohl die monotheistische wie die duotheistische Tendenz stets in einer letzthinnigen Einheit aufgehoben.

b) Parallel zu diesem Bereich entwickelt sich der Yoga in der Viṣṇu-Nara-Nārāyaṇa-Gemeinde, aber in starker Abhängigkeit von dem Vorigen. Die führende Kraft in der Yoga-Bewegung kam immer noch aus der Sphäre des alten Urgottes. Die monotheistische Tendenz ist in der Viṣṇu-Gemeinde stärker als in der Rudra-Śiva-Gemeinde. In der Bhagavadgītā hat sie einen vollen Sieg davongetragen und zwar im Bannkreis der Bhakti-Bewegung, die am Ende der schöpferisch bedeutsamen Upaniṣad-Zeit auftaucht. Aber auch hier fehlt die *Unterströmung* der *devī* nicht und in den Epochen, in denen die Lebensmächte Weib und Mutter dringlicher als sonst ihren Anspruch erheben, wird im Rādhā-Kult dieses Anliegen erfüllt. Doch auch im Viṣṇu-Bereich ist der Drang nach einem Letzthinnigen, Unfaßbar-Absoluten wirksam, offensichtlich genährt von den höchsten *samādhi*-Erfahrungen.

c) Zu diesen beiden Bereichen kommt ein dritter, nämlich der des kultisch orientierten Brahmanismus. In ihm haben vor allem die vom Vrātya-Leben und dem Urgott Vāyu-Rudra zum Brahmanismus und seinem höchsten Gott Prajāpati bekehrten Jaiminīyas (Talavakāras) und die ihnen eng verbundenen Kaṭhas und Maitrāyanīyas für den Yoga gewirkt und auch besondere Yoga-Upaniṣaden geschaffen. Durch sie wurde der Yoga innerhalb des brahmanisch-kultischen Bereiches ebenfalls zu einer bedeutenden Macht, die ihrem innersten Wesen nach die engen Grenzen des Kultus und einer sich entwickelnden systematischen Theologie sprengen mußten. Dieses Streben stößt auf eine im brahmanischen Bereich heimische und dort selbständig entsprungene Bewegung, die in kraftvollem Denken und tiefdringender Innenschau denselben großen Geistwirklichkeiten auf der Spur war, wie der Yoga. Dort wurde der *ātman* entdeckt und *brahman,* die uralte indoiranische und auch wohl indogermanische Machtwirklichkeit, als ewiges Machtgeheimnis und als Letzthin-Wirkliches erkannt. In diesem uralten Wort und Begriff, seiner Schau und seiner unmittelbaren Erfahrung im Betroffenwerden vom Unirdischen in der Gesamtwirklichkeit, konnten sich die drei Bereiche immer wieder finden, ein Letzthin-Eines bejahen, wenn auch im theistischen Bereich die höchste Stellung dieses *brahman* nicht unbestritten war. Es wurde dort von der personhaften Gottwirklichkeit immer wieder in seiner alleinigen Herrschaft in Frage gestellt. Aber gerade dadurch wurde die Spannung und Polarität zwischen Unpersönlichem oder Überpersönlichem und Personhaftem im Letzthin-Wirklichen, in Erfahrung und Denken immer klarer kund. Hier wurde eine religiöse Urpolarität erkannt, was ein enges Entweder-Oder für alle Zeiten ausschloß.

3. Was in dieser geistigen Bewegung keimhaft enthalten war, wurde in den theistischen Bereichen in einer Klarheit herausgearbeitet, der sich das Denken nicht entziehen konnte, daß nämlich alle Gottgestalten nur Aspekte, Erscheinungsformen des Einen sind. Die sektiererische Enge der verschiedenen Religionskreise wird durchstoßen in einer groß ausgreifenden und allumfassenden Einheitsschau, wenn auch jeweils die einzelnen Bereiche die Neigung behielten, ihren Gott als Ersten zu nennen. Ein schönes und wichtiges Dokument dieser Einheits-Gottschau ist die kleine Skanda-Upaniṣad.

Der Beiname, der hier dem Einen Gott verschiedener Gestalt gegeben wird, ist bezeichnend für die Zeit: *acyuta* „der Unerschütterte". Wo alles ins Wanken geriet, da steht dieser Ewig-Eine in unerschütterter Ruhe und ist Zuflucht aller Bangenden. Es ist der alte *īśvara* aber in schweren Prüfungen in äußeren Erschütterungen und inneren Kämpfen neu erlebt, als einer dessen schwankende Gestalten im Ewig-Bleibenden ihren einzig festen Grund haben.

Es mag hier darauf hingewiesen werden, daß der Ausdruck *acyuta* schon in einer Strophe in der Chānd.-Up. sich findet, III, 17, wo Ghora-Aṅgirasa (ein Name, den wir aus der Vrātya-Av.-Tradition kennen) den *Kṛṣṇa,* den Sohn der Devakī, das Zufluchtsmantra beim Sterben lehrte: *akṣitam asi, acyutam asi, prāṇaśaṃsitam asi* „Du bist das Unzerstörbare, du bist das Unerschütterte, du bist des Lebens Odems Geschärftes (die scharfe, durchdringende Kraft)". Dieses *acyutam* kann hier nichts anderes sein als das Urwesen des alten Urgottes Vāyu-Rudra. Denn der Kernsatz der Skanda-Up. lautet: „Dieser, der *acyuta,* ist wahrlich *mahādeva,* er ist wahrlich *mahāhari* (*hari* ist ein Name für Viṣṇu). Er ist wahrlich das Licht der Lichter, er ist der Lichte, der Goldene, er wahrlich ist *parameśvara* „der allerhöchste Herr“, er wahrlich ist *parama-brahman.* – Dieses *brahman* bin ich. Da ist kein Zweifel.“ Der die Upaniṣad Meditierende erlebt sich als mit diesem Einen Gott, der auch das ewige Machtgeheimnis *brahman* in sich trägt, eins. Darum ruft er aus: *jīvaḥ śivaḥ, śivo jīvaḥ, sa jīvaḥ kevalaḥ* „der Lebendige ist Śiva (der Gütige), Śiva ist der Lebendige, er ist der Lebendige, der Einzige!“ „Er ist in der Gestalt Śivas Viṣṇu, in der Gestalt Viṣṇus Śiva; das Herz Śivas ist Viṣṇu, das Herz Viṣṇus ist Śiva.“ In dieser Erkenntnis gelangt man zu „Viṣṇus höchstem Ort“, zur ewig unerschütterten Ruhe.

Daß diese Upaniṣad den Namen des Kriegsgottes Skanda trägt, mag zunächst auffallen, findet aber seine Erklärung in der Tatsache, daß Skanda der Sohn des Rudra-Śiva ist, *kumāra* „der Junge“ (im Unterschied von *purāṇa* „dem Uralten“), *sanatkumāra* „der Ewig-Junge“. Dieser Skanda tritt wiederum in der Chānd.-Up. VII, 26 auf, in einem Abschnitt, wo der *ātman* des „So-Schauenden, So-Meinenden, So-Wissenden“ als schöpferischer Urquell von Lebensodem, von Hoffnung, Gedächtnis, Glut, Kraft, ja von allem gepriesen wird. Und *skanda* wird hier auf Grund eines Wortspiels mit *skand* „hüpfen, springen“ als „Überspringer“ gedeutet, der Śiva, der sich, d. h. seine personhafte Wesenheit übersteigt.

4. Ferner ist festzustellen, daß der Yoga in dieser Zeit ein psychologisch und geistorganisch folgerichtig aufgebautes System von Übungen schuf, das in dem „achtgliedrigen Yoga“ zusammengefaßt, einen Pfad zu absoluter Heilserfahrung und inneren Befreiung bot, in dem auch strenge sittliche Zucht und Durchbildung des ganzen Menschen ihren wichtigen Platz innehatten.

Auf Grund dieser Schulung vermochte die Yogabewegung das ganze Leben Altindiens von innen her bildend zu durchdringen. Keine Sphäre konnte sich diesem bildenden Einfluß entziehen. Nicht nur Religion und sittliches Leben, auch Kunst und Dichtung, Liebe und Tanz, Naturbetrachtung und Naturgenuß, Wissenschaft und Politik stehen von da an unter dem Einfluß eines geheiligten Strebens nach Zucht und Innerlichkeit, die der gewaltigen und oft ins Maßlose stürmenden Vitalität orientaliden Blutes, das im Laufe dieser Jahrhunderte die indo-arische Welt immer mächtiger durchflutet, Zügel anlegte, auch wenn es immer wieder sich jeder Zügelung entwand und ins Maßlose, Ungeheuerliche, Groteske stürzte. Stets wurde sie wieder durch die „fromme Zügelung“ zum großen Maß zurückgeholt. So wurde der Yoga als Weg der Verinnerlichung, seelischer und geistiger Schulung eine entscheidende Wirkmacht in der Gestaltwerdung des indischen Menschen, die durch Jahrtausende lebendig blieb.

Man kann diese Bewegung vergleichen mit der philosophischen und mystischen Bewegung des Abendlandes, die im westindogermanischen Altertum ihren Anfang nahm und sich durch die Jahrtausende weiterentwickelnd, das religiöse, und das geistige Leben überhaupt, der abendländischen Völker durchdrang. Und zwar immer in Auseinandersetzung mit einer kultisch-hierarchischen Institution und ihrer Theologie, wobei beide Bereiche sich gegenseitig befruchteten, oft auch mißverstanden und bekämpften, der geistigen Gesamtbewegung Schwung und Antrieb zur Läuterung gebend.

Der Unterschied zwischen Indien und dem Abendland ist nur dieser, daß die mystische Bewegung, die sich ebenfalls im Laufe der Jahrhunderte einen besonderen Pfad zum Heil schuf, der mit dem Yoga-Pfad zu vergleichen ist, nicht annähernd den Einfluß gewann, wie der Yoga in Indien. Daß ferner die Philosophie mehr und mehr in betonter Weise die Ratio vor die Innenschau versenkender Betrachtung schob und sich darum oft entschieden von der religiösen Sphäre entfernte. Dabei mag mitgewirkt haben, daß sie sich mit einer Religion auseinanderzusetzen hatte, die nicht, wie in Indien, aus dem eigenen geistigen Mutterboden erwachsen war. In Indien hat selbst das spätere Sāṃkhya, das sich vom *īśvara* entfernte, doch immer noch die ewige Realität im Menschen, den *puruṣa,* sein Kernwesen behalten. So blieb die indische Menschheit im Letzthin-Wirklichen unausreißbar verwurzelt, während das Abendland den Menschen ganz auf sich selbst zu stellen versuchte.

Die Psychotherapie, besonders wie sie von C. G. Jung weiterentwickelt wurde, versucht allerdings wieder eine neue Verwurzelung des Menschen im Gesamtwirklichen, wobei freilich das Letzthin-Wirkliche nur als Grenzbegriff erscheint, dem nicht die Kraft innewohnt wie dem *īśvara-brahman* des Yoga. (Vgl. dazu unten das Kap. „Der Yoga im Lichte der Psychotherapie.")

3. Kapitel

Der Yoga im Buddhismus und Jinismus

Im 6./5. Jahrhundert v. Chr. entsteht im Norden von Indien, in den Gegenden des alten Ketzertums, unter dem Einfluß einer überragenden Persönlichkeit, des Buddha, eine gewaltige religiöse Bewegung, die einem von der ersten Moderne Indiens belasteten Geschlecht einen neuen Heil- und Heilsweg bringt. Dies ist der Buddhismus.

Die Pālitexte des Buddhismus legen deutliches Zeugnis ab von der großen Bedeutung des Yoga für den Buddhismus. Die Versenkung *(jhāna)* und Einfaltung *(samādhi)* sind geradezu ein Hauptstück des buddhistischen Weges zum Heil, ohne das der Buddhismus nicht wäre, was er ist: „Durch Einfaltung wird der Geist gesammelt, gereinigt, geläutert, gelöst von Befleckung, gelöst von allem Verderben, geschmeidig und zum Werk geschickt, fest und ohne Wanken [1])." Dieser Drang weg von der Umklammerung der Welt, hinein in die innersten Geheimnisse der Seele und in die verborgenen Untergründe des Daseins überhaupt, wie er den Buddhismus charakterisiert, kann sich gar nicht anders auswirken als durch eine zur höchsten Stufe gesteigerte Versenkung. Doch nicht nur in diesem Hauptstück des Yoga und Buddhismus, von dem später noch weiter zu reden sein wird, sind die beiden sich einig: der ganze Heilsweg der beiden ist trotz einzelner Verschiedenheiten so parallel, daß der Schluß sich aufzwingt, die beiden Wege, Yoga und Buddhismus, seien die verschiedene Auswirkung einer und derselben Bewegung.

Doch ist das geschichtliche Verhältnis von Buddhismus und Yoga nicht leicht festzulegen [2]). Einiges erklärt sich aus einer uralten, gemeinsamen Tradition (vgl. oben S. 93), anderes hat wohl die eine von der andern Richtung übernommen, wobei sowohl der Buddhismus wie der Yoga gebend und empfangend gewesen ist.

Zunächst entspricht den sittlichen Voraussetzungen für den Heilsweg im Buddhismus, *sīla, yama* im Yoga (Yogasūtra II, 3 ff.). Die Einzelgebote sind dieselben. Es sind die sittlichen Grundgesetze Altindiens, ja die sittlichen Grundgesetze überhaupt. *ahiṃsā* „Nichtschädigen", was sowohl im Yoga wie im Buddhismus nicht nur auf Handlungen, sondern auch auf Gedanken und Gefühle bezogen wird. Jeder feindselige Gedanke, jede unfeine, verletzende, ja unfreundliche Rede ist ein Vergehen gegen das erste Gebot [3]). Das zweite buddhistische Gebot ist, nichts zu nehmen, was einem nicht gehört oder was einem nicht freiwillig gegeben wird. Es entspricht dem dritten *yama*-Gebot im Yoga, *asteya*. Auch das dritte Gebot des Buddhismus (Pāli *brahmacariya*, Skt. *brahmacarya*) entspricht einem *yama*-Gebot des Yoga. Es ist die völlige Enthaltsamkeit in geschlechtlicher Beziehung, die in beiden Systemen als Voraussetzung für den Erfolg in der Versenkung angesehen wird. Das vierte Gebot (in Pāli *sacca*, Skt. *satya*), die „unbedingte Wahrhaftigkeit", wird in beiden Systemen gleich betont. Das fünfte Gebot des Yoga, *aparigraha* „das Nichtgreifen nach oder Nichthängen an den Dingen" wird zwar im Buddhismus nicht als ein so ausgesprochenes Gebot aufgeführt, aber es ist in vielen Einzeldarlegungen des Buddha ganz deutlich ausgesprochen. Das zweite Glied des Yoga-Pfades, *niyama*, findet sich im einzelnen, wenn auch nicht als schon systematisch geordnete Abteilung des Pfades im Buddhismus. *śauca* „die äußere und innere Reinheit" wird ja in den buddhistischen Predigten ohne Unterlaß gepriesen als ein Hilfsmittel auf dem Wege, ebenso *saṃtoṣa* „die Zufriedenheit". *svādhyāya* „das Studium" ist für den buddhistischen Mönch eine Selbstverständlichkeit, da die heiligen Überlieferungen ja geradezu eine beherrschende Rolle in seinem Leben spielen. *īśvarapraṇidhāna* wird im älteren Buddhismus nirgends genannt, doch ist die Hingabe an den Meister an die Stelle der Hingabe an den *Īśvara* getreten, so daß wir im Buddhismus die Grundhaltung von *īśvarapraṇidhāna* durchaus haben. Eigentümlich ist die Stellung des Buddha zu *tapas* „Askese", die im Yoga ebenfalls zu *niyama* gehört. Wir wissen aus seinem Leben, daß er die harte brahmanische Askese versucht hat (Majjhima Nikāya 26), daß er aber trotz der furchtbarsten Anstrengungen auf diesem Wege nicht zum Heil kam und deshalb diese harte Askese als nichtswürdig verwarf. Doch sind *tapas*-Übungen, wie sie der klassische Yoga kennt, Fasten usw. auch im Buddhismus gebräuchlich geworden. Und in dieser feineren Form hat auch Buddha *tapas* geübt, wie er selbst Aṅguttara Nikāya V, p 191 sagt: „Wenn ein Mann Askese übt, wodurch seine schlechten Eigenschaften vermehrt werden und seine guten Eigenschaften sich mindern, von einer solchen Askese sage ich, daß sie nicht zu üben sei. Wenn er aber Askese übt, durch die seine schlechten Eigenschaften vermindert und seine guten Eigenschaften vermehrt werden, von einer solchen Askese sage ich, daß sie geübt werden soll [4]."

Wie die sittlichen Grundgebote von *yama* und die Haltung und die Bildemittel des Persönlichen von *niyama* im Yoga und im Buddhismus gleich sind, so auch die äußeren Hilfsmittel der Versenkung wie Einsamkeit, richtiger Sitz usw.

> „Wenn die Donnerwolke die Trommel rührt,
> auf der Vögel Pfaden der Regen rauscht
> und in stiller Bergesgrotte der Mönch
> der Versenkung pflegt; kein Glück wie dies!
>
> Wenn am Ufer des Stroms von Blumen umblüht,
> die der Wälder bunte Krone kränzt,
> er in selger Ruh' der Versenkung pflegt,
> kein Glück mag ihm werden, das diesem gleicht [5]."

Bestimmte Körperhaltung (im Yoga *āsana*) werden sowohl im Yoga wie im Buddhismus gleich wichtig genommen. Der alte Meditationssitz mit untergeschlagenen Beinen, wie er uns aus vielen Abbildungen und Skulpturen des Buddha bekannt ist (in Skt. *paryaṅka,* in Pāli *pallaṅka*), gehört fast notwendig zur indischen Meditation [6]). Ebenso gehört die gerade Körperhaltung *ujukāya* (vgl. Śvet.-Up. II, 8) seit alters zur Meditationsstellung. *prāṇāyāma* „die Atemzügelung (YS II, 49) nimmt in der buddhistischen Versenkung eine hervorragende Stelle ein. Auch hier haben wir noch die alte metaphysische Schätzung des Atems, der als *kāyasaṅkhāra,* als die den Körper bildende Grundkraft bezeichnet wird. Während der fruchtlosen *tapas*-Übungen, denen sich Buddha vor seiner Erleuchtung unterwarf, hat er es auch mit gewaltsamen Hemmungen des Atems versucht, deren furchtbare Wirkung anschaulich beschrieben wird. Und man bringt diese Art von Atemübungen mit den Atemübungen des Yoga zusammen [7]). Dies ist aber nicht ganz richtig. Solche Atemübungen finden sich zwar in dem von *tapas* beherrschten brahmanischen Yoga und in dem späteren ausgearteten Haṭha-Yoga, aber nicht im klassischen Yoga. Es ist wohl möglich, daß Buddha diese gewaltsamen Atemübungen von einer bestimmten Richtung des Yoga seinerzeit übernommen hat (nach dem Buddhacarita XII, 87 ff. scheint es so zu sein), aber man darf daraus nicht schließen, daß der gesamte

Yoga seinerzeit sich solchen Übungen hingab. Jedenfalls hat Buddha die Atemübungen ganz in den Dienst der Konzentration und der Steigerung der erlösenden Bewußtheit gestellt. Die Atemregulierung heißt im Buddhismus „die bewußte Beachtung des Ein- und Ausatmens" *(ānāpānasati)* oder „die Versenkung in die bewußte Beachtung des Ein- und Ausatmens" *(āna-apāna-satismādhi)*. Eine oft wiederkehrende Formel in den Texten lautet: „Da setzt sich, ihr Mönche, ein Mönch, nachdem er sich in einen Wald, an den Fuß eines Baumes oder an eine einsame Stätte begeben hat, mit gekreuzten Beinen nieder, den Körper aufgerichtet und erweckt das (rechte) Gedenken *(sati)*. Besonnen atmet er ein, besonnen atmet er aus. Atmet er lang ein, so ist er sich wohl bewußt: ‚Ich atme lang ein'; oder atmet er lang aus, so ist er sich wohl bewußt: ‚Ich atme lang aus'; oder atmet er kurz ein, so ist er sich wohl bewußt: ‚Ich atme kurz ein'; oder atmet er kurz aus, so ist er sich wohl bewußt: ‚Ich atme kurz aus'. ‚Jeden Atemzug voll empfindend will ich einatmen', so übt er sich; ‚jeden Atemzug voll empfindend will ich ausatmen', so übt er sich. ‚(Diesen) Körper-Prozeß beruhigend will ich einatmen', so übt er sich; ‚(diesen) Körper-Prozeß beruhigend will ich ausatmen', so übt er sich" [8]). Diese Atemübung hat also den Zweck, den die Versenkung Übenden zu beruhigen, ganz wie im YS I, 34, wo das Ausstoßen und Einziehen des Atems als ein Mittel genannt ist, *cittaprasādana* „Beruhigung der inneren Welt" zu erreichen. Jeder, der diese Atemübungen im rechten Sinn vornimmt, wird in der Tat ihre beruhigende Wirkung erkennen und es wundert ihn nicht, daß Buddha diese Art der Atemzügelung als „treffliche und freudenreiche" gepriesen hat. Auch das Aufhören des Atmens, von dem der Yoga so viel handelt, tritt nach den buddhistischen Schriften beim Meditierenden ein, wenn er die höchste Stufe der Versenkung erreicht hat.

Das nächste Glied des schematisch aufgebauten Yoga von YS II, 28 ff., *pratyāhāra* „die Zurückziehung der Sinne von der Außenwelt" (YS II, 54, 55) wird in den buddhistischen Schriften als unerläßliches Erfordernis für eine rechte Versenkung gepriesen. „Wie ein Türhüter soll der Mönch die Türe seiner Sinne bewahren." Und von Buddha wird erzählt, er habe es in dieser Behütung zu einer solchen Meisterschaft gebracht, daß er in seiner Versenkung nicht hörte, wie bei einem starken Gewitter der Blitz in seiner unmittelbaren Nähe einschlug und zwei Bauern und vier Ochsen tötete [9]). Zu beachten ist, daß alle diese Yoga-Glieder im Buddhismus im Unterschied vom YS nicht in systematischer Weise dargestellt, sondern gelegentlich erwähnt werden als Erläuterungen für den Weg zur rechten Meditation. Dies zeigt, daß Buddha alles von der unmittelbaren Erfahrung her betrachtet hat und sich nicht mit einem theoretisch schematischen Aufbau seines Heilsweges beschäftigte.

Die Zurückziehung der Sinne führt schon hinüber zu *dhāraṇā* „Konzentration" und zu *dhyāna* „Versenkung" (vgl. YS II, 54 ff.). Die erstere Übung tritt zwar unter diesem Namen im Buddhismus nicht auf, aber die Konzentrationsübungen sind im Buddhismus von größter Bedeutung. Schon die vorhin beschriebene Atemzügelung kann nach ihrer psychologischen Seite dazu gerechnet werden, denn das ist ja ihr Sinn: die Seele soll von allen Zerstreuungen und ihren eigenen mannigfaltigen Inhalten abgezogen und auf einen Punkt, in diesem Falle auf das Atmen, gelenkt werden. Weitere Konzentrationsübungen dieser Art finden sich im Anschluß an jene Atemübungen in dem schon erwähnten Mahā-Satipaṭṭhāna-Sutta. Der Mönch verweilt beim eigenen Körper in der Betrachtung des Körpers, oder er verweilt bei einem fremden Körper in der Betrachtung des Körpers, oder er verweilt bei dem eigenen und bei einem fremden Körper in der Betrachtung des Körpers. Er betrachtet den Körper hinsichtlich seines Entstehens, hinsichtlich seines Vergehens. Er betrachtet ihn gründlich von der Fußsohle an aufwärts, von dem Kopfscheitel an abwärts, er konzentriert sich auf das, was am und im Körper ist: Haare, Nägel, Zähne, Haut, Fleisch, Sehnen, Knochen, Nieren usw., vor allem auch auf die Unreinheiten, die ihm helfen sollen, von seinem Körper frei zu werden [10]). Dann betrachtet er ihn nach seinen Elementen. In ihm ist das Erdelement, das Wasserelement, das Feuerelement, das Luftelement. Ferner konzentriert er sich auf seine Empfindungen, auf wohlige, auf leidige Empfindungen, auf fleischliche und nicht fleischliche Lustempfindungen, er konzentriert sich auf seine Gedanken: „Dies ist ein begehrlicher Gedanke, dies ist ein gierfreier Gedanke, dies ist ein haßvoller Gedanke, dies ist ein wahnvoller Gedanke“. Dann verweilt er bei den fünf Hemmungen: sündige Lustgier, Übelwollen, Trägheit, Unbeständigkeit, Skeptizismus usw. So dringt er von außen nach innen, durchsucht sein ganzes körperliches, seelisches und geistiges Sein, ebenso die Zusammenhänge und gelangt schließlich zu den vier hohen Wahrheiten vom Leiden, von der Entstehung des Leidens, von der Aufhebung des Leidens und von dem Weg zur Aufhebung des Leidens [11]). In den in diesem Sutta vorgeführten Betrachtungen gehen *dhāraṇā, dhyāna* und *samādhi* immer wieder ineinander über. Sie sind nicht wie im Yoga theoretisch getrennt. Auch dies entspricht wieder der ganzen Grundhaltung des Buddha, denn in der Tat zeigt die Erfahrung bei solchen Betrachtungen, daß Konzentration *(dhāraṇā)*, Versenkung *(dhyāna)* und Einfaltung *(samādhi)* gar nicht streng getrennt werden können [12]). Zu den genannten Übungen kommen noch weitere, die wir ebenfalls zu den Konzentrations- und Versenkungsübungen zu rechnen haben, so die sog. *arūpa*-Versenkungen, die nichts anderes sind als außerordentliche *dhāraṇā*- und *dhyāna-Übungen.* Der sich Versenkende befreit sich von allem gegenständlichen Vorstellen und erreicht so die Stätte der Raumunendlichkeit *(ākāsānañcāyatana).* Dann befreit er sich auch von der Vorstellung des unendlichen Raumes und erreicht die Ebene der Bewußtseinsunendlichkeit *(viññāṇānañcāyatana).* Dann befreit er sich auch davon und erreicht die Ebene der „Nicht-irgend-etwas-heit“ *(ākiñcaññāyatana).* Dann befreit er sich von jedem Vorstellen überhaupt und erreicht die Ebene, wo weder Bewußtsein noch Nichtbewußtsein ist *(nevasaññā-*

nāsaññāyatana), und endlich die Ebene, wo Bewußtsein und Empfindung völlig erloschen sind *(saññā - vedayita - nirodha*[13]). Nach den buddhistischen Schriften hat Buddha diese Art von Versenkung bei einem Yoga-Lehrer geübt, den er auf der Suche nach Erlösung angetroffen hatte[14]). Und Heiler hat wohl recht, wenn er annimmt, daß diese abstrakte und zu einer reinen Bewußtseinsaufhebung führende Versenkungsmethode, die Buddha abgewiesen hat, erst später wieder in den Buddhismus aufgenommen worden ist. (Doch vgl. unten III, 2.)

Aber eine andere Versenkungsmethode, die sowohl im Buddhismus wie im Yoga eine bedeutende Rolle spielt, ist die Erweckung der „vier Unermeßlichen" (YS I, 33 *maitrī - karuṇā - muditā - upekṣāṇāṃ - sukha-duḥkha - puṇya - apuṇyaviṣayāṇāṃ bhāvanā),* im Buddhismus *appamaññā* genannt. Es handelt sich dabei um vollendete Versenkung in die allgemeine Menschenliebe *(maitrī,* in Pāli *metta),* in das Mitleid *(karuṇā),* in die Mitfreude *(muditā)* und in den absoluten Gleichmut *(upekṣā,* in Pāli *upekkhā*[15]), wodurch das ganze Wesen des Menschen von ihnen durchtränkt wird.

Daß sowohl im Buddhismus wie im Yoga von den Yoga-Übungen außerordentliche Wirkungen erwartet werden, im Yoga *vibhūti* oder *siddhi,* im Buddhismus *iddhi* (in Skt. *ṛddhi*), ist nicht verwunderlich. Zum Teil sind diese wunderbaren Wirkungen ganz dieselben. Das „göttliche Gehör", die Erkenntnis der Seele des andern, Erinnerung an die früheren Geburten, Durchschau bis zu den Ursachen des Leidens, also bis zum Gesetz des *karman* und zu den *saṃskāra.*

Abgesehen von diesen allgemeinen Ähnlichkeiten finden sich nun aber noch eine Reihe von solchen, die eine enge geschichtliche Verknüpfung der beiden Richtungen über allen Zweifel erheben. Die Identität von gewissen Fachausdrücken in den *jhāna (dhyāna)*-Stufen, deren der Buddhismus vier aufführt, stellt sich bei näherer Betrachtung unmittelbar vor Augen. Die vier Stufen werden im Buddhismus folgendermaßen beschrieben: *So vivicc' eva kāmehi, vivicca akusalehi dhammehi, savitakkaṃ savicāraṃ, vivekajaṃ, pīti-sukhaṃ, paṭhama-jjhānam upasampajja viharati.* „Wenn der Mönch sich abgesondert habend von den Begierden, sich abgesondert habend von den unguten Zuständen, die mit kritischer Überlegung und forschender Betrachtung verbundene, aus Unterscheidung geborene, mit Freude und Lust verknüpfte erste Versenkungsstufe erreicht hat, verweilt er zunächst darin." Diese Beschreibung der ersten Versenkungsstufe entspricht durchaus der des *saṃprajñāta samādhi = nirodha* in YS I, 17: *vitarka - vicāra - ānanda - asmitā - anugamāt samprajñātaḥ!* Denn *ānanda* entspricht *pīti-sukha,* und *asmitā* „das Ichbewußtsein", ist selbstverständlich mit der noch bewußten Versenkung gegeben.

Die vierte *jhāna*-Stufe wird im Buddhismus folgendermaßen beschrieben: *Puna ca paraṃ bhikkhu, sukhassa ca pahānā, dukkhassa ca pahānā, pubb'eva somanassa - domanassānam atthagamā, adukkham asukhaṃ, upekkhā-sati-parisuddhiṃ catutthajjhānam upasampajja viharati.* „Und dann wiederum der Mönch, wenn er die Lust hinter sich gelassen hat, wenn die früheren Lust- und Unlustgefühle völlig erloschen sind, erlangt er die leidlose und freudlose, durch Gleichmut und Bewußtheit geläuterte vierte Versenkungsstufe und verweilt darin.“ Diese deckt sich wieder mit dem nicht bewußt erlebten *samādhi* in YS I, 18 und I, 51. Da *viveka* „Unterscheidung“ (z. B. *vivekakhyāti* „die Unterscheidungsschau“) ein typisches *yoga*-Wort ist und sich auf die Unterscheidung zwischen dem *puruṣa* und der *prakṛti* bezieht, so ist man geneigt, anzunehmen, daß diese Definition der Versenkung vom Yoga übernommen ist.

Die weiteren *jhāna*-Stufen, wie sie in den buddhistischen Schriften dargestellt werden, sind allerdings im Yoga so nirgends zu finden [16]). Es ist die Frage zu erheben, ob diese feine Durcharbeitung der *jhāna*-Stufen nicht in der Tat auf Buddha zurückgeht, trotz der anderen Ansicht der buddhistischen Überlieferung (vgl. dazu weiter unten). Es ist hier noch zu beachten, daß zwar die beiden Ausdrücke *vitarka* und *vicāra* als nähere Bestimmungen des *samādhi,* denen dann als ihre Gegensätze *nirvitarkā* und *nirvicārā samāpatti* (YS I, 43 ff.) entsprechen, im Buddhismus und im YS identisch sind. Aber das Auffallende ist, daß *vitarka* und *vicāra* im YS I, 42 ff. in einer Weise erklärt sind (*vitarka* soll sich auf die groben, *vicāra* auf die feinen Betrachtungsgegenstände beziehen, während im Buddhismus mit *vitarka* und *vicāra* Stufen der Betrachtung gemeint sind), die uns zwingt, anzunehmen, daß das YS die Ausdrücke mißverstanden hat. Wenn das so ist, dann muß der Yoga diese Unterscheidungen vom Buddhismus übernommen haben und nicht umgekehrt. Zu bemerken ist noch, daß *samādhi* gegenüber dem Yoga im Buddhismus eine etwas andere Bedeutung hat. Die Stärke des Yoga mit Beziehung auf diese Dinge liegt in seinen klaren psychologisch-theoretischen Unterscheidungen. Es ist durchaus psychologisch richtig, *dhāraṇā, dhyāna* und *samādhi,* so eng sie auch zusammenhängen, auf Grund ihrer verschiedenen psychischen Struktur zu trennen. Im Buddhismus aber wird *samādhi* soz. als die umfassende seelische Grundhaltung bei diesen Übungen betrachtet, jene Bereitschaft, an irgendeinem Punkte von *dhāraṇā* oder *dhyāna* sich „einzufalten“, d. h. voll vom Gegenstand aufgesogen zu werden [17]). Der Unterschied in der Behandlung scheint mir daher zu kommen, daß Buddha die Versenkungsübungen in feinster Weise nach ihrer inneren Erlebnisform durchgearbeitet hat, während es dem YS mehr auf eine straffe psychologische Klassikation ankommt.

Um nun einer Antwort auf die Frage, welches Verhältnis zwischen Yoga und Buddhismus besteht, näher zu kommen, müssen wir auf die Nachrichten zurückgreifen, die wir in buddhistischen Schriften über eine Berührung des Buddha mit anderen Systemen finden. Im Majjhima-Nikāya 26 (Pālitext Society I, 163 ff., vgl. 36 p. 237 ff.) wird erzählt, wie Buddha von der Heimat in die Heimatlosigkeit zieht und als Frieden Suchender nach Vesālī kommt, wo ein Lehrer Āḷāro Kālāmo weilt. Er will von diesem als Schüler aufgenommen werden. Āḷāro Kālāmo führt ihn dann in seine Lehre ein. Buddha faßt sie sehr rasch, aber es bleibt bei ihm Wortwissen und Lippenreden. Sie bewegt ihm nicht das Herz. Buddha vermutet, daß sein Lehrer ihm noch ein Geheimnis vorenthalte und drängt ihn, ihm dies zu verraten. Da verkündigt ihm sein Lehrer das Wissen von dem Bereich der „Nicht-irgend-etwasheit" *(ākiñcaññāyatana)*. Aber auch das befriedigt ihn nicht. Die Erhebung zu diesem Zustand ist ihm ein zu negatives Resultat des Weges von Āḷāro Kālāmo. Da kommt es ihm: „Fürwahr, Āḷāro Kālāmo hat keinen Glauben, ich aber habe Glauben. Fürwahr, Āḷāro Kālāmo hat keine Kraft, ich aber habe Kraft. Fürwahr, Āḷāro Kālāmo hat keine innere Anschauung, ich aber habe innere Anschauung. Fürwahr, Āḷāro Kālāmo hat keine Einfaltung, ich aber habe Einfaltung. Fürwahr, Āḷāro Kālāmo hat keine Erkenntnis, ich aber habe Erkenntnis." So verläßt er seinen Lehrer, obwohl dieser ihn zum Mitleiter der Mönchsgemeinde machen will, die sich um ihn gesammelt hatte, denn es war ihm klar: „Dieser Weg führt nicht zu ‚Weltüberdruß', führt nicht zur Entlüstung, führt nicht zur Beruhigung, führt nicht zur Stillegung, führt nicht zur Erkenntnis, führt nicht zur Erleuchtung, führt nicht zu Nirvāṇa." Er empfindet also einen radikalen Unterschied zwischen sich und seinem Meister, und zwar liegt der Unterschied offenbar nicht nur in der Versenkungsmethode, in die er eingeführt worden ist, sondern vielmehr in dem negativen Resultat, das hier erreicht wird. Er sucht nicht Verneinung, sondern absolute Bejahung, nicht die Dumpfheit der Bewußtseinsleere, sondern Einsicht in die Zusammenhänge des Weltleids und der Erlösung. Noch zu einem zweiten Lehrer begibt er sich, Uddaka Rāmaputta (Rudraka Rāmaputra). Dort wiederholt sich dasselbe Erlebnis. Uddaka Rāmaputta verkündigt Buddha die Lehre von der Ebene des „Weder-Bewußt-Seins-noch-nicht-Bewußt-Seins" *(nevasaññā-nāsaññāyatana)*. Er findet hier also dasselbe negative Resultat wie bei seinem früheren Lehrer und wendet sich von ihm aus demselben Grund. Noch einen dritten Weg versucht er, nämlich eine äußerst anstrengende Askese brahmanischer Art, die ihn dem Tode nahe bringt, ohne ihm die Erleuchtung zu verschaffen.

In dem ungeheuren Aufgewühltsein nach diesen Übungen erinnert er sich an ein Erlebnis seiner Jugend, wie er unter einem Rosenapfelbaum sitzend in Versenkung geriet. Und es wird ihm klar, daß er damals vier Versenkungsstufen durchlaufen hat. So entschließt er sich, diesen Weg, der ihm bisher verschüttet war, wieder zu suchen und begibt sich mit einer ungeheuren Entschlußkraft ans Werk der Versenkung unter dem Bodhibaum, das dann auch zur Erleuchtung führt.

Diese Erzählung darf nicht einfach als ungeschichtlich beiseite geschoben werden. Was hier sich ereignete, ist dies: Buddha hat offenbar als ein für die Versenkung außerordentlich Veranlagter einstens spontan in seiner Jugend ein Versenkungserlebnis gehabt (ein gar nicht allzu seltenes Ereignis in der inneren Entwicklung besinnlicher Naturen). Es war ihm aber durch sein darauffolgendes Leben völlig verdeckt worden. Im

Ringen um Einsicht und Erlösung war dann seine Seele bis in die Tiefen aufgewühlt und nun brach aus ihr jene alte Erinnerung und damit auch die Ahnung hervor, wo hinaus er gehen müsse.

Auch aus dieser Erzählung darf wohl der Schluß gezogen werden, daß die Versenkungsstufen Buddhas eigenstes Eigentum sind. Anders stellt es allerdings das Buddhacarita und vielleicht auch das Brahmajāla-Sutta dar (Dīgha-Nikāya I, 3, 19 ff.). Im XII. Buch des Buddhacarita, in dem die Begegnung mit den beiden Lehrern dargestellt ist, unterrichtet Ārāḍa Kālāma Buddha zunächst in einer Metaphysik, die wir ohne Zweifel als eine Art von *Sāṃkhya* ansprechen müssen. Es ist nicht das klassische Sāṃkhya, auch nicht das Sāṃkhya der Upaniṣaden. Hier ist natürlich die Frage zu erheben, ob Aśvaghoṣa überhaupt auf einer verläßlichen Tradition fußt oder ob er seinen ganzen Bericht über die beiden Lehrer aus den kurzen Bemerkungen der Stellen im Pālikanon heraus entwickelt hat. (Die Tatsache, daß wir das eigentümliche Sāṃkhya, das hier gelehrt wird, nirgends in den Schriften finden, braucht nicht gegen eine Geschichtlichkeit des Berichtes zu sprechen, da auch das Mbh. ein vom klassischen Sāṃkhya unterschiedenes Sāṃkhya vorträgt; offenbar gab es eine ganze Anzahl von Sāṃkhya-Richtungen, wie es ja auch eine Anzahl von Yoga-Richtungen gab.) Nach der Einführung in die Metaphysik wird Buddha von seinem Lehrer in den vier *dhyāna*-Stufen unterrichtet (XII, 49 ff.) und diese Stufen sind im großen und ganzen so beschrieben, wie wir sie aus den klassischen Texten kennen. Und erst nach den vier *dhyāna*-Stufen folgt der Unterricht in den vier *arūpa*-Stufen (XII, 59 ff.). Die fortlaufende Abstraktion dieser Versenkungsstufen ist sehr gut in etwas dunklen Versen geschildert:

61. „Nachdem er zuerst die Hohlräume in Körpern sich vergegenwärtigt hat, löst er sich dann fortschreitend auch von dem Raume, der in den festen Körpern ist" (d. h., er betrachtet zunächst den Hohlraum als Anschauungsgegenstand und dann nur noch den Raum, der alles durchdringt, als Vorstellung; das ist in der *arūpa*-Versenkung *ākāsānañcāyatana).*

62. Der Weise nun in weiterer Folge, nachdem er sein Selbst dem leeren Raume gleichgemacht, überschreitet, an dessen Ende weiterblikkend, den Unterschied (zwischen sich und dem Inhalt seiner Vorstellung). Das ist *viññāṇañcāyatana.*

63. Und weiter im tiefsten Selbste wohl bewandert, nachdem sein Selbst mit seinem Selbste er beseitigt, schaut er: ‚Nicht ist irgend etwas' und heißt ein ‚Nicht-irgend-etwasheitiger' *(ākiṃcañya).* Das ist *ākiñcaññāyatana).*

64. Dann wie der Halm des Muñja-Grases aus seiner Hülle oder wie der Vogel aus dem Käfig, entschwingt der ‚Felderkenner' sich dem Leibe, wird ein Erlöster dann genannt."

Auch nach dem Buddhacarita ist Buddha mit diesen Versenkungsstufen und ihrem Resultat nicht zufrieden und erklärt, solange noch eine Seele oder ein Selbst *(kṣetrajña)* bestehe, könne es keine Erlösung geben.

Dann wendet er sich zu Rudraka, dort wiederholt sich dasselbe. Auch er nimmt ein Selbst an *(ātmagrāha)*, und darum ergreift Buddha auch dessen Philosophie nicht.

83. „Der Muni Rudraka, der das Verhängnis von Bewußtsein und Bewußtem erkannt hatte, war über die Ebene der ‚Nicht-irgend-etwasheit' hinaus zur Ebene vorgedrungen, wo Bewußtes und auch Nichtbewußtes *(saṃjñāsaṃjñātmakā gati)* ist."

84. „Weil aber, wo Bewußtsein und Nichtbewußtsein sind, immer noch ein Stützpunkt für beide da sein muß, ging er auch noch darüber hinaus und erlangte die Ebene des ‚Weder-Nichtbewußten-noch-Bewußten'" *(nāsamjñānin naiva samjñānin;* dies ist in Pāli *nevasaññā-nāsaññāyatana).*

Weil aber die Seele auch aus diesem Bereich wieder in die Welt zurückkehrt, darum genügt es Buddha nicht und er wendet sich von ihm ab.

Dieser Sanskrit-Bericht über die beiden Lehrer unterscheidet sich von dem Pāli-Bericht darin, daß er zunächst einmal alle vier oder fünf *arūpa*-Stufen ihnen zuschreibt, was zu Recht bestehen mag, denn die im Pālitext nicht angeführten gehen ja, wie viele Stellen erweisen, den beiden genannten höchsten voraus. Aber ein wirklicher Widerspruch ist dies, daß zu der Metaphysik hin auch noch die vier *dhyāna*-Stufen als von den zwei Lehrern gelehrt dargestellt werden. Ferner hätte sich Buddha nach diesem Text von den beiden Lehrern nicht nur darum abgewendet, weil ihre Versenkungsmethode zu einem Nihilismus führte, sondern auch darum, weil diese noch eine Seele lehrten, während er diese Lehre als Verhängnis verneinte. Dies ist aber offensichtlich die Konstruktion einer Zeit, in der eine Hauptrichtung des Buddhismus dem Meister diese Lehre zuschob, während die Texte dartun, daß dieser Negativismus nicht Buddhas Lehre war. Wenn irgend etwas feststeht, so scheint es mir dies zu sein, daß Buddha eine letzte Realität im Menschen festhielt, nur daß er diese mit nichts identifizierte, was irgendwie in Begriffen faßbar ist; sie ist reines Sein [18]). Ferner aber scheinen mir die Pālitexte zu erweisen, daß die Einfügung der vier *jhāna*-Stufen in die Erzählung von den beiden Lehrern durch Aśvaghoṣa nicht den Tatsachen entspricht, sonst hätte ja Buddha, nachdem er sich von den zwei Lehrern unbefriedigt abgewandt hatte, doch nicht auf die Versenkung seiner Jugend, die ja mit den vier *jhāna*-Stufen verknüpft wird, zurückgegriffen. Der Grund, warum Aśvaghoṣa so komponiert hat, ist klar: im späteren Buddhismus gingen in der Tat den vier *arūpa*-Stufen die vier *jhāna*-Stufen voraus und die beiden Versenkungsmethoden wurden zu einer acht- oder neunstufigen Reihe zusammengefügt, sicher zu Unrecht, wie Heiler überzeugend dartut [19]).

Ich glaube, aus den angeführten Tatsachen lassen sich nun mit größter Wahrscheinlichkeit die folgenden Schlüsse ziehen: Buddha traf auf seiner Suche nach dem Heil sehr früh mit einer bestimmten Richtung des Sāṃkhya-Yoga zusammen und wurde dort in eine stark abstrakte Versenkungsmethode eingeführt, die ihm nicht zusagte und die er aus inneren Gründen ablehnen mußte: sie schien ihm nicht in die Tiefe der Erkenntnis zu führen, sondern nur zur Ausschaltung des Bewußtseins. Buddha hatte klar erkannt, daß der Weg zur Befreiung vom Krampf des Bewußtseins nicht an der Bewußtseinsklärung vorbeiführen könne. Ferner: Buddha selbst hatte in seiner Jugend spontane Versenkungserlebnisse gehabt und diese sind in der Berührung mit dem Yoga wieder aufgewacht. Er hat sich der Versenkung im wahrsten Sinne des Wortes, d. h. des Eindringens in die verborgene Wirklichkeit aufs neue hingegeben und nun im fortgeschrittenen Alter und unter dem Einfluß energischer Arbeit am Innern die Versenkung von seiner Erfahrung her durchgebildet. Das ist zunächst einmal das Neue, das er dem Yoga hinzugebracht hat.

Eine für die indische Moderne zu Buddhas Zeit außerordentlich wichtige Weiterführung der Yoga-Methoden liegt in seiner Erziehung zur „besonnenen Bewußtheit" [20]). Diese Betrachtung des ganzen Menschen nach Leib und Seele durch strenge Selbstbesinnung und Bewußt-Machen ist in der Tat der Weg zu einer völligen Durchklärung der leiblichen und seelischen Tiefen und damit ein Weg zur Lösung der Verknotigungen durch die *saṃskāra.* Während der Yoga nach den uns vorliegenden Dokumenten vor Buddhas Zeit sein zentrales Interesse der Gottheit und überhaupt der absoluten überirdischen Realität zugewendet hatte, lehrt Buddha durch seine Methode den Mönch, sein Augenmerk auf die eigene innere Welt und deren Gesetze und letzte Realitäten zu richten. Dadurch ist Buddha mit zum Schöpfer der seelischen Tiefenschau geworden, die das Hauptstück des klassischen Yoga ausmacht. Er hat damit die Gefahr einer rein mechanischen Psychotechnik, die dem Yoga immer droht und die zur Bewußtseinshemmung und Bewußtseinsleere führt statt zur bewußten Durchdringung der verworrenen Tiefen des Unterbewußtseins, ein für allemal beschworen. Er hat das Ziel unbedingter innerer Befreiung stets streng im Auge behalten, ohne das alle Innenschau im Psychologischen stecken bleibt. Immer will er das Heil im allerletzten Sinn. Dieser Ernst erst gibt der Methode den wahren Gegenstand, das Ziel, das alle Vorläufigkeiten dahinten läßt. Auf diese Weise ist der Buddhismus zu dem Heilspfad der indischen Moderne, zum ersten großen Versuch einer umfassenden Seelenführung geworden. Buddha setzt den Göttern und dem Gott, die offenbar weiten Bereichen seiner Zeit nicht mehr unerschütterliche Realität waren, und dem Negativum, das seine Lehrer ihn einstens gelehrt hatten, in seiner Nirvāṇa-Erfahrung ein Positives, aber Ganz-Anderes entgegen. Dieses ganz Andere ist sowohl die letzte, nicht mehr benannte und vorgestellte, aber unmittelbar erlebte Realität im Menschen, wie im Sein überhaupt. Es ist das, wovon der Erleuchtete in Udāna VIII, 1 ff. spricht:

„Es gibt, o ihr Mönche, einen Bereich *(āyatana),* wo es weder Erde, noch Wasser, noch Feuer, noch Luft gibt. Es ist nicht der Bereich der Raumunendlichkeit, noch der Raum der Bewußtseinsunendlichkeit, noch auch der Bereich der ‚Nicht-irgend-etwasheit', noch auch der Bereich des ‚Weder-Bewußtseins-noch-Nichtbewußtseins'. Es ist nicht diese Welt und es ist nicht jene Welt. Beide sind es nicht. Auch nicht Sonne und Mond, ich nenne es, o ihr Mönche, weder ein Kommen noch ein Gehen, noch ein Stehen, weder ein Vergehen noch ein Entstehen. Es ist ohne Stützpunkt, ohne Beginnen, ohne Grundlage. Und das eben ist das Ende des Leidens." Und ähnlich Itivuttaka 43: „Es gibt, o ihr Mönche, ein Ungeborenes, ein Ungewordenes, ein Ungeschaffenes, ein Ungestaltetes, wenn es, o ihr Mönche, dieses Ungeborene, Ungewordene, Ungeschaffene, dieses Ungestaltete nicht gäbe, so gäbe es ja kein Entkommen aus dem Geborenen, dem Gewordenen, dem Geschaffenen, dem Gestalteten. Weil es nun aber ein Ungeborenes, Ungewordenes, Ungeschaffenes, Ungestaltetes gibt, darum gibt es auch ein Entkommen aus dem Geborenen, dem Gewordenen, dem Geschaffenen, dem Gestalteten." Eben dieses Nichtsagbare, das im Nirvāṇa unmittelbar als letzte Realität erfahren wird, ist es, was Buddha seiner Zeit verkündigt als des Heiles Grund. Dies gibt seiner Lehre den abgründigen Optimismus, der den Jünger, der seinen Weg beschreitet, trägt bis zum letzten, hohen Ziele. Verfallender Gottesglaube und die sich verhärtenden spekulativen Begriffe wie *brahman* und *ātman* wurden in dem „Ungeborenen" umgeschmolzen zu neuer wirksamer Realität.

Die angeführten Stellen aus dem Pāli-Kanon, die unzweifelhaft zu den echten Buddha-Worten gehören, bilden die Grundlage für die Metaphysik des Śūnyavāda im Mahāyāna-Buddhismus, wie er von dem wahrscheinlich im 2. Jahrhundert n. Chr. lebenden Nāgārjuna in seinen Madhyamaka-Kārikās begründet worden ist. *śūnyam* „das Leere" (vgl. oben den Abschnitt über die Tejobindu-Up.) oder die *śūnyatā* „die Leerheit" ist in diesem System, das sowohl das Sein wie das Nichtsein leugnet, wenn diese beiden einander radikal entgegengesetzt werden, das Letzthin-Wirkliche, das sowohl über Sein wie Nichtsein hinausragend, alles in sich enthält und doch von jedem Merkmal, das man erfahren oder denken könnte, befreit ist. In dieser Lehre wird allen Erscheinungen und Begriffen jegliche eigene Wesenheit genommen. Sie sind nur Individuationen jenes absolut „Leeren". Die *śūnyatā* ist eine *acintyatā* „eine Unausdenkbarkeit, ein Absolutes, das man nur beschweigen, nicht erkennen noch begreifen kann".

Der Vijñānavāda des Asaṅga und des Vasubandhu, die wohl im 4. Jahrhundert lebten, führt diese Metaphysik auf einer etwas anderen Linie weiter zu einer Art „idealistischer Leerheitsmetaphysik". Er stellt die Lehre vom „absoluten Bewußtsein" auf, das er *ālayavijñāna* nannte, das man etwa „Schatzkammer- oder Speicher-Bewußtsein" nennen könnte. Wie *śūnyam* oder *śūnyatā* wurde *ālayavijñāna* geschaut als das, was bleibt, wenn man alles Daseiende und Seiende jeglichen Merkmals entkleidet, die diesen beigelegt werden können.

Es ist offensichtlich, daß diese Metaphysik mit derjenigen der *bindu*-Up. in ihrer höchsten Steigerung identisch ist. Es müssen auch hier Beziehungen zwischen dem vom Theismus herkommenden Yoga und dem Mahāyānabuddhismus hin und her gegangen sein. Dabei ist die Frage der Priorität schwer zu entscheiden, weil die absolute Zeit der *bindu*-Up. kaum zu bestimmen ist. Da jedoch der Begriff des *śūnyam* in den *bindu*-Up. sozusagen mit Notwendigkeit aus den Meditationserlebnissen entsprang und *Nāgārjuna* vom brahmanischen Bereich herkam, wo er die „vier Vedas", also auch den Av und seine Upaniṣaden studiert hatte, und sich erst in fortgeschrittenem Alter zum Buddhismus bekehrte (vgl. Winternitz, Indische Literaturgesch. II, 253), liegt der Schluß sehr nahe, daß Nāgārjuna wesentliche Anstöße für seinen Śūnya-Vāda vom Yoga empfangen hat. Nāgārjuna gilt in der Legende auch als großer Zauberer, der seine Zaubermacht vor seiner Bekehrung zu üblen Taten brauchte, wie sie nicht selten von ausschweifenden Śiva-Yogin berichtet werden. Eben diese waren der Anlaß zu seiner Bekehrung zum Buddhismus.

Die Begründer des Vijñānavāda, Asaṅga und sein Bruder Vasubandhu stammen von einem Brahmanen der Kauṣika-Sippe aus Puruṣapura (heute Peshawar im Nordwesten Indiens), die aus den Vrātyaberichten bekannt ist. Sie müssen also in ihrer Jugend Beziehungen zum Yoga gehabt haben. Daß die Anhänger des Vijñānavāda ausgesprochenermaßen Yogācāra genannt werden, „Anhänger des Weges, Brauches des Yoga" weist ebenfalls in dieselbe Richtung: Nicht nur Buddha und der Hīnayāna-Buddhismus, sondern auch die große Mahāyāna-Bewegung und ihre Schulen sind vom Yoga nachhaltig beeinflußt worden. Auch die Tatsache, daß ein Hauptwerk der Yogācāras, das Yogācārabhūmiśāstra als Offenbarung des Maitreya angesehen wird, mag durch diese Zusammenhänge erklärt werden. Denn die Maitrāyaṇas besitzen eine wichtige Yoga-Up. Auch die Verwandlung des Buddha in eine höchste Gottperson im Mahāyānabuddhismus mag auf den Einfluß der Yogabewegung mit ihrer theistischen Unterströmung zurückgehen.

Diese Zusammenhänge sind bis jetzt viel zu wenig beachtet worden, sind aber für die Kenntnis und das Verständnis der indischen Religions- und Geistesgeschichte, insbesondere des Yoga, von nicht geringer Bedeutung. Denn aus ihnen wird erst deutlich, wie es zu der Entdeckung neuer Begriffe innerhalb der religiösen und religionsphilosophischen Gesamtentwicklung in Indien kam.

Die „Leerheit" wie das „Schatzkammerbewußtsein" sind notwendige Prägungen aus den Yoga-Erfahrungen, die auch denkerisch verarbeitet wurden. Und die trotz aller Warnungen versuchten begrifflichen Fassungen – denn auch „Leerheit" und „Schatzkammerbewußtsein" sind Begriffe – können nur aus einem adäquaten „Erfahren" überhaupt geistig so realisiert werden, daß sie nicht bloß formalhafte Wortbildungen bleiben. Denn schon Ausdrücke wie „unentstanden, unvergänglich, unveränderlich" usw. können nicht begrifflich erfaßt werden. Wer dies versucht, soll sich von diesem vergeblichen Bemühen heilen lassen, indem er die „Leerheit" meditiert (wie den *nāda* in den *bindu*-Up.). Dieses paradoxe Absolute ist eben jenes Ungeborene usw. Buddhas, das man zwar in seiner Absolutheit erfahren, aber nicht mehr begreifen noch beschreiben kann: auch vor ihm kehren die Gedanken um, kehren die Worte um. Diese Erfahrung ist das Nirvāṇa, in welchem sich in höchster Bewußtseinsreinheit und Entleertheit alle Konturen des Seins auflösen und auch das Ich und jede andere Wirklichkeit hinschmilzt, in einen unsagbaren Zustand, von dem man weder aussagen kann er sei, noch, er sei nicht – wir könnten zur Verdeutlichung hinzufügen, ein Zustand, von dem man nicht mehr sagen kann, man erfahre etwas oder man erfahre nichts. Es ist eben jenes absolut Andere, in das dem so Erfahrenden ein Entkommen aus dem Geborenen, dem Gewordenen, dem Geschaffenen, dem Gestalteten möglich ist. Diese letzthinnige Erfahrung des Entnommenseins aus allem, was bindet und individualisiert, tritt zwar immer wieder bei dafür Veranlagten spontan auf. (Vgl. den Abschnitt über *samādhi* im III. Hauptabschnitt.) Aber die von Buddha und im Śūnyavāda und Vijñānavāda gemachten Aussagen sind nur da möglich, wo eine jahrhundertelange Übung in subtilsten Gedankengängen stattgefunden hat.

Die beiden genannten Systeme stimmen zwar im wesentlichen mit Beziehung auf ihre Auffassung vom Letzthin-Wirklichen überein; doch besteht ein Unterschied zwischen ihnen, auf den hinzuweisen hier nötig ist, weil er zeigt, wie verschiedene Wege letztlich zum selben Ergebnis führen, wenn sie radikal zu Ende gegangen werden. Der Vijñānavāda stützt sich in einer unerhört folgerichtigen Spekulation, die die Gesamtwirklichkeit zunächst völlig ignoriert, ganz auf die Bewußtseinstatsachen und erforscht das Absolute in diesem Bereich. Dabei war er in seiner Bewußtseinsforschung ohne Zweifel wesentlich vom Yoga und seinen Erfahrungen gestützt. *ālayavijñāna* ist das Bewußtsein, daß der in Samādhi eingetretene Yogin in seiner absoluten Leere unmittelbar erfährt, aus dem aber, sobald er wieder ins Bewußte zurückkehrt, alle Bewußtseinstatsachen erneut ans Licht treten, geboren werden, eine Schatzkammer oder ein Speicher, der seinen ganzen Reichtum aus sich entströmen läßt. Daraus entspinnt sich dann die Spekulation, daß die Gesamtwirklichkeit, die wir ja unmittelbar nur als Bewußtseinstatsache erkennen, sich ebenso aus einem solchen *ālayavijñāna* entfaltet. Aus dieser Spekulation entsteht dann der philosophische Begriff der *vijñaptimātratā*. Dies ist „die absolute Bewußtseinsschaffung" oder „die Bewußtseinsschaffung, die nur dies und sonst nichts ist". Die Übersetzung „absolute Bewußtheit", die sich häufig auch bei Indologen findet, entspricht nicht der causativen Form des Wortes. Denn der Begriff bezeichnet keine Bewußtheit, sondern er bedeutet die Schaffung der Bewußtheit und damit des Bewußtseins und der Bewußtseinsinhalte in der gesamten Wirklichkeit. Es ist ein rein Dynamisches. Sie schafft auch die Erleuchtung, die zur Buddhaschaft führt, also das Nirvāṇa. Sie ist selbst ewiges Nirvāṇa.

Was sich in diesen geistigen Bewegungen im Anschluß an Buddha vollzog, ist wohl kaum, wie vielfach angenommen wird, ein Eindringen des brahmanischen Monismus in den Buddhismus, obwohl Berührungen und Auseinandersetzungen mit den „Brahmavādins“ sicher stattgefunden haben, sondern eine rücksichtslos-folgerichtige philosophische Durchdringung der *Samādhi-Nirvāṇa*-Erfahrungen, bei welcher der forschende metaphysische Spürsinn die Denker, die in dieser Erfahrung standen und darum eine reale Grundlage für ihr Denken hatten, von Folgerung zu Folgerung drängte, bis sie das „Letzthinnige“ im gesamten Sein (weil dieses durch kein Merkmal, das zu denken und zu nennen war, eingeschränkt werden durfte), jeder Begriffsbestimmung entnommen, entweder mit einem *mātratā,* einer „Nur-Soheit“, oder mit einem Negativum bezeichnen mußten.

Vergleichen wir die Auffassung vom Letzthinnigen im Vedānta und im Mahāyānabuddhismus eines Nāgārjuna und eines Vasubandhu, so besteht trotz enger Verwandtschaft ein grundlegender Unterschied zwischen dem *brahman* und dem *śūnyam* oder der *vijñapti - mātratā:* In beiden Bereichen handelt es sich um ein Letzthin-Wirkliches, das vor allem, in allem und über allem west. Aber in der buddhistischen Philosophie haben alle Ausdrücke und Darlegungen entweder eine negative Note oder ein paradoxes Sowohl-als-auch oder Weder-Noch, während in der brahmanischen Sphäre die Ausdrücke betont positiv sind, abgesehen von der Unerkennbarkeit und Unaussprechbarkeit. Der Grund liegt darin, daß, obwohl in beiden Sphären letzthinnige Innenerfahrung und strenges metaphysisches Bemühen sich verbinden, in der buddhistischen und in der Yoga-Sphäre der Nachdruck auf der unmittelbaren Innenerfahrung liegt, aus der das metaphysische Denken sich entspinnt, in der Sphäre der Brahmavādins aber auf der Spekulation, durch welche von diesem Letzthinnigen alles andere abgeleitet werden soll. Die Samādhi- und Nirvāṇa-Erfahrung endet als solche mit der Auflösung alles Gegebenen in einem unaussprechlichen Zustand des „Ungegebenen“, das man am besten beschweigt. Die ursprüngliche Abneigung Buddhas gegen metaphysische Fragestellungen bleibt dort trotz aller hochgesteigerten metaphysischen Schau immer noch wirksam. Im brahmanischen Bereich bleibt das Drängen nach Erkenntnis des Letzthin-Wirklichen lebendig und zwingt den Geist zu einer Gesamtschau.

Die abendländische Mystik mit ihrem „Nichts“, wie auch der Yoga mit seiner theistischen Neigung und seinem Glauben an die Realität des Gewordenen suchen die Vereinigung: Die Positivität des Nichts wird hier nicht selten auch durch positive Aussagen betont. Das „Nichts“ ist nur ein Nichts im Vergleich mit der merkmalbehafteten, erfaßbaren und erkennbaren Wirklichkeit. Denn es hat nichts von allen diesen Merkmalen an sich. In sich aber ist es das allem Zugrunde-liegende, die letzthinnige Realität, die bejaht wird. Aus dieser Haltung, die sich dann auch im Zenbuddhismus durchsetzt, erwächst auch die paradoxe Dialektik, in der *nirvāṇa* und *saṃsāra* eins sind.

Daß es sich hier um geistnotwendige, gesetzhafte Entwicklungen handelt, die im Wesen der menschlichen Erfahrung und des Bewußtseins liegen, zeigen die Parallelen in der gesamten Religionsgeschichte, wo immer religiöse Erfahrung und Denken höchste Stufen ersteigt. Zum „Nichts" der abendländischen Mystiker sind zu stellen die Negationen, mit denen Laotse sein *tao* vor Mißverständnissen zu schützen sucht. Aber auch schon der polynesische Schöpfungsmythus, der die Weltentwicklung mit einem „Nichts" beginnen läßt, das alle Schaffenskräfte und Gestaltungen vorwegnehmend in sich trägt. Hier liegen religiöse Urerfahrungen zugrunde, die sich im metaphysischen Denken unwiderstehlich auswirken, und die auch ohne geschichtliche Abhängigkeit zu denselben Ergebnissen führen, wenn auch die artgebundene Individualität diesen ihre besondere Färbung verleiht.

Es ist schon darauf hingewiesen worden, daß, obwohl die kurz gekennzeichnete geistige Entwicklung zunächst eine starke Weltabkehr begünstigt (weil ja das Ungeborene usw., das „Nichts", die „Leere", die *vijñapti-mātratā* als die einzig wahre Wirklichkeit erlebt und gedacht wird), im Verlauf der Entwicklung überall eine radikale Wendung eintritt: Die Wendung nämlich zu einer unerschütterten Welthinkehr, einer Durchheiligung des Wirklichen in allen seinen Einzelheiten. Der tantrische Yoga mit seiner Erotik ist hier ein auffallendes Beispiel eines ersten verworrenen Aufflackerns der Erkenntnis, das wohl nicht ohne Beeinflussung durch die bodenständige orientalide Erotik, besonders Nord-Ost-Indiens begünstigt wurde. Im Mahāyāna-Buddhismus, wie er sich bei Nāgārjuna und Vasubandhu entwickelt hat, wird die Erkenntnis des radikalen und innigen Zusammenhangs zwischen Letzthin-Wirklichem und den irdischen Erscheinungen schon von Nāgārjuna so ausgedrückt: „Der Dinge *(dharma)* tatsächliche Beschaffenheit *(dharmatā)* ist Nirvāṇa" [21]). Nirvāṇa ist hier also auch letzthinnige Realität, die nach diesem Spruch allen Dingen ihr eigentliches Wesen gibt.

Im chinesischen und japanischen Zenbuddhismus erreicht diese Erkenntnis und Haltung ihre höchste Blüte. Der ins Nirvāṇa eingegangene Buddha ist eben diese letzthinnige Realität, die schaffend und segnend alles durchwirkt. Das „Buddhaherz" ist der Wesenskern jeder Erscheinung, der in allem und jedem erfaßt werden kann. Dies ist das wahre Verständnis des *śūnyam.* Und wenn ein japanischer Meister des Zen einem Europäer dies klar zu machen sucht, indem er auf die Asche seiner Zigarette deutend sagt: „Dies ist Śūnyam", so mag dieser verworren den Kopf schütteln: er hat die Wendung nicht mitmachen können von der „Leere", die in ewiger Ruhe alles durchwaltet, zu der unscheinbarsten Erscheinung, die von ihr so geheiligt ist. *satori,* die blitzartige Erleuchtung und innere Erschütterung ist ausgeblieben, weil der Schüler nicht reif für sie war.

Versucht man diese seltsame Umkehrung von radikaler Weltflucht zu radikaler und universaler Weltbejahung, von der höchsten Spekulation zur alltäglichsten Erfahrung, die Ineinssetzung von *saṃsāra* (das in ewigen Wiedergeburten strömende Weltdasein) mit *nirvāṇa,* dem „Jenseits-alles-Seins", zu verstehen, so müssen wir wieder auf Erfahrungen zurückgehen: Wer das Letzthin-Wirkliche, aller denkbaren und aussagbaren Merkmale und Seinsformen entkleidet, unmittelbar in einem Zustand absoluter Ent-Ichung erfährt – eine paradoxe Erfahrung, die nur gemacht, nicht mehr gedacht werden kann – der erlebt in dieser „Unermeßlichkeit“ eine radikale Befreiung von jeder Gebundenheit, von jedem Beschränktsein. Vor allem aber von allem Bangen und jeder Furcht. Er steht sieghaft über dem, was alle Wesen bindet. Damit verliert für ihn *saṃsāra* seinen Schrecken und seine hemmende Macht. *duḥkha,* das alles Erscheinende durchwaltet, ist aufgelöst.

Und nun erwacht die jedem Wesen innewohnende Lebenslust, die „Urlust“ *(ānanda),* besonders da, wo Völker noch unverbraucht sind oder aus deren Wurzeltiefen neue Lebensströme aufquellen. Aber gereinigt von *tṛṣṇā* „Lebensdurst, Gier“ zu neuer Kraft. Es wird eine edel erhabene Hingabe an die Dinge des Daseins möglich, wie wir das auch bei Buddha sehen können, der sich in den Anblick einer Blume versenkt. Das Irdisch-Seiende gewinnt einen neuen höchsten Wert. Denn es strahlt ein „Unirdisches“ reinster Freude aus.

Auf dieser Erfahrungsgrundlage entspinnt sich dann wieder eine bejahende Spekulation über das Verhältnis von Nirvāṇa und Saṃsāra, ein Vorgang, den wir auch bei den abendländischen Mystikern beobachten können. Im Buddhismus erwächst dann dadurch, daß das Letzthin-Wirkliche mit dem ins ewige Nirvāṇa eingegangenen Buddha ineinsgesetzt wird, ein innig-gläubiges Verhältnis zum Daseienden: die Urwesenheit „Buddha“, die immer schöpferisch und segnend tätig ist, wohnt allen Dingen inne. Das „Buddhaherz“, das im Menschen west, eint sich mit dem Buddhaherzen in allen Dingen. Das ewig Bleibende und das unaufhörlich Wechselnde bilden keinen Gegensatz mehr für den so Befreiten. Wo bleibt da noch der Unterschied zwischen Nirvāṇa und Saṃsāra? Dieser Unterschied ist nur eine Illusion der Nicht-Schauenden, der Nicht-Wissenden. In dieser Umkehrung offenbart sich die schöpferische Gewalt und Ursprungskraft des menschlichen Geistes, der sich das Gegebene nicht auf die Dauer zur Illusion herabsetzen und rauben läßt. Er will Heimat in der Welt, zu der er gehört, weil er Heimat im Ewig-Wirklichen gefunden hat. In der Christus-Logos-Idee der mystisch orientierten Theologen des Abendlandes haben wir eine verwandte Strömung. Der radikale Spiritualismus wandelt sich in einen von religiöser Tiefenschau durchleuchteten Realismus. Das dialektische Urgesetz geistigen Seins wird hier sichtbar [22]).

Ein dritter Zweig der geistigen Bewegung, die im Yoga-Weg ihren Ausdruck gefunden hat, ist der *Jinismus* [23]). Auch er gehört der altindischen Ketzerbewegung an. Beziehungen zwischen Jinismus und der Muṇḍaka-Upaniṣad hat Hertel sehr wahrscheinlich gemacht [24]). Die Muṇḍaka-Upaniṣad ihrerseits geht auf die Grundgedanken des *skambha*-Liedes Av X, 7 zurück. Ihre Verwandtschaft mit der Śvet.-Up. ist daher nicht verwunderlich, denn diese ruht ja, wie gezeigt, mit ihren Grundgedanken in Av X, 8, das aufs engste mit Av X, 7 verwandt ist [25]).

In diesem Zusammenhang ist noch darauf hinzuweisen, daß die Vrātya, die Jaina und die Buddhisten denselben Namen für die Ältesten ihrer Gemeinde haben, nämlich *sthavira* (Pāli *thera*) [26]). Die vedischen Texte brauchen das Wort noch nicht streng als einen Titel, doch scheint es, daß die Vrātya-Texte schon dazu neigen, das Wort zum Titel zu verfestigen. Und diese Entwicklung hat sich offenbar in den beiden Ketzerreligionen fortgesetzt.

Zu welcher Zeit sich der Ur-Jinismus von diesem theistischen Bereich gelöst und seine atheistische Entwicklung begonnen hat, ist schwer zu sagen. Doch muß dies sehr früh in der altindischen Epoche gewesen sein. Mahāvīra, der letzte große Weise der Jainas, war nach einer sehr verläßlichen Tradition ein älterer Zeitgenosse Buddhas, gehört also ins 6./5. Jahrhundert vor Christus. Und da Pārśva, der sehr wahrscheinlich als der eigentliche Gründer des Jinismus zu gelten hat, 250 vor Mahāvīra ins Nirvāṇa eingegangen sein soll, so kommen wir etwa ins 8. Jahrhundert vor Chr.

Leider ist es unmöglich, den Jinismus in seiner damaligen Gestalt zu fassen, da die Literatur erst sehr spät festgelegt worden ist [27]). Wir können darum auch nicht genau sagen, wie der Yoga der Jainas zu jener Zeit beschaffen war. Daß aber der Jinismus immer aufs engste mit dem Yoga verknüpft gewesen ist, zeigt seine kanonische Literatur ganz zweifelsfrei. Das hat sicher seinen tiefsten Grund darin, daß die Ketzer, die ja nicht für ihren Heilsweg an die heilige vedische Literatur anknüpfen konnten, gezwungen waren, in eigenständiger Erfahrung mit den verborgenen Realitäten des Seins in Berührung zu kommen. In den großen Zügen ist der Heilsweg im Jinismus derselbe wie im Yoga oder im Buddhismus. Auffallend ist hier nur, daß das Wort *tapas* für diesen Heilsweg gewählt worden ist, obwohl wir feststellen konnten, daß dieses Wort vornehmlich dem brahmanischen Bereich angehört. Dies hat wohl seinen Grund darin, daß die jinistische Entwicklung schon in der vedischen Zeit beginnt, als *tapas* noch nicht brahmanischer Fachausdruck war, und daß das Wort *yoga* im Jinismus im Laufe der Entwicklung eine Allgemeinbezeichnung für das gesamte fromme Leben wurde. Nach den kanonischen Schriften des Jinismus ist zu unterscheiden: *bāhya-tapas,* „äußere Askese", besonders Fasten und andere asketische Kostübungen, Übungen in der Unempfindlichkeit gegen Hitze und Kälte, gegen körperliche Reize usw., u. *abhyantara-tapas,* „die innere Askese", Beichtsühne beim Lehrer, Ehrfurcht vor ihm und vor der Gemeinde, Dienstbeflissenheit allen Religiösen gegenüber, Dienst an Kranken usw.; ferner Studium *(svādhyāya),* Gleichgültigkeit gegen alle Versuchungen *(utsarga)* und vor allem *dhyāna,* Konzentration und Versenkung, die ein *muhūrta,* 48 Minuten, dauern kann oder soll. Es gibt vier Arten von *dhyāna: ārta-dhyāna,* „das Nachsinnen über etwas Unangenehmes, das einem zuteil wurde", *raudra-dhyāna,* „Nachsinnen über böse Dinge"; diese beiden *dhyāna* sind nicht heilfördernd. Erst das dritte *dhyāna, dharmadhyāna,* „das Nachdenken über religiöse Gegenstände" ist ein

Weg zum Heil, vor allem aber *śukla-dhyāna*, „die reine Versenkung". Von dieser werden vier Stufen unterschieden: a) *pṛthaktva-vitarka* richtet sich auf den Wandel und die Gegensätze im Weltprozeß (Werden und Vergehen, Seele und Materie, Substanzen und Zustände usw.); b) *ekatva-vitarka* richtet sich auf die Seele, also auf dasjenige, was in allem Wechsel beharrt; c) *sūkṣma-kriyā-pratipāti* richtet sich auf die Unterdrückung der noch in minimalem Grade vorhandenen Betätigung; d) *uparata-kriyā-nivṛtti* richtet sich auf die vollkommene Befreiung von allem Karma [28]).

Aus diesem Abriß geht hervor, daß auch die Jaina *dhyāna* vierfach staffelten, und zwar ist die vierfache Staffelung in doppelter Weise durchgeführt. Zunächst wird *dhyāna* in vier unter sich z. T. streng getrennte Arten eingeteilt und dann werden diese Hauptarten je in sich in vierfacher Stufenfolge aufgebaut. Von den vier Hauptarten können 1 und 2 kaum als *dhyāna* im richtigen Sinne angesprochen werden. Man hat den Eindruck, daß hier die Vierzahl im Zusammenhang mit *dhyāna* entsprechend dem ganzen Charakter des Jinismus sehr schematisch angewendet worden ist. Wenn zwei *dhyāna*-Arten, die dem Heil widerstreben, in den Heilsweg eingefügt werden, so kann dies wohl kaum anders denn als Schematisierung erklärt werden, wobei wohl der Gedanke mitgewirkt haben mag, daß die Darlegung der falschen Versenkung auch einiges Licht auf die richtige Versenkung werfen könnte. Daß die Zahl 4 im Zusammenhang mit *dhyāna* in buddhistische und wahrscheinlich sogar in vorbuddhistische Zeit zurückgeht, ist aus den buddhistischen Pāli-Texten ganz klar [29]). Es ist darum anzunehmen, daß der Jinismus hier nicht etwa das buddhistische Schema entlehnt, sondern daß er eine uralte Tradition eigenständig entwickelt hat. Dies scheint mir besonders auch erwiesen durch die Art, wie er die vier Stufen von *śukla-dhyāna* behandelt, die doch etwa den vier *jhāna*-Stufen des Buddhismus entsprechen müßten. Sie stimmen nicht überein, obwohl sie offenbar in ihrer höchsten Form auf dieselbe Erfahrung hinweisen. Zwar finden sich hier die Ausdrücke *vitarka* und *vicāra*, die wir aus den buddhistischen *jhāna*-Stufen kennen, aber im Unterschied von der buddhistischen Stufenreihe sind die beiden ersten Stufen des Jinismus mit *vitarka* verknüpft. Und diese werden von den beiden letzten dadurch abgehoben, daß sie je einen Gegenstand zur Grundlage haben. Diese Gegenstände sind, wie wir gesehen haben, a) der Wandel und die Gegensätze im Weltprozeß, b) die Seele, die im Wechsel beharrt, während sich die beiden letzten mit der Aufhebung der (gegenstandsbefreiten) Seelenbetätigung *(kriyā)* beschäftigen [30]): Dann wird wieder in Übereinstimmung mit dem Buddhismus gesagt, daß die zweite Stufe ohne *vicāra* sei [31]). Wenn Abhängigkeit vom Buddhismus vorläge, dann könnte dieses Nebeneinander von Übereinstimmung und Widerspruch nicht erklärt werden, wohl aber, wenn wir eine gemeinsame Tradition annehmen, nach der in den unteren Stufen von *dhyāna vitarka* und *vicāra* eingeschlossen sind, und wenn diese Tradition dann im Buddhismus und im

Jinismus selbständig entwickelt worden und deshalb verschiedene Wege gegangen ist.

Dabei ist noch zu beachten, daß der Jinismus sich hier wie vom Buddhismus, so auch vom Yoga unterscheidet, denn dort bezieht sich *vitarka* auf die groben und *vicāra* auf die feinen Gegenstände (YS I, 42 ff.), was ausschließt, daß in der Stufenfolge zuerst *vitarka* und dann *vicāra* ausgeschaltet wird, wie dies nach Tattvārthādhigama im Jinismus der Fall ist. Ferner wird *vitarka* zwar ähnlich erklärt wie im YS [32]); *vicāra* dagegen wird ganz anders erklärt als im YS, wo *vicāra* parallel zu *vitarka* steht, wobei das eine auf die feinen, das andere auf die groben Gegenstände bezogen wird. Denn in Tattv. Sūtra IX, 46 heißt es: *vicāro ' rthavyañjanayogasaṃkrāntiḥ.* Ich übersetze dies so: „*vicāra* ist das meditierende Hinüberschreiten von dem Sachgegenstand (also etwa dem Weltbild, wie es sich darbietet) zu Offenbarung (das heißt zu den Überlieferungen über die Welt und ihre Gesetze, wie sie von den Lehrern überkommen ist), zum Yoga" (welches Wort hier wohl im Sinne von Hemacandras Yogaśāstra I, 15, vgl. III, 41; IV, 34 gebraucht wird). Diese Erklärung entspricht der Grundbedeutung des Wortes *vi*-car, „hinübergehen". Auch die buddhistischen Texte erklären die beiden Worte *vitarka* und *vicāra,* aber wiederum anders. *vitarka* ist dort die kritische Bestimmung des Gegenstandes; *vicāra* aber wird erklärt als die „erwägende Betrachtung" des so bestimmten Gegenstandes nach allen Seiten [33]). Auch hier wieder Übereinstimmung und Widerspruch, die zu dem vorhin erwähnten Schlusse drängen.

Die beiden letzten Stufen des *śukla-dhyāna* entsprechen etwa den zwei letzten Stufen des buddhistischen *jhāna;* denn *sūkṣma-kriyā-pratipāti* kann wohl mit dem letzten Rest körperlichen Wohlbehagens verglichen werden, das in der vierten *jhāna*-Stufe nur noch vorhanden ist [34]), während das völlige Aufhören aller Betätigungen in der vierten *jhāna*-Stufe der *uparata-kriyā-nivṛtti* gleichzusetzen ist, aus der dann der Meditierende unmittelbar in das Nirvāṇa übergeht.

Auch der den drei Richtungen gemeinsame Ausdruck *kevalin* für den Wissenden und den Erlösten hat jeweils einen ganz verschiedenen Inhalt. *kevalin* im Yoga ist nicht nur der ganz „heil-Gewordene", es ist der „absolut-für-sich-Seiende", der über allem Weltsein völlig Erhabene – der ganz Andere. Der *kevalin* im Jinismus dagegen erhebt sich nur bis zur Spitze des Weltalls. Er hat zwar das „einzigartige Erlöschen" erreicht, aber er weilt doch innerhalb des Weltseins von den „vier-Unendlichkeiten" (unendliches Wissen, unendliches Schauen, unendliche Kraft, unendliche Wonne) durchdrungen, für alle Zeit gesättigt, selig, im Besitz unhemmbarer Seligkeiten ohne Ende [35]). Der Jinismus bleibt auch hier an eine konkretere Art der Erfahrung gebunden und der Zustand, den er als letzten und höchsten mit *kevala* bezeichnet, ist gegenüber dem *kaivalya* des Yoga nur ein vorläufiger. So kommen wir auch hier wieder zu dem Schluß, daß zwar aus uralter Tradition das Wort dasselbe, die Entwicklung des Inhaltes aber eine sehr verschiedene ist. Dies entspricht durchaus der völlig andern Haltung, die sich im Jinismus gegenüber dem Buddhismus und dem Yoga herausgearbeitet hat: es fehlt ihm die metaphysische Rücksichtslosigkeit und Absolutheit. Ferner kommt als Ursache für die Füllung der Ausdrücke mit verschiedenem Inhalt hinzu, daß der Jinismus in viel nachdrücklicherer Weise das sittliche und das fromme Leben überhaupt in den Heilsweg eingestellt hat; dies kommt schon in der Tatsache zum Ausdruck, daß *yoga* im allgemeinen das gesamte fromme Leben und Tun bezeichnet.

Es ist nötig, noch einige Einzelheiten zu besprechen, die einiges Licht auf den Zusammenhang der drei Richtungen werfen können. Bezeichnend ist, daß zu den vier brahmanischen Hauptgeboten, die auch die drei Ketzerrichtungen aufgenommen haben, im Yoga ein fünftes, *aparigraha* kommt, das „Nicht-nach-den-Dingen-Greifen", die „Lösung vom Raffwillen". Dieser Ausdruck kommt nur noch bei den Jainas vor, und zwar ebenfalls als ein fünftes Hauptgebot [36]). Diese Übereinstimmung ist gewiß nicht zufällig, aber es ist nicht entschieden, ob Entlehnung oder gemeinsame Urtradition vorliegt. Ich neige zu der Annahme der zweiten Möglichkeit. Ähnlich liegt es mit den schon behandelten vier *bhāvanā*, den „Realisierungen der Vier Unermeßlichen" (vgl. oben S. 170). Diese finden sich auch in Tattvārthādhigama VII, 6 [37]). Da nun aber hier Yoga, Buddhismus und Jinismus in der Sache übereinstimmen, ohne daß die einzelnen Fachausdrücke ganz dieselben sind, scheint mir hier wieder derselbe Schluß notwendig: gemeinsame Urtradition, nicht aber gegenseitige Abhängigkeit, wenn dieses Stück auch wohl nirgends so zu Hause ist wie im Buddhismus.

Am auffallendsten scheint mir die Übereinstimmung zwischen Yoga und Jinismus zu sein, auf die Jacobi a. a. O. S. 604 aufmerksam macht: In YS II, 30 werden die fünf uns bekannten Hauptgebote des Yoga aufgezählt. Und in YS II, 31 heißt es von diesen Hauptgeboten: *ete jātideśa-kāla-samaya-anavachinnāḥ sārvabhaumā mahāvratam.* „Wenn diese Gebote ohne Einschränkung durch Kaste, Ort, Zeit, Gelegenheit gehalten werden, werden sie bestimmend für alle Bereiche der inneren Welt. Dies ist das Großgelübde." In Tattv. Sūtra VII, 2 wird mit Beziehung auf das Halten der Hauptgebote gesagt: *deśasarvato 'ṇumahatī (vrate).* „Je nachdem sie mit oder ohne Einschränkung gehalten werden, nennt man sie das kleine oder das große Gelübde." Aber wir haben hier wieder dieselbe Erscheinung, die wir bei allen diesen Vergleichen beobachten konnten. Die Fachausdrücke haben zwar große Ähnlichkeit, aber sie sind nicht durchweg identisch. Dabei ist zu bedenken, daß der Ausdruck *mahāvrata* aus der Vrātya-Literatur stammt und daß die *Pāśupata*-Richtung der Rudra-Śiva-Gemeinde ebenfalls den Ausdruck übernommen hat, wenn auch in anderer Bedeutung als der Yoga oder der Jinismus. Die Wahrscheinlichkeit also, daß wir auch hier uralte gemeinsame Tradition vor uns haben, ist sehr groß, wobei noch zu bedenken ist, daß der Teil des YS, in dem der Ausdruck steht, in der Tat eine systematische Zusammenfassung der gesamten Yoga-Tradition ist.

Das Resultat unserer Untersuchung ist also dieses: Yoga, Buddhismus und Jinismus stehen in der engsten Beziehung zueinander. Der Yoga ist nachgewiesenermaßen vorbuddhistisch, wie ich in dem Kapitel über Yoga in der vedischen Zeit und in den Upaniṣaden zu zeigen versucht habe und wie die buddhistischen Schriften selbst bezeugen. Auch die vorbuddhistische Herkunft des Jinismus steht über allem Zweifel. Daß er den Yoga etwa vom späteren Yoga-System oder gar vom Buddhismus übernommen habe, wird durch kein Dokument gewährleistet und scheint mir bei der ganzen Haltung des Jinismus ausgeschlossen. Der Yoga muß also mit ihm seit uralters verknüpft gewesen sein. So wird der Schluß zwingend, daß die Yoga-Traditionen des Jinismus ebenso wie die des eigentlichen Yoga in der vedischen Zeit wurzeln. Daß die diesen beiden gemeinsame Urtradition in gewissen Liedern des Av noch vorliegt, ist nach dem oben Gesagten begründet. Wir müssen sie deshalb als zwei verschiedene Richtungen einer und derselben Bewegung bewerten, die sich wohl im Lauf der Zeit gegenseitig beeinflußt, vielleicht dies und jenes voneinander übernommen, aber im großen und ganzen die gemeinsame Urtradition bis ins Mittelalter hinein selbständig entwickelt haben. Auch das große Yogaśāstra des Hemacandra [38]), das sich mit dem Yoga in ausgiebigster Weise beschäftigt, zeigt gegenüber dem YS eine nicht zu verkennende Selbständigkeit.

Der Buddhismus wiederum ist eine Gründung Buddhas, und dieser hat auf seiner Suche nach dem Heil entscheidende Anstöße vom Yoga empfangen, wenn er auch kraft seiner genialen Begabung im Gebiet der Versenkung das überkommene Yoga-Gut in entscheidender Weise weitergebildet und damit für die nachfolgende Entwicklung fernwirkende Anstöße gegeben hat.

4. Kapitel

Der Yoga im Mahābhārata

Eine vergleichende Untersuchung der älteren und jüngeren Schichten des Mbh erhellt eine für die Geschichte des Yoga äußerst wichtige Tatsache: in der ältesten Schicht fehlt der Yoga im strengeren Sinne ganz. Dagegen findet sich *tapas* sehr häufig und bezeichnet eine Form der primitiven Askese, wie Stehen auf einem Bein, Starren in die Sonne, Sitzen zwischen Feuern, Fasten usw. Diese Askese ist mit einer primitiven Art von Zauber-Yoga ineinsgesetzt [1]). Daneben stoßen wir dann noch auf einen Yoga, wie er etwa den uns schon bekannten Ansätzen des Yoga im brahmanischen Bereich entspricht. Dieser Befund entspricht ganz den Resultaten unserer bisherigen Untersuchung.

Auch in einer zweiten Schicht des Mbh hat der Yoga noch keine betonte Bedeutung, nämlich in der vom ursprünglichen Kṛṣṇa-Viṣṇu-Kult bestimmten. In Mbh II, 38 wird Kṛṣṇa von Bhīṣma als Held und Herr der Welt gepriesen, als ihr Ursprung und ihr Ende. Aber nirgends ist in diesem Lobpreis eine Anspielung auf den Yoga. Dagegen ist in einem andern Hymnus desselben Bhīṣma in VI, 65 ff., der ganz offensichtlich einer dritten Schicht angehört, Kṛṣṇa mit einer Reihe von Beiworten bedacht, die alle das Wort *yoga* in sich enthalten: *yogātman, sarvayogātman, yogīśvara, yogayogīśa,* und Ausdrücke wie *yogabhūta, dhyānayoga, yogavid* lassen erkennen, von welch überragender Bedeutung der Yoga in dieser Schicht war [2]). Wir können daraus den Schluß ziehen, daß zwischen den zwei Schichten des Kṛṣṇa-Viṣṇu-Kultes im Mbh der Yoga zu einer überaus starken Bewegung geworden war, daß diese Bewegung den Kṛṣṇa-Viṣṇu-Kult durchdrang (und wie wir sahen, nicht nur ihn, sondern auch den ganzen Brahmanismus) und daß dadurch eine Neubearbeitung des Mbh im Sinne des Yoga (und des Sāṃkhya) erzwungen wurde. Die Bhagavadgītā, die im VI. Buch des Mbh enthalten ist, ist dafür ein untrügliches Zeugnis. Sie ist aus dem Geist des Yoga zwar nicht geboren aber neu geformt worden.

Wir können aus dem uns vorliegenden Befund noch einen weiteren Schluß ziehen: der Kṛṣṇa-Viṣṇu-Kult ist zunächst ohne den ausgebildeten Yoga in das Mbh eingedrungen, d. h. also, daß die Kṛṣṇa-Viṣṇu-Religion eine Phase gehabt hat, in welcher der Yoga in ihr noch keine Rolle spielte. Die Verbindung des Yoga und des Viṣṇuismus ist erst später eingetreten. Der Yoga kommt in diese Religion von außen, und zwar ist das geschehen in einer Zeit nach dem großen Ereignis, durch welches das alte Kuru-Epos mit dem Kṛṣṇa-Kult verknüpft wurde. Dieser Befund bestätigt das Ergebnis des Kapitels über den Yoga in den Viṣṇu-Upaniṣaden.

1. Die Bhagavadgītā

Die Bhagavadgītā ist ein Teil des VI. Buches des Mbh, des sogenannten Bhīṣmaparvan, Kap. 25–42 = Kap. 1–18 der Bhagavadgītā. Dieses Buch enthält die Schilderung der furchtbaren Bruderschlacht zwischen den zwei führenden Adelsgeschlechtern Altindiens, die der große Wendepunkt in der frühen indo-arischen Geschichte war (Pargiter setzt sie mit guten Gründen etwa um das Jahr 1000 v. Chr. an). Mit ihr geht das altvedische Indien zu Ende und in den ungeheuren Erschütterungen dieser Zeit bricht eine neue Entwicklung, auch in religiöser Hinsicht an: Nicht mehr die alten mythischen Götter sind von jetzt an die entscheidenden geistigen Mächte im Erfahren und Denken der Aufgebrochenen, so stark sie auch im Herzen der Vielen verwurzelt blieben und so eng sie immer noch mit dem brahmanischen Kult verknüpft waren. Von jetzt an treten *ātman-puruṣa-brahman* in den Mittelpunkt; die Erfahrung eines Unerschütterlichen im Menschen selbst und eines Letzthin-Wirklichen im Ganzen, im *idaṃ sarvam* in „dieser Gesamtwirklichkeit“.

Auch im Bereich des Viṣṇu-Glaubens war diese Realität eines Unerschütterlichen, das unzerstörbare Kernwesen Mensch in dieser Zeit entdeckt worden, wie die Bhagavadgītā zeigt. Immer wieder hat die Forschung an der Tatsache herumgerätselt, daß die Bhg, das bedeutendste religiöse Dokument Altindiens, ausgerechnet in das große Schlachtenkapitel des Mbh eingefügt ist und daß Kṛṣṇa als Wagenlenker dem Pāṇḍu-Fürsten Arjuna seine großen Offenbarungen auf dem Kriegswagen inmitten der zwei zum Kampfe angetretenen Schlachtreihen vorträgt, um den von Bangen erfaßten Fürsten zu ermuntern. Die Tatsache wird aber erhellt, wenn man sie im Zusammenhang mit der religiösen Entwicklung der Menschheit überhaupt betrachtet.

Die Entdeckung des unzerstörbaren Kernwesens im Menschen ist eine der grundlegenden religiösen Urerfahrungen, die immer da auftritt, wo die Grundfesten alter Ordnungen erschüttert und der Mensch vor die Entscheidung gestellt wird, entweder in dem unbedingten Ausgeliefertsein zu verzweifeln oder sich dem Schicksal zu stellen. Dann taucht in Augenblicken schlechthinnigen Ausgeliefertseins dieses Kernwesen im Menschen auf als plötzlich eintretende absolute Ruhe und Sicherheit, die nicht etwa mit dem Willen erzwungen wird, sondern sich still und unwiderstehlich einstellt und vor der jedes Bedrohtsein auf unbegreifliche Weise ins Wesenlose verschwindet. Es hat sich nichts geändert in den äußeren Umständen, aber sie bedeuten nichts mehr für den, der in dieser Sicherheit und Ruhe steht. Dies ist das *puruṣa*-Erlebnis. Und immer war eine solche Erfahrung mehr oder weniger deutlich mit Gefühlen ehrfürchtigen Staunens oder heiligen Erschauerns verbunden. Das Numinose dieses Kernwesens wurde ebenso gefühlt, wie es jene alten Inder fühlten, die von ihm als dem *yakṣam ātmanvat* „dem selbsthaften Schauerwesen" sprachen (vgl. oben S. 62).

Aus diesen Voraussetzungen ergibt sich uns das richtige Verständnis für das Gespräch zwischen Kṛṣṇa und Arjuna vor der Schlacht, dessen geschichtlichen Kern wir keinen Grund haben anzuzweifeln, wenn es auch selbstverständlich ist, daß sich aus ihm in der Bhagavagītā vieles entfaltet, was dort noch schlummerte. Kṛṣṇa war, wie wir annehmen müssen, einer jener altindischen Hirtenkrieger, der in die obenerwähnten Kämpfe und die in ihrem Gefolge sich vollziehenden Umbrüche und Zusammenbrüche verwickelt wurde. Aber er war einer von denen, die der „Zeiten ungeheuren Bruch" tief erlebten, und dem die „Offenbarung" jenes Unerschütterlichen im Menschen geschenkt wurde. Dies verkündigt er dem bangenden Fürsten vor der Schlacht. Sicher nicht in einer langen Rede von 18 großen Kapiteln, aber in kurzen Sätzen, wie sie etwa in den Triṣṭubh Strophen des II. Kapitels der Bhagavadgītā zusammengefaßt sind. Diese Strophen gehören, nach meiner Auffassung, zum ältesten Bestand des Mbh und schließen sich möglicherweise eng an jene alten Heldenlieder an, die wir als Vorstufe und Kern des Mbh ansehen müssen, das in brahmanischer Betreuung mehrere Redaktionen und Zutaten erlebt hat bis hinein in die ersten Jahrhunderte n. Chr. Daß die Wurzeln des Mahābhārata und damit auch der Bhagavadgītā im Kriegeradel Altindiens liegen, kann nicht bezweifelt werden. Und diesem muß ein Viṣṇu-Verehrer namens Kṛṣṇa angehört haben, der eine bedeutende Rolle als religiöser Heros gespielt hat, so daß er in der weiteren Entwicklung zu einer Inkarnation des Gottes Viṣṇu aufsteigen konnte.

Religionsgeschichtlich bedeutsam ist die Tatsache, daß in jenen alten Triṣṭubh-Strophen zwar das „*puruṣa*-Erlebnis", nicht aber das Wort *puruṣa* da ist. Vielmehr nennt dort Kṛṣṇa dieses Kernwesen Mensch *dehin* „Hüllen-Leib-Besitzer". Dieses Wort, das auch anderswo für das Kernwesen Mensch gebraucht wird (vgl. Kaṭh.-Up. V, 4, 7 u. Śvet.-Up. II, 14), und auch sonst in der viṣṇuitisch-brahmanischen Tradition vorkommt, hat dieselbe Bedeutung wie *puruṣa*. Dieser *dehin* wird in Bhg II, 20. 22 so besungen:

„Nicht wird er je geboren, noch stirbt er je,
Noch, ins Sein gekommen, verläßt er dieses jemals.
Ungeboren, ewig, immer während
Wird er nicht getötet, wenn der Leib getötet wird.
So wie ein Mensch die alten Kleider ablegt
Und neue andere dafür anzieht,
So wirft der ‚Hüllenträger' die alten Leiber ab
Und geht in andere, neue ein."

Dies ist offenbar ursprüngliche viṣṇuitische Überlieferung, im Wesen so identisch mit der alten *puruṣa*-Lehre, daß die Ślokas im II. Kapitel, die zwischen die Triṣṭubh-Strophen eingeschoben sind und die sicher von einer späteren Redaktion stammen, für *dehin* einfach *puruṣa* setzen.

Von dieser Schicht an ist *puruṣa* in der Bhg wohlbeheimatet als Synonym für *dehin*, dem sich *ātman* zugesellt, die Bezeichnung für Selbst, welche das Schlüsselwort für den brahmanischen Bereich war. Da aber *puruṣa*, wie gezeigt, im Rudra-Śiva-Yoga-Bereich der zentrale Begriff ist, kann aus dem Befund in der Bhg nur der Schluß gezogen werden, daß diese Bezeichnung mit dem Yoga in den viṣṇuitischen Bereich übergegangen ist. Über die Verbindung der beiden ist oben ausführlich die Rede gewesen.

Die Feststellung dieser drei Überlieferungsströme in der religiösen Entwicklung Altindiens ist insofern von Bedeutung als daraus hervorgeht, daß in den verschiedenen Bereichen sowohl in denjenigen monotheistischer Tendenz śivaitischer und viṣṇuitischer Prägung, wie auch im brahmanischen mit seinem polytheistischen Kultwesen, die Frage des Letzthin-Wirklichen im Menschen und seine Beziehung zu den Gottmächten außerordentlichen lebendig war, und daß die Linien so konvergent waren, daß eine Verschmelzung sich selbstverständlich vollzog. In der Tat kann gesagt werden, daß die Entdeckung des *puruṣa-ātman-dehin* im Menschen, die große Errungenschaft des indischen *homo religiosus* war, zugleich eine der bedeutendsten Errungenschaften der Menschheit überhaupt.

Die Schicht, in welcher der *dehin* als unzerstörbares Kernwesen im Menschen verkündet wird, darf ohne Widerspruch als die älteste der Bhg angesehen werden, in der Kṛṣṇa noch der große Hirtenkrieger und Verkündiger von Offenbarungen des Gottes Viṣṇu gewesen ist. Daß auch in diesem Glauben visionäre Schauungen und Erleuchtungen zu Hause gewesen sind, wird bezeugt durch das fast ganz aus Triṣṭubh-Strophen bestehende Kapitel XI der Bhg. Dieses Kapitel ist zwar auch von jüngeren Strophen durchsetzt [3]), doch wird ihm eine ursprüngliche Viṣṇu-Vision, die Kṛṣṇa selber gehabt hat, zugrunde liegen. Auch diese Vision wurde im Sinne der *puruṣa*-Lehre des Yoga umgearbeitet in einer Zeit, in welcher Kṛṣṇa schon ein *avatāra* (Herabstieg, Fleischwerdung des Gottes) geworden war.

Die *Avatāra-Lehre* ist wohl eine ursprüngliche Schöpfung des Viṣṇu-Glaubens, die sicher primitive Wurzeln hat, aber im Anschluß an die große Persönlichkeit Kṛṣṇas eine wirkungsvolle mythische und theologische Ausgestaltung gewonnen hat. Sie verkündigt die rettende Heilandsmacht des Gottes viel eindringlicher als die Rudra-Śiva-Theologie, in welcher die Betonung auf der kosmischen Immanenz des Gottes liegt. Die Avatāra-Lehre im Śivaismus ist wahrscheinlich der viṣṇuitischen nachgebildet, obwohl ja auch in diesem Bereich die großen Seher und Künder Selbstoffenbarungen des Urgottes gewesen sind, wie oben erwähnt. Im Viṣṇu-Glauben stehen die Rettergestalten des sich ins Irdische verkörpernden Gottes im Vordergrund. Sie greifen unmittelbar in die menschliche Geschichte ein und wirken hier Heil nach dem Wort der Bhg (IV, 7, 8.):

„Wenn immer das Recht welkt, o Bhārata, und das Unrecht frech sein Haupt erhebt, verkörpere ich mich selbst. Zu der Guten Rettung, zur Vernichtung der Bösen, damit das Recht wieder hergestellt werde, werde ich (trete ich ins [irdische] Dasein) von Zeitalter zu Zeitalter."

Das Verhältnis des Yoga zur Bhg ist schon durch das, was über den Yoga in den Viṣṇu-Upaniṣaden gesagt wurde, einigermaßen gekennzeichnet. Aber der Gedanke, daß die Bhg auch vom Yoga her verschiedenen neuen Bearbeitungen unterworfen worden ist, kann nicht von der Hand gewiesen werden [3]).

Im VI. Kapitel der Bhg haben wir ein Yogalehrbuch, das den Yoga-Weg darlegt, und zwar, wie es im Wesen der Bhg begründet ist, mit Betonung des Sittlich-Religiösen. Dieses Lehrbuch wird dort von Kṛṣṇa als Inkarnation des Viṣṇu verkündigt. Er spricht (10 ff.):

10. „Der Yogin soll als Alleiniger immerdar in der Einsamkeit verweilend sein Selbst anjochen, wunschlos, nicht greifend nach Besitz (*aparigraha*, vgl. dazu YS II, 30), die ‚innere Welt' *(citta)* gar wohl gezügelt, wie sein Selbst."

11. „An reinem Orte richte er sich einen festen Sitz *(āsana)* her. Er soll zu hoch nicht sein und nicht zu niedrig, bedeckt mit einem Tuch, Gras oder Fell."

12. „Auf diesem Sitz soll er sich niederlassen und sein Denkorgan

(manas) richten auf einen Punkt *(ekāgra)*. Die Sinne und die innere Welt in Zügel nehmend, soll er den Yoga üben zur Läuterung *(viśuddhi)* seines Selbstes."

13. „Den Körper, Hals und Kopf straff aufgerichtet [4]), unbeweglich fest auf seine Nasenspitze blickend, soll er nach keiner Seite schauen."

14. „Beruhigten Selbstes, frei von Furcht, festbleibend in der Keuschheit Zucht, das Denkorgan gar fest im Zaum, die innere Welt von mir erfüllt, soll er, mit nichts beschäftigt denn mit mir, verweilen als ein Angejochter."

15. „Der Yogin, welcher so sein Selbst anjocht, ohn Unterlaß das Denkorgan streng gezügelt, gelangt zur höchsten Ruhe des *nirvāṇa,* die ihren Urgrund hat in mir."

20. „Wenn dann die innere Welt zur Ruhe kommt, durch *yoga*-Übung stillgelegt *(niruddha),* wenn man das Selbst erschauend mit dem Selbste am Selbste sich genügt",

21. „dann weiß man, was das Glück, das alle Grenzen übersteigt, das nur vom Geistorgan *(buddhi)* erfaßt wird, jenseits von allen Sinnen, wo fest geworden man vom Wesen *(tattva)* nimmer wankt."

22. „Das, wenn man es ergriffen hat, Gewinn erscheint, den keiner übersteigt, in dem gegründet man vom schwersten Schmerz nicht mehr erschüttert wird."

23. „Diesen Gewinn soll man erkennen als der Schmerz-Verjochung Entjochung, Jochung genannt *(samyoga, viyoga, yoga)*. Diese Jochung soll man jochen mit Entschlußkraft, mit einer unbezwungenen Seele."

Mit Ausnahme der Atemübungen (die übrigens der Bhg bekannt sind, wie IV, 27; V, 27; VIII, 12 und XVIII, 34 beweisen, obwohl sie offenbar ihrer Grundhaltung entsprechend darauf nicht viel Wert legt), ist in diesen Versen der ganze Yoga-Weg beschrieben, nicht in strenger Systematik, die dem Buche nicht liegt, sondern aus lebendiger Übung und Erfahrung heraus.

Es ist nicht zuviel gesagt, wenn behauptet wird, daß die Errungenschaften des Yoga, die in dem Kap. „Der Yoga in den Up." beschrieben ist, die Bhg so mitbestimmen, daß sie ohne ihn das nicht wäre, was sie ist. Es ist die vollendetste Synthese des Yoga und des *īśvara*-Glaubens. Doch ist in ihr *bhakti* die entscheidende Kraft [5]).

Der Heilandsglaube, wie er sich in IV, 7. 8. kundtut, verbindet sich innigst mit der *bhakti*-Idee, der liebend-vertrauenden Hingabe an den Gott, die von der Bhg als höchste Glaubensform verkündigt wird. Sie ist ohne Zweifel mit unter dem Einfluß der Yogabewegung erwachsen (es sei hier daran erinnert, daß das Wort *bhakti* zuerst in der Śvet.-Up., also in einer Yoga-Upaniṣad auftaucht; vgl. oben S. 140), durch welche der alte mythische Gottglaube geläutert, vertieft und durch neue Erleuchtungen mit höchstem Gehalt erfüllt wurde. Aber ebenso klar scheint die Tatsache, daß die Ergriffenen des Viṣṇu-Glaubens, der eine innigste Beziehung zum Gott, der immer wieder auf Erden erscheinenden Heilandsmacht, als sein kostbarstes Herzstück bewahrte und pflegte, selbständig ihren eigenen Weg gingen. Für sie war der Yoga nur ein Hilfsmittel zu einer innigeren und reineren persönlichen Hingabe an den Gott, die in frommen Werken, in heiliger Zucht, in liebender Haltung allen Wesen gegenüber sich im Leben bewähren sollte. Daraus erwuchs der *bhaktiyoga,* der sich später zum *bhaktimārga* erweiterte, zu dem „Weg" der unmittelbaren, freien und oft sehr kindlich-einfachen, liebend-gläubigen Frömmigkeit, für den der Yoga im systematischen Sinne nicht mehr nötig war. Wie der Yoga Ritual, Mythenglauben und Dogmenbindung überwand, so gelangte der *bhaktiyoga* im *bhaktimārga* über jede Einengung durch Schulregeln hinaus und ermöglichte eine religiöse Volksbewegung, die dann in den Jahrhunderten von etwa 900–1400 die religiöse Entwicklung ganz Indiens grundlegend beeinflußte und auch die weiteren Jahrhunderte bis heute befruchtend durchströmte [6]).

Wenn diese Bewegung auch im Śiva-Yoga-Bereich lebendig wurde, muß doch wohl gesagt werden, daß sie als eigentliche Schöpfung der Bhg, d. h. der frommen Weisen, die in ihr zu Wort gekommen sind, zu gelten hat.

Die enge Verknüpfung des Yoga mit der Bhakti-Religion ergibt sich aus dem Wesen des theistischen Yoga mit einer gewissen Notwendigkeit. Die Śvet.-Up. variiert das Thema der erlösenden Erkenntnis des Einen Gottes mit nimmermüdem Enthusiasmus. Die Stelle, in der zum erstenmal in der vedischen Literatur der Yoga ausführlich beschrieben ist (Śvet.-Up. II), und wo die herrlichen Früchte dieser Übungen gepriesen werden, endet mit den begeisterten Versen: „Wenn aber einer durch des Selbstes Dasheit als mit einem Lichte angejocht des *brahman* Dasheit schaut, wird er, den ungeborenen, unerschütterlichen, von jeder Dasheit freien Gott erkennend, erlöst von allen Banden." Dieser Gott führt Gerechtigkeit herbei, stößt die Sünden weg als Gnadenherr. Wer *bhakti* übt gegen ihn, dem strahlen die Dinge zu, die hier verkündet werden (VI, 23). Die mystische Einung mit dem Gott, die in der Bhakti-Religion angestrebt wird, ist zwar methodisch und theologisch nicht identisch mit der Erfahrung der Erlösung durch die höchste Yoga-Erkenntnis, in welcher der Gott in seiner Absolutheit erfahren wird. Aber sie ist doch damit verwandt, weil zwischen dem von aller Weltumhüllung befreiten *puruṣa* und dem überweltlichen Gott keine Grenze mehr zu erfahren und zu denken ist, (wenn sich darüber auch die alten Yogaschriften als über ein schauerliches Geheimnis nicht äußern). Die zwei Entwicklungslinien des Yoga und der Bhakti müssen darum nach immanenten, seelisch-geistigen Gesetzen an einem Punkt zusammenlaufen, nämlich in der Erfahrung des Göttlich-Wirklichen in seiner unbedingten Überweltlichkeit und Unbegreifbarkeit. Darum haben sich auch *bhakti* und *yoga* in ihrer subtileren Ausprägung nie wieder getrennt [7]).

Wollen wir im Westen parallele Beispiele für diese religiöse Entwicklung finden, so können wir an die von Franz von Assisi ausgehende Bewegung denken, wie auch an den Pietismus innerhalb des protestantischen Bereiches. In diesen Bewegungen verband sich dieselbe unmittelbare, innig-fromme Hingabe an göttliche Mächte mit derselben gläubigstarken und liebenden Haltung der Gemeinschaft gegenüber, wenn auch in sehr verschiedener Ausprägung und Betonung und mit der Einschränkung, daß der Pietismus zu einer gewissen dogmatischen Abschließung neigte, ganz im Unterschied zu der Bhakti-Bewegung Indiens, die die Weitherzigkeit der Bhg nie verlor, wie sie in IV, 11 klassisch ausgedrückt ist: „Ich biete mich jedem dar, wie er zu mir die Zuflucht nimmt. Allerorten folgen die (frommen) Menschen meiner Spur."

Auch die Bhakti-Bewegung liebt Erlebnisse wie Verzückungen und überbewußte Erleuchtungen und bleibt damit im Bannkreis der Gefahr, das irdisch-tätige Leben gering zu schätzen und die Verbindung mit dem Weltlauf und seinen Erfordernissen zu verlieren.

Dieser Gefahr begegnet aber die Bhg sehr energisch mit ihrer Hochschätzung des *karmayoga,* des Yoga der Tat, wie er in den Kapiteln III, V, IX, XIII dargelegt wird, der sich ebenfalls später zu einem *karmamārga* frei entwickelt. Hier ist die Tat alles. Sie ist das Rettende. Aber die Tat muß dann tiefstes Wesen haben, sie muß Gesinnung, Haltung und Wirken in einem sein, von den Kräften der Einkehr durchdrungen, die aus den tiefsten schöpferischen Gründen des im Letzthin-Wirklichen wurzelnden Menschen strömen, und sie muß von geklärter Einsicht durchwaltet werden. Daß dieser *karmayoga* von Kṛṣṇa selbst, einem Kriegerweisen verkündigt wird, dem die schwerste Tat oblag, nämlich die des Kampfes in der Schlacht, gibt dem *karmayoga* der Bhg seine besondere Note: In ihm ist das Bewußtsein der abgrundtiefen Tragik alles menschlichen Seins und Tuns lebendig.

Es ist Grund anzunehmen, daß dieses Bewußtsein schon in Kṛṣṇa aufgebrochen ist, als er durch das Schicksal gezwungen war, in jenen verhängnisvollen Bruderkampf einzugreifen, der die große Wende in der altindischen Geschichte brachte, weil er alte Ordnungen erschütterte und die Menschen zwang, die Tragik zu überwinden durch Erfahrung und Erkenntnis letzthinniger Wirklichkeit im Menschen selbst. Zwar ist der Karmayoga, wie er in der Bhg klassisch dargestellt ist, sicher die Schöpfung eines Späteren, aber die Grundvoraussetzungen dieser Schöpfungen waren ohne Zweifel schon in der Tradition, aus der sich die Bhg nährte, vorhanden. Eben weil der Mensch durch das Schicksal auch gezwungen wird, tragisch nicht nur zu dulden, sondern zu handeln, mußten sich jene alten Denker um das Wesen der Tat und das seltsame Verhängtsein des menschlichen Wirkens mit schicksalhaften Notwendigkeiten auseinandersetzen.

Ein Yoga, der den Menschen der Tat entfremdet, führt nach der Lehre des Karmayoga nicht zur Erlösung, III, 3 ff.: „Zwiefach ist der Weg, o du Schuldloser, in dieser Welt. Wie ich schon früher aufgezeigt: durch den Erkenntnis-Yoga (*jñānayoga,* vgl. dazu Śvet.-Up. VI, 13) suchen die Sāṃkhyas ihr Ziel; die Yogin durch den Yoga der Tat" *(karmayoga).*

4. „Nicht durch Unterlassung der Tat erreicht der Mensch Freiheit von der Tat, nicht durch die bloße Abkehr erreicht er die Vollkommenheit."

5. „Wer aber seine Sinne mit dem Geiste zügelt, o Arjuna, und so den Yoga der Tat unternimmt, mit tätigen Organen, nicht hängend sich an den Erfolg, der ist ein Ausgezeichneter vor andern." Und IV, 18: „Wer im Tun das Nicht-Tun kann erschauen und im Nicht-Tun das Tun, der ist der Weise unter Menschen, der ist ein Angejochter, ein Voll-Werk-Vollbringer."

Der Wille zur Tat, wie er besonders in Kṣatriya-Kreisen im alten Indien wirksam war, verknüpft sich mit der vom Yoga betonten Abkehr von den „Werken", d. h. vom geschäftigen Tun, um das Heil zu erlangen, zu einer großartigen, zwischen Tatwillen und Lösung von allem Machen- und Gewinnenwollen polar gespannten Ethik. Es ist die mit einer gewaltigen inneren Dynamik erfüllte Ethik jeder echten Mystik. Sie hat das tiefsinnige, aber köstliche Geheimnis allen wahren Tuns enthüllt: daß Erlösung vom Werk allein durch das Werk geschieht. An diesem Punkt wird der Yoga weltgestaltend im höchsten Sinne. Es ist dieselbe Art einer lebendigen und wahren „Introversion", die im fernen Osten im *wu-wei* „Nicht-Tun" Laotses und im Zenbuddhismus lebendig ist, wo ebenfalls die Kriegerkaste der Samurai durch den scheinbar ganz nach innen gewandten Buddhismus zu bedeutsamer geschichtlicher Gestaltungskraft gelangte, und zwar auf der Grundlage der paradox erscheinenden, tiefsinnigen Metaphysik und Erfahrung, die *Saṃsāra* und *Nirvāṇa* für identisch erklärte [8]).

Der Tat-Yoga ist wohl die eigentümliche Schöpfung des letzten Dichters der Bhg. Er hat damit dem Yoga eine Wendung gegeben, die ihn zu einem der bedeutendsten Faktoren in der indischen Weltgestaltung gemacht hat.

Vom Religiösen her gesehen hat die Karma-Yoga-Bewegung ebenfalls eine Parallele im Abendland, nämlich The Society of Friends, die „Quäker", deren Name schon andeutet, daß ihre Führer, wie George Fox u. a. Ergriffenheiten, ja Verzückungen erlebten, wie sie im Yoga heimisch waren. Die gewaltigen seelisch-geistigen Energien, die hier ausgelöst wurden, werden gebändigt in einem Leben der Tat voll Liebeskraft und Wirklichkeitssinn, ein großartiges Beispiel der Verwandlung von Kräften, die ihre schweren Gefahren in sich tragen, in Aufbaumacht der Gemeinschaft. Sie begegneten der Tragik des menschlichen Daseins mit einer radikalen Friedens- und Feindesliebe, die sich ja auch im Karmamārga Indiens, der sich innig mit dem Bhaktimārga verband, durchsetzte. Gandhi ist das weltgeschichtliche Beispiel eines Karma- und Bhakti-Yogin *).

*) Da das, was die Bhg als *karmayoga* lehrt von grundlegender Bedeutung für ein wahres Leben echter Tat ist, wird darüber unten noch ein besonderes Kapitel eingefügt (III. Hauptabschnitt, Kap. 3).

b) Der Mokṣadharma, das XII. Buch des Mahābhārata

Ein weiteres wichtiges Dokument der Jahrhunderte zwischen Buddhismus und YS ist der Abschnitt im XII. Buch des Mhb, der den Namen *mokṣadharma* „Erlösungsordnung" trägt [9]). Man hat das XII. Buch des Mhb ein „kunstlos zusammengewürfeltes Sammelsurium" genannt [10]). Für den *mokṣadharma* stimmt aber jedenfalls diese Bezeichnung nicht, obwohl wir auch dort eine sehr bunte Reihe von Themata in durchaus nicht übereinstimmender Weise behandelt sehen. Es scheint mir, daß sogar ein gewisser strenger Plan im *mokṣadharma* die Anreihung der Stücke aneinander bestimmt. Dabei, glaube ich, können zwei große Abteilungen oder Schichten unterschieden werden, Kap. 174–300 oder 301 und Kap. 302–367 [11]).

In der ersten Schicht ist folgende Anordnung: von 174–194 haben wir ziemlich unverfälschte brahmanische Überlieferungen ethischer oder erbaulicher Art. 195 ist ein völlig in sich geschlossenes Yoga-Śāstra, das *yoga-kathana.* In 196–200 haben wir ein Śāstra der Murmelmeditation *(japasya viddhi),* das *japakopākhyāna.* Dann folgt *manu-bṛhaspati-saṃvāda* von 201–206, also brahmanische Tradition, aber mit einem Einschlag von Sāṃkhya-Yoga. In 209 haben wir eine Kṛṣṇa-Überlieferung. In 210–217 wird diese viṣṇuitische Überlieferung fortgesetzt, und diese zeigt wiederum einen starken Einschlag von Sāṃkhya-Yoga. In 218, 219 haben wir ein Pañcaśikha-Stück, also Sāṃkhya-Überlieferung. Von 222–228 sind uns Indra-Überlieferungen geboten, in 229 ein Jaigīṣavya-Stück, also Yoga-Überlieferung. In 231–255 *(śuka-anupraśna)* ist ein brahmanisierter Sāṃkhya-Yoga vertreten, während wir von 257–283 wieder brahmanische Überlieferungen haben, darunter eine Auseinandersetzung zwischen Vertretern des Opferkultes und Kapila. In 284–286 wird uns die Auseinandersetzung zwischen Brahmanismus und Śivaismus in drastischer Weise vor Augen geführt, daran angehängt ist ein mächtiges Stück śivaitischer Hymnologie, in dem Rudra-Śiva als höchster aller Götter erscheint. Von 292–300 haben wir dann wieder brahmanische Überlieferungen, die mit dem hochberühmten Videha-König Janaka in Verbindung gebracht werden. Diese Aufzählung zeigt, daß hier nicht einfach eine planlose Zusammenstellung von verschiedenen Texten vorliegt, sondern eine im großen und ganzen wohlüberlegte Darbietung von Dokumenten und Überlieferungen der religiösen und philosophischen Strömungen, die in jener Zeit des beginnenden Hinduismus von hervorragender Bedeutung waren. Im Vordergrund steht selbstverständlich die brahmanische Überlieferung. An sie schließt sich an der Kṛṣṇa-Kult und die Viṣṇu-Religion. Überall ist der Sāṃkhya-Yoga bemerkbar, aber es werden ihm auch ganz besondere Stücke zugewiesen. Einige Hauptlehrer des Sāṃkhya-Yoga wie Pañcaśikha und Jaigīṣavya kommen zum Wort, śivaitische Sāṃkhya-Yoga-Überlieferungen, wie sie im *śuka-anupraśna* stecken, werden adoptiert, Auseinandersetzungen zwischen Opfertheologen und Sāṃkhya-Leuten werden nicht unterschlagen und endlich wird der Einbruch des in den Jahrhunderten zwischen Buddhismus und dem Anfang unserer Zeitrechnung siegreich vordringenden Śivaismus deutlich dokumentiert.

Die zweite Abteilung zeigt einen ganz ähnlichen Aufbau, nur daß hier der Sāṃkhya-Yoga als Weltanschauung und Bewegung in unverkennbarem Vordringen ist, wenn auch noch der alten brahmanischen Überlieferung eingeordnet. Hier wird das Auseinandertreten von Sāṃkhya und Yoga als zwei verschiedene Methoden noch deutlicher sichtbar als in der Bhg. So haben wir gleich in 302 ein Yogaśāstra *(yogaviddhi),* in 303 ein Sāṃkhyaśāstra *(sāṃkhyakathana).* In 304–310 oder 311 haben wir den *vāsiṣṭha-karālajanaka-saṃvāda,* ein Yoga-Stück in brahmanisch-viṣṇuitischer Umarbeitung, von 312–320 den *yājñavalkya-janaka-saṃvāda,* in dem ein ausgesprochener Sāṃkhya-Yoga vertreten wird, der mit dem Brahmanismus harmonisiert werden soll. In 321, im *pañca-śikha-janaka-saṃvāda* und 320 *(sulabhā-janaka-saṃvāda)* haben wir wieder Sāṃkhya-Yoga-Überlieferungen, denn die Sulabhā, die an den Hof des Königs Janaka kommt, ist eine Yoginī. Von 323–325, in den *śuka*-Stücken, haben wir wohl die Adoption einer śivaitischen Sāṃkhya-Yoga-Überlieferung durch den Brahmanismus. In 336–353, im *nārāyaṇīya,* tritt uns die Kṛṣṇa-Viṣṇu-Überlieferung machtvoll entgegen. Und in 355–365 haben wir das Dokument eines asketisch gerichteten Sonnenkultes, der wahrscheinlich in śivaitisches Gebiet zu verlegen ist. Bei genauem Vergleich der einzelnen Stücke und Sätze wäre es wohl möglich, in diesen zwei Abteilungen oder Schichten den Fortschritt dieser brahmanisch-hinduistischen Bewegung klar herauszuarbeiten. Jedenfalls ist dies eine deutlich: der Aufbau des *mokṣadharma* zeigt einen fortschreitenden Einfluß des Sāṃkhya-Yoga auf die brahmanische Welt in den Jahrhunderten zwischen dem Buddhismus und dem Abschluß des Mahābhāratam in den ersten Jahrhunderten nach Christus, in denen auch das Yogasūtra entstanden ist (vgl. dazu unten die Einleitung zur Übersetzung des Yogasūtra).

In dem schon genannten *manu-bṛhaspati-saṃvāda* XII, 201–207, trägt Manu eine philosophisch geklärte, vom Sāṃkhya-Yoga stark beeinflußte Erlösungslehre vor[12]). Auch dieser Saṃvāda betont die Yoga-Übungen, Zurückziehung der Sinne, Konzentration und Meditation als Weg zum letzten Geheimnis und zwar in so ausgesprochenen Yoga-Fachausdrükken, daß die Herkunft dieser Methode nicht fraglich sein kann: z. B. 205, 10 ff.: „Wenn das Geistorgan *(buddhi)* mit den Tat-Weltstoffen *(karmaguṇa)* verbunden, seine Tätigkeit im Denkorgan ausübt, dann wird das *brahman* erkannt durch Versenkungs-Yoga und durch Einfaltung *(dhyānayogasamādhinā).*"

V. 10. „Solang das Geistorgan weltstoffhaft ist, gibt mit den Weltstoffen es sich ab – vom ‚Andern' aber strömt es weg, wie Wasser von des Berges Horn."

V. 11. „Doch wenn Versenkung sie erlangt, die frei von Weltstoff, im Denkorgan zuerst erzeugt, dann wird *brahman* erkannt, wie der Goldstrich auf dem Probierstein." Aber die brahmanische Tendenz wird deutlich sichtbar in V. 19: „Durch *tapas,* durch Schlußfolgerung, durch Tugenden, durch Geburt und durch die heilige Überlieferung *(śruti)* soll man dem höchsten *brahman* sich zuneigen und durch ein reines, inneres Selbst." Auch in einem der nächsten großen brahmanischen Abschnitte, dem *vāṣṇeya-adhyātma* (209–217) finden sich eine Menge Sāṃkhya-Yoga-Elemente. Die brahmanisch bestimmte Haltung dieses Abschnittes kennzeichnet sich aber sehr deutlich am Ende von 216, wo *tapas* hoch gepriesen wird. Und in XII, 221 haben wir sogar ein kleines Handbuch des *tapas* mit besonderer Betonung des Fastens. Wer *tapas* übt, von dem heißt es Vers 17: „Die so leben, denen gehören die unendlichen Welten, sie teilen mit Gott Brahmā den Sitz und, von Götterfrauen betreut, wandeln sie selig im Himmel." Der Sāṃkhya-Yoga gibt hier wohl einen starken Einschlag, aber das straffe Gewebe der brahmanischen Überlieferung bleibt bestimmend.

Für die Verbindung von Viṣṇuismus und Yoga unter brahmanischer Führung ist Kap. 209 im *mokṣadharma* ein feines Beispiel. Die Götter, von den Dämonen bedrängt, flüchten zu Brahmā. Dieser zeigt ihnen Viṣṇu als Eber. Er, der Gott über alle Götter *(devādhideva),* dessen Selbst der Yoga, der Yoga-Wagenlenker, wappnet sich mit *yoga* und erhebt ein gewaltiges Gebrüll, wodurch die Dämonen in Verwirrung gestürzt werden. Und dieser Yogin ist Vers 31 ff. „der Große Yogin *(mahāyogin),* das Selbst, das in der Welt sich eingekörpert *(bhūtātman),* der Urheber der Wesen, aller Wesen Herr, der Muni, Selbst des Selbstes – das ist Kṛṣṇa". Dies ist derselbe Geist wie in den Yoga-Viṣṇu-Upaniṣaden.

Die Metaphysik und Metapsychik der folgenden Kapitel, die alle zu diesem viṣṇuitischen Kreis gehören, ist deutlich die des Sāṃkhya-Yoga, allerdings mit einer starken mythologischen Färbung. Vor allem ist hier auch die alte Anschauung von *prakṛti* und *puruṣa* als Paar festgehalten (vgl. z. B. 210, 25 ff.). Offenbar hat diese mythologische Form dem viṣṇuitischen Kreis zugesagt und sie ist dort noch weitergebildet worden. Sie paßte zu dessen bewegtem Gefühlsleben besser als die strenge Systematik des sich herausbildenden klassischen Systems.

Ein weiteres Dokument zu dieser Vermischung des ursprünglich śivaitischen Sāṃkhya-Yoga mit dem Viṣṇu-Glauben ist XII, 304 ff., das sich als eine Belehrung des Karālajanaka durch den alten Weisen Vasiṣṭha gibt. Er schildert zunächst Entstehen und Vergehen der Welt. Und als höchster Gott ist in Vers 16 genannt der „Gestaltlose", der *śambhu svayambhu,* Beinamen, die wir als zum Śiva-Glauben gehörig kennen. Er ist klein wie ein Atom, die Erlangung, das unvergängliche Licht, der den gestalthaften Herrn *(mūrtimantam īśānam)* am Anfang schafft. Für diesen höchsten Gott wird der Vers Śvet.-Up. III, 16, der zu Rudra-Śiva gehört, adoptiert. Śiva wird so zum Demiurgen des höchsten Gottes und wird mit *hiraṇyagarbha, buddhi, mahat, viriñci* usw. ineinsgesetzt. Vom höchsten Gott aber heißt es in Vers 38: „Der Fünfundzwanzigste ist Viṣṇu, der frei von aller Dasheit *(tattva)* doch Dasheit benannt (vgl. dazu Śvet.-Up. II, 15). Weil das Sein auf ihm beruht, darum nennen ihn die Weisen auch die Dasheit." Was hier geschehen ist, ist ganz deutlich: der Fünfundzwanzigste ist nach alter Sāṃkhya-Yoga-Überlieferung der *puruṣa,* und zwar der menschliche *puruṣa* in seiner Erlöstheit wie der ewige *puruṣa.* Und dieser *puruṣa* war im Sāṃkhya-Yoga seit alters Rudra-Śiva. An seine Stelle wird einfach Viṣṇu gesetzt. Der Viṣṇu-Glaube, der mehr auf die Gottesliebe eingestellt war, bedurfte einer Methode der Versenkung und einer religiösen Metaphysik und Metapsychik. Diese bot ihm der śivaitische Sāṃkhya-Yoga. Er griff kräftig zu, machte sich dieses ganze System zu eigen, nicht ohne es mythologisch bunter zu gestalten und praktisch-religiös zu lockern. Doch ging dieser Prozeß ein in den brahmanischen Bereich, ja war vielleicht schon bei seinem Höhepunkt unter brahmanischem Einfluß (so ist z. B. eine Viṣṇu-Tradition in dem *manu-bṛhaspati-saṃvāda* XII, 201–207, der die typischen brahmanischen Stücke enthält, einbezogen).

Auch die Murmelmeditation wird in der ersten Abteilung des *mokṣadharma* (XII, 196–200) sehr ausführlich behandelt. Zunächst wird die Frage erhoben, was die Frucht dieser Murmelmeditation sei und dann die andere Frage, ob sie eine Sāṃkhya-Yoga-Praxis sei *(sāṃkhyayogakriyā)* oder ob sie zur Opferordnung gehöre. Die Belehrung stellt fest, daß im Vedānta ein Verzicht auf *japa* statthabe, denn er habe sich von dem Veda und seinen Gliedern losgemacht. Die ihn pflegen, sind zur Ruhe gekommen und stehen in *brahman.* Aber auch das Sāṃkhya und der Yoga seien zwei Wege, auf die man sich wohl stützen könne, obwohl man es nicht unbedingt brauche. Die „Murmelopferordnung" *(japayajña-viddhi),* die nun als Erlösungsweg beschrieben wird, sei aufgebaut nach dem Prinzip der Stufen. Sie habe eine bestimmte Meditationsgrundlage *(sālaṃbana,* nämlich eben die Texte oder die *mantra,* die gemurmelt und meditiert werden). Dazu gehöre die Einfaltung des Denkorgans *(manaḥ-samādhi)* und Zähmung der Sinne *(indriyajaya),* ebenso Wahrhaftigkeit, Pflege der Feuer (Opfer), Pflege der Einsamkeit *(viviktānāṃ sevanam),* Versenkung *(dhyāna),* Askese *(tapas),* Bezähmung *(dama),* Geduld, Nichtmurren, mäßiges Essen, Lösung von den Sinnendingen *(viṣayapratisaṃhāra* vgl. *pratyāhāra),* abgewogenes Reden und Ruhe. Der *japa* ist also ganz richtig als eine Art von *yoga* charakterisiert und da es sich um einen *japaviddhi* = *japadharma* handelt, so müssen wir den Schluß ziehen, daß die Murmelmeditation auch damals ein anerkannter Weg mit heiligen Dokumenten war. Die Art der Meditation wird eingehend beschrieben und ist von Interesse für die Weiterbildung dieser Methode. Auf Kuśa-Gras sitzend soll der Yogin, nachdem er durch das Denkorgan im Denkorgan Beruhigung geschaffen, sich murmelnd der Versenkung widmen, indem er *brahman* oder auch einen glücklichen Hymnus zur Grundlage macht. Er kann aber diese Grundlage völlig aufgeben und dann in der Einfaltung beharren. Wird er aus der Versenkung herausgerissen, so soll er mit Hilfe seiner *saṃhitā* oder mit *om*-Murmeln, wohin immer sein Denkorgan neigt, sich aufs neue versenken. So erlangt er Befreiung: „Reinen Selbstes, in Askese gezähmt, frei von Haß- und Liebesgier, von Lustgier frei und von Verblendung, erhaben über Gegensätze, bekümmert er sich nicht mehr, haftet nicht mehr. Er ist kein Täter mehr von zu Tuendem noch von nicht zu Tuendem. Seine Seele ist nicht mehr unter dem Zwang der Selbstsucht, nicht mehr gejocht an das Ding-Ergreifen *(arthagrahaṇa)*, nicht hochmütig und auch nicht untätig, ganz dem Werk der Versenkung hingegeben, ein Versenkungsvoller, Versenkungs-Entschlossener." In der Versenkung die Einfalt erlangend, gibt er dann Stufe um Stufe auch noch diese auf. So geht er wunschlos ein in einen brahmischen Leib oder steigt in den Bereich, wo Freiheit von der Geburt, oder geht zur völligen, von allem Weltgebrechen freien Ruhe ein. Wer aber die Murmelmeditation falsch übt, der muß durch viele Abwege vom rechten Ort irren. Und zu diesen Abwegen sind auch die Götterhimmel zu rechnen, die vorbeiführen am Orte des höchsten *ātman*.

In XII, 199, 200 wird dann noch ein Vergleich mit dem *yoga* angestellt und *japa* höher bewertet, weil man dadurch zu dem Erlösungsziel des *yoga* hin noch das „Hinaufsteigen" erlange, d. h. wohl das Getragenwerden von einem Weltbereich zum andern. Wir haben also hier ein vollkommenes Śāstra der Murmelmeditation, und der Text läßt uns auch noch erfahren, woher es stammt. Es ist ein Weiser, der zur Tradition des Pippalāda gehört, ein Kauśika, der es überliefert. Wir gehen also wohl nicht fehl, wenn wir hier eine vom höchsten Nordwesten, vielleicht von Kaśmir ausgehende Tradition erkennen, die mit dem Av zusammenhängt. Ein Kauśika ist uns oben auch schon als *Vrātyaführer* begegnet. Die Paippalādas haben eine besondere Recension des Av, die in Kaśmir beheimatet gewesen sein muß. Denn das einzige Manuskript, das wir von dieser Av-Recension besitzen, stammt aus Kaśmir (im Besitz der Tübinger Universitätsbibliothek). So wirkt die Vrātyatradition bis hinein in den Mokṣadharma des Mbh.

Das Yogaśāstra von XII, 195 bietet einen vierfachen *dhyānayoga* in ziemlich unsystematischem Aufbau, dessen Endziel das Nirvāṇa ist. Die vier Glieder sind deutlich unterscheidbar, wenn auch die Fachausdrücke nicht alle genannt sind. *pratyāhāra* (V, 6, 7), *dhāraṇā* (8–12), *dhyāna* (13–18), *samādhi* (19 und 20). Daß wir hier echte Yoga-Tradition vor uns haben, zeigt die Beschreibung von *dhyāna* in Vers 14 ff.: „Unverdrossen, von den *kleśa* frei, von Schlaffheit frei und Eigensucht soll er sein Denkorgan einfalten *(sam-ā-dhā)* durch die Versenkung der Versenkungs-Yoga-Kundige. Und dann entsteht Erwägung *(vicāra)*, Unterscheidung *(viveka)* und forschende Betrachtung *(vitarka)* bei dem Muni, der einfaltend sich die erste Versenkung erreicht *(prathamadhyāna)*." Im weiteren Ringen um Einfaltung kommt er ganz zur Ruhe *(saṃyak-praśam)*. So geht der Yogin ein in das von allen Weltgebrechen freie Nirvāṇa. Zu beachten ist hier, daß wir dieselbe Ordnung von *vicāra* und *vitarka* haben, wie im Jinismus (vgl. oben S. 183). Die Ausdrücke lassen keinen Zweifel darüber, wo der Ursprung dieses Yogaśāstra zu suchen ist: Es ist jener alte Yoga-Bereich, zu dem auch Jinismus und Buddhismus gehören.

Wir können hier gleich das brahmanisch orientierte Yogaśāstra *(yogaviddhi)* von XII, 302 anfügen, das nicht so systematisch aufgebaut ist, aber in der Entwicklung von Sāṃkhya-Yoga, wie mir scheint, einen weiteren Fortschritt aufzeigt, denn im Anfang dieses *yogaviddhi* finden wir eine Auseinandersetzung über den Unterschied zwischen Sāṃkhya und Yoga. Und hier wird zum erstenmal vom Sāṃkhya als *nirīśvara* „atheistisch" gesprochen. Eben gegen diese atheistische Richtung wenden sich die Yogas mit guten Gründen. Und diesen Gründen schließen sich die brahmanischen Sāṃkhyas [13]), zu denen sich der Verfasser vom nächsten Kapitel offenbar zählt, an: *(saṃkhyāḥ saṃyagdvijātayaḥ).* Dieser Ausdruck zeigt übrigens, daß es in dieser Zeit innerhalb des Brahmanismus Sāṃkhyas gab, die sich gegen die ketzerischen Sāṃkhyas wendeten. Der Unterschied zwischen *yoga* und *sāṃkhya* wird auch des weiteren noch schön herausgearbeitet. Die Yogas, so sagt der Verfasser, stützten sich auf die eigene Erfahrung *(pratyakṣa),* während sich die Sāṃkhyas auf die Überlieferung ihrer heiligen Bücher *(śāstra)* verlassen. Ihr *tattva* aber, d. h. ihr eigentliches Wesen, ihr Erlösungsstreben, sei dasselbe; nur die Theorie sei verschieden. Daß wir hier eine eigentümliche Yoga-Überlieferung vor uns haben, zeigt die Aufzählung der fünf *doṣa* in Vers 11. Diese sind *rāga, moha, sneha, kāma, krodha.* Es werden dann die Yoga-Kräfte *balāni* beschrieben. Der Yogin kann z. B. sein Selbst tausendfältig vervielfachen. Dann folgen die eigentlichen Yoga-Übungen: *ātmanaḥ samādhāne dhāraṇā.* Wir haben hier wie so oft *dhāraṇā, dhyāna* und *samādhi* als einen Komplex von Yoga-Übungen und -Erfahrungen. In dieser Übung angejocht, erreicht der Yogin die Erlösung. Wir haben hier ein schönes Bild für die strenge Konzentration und Versenkung. Wie ein Mann ein volles Gefäß mit Öl die Treppe hinaufträgt und, um nichts zu verschütten, sich streng darauf konzentriert, so macht der Yogin sein Selbst unbeweglich. Dann erreicht er V. 34 „Selbstversenkung, durch den Yoga angejocht, das Wesen erkennend, den Ort, wohin der Weg gar schwer *(durga sthāna),* und läßt seinen Körper dahinten. Der Yogin, welcher das Selbst hineinsenkt in das Selbst und unbeweglich darin verweilt, vernichtet seine Sünden und erreicht der Geläuterten alterlosen Ort". In diesem *yoga* ist nicht von Gottschau und Gottvereinigung die Rede. Wir haben also offenbar eine besondersartige Yoga-Tradition späterer Entwicklung vor uns, die hier vom Brahmanismus aufgenommen ist.

Wie mir scheint, ist ein weiteres Stück einer ähnlichen Tradition von V. 42 an gegeben, in dem Nahrungsvorschriften und sittliche Läuterung des Gemütes, Meditation und Studium als Mittel empfohlen werden und wo der Yogin dann zum Nārāyaṇa wird und als Nārāyaṇa schafft. Dies weist auf eine Vermischung dieser Yoga-Tradition mit dem Viṣṇuismus hin.

Wie in XII, 302 ein Yogaśāstra, so haben wir in XII, 303 ein Sāṃkhyaśāstra *(sāṃkhya-kathanam).* Die Trennung der beiden Śāstra zeigt, daß sich in dieser Zeit schon die Trennung zwischen Sāṃkhya und Yoga vollzogen hatte, wie das ja deutlich auch aus dem Eingang von 302 hervorgeht. Und zwar erkennen wir hier auch den eigentlichen Grund dieser Trennung. Es ist der beginnende Atheismus des Sāṃkhya, der den Yoga, der an seinem Īśvara festhielt, gezwungen hat, eigene Wege zu gehen.

Das *sāṃkhya-kathana* in XII, 303 gibt sich als von Kapila, dem Begründer des Sāṃkhya-Systems, geoffenbart. Die Charakterisierung der Grundrichtung des Sāṃkhya ist sehr gut: „Durch Erkenntnis suchen die Sāṃkhyas die mit Weltgebrechen behafteten Gegenstände zum Zweck der völligen Durchschau (oder Aufzählung) zu erkennen." Es wird dann eine ausführliche Sāṃkhya-Metaphysik, eine ins einzelne gehende Weltanschauung und Psychologie in etwas populärer Form dargeboten. Dann wird vor allem auch der *saṃsāra* mit seinem ungeheuren Weltjammer eindrucksvoll beschrieben. Daß sich diese Überlieferung des Sāṃkhya von der des Yoga getrennt hat, zeigt auch die Aufzählung der fünf *doṣa* in V. 53. Diese sind nämlich im Unterschied von 303, 11 *kāma, krodha, bhaya, nidrā, śvāsa* (YS I, 31). Diese werden durch ihre Gegenspieler vernichtet. In welchen Bereich dieses Sāṃkhya gehört, wird deutlich aus V. 40, wo die Erlösung *śrutipūrvaka* „auf Überlieferung beruhend" genannt wird. Es ist hier der Versuch klar gekennzeichnet, das Sāṃkhya mit der heiligen Tradition der Brahmanen zu versöhnen, wie wir es ja schon in der Maitr.-Up. angetroffen haben und wie es sich durch die Jahrhunderte hindurchzieht, bis hinein ins klassische System. Die Umbiegung des atheistischen Sāṃkhya zu einem vedantistischen wird deutlich in V. 73 ff., wo der Aufstieg des Erlösten durch alle Weltreiche anschaulich geschildert wird. Sein gereinigtes *sattva* führt ihn schließlich zu dem höchsten Herrn Nārāyaṇa und von Nārāyaṇa zum Paramātman. „In das Allselbst eingegangen, zum Einen Selbst geworden – fleckenlos werden zur Unsterblichkeit sie geschickt, kehren nie mehr zurück." Dieses Sāṃkhya gehört also in den brahmanischen Bereich, in dem schon Viṣṇu eine hohe Stätte innehatte. Das zeigt auch der Schluß dieses *kathana,* wo *brahman* als das Höchste gepriesen wird, das auch der höchste Gott sei.

Die Ausführungen des Textes über die Frage, ob der letzte Zustand ein bewußter oder unbewußter sei, sind von höchstem Interesse. Schließlich wird dann noch *sāṃkhya* als die vornehmste Erkenntnis gepriesen, aber dann doch wieder dem Yoga gleichgesetzt. Auch hier haben wir überall den Versuch, die Gegensätze auszugleichen, die so bezeichnend sind für diesen neuen Brahmanismus.

Im *vāsiṣṭha-karālajanaka-saṃvāda,* der sehr viele Anklänge an die alten Sāṃkhya-Yoga-Upaniṣaden hat, haben wir in Kap. 308 eine eigenartige Yoga-Tradition eingebaut. Das Wort für Yoga-Praxis heißt hier *yoga-kṛtya.* Und als Kernstück dieses Yoga wird *dhyāna* genannt. Es werden aber hier auch noch die Fachausdrücke *ekāgratā manasaḥ* und *prāṇāyāma* genannt. *prāṇāyāṃa* ist *saguṇa* „weltstoffbehaftet", *ekāgratā nirguṇa* „frei-von-den-Weltstoffen" genannt. Diese Unterscheidung der zwei Übungen ist sehr eigentümlich, denn hier ist die Yoga-Metaphysik hineingetragen in die Yoga-Praxis [14]). Auch die in V. 11 genannten *saṃcodanā* „Reizmittel", die auch in 318, 11 vorkommen, stempeln diese Tradition als eine besondere. Von V. 10 ab wird die *pratyāhāra*-Übung beschrieben, in V. 13 allerhand *yama*-Vorschriften. Und in V. 14 ff. wird der *samādhi* in außerordentlicher Weise dargelegt. Das Ende aber dieses *yoga* ist die Schau des *puruṣa,* der mit dem höchsten *ātman* ineingesetzt wird. Wie der Yoga, so wird von diesem Bereich auch das Sāṃkhya behandelt; *ātman* und *prakṛti* sind ein Paar, das miteinander zeugt und der *mahān ātmā* wird als der große Fünfundzwanzigste gepriesen wie auch im Yoga-Abschnitt.

Wie sich diese Entwicklung weiter gestaltet hat, läßt XII, 310 erkennen. Das höchste fünfundzwanzigste Prinzip wird in diesem Nachtrag an zweitoberste Stelle gerückt und über ihn wird ein Sechsundzwanzigster oder ein Sechsundzwanzigstes gesetzt (310, 7) (vgl. oben S. 104 ff.), das sowohl das absolute *brahman,* wie der absolute Gott ist. „Das sechsundzwanzigste Fleckenlose, Erweckte, Unermeßliche, das Ewige –" ... „so gelangt er zur sechsundzwanzigsten Erwecktheit, o Königstiger, und läßt auch das Unentfaltete fahren, das im Entstehen und Versinken sich dartut". Dieser Abschnitt ist ein Schulbeispiel für die Bearbeitung des übernommenen Gutes auf brahmanischer Grundlage [15]). Daß hier auch buddhistische Einflüsse bemerkbar werden, scheint mir aus dem Bestreben hervorzugehen, ein Prinzip zu finden, das über die bisher in der Tradition vorhandenen hinausgeht. Das merkwürdige Schwanken zwischen *brahman* und einem persönlichen Gott im Texte hat seinen Grund in dem Versuch der Harmonisierung. Bezeichnend ist die Behauptung, daß Vasiṣṭha diese Lehre von Hiraṇyagarbha „dem Gewaltig-Geistigen, der das ewige *brahman* sei", erlangt habe, nachdem er ihn durch Anstrengung gnädig gestimmt. Damit wird vom brahmanischen Bereich ebenso wie vom Viṣṇuismus der Sāṃkhya-Yoga usurpiert. Der Yoga-Lehrer Hiraṇyagarbha ist wohl eine Erfindung des Brahmanismus, mit Hilfe deren er den Sāṃkhya-Yoga an seine uralte Tradition zu binden suchte. Diese Versuche zeigen übrigens auch, welch überragenden Einfluß der Sāṃkhya-Yoga in jener Zeit gehabt haben muß.

Eine etwas andere, aber sehr deutlich erkennbare Yoga-Tradition innerhalb des *mokṣadharma* knüpft sich an den Namen des alten Upaniṣad-Weisen Yājñavalkya und des Videha-Königs Janaka von Mithilā. Es ist der sog. *yājñavalkya-janaka-saṃvāda* von Kap. 312–320, der nach 320, 112 eine Upaniṣad ist. Dieser *saṃvāda* muß eine selbständige Überlieferung gewesen sein, deren Einfügung in 312, 9, weil sie schon Bekanntes noch einmal bietet, entschuldigt wird. Wir bekommen zunächst eine ziemlich reine Darlegung des Sāṃkhya-Systems, aber in typisch brahmanischer Umbiegung: An die Spitze des Entfalteten tritt der persönliche Gott Brahmā, die „Gestalt" *(mūrti)* aller Wesen. Er ist der anfanglose, endlose, unvergängliche Gott. Gegenüber der Vasiṣṭha-Tradition scheint hier dem unpersönlichen das persönliche Moment zu überwiegen. Da aber der oder das Unentfaltete nach dem Sāṃkhya-Yoga über allem steht und man dieses letzte Prinzip nicht ausschalten wollte, mußte man den Gott Brahmā von diesem erschaffen sein lassen. Und doch weilt er wieder als schaffende Macht in allem (316, 10 ff.). Diese Widersprüche erklären sich aus der Entstehung der Tradition von selbst: „Jenen ewigen, unvergänglichen, unzerstörbaren, unsterblichen, den Ursprung der Wissenden, den Besten, den Ort, den keiner angreift, der unerschüttert, der im Unentfalteten wohnt, den Allerhöchsten, den du erfragst, den habe ich dir verkündet. Er wohnt in der Urnatur, ja in ihr weilend erkennt man ihn. Die Urnatur aber ist ungeistig, o Herr! Von ihm beherrscht, schafft sie und schlingt dann das Geschaffene wiederum in sich hinein [16].“ Wir sehen hier deutlich, daß sich der Verfasser des Abschnittes mit dem Problem abmüht, wie die Urnatur überhaupt zum Schaffen komme; seine Antwort lautet: dadurch, daß der Gott in ihr wirkt. Das weist darauf hin, daß im Sāṃkhya-Yoga die Entwicklung eingesetzt hat, die zu der völligen Trennung von Gott und Urnatur führte. Und eben gegen diese Auffassung wendet sich Yājñavalkya. Auch das in XII, 317 behandelte Problem weist in dieselbe Richtung. Dort wird nämlich der *puruṣa* als von den Weltstoffen absolut verschieden gelehrt, so verschieden wie der Fisch vom Wasser, die Fliege vom Blatt, auf dem sie sitzt. Und dieses Rätsel des Zusammenwohnens *(sahavāsa),* das zugleich auch absolute Trennung *(nirvāsa)* ist (V. 17), begreifen die groben Geister nicht. Darum fallen sie immer wieder der furchtbaren Hölle anheim. Yājñavalkya hat diese Probleme in eigenartiger Weise gelöst, indem er zwei göttliche Wesen, den *avyaktaḥ,* der als schaffendes Prinzip in der Natur wohnt, und den obersten *puruṣa,* der von ihr völlig getrennt ist, annimmt. Dieser wird dann wie in dem Vasiṣṭha-Abschnitt in 318, 17 als der Sechsundzwanzigste mit *brahman* ineinsgesetzt: „Den feststehenden *puruṣa,* den Ewigen, Unteilbaren, Unalternden, Todlosen, Immerwährenden, Unvergänglichen, der auch der Herr ist und das *brahman,* das Unvergängliche, den schaut der Erlöste, der zum ‚Für-sich-Sein‘ gelangt ist“ (vgl. 318, 25; 320, 55). Diese Abschnitte lassen uns einen Blick hineintun in das außerordentlich tiefgehende geistige Ringen jener Zeit, zeigen uns auch die Rolle des von den monotheistischen Religionen stark durchdrungenen Brahmanismus. Er kämpft gegen den Verzicht auf das Erfahren der letzten göttlichen Realität, der offenbar im Sāṃkhya und teilweise offenbar auch im Yoga eingesetzt hat, kann aber selbst die gewaltige Spannung nicht mehr ertragen, die gegeben ist durch einen Gott, der sowohl weltschaffend wie welterhaben ist.

Die Yoga-Lehre *yogajñāna,* wie sie Yājñavalkya in XII, 318 darstellt, enthält die wichtigen Stücke des Yoga-Weges, aber wiederum nicht in systematischem Aufbau.

Zunächst wird in der Einleitung die Einheit von Yoga und Sāṃkhya betont, ganz ähnlich wie in der Bhg: es gibt keine Erkenntnis, die dem Sāṃkhya gleich käme, keine Kraft, die dem Yoga gleich käme. Beide haben *ein* Anliegen: sie sind beide gegen das Vergängliche gerichtet.

Die Unterscheidung zwischen Erkenntnis, die dem Sāṃkhya, und der Kraft, die dem Yoga zukommt, verrät eine gute typologische Fähigkeit. Denn was den Yoga vom Sāṃkhya unterscheidet ist die Tatsache, daß die Yoga-Erfahrungen außerordentlich starke seelisch-geistige Energien auslösen. Auf die systematische Erkenntnis legt er nicht denselben Nachdruck, wie das Sāṃkhya.

Der Abschnitt enthält einige wichtige Angaben für das weitere Verständnis des Yoga. Es gibt einen *yoga aṣṭaguṇin*, einen „Acht-Erreichnisse"-Yoga, wobei wohl mit Deussen an die acht „Vollkommenheiten" der zum Ziel gekommenen Yogin zu denken ist. Sie werden in den Yogaschriften oft genannt: Atomkleinheit, Leichtigkeit des Körpers (der in die Luft steigen kann), Größe, die überall hinreicht, also Allberührung, Wunsch-Willens-Verwirklichung, Allbeherrschung, Schöpferkraft, Alldurchdringung. Diese „Erreichnisse" *(siddhi)* sind zusammengestellt auf Grund von unterbewußten und überbewußten Erfahrungen während der Yoga-Übungen. Nur daß der Yoga diese Erfahrungen aus dem Psychischen auch ins Physische projiziert. (Vgl. unten S. 327 ff.)

Dann wird ein *dviguṇa-yoga* (zweifacher Yoga) genannt. Der *saguṇa*, d. h. ein Yoga, der noch mit den Guṇas behaftet ist, d. h. sich in dem von den Guṇa bestimmten Wirklichkeitssphären vollzieht, und ein *nirguṇa*, ein von den Guṇa freier Yoga, der in der Sphäre des rein Geistigen sich vollzieht, in der von allen Guṇa-freien ewigen Realität, die in *samādhi* oder im Nirvāṇa erfahren wird. Der erstere ist dem sonst genannten *sabīja samādhi* gleich, d. h. dem *samādhi*, der noch mit den Keimen der Wiedergeburt behaftet ist, auch *saṃprajñāta* „noch im Raum der Bewußtheit sich abspielend"; der andere, der *nirbīja* „der Keimfreie", auch *asaṃprajñāta* „nicht mehr mit Bewußtsein sich vollziehende" Yoga, d. h. *samādhi* oder *nirvāṇa*, in dem sich der Yoga-Übende von allen Einschränkungen befreit, nur noch als Letzthin-Wirkliches west. Diese Ausdrücke sind sowohl für das Verstehen der Yoga-Erfahrung wie für die Yoga-Sāṃkhya-Metaphysik wichtige Unterscheidungen. Sie zeigen, daß hier mit seltener Energie die geistige Durcharbeit des Yoga-Sāṃkhya vorwärts getrieben wurde [17]) (vgl. dazu unten den Abschnitt *Samādhi* im Hauptabschnitt III).

Die Tatsache, daß Yājñavalkya in XII, 320 sich zuerst der brahmanischen Askese und der Veda-Murmelung ergibt, worauf ihm versprochen wird, daß er zu der vom Sāṃkhya-Yoga erstrebten Stätte eingehen werde, zeigt deutlich genug, in welchem Verhältnis Sāṃkhya-Yoga und Brahmanismus in dem Abschnitt stehen. Der Sāṃkhya-Yoga ist in diesen Bereich von außen eingedrungen. Und zwar scheint mir die Überlieferung, die dieses Eindringen mit dem Hofe des Janaka verknüpft, durchaus beachtenswerte geschichtliche Erinnerungen zu enthalten. Yājñavalkya ist, wie wir aus der Bṛhadāraṇyaka-Upaniṣad wissen (vgl.

das Yājñavalkya-Khaṇḍa), am Hofe des Videha-Königs Janaka wirksam gewesen und hat dort schon in alter Zeit eine Philosophie gepflegt, die sich von dem brahmanischen Opferkult und auch von der üblichen Opferspekulation entschieden abkehrte. Es kann wohl keine Frage sein, daß dieser Yājñavalkya Nachfolger gefunden hat und daß in Videha sich ein Kreis, eine Yājñavalkya-Gemeinde, der alten Traditionen annahm und sie weiterbildete. In diesem Kreis war ohne Zweifel eine große Offenheit für die Ideen des Sāṃkhya-Yoga. Und wahrscheinlich war eben Videha das Einfallstor für die Yoga-Sāṃkhya-Bewegung, wie für den etwa in dieser Zeit sieghaft vorbrechenden Śivaismus. Dieselbe Verbindung von Janaka und Sāṃkhya-Yoga zeigt die Geschichte von Śuka in XII, 325, der, nachdem er sich Sāṃkhya-Yoga erworben hat, von seinem Vater zu Janaka geschickt wird, um dort in die Brahmanenpflichten eingeführt zu werden. Śuka ist, wie schon oben erwähnt, ein śivaitischer Yogin, der vom Brahmanismus, also zunächst einmal von dem Brahmanismus in Videha adoptiert wurde. In derselben Weise ist auch Pañcaśikha in XII, 321 mit Janaka verknüpft, ebenso schon in XII, 218. Er tritt dort auf als der Fünfkundige (vgl. dazu Śvet.-Up. I, 5 ff.) und verkündigt Sāṃkhya-Yoga-Ideen, vornehmlich aber die im „*puruṣa*" gegründete höchste Seinsrealität, das Unentfaltete (218, 12). Auch die interessante Gestalt der Yoginī Sulabhā ist in die Janaka-Tradition einbezogen.

Daß es sich hier um reine Erfindungen handelt, können wir unmöglich annehmen. So willkürlich haben jene Alten nicht erfunden. Wir dürfen wohl als sicher annehmen, daß Videha ein Sammelpunkt von Sāṃkhya-Yoga-Lehrern war, wo sich die Verschmelzung dieser Bewegung mit dem Brahmanismus vollzog. Es war selbstverständlich, daß sich diese neue Bewegung den altberühmten Weisen Yājñavalkya und dessen schenkungsfreudigen Mäzen Janaka als Schutzpatrone erwählte und ihre Werke jenen zuschrieb, ihnen damit Ansehen und Autorität verleihend. (Vgl. dazu Pargiter a. a. O. S. 95 ff.)

Wie schon bemerkt, ist die Ausbreitung der Sāṃkhya-Yoga-Bewegung im engsten Zusammenhang zu denken mit der Ausbreitung des Śivaismus. Auch dafür legt der *mokṣadharma* Zeugnis ab, denn XII, 284 ff. ist ein eindrucksvolles Dokument des Einbruchs des Śivaismus in die brahmanische Welt. Es sind zwei verschiedene Fassungen überliefert. In 284 bringt Prajāpati Dakṣa ein Roßopfer dar. Mahādeva bekommt „nach altem Brauch" keinen Anteil; Umā, seine Gattin, beklagt sich. Śiva wappnet sich mit Yoga-Kraft, er, der „Herr aller Yoga-Herren", und schafft aus seinem Schweiße ein furchtbares Wesen, *jvara*, das das Opfer vernichtet. Brahmā muß erscheinen und Śiva einen Anteil versprechen. Nach der zweiten Fassung in 285 warnt Dadhīci den Dakṣa Prajāpati davor, den Śiva zu verletzen und preist ihn als höchsten Gott. Śiva, der nicht zum Opfer geladen wird, schafft den Vīrabhadra (der mit seinen Scharen das Opfer stört) und schließlich den Dakṣa auffordert, sich dem höchsten Gott, dem Śiva, zu beugen, was dieser auch tut und dann in 286 den großen Lobgesang der 1008 Namen Śivas *(śivasahasranāmastava)* anstimmt, in dem Rudra-Śiva als der höchste, einzige, allumfassende Gott gepriesen wird. Zum Schluß des Abschnittes offenbart dann Śiva das *pāśupata*-Gelübde, also den Heilsweg des Śivaismus, der mit *yoga* und *sāṃkhya* geübt werde. Und „ihn, den schlummerlosen Atembesieger, im *sattva* stehenden Sinnenbezwinger schauen die Yogin als Licht, wenn sie *yoga* üben. Ihm, dem Yoga-Selbste, sei Verehrung". Daß sich dann zwischen dem höchsten Gott Viṣṇu, wie er im *nārāyaṇīya* auftritt, und diesem alleinigen Gott innerhalb des Brahmanismus ein großer Kampf abspielte, zeigen die Kap. XII, 342 ff. Aber die *samadarśinaḥ*, die „alles-zusammenschauenden-Weisen", vermochten auch diesen furchtbaren Zwiespalt zu versöhnen: nach 343, 21 ff. ist der Yogin Rudra identisch mit Nārāyaṇa; Śiva ist des Nārāyaṇa eigenes Selbst, Rudra und Nārāyaṇa sind Ein Wesen in zwei Formen.

Daß dann doch schließlich in 351 Viṣṇu als der Urheber aller Lehren, auch des Sāṃkhya-Yoga, der Anfang und das Ende, der Ewige über allem gepriesen wird, zeigt, wohin letzten Endes doch die Sympathien des Brahmanismus neigten.

Wir können nun das Resultat der vorausgehenden Untersuchung kurz so zusammenfassen: in den Jahrhunderten zwischen dem Buddhismus und der Entstehung des YS war Indien von einer außerordentlich kräftigen religiösen und philosophischen Bewegung erfüllt, die in verschiedenen Bereichen zugleich sich entfaltete. Diese Bewegung hat ihren Niederschlag in verschiedenen Upaniṣaden und im *mokṣadharma* des XII. Buches im Mbh gefunden. Der Viṣṇuismus hat sich schon sehr früh in dieser Epoche mit dem Brahmanismus verknüpft, war aber doch auch stark vom Yoga berührt. Das Einfallstor für den Śivaismus und mit ihm für den Sāṃkhya-Yoga in den brahmanischen Bereich war Videha. Und als dieser Posten einmal gefallen war, überschwemmte diese Bewegung den Brahmanismus mit ungeheurer Gewalt, so daß er mit dem Viṣṇuismus sich geistig ihm zu beugen hatte, wenn er auch vermochte, alte Werte aufrechtzuerhalten und zur Geltung zu bringen. Die Versöhnung ist ihm schließlich gelungen. Die *munayaḥ samadarśinaḥ* XII, 196, 8 (vgl. 302 V. 6) haben es durch ihre auf das Ganze gerichtete Haltung vermocht, diese gewaltigen und sich widersprechenden Kräfte zu einer Synthese zusammenzufügen, statt daß sie sich in gegenseitigem Kampfe geschwächt und aufgerieben hätten. In jenen Jahrhunderten nach dem Buddhismus gelang es diesen Weisen, den großen allindischen „Katholizismus" zu schaffen, der seither, trotz aller Unterschiede der einzelnen Gemeinschaften, das geistige Reich Indiens beherrscht, ohne die freie religiöse Entwicklung zu stören. Das Hauptverdienst in dieser Entwicklung hat der Yoga und das Sāṃkhya mit ihrer Bildung der eigenen Erfahrungs- und Schaukräfte, die Tiefe, Klarheit und Weitherzigkeit verband.

Daß die Texte des *mokṣadharma* erst zur Zeit der endgültigen Redaktion des Mbh entstanden sind, ist unmöglich; dann würden sie nicht diese scharf umrissene Eigenart und diese Geschlossenheit haben, die ihnen eignet. Vielmehr müssen wir annehmen, daß sie lange vor ihrer Einfügung in den *mokṣadharma* etwa den Grundstock hatten, den sie heute zeigen. Eine Überarbeitung der Texte bei ihrer Einfügung in das Mbh ist nicht ausgeschlossen. Es hat deshalb keine Schwierigkeit, ihre Entstehung in die Jahrhunderte zwischen den Buddhismus und den Anfang unserer Zeitrechnung zu setzen. Daß sie vor die endgültige Redaktion des YS gesetzt werden müssen, ist klar. Für ihre Datierung kommt also alles darauf an, in welche Zeit wir die Entstehung des YS verlegen. Darüber wird der folgende Abschnitt handeln.

Es ist hier der Ort, das Verhältnis von Yoga und Sāṃkhya, wie es sich aus den Texten ergibt, kurz zu kennzeichnen. Der Name des Gründers des Sāṃkhya nach beherrschender Tradition, *Kapila,* ist uns oben in Śvet-Up. V, 2 begegnet, ebenso der Begriff *sāṃkya-yoga* in VI, 13, durch den der Eine Gott als Ursache der Erleuchtung erfahren wird.

Kapila taucht hier zum erstenmal in der vedischen Literatur als Name eines Weisen auf. Nach puraṇischer Überlieferung war er Lehrer des Königs Janaka Janadeva von Videha und Pargiter berechnet seine Zeit auf etwa 750 v. Chr.

Garbe weist auf eine von Buddhaghoṣa erzählte Legende hin, in der Kapilavastu, die Heimat Buddhas, nach diesem Weisen genannt ist (vgl. Garbe, Sāṃkhya 11 ff., 46 ff.). Wir haben keinen Grund, daran zu zweifeln, daß in dieser Legende ein geschichtlicher Kern steckt.

Daß Kapila ein Kṣatriya-Weiser war, wird vom Bhāgavatapurāṇa behauptet. Er gehört also in die Sphäre, in welcher der Yoga sich entwickelte. Obwohl er stark mythische Züge trägt, braucht er keine Erfindung der mythenbildenden Phantasie zu sein. Denn die Mythisierung von alten Weisen war in Altindien nicht selten; sind doch die großen Lehrer und Helden zu Göttern erhoben worden. Es ist also anzunehmen, daß es einen alten Yogalehrer gab, der besonders den *sāṃkhyayoga* betonte, d. h. die strenge intuitive Forschung, die dann viel später zu einem besonderen ausgebildeten Sāṃkhyasystem führte. Garbe weist mit Recht auf die Zusammenhänge zwischen dem Sāṃkhya und dem Buddhismus hin, die beide ihre früheste Entwicklung in derselben Gegend Altindiens gehabt haben, nämlich im nordöstlichen Gangesland, übrigens benachbart dem südlich des Ganges liegenden Magadha, wo die Vrātya und der Rudra-Śiva-Kult herrschten, die ja eng mit der Entwicklung des Yoga zusammenhängen.

Im Mbh erscheint der Name Kapila als Gründer des Sāṃkhya besonders im Mokṣadharma, in dessen Abfassungszeit offenbar Sāṃkhya und Yoga schon deutlich unterschieden werden. Kapila ist hier ein Ur-Ṛṣi und göttliches Wesen, der sich in den großen Sāṃkhya Lehrern, z. B. Pañcaśikha inkarniert und die Sāṃkhyalehren vorträgt (vgl. oben Śvet. Up. V, 2).

Auch die Bhg unterscheidet zwischen Yoga und Sāṃkhya, wenn beide auch dasselbe Ziel hätten und auf verschiedenen Wegen erreichten (XIII,

25 ff.): „Durch die Versenkung schauen die einen im Selbst das Selbst, durch das Selbst. Andere durch den *sāṃkhyayoga;* wieder andere durch den *karmayoga.* Andere aber, die ihn so nicht erkennen, hören die Kunde von andern und verehren ihn." Diese Unterscheidungen sind treffend. Den einen gegenwärtigt sich der Wesenskern des Menschen in mystischem Innenerfahren, die andern erkennen seine Realität durch intuitiv-philosophische Innenforschung, die dritten erfahren ihn im tätigen Leben mit seiner Tragik, die vierten werden durch Wissende in diese grundstürzende Wahrheit über des Menschen innerstes Wesen eingeweiht und zur Einkehr, zum eigenen Nachdenken und Sinnen geführt, weil sie von der Gewalt dieser Kunde angerührt und zur Ehrfurcht gezwungen werden.

Das Wesen des Sāṃkhya ist mit *jñānayoga* in Bhg III, 3, das als Synonym für *sāṃkhyayoga* zu gelten hat, treffend gekennzeichnet. Es ist der Yoga der „intuitiv-philosophischen Innenforschung", im Unterschied von *dhyānayoga,* dem Yoga der meditativen Versenkung. Diese Bhg-Stelle ist auch ein Beweis für die Richtigkeit meiner Deutung von *sāṃkhyayoga* in Śvet-Up. VI, 13.

Das Sāṃkhya ist nach diesen Zeugnissen unzweifelhaft aus dem Yoga als eine besondere Abart von ihm entstanden. Es hat sich also zunächst innerhalb des theistischen Bereiches der Rudra-Śiva-Gemeinde entwickelt und war deshalb ursprünglich selbstverständlich theistisch (sa-īśvara = seśvara), hatte aber schon zur Zeit des Mokṣadharma atheistische Tendenz.

Dieser Sāṃkhyayoga ist es offenbar gewesen, der das großartige metapsychisch-metaphysische System geschaffen hat, das schließlich die Herrschaft im gesamtindischen Bereich gewann und weithin vom Yoga angenommen wurde.

Während dieser Entwicklung gehen Yoga, der Weg der meditativen Versenkung *(dhyānayoga)* und das Sāṃkhya trotz aller Gemeinsamkeiten immer mehr ihre eigenen Wege, mit eigener Methode und eigenen Lehrbüchern. Der Yoga bleibt bei allen Wandlungen immer theistisch, obwohl der Theismus gegenüber den Yoga-Up. im Yogasūtra zugunsten der reinen *puruṣakhyāti* zurücktritt. Dagegen gewinnt im Sāṃkhya *puruṣakhyāti* Alleinherrschaft und dies begünstigt seine Entwicklung zum *Atheismus;* das System wendet sich von einem *sa-īśvara* zu einem *nir-īśvara*-Standpunkt. Dies wird sehr deutlich schon im Mokṣadharma 302 (D p. 592 ff.), wo die Yoga-Anhänger ihren Standpunkt damit verteidigen, daß man ohne einen *īśvara* nicht erlöst werden könne. In ihren philosophischen Theorien *(darśana)* sind sie verschieden; im praktischen Verhalten eins.

Übrigens zeigt der Mokṣadharma, daß es verschiedene Sāṃkhya-Schulen gab, und daß erst die streng systematischen Sāṃkhya-Werke, die Sāṃkhya-Kārikā des Īśvarakṛṣṇa (etwa 500 n. Chr.) mit ihren Kommentaren, und die Sāṃkhya-Sūtra (etwa 1400 n. Chr.) das einheitliche klassische System geschaffen haben. Der strenge Atheismus des Gesamtsystems tritt erst in den Kommentaren nach Īśvarakṛṣṇa und in den Sāṃkhya-Sūtra hervor. Es ist aber zu betonen, daß der Atheismus der Sāṃkhyas kein Materialismus ist. Vielmehr ein Dualismus, in dem die unendlich vielen *puruṣas,* die reiner „Geist" sind, der *prakṛti,* der Urnatur, aus der alles entspringt, was an stofflichen und seelischen Bewegungen und Gestaltungen bis hinauf zu den höchsten Bewußtseinsbewegungen geschieht, radikal entgegengesetzt sind. Und das Ziel dieser ganzen Philosophie ist, durch Einsicht und Entsagung die *puruṣa* aus der Verjochung mit der Urnatur zu befreien.

Die psychologischen und philosophischen Errungenschaften des Sāṃkhya sind für die gesamte Geistesgeschichte Indiens von höchster Bedeutung geworden. Gewiß sind diese für uns Heutige kritisch zu betrachten, denn trotz ihrer Tiefe und Feinheit sind sie durch naturwissenschaftliche Erkenntnisse vielfach überholt. Aber es ist keineswegs so, daß sie ohne gründliche Betrachtung beiseite geschoben werden könnten, denn hier sind Erkenntnisse von bleibendem Wert entdeckt. Vor allem ist die Grundhaltung von Bedeutung: Zum rechten Werden und Wirken gehört Einsicht in die Struktur und das Wesen der Welt und des Menschen: also ernste psychologische Forschung und philosophische Besinnung. Naturwissenschaft war damals noch kein ausgebauter Wissenszweig. Trotzdem kann man die Sāṃkhyas als solche betrachten, die den ersten großen Versuch einer Synthese von strenger intuitiver Innenforschung und Philosophie wagten, mit dem Streben, eine begründete Metaphysik zu schaffen. Sie sind die indische Parallelbewegung zu der platonisch-aristotelischen Psychologie und Philosophie, die sich mühen um die Erkenntnis des Wesens des Menschen und seiner Stellung in der Gesamtwirklichkeit, von der er ein Teil ist und die er doch überragt. Die Methode ist geschulte Innenerfahrung und kühnes Denken, das nicht an den Grenzen des rational-logisch Erfaßbaren Halt macht, sondern den Schritt wagt in jene Wesensbereiche, in die die tiefsten Wurzeln des Menschseins hinunterreichen. Die Anthropologie von heute ist, abgesehen von den theologischen Versuchen, die sich auf ein festes System von Lehren ihrer heiligen Schriften stützen, noch nicht so weit gekommen. Diese Aufgabe liegt noch vor der westindogermanischen Menschheit.

5. Kapitel

Der Yoga in der Rāma-Gemeinde

a) Die Rāma-Upaniṣaden

Wir haben gesehen wie der Śivaismus und Viṣṇuismus in den späteren Schichten des Mbh, vor allem in der Bhg und im Mokṣadharma dem Yoga eine hervorragende Stelle einräumen. Er hat in der Entwicklung dieser Religionen zu ihren höchsten Phasen entscheidenden Anteil.

Während nun aber innerhalb des Viṣṇuismus im Mahābhārata Kṛṣṇa als die Verkörperung des höchsten Gottes gelehrt wurde, erscheint Rāma, der andere große Held Altindiens, darin nur an der Peripherie.

Die Episode von Rāmas Kampf gegen den tausendarmigen König Arjuna Kārtavīrya in der Anugītā (Mbh XIV, 29) ist nur eine Beispielerzählung. Es muß aber neben einer Kṛṣṇa-Gemeinde schon sehr früh eine Rāma-Gemeinde gegeben haben, die den Rāma als eine Inkarnation des höchsten Gottes Viṣṇu verehrte. Das 119. Kap. des VI. Buches des Rāmāyaṇa und das ganze VII. Buch, das zur spätesten Schicht des Epos gehört, sind gewichtige Zeugnisse für diese Verehrung. Was im Mbh von Kṛṣṇa als Verkörperung Viṣṇus als des höchsten Gottes, auch Verkörperung des *brahman* gesagt wird, wird im Rāmāyaṇa von Rāma ausgesagt, obwohl das eigentliche Rāmāyaṇa, die Bücher I–VI (ohne Kap. 119) Rāma nur als frommen menschlichen Helden schildert. Die Rāma-Sage geht vielleicht bis in die vedische Zeit zurück (vgl. Pargiter zu Rāma); sie bekam dann durch Vālmīki wohl im 4.–3. Jahrhundert v. Chr. ihre klassische Fassung in den Büchern I–VI. Aber weitere Überarbeitungen folgten und die entscheidende wohl schon im 2. Jahrhundert n. Chr., in der Rāma Inkarnation des Gottes Viṣṇu ist [1]).

Ein altes Zeugnis der Verehrung Rāmas als Inkarnation des Gottes Viṣṇu ist die Rāma-pūrva-tāpanīya-Up.; dazu sind noch zu vergleichen die Rāma-uttara-tāpanīya-Up. und die Rāma-rahasya-Up. mit ihrem Hauptsatz: „*Rāma eva param brahma, Rāma eva param tattvam, Śrīrāmo brahma tārakam*", „Rāma wahrlich ist das höchste *brahman*, Rāma wahrlich ist die höchste Dasheit, der gebenedeiete Rāma ist das rettende *brahman*." Diese drei Anrufungen gelten Rāma als dem transzendenten Wesen Rāma, dem sich in der Welt verkörpernden, und Rāma, dem als Heiland, „das Rettende", erscheinenden *brahman*. Die Meditation des Rāmagläubigen findet ihre Vollendung in einem, dem alten *brahmāsmi* nachgebildeten, *Rāmāsmi*.

In diesen Upaniṣaden ist Rāma höchste Gottmacht, Viṣṇu selbst in Geistgestalt *(cinmaya)*, in dessen Namenselementen schon ungeahnte Leistungskraft verborgen ist, die man durch Versenkung gewinnen kann. Er ist „das geistgestaltige, zweitlose, ungeteilte, körperlose *brahman*", das sich aber zum Zweck der Verehrung in Formen von Gottheiten verkörpert. Der „Lebenskeim" des Namens Rāma schließt in sich das ganze Weltall, wie der Kern des heiligen Feigenbaumes den ganzen Baum in sich trägt. Der „Spruchkönig" *(mantrarāja)*, dessen Meditation Heil schafft und endgültige Erlösung bringt, heißt: *rām, rāmāya namaḥ*.

Ihm werden alle Prädikate beigelegt, die wir seit langem schon bei Rudra-Śiva und dann bei Viṣṇu-Kṛṣṇa kennen:

„Selbstseiend, lichthaft, unendlicher Gestalt
Erglänzt er durch sich selbst.
Der in Lebensmacht sich gleich bleibt,
In Schöpfung und Vergang der Welt.
Weil er Wirkmacht ist, Geistkraft *(cicch(t-ś)akti)*
Und die Guṇas *rajas, sattva, tamas* in sich trägt."

Die Einwirkung der alten Yoga-Sāṃkhya-Ideen auf die Gestaltung der Rāma-Inkarnation sind hier deutlich sichtbar.

Und wie neben Rudra-Śiva eine weibliche Gottmacht tritt, so ist hier dem Rāma die aus dem Epos wohlbekannte Gattin Sītā als große Göttin beigegeben. Die mythische Erhöhung dieser Gattin wurde erleichtert durch ihren Namen. Denn *sītā* „die Furche" ist eine alte mythische Fruchtbarkeitsgestalt der Indo-Arier (Rv IV, 57, 6), die Vergöttlichung des Weibes als Empfängerin des Samens. Sie wird in den Rāma-Upaniṣaden mit *prakṛti* gleichgesetzt, wird Weltenmutter genannt; sie hat also die Rolle der Śakti bei Rudra-Siva. Und wie es einen Sadā-Śiva „einen immer seienden, ewigen Śiva" gibt, so einen Sadā-Rāma.

Rāma und Sītā stammen aus dem *bīja* „Wesenskeim", der geheimnisvoll in dem Namen Rāma ist.

„Sītā und Rāma, die dorther Entstammten,
Aus ihnen wurden die zweimal sieben Welten,
Die erstehen und vergehen und in denen
Rāma Mensch wird durch der Māyā Macht.
Ihn, das Lebensselbst der Welt
Den einzig der Verehrung Würdigen preist,
Durch ihn, der vor allen Guṇas war."

Zwischen diese Lobpreise hinein werden Rāmas Heldentaten geflochten, wie sie im Epos geschildert sind, aber mythisch erhöht: sie sind Gegenstand der Meditation und helfen dem Gläubigen, sich mit seinem Gott innig zu verbinden.

Zur Unterstützung dieser Übungen dienen *yantra* Diagramme, mit Hilfe deren man den Geist zügeln oder anjochen kann. (Von der Wurzel *yam,* die eine mit *yuj* verwandte Bedeutung hat.) Denn ohne das *yantra,* so heißt es in der Upaniṣad, das beider Gottheiten Verbildlichung ist, lassen sie sich nicht gnädig hernieder. Die Herstellung des *yantra* wird ausführlich dargelegt; es ist sehr kompliziert und in es wird ein ganzes mystisches Alphabet eingebaut, dessen Bedeutung eingehend dargelegt wird. Die Meditation darüber muß eine äußerst schwierige Angelegenheit sein und Jahre in Anspruch nehmen. Wir sind hier schon in der Sphäre tantrischer Vorstellungen und Übungen und die Gottheiten des Tantrismus werden mit verehrt.

Es ist nicht leicht die Zeit dieser Upaniṣaden zu bestimmen. Die ältesten Schichten mögen in die Zeit der Ausbildung des Inkarnationsglaubens gehören, die späteren Schichten liegen vielleicht schon in den Jahrhunderten nach der Zeitwende. Jedenfalls legen sie Zeugnis ab für die Existenz einer Rāma-Gemeinde zur Zeit als das Rāmāyaṇa abgeschlossen wurde. Man darf mit Recht den Schluß ziehen, daß diese Upaniṣaden ein Versuch waren, dem Rāmāyaṇa eine Art Mokṣadharma und eine Anugītā zu schaffen, wie sie das Mbh in den Büchern XII und XIV besitzt.

b) Das Yogavāsiṣṭha

Diese Versuche werden aber völlig in den Schatten gestellt durch ein gewaltiges Werk von über 30 000 Doppelversen, das sich ganz in den Dienst dieser Rāma-Verehrung stellt, nämlich das Yogavāsiṣṭha, das in Indien eine außerordentliche Wirkung gehabt hat und noch hat und von indischen Gelehrten, besonders von B. L. Atreya in seiner Bedeutung erkannt und gewürdigt worden ist, und von H. v. Glasenapp durch eine umfangreiche Arbeit für deutsche Leser in seinen Grundzügen erschlossen wurde [2]).

Das Werk, das demselben Verfasser zugeschrieben wird wie das Rāmāyaṇa selbst, nämlich dem Vālmīki, ist mit größter Wahrscheinlichkeit in der 2. Hälfte des 8. bis zum Anfang des 9. Jahrhunderts verfaßt, vielleicht auch früher. Doch ist das Datum a quo schwer festzustellen [3]). Soviel steht jedenfalls fest, daß das Werk in jenen Jahrhunderten verfaßt ist, die von bedeutenden religionsphilosophischen Bewegungen und schwerwiegenden Auseinandersetzungen erfüllt waren, nämlich nach dem großen Aufschwung der buddhistischen Philosophie der Yogācāras im 4. und den folgenden Jahrhunderten, die durch den großen Saṅkarācārya und seine vedantistische Philosophie abgelöst wurden. Da das Yogavāsiṣṭha die in den Rāma-Upaniṣaden aufgezeigte Entwicklung fortsetzt und in ihm Yoga und Rāma-Glauben innig verschmelzen, soll es hier kurz behandelt werden, obwohl es sicher erst geraume Zeit nach dem Yoga-Sūtra des Patañjali seine heutige Form gefunden hat.

Zwischen dem 4. und 8. Jahrhundert n. Chr. vollzog sich die Festigung des Brahmanismus in seiner hinduistisch-katholischen Form und eine energische Auseinandersetzung mit dem philosophischen Buddhismus war die Folge. Dessen Position in Indien war durch seine Annäherung an den śivaitischen Hinduismus, die zu der tantrischen Bewegung im Buddhismus führte, stark geschwächt worden. Denn hier mischten sich zwei Religionsformen, die einander im Grundwesen entgegengesetzt waren. Als dann durch den großen Śaṅkara dem Brahmanismus ein überragender Philosoph erstanden war, der wie ein klärender Sturm in die vom Tantrismus erfüllte Atmosphäre hineinstieß, war das Schicksal des Buddhismus in Indien entschieden, wenn er auch noch in seinen Rückzugsgebieten Nordost-Indiens bis ins hohe Mittelalter überlebte.

Wir dürfen das Yogavāsiṣṭha, wenigstens seinen Grundstock, als ein Werk betrachten, das in dieser Auseinandersetzung der Rāma-Gemeinde Wegweisung zu geben versucht. Der Dichter dieses Werkes, (denn daß es ursprünglich von einem großen Dichter gestaltet wurde, kann kaum bezweifelt werden) war ein universaler Geist, der sowohl mit der buddhistischen Philosophie vertraut war, deren Wert er erkennt, wie mit der vedāntistischen Bewegung, die in Śaṅkara eine Zusammenfassung und Erhöhung ins schlechthin Gültige für eine lange Zukunft fand.

Aber der Standpunkt des Verfassers ruht im viṣṇuitischen Theismus der Rāma-Gemeinde und in der Erkenntnistheorie und Metaphysik einer Yogabewegung, die durch ihre Erfahrungen den theistischen Rahmen sprengte und zu einem überpersonalen Letzthin-Wirklichen vordringt. Er nähert sich damit sowohl der buddhistischen wie der vedāntistischen Metaphysik.

Es muß immer wieder betont werden, daß sich in den höchsten Stufen, trotz aller Verschiedenheiten und Spannungen, theistischer Yoga, buddhistischer Śūnyavāda mit seiner theistischen Unterströmung und der vedāntistische Māyāvāda, der ebenfalls eine theistische Unterströmung hat, aber mit *brahman* als Letzthin-Wirklichem, in einer eng verwandten Sphäre sich treffen, wenn auch diese zum Schluß mit verschiedenen metaphysischen Akzenten versehen wird (vgl. dazu oben S. 176 ff.).

Daß das Yogavāsiṣṭha vom theistischen Standpunkt ausgeht, wird besonders dadurch bewiesen, daß es, wie alle theistischen Systeme, eine wirkliche Weltschöpfung annimmt, wie auch einen Weltuntergang, wenn die Zeit dieser Weltepoche um ist. Nur verliert eben diese Welt im Lichte höchster metaphysischer Erkenntnisse ihre allgemeingültige Realität, die sie für die gewöhnliche Erfahrung besitzt.

Die Welt entsteht aus einem, dem Letzthin-Wirklichen innewohnenden, Bewegungsdrang *(spanda-śakti)*. Dieser Bewegungsdrang ist sozusagen das Wesen eines Urschöpferischen. Der hinduistisch-katholische Standpunkt zeigt sich darin, daß nicht Viṣṇu, sondern Brahmā Weltschöpfer ist, hier mit Prajāpati ineinsgesetzt. Aber der ursprüngliche viṣṇuitische Standpunkt verrät sich darin, daß Viṣṇu aus dem Letzthin-Wirklichen, aus dem *cit-ākāśa* „dem Geist-Äther" geboren wird, und daß dann Brahmā aus dem Herzenslotos des Viṣṇu entsteht. Auch wird Viṣṇu immer wieder als höchstes Wesen gepriesen.

Daneben erscheint allerdings auch Śiva als Allgott wie im Mokṣadharma und in VI, 1, 35 ff. erkennen die fleckenlosen Weisen den Mahādeva als den Ewigen Vater, der Brahmā, Viṣṇu und Śiva ist, als *parameśvara,* den „allerhöchsten Herrn". Die Erkenntnis findet Ausdruck in einem begeisterten Hymnus auf Rudra-Śiva, den Allgott, den Allwirker usw., der jenseits von Sein und Nichtsein west, und doch in allen Welterscheinungen sich kundtut, in dem Millionen Welten sind und bei dem ein Mahākalpa, eine Groß-Weltepoche wie das Zwinkern eines Auges ist. Ihm sind Welten und Weltenschicksale ein gewaltiges Spiel seiner Gottmacht.

Auch dies wieder ein Zeugnis dafür, daß überall da, wo der Yoga eine geistige Macht wird, Rudra-Śiva als Höchster erscheint. Diese Inkonsequenz wiegt in dieser Sphäre nicht schwer, weil ja alle Götter in der höchsten Erkenntnis ihre Sondergestalt verlieren und im Letzthin-Wirklichen aufgehen, aus dem sie entsprungen sind. Diese Erkenntnis, die wir in der Yoga-Bewegung mit immer stärkerer Deutlichkeit heraustreten sahen, durchdringt auch das Yogavāsiṣṭha und damit die Rāma-Gemeinde und von dieser her das ganze indische religiöse Denken, für welches das Yogavāsiṣṭha auch heute noch eine der höchsten religiösen Urkunden ist.

Von Glasenapp stellt in der angeführten Arbeit vier Weisen der Auffassung vom Absoluten und seinem Verhältnis zur Welt auf, die das indische metaphysische Denken beherrschen und die sich alle im Yogavāsiṣṭha finden, nicht klar auseinandergehalten, sich vermischend und durchdringend. (Darüber weiter unten.)

Da ist der *pariṇāmavāda* (*vāda* von *vad* „sprechen" bedeutet immer „Lehre einer bestimmten Schule"). Nach ihm ist die Gesamtwirklichkeit eine Umwandlung des Letzthin-Wirklichen, das mit *brahman* bezeichnet wird. Dieses *brahman* durchdringt alles; und weil der Mensch es in sich trägt, steht er mit allem in Verbindung, ja ist mit ihm in seinem innersten Wesen identisch.

Der *vivartavāda* sieht die Gesamtwirklichkeit als eine Täuschung an (*vivarta* heißt eigentlich „der Wirbel"). Die Bezeichnung stammt von dem Bild des Feuerkreises, der entsteht, wenn wir eine Fackel schwingen: da erscheint uns nur ein Feuerkreis, in Wirklichkeit ist es ja die Fackel, die sich dreht. Das *brahman* bleibt nach dieser Lehre völlig in sich. Freilich hat diese Lehre nie vermocht, zu zeigen, wie denn nun die Gesamtwirklichkeit als Schein entsteht.

Der *vijñānavāda* (vgl. oben S. 177) lehrt, daß alles nur eine Schöpfung des Bewußtseins ist. Es ist also ein radikaler Bewußtseins-Idealismus. In ihm ist allerdings das *manas* Ursprungsquelle der Gesamtwirklichkeit, die also wenigstens als Geistschöpfung besteht. Es gibt einen *citākāśa*, einen „Geistäther", dessen Atome die einzelnen Bewußtseine sind. *cinmātra* wörtlich „Geist-Nur", also etwa reiner, absoluter „Geist" (vgl. Hegel! vgl. auch oben *vijñaptimātratā*) ist Urquelle jeder Geistbewegung, aus welcher die Gesamtwirklichkeit sich aufbaut (vgl. dazu oben die Ausführungen über die spätbuddhistische Philosophie).

Der *śūnyavāda* ist ebenfalls schon oben kurz behandelt worden. Er lehrt, wie gezeigt, daß das Letzthin-Wirkliche, weil es ohne irgendein unterscheidendes Merkmal ist, nur als das „Leere", „Nichts" bezeichnet werden kann. Daß dieses „Leere" auch *aśūnya* „Nicht-Leeres" ist, nämlich das, woraus alles entspringt, das, in dem alles enthalten ist, ist eine dialektische Umkehrung, die seit Nāgārjuna philosophischer Besitz der indischen Geisteswelt ist. So kommt das Yogavāsiṣṭha zu der Bezeichnung der Gesamtwirklichkeit als *asāra-sāra saṃsāra,* d. h. „der (Geburten-)Kreislauf, der Nicht-Lauf und Lauf" ist, die coincidentia oppositorum, die uns innerhalb des Yoga in der Auffassung des Letzthin-Wirklichen immer wieder begegnet.

Daß das Yogavāsiṣṭha diese vier Weisen nicht unterscheidet, hat nach meiner Auffassung seinen Grund darin, daß es von der Yoga-Erfahrung her sowohl die erscheinende Wirklichkeit wie auch das Letzthin-Wirkliche gemäß den Stufen des Dhyāna und Samādhi *(samāpatti)* unterscheidet und ineins schaut, weniger in Versuchen rationaler Harmonisierungen. Wir haben hier ein Beispiel des starken Einflusses der Yoga-Erfahrung auf das religionsphilosophische Denken.

Solange der Meditierende die Erscheinungswelt und sich selbst in ihrer gestalthaften Konkretheit betrachtet und in ihr sich bewegt, erfaßt er sie als Wirklichkeit, als Bewußtseinswirklichkeit, die aus dem Urwirklich-Ungestalten sich entfaltet, nach der Auffassung der Theisten durch einen göttlichen Demiurgen, also eine Schöpferperson. Auch kann er, bei tieferer Besinnung über das irdische Dasein, von dem er selbst ein Teil ist, deren Wirklichkeit nicht leugnen. Dringt er aber weiter, bis alles Konkrete aus seinem Bewußtsein schwindet, so daß nur das Letzthin-Wirkliche als erfahrbare Realität in ihm west, so schwindet die Welt, wie auch alle Gottmächte, als konkrete Wirklichkeit hin. Er wird von der Gewalt des Letzthin-Wirklichen überwältigt und geht in ihm so unter, daß er sich mit ihm ganz und gar eins fühlt. Von dieser Sicht her werden Erscheinungswelt und alle Gottmächte, auch die höchsten, Schein.

Tritt er nun wieder aus dieser Verzückung heraus und durchforscht er seine innere Welt, weil sie sich ihm immer wieder aufdrängt (denn die Augenblicke der Verzückung sind kurz), so entdeckt er in ihr sehr festgefügte Gestaltungen, die er nicht mehr nur als Schein betrachten kann, auch wenn diese Gestaltwelt eine reine Bewußtseinswirklichkeit ist. Im Bewußtsein war sie, ehe er in Samādhi versank, und da ist sie wieder, sobald der sich Versenkende aus ihr erwacht und nun neu eine Ganzheitsschau zu gewinnen sucht. So entsteht der Vijñānavāda mit seinen oben dargelegten Begriffen.

Geht er aber von dieser Gesamtschau wieder zu dem Letzthin-Wirklichen, weil er alles in Einem sehen will, und läßt er wiederum alles zurück, was Gestalt, Merkmal, ausdrückbares Wesen ist und hat – auch *brahman*, die *vijñaptimātratā* und alle anderen Bezeichnungen für das Letzthinnige tragen ja immer noch positiv-begrifflichen Charakter – läßt er sich völlig befreit von allem Inhalt des Bewußtseins, auch dem des wonnevollen „Nichtmehr-Wonne-Fühlens", in den nicht mehr bewußten Samādhi fallen, so bleibt nichts mehr als das „Leere" *śūnyam,* eine Erfahrung, die keine Erfahrung mehr ist. Psychologisch gesehen ist es das „abgrundtiefe Stille" *stimita-gaṃbhīra).*

Kehrt er aus diesem Zustand wieder ins Bewußtsein zurück, und erfährt er die Erscheinungswelt in ihrer ihn jeden Augenblick bedingenden Wirklichkeit, so drängt sich ihm auf, daß jenes *śūnyam,* das ihn so verschlingend und erlösend erfaßt hatte und das nun als Erfahrung in ihm west, ein *aśūnyam* ist, ein Erfülltes, Quelle und Tragmacht des Erscheinenden, es überall durchdringend, allgegenwärtig durchwirkend. War er in jenem Zustand des Verlöschens in einem ihn zentral Erlösenden, Unaussprechlichen versunken, so geht er nun befreit, hell erkennend und kraftvoll aus ihm hervor als *jīvanmukta,* mitten im Saṃsāra. Für seine Erfahrung sind nun Nirvāṇa und Saṃsāra eins. Aus ihr erwächst dann der Begriff des *asāra-sāra-saṃsāra.* Die Yoga-Erfahrung reift zu einer umstürzenden metaphysischen Erkenntnis.

Was also in den verschiedenen Vādas des Yogavāsiṣṭha gegeben ist, sind Sichtweisen, Aspekte des Letzthin-Wirklichen, wie sie sich auf den verschiedenen Stufen der Einkehr dartun, nicht Entgegensetzungen, die dann rational harmonisiert werden müßten, – was auch gar nicht möglich wäre. Der Versuch rationaler Harmonisierung müßte notwendig in einem Nihilismus und Pessimismus enden. Sie wäre keine Erlösung.

Wichtig für die Haltung des Yogavāsiṣṭha ist die Tatsache, daß auch hier der durch innerste Erfahrungen zu höchsten Erkenntnissen Durchgedrungene sich wieder tätig der Welt zukehrt, wie das ja auch beim Karmayogin der Bhg und den Zenbuddhisten geschieht. Und zwar müssen wir annehmen, daß hier gesetzhafte Notwendigkeiten seelisch-geistiger Art sich vollziehen, die aufs engste mit dem Yoga zusammenhängen.

Wir dürfen auf Grund dieser Sicht deshalb wohl die Behauptung aufstellen, daß der Yoga das Herzstück des Yogavāsiṣṭha ist und daß dieses eine Entwicklungsphase des Yoga darstellt, die sehr keimkräftige Einsichten in sich birgt. Sie haben das indische Leben vielfach schöpferisch durchdrungen. An ihnen darf auch eine kritische Betrachtung der Entwicklung des Yoga nicht vorbeigehen.

Der Zusammenhang mit dem Yogasūtra ist wohl zu erkennen; aber was uns im Yogavāsiṣṭha entgegentritt ist doch eine eigene Form des Yoga, die offenbar eine lange Tradition voraussetzt, in der auch tiefschürfende religionsphilosophische Arbeit geleistet worden ist.

Der Übersetzer des Yogavāsiṣṭha Vihāri Lāla Mitra hat in seiner Einleitung sehr ausführliche Darlegungen über den Yoga gegeben (in der allerdings Relevantes und Irrelevantes etwas unsystematisch vermischt ist). Er gibt dabei eine interessante Tafel der Heilsauffassungen der verschiedenen philosophischen Schulen und religiösen Richtungen, so wie auch der verschiedenen Arten von Yoga in den vielfachen Verzweigungen dieser Bewegung. Leider fehlt hier eine klare Darstellung des Yoga wie ihn das Yogavāsiṣṭha lehrt. Etwas mehr bietet B. L. Atreya in den erwähnten Arbeiten (in Anm. 1). Dagegen hat H. von Glasenapp in seiner Arbeit: „Zwei philosophische Rāmāyaṇas" diesen Versuch unternommen. Die eigentümlichen Ausdrücke wie z. B. *ātma-jñāna* für *puruṣa-khyāti, prāṇasaṃrodha, kevalībhāva* für *kaivalyam, manaḥpraśamana* „Beruhigung des manas" usw. weisen deutlich darauf hin, daß innerhalb der Rāma-Gemeinde eine eigene Entwicklung des Yoga sich vollzog, der auch eigene Begriffe schuf. Ähnlich ist es mit einer Anzahl Begriffe für die metaphysischen Großmächte: neben der Virāj, die wir aus dem Av kennen, steht *avyākṛta* „das Ungesonderte", das etwa dem *avyaktam* des Sāṃkhyayoga entspricht und *paramakāraṇa* „die höchste oder letzthinnige Ursache". Diese Begriffe bilden auch die Gegenstände der Meditation auf den verschiedenen Stufen. Nachdem der Meditierende sein leiblich-seelisch-geistiges Gesamtgefüge gemäß dem Wesen der einzelnen Körperteile und Organe in die entsprechenden Gottmächte hineingegeben hat, eine Übung, die *nyāsa* genannt wird (vgl. oben S. 145), meditiert er sich als Virāj, die androgyne Urmacht im Brahmāṇḍa „dem Weltei", dann als den Weltenschöpfer Brahmā, dann als Prakṛti, Māyā, *avyākṛta,* als *aṇu* „Atom", als *avidyā* usw. Diese Meditationen sind noch mit Bewußtsein verbunden und steigen stufenweise auf. Im „vierten Zustand" meditiert er schließlich *paramakāraṇa* „die höchste Ursache", die von einer anderen Sicht das Śūnyam ist. Bei dieser Meditation versinkt er dann in das bewußtlose Nirvāṇa. Entsprechend der Tradition des Yogavāsiṣṭha wird dies mit *brahman* ineins gesetzt. Frei von allem Bewußtsein werdend, versinkt er schließlich in der uralten Erkenntnis *brahmāsmi* „Ich bin *brahman*". Da *brahman* und *śūnyam* eins sind, löscht damit alles Bewußtsein aus.

Das Grundgefüge dieses Yoga ist, wie die kurzen Andeutungen zeigen, dasselbe wie überall; aber das einzelne ist so eigenartig, daß wir die besondere Entwicklung des Yoga in der Rāma-Gemeinde deutlich genug fassen können. Vor allem ist hier auch eine intensive geistige Arbeit in denkerischer Durchdringung der Yoga-Erfahrungen geleistet worden.

Aus diesen Erfahrungen und dem darin wurzelnden psychologisch-philosophischen System ist dann auch eine ethisch bestimmte Metaphysik der Stufen der Vollendung entwickelt worden. Auch deren Einzelheiten tragen eigentümlichen Charakter, wenn sie auch zu den anderen Bereichen starke Beziehungen haben. Die verschiedene Behandlung der Stufen der Vollendung im Yogavāsiṣṭha weist darauf hin, daß in ihm verschiedene Schichten zusammengearbeitet worden sind [4]).

Der eigentümliche Grundcharakter dieses Yogaweges ist gekennzeichnet durch den Nachdruck, der hier auf *vicāra* gelegt wird. Wörtlich bedeutet dieser Ausdruck „die Durchwanderung, das Hin- und Her-Streichen", nämlich mit dem kritisch prüfenden Geist. Nur aus dieser Übung kann begründete Sicherheit in den tiefen Fragen bezüglich des Menschenwesens und des Wesens der Gottheit gewonnen werden. Es sei hier betont, daß die Ergründung dieses Wesens, wie auch im Sāṃkhyayoga, in seelisch-geistiger Durchdringung der Geheimnisse des Menschenwesens erlangt wird. Daß ferner aus dieser Erkenntnis auch die richtige Schau des Weltseins und des Weltwerdens erwächst. Denn diese drei: der Mensch in seiner Ganzheit und Tiefe, das Wesen der ewigen Gottmacht, das Sein und Wirken in einem ist, und das Werden der Welt als Selbstentfaltung der Gottmacht, sind eins und unterstehen denselben Ordnungen. Diese Tatsache kann nur durch *vicāra* erhellt und erkannt werden. Die heilige Lehre oder sonst eine Autorität kann nur Fingerzeig sein, nicht aber feste Bindung (übrigens darf man diese Auffassung auch Śaṅkara zuschreiben, trotz seiner Betonung der *śruti* „Überlieferung", worauf R. Otto in seiner „West-östlichen Mystik" hinweist).

Daß *vicāra* nicht im Sinne bloß rational-philosophischer oder -psychologischer Untersuchungen und Überlegungen verstanden werden darf, ist innerhalb des Yogavāsiṣṭha selbstverständlich. Denn *vicāra* ist hier aufs engste verbunden mit *dhyāna.* Und nur weil *dhyāna,* das zu *samādhi* hinüberführt, in dem die tiefsten Erkenntnis- und Schöpferkräfte des „Gemütes" *(buddhi)* aufgerufen werden, durch *vicāra* geklärt ist, kann der Heilsuchende den *kevalī-bhāva*, den Zustand der absoluten „Bloßheit" des Selbstes als Frucht gewinnen.

Auch das Yogasūtra behandelt *vicāra* im Zusammenhang mit *nirodha* (I, 17) und mit *samāpatti* (I, 43 ff.), beide Worte *Parallelausdrücke* für *samādhi*. Dort wird eine *savicāra* und eine *nirvicāra samāpatti* unterschieden, also eine „Einfaltung", die noch mit forschender Betrachtung verknüpft ist, und eine solche ohne diese, ein Sichversenken in die letzthinnigen Erkenntnisgegenstände, die den Sichversenkenden vollständig verschlingen.

Vergleichen wir die verschiedenen Überlieferungen der einzelnen Schulen und Bereiche der Yogabewegung, so dürfen wir den Schluß ziehen, daß die Meditationen in der Tat eine freie Seelen- und Geistforschung ermöglichten. Denn hier ist nirgends die Festlegung auf ein vorgeschriebenes System zu entdecken. Alles ist in lebendigem Fluß, wenn auch selbstverständlich viele Grunderkenntnisse immer wieder dieselben sind, weil die zu erforschende Wirklichkeit dieselbe ist, und auch die Neigung zu Festlegungen innerhalb der einzelnen Schulen immer wieder auftauchen mochte.

So viel ist jedenfalls gewiß, daß das Yogavāsiṣṭha ein Heilsweg ist, für den die eigene Erfahrung Kern und Stern alles Heilsstrebens ist. Der Mensch wird darum auf sich selbst gestellt, weil er durch sein eigenes inneres Wesen, das wesenseins ist mit dem Letzthin-Wirklichen, alle Voraussetzungen der Heilserkenntnis und Heilserlangung in sich trägt.

Darum kann auch der echte Yogin nach dem Yogavāsiṣṭha überall in Versenkung sein: mitten in den Weltgeschäften begleitet ihn seine innere Erhellung, von der er sich nicht trennen darf, wenn diese ihn bedrängen und nach außen führen wollen. Auch Krieger und Könige vermögen aus dieser Innerlichkeit zu leben. Wir haben hier dieselbe Haltung wie in der Lehre vom Karmayoga in der Bhg und eben aus diesem Grunde sind beide Werke für das indische Leben von so tiefgehender Wirkung gewesen.

Diese bejahende Haltung zu einem tätigen Leben wurzelt teilweise, wie in der Bhg, so im Yogavāsiṣṭha, in der kämpferischen Tradition des Rāmāyaṇa. Rāma ist der Herakles der indischen Welt, der die bösen Mächte allerorten bekämpft und als Sieger ein edles Reich aufrichtet.

Mit gutem Recht erinnert das Yogavāsiṣṭha auch an persische Beispiele [5]). Wir dürfen hier auch einen Blick auf die Parsifal-Sage werfen, in welcher der Held sich das Gralskönigtum durch einen harten Weg des Kampfes und der inneren Läuterung und Verwurzelung in tiefsten Erkenntnissen erringt. Auch das Tao-te-king ist ja letztlich auf die Tat gerichtet, aus der nach heiligen inneren Gesetzen ein Reich gebaut wird. Daß trotz dieser Gemeinsamkeiten auch das Arteigen-Verschiedene sich kundtut, zeigt die Tatsache, daß die tragische Seite der kämpferischen Heilandsgestalt, die in Herakles so deutlich sichtbar wird, im indischen und auch im chinesischen fehlt. In der Bhg taucht zwar die Erkenntnis vom Tragischen in der Geschichte auf (vgl. unten im III. Hauptabschnitt das Kap. Der Yoga der Tat in der Bhg). Aber erst das Westindogermanentum kam voll zu der erschütternden Erkenntnis, daß die heilige Ordnung der Welt sich nur durch Opfer in tragischen Zusammenstößen verwirklicht.

Daß die Auffassung der Heilandsgestalt im Yogavāsiṣṭha, die nach ihm Vorbild für jeden sein soll, dem Menschen eine höchste Würde zuschreibt und ihn dadurch zu ernstestem Streben aufruft, erspürt man in dieser Sphäre überall. Die Verkündigung des Yogavāsiṣṭha, die zunächst dem Sonderbereich der Rāma-Gemeinde dienen sollte, hat darum tief in das religiöse Leben des mittelalterlichen Indien eingegriffen und hat heute noch ungeschmälerte Wirkung, wie die Ausgaben und Übersetzungen des Werkes zeigen.

c) Das Adhyātma-Rāmāyaṇa

Die Rāma-Gemeinde festigte sich vor allem nach Rāmānanda, der im 15. Jahrhundert lebte und durch den offenbar Rāma und Sītā in den Vordergrund traten. Inzwischen hatte die Bhakti-Bewegung ganz Indien erfaßt. *bhakti* war aber im Yogavāsiṣṭha nicht zu ihrem Recht gekommen. Sie erforderte eine neue Fassung des Rāmaglaubens. Diese entstand in dem Adhyātmarāmāyaṇa, das wohl im 15. Jahrhundert verfaßt worden ist. Der Name bedeutet „das Rāmāyaṇa, das sich auf den *ātman* bezieht" oder „das Rāmāyaṇa des Innen-*ātman*", worunter sowohl das menschliche Tiefenselbst wie der höchste Gott verstanden ist. In diesem Werk ist Rāma sowohl personhafter Gott wie auch das Letzthin-Wirkliche, und Sītā ist ihm als seine *cit-śakti* als „Welt schaffende und Welt vernichtende Macht" beigegeben. Wir haben also die alte Tradition der Rāma-Upaniṣaden wieder in lebendiger Gegenwärtigkeit.

Wie im Yogavāsiṣṭha werden auch hier die Weltmächte in verschiedenen Stufen meditiert, aber der KriyāYoga kommt ganz anders zu seinem Recht als im Yogavāsiṣṭha: der Mittelpunkt des ganzen inneren Lebens ist die Gottesverehrung, bei der selbstverständlich, wie in den früheren Upaniṣaden, das Murmeln des Rāma-Namens zum Heilsweg gehört.

Die Lehre von den neun *sādhana* „Handlungen zur Erreichung des Zieles" lassen das innige Gemeinschaftsleben jener Rāma-Gemeinden deutlich erkennen. Diese Sādhanas sind: Gemeinschaft mit den Frommen, das Erzählen der Taten Rāmas, das Besingen seiner Vorzüge, die Erläuterung seiner Aussprüche, Verehrung der Lehrer und ein sittliches Leben, die Beständigkeit der Hingabe an Gott, das Murmeln von Sprüchen, die besondere Achtung der Viṣṇu-Gläubigen und der allem zugrunde liegende Glaube, daß Gott allen Wesen innewohnt, wozu selbstverständlich die innere Lösung von den Weltdingen und die Übung in Gelassenheit und Selbstbeherrschung, wie auch die Meditation über Gottes Wesen gehört.

Aber im Mittelpunkt steht Bhakti, die in vier *bhakti-yoga*-Stufen sich kundtut, deren erste drei durch die drei Guṇas bestimmt werden, während die vierte Stufe *nirguṇa,* also frei von allen Guṇas ist. Diese ist die höchste, durch sie wird der Gläubige mit seiner Gottheit vereinigt. Dann ist er ein vollkommen Erlöster in absoluter Einheit mit dem *param-ātman,* mit dem ewigen Gott selbst, und kann auf sich dieselben Prädikate anwenden wie sie dem Gott zukommen [6]).

Sowohl das Yogavāsiṣṭha wie das Adhyātmarāmāyaṇa haben auf einen der größten religiösen Dichter Indiens, Tulsī-Dās, der von 1532 bis 1623 lebte, entscheidend eingewirkt. Sein großes in der Hindi-Sprache verfaßtes Gedicht Rāma-carit-mānas „der Teich von Rāmas Taten" ist neben der Bhg auch heute noch eines der einflußreichsten religiösen Gedichte Indiens. Man kann es als die Gītā der Volkssprache betrachten.

In diesem Gedicht wird auch dem Śiva große Verehrung zu Teil. Rāma sagt sogar an einer Stelle: „Ohne Gebet an Śiva kann niemand den Glauben erreichen, der mir genügt." Wir haben hier denselben Geist, wie wir ihn überall angetroffen haben, wo *Bhakti-Yoga* wirksam war [7]).

II. Hauptabschnitt

Das Yogasūtra des Patañjali und die Entwicklung des Yoga bis zur Entstehung der Haṭhayoga-Schriften [1])

1. Kapitel

Zusammensetzung und Geschichte des Yogasūtra

Überblicken wir die Geschichte und Entwicklung des Yoga von der vedischen Zeit bis zu den jüngsten Texten des Mbh, so werden wir beeindruckt von der Kraft und Fruchtbarkeit dieser Bewegung, der es schließlich gelang, nicht nur die Ketzerreligionen des Jinismus und Buddhismus, sondern auch den Brahmanismus und damit das gesamte höhere Leben Indiens mit seinen Errungenschaften zu durchdringen. Das Wesentliche, was sie beizutragen imstande war, war eine sittliche und seelisch-geistige Schulung, mehr oder weniger systematisch aufgebaut, aus den Erfahrungen von mehr als einem Jahrtausend. In dieser Bewegung waren Menschen, die mit heiligem Ernst und feiner psychologischer Fähigkeit die Lebensgesetze des Menschseins intuitiv erforschten, dabei aber immer wieder auf die Erfahrung eines Letzthin-Wirklichen im Menschen und in der Gesamtwirklichkeit geführt wurden. Die vollendetste Gabe dieser Bewegung war eine unerschütterliche Seelenruhe, die frei von Willenverkrampfung dem Schicksal standhält, wenn auch Viele es vorzogen, in der Einsamkeit sich der Betrachtung hinzugeben.

Diese Einkehr zum Letzthin-Wirklichen verband sich mit einer außerordentlichen Kraft theologisch-metaphysischer Intuition, die Erleuchtungen zeugte, die nicht nur für die Entwicklung des indischen Geistes, sondern für die Geistesgeschichte der Menschheit überhaupt unverlierbaren Wert besitzen: Der Begriff des Göttlichen wurde von allen Engen befreit: Die Ahnung, und bald die klare Einsicht erwachte von der Notwendigkeit eigenartiger religionsgeschichtlicher Gestaltungen (vgl. die oben angeführte Strophe Bhg IV, 11). Daraus erwuchs eine Haltung, die weit über jede „Toleranz" hinausging, weil im Verlauf weiterer Erfahrungen und deren geistiger Durchdringung die Erkenntnis sich klärte, daß alle religiösen Gestaltungen Ausdruck eines Einen Letzthin-Wirklichen sind, das je nach Zeit und Art dem Menschen gemäß sich entfaltet, damit er sein Heil finde – das Heil, das gerade er braucht. So leben die Religionen in einer heiligen Friedensgemeinschaft gegen die sektiererische Enge vergeblich Sturm läuft. Diese Enge herrscht nur in dem Bereich, wo der Kult und nicht die unmittelbare Erfahrung im Vordergrund stehen. Indien ist das erste Land gewesen, in dem diese grundstürzenden Erkenntnisse auch von allen wirklich Ergriffenen in die Tat umgesetzt wurden. Es waren nicht nur Einzelne, die so erkannten und lebten, sondern die indischen Völker als solche, sahen diese Wahrheit als selbstverständlich an. Eben damit ist die Yoga-Bewegung eine geistige Macht von weltgeschichtlicher Bedeutung geworden.

Die verschiedenen Schulen und Systeme des Yoga, die sich in reicher Fülle entwickelten, standen nur in ihrer Peripherie im Kampfe miteinander. Im Zentrum, da wo die Einsichtigen das Maß setzen, wird diese Vielheit als Reichtum empfunden.

Doch war die Yogabewegung von ihren Anfängen an durch ihre ganze Geschichte auch von Gefahren bedroht, die nicht weniger stark waren als die aufbauenden Kräfte. Es war die Gefahr eines ungebundenen Ekstatikertums, die Gefahr einer sich immer mehr ausleerenden Psychotechnik, die Gefahr der Heterosuggestion, indem bestimmte dogmatisch sich verhärtende mythische und philosophische Vorstellungen eingeschult wurden, ohne daß dabei wesentliche Erfahrungen aufkeimten. Innerhalb des Viṣṇuismus und Śivaismus war ferner die Gefahr, daß sich die Erregung und Steigerung der unterbewußten Sphäre mit der immer im Hintergrund drängenden orientaliden Erotik verband und die Yoga-Bewegung in dieser Sphäre sich vertobte und schließlich verebbte.

Das Yogasūtra ist ein Versuch, die wesentlichen Züge des echten Yoga in einer Form strengster sittlicher und seelisch-geistiger Zucht zusammenzufassen, um den angedeuteten Gefahren zu begegnen und das große Erbe der bisherigen Errungenschaften der Yoga-Bewegung zu bewahren.

Bei einer kritischen Betrachtung der verschiedenen Abschnitte des YS drängt sich die Einsicht auf, daß diese teilweise parallel laufen. Die „Glieder" des Yoga werden mehrmals, und auch verschieden behandelt. Dies erweckt den Eindruck, daß voneinander ursprünglich unabhängige Yoga-Texte und Yoga-Schulen bestanden, die auch verschiedenen Zeiten angehören, wie das ja besonders der Mokṣadharma aber auch die Yoga-Upaniṣaden nahelegen. Die Entwicklung ist also so zu denken, daß verschiedene Yoga-Schulen Sūtra geschaffen haben, d. h. Schriften, in denen in gedrängten Merksprüchen das Wesentliche für die Schüler zum Auswendiglernen zusammengefaßt wurde. Solche „Sūtren" „Leitfäden" gab es zahlreiche in allen möglichen Bereichen. Diese Zusammenfassungen sind außerordentlich schwer zu verstehen; sie bestehen nur aus Reihen von Stichworten. Darum war es nötig, daß die Sūtren durch die *gurus* „die Gewichtigen" eingehend erläutert wurden. Diese Erläuterungen wuchsen sich im Laufe der Zeit zu großen Kommentaren aus, von denen wir noch eine ganze Anzahl besitzen.

Die verschiedenen Sūtra-Sammlungen des Yoga müssen dann einmal von einem überragenden Yoga-Guru zu einem großen Yogasūtra vereinigt worden sein, mit der Absicht, ein umfassendes Yoga-Werk zu schaffen, in dem verschiedene Richtungen zu Wort kamen. Dieses Yogasūtra ragt unter den Yoga-Texten, die uns aus alter Zeit überliefert sind, unbestritten als das klassische hervor. Auf ihm beruhen alle Darstellungen und Erklärungen des Yoga, und auch wir müssen, wenn wir den echten Yoga fassen wollen, in erster Linie dieses Werk zugrunde legen.

Dieser Text trägt eine Reihe im Grunde gleichbedeutender Namen, von denen die wichtigsten sind: *yogasūtram* „das Werk, das die Yoga-Merksprüche enthält", *yogānuśāsanasūtram* „das Werk der Yoga-Unterweisung in Merksprüchen", *pātañjalayogasūtram* „das von Patañjali stammende Werk der Yoga-Merksprüche", *pātañjalayogasūtrāṇi* „die Yoga-Sutren des Patañjali", *pātañjaladarśanam* „das System des Patañjali" oder einfach *pātañjalam* „das Werk des Patañjali". Es ist bis jetzt nicht gelungen, zu ergründen, ob diese verschiedene Titelgebung auf Zufall beruht, oder ob hier Tradition und geographischer Bereich bestimmend sind.

Neben diesen im Grunde gleichbedeutenden Namen tragen die Yoga-Merksprüche aber auch noch auffallenderweise den Titel *sāṃkhyapravacanam* „die Darlegung der Sāṃkhya-Lehre" [2]). Es ist derselbe Titel, den auch ein Hauptwerk des Sāṃkhya, die Sāṃkhya-Sūtra führen, die dem Kapila, dem mythischen Gründer des Sāṃkhya-Systems zugeschrieben werden [3]). Aus dieser Tatsache kann nur der Schluß gezogen werden, der auch durch viele andere Zeugnisse gestützt wird, daß Sāṃkhya und Yoga auch noch nach ihrer Trennung in der *Tradition* Indiens aufs engste verbunden blieben, ja daß sie nur als eine Richtung von verschiedener Tendenz betrachtet wurden [4]). Der Text der Yoga-Merksprüche ist in Indien in vielen Ausgaben bekannt und gerade in den letzten Jahren hat das Interesse für den Yoga eine Reihe neuer Ausgaben gebracht [5]).

Es ist lange Zeit unbeanstandete Überlieferung gewesen, daß der Verfasser oder Redaktor der Yoga-Merksprüche der große Grammatiker Indiens Patañjali war, der wahrscheinlich im 2. Jahrhundert v. Christus gelebt hat [6]). Seit einiger Zeit sind aber gegen diese Verfasserschaft starke Bedenken erhoben worden, und man hat die Abfassung der Yoga-Merksprüche in eine viel spätere Epoche, nämlich in das 4.–6. Jahrhundert n. Chr. verlegt [7]). Der Grund für diese Datierung liegt in der Tatsache, daß die Yoga-Merksprüche Elemente enthalten, die fast fraglos aus einer späteren Zeit als die der letzten Jahrhunderte vor Christus stammen.

Da Zusammensetzung, Art der Entstehung und Zeit des Textes von nicht geringer Bedeutung für sein Verständnis sind, gehe ich auf diese Auseinandersetzung etwas näher ein; ich glaube, dafür wichtige neue Gesichtspunkte aufzeigen zu können. Man hat bei ihr nämlich die wichtige Frage nicht genügend beachtet, ob das Yoga-Sūtra nicht aus einer Reihe von zeitlich auseinanderliegenden Texten zusammengesetzt sei, obwohl Deussen eine solche Zusammensetzung angenommen hatte, ohne sie allerdings genügend zu begründen [8]). Ich bin mit der Zerlegung der Texte, wie sie Deussen vornimmt, weithin nicht einverstanden, aber sein Grundgedanke ist zweifellos richtig: das Yoga-Sūtra kann unmöglich als ein einheitliches Werk betrachtet werden. Die Problematik der Zusammensetzung des YS [9]) hat sich offenbar schon den Alten aufgedrängt. Es war diesen ganz klar, daß schon das I. Buch des YS eine vollständige

Darstellung des Yoga-Weges enthält, und man machte sich Gedanken darüber, warum denn dann die andern Bücher noch geschrieben worden seien. Dies geht aus dem Kommentar des Vācaspatimiśra zu II, 1 mit genügender Deutlichkeit hervor, denn es heißt dort: „Wenn man sagt, mit dem I. Buch sei ja der Yoga mit seinen Mitteln, seinen einzelnen Abteilungen und seiner Wirkung schon beschrieben, was für ein Grund besteht dann noch, ein zweites hinzuzufügen ...?"

Im folgenden will ich versuchen, in diese Problematik etwas tiefer einzuführen und zu beweisen, daß das YS, wie es uns heute vorliegt, aus verschiedenen Texten zusammengesetzt ist. Es wird sogar möglich sein, diese als gesonderte Typen zu erkennen und ihr zeitliches Verhältnis zueinander zu bestimmen. Daraus wird sich dann auch ein einigermaßen begründeter Schluß auf die Zeit der endgültigen Redaktion des Textes ergeben. Aus der Geschichte dieses Textes ergeben sich ferner wichtige Folgerungen für die Geschichte des Yoga in jenen Jahrhunderten und für seine Richtungen.

Das uns heute vorliegende YS ist in vier *pāda* „Kapitel, Bücher" eingeteilt. Das I. Kap., *samādhipāda* besteht aus 51 Merksprüchen und soll nach der Überschrift den *samādhi* „Einfaltung" darlegen, das II. Kap. *sādhanapāda* hat 55 Sūtren und soll nach der Überschrift die Mittel *(sādhana)* zur Erreichung der Erlösung verdeutlichen, das III. Kap. *vibhūtipāda* mit 55 Sūtren soll die durch den Yoga zu erreichenden wunderbaren Kräfte *(vibhūti)*, und das IV. Kap. *kaivalyapāda* mit 34 Sūtren die endgültige Erlösung *(kaivalya)* behandeln.

Diese Einteilung des uns vorliegenden Textmaterials der Yoga-Überlieferung ist nur teilweise sachlich begründet. Wenn z. B. mit III, 1 ein neues Kap., der *vibhūtipāda* begonnen wird, so ist dies aus zwei Gründen nicht richtig. Einmal ist III, 1, wo *dhāraṇā* „die Konzentration" definiert ist, eine durch keinen Bruch gesonderte Fortsetzung von II, 54, 55, wo *pratyāhāra* „Zurückziehung der Sinne von der Außenwelt" definiert ist. Dann aber sind auch schon in Kap. II die *vibhūti* genannt, die auf bestimmte Übungen folgen. Ebenso unrichtig ist es, Kap. II im Unterschied von den andern als *sādhanapāda* zu bezeichnen, denn von III, 1 an sind ja gerade die wichtigsten Mittel und ihre psychologische Eigenart ausführlich behandelt, ebenso aber in Kap. I, wenn auch unter einem andern Gesichtspunkt als in Kap. II. Auch die Bezeichnung des IV. Kapitels als *kaivalyapāda* ist verzwungen. Zwar ist in diesem Kap. am Schluß *kaivalya* behandelt, aber ebenso und im Grunde noch ausführlicher am Schluß des III. Kapitels. Die den Kapiteln gegebenen Überschriften sind also durch deren Inhalt nicht begründet.

Die jetzige Form des YS ist ganz offensichtlich das Resultat einer Redaktion, und ein Redaktor hat den ihm vorliegenden Traditionsstoff so geordnet, daß er in vier einigermaßen gleiche Teile gegliedert wurde, wobei er sich nicht scheute, wenn ihm ein Text für ein Kap. nicht genügte, diesen mit einem andern Text zu einem Kap. zusammenzufassen oder einen Text, wenn er ihm zu lang war, in zwei Teile zu zerschneiden und verschiedenen Kapiteln zuzuordnen [10]). Für die Überschrift dieser Kapitel hat er dann hervorragende Stichworte in ihnen benützt, die er so auswählte, daß sie die wichtigsten Stücke, die in den Yoga-Schriften allgemein behandelt wurden, bezeichneten, nämlich die Mittel, *sādhana*, die wunderbaren Wirkungen des Yoga, *vibhūti*, das höchste Yoga-Erlebnis, *samādhi* und das endgültige Resultat des Yoga-Weges, *kaivalya*. Warum der Redaktor sich veranlaßt sah, nicht diese logische Folge, sondern eine andere zu wählen, werden wir weiter unten sehen.

Nach meiner Auffassung ist der Redaktor dieser Textmasse der Verfasser des ersten Teiles von Kap. I gewesen. Das geht wohl schon daraus hervor, daß mit *atha yogānuśāsanam* die klassische Einteilungsformel zu einem Yoga-Werk gegeben ist, ferner daraus, daß die Sūtren vor S. I, 23, mit dem, wie ich zu zeigen versuchen werde, ein selbständiger Yoga-Text beginnt, nicht den Schluß eines selbständigen Textes, wohl aber den einer umfassenden Einleitung mit besonderer Tendenz darstellen können.

Die verschiedenen Texte und ihr eigentümlicher Charakter treten bei einer eingehenden vergleichenden Analyse deutlich heraus. Jedem, der diesen Vergleich anstellt, wird es z. B. auffallen, daß im 1. Kap. von S. 17–21 der *samādhi* = *nirodha* behandelt wird, daß dann von S. 23–40 von Mitteln gehandelt wird, den *samādhi* zu erreichen, und daß erst wieder von S. 41–51 das Thema des *samādhi* (einschließlich der eng dazu gehörigen und mit ihm im Grunde identischen *samāpatti*) zur Darstellung kommt. Nun kann doch keine Frage sein, daß das YS ein systematisches Werk sein will. Woher diese unsystematisch-parallele Behandlung desselben Themas?

Diese Frage bekommt nun aber besonderes Gewicht durch die Form von YS S. I, 23. Hier wird mit einem *vā*, „oder" ein Mittel des Yoga angegeben, nämlich *īśvarapraṇidhāna* „Hingabe an den Herrn". Und das Wort steht im Ablativ. Das S. ist also zu übersetzen „oder durch Hingabe an den Herrn". Der Satz muß, um einen Sinn zu bekommen, an einen andern angeschlossen werden, der ein Mittel des Yoga zur Erreichung von *nirodha* oder *samādhi* angibt, das grammatisch im Ablativ steht. Wir müssen schon bis I, 12 zurückgehen, um einen Ablativ zu finden, der die Bedingung erfüllt. In I, 12 wird gesagt *nirodha* d. h. Unterdrückung oder Verhalten, Hemmung der Bewußtseinsbewegungen (als Inbegriff des Yoga nach S. I, 2) werde erreicht durch *abhyāsa* „Übung" (des Yogawegs) und durch „Entlüstung" *vairāgya*. Man muß also grammatisch ohne Zweifel I, 23 mit seinem *vā* „oder" an I, 12 anschließen und den Vers übersetzen: „Oder (wird *nirodha* erreicht) durch *īśvarapraṇidhāna*". (*īśvara* ist, wie wir gesehen haben, im Yoga die gemeinsame Bezeichnung für den höchsten Gott. Die Hingabe an ihn ist der Heilsweg, der hier betont wird.) Aber es bleibt dann völlig ungeklärt, warum zwischen das Mittel eins-zwei und drei ein ganzer Yogaweg und sein Ziel *nirodha* eingeschoben wird. So werden keine Sūtra-Kapitel von erster Hand komponiert. Vielmehr hätten dann alle drei Mittel zu *nirodha-samādhi* zusammen genannt und dann der Weg im einzelnen und sein Ziel dargelegt werden müssen. Ferner aber: da offensichtlich das *īśvarapraṇidhāna* in I, 23 nicht nur als Mittel zur Erreichung von *samādhi* in seiner höchsten Form genannt ist, sondern am Anfang einer ausführlichen Darlegung eines bestimmten Gesamtweges zu *samādhi* steht, so kann der Sinn von I, 23 nichts anderes sein als der, daß *īśvarapraṇidhāna* mit allem, was dazu gehört (s. die folgenden Sūtra), eben das Hauptmerkmal eines ganzen Yoga-Weges sei. Zweifelsfrei also liegt es so: der Verfasser oder Redaktor des I. Kap. stellt dem Yoga-Weg, der in *abhyāsa* und *vairāgya* besteht, einen andern gegenüber, nämlich den der „Hingabe an den Herrn". Damit sind in der Tat zwei verschiedene Richtungen des Yoga deutlich gekennzeichnet, wie wir schon früher gesehen haben: es ist die streng theistische und die andere, für die Gott nicht mehr im Mittelpunkt des Heilsweges steht. Alle die genannten textlichen Schwierigkeiten und die Tatsache der Verschiedenheit in Sprache und Stimmung in den beiden Kapitelhälften finden ihre einfachste Erklärung durch die Annahme, daß hier zwei Texte vorliegen, von denen jeder einen besonderen Yogaweg in zusammengefaßtester Form darlegt.

Zu beachten ist, daß jeder dieser Texte etwa dieselbe Länge hat. Der etwas holperige Anfang des 2. Textes in I, 23 mit seinem Ablativ und seinem *vā* legt nahe, daß dem Verfasser des I. Kap. ein Text vorlag, den er ziemlich unangetastet übernahm, dessen Anfang er aber seiner Komposition in I, 12, wo die beiden Grundstücke seines eigenen Weges angegeben sind, angleichen mußte. Wir nennen die beiden Texte nach ihren Stichworten den *nirodha*-Text und den *īśvarapraṇidhāna*-Text. Der *nirodha*-Text kennt keine Hingabe an die Gottheit als Mittel zur Erlösung, sondern eben nur „Übung", womit ohne Zweifel die allgemein anerkannten Yoga-Übungen bis zur höchsten Meditation (*virāmapratyayābhyāsa* I, 18) gemeint sind, und *vairāgya* „Befreiung von Lustgier, Leidenschaftslosigkeit, Entlüstung", wozu dann noch gewisse Vorbedingungen in I, 20 genannt werden: *śraddhā* „Glaube", *vīrya* „Festigkeit", *smṛti* „richtige Erinnerung oder klares Bewußtsein", *samādhiprajñā* „die aus *samādhi* erlangte Erkenntnis" [11]).

Aufbau und Charakter des *īśvarapraṇidhāna*-Textes I, 23–51, sind nicht unschwer zu bestimmen. Zunächst wird *īśvarapraṇidhāna* als der Yoga-Weg bezeichnet, I, 23, dann folgt die Wesenserläuterung des „Herrn", wobei er als „Lehrer der Früheren" bezeichnet wird, I, 24–26; in I, 27 wird seine Geheimsilbe *(om)* angegeben, mit Hilfe derer die Murmelmeditation *(japa)*, die zur Erfassung des Gotteswesens führt, geübt werden soll, I, 28. In I, 29 wird die seelisch-geistige Wirkung dieser Meditation angegeben, *pratyakcetanā* „Introversion", und Vernichtung der „Hindernisse". Diese „Hindernisse" und ihre Begleiterscheinungen werden I, 30, 31 aufgezählt. I, 32 nennt eine besondere Übung zur Bekämpfung der Hindernisse. In I, 33–39 werden die Mittel angegeben, mit Hilfe derer die „Seelenberuhigung" angestrebt werden soll. „Realisation" der Menschenfreundschaft, des Mitleids, der Mitfreude, des Gleichmuts, I, 33, Atemübungen I, 34, Konzentration, I, 35, Pflege einer kummerfreien Heiterkeit, I, 36, Erfüllung der Seele mit Gegenständen, die keine Lustgier erregen, I, 37, Meditation über seine Träume oder sonst einen Gegenstand, I, 38, 39. In I, 40 wird als Frucht dieser Übungen das Erhobensein über alles genannt. Von I, 41–46 wird die weitere Frucht dieser Übungen *samāpatti* = *samādhi* beschrieben, wobei genaue Unterscheidungen der verschiedenen Arten des *samādhi* gegeben werden. In I, 47 wird „die große Begnadigung in der Herbstesklarheit", in I, 48 die ungeheure Weitung des Bewußtseins, in I, 49 die unmittelbare Erfahrung letzter „Gegenstände" und I, 50, 51 der höchste „keimlose" *samādhi* genannt. Dieser Abriß zeigt mit Deutlichkeit, daß hier ein vollständiger Yoga-Weg gegeben ist und daß die Verwunderung über die Anfügung weiterer Kapitel, die hinter den oben zitierten Worten von Vācaspatimiśra steht, ihren guten Grund hatte.

Der theistische Yoga, der eng mit der Murmelmeditation (*japa*, vgl. YS I, 27 f.) verknüpft war, hat in diesem Text seinen Niederschlag gefunden.

Der wichtigste Begriff des Textes YS I, 1–22 ist *nirodha*. Der Yoga selbst wird bezeichnet als *cittavṛttinirodha*, das ist „Bewältigung, Stilllegung, Unterdrückung der Bewußtseinsbewegungen". Dieser Text muß also einer Zeit angehören, in welcher der Yoga im Kampf gegen die Übersteigerung einer Bewußtseinskultur stand, also, nach indischen Verhältnissen geurteilt, einer Zeit hochgesteigerter Dialektik und Spekulation, von denen man ja im Verlauf der indischen Geschichte mehr als einmal das Heil erwartet hat.

Die Zeit vor und um Buddha, in welcher der Yoga zum erstenmal zur klassischen Ausbildung kam, ist gekennzeichnet durch eine solche Kultur. Aber es ist ausgeschlossen, daß die endgültige Redaktion des YS in jene Zeit fällt. Eine zweite Epoche dieses Charakters setzt ein in den ersten Jahrhunderten nach Christus, in denen vor allem die buddhistische Philosophie zu ihrer höchsten Blüte gelangte. In diese Zeit muß dieser Text gehören, wie gleich gezeigt werden soll.

Warum aber hat der Redaktor des YS seine Einleitung zum YS gerade mit dem theistischen Yoga-Text verknüpft und diesen deshalb im I. Buch verarbeitet? Der Grund scheint mir darin zu liegen, daß der Verfasser des *nirodha*-Textes für seinen Hauptbegriff keinen besseren Text finden konnte als eben den *īśvarapraṇidhāna*-Text, in dem derselbe Begriff an entscheidender Stelle steht (I, 51). *nirodha* steht hier im engsten Zusammenhang mit *samādhi*. Dazu kommt aber noch ein weiteres: das ist die außerordentlich feine Durchbildung des *samādhi*-Begriffes in dem *īśvarapraṇidhāna*-Text, die durchaus der Tendenz des Verfassers vom *nirodha*-Text, wie Sūtra I, 17 ff. zeigen, entspricht. Es mag hier noch darauf hingewiesen werden, daß *nirodha* auch in der Śvet.-Up. III, 21 als Ausdruck für die endgültige Erlösung vom Kreislauf der Geburten erscheint *(janma-nirodha)*.

Die Tatsache, daß die beiden Texte den Grundbegriff *nirodha* gemeinsam haben, weist aber wohl noch auf einen tieferen Grund ihrer Verbindung hin. Beide Texte zeigen ganz deutliche Einflüsse des Buddhismus. So hat schon Jacobi darauf hingewiesen, daß I, 20 dieselben Vorbedingungen für die Erreichung des Yoga-Zieles nennt wie die buddhistischen Schriften [12]).

Die Lektüre des Laṅkāvatārasūtra zeigt weiter, daß gerade dieser Begriff und noch ein weiterer Hauptbegriff des *īśvarapraṇidhāna*-Textes, der sonst in den Yoga-Schriften nicht im Vordergrund steht, dagegen schon in den Pāli-Schriften häufig auftritt, nämlich *samāpatti,* in jenen Jahrhunderten hochgesteigerter philosophischer Auseinandersetzung eine große Rolle gespielt haben. Und genau wie im I. Buch des YS, wo *nirodha, samādhi* und *samāpatti* als Synonyme gebraucht werden, sind diese Ausdrücke auch im Laṅkāvatārasūtra durchaus synonym. *nirodhasuka, samādhisuka, samāpattisuka* werden ohne Unterschied gebraucht [13]). Auch die feine Durchbildung des *samādhi*-Begriffes in Buch I weist in budhhistische Sphäre. Die Ausdrücke *savitarka, nirvitarka, saṃprajñāta* und *asaṃprajñāta (samādhi)* sind, wie wir gesehen haben [14]), seit alters im Buddhismus geläufige Ausdrücke [15]).

Ich glaube nicht, daß wir das Verhältnis zwischen unserem Yoga-Bereich und dem buddhistischen einfach als das der Entlehnung des einen vom andern ansehen dürfen. Vielmehr lag hier weithin eine gemeinsame Tradition vor, die sowohl in gegenseitiger Isolierung, wie in gemeinsamer Auseinandersetzung weitergebildet wurde. Und eine solche lebhafte Auseinandersetzung ist als Hintergrund der Übereinstimmungen und der Verschiedenheiten zwischen dem I. Kap. des YS und des Laṅkāvatārasūtra und anderer buddhistischer Schriften jener Zeit anzunehmen. Während aber der *īśvarapraṇidhāna*-Text einem Bereich zugeschrieben werden muß, der den alten Gottesglauben sich bewahrt hatte, muß der erste Teil von einem Mann geschrieben sein, für den diese aus der Tradition übernommenen Werte nicht mehr entscheidende Bedeutung hatten. Doch ist es nicht unmöglich, daß der Verfasser des ersten Teiles von YS I, oder der Redaktor, der wahrscheinlich zur Zeit der starken Bewegung des Mahāyānabuddhismus im 2.–4. Jahrh. n. Chr. gelebt hat, in der ja auch die Verehrung Buddhas als einer höchsten Gottmacht eine Hochblüte erlebte, den *īśvara* des buddhistischen Bereiches mit dem des śivaitischen und viṣṇuitischen ineinssetzte und für die einfach-gläubigen Menschen diesen Weg der Versenkung in den *īśvara* als Alternative zu seinem *nirodha*-Weg gelten ließ. Ob der Schluß gezogen werden darf, daß der *īśvarapraṇidhāna*-Text früher oder später ist als der erste Teil des I. Buches, wage ich nicht zu entscheiden. Unmöglich ist ja ein zeitliches Nebeneinander dieser verschiedenen Haltungen im Yoga nicht. Soviel kann aber auf jeden Fall gesagt werden, daß der *īśvarapraṇidhāna*-Text in der ungebrochenen Tradition des theistischen Yoga steht, er also ältestes Yogawissen bewahrt.

Wer die geistige Geschichte jener Jahrhunderte einigermaßen kennt, dem wird es auch nicht auffallen, daß sich Theismus und Buddhismus so nahe berührt haben. Wie weit die Vermischung der beiden Geistesbereiche in der Zeit des Laṅkāvatārasūtra gediehen war, geht aus einer interessanten Stelle dieses Werkes hervor, wo der Buddha sagt: „Einige kennen mich als den Svayaṃbhu, als den Führer, als den Leiter, als den Wegbereiter, als den Ṛṣi Buddha, als den Stier, als den Brahmanen, als Viṣṇu, als den Īśvara (worunter hier Śiva zu verstehen ist), als die erste Ursache, als Kapila, als das unzerstörbare Ende der Wesen, als den, der Radkranz ist [16]), als Vyāsa ... [17])." Nach diesen Sätzen wundert es uns nicht, daß sich in Nordindien z. B. der Śivaismus mit dem Buddhismus aufs engste vereinigen konnte, so daß heute in Nepal zwischen den beiden kaum noch ein Unterschied besteht und Śiva und der ewige Buddha schließlich als Īśvara zu *einem* Wesen geworden sind. Es war eine Zeit der großen Synthesen.

Die Frage, ob aus den angeführten Tatsachen auch ein Schluß auf den geographischen Bereich gestattet ist, in dem die Texte des I. Buches zustande kamen, müssen wir, glaube ich, bis auf weiteres unbeantwortet lassen.

Da nach meiner Auffassung das IV. Kapitel des YS ebenfalls stark von der Auseinandersetzung mit dem Buddhismus der ersten Jahrhunderte n. Chr. beeinflußt ist [18]), gehe ich nun gleich zu der Betrachtung dieses Kapitels über. Es gehört nach allen Anzeichen in die Zeit des Aufschwungs der buddhistischen Spekulation, die sich an den Namen Vasubandhu knüpft und die dann auch in populär erbaulichen Schriften, wie z. B. im Laṅkāvatārasūtra, ihren Niederschlag gefunden hat. Diese religiös-philosophische Bewegung hat etwa im 4. und 5. Jahrhundert ihren Höhepunkt erreicht.

Nun fehlte aber dem Yoga, wenn wir das YS als gültigen Ausdruck des Yoga nehmen dürfen – und wer will daran zweifeln! – bis zur Abfassung des IV. Kapitels eine systematische Metaphysik und Erkenntnistheorie. Er war ja immer aufs Praktische gerichtet, auf die unmittelbare Erfahrung. Dies war wohl schon der Grund gewesen für die Spaltung des Sāṃkhya-Yoga in zwei Richtungen, deren eine, das Sāṃkhya, sich entschieden der metaphysischen Spekulation zuwandte, während der Yoga seine praktische Tendenz und seine Abneigung gegen Spekulation beibehielt und immer weiter entwickelte. Wer aber etwas weiß von der unerhörten Macht erkenntnistheoretischer und metaphysischer Spekulation in Indien, wie sie sich besonders in dem damals überaus stoßkräftigen Buddhismus ausgewirkt hat, dem ist ohne weiteres klar, daß sich der Yoga in dieser Atmosphäre nur behaupten konnte, wenn er seinerseits den Versuch machte, die erkenntnistheoretischen und metaphysischen Probleme viel systematischer anzufassen, als das bis dahin von ihm geschehen war. Man wird sich, wo nötig, mit der Erkenntnistheorie und der Metaphysik des Sāṃkhya beholfen haben. Aber aus irgendeinem Grunde genügte das nicht mehr. Wahrscheinlich wollte man sich auch gegen das Sāṃkhya, zu dem man sich doch gerade in der theistischen Grundhaltung in starkem Gegensatz befand, abgrenzen. Das IV. Kapitel des YS enthält die Merksprüche dieser eigentümlichen Erkenntnistheorie und Metaphysik des Yoga. Dabei darf nicht vergessen werden, daß diese Merksprüche ja nur der aphoristische Ausdruck einer ausführlichen Darlegung sind, die vom Lehrer immer mündlich gegeben wurde. Es muß also einmal in dieser Zeit den Ansatz zu einer umfassenden Darstellung einer Yoga-Philosophie gegeben haben. Diese ist uns aber offenbar nur ungenügend erhalten geblieben, denn die Erklärung auch der ältesten klassischen Kommentare zum YS geben diese Yoga-Metaphysik offenbar nur teilweise richtig wieder. Ja Vyāsa hat den ersten Teil des IV. Buches sogar völlig mißverstanden und mit seiner Erklärung alle Nachfolger bis heute irregeführt. Zu vielen Sūtren ist sein Kommentar ungenügend. Auch Vācaspatimiśra macht diesen Mangel begreiflicherweise nicht gut.

Der Grund für den Verlust dieser Tradition scheint mir einmal der zu sein, daß die Yogin ihrer ganzen Art entsprechend keine tüchtigen Erkenntnistheoretiker und Metaphysiker sind. Der Ansatz zu einer umfassenden theoretischen Grundlegung des Yoga, der im IV. Kapitel erkenntlich ist, wird wahrscheinlich nicht weitergeführt worden sein. Sobald die spekulative Welle anfing, abzuebben, wandte sich der Yoga wieder von jenen Problemen ab und lebte seinem Drange nach unmittelbarer innerer Erfahrung. Dazu kam aber die Tatsache, daß der Bruder des Yoga, das Sāṃkhya, die spekulative Aufgabe, die ihm seit alters lag, mit einer unerhörten Energie in Angriff nahm. In jener Zeit, d. h. etwa im 3./4. Jahrhundert n. Chr. ist wohl die Sāṃkhya-Kārikā des Jśvarakṛṣṇa, das grundlegende Werk des späteren Sāṃkhya, entstanden. Und dieses hat in einer ungebrochenen, äußerst wirkungskräftigen philosophischen Arbeit seine Fortsetzung gefunden. In der Tat hat das Sāṃkhya alle anderen psychologischen und philosophischen Systeme, auch die buddhistischen, in Indien aus dem Feld geschlagen und ist zu *der* Psychologie und zu *der* erkenntnistheoretischen Metaphysik Indiens geworden, auch in den Bereichen, deren religiös-metaphysischer Standpunkt dem Sāṃkhya völlig entgegengesetzt ist. Das Yogabhāṣya, der älteste Kommentar des YS (wohl 6. Jahrh. n. Chr.), ist das klarste Zeugnis dieses Sieges des Sāṃkhya im Gebiet der Metapsychik und Metaphysik. Er enthält zwar offenbar noch interessante Bruchstücke jener eigenen Yoga-Metaphysik, aber was er im allgemeinen bietet, ist der Standpunkt des Sāṃkhya. Kein Wunder, daß er das IV. Kapitel so gründlich mißverstanden hat.

Der Gedankengang des IV. Kapitels, das ich nach seinem wichtigsten Begriff den *nirmāṇacitta*-Text nenne, ist, wenn der 1. Teil, Sūtra 1–6, richtig gedeutet wird, ganz klar. Aus diesem Grunde ist es nötig, einige Ausdrücke im Anfang des IV. Kapitels, die schon von den Kommentatoren mißverstanden wurden, zu klären, nämlich *nirmāṇacitta*, dann *cittam ekam* und *asmitāmātratā*. In einer besonderen Arbeit habe ich die These begründet, daß *nirmāṇacitta* nichts anderes bedeuten kann als das in der irdischen Welt auftretende Einzel-*citta,* das menschliche *citta* in seiner irdischen Existenz, und mit magischen Schöpfungen der Yogins nichts zu tun hat.

citta, das uns schon mehrmals begegnet ist, ist durch ein Wort schwer wiederzugeben und hat zudem im Yoga eine andere Bedeutung als im Sāṃkhya, während es andererseits in buddhistischen Schriften etwa dieselbe Bedeutung hat wie im Yoga. (Vgl. dazu die ausführlichen Beispiele und Erläuterungen in „Pali-English, Dictionary" der Pali Text Society.) Die Ableitung des Wortes ist ganz eindeutig: es ist das Partizip pass. perf. von *cit,* dessen Grundbedeutung (von der indogermanischen Wurzel *(s)quait)* ist: „hellsein, leuchten". Im Sanskrit wird es vornehmlich vom seelisch-geistigen Hellsein gebraucht, weshalb die Wurzel auch substantivisch für „Geist" gebraucht wird, so in der schon oben angeführten klassischen Formel, die das Wesen des Letzthin-Wirklichen als *sat-cit-ānanda* bestimmt. Wollten wir Eckehart'schen Wortprägungen folgen, so dürften wir *cit* als „geisten" wiedergeben und *citta* als „das Gegeistete", d. h. alles was Geist ist, geistig sich bewegt und geistig sich darstellt. Dabei wird aber *citta* nicht nur auf Bewußtseinsvorgänge bezogen, sondern auch auf die sie begleitenden Gefühlsbewegungen, die ihrerseits wieder die Ankündigung von inneren Lebensbewegungen sind. So werden also mit *citta* alle seelisch-geistigen Bewegungen gekennzeichnet, die für den Bestand und Aufbau der Person wesentliches bedeuten. Der Yoga hat diese immer als eine Einheit genommen, wogegen das Sāṃkhya genaue Unterscheidungen suchte, indem es die innere Welt zerlegte in *buddhi,* das eigentliche Erkenntnisorgan, in dem das, was wir Gemüt und Geist nennen, eins ist, in *manas* „das kritische Geistorgan, Verstand", *saṃkalpa* „die Kraft schöpferischer, zielstrebiger Entschlüsse", *ahaṃkāra* „Ichmacher", d. h. die Fähigkeit der Ichfunktion usw. (Vgl. dazu Garbe, Sāṃkhya 305 ff.) *citta* ist hier = *buddhi.*

Da nun aber für das indo-arische Denken kein Unterschied besteht zwischen dem, was wir „Organe" des Bewußtseins zu nennen pflegen und dem sogenannten „Inhalt", „Gegenstand" des Bewußtseins, weil also seelisch-geistige Funktion und Ergebnisse dieser Funktion ineins fallen, kann mit *citta* auch der ganze Inhalt der inneren Welt bezeichnet werden. Eben darin besteht die Schwierigkeit der Übersetzung. Wir können freilich den Weg gehen, den viele Indologen gehen, und einfach *citta* setzen. Aber dann besteht die Gefahr, daß der Leser das Wort doch wieder zu eindeutig faßt und irregeführt wird. Der Gesamtsinn und Zusammenhang muß immer im Auge behalten werden, wenn man das Wort liest. Ist aus dem Zusammenhang klar, daß die Funktion im Vordergrund steht, können wir das Wort auch wiedergeben mit „Bewußtsein", worunter dann alle seelisch-geistigen Vorgänge als Einheit zu verstehen sind; soll aber der Inhalt des Bewußtseins betont werden, so ist „innere Welt" oder „seelische Welt" das geeignete Wort.

nirmāṇa-citta heißt wörtlich „das *citta,* das durch schöpferische Wirkung ins Dasein tritt". Es ist in Parallele zu setzen zu dem *nirmāṇa-*

kāya der buddhistischen Metaphysik, denn dieser *kāya* „Leib" ist der Ausfluß der schöpferischen ewigen Buddhawesenheit in der Form irdischer Buddha-Körper, die in den verschiedenen Weltepochen auf Erden erscheinen. So hat nach dem Yogabhāṣya zu YS I, 25 Pañcaśikha, der Sāṃkhyalehrer, der uns oben im Mokṣadharma begegnet ist, erklärt, der *ādividvān,* das ist Vāyu-Rudra, habe aus Mitleid mit der Welt, indem er herrschend in ein *nirmāṇacitta* eingegangen sei, in der Gestalt des höchsten Sehers (Kapilas) das Sāṃkhya Āsuri, dem Lehrer Pañcaśikhas, verkündet; und Māṭhara, der einen Kommentar zu der Sāṃkhya-Kārikā geschrieben hat, nennt Kapila einen Avatāra des *purāṇapuruṣa,* des Urpuruṣa [19]).

Die *nirmāṇa-citta* entspringen nach YS IV, 4 der *asmitā-mātratā,* d. h. wörtlich „der absoluten Ichbinheit". *asmitā* ist Weltgrund des empirisch-faktischen Ichseins; und die *asmitā-mātratā* ist die absolute Individuationskraft, aus der jede Individuationskraft in den Individuen durch die unzähligen kommenden und vergehenden Weltalter ihren Ursprung nimmt. Diese Individuen, wozu alle Lebewesen gehören, sind aber sehr verschieden in ihrer Art. Sie alle nehmen ihre *asmitā* aus dem Einen Ur-*citta* = *asmitā-mātratā.*

Diese eigenartige Metapsychik oder besser Metaphysik muß verstanden werden aus der Parallele des Buddhismus, wie ihn die Yogācāras vertreten. Denn die Lehre von der Entstehung der menschlichen *citta* aus dem einen Ur-*citta* ist eine genaue Analogie zu Vasubhandhus *ālayavijñānam,* aus dem alles Bewußtsein stammt; und die *asmitā-mātratā* ist analog der *vijñyapti-mātratā* „dem absoluten Bewußtheitwirken" der Yogācāra-Schule. Der Unterschied ist nur der, daß der Yoga, entsprechend seiner Betonung der Individuationen, die *asmitā* „die Ich-bin-heit" hervorhebt, während im radikalen Idealismus der Yogācāras die Idee des Bewußtseins überhaupt alles beherrscht (vgl. oben S. 214 ff.).

Das IV. Kap. des YS muß also etwa in der Zeit des Vasubhandhu entstanden sein, wofür der oben angeführte Aufsatz weitere Gründe bringt.

Weil diese Tatsachen nicht nur von den indischen Kommentatoren, sondern, von ihnen irregeführt, auch von außerindischen Forschern nicht gesehen wurden, ist der Eingang des IV. Kap. des Yogasūtra gründlich mißverstanden worden, wie denn dieses Buch überhaupt das schwierigste des ganzen Yogasūtra ist.

Wird der Eingang des Kapitels aber richtig verstanden, lösen sich auch alle anderen Schwierigkeiten in diesem letzten IV. Stück des YS und sein folgerichtiger Aufbau als eigene und eigenartige Metaphysik des Yoga wird erkennbar.

Die Sūtra 2–5 legen die Entstehung des menschlichen *citta* aus dem Einen Ur-*citta* und die Bedingungen dar, unter denen diese Entstehung sich vollzieht. Von Sūtra 6 ab wird dann das *citta* behandelt, das durch den Yoga den Weg zur Erlösung geht. Dies gibt den Anlaß zur Darlegung des Wesens und Wirkens von *karma* überhaupt, sowie über dessen Vernichtung, Sūtra 7–11. Daran schließt sich folgerichtig eine Erörterung über das Wesen der Erscheinungsformen in der Welt *(dharma)* und deren Erkenntnismöglichkeit, sowie über das Wesen der Welterkenntnis, Sūtra 12–22, an. Dann wird in IV, 23. 24 der Charakter des *citta* als des Organs jeder zur Erlösung nötigen Erkenntnis und als dem „Wahrnehmer" dienend beschrieben. In IV, 23–29 wird die höchste Meditation und die Schau des *samādhi* in eigenartigen Ausdrücken dargelegt und in IV, 30–34 die Frucht dieser Schau, Erlösung von der Gebundenheit an die äußere und innere Welt *(nivṛtti)* und des An-sich-seins *(kaivalya)*.

Das IV. Kapitel ist also eine kurzgefaßte Erkenntnistheorie und Metaphysik des Yoga unter dem Gesichtspunkt des Yoga-Weges zur Erlösung. Es bildet so einen Yoga-Text, der, in jener Zeit gesteigerter Spekulation entstanden, den Yoga-Beflissenen dienen konnte, sich einigermaßen auch in diesem geistigen Kampf zurechtzufinden [20]).

Das Verhältnis des Redaktors des YS zu diesem Text kann nicht eindeutig festgelegt werden. War er schon vor der endgültigen Redaktion entstanden, so muß ihn der Redaktor seinen andern Texten angepaßt haben. So ist z. B. IV, 1 deutlich eine Naht, durch die Kapitel III und IV zusammengefügt werden sollen. IV, 28 verweist auf schon früher Gesagtes und ist ohne Zweifel ein Rückweis auf Kapitel II. Der Redaktor müßte, wenn das IV. Kapitel ein selbständiger Text gewesen wäre, einen Abschnitt über die Vernichtung der Kleśa herausgeschnitten haben, weil dieses Problem ja in Buch II ausführlich behandelt ist. Er hat dann diesen Text mit der Überschrift *kaivalya* an das Ende des ganzen Werkes gestellt, weil seine schwierigen philosophischen Ausführungen Kaivalya gut unterbauen.

Aber ich glaube, die Möglichkeit muß erwogen werden, daß der Verfasser der Einleitung auch der Verfasser des IV. Kapitels ist. Nicht nur, daß wir feststellen konnten, daß die beiden Stücke des YS in derselben geistigen Atmosphäre entstanden sein müssen, auch gewisse sprachliche Eigentümlichkeiten der beiden Stücke scheinen mir für denselben Verfasser zu sprechen. So entspricht *cittavṛttayaḥ* in IV, 18 dem *cittavṛtti* in der Einleitung, ebenso das zweimal in Kapitel IV vorkommende *nivṛtti* IV, 25. 30. Dem *draṣṭuḥ svarūpe 'vasthānam* in I, 3 entspricht *svarūpapratiṣṭhā vā citiśakti* (vgl. dagegen die ganz andere Bedeutung von *svarūpa* in III, 3. 34).

Ich kann die angedeutete Möglichkeit nicht zweifelsfrei bejahen, aber so viel ist jedenfalls ganz sicher: der *nirodha*-Text des I. Buches vom YS kann nicht weit abliegen vom IV. Buch. Ich halte also diese beiden Stücke für die jüngsten des Ganzen, denen der *īśvarapraṇidhāna*-Text trotz seiner betonten theistischen Tendenz nicht ferne steht.

Ein weiterer Text, der sich mit großer Deutlichkeit aus dem YS heraushebt, ist in II, 28–III, 55 enthalten. Daß dieser Abschnitt des YS eine streng geschlossene Einheit bildet trotz seiner Zugehörigkeit zu zwei Kapiteln, darüber kann gar kein Zweifel sein, denn II, 28 hat mit dem vorausgehenden Sūtra nicht den geringsten Zusammenhang. Der Beginn eines neuen Kapitels mit III, 1 ist, wie schon gezeigt, völlig willkürlich [21]). Diese Trennung hat keinen andern Grund als den, auf diese Weise die Gesamtmasse von zwei Texten, die in Buch II und III vereinigt sind, in zweimal 55 Sūtren einteilen zu können. In II, 54 f. wird *prāṇāyāma* „Atemzügelung" behandelt, dem als nächstes „Yoga-Glied" im systematischen Yoga *dhāraṇā* „Konzentration" folgt, das in III, 1 behandelt wird. Da das I. Kapitel 54 Sūtren besitzt, ergab sich für den Redaktor diese Einteilung der zwei nächsten Kapitel leicht.

In der Tat haben wir in dem Text II, 28–III, 55 das vollständigste systematische Sūtram des Yoga, das wir kennen. Es behandelt die acht *yogāṅga* „die acht Yoga-Glieder", d. h. den Yoga-Weg mit seinen Früchten, bis zur endgültigen Erlösung, in einer innerhalb der Yoga-Literatur sonst nicht angetroffenen ausführlichen Weise. Ich nenne darum diesen Text *yogāṅga*-Text. In ihm werden zunächst die acht „Glieder" in strenger Reihenfolge aufgezählt und bei dieser Aufzählung zugleich auch die außerordentlichen Wirkungen genannt, die sich aus den Übungen und Erlebnissen ergeben. Zunächst wird *yama* „die sittliche Zucht mit Beziehung auf die Umwelt" behandelt, dann *niyama* „die persönlich individuelle Zucht", dann die typischen Yoga-Übungen *āsana* „Sitzart" (II, 46–48), *prāṇāyāma* „Atemzügelung" (II, 49–53), *pratyāhāra* „Zurückziehung der Sinne von der Außenwelt" (II, 54–55), dann *dhāraṇā* „Konzentration" (III, 1), dann *dhyāna* „Meditation" (III, 2), dann *samādhi* „Einfaltung" (III, 3). Die drei letzten Glieder werden dann unter dem Gesamtbegriff von *saṃyama* „Gesamtzügelung" (III, 4–III, 8) zusammengefaßt und die verschiedenen Glieder in Beziehung zueinander gesetzt. Nun folgen eine Reihe psychologisch-metaphysischer Erklärungen über die letzten Übungen auf dem Yoga-Weg und ihre metaphysischen Implikationen (III, 9–15). Von III, 16 an werden die wunderbaren Wirkungen *(vibhūti)* von *saṃyama* ausführlicher dargelegt, wobei wir eine Reihe wichtiger Aufschlüsse über Meditationsgegenstände, über Art der Versenkung usw. erhalten (III, 16–48). In III, 49–51 werden die höchsten Wirkungen des Yoga-Weges, Schau des Unterschiedes zwischen *sattva* und *puruṣa* mit seinen Folgen des Stehens über allem Weltsein und des Enthobenseins von allem Irrtum genannt, mit einer Warnung, in diesen Erlebnissen nicht lustgebannt zu verweilen, III, 52–54 wird die Unterscheidungsschau (die Schau des Unterschiedes zwischen *sattva* und *puruṣa*) genau definiert und III, 55 *kaivalya* als das Endziel des Yoga-Weges genannt. Dieser kurze Abriß zeigt, daß der *yogāṅga*-Text in der Tat den gesamten Yoga in erschöpfender Vollständigkeit behandelt. Der Text hat zwar in seiner etwas trockenen Schematik eine gewisse Steifheit des Aufbaues, aber er ist doch voll der wichtigsten Gedanken, und die Angabe der z. T. sehr hoch gespitzten Meditationsgegenstände zeigt eine nicht geringe philosophische Durchbildung, wenn auch die zaubermachtfrohe Aufzählung der *vibhūti* beweist, daß der Verfasser des Textes von der magischen Unterströmung des Yoga stark gefaßt war.

Doch darf nicht vergessen werden, daß in III, 37 von den *vibhūti* gesagt wird, sie seien zwar für den tagbewußten Zustand *(vyuthāna) siddhi* „Erreichnisse, magische Vollkommenheiten", im *samādhi* aber *upasarga* „Behaftungen, Hindernisse".

Zur Terminologie des Textes ist noch zu bemerken, daß in ihm *nirodha* in keiner Weise ein zentraler oder geradezu, wie das im 1. Teil des II. Kapitels der Fall ist, ein Gesamtbegriff für Yoga ist. In III, 9 ff. wird *nirodhapariṇāma* „der Bewältigungsprozeß" nur als ein Moment in den höchsten Yoga-Übungen bewertet. Diese Tatsache beweist, daß die beiden Texte dem Bereich oder der Zeit nach ziemlich weit auseinanderliegen müssen.

Ich will nun Gründe für die Annahme aufbringen, daß der *yogāṅga*-Text der älteste Text des YS ist, so merkwürdig das um seiner vollständigen Systematik willen zunächst scheinen mag und daß die andern Texte diesen alten Text im Stil nachgeahmt und sachlich zu ergänzen versucht haben.

Wir haben schon gesehen, daß sowohl das I., wie das IV. Kapitel Texte mit einer ganz bestimmten Tendenz enthalten. So ist der 2. Teil des I. Kapitels ein Text, der *īśvarapraṇidhāna* „die hingebende Versenkung in den Herrn" als den Yoga-Weg in den Mittelpunkt stellt. Nun ist zwar *īśvarapraṇidhāna* in dem großen *yogāṅga*-Text enthalten, aber dieses Stück des Yoga steht an ganz untergeordneter Stelle. Es ist nämlich nur ein Teil von *niyama* (II, 40 ff.) und *niyama* selber ist ja nur eine Vorstufe des Yoga. Wenn auch *īśvarapraṇidhāna,* wohl in Anlehnung an ein Śāstra der *īśvarapraṇidhāna*-Richtung in dem *yogāṅga*-Text eine starke Wirkung, *samādhisiddhi,* zugeschrieben wird, so konnte doch einem richtigen Vertreter des theistischen Yoga diese Stellung von *īśvarapraṇidhāna* im Gesamtsystem des Yoga bei weitem nicht genügen. Darum wurde als Ergänzung des *yogāṅga*-Textes ein neuer, der *īśvarapraṇidhāna*-Text geschaffen, in dem der für den theistischen Yoga zentralen Übung die ihr gebührende Stelle zugewiesen wurde.

Ganz ähnlich können wir uns die Entstehung des Textes YS II, 1–27 denken, der den *kriyā*-Yoga lehrt. Dieser besteht aus *tapas* „Askese", *svādhyāya* „Studium" und *īśvarapraṇidhāna.* Nun sind wie *īśvarapraṇidhāna* so auch *tapas* und *svādhyāya* ebenfalls in dem *yogāṅga*-Text enthalten, aber wiederum nur als Teile von *niyama.* Seit alters waren aber nicht nur *īśvarapraṇidhāna,* sondern auch *tapas* und *svādhyāya* in einer bestimmten Richtung des Yoga, wie sie besonders im Brahmanismus des Mahābhārata und des Bhāgavata-Purāṇa sich kundtut, außerordentlich hoch geschätzt [22]). In dem genannten Purāṇa findet sich ja auch der terminus technicus unseres Textes, *kriyā*-Yoga [23]). Und zwar bedeutet *kriyā* in diesem Falle nicht „Tat", etwa im Sinne des *karman,* wie in der Zusammensetzung *karma-yoga* in der Bhagavadgītā, der ja, wie gezeigt, das aktive Leben ohne Hängen an den Früchten bedeutet und dieses dem eigentlichen Yoga gegenüberstellt (vgl. oben S. 193), sondern „Tat" bedeutet hier die „heilige Handlung", nämlich eben „Askese, Studium, Gottesverehrung". Es ist wiederum begreiflich, daß der Richtung, die den *kriyā*-Yoga als den eigentlichen Yoga ansah, die untergeordnete Stellung von *tapas, svādhyāya* und *īśvarapraṇidhāna* im großen *yogāṅga*-Text nicht genügen konnte. So entstand der *kriyā*-Yoga-Text, das klassische Lehrbuch dieser Richtung, als Korrektur oder mindestens als Ergänzung des großen *yogāṅga*-Textes, wohl in der Sphäre des Brahmanismus, wo der Kult noch hochgeschätzt war.

Dieser *kriyāyoga*-Text II, 1–27 ist gekennzeichnet durch eine systematische Behandlung der *kleśa* (der in den Seelengründen ruhenden und den unerlösten Menschen bestimmenden „Dränger" oder „Triebe") und ihrer Vernichtung. In seinem Wortschatz hebt er sich von den andern Texten sichtlich ab. Eine Anzahl von Sūtren sind infolge eigenartiger Ausdrücke schwer zu deuten (vgl. z. B. II, 7–11, 21. 23). Auch daraus ergibt sich, daß wir hier eine eigentümliche Tradition des theistischen Yoga vor uns haben und daß der *kriyā*-Yoga von einer ganz bestimmten Schule gepflegt wurde, die ihre eigentümliche Terminologie hatte.

Der Gedankengang des Textes ist folgender: zuerst werden die Elemente des *kriyā*-Yoga und ihr Zweck: *samādhi* und Sublimierung der *kleśa* behandelt (II, 1. 2), dann in systematischer Folge die *kleśa,* ihr Wesen, ihre Doppelnatur als biologisch-metapsychische Urmächte (die *sūkṣmāḥ,* II, 10) und als Bewußtseinsvorgänge *(vṛttayaḥ,* II, 11). Die eine Form wird erst in der völligen „Entweltung" *(pratiprasava),* die andere durch Meditation vernichtet. Dann werden die *kleśa* als die Wurzel der unterbewußten Werk-Liegenschaft *(karmāśaya)* genannt, die im Laufe der Geburten, in denen die Früchte guter und böser Taten reifen, ausgekostet werden muß (II, 12–14). Infolge der absoluten Gebundenheit des Menschen durch *karman* wird dann vom Standpunkt des Erleuchteten aus gesehen alles unerlöste Leben für Leiden erklärt, das zu beseitigen sei (II, 15. 16). Dann werden von II, 17 an einige metaphysische Begriffe dargelegt: die zu beseitigende Grundursache des leidvollen Weltseins (II, 17), das Wesen der Erfahrungswelt (II, 18), ihre Struktur (II, 19), das Wesen des der Erfahrungswelt entgegengesetzten „Erfahrers", des tief verborgenen Subjekts im seelisch-geistigen Leben (II, 20), der Zweck der Welt (II, 21), die Ursache des ewigen Bestehens der Welt (II, 22), die paradoxe Tatsache, daß der Erfahrer nur durch die Verbindung mit der Welt zu sich selbst kommt (II, 23), der tiefste Grund der Verbindung des Erfahrers mit der Welt (II, 24), die Auflösung dieser Verbindung und die endgültige Erlösung (II, 25–27).

Dieser Abriß tut, glaube ich, überzeugend dar, daß YS II, 1–27 ein geschlossenes Ganzes bildet, das in streng systematischem Aufbau den Erlösungsweg vom Standpunkt des *kriyā*-Yoga aus behandelt. Die eingehendere Behandlung von *tapas, svādhyāya, īśvarapraṇidhāna* und der andern Yoga-Übungen konnte er sich sparen, da diese ja im *yogāṅga*-Text enthalten waren. Es kam ihm vor allem auch auf eine jenem Text fehlende Aufhellung von einigen Grundbegriffen wie *kleśa, saṃyoga* usw. an.

Dieser Text ist vom Redaktor darum mit dem großen *yogāṅga*-Text im selben Kapitel zusammengestellt worden, weil die andern Texte, aus den angegebenen Gründen schon ihren Platz hatten und weil die Länge der beiden Texte ihm gut in seine Einteilung paßte. Hätte er ihn in einem besonderen Kapitel untergebracht, wie auch den *yogāṅga*-Text, so wären die beiden Bücher von sehr ungleicher Länge gewesen. Darum hat er den *yogāṅga*-Text zerschnitten und dem *kriyā*-Yoga-Text zugefügt, daß er je ein Buch von 55 Sūtren bekam [24]).

Aus der bisher aufgezeigten Zusammensetzung des YS erklärt sich sonst Unerklärliches ganz befriedigend, z. B. die mehrfach parallele Behandlung gewisser Übungen, des *samādhi* und des *kaivalya;* denn jeder der vier aufgezeigten Texte hatte das Bedürfnis, diese wichtigsten Stücke des Yoga von seinem Standpunkt aus zu beleuchten. Auch die auffallende Tatsache, daß *īśvarapraṇidhāna* im YS an drei verschiedenen Stellen und jedesmal in einer völlig andern Einordnung auftaucht, findet durch die aufgezeigte Zusammensetzung ihre Erklärung: Der *īśvarapraṇidhāna*-Text I, 23–51 stellt „die Hingabe an den Herrn" in den Mittelpunkt, um den sich die andern Übungen als Hilfsmittel ordnen. Im *kriyā*-Yoga-Text II, 9 ist *īśvarapraṇidhāna* ein Stück des Yoga-Weges, dem sich gleichgeordnet Askese und Studium anfügen; im *yogāṅga*-Text II, 32, vgl. 45 dagegen ist *īśvarapraṇidhāna* nur ein Stück eines „Gliedes" des Yoga, wie auch *tapas* und *svādhyāya,* weil dieser Yoga-Text ein umfassendes Yoga-Lehrbuch darstellt, in dem wohl die verschiedenen Tendenzen zu einer Einheit verarbeitet worden sind. Denn es ist sicher nicht so gewesen, daß die verschiedenen Richtungen, die in diesen Texten sich darstellen, mit diesen entstanden. Sie sind alt und haben erst spät ihre eigenen Texte geschaffen.

Ich glaube, wir können noch einiges weitere zur Beantwortung der Frage entdecken, ob der umfassende Yogāṅga-Text vor oder nach den andern Texten entstanden ist und wo der Bereich zu suchen ist, dem er angehört. Daß die Kapitel I und IV in die Zeit der großen philosophischen Bewegung des späteren Buddhismus gehören, ist wohl einleuchtend gemacht worden. Im *yogāṅga*-Text ist aber keine Spur eines Einflusses dieser Bewegung zu bemerken. Er kann also unmöglich nach den beiden genannten Büchern des YS verfaßt sein. Aber er muß vor dem Anwachsen der buddhistischen Spekulation entstanden sein, denn ein Text, der so offensichtlich eine umfassende Darlegung des Yoga-Weges geben wollte, wie der *yogāṅga*-Text, hätte unmöglich an dieser Bewegung, in die ja doch auch, wie unsere Texte zeigen, der Yoga hineingezogen worden ist, vorbeigehen können. Wir müßten denn annehmen, daß er in einem gegen den Buddhismus völlig abgeschlossenen Bereich entstanden sei, was wenig wahrscheinlich ist, da seine Sūtren den Hintergrund einer nicht geringen philosophischen Bildung auftun. Ein weiterer Grund für das frühe Entstehen des *yogāṅga*-Textes scheint mir in dem Fehlen der ausgebildeten Lehre von den *kleśa* zu liegen. Wie gezeigt, enthält der *kriyā*-Yoga-Text eine erschöpfende Darstellung der *kleśa* und widmet überhaupt diesem Begriff besondere Aufmerksamkeit (II, 2–15). Wäre nun der *yogāṅga*-Text nach dem *kriyā*-Yoga-Text verfaßt, so wäre er sicherlich von dieser Systematik beeinflußt worden. Tatsächlich findet sich der Ausdruck *kleśa* überhaupt nicht in dem *yogāṅga*-Text, wohl aber die Sache, die in den Yoga-Texten mit *kleśa* bezeichnet wird, nur nicht unter diesem Namen, sondern unter dem Synonym *doṣa* „Übel, Gebrechen" (III, 50 *doṣabījakṣaye kaivalyam*).

Dies ist auffallend, denn *kleśa* gehört der echten Yoga-Tradition an und findet sich schon im frühen Buddhismus *(kilesa)* und in der Śvetāśvatara-Upaniṣad (I, 11). Die brahmanische Tradition kennt den Ausdruck in seiner typischen Yoga-Bedeutung, wie aus Mbh XII, 174, 24 hervorgeht, wo entsprechend YS II, 4 *avidyā* als Wurzel der *kleśa* bezeichnet wird. *doṣa* aber ist, wie Jacobi gezeigt hat, das Synonym für *kleśa* in der Nyāya-Philosophie [25]). Der Schluß liegt darum nahe, daß der Verfasser des *yogāṅga*-Textes in den Kreisen zu suchen ist, die der Nyāya-Richtung nahestehen. Das ist aber weder der streng theistische Yoga nichtbrahmanischer Prägung, noch der theistische Yoga des Brahmanismus.

Ich glaube, die Verfasserschaft des Grammatikers Patañjali für den *yogāṅga*-Text des YS kommt nach den vorausgehenden Darlegungen ernstlich in Frage und die strenge Systematik des Textes wäre ganz in Harmonie mit dieser Tatsache.

Fassen wir die Ergebnisse der Untersuchung über die verschiedenen Texte des Yogasūtra zusammen, so ergibt sich, daß wir als ältesten Bestandteil des YS das ausführliche *yogasūtrapātañjalam* II, 28–III, 55 anzusehen haben. Dieser *yogāṅga*-Text legt als einziger sämtliche Glieder des Yoga in systematischer Reihenfolge und ausführlich dar.

Der Verfasser dieses *yogasūtram* ist mit größter Wahrscheinlichkeit der bedeutende Grammatiker Patañjali, der wohl im 2. Jahrhundert v. Chr. gelebt hat. Es war die Zeit der großen Schöpfungen in Memorialversen, die in knappester Form alles Wesentliche eines Lehrsystems zusammenfaßten. Dieser Text wurde darum *pātañjalayogasūtram* genannt, ein Name, der dann auf die, im Laufe weiterer Entwicklung entstehende Sammlung von Yoga-Merksprüchen übertragen wurde [26]). Zusammenfassend ist also zu sagen:

Weil in diesem ersten Text bestimmte wichtige Yogarichtungen nicht genügend berücksichtigt waren, entstanden weitere besondere *yogasūtra*. So dasjenige der *īśvara*-Verehrer, für die der Mittelpunkt des Yoga die Verehrung des einen höchsten Gottes war. Es entstand der *īśvara-pranidhāna*-Text YS I, 23–51, der den Rudra-Śiva-Viṣṇu-Gläubigen zugehört. Daß hier Verbindungen zum Buddha-*īśvara*-Kult bestanden ist sehr wahrscheinlich, denn in dieser Zeit war *īśvara* Bezeichnung für die persönliche Gottmacht überhaupt geworden und konnte wohl auch auf Buddha als den höchsten Gott bezogen werden.

Auch die Yogin der mehr brahmanisch bestimmten Richtung suchten ihre Haltung strenger zu kennzeichnen. Sie schufen den *kriyā*-Yoga-

Text II, 1–27, in dem die heiligen Handlungen als Hauptmittel zur Erlösung im Yoga betont wurden.

Die Auseinandersetzung mit den buddhistischen Yogācāras, deren großer Führer Vasubhandhu im 4. Jahrhundert n. Chr. war, zwang die Anhänger des Yoga zu einer strengen metaphysischen Besinnung, die auch ihren Unterschied vom Sāṃkhya noch deutlicher machte, als bisher. So entstand der *nirmāṇacitta*-Text YS IV, 2–34.

Diese Texte hat dann ein Redaktor zu einem umfassenden *yogasūtram* zusammengestellt und dazu eine Einleitung verfaßt, den *nirodha*-Text YS I, 1–22. Dieser Text hatte die Aufgabe, der damaligen Geisteslage entsprechend, wichtige psychologische und philosophische Begriffe klar zu bestimmen. Dabei wird der Nachdruck auf die Hemmung oder Stillegung *(nirodha)* aller seelisch-geistigen Bewegungen gelegt, als Voraussetzung der „Schau" des *puruṣa (puruṣa khyāti),* die zur völligen Entdürstung *(vaitṛṣṇyam)* von der *guṇa*-behafteten Welt führt. Der buddhistische Einfluß auf Haltung und Phraseologie ist hier deutlich erkennbar.

Daß der Redaktor diesem seinem Text den *īśvarapraṇidhāna*-Text mit vā „oder" anhängt, mag aus den Beziehungen zur aufkommenden Buddha-Verehrung im damaligen Mahāyāna-Buddhismus sich erklären.

Die endgültige Redaktion des gesamten *yogasūtram* wird also ins 4. Jahrhundert n. Chr. zu setzen sein.

Auf diese Weise wurde das Gesamt-YS ein zwar nicht einheitliches, aber um so umfassenderes Lehrbuch der weitgespreiteten Yogabewegung, das ihr trotz aller Unterschiede eine Einheit bis heute sicherte.

2. Kapitel

Die Texte des pātañjalayogasūtram

*Eine Verdeutschung der sogenannten Yoga-Merksprüche des Patañjali *)*

I, 1: *atha yoga-anuśāsanam.*
„Dies ist die Unterweisung über den Yoga."

A. Der *nirodha*-Text [1]) YS I, 2–22

I, 2: *yogaś citta-vṛtti-nirodhaḥ.*
„Der Yoga ist das Zur-Ruhebringen (oder die ‚Bewältigung') der Bewegungen der ‚inneren Welt'."

I, 3: *tadā draṣṭuḥ svarūpe 'vasthānam.*
„Dann tritt der ‚Seher' (der Puruṣa) in seiner selbsteigenen Wesensform heraus."

I, 4: *vṛtti-sārūpyam itaratra.*
„Sonst ist er in einem Zustand, der den Bewegungen (der ‚seelischen Welt') konform ist."

I, 5: *vṛttayaḥ pañcatayyaḥ, kliṣṭa-akliṣṭāḥ.*
„Die Bewegungen (der ‚seelischen Welt') sind von fünferlei Art. Ferner unterscheidet man ‚Dränger'-behaftete und -nichtbehaftete."

I, 6: *pramāṇa-viparyaya-vikalpa-nidrā-smṛtayaḥ.*
„Sie sind: Beweis, Irrtum, begriffliches Denken, Schlaf und Gedächtnis."

I, 7: *pratyakṣa-anumāna-āgamāḥ pramāṇāni.*
„Eigene Anschauung, logische Folgerung und gesicherte Überlieferung sind die Beweise."

I, 8: *viparyayo mithyā-jñānam atadrūpa- pratiṣṭham.*
„Irrtum ist Falsch-Wissen, das sich auf etwas nicht dem Wesen des Gemeinten Entsprechendes stützt."

I, 9: *śabda-jñāna-anupātī vastu-śūnyo vikalpaḥ.*
„Begriffliches Denken stützt sich auf Wort-Erkennen und ist sachleer."

I, 10: *a-bhāva-pratyaya-ālambanā vṛttir nidrā.*
„Dumpfer Schlaf ist ein Bewußtseinszustand, der von einem Nichtgeschehensantrieb abhängt." (Vgl. Anm. 6.)

I 11: *anubhūta-viṣaya- asampramoṣaḥ smṛtiḥ.*
„Gedächtnis ist das ‚Nichtgestohlenwerden' [2]) von einmal erfahrenen Bewußtseinsgegenständen."

I, 12: *abhyāsa-vairāgyābhyāṃ tan-nirodhaḥ.*
„Die ‚Bewältigung' dieser Bewegungen erreicht man durch ‚Übung' und ‚Entlüstung'."

I, 13: *tatra sthitau yatno 'bhyāsaḥ.*
„Übung bedeutet hier die Bemühung im Festwerden."

I, 14: *sa tu dīrgha-kāla-nairantarya-satkāra-āsevito dṛḍha-bhūmiḥ.*
„Wenn diese Übung lange Zeit ununterbrochen und in gehöriger Weise getrieben wird, gewinnt sie festen Boden."

I, 15: *dṛṣṭa-anuśravika-viṣaya-vitṛṣṇasya vaśīkāra-saṃjñā vairāgyam.*
„Die ‚Entlüstung' ist das bewußte Sich-in-der-Gewalthaben des Menschen, der von allen irdischen oder in den heiligen Schriften verheißenen Genüssen entdürstet ist."

I, 16: *tatparaṃ puruṣa-khyāter guṇa-vaitṛṣṇyam.*
„Die höchste Form dieser ‚Entlüstung' ist die ‚Entdürstung' von den Weltstoffen desjenigen, der die Schau des *puruṣa* (des ‚Menschenan-sich') gewinnt."

I, 17: *vitarka-vicāra-ānanda-asmitā-rupa-anugamāt*[3]) *saṃprajñātaḥ*.
„Solange die Bewältigung noch mit rationaler Überlegung, mit sinnender Betrachtung, mit Lustgefühlen und mit Ichbewußtsein verbunden ist, heißt sie die mit bewußtem Erkennen verknüpfte [4])."

I, 18: *virāma-pratyaya-ābhyāsa-pūrvaḥ saṃskāra-śeṣo 'nyaḥ.*
„Die andere Art der Bewältigung hat zur Voraussetzung das Üben in der Vorstellung vom Aufhören und hat nur noch einen Bewirker-Rest [5])."

I, 19: *bhava-pratyayo videha-prakṛti-layānām.*
„Die ‚Bewältigung' derer, die entkörpert in die Urmaterie versinken, entspringt aus der vorstellenden Betrachtung [6]) des Seins."

I, 20: *śraddhā-vīrya-smṛti-samādhi-prajñā-pūrvaka itareṣām.*
„Die ‚Bewältigung' der andern hat zur Voraussetzung Glauben, kraftvolles Wesen, Erinnerung, ‚Einfaltung' und Erkenntnis [7])."

I, 21: *tīvra-saṃvegānām āsannaḥ.*
„Den ganz ‚Inbrünstigen' [8]) ist sie nahe."

I, 22: *mṛdu-madhya-adhimātratvāt tato 'pi viśeṣaḥ.*
„Da die Inbrunst milde, mittel oder außerordentlich sein kann, so ergibt sich auch daraus ein Unterschied in der Bewältigung."

B. Der *īśvarapraṇidhāna*-Text (YS I, 23–51)

I, 23: *īśvara-praṇidhānād vā.*
„Oder (wird die ‚Bewältigung' [1]) erlangt) durch Hingabe an den ‚Herrn'."

I, 24: *kleśa - karma - vipāka - āśayair aparāmṛṣṭaḥ puruṣa - viśeṣa īśvaraḥ.*
„Der ‚Herr' ist ein *puruṣa* besonderer Art, unberührt von den ‚Drängern', vom ‚Gesetz der Werkreife' und von der ‚unterbewußten Liegenschaft'."

I, 25: *tatra niratiśayaṃ śarvajña-bījam* [2]).
„Ihm eignet die Keimkraft des Allerkenners in Absolutheit."

I, 26: *pūrveṣām api guruḥ, kālena anavacchedāt.*
„Er war auch der Lehrer der Alten, da ihm keine Grenze gesetzt ist durch die Zeit."

I, 27: *tasya vācakaḥ praṇavaḥ.*
„Das geheime Kennwort des ‚Herrn' ist der Summlaut *om.*"

I, 28: *taj-japas tad-artha-bhāvanam.*
„Die Murmelmeditation über diesen Laut ist eine innere Vergegenwärtigung ihres mystischen Bedeutungsgehaltes [3])."

I, 29: *tataḥ pratyakcetanā-adhigamo 'py antarāya-abhāvaś ca.*
„Dadurch öffnet sich auch der Zugang zur ‚Geisteshaltung der Einkehr' [4]) und entsteht Schwinden der Hindernisse auf dem Yoga-Weg."

I, 30: *vyādhi-styāna-saṃśaya-pramāda-ālasya-avirati-bhrānti-darśana-alabdhabhūmikatva-anavasthitatvāni citta-vikṣepās, te 'ntarāyāḥ.*
„Krankheit, Verstarrung, Zweifelsucht, Unbesonnenheit, Gleichgültigkeit, Genußsucht, philosophisch-Irrlichtelieren, Unfähigkeit, die Versenkungsstufen zu erreichen, Unfähigkeit, darin zu beharren, sind die ‚Zerstreuungen' der ‚seelischen Welt'. Diese sind die Hindernisse auf dem Yoga-Weg."

I, 31: *duḥkha-daurmanasya-aṅgamejayatva-śvāsa-praśvāsā vikṣepa-sahabhuvaḥ.*
„Schmerz, Trübsinn, Gliederzittern, falsches Ein- und Ausatmen sind Begleiterscheinungen der ‚Zerstreuungen'."

I, 32: *tat-pratiṣedha-artham ekatattva-abhyāsaḥ.*
„Zur Bekämpfung der Hindernisse übt man die Sammlung zur inneren Einheit."

I, 33: *maitrī-karuṇā-muditā-upekṣāṇāṃ sukha-duḥkha-puṇya-apuṇya-viṣayāṇāṃ bhāvanātaś citta-prasādanam.*
„Durch die Realisierung [5]) von umfassender Freundschaft, von Mitleid, von Frohsinn und von Gleichmut gegenüber den Gegenständen von Lust und Leid, frommem und unfrommem Werk, gewinnt man Beruhigung der inneren Welt'."

I, 34: *pracchardana-vidhāraṇābhyāṃ vā prāṇasya.*
„Oder kann man sie gewinnen durch richtiges Ausatmen und Atemanhalten."

I, 35: *viṣayavatī vā pravṛttir utpannā manasaḥ* [6]) *sthitinibandhanī.*
„Oder wird dazu Festlegung des Denkorgans geübt, das heißt, die Funktion, die auf ein bestimmtes Objekt gerichtet bleibt."

I, 36: *viśokā vā jyotiṣmatī.*
„Oder trachtet man nach Unbekümmertheit und Heiterkeit."

I, 37: *vītarāga-viṣayaṃ vā cittam.*
„Oder nach einem Gemüt, erfüllt von Gegenständen, die der Sinnlichkeit entwunden sind."

I, 38: *svapna-nidrā-jñāna-ālambanaṃ vā.*
„Oder nach einem Gemüt, das sich ruhend versenkt in die Erkenntnisse, die aus Traum und Schlaf kommen."

I, 39: *yathā-abhimata-dhyānād vā.*
„Man kann aber auch mit irgendeinem der seelischen Lage angepaßten Gegenstand Versenkung üben."

I, 40: *parama-aṇu-parama-mahatva-anto 'sya vaśīkāraḥ.*
„Auf diese Weise kann der Yogin alles vom kleinsten Atom bis zur letzten Größe meistern."

I, 41: *kṣīṇa-vṛtter abhijātasya iva maṇer grahītṛ-grahaṇa-grāhyeṣu tatstha-tadañjanatā samāpattiḥ.*
„Sind die seelischen Bewegungen zur Ruhe gekommen und ist der Yogin gleichsam ein (durchscheinender) Edelstein geworden, so erreicht er das ‚Zusammenfallen', wobei er mit dem Erfasser *(puruṣa)*, der Funktion des Erfassens und den Gegenständen des Erfassens eins und von ihnen ‚gesalbt' (durchdrungen) wird [7])'."

I, 42: *śabdārtha-jñāna-vikalpaiḥ saṃkīrṇā savitarkā.*
„Solange darein noch begriffliche Erkenntnisse sich mischen, ist dies ein mit rationaler Überlegung verknüpftes ‚Zusammenfallen'."

I, 43: *smṛti-pariśuddhau svarūpa-śūnyā iva arthamātra-nirbhāsā nirvitarkā.*
„Ist die ‚seelische Welt' von jedem Gedächtnisinhalt gereinigt und der ihr eigentümlichen Entgegensetzung von Bewußtsein und Bewußtseinsgegenstand gleichsam ledig, so daß sie nur noch als die Sache selber aufstrahlt [8]), so ist dies das von rationaler Überlegung freie ‚Zusammenfallen'."

I, 44: *etayā eva savicārā nirvicārā ca sūkṣma-viṣayā vyākhyātā.*
„Damit ist auch der Unterschied erklärt zwischen dem mit sinnender Betrachtung verknüpften und dem davon freien ‚Zusammenfallen', das sich auf die ‚subtilen' Gegenstände bezieht [9])."

I, 45: *sūkṣma-viṣayatvaṃ ca aliṅga-paryavasānām.*
„Und die subtilen Gegenstände umfassen die metapsychischen Realitäten bis zur undifferenzierten Urmaterie [10])."

I, 46: *tā eva sabījaḥ samādhiḥ.*
„Das (von 20–22) beschriebene ‚Zusammenfallen' ist die ‚keimbehaftete Einfaltung' [11])."

I, 47: *nirvicāra-vaiśāradye 'dhyātma-prasādaḥ.*
„Wenn bei dem von sinnender Betrachtung freien ‚Zusammenfallen' die ‚Herbstesklarheit' eintritt, erlangt man die Beruhigung des Seelenabgrundes [12])."

I, 48: *ṛtaṃbharā tatra prajñā.*
„Ist diese erreicht, so trägt das erkennende Bewußtsein in sich die ewige Ordnung (oder Wahrheit) [13])."

I, 49: *śruta-anumāna-prajñābhyām anyaviṣayā, viśeṣa-arthatvāt.*
„Der Gegenstand dieses Erkennens ist verschieden von den Gegenständen, die man durch die heilige Überlieferung und durch Schlußfolgerung gewinnt, weil sein Zweck ein ganz anderer ist."

I, 50: *taj-jaḥ saṃskāro 'nya-saṃskāra-pratibandhī.*
„Der daraus entspringende unterbewußte Bewirker bezwingt die andern."

I, 51: *tasya api nirodhe sarva-nirodhān nirbījaḥ samādhiḥ.*
„Wenn dieser auch noch bewältigt ist, tritt, weil nun alles bewältigt ist, die ‚keimlose [14]) Einfaltung' ein."

C. Der *kriyāyoga*-Text (Kap. II, 1–27)

II, 1: *tapaḥ-svādhyāya-īśvarapraṇidhānāni kriyā-yogaḥ.*
„Askese, eigenes Forschen in den heiligen Schriften und Hingabe an den ‚Herrn' bilden den Yoga der heiligen Handlungen."

II, 2: *samādhi-bhāvanā-arthaḥ kleśa-tanūkaraṇa-arthaś ca.*
„Dieser Yoga hat zum Ziel das Erwirken der ‚Einfaltung' und die Sublimierung der ‚Dränger'."

II, 3: *avidyā-asmitā-rāga-dveṣa-abhiniveśāḥ kleśāḥ.*
„Die aus dem Nichtwissen entspringende Weltbefangenheit *(avidyā)* [1]), Ichhaftigkeit (wörtlich ‚Ich-bin-heit'), Sinnlichkeit, haßbedingte Zweiung und der Lebensdrang sind die ‚Dränger'."

II, 4: *avidyā kṣetram uttareṣāṃ, prasupta-tanu-vicchinna-udārāṇām.*
„Die dem Nichtwissen entspringende Weltbefangenheit ist der Mutterboden der andern. Sie sind entweder schlummernd oder sublimiert oder verdrängt oder in voller Aktivität."

II, 5: *anitya-aśuci-duḥkha-anātmasu nitya-śuci-sukha-ātma-khyātir avidyā.*
„Weltbefangenheit ist die falsche Sicht, die im Nichtdauernden Dauerndes, im Unreinen Reines, im leidvollen Gehemmtsein lustvolles Sein, im Nichtselbst das Selbst wähnt."

II, 6: *dṛg-darśana-śaktyor ekātmatā iva asmitā.*
„Ich-bin-heit ist die Ineinssetzung der Kraft, die wahrnimmt, und der Kraft der seelisch bedingten Wahrnehmung [2]) zu einem scheinbar einheitlichen Ich."

II, 7: *sukha-anuśayī rāgaḥ.*
„Die Sinnlichkeit erscheint im Bewußtsein als Lust."

II, 8: *duḥkha-anuśayī dveṣaḥ.*
„Die haßbedingte Zweiung erscheint im Bewußtsein als Schmerz."

II, 9: *sva-rasa-vāhī viduṣo 'pi tathā rūḍho'* [3]) *bhiniveśaḥ.*
„Der Lebenswille strömt dahin in selbsteigenem Genuß und auch der Wissende ist davon nicht frei."

II, 10: *te pratiprasava-heyāḥ sūkśmāḥ.*
„(Die Dränger) sofern sie metapsychische Wirklichkeiten *(sūkśma)* sind, sind durch das Zurückströmen (in die Urmaterie) zu beseitigen."

II, 11: *dhyāna-heyās tad vṛttayaḥ.*
„Die ‚Dränger' als Bewegungen der ‚seelischen Welt' werden durch Versenkung beseitigt [4])."

II, 12: *kleśa-mūlaḥ karma-āśayo, dṛṣṭa-adṛṣṭa-janma-vedanīyaḥ.*
„Die ‚Dränger' sind die Wurzel der Werk-Liegenschaft [5]). Diese muß in irdisch-sichtbaren und in nicht-irdisch-unsichtbaren Existenzen ausgekostet werden."

II, 13: *sati mūle tad-vipāko jāty-āyur-bhogāḥ.*
„Solange die Wurzel noch da ist, ist auch die daraus reifende Frucht da: Geburt, Leben, ‚Weltessen'."

II, 14: *te hlāda-paritāpa-phalāḥ, puṇya-apuṇya-hetutvāt.*
„In ihr reifen Erquickung oder Beschwer, je nach den (in die ‚seelische Welt' eingesenkten) Ursachekräften, die gut oder ungut sein können."

II, 15: *pariṇāma-tāpa-saṃskāra-duḥkhair guṇa-vṛtti-virodhāc ca duḥkham eva sarvaṃ vivekinaḥ.*
„Wegen der leidvollen Hemmungen, die in den Schwingungen (der ‚seelischen Welt'), in der Lebensbedrängnis und in den ‚Bewirkern' haften, und weil die Bewegungen der ‚Weltstoffe' in der Seele einander entgegengesetzt sind [6]), ist für den, der die Unterscheidungsschau besitzt, Alles leidvolle Hemmung [7])."

II, 16: *heyaṃ duḥkham anāgatam.*
„Was beseitigt werden muß, ist die leidvolle Hemmung, die noch bevorsteht."

II, 17: *draṣṭṛ-dṛśyayoḥ saṃyogo heya-hetuḥ.*
„Die Verjochung des ‚Wahrnehmers' mit dem ‚Wahrzunehmenden' [8]) ist die Ursache der zu beseitigenden (leidvollen Hemmung)."

II, 18: *prakāśa-kriyā-sthiti-śīlaṃ bhūta-indriya-ātmakaṃ bhoga-apavarga-arthaṃ dṛśyam.*
„Das ‚Wahrzunehmende' hat den Charakter von strömender Helle, Aktivität und Beharrung. Es körpert sich dar in Elementen und Organen. Es dient dem Zwecke des ‚Weltessens' und der Abwendung davon."

II, 19: *viśeṣa-aviśeṣa-liṅgamātra-aliṅgāni guṇa-parvāṇi.*
„Die sich stufenden Erscheinungsformen der ‚Weltstoffenergien' sind: die konkreten Einzelerscheinungen *(viśeṣa)*, die ihnen zugrunde liegenden Seins- und Formkräfte (aviśeṣa), der differenzierte Weltgrund und die nicht differenzierte Urweltstoffenergie."

II, 20: *draṣṭā dṛśi-mātraḥ śuddho 'pi pratyaya-anupaśyaḥ.*
„Der ‚Wahrnehmer' ist nur Schaukraft. Obwohl er ganz ‚bloß' [9]) ist, faßt er die sich ihm darbietenden Vorstellungen erkennend auf."

II, 21: *tad-artha eva dṛśyasya ātmā.*
„Der ihm dienende Zweck allein ist das tragende Selbst der zu erfahrenden Welt."

II, 22: *kṛtārthaṃ prati naṣṭam apy, anaṣṭaṃ, tad-anya-sādhāraṇatvāt* [10]).
„Obwohl daher (die zu erfahrende Welt) mit Beziehung auf den Menschen, der sein Ziel erreicht hat, nicht mehr besteht, besteht sie doch noch weiter, weil sie für den noch Unerlösten als Erfahrungsgegenstand da ist."

II, 23: *sva-svāmi-śaktyoḥ sva-rūpa-upalabdhi-hetuḥ saṃyogaḥ.*
„Die Verjochung (des ‚Menschen-an-sich') mit der Welt [11]) ist der Grund, daß das wahre Wesen der Kraft des ‚Meisters' und der Kraft des ‚Gemeisterten' erfaßt wird [12])."

II, 24: *tasya hetur avidyā.*
„Die Ursache (der Verjochung) ist die aus dem Nichtwissen entspringende ‚Weltbefangenheit'."

II, 25: *tad-abhāvāt saṃyoga-abhāvo, hānaṃ tad dṛśeḥ kaivalyam.*
„Besteht diese nicht mehr, dann besteht auch keine Verjochung mehr. Dies ist die Aufhebung, das ‚Für-sich-sein' (die ‚Bloßheit') des ‚Schauens'."

II, 26: *viveka-khyātir aviplavā hāna-upāyaḥ.*
„Die nicht mehr versiegende Unterscheidungsschau [13]) ist das Mittel der Aufhebung."

II, 27: *tasya saptadhā prānta-bhūmi-prajñā*[14]).
„Die daraus auf der höchsten Stufe entspringende Erkenntnis ist siebenfältig[15])."

D. Der *yogāṅga*-Text (Kap. II, 28 – Kap. III, 55)

II, 28: *yoga-aṅga-anuṣṭhānād aśuddhi-kṣaye jñāna-dīptir ā viveka-khyāteḥ.*
„Durch folgerichtige Hingabe an die ‚Glieder' des Yoga entsteht, indem die ‚Unreinheit' schwindet, das Aufleuchten der Erkenntnis bis zur Schau der ‚Unterscheidung'."

II, 29: *yama-niyama-āsana-prāṇāyāma-pratyāhāra-dhāraṇā-dhyāna-samādhayo 'ṣṭāv aṅgāni.*
„Allgemeine sittliche Zucht, Selbstzucht, rechte Sitzhaltung, Atemzügelung, Einholung der Sinne, Konzentration, Versenkung und ‚Einfaltung' sind die acht ‚Glieder' des Yoga."

II, 30: *ahiṃsā-satya-asteya-brahmacarya-aparigrahā yamāḥ.*
„Nichtschädigen, Wahrhaftigkeit, Nichtstehlen, Enthaltsamkeit und Lösung vom Raffwillen sind die Stücke der allgemeinen sittlichen Zucht."

II, 31: *ete jāti-deśa-kāla-samaya-anavachinnāḥ sārvabhaumā mahā-vratam.*
„Diese, wenn sie ohne Einschränkung durch Kaste, Ort, Zeit und Umstände geübt werden und alle Sphären durchdringen, bilden das ‚Großgelübde'."

II, 32: *śauca-saṃtoṣa-tapaḥ-svādhyāya-īśvarapraṇidhānāni niyamāḥ.*
„Reinheit, Zufriedenheit, Askese, eigenes Forschen in den heiligen Schriften und Hingabe an den ‚Herrn' sind die Stücke der Selbstzucht."

II, 33: *vitarka-bādhane pratipaksa-bhāvanam.*
Im Zwang der kritischen Erwägung (über *yama* und *niyama*) muß auch das Gegenteil erwogen werden.

II, 34: *vitarka-ahiṃsādayaḥ; kṛta-kārita-anumoditā, lobha-krodha-moha-pūrvakā, mṛdu-madhya-adhimātrā, duḥkha-ajñāna- ananta-phalā, iti pratipakṣa-bhāvanam.*
Die kritische Erwägung bezieht sich auf Nichtschädigen usw. Die Erwägung des Gegenteils bezieht sich auf Getanes, Veranlaßtes, Gebilligtes, auf Begierde, Zorn, Verwirrung als vorausgehende Ursachen, auf Leichteres, Schwereres oder Außergewöhnliches, auf die Tatsache, daß das Gegenteilige ohne Aufhören leidvolle Hemmung und Nichterkennen zeitigt.

II, 35: *ahiṃsā-pratiṣṭhāyāṃ, tat-saṃnidhau vaira-tyāgaḥ.*
„Steht ein Yogin in der mystischen Grundkraft *(pratiṣṭhā)* [1]) des Nichtschädigens, so läßt jedes Wesen in seiner Nähe Feindschaft fahren."

II, 36: *satya-pratiṣṭhāyāṃ, kriyā-phala-āśrayatvam.*
„Steht er in der mystischen Grundkraft der Wahrhaftigkeit, so wird er Träger geheimer Reifekräfte, wodurch Wort zu Wirklichkeit wird."

II, 37: *asteya-pratiṣṭhāyāṃ, sarva-ratna-upasthānam.*
„Steht er in der mystischen Grundkraft des Nichtstehlens, so strömen ihm alle Schätze zu."

II, 38: *brahmacarya-pratiṣṭhāyāṃ, vīrya-lābhaḥ.*
„Steht er in der mystischen Grundkraft der Enthaltsamkeit, so erlangt er Kraft."

II, 39: *aparigraha-sthairye, janma-kathaṃtā-sambodhaḥ.*
„Ist er festgegründet im Freisein vom Raffwillen, so gewinnt er Wissen über das Wesen seiner Geburten."

II, 40: *śaucāt sva-aṅga-jugupsā, parair asaṃsargaḥ.*
„Aus Reinheit gewinnt er die vornehme Distanz gegen den eigenen Leib [2]) und wird nicht mehr in den unreinen Bannkreis der andern gezogen."

II, 41: [3]) *sattvaśuddhi - saumanasya - ekāgratā - indriyajaya-ātma-darśanayogyatvāni ca.*
„Ferner Klarheit des höchsten Seelen-Weltstoffes *(sattva)*, Frohsinn, In-Eins-Gesammeltsein, Beherrschung der Organe und Fähigkeit, das Selbst zu betrachten."

II, 42: *saṃtoṣād anuttamaḥ sukhalābhaḥ.*
„Aus der Zufriedenheit folgt unüberbietbare Glückseligkeit."

II, 43: *kāya-indriya-siddhir aśuddhikṣayāt tapasaḥ.*
„Aus Askese folgt, indem die körperlich-seelische Verschlackung verschwindet, Vollkommenheit des Körpers und seiner Organe."

II, 44: *svādhyāyād iṣṭa-devatā-saṃprayogaḥ.*
„Durch eigenes Forschen in den heiligen Schriften ergibt sich Verbindung mit der ‚Wahl-Gottheit' [4])."

II, 45: *samādhi-siddhir īśvarapraṇidhānāt.*
„Durch Hingabe an den ‚Herrn' entsteht Vollkommenheit der ‚Einfaltung'."

II, 46: [5]) *sthira-sukham āsanam.*
„Die Sitzhaltung soll fest sein und bequem."

II, 47: *prayatna-śaithilya-ānantya-saṃāpattibhyām.*
„Man übt dieses Sitzen unter völliger Entspannung und Eintreten in die unendliche Weite."

II, 48: *tato dvandva-anabhighātaḥ.*
„Daraus folgt Unempfindlichkeit gegen die Gegensätze (von Hitze und Kälte usw.).“

II, 49: *tasmin sati śvāsa-praśvāsayor gati-vichedaḥ prāṇāyāmaḥ.*
„Nun setzt die Atemzügelung ein, das heißt die Unterbrechung des gewöhnlichen Rhythmus von Einatmen und Ausatmen.“

II, 50: *bāhya-abhyantara-stambha-vṛttir deśa-kāla-saṃkhyābhiḥ paridṛṣṭo dīrgha-sūkṣmaḥ.*
„Die Atemzügelung hat folgenden Rhythmus: Ausatmen, Einatmen, Festhalten. Der Atem wird bemessen nach räumlicher Ausdehnung, Zeit und Zahl; ferner, ob er heftig, langgezogen ist oder leicht.“

II, 51: *bāhya-abhyantara-viṣaya-ākṣepī caturthaḥ.*
„Die vierte Art des Atmens kann nicht mehr nach Ausatmen und Einatmen oder nach den andern genannten Maßstäben bemessen werden [6]).“

II, 52: *tataḥ kṣīyate prakāśa-āvaraṇam.*
„Durch die hier gelehrte Atemzügelung wird die Hülle vor der inneren Klarheit weggezogen.“

II, 53: *dhāraṇāsu ca yogyatā manasaḥ.*
„Auch entwickelt sich daraus eine Tauglichkeit des Denkorgans für die Konzentration.“

II, 54: *sva-viṣaya-asaṃprayoge cittasya svarūpa-anukāra iva indriyāṇām pratyāhāraḥ* [7]).
„Die Einholung der Sinne ist gleichsam ein Eingehen in die Eigengestalt der ‚seelischen Welt‘, wobei keine Verbindung der Sinne mit den zu ihnen gehörigen Wahrnehmungsgegenständen mehr besteht.“

II, 55: *tataḥ paramā vaśyatā indriyāṇām.*
„Daraus entsteht eine höchste Fügsamkeit der Sinne.“

III, 1: *deśa-bandhaś cittasya dhāraṇā.*
„Mit Konzentration ist gemeint die Festlegung der Seele auf einen Betrachtungs-Bereich.“

III, 2: *tatra pratyaya-ekatānatā dhyānam.*
„Wenn die Betrachtung über einen bestimmten Bewußtseinsgegenstand so vor sich geht, daß sie sich wie ein Faden fortspinnt, so ist das Versenkung [8]).“

III, 3: *tad eva, artha-mātra-nirbhāsaṃ svarūpa-śūnyam iva, samādhiḥ.*
„Wenn Versenkung der ihr eigentümlichen Wesensform (Entgegensetzung von Bewußtsein und Bewußtseinsgegenstand) gleichsam ledig ist und nur noch als die Sache selber aufstrahlt, so ist das die Einfaltung.“

III, 4: *trayam ekatra saṃyamaḥ.*
„Die Dreiheit (der letztgenannten ‚Glieder' des Yoga) bilden zusammen die Gesamtzügelung."

III, 5: *taj-jayāt prajñā-ālokaḥ.*
„Durch deren Meisterung entsteht Erkenntnisschau."

III, 6: *tasya bhūmiṣu viniyogaḥ.*
„Sie vollzieht sich stufenweise in den verschiedenen Bereichen der ‚seelischen Welt'."

III, 7: *trayam antar-aṅgaṃ pūrvebhyaḥ.*
„Gegenüber den vorausgehenden bildet die genannte Dreiheit die ‚inneren Glieder' des Yoga."

III, 8: *tad api bahir-aṅgaṃ nirbījasya.*
„Gegenüber der ‚keimlosen Einfaltung' bildet diese Dreiheit dagegen die ‚äußeren Glieder' [9])."

III, 9: *vyutthāna - nirodha - saṃskārayor abhibhava - prādur - bhāvau nirodha-kṣaṇa-citta-anvayo nirodha-pariṇāmaḥ.*
„Wenn die unterbewußten Bewirker des Wachseins der seelischen Bewegungen verschwinden und die der Still-Legung *(nirodha)* auftauchen, so heißt die Verbindung des *citta* mit der Still-Legung die Still-Legungs-Schwingung *(nirodha-pariṇāma).*"

III, 10: *tasya praśānta-vāhitā saṃskārāt.*
„Das friedvolle Dahinströmen dieser ist verursacht von einem unterbewußten Bewirker."

III, 11: *sarvārthatā-ekāgratayoḥ kṣaya-udayau cittasya samādhi-pariṇāmaḥ.*
„Wenn in der ‚seelischen Welt' die bewußte Beziehung zu jeglichem Gegenstand aufhört und das In-Eins-Gesammeltsein eintritt, so ist das die Bewußtseinsschwingung, die man ‚Einfaltung' nennt."

III, 12: *(tataḥ punaḥ)* [10]) *śānta-uditau tulyapratyayau cittasya ekāgratā-pariṇāmaḥ.*
„Das In-Eins-Gesammeltsein hinwiederum ist die Bewußtseinsschwingung, bei der ein und derselbe Bewußtseinsgegenstand in der Doppelform erscheint, daß er zwar ruht, aber doch noch da ist."

III, 13: *etena bhūta - indriyeṣu dharma-lakṣaṇa - avasthā pariṇāmā vyākhyātāḥ.*
„Mit dem Vorausgehenden (37–40) sind die Schwingungen erklärt, die in den Element-gebauten Organen [11]) sich vollziehen und die sich darstellen als solche des konstituierenden Stoffes (z. B. *sattva* ‚der lichte Weltstoff'), der Erscheinungsform (z. B. *buddhi* ‚Geistorgan') und des jeweiligen Zustandes (z. B. verschlackt oder rein)."

III, 14: *tatra śānta-udita-avyapadeśya-dharma-anupātī dharmī.*

„Das tragende Subjekt des konstituierenden Stoffes macht dieselben Wandlungen durch wie dieser, ob er nun zur Ruhe gekommen oder in Tätigkeit ist oder in einem Zustand, der nicht mehr mit diesen Ausdrücken bezeichnet werden kann [12]).“

III, 15: *krama-anyatvaṃ pariṇāma-anyatve hetuḥ.*

„Die Verschiedenheit im Ablauf der genannten drei Reihen (41) ist die Ursache in der Verschiedenheit der Schwingungen der ‚seelischen Welt‘.“

III, 16: *pariṇāma-traya-saṃyamād atīta-anāgata-jñānam.*

„Durch Anwendung der Gesamtzügelung auf die drei genannten Schwingungsarten entsteht Wissen von Vergangenem und Zukünftigem [13]).“ (*saṃyama* vgl. III, 4.)

III, 17: *śabda - artha - pratyayānām itara-itara-adhyāsāt saṃkaras; tat-pravibhāga-saṃyamāt sarvabhūta-ruta-jñānam.*

„Wenn man Wort, Sache und Vorstellung miteinander verwechselt, so entsteht eine irrtümliche Vermischung; durch Üben der Gesamtzügelung zur genauen Unterscheidung der drei, entsteht Wissen um die Laute aller Wesen.“

III, 18: *saṃskāra-sākṣātkaraṇāt pūrva-jāti-jñānam.*

„Durch Bewußtmachung der ‚unterbewußten Bewirker‘ entsteht Wissen um seine früheren Geburten.“

III, 19: *pratyayasya para-citta-jñānam.*

„Wer die Gesamtzügelung auf Vorstellungen anwendet, erlangt Wissen von der Vorstellungswelt der andern.“

III, 20: *na ca* [14]) *tat sa-ālambanaṃ, tasya aviṣayībhūtatvāt.*

„Aber dieses Wissen bezieht sich nicht auf den der Vorstellung des andern zugrunde liegenden Gegenstand, da nur diese Vorstellung dem Yogin offenbar wird und nicht der ihr zugrunde liegende Gegenstand [15]).“

III, 21: *kāyarūpa - saṃyamāt tad - grāhya - śakti - stambhe cakṣuḥ-prakāśa-asaṃyoge 'ntardhānam.*

„Durch Anwendung der Gesamtzügelung auf die Struktur des Körpers entspringt, weil dadurch die Kraft, ihn wahrzunehmen, gebannt und das Augenlicht ausgeschaltet wird, Verschwinden.“

III, 22: *sa-upakramaṃ nir-upakramaṃ ca karma; tat-saṃyamād apara-anta-jñānam, ariṣṭebhyo vā.*

„Der unterbewußte Werkrest [16]) ist entweder in deutlich merkbarer Wirkung begriffen, oder er wirkt subtil im Verborgenen. Durch Anwendung der Gesamtzügelung darauf entsteht Wissen vom künftigen Ende oder Vorahnung von Unheil.“

III, 23: *maitry-ādiṣu balāni.*
„Durch Gesamtzucht im Bereich der Freundschaft gegen alle Wesen und der andern (drei ‚Unermeßlichen' [17]) gewinnt man Machtvollkommenheiten."

III, 24: *baleṣu hasti-bala-ādīni.*
„Durch Anwendung der Gesamtzucht auf die Machtvollkommenheiten erlangt man die Kräfte von Elefanten und andern Großtieren."

III, 25: *pravṛtty-āloka-nyāsāt sūkṣma-vyavahita-viprakṛṣṭa-jñānam.*
„Durch das Sichhineinsenken in die Anschauung der Funktionen erlangt man Wissen von Subtilem, von Verborgenem und von fern Abliegendem."

III, 26: *bhuvana-jñānaṃ sūrye saṃyamāt.*
„Durch Übung der Gesamtzucht mit Beziehung auf Sonne erlangt man Wissen vom Kosmos."

III, 27: *candre tārā-vyūha-jñānam.*
„. . . mit Beziehung auf den Mond erlangt man Wissen vom Gang der Gestirne."

III, 28: *dhruve tad-gati-jñānam.*
„. . . auf den Polarstern erlangt man Wissen um dessen Gang."

III, 29: *nābhi-cakre kāya-vyūha-jñānam.*
„Wenn man die Gesamtzügelung auf den Nabelkreis anwendet, entsteht Wissen vom Organismus des Körpers."

III, 30: *kaṇṭha-kūpe kṣut-pipāsā-nivṛttiḥ.*
„. . . auf die Halsgrube Aufhören von Hunger und Durst."

III, 31: *kūrma-nāḍyām sthairyam.*
„. . . auf die Schildkrötenhöhlung Festigkeit [18])."

III, 32: *mūrdha-jyotiṣi siddha-darśaṇam.*
„. . . auf das Licht im Schädel Schau der Vollendeten."

III, 33: *prātibhād vā sarvam.*
„Oder durch die plötzliche Erleuchtung [19]) All-Schau."

III, 34: *hṛdaye citta-saṃvit.*
„Durch Anwendung auf das Herz Wissen von der ‚inneren Welt'."

III, 35: *sattva - puruṣayor atyanta - asaṃkīrṇayoḥ pratyaya - aviśeṣo bhogaḥ; parārtha-anya-svārtha-saṃyamāt puruṣa-jñānam.*
„Der ‚Mensch-an-sich' und der das Geistorgan bildende ‚lichte Weltstoff' sind ewig unvermischt. Das ‚Essen der Welt' durch den ‚Menschen-an-sich' ist dadurch möglich, daß ‚lichter Weltstoff' und ‚Mensch-an-sich' im Bewußtsein nicht unterschieden werden. Durch Anwendung der Gesamtzucht auf den Zweck dieses Essens für den ‚Andern' und den davon verschiedenen Eigenzweck erlangt man Wissen vom ‚Menschen-an-sich' [20])."

III, 36: *tataḥ prātibha-śrāvaṇa-vedanā-ādarśa-āsvāda-vārtā-jāyante.*
„Daraus entsteht dann das plötzliche innere Aufleuchten, das sich auswirkt im Bereich des Gehörs, der Empfindung, der Schauung, des Geschmacks usw."

III, 37: *te samādhau upasargā, vyutthāne siddhayah.*
„Diese Gaben, die bei der ‚Einfaltung' zu Hindernissen werden, sind im regen Bewußtseinszustand ‚Erreichnisse'."

III, 38: *bandha - kāraṇa - śaithilyāt pracara - saṃvedanāc ca cittasya paraśarīra-āveśaḥ.*
„Durch die Lockerung der Bindekräfte zwischen dem leiblichen und dem seelischen Organismus und durch die Erfahrung des ‚Austretens' der Seele vermag der Yogin in einen anderen Körper einzutreten [21])."

III, 39: *udāna-jayāj jala-paṅka-kaṇṭaka-ādiṣu asaṅga' utkrāntiś ca.*
„Bewältigung des Aufhauchs durch die Gesamtzügelung gewinnt dem Yogin die Fähigkeit, im Wasser, im Schlamm, in den Dornen usw. nicht hängen zu bleiben oder daraus wieder zu entkommen."

III, 40: *samāna-jayāt prajvalanam.*
„Wenn er den Hauch bewältigt, der den ganzen Körper durchdringt, so entsteht ihm Verklärung."

III, 41: *śrotra-ākāśayoḥ saṃbandha-saṃyamād divyaṃ śrotram.*
„Durch Anwendung der Gesamtzügelung auf den Zusammenhang von Hören und Äther erlangt er das göttliche Gehör."

III, 42: *kāya-ākāśayoḥ saṃbandha-saṃyamāl laghu-tūla-samāpatteś ca ākāśa-gamanam.*
„Durch Anwendung der Gesamtzügelung auf die Verbindung von Körper und Äther und durch das Eingehen in den Zustand leichter Baumwolle gewinnt der Yogin die Fähigkeit, im Äther zu wandeln."

III, 43: *bahir akalpitā vṛttir mahāvidehā; tataḥ prakāśa - āvaraṇa-kṣayaḥ.*
„Die Seelenfunktion, die außerhalb des Körpers ohne bestimmte Formung sich abspielt, heißt die ‚Große Körperfreie' [22]). Tritt sie ein, so verschwindet die Hülle vor der Seelenklarheit."

III, 44: *sthūla-svarūpa-sūkṣma-anvaya-arthavattva-saṃyamād bhūta-jayaḥ.*
„Durch Anwendung der Gesamtzügelung auf die groben Erscheinungen, auf die innere Wesensform der Dinge, auf die feinen Erscheinungen, auf das ontisch-kausale Verhängtsein und auf die immanente Zweckhaftigkeit der Welt erlangt der Yogin Bewältigung der Schöpfung."

III, 45: *tato 'ṇima-ādi-prādurbhāvaḥ, kāya-saṃpat, tad-dharma-anabhighātaś ca.*
„Dann treten die übernatürlichen Fähigkeiten auf wie Atomkleinheiten usw., ferner harmonische Durchordnung des Körpers und Gefeitsein seiner konstituierenden Elemente gegen Anfälligkeit."

III, 46: *rūpa-lāvaṇya-bala-vajrasaṃhananatvāni kāyasampat.*
„Die harmonische Durchordnung des Körpers ist: gute Form, Rassigkeit, Kraft und diamantene Straffheit."

III, 47: *grahaṇa - svarūpa - asmitā - anvaya - arthavattva - saṃyamād indriya-jayaḥ.*
„Durch Anwendung der Gesamtzügelung auf die innere Wesensform der (Welt)erfassung, auf das bewußte Ich, auf das ontisch-kausale Verhängtsein und auf die immanente Sinnhaftigkeit in diesem Vorgang entsteht vollständige Beherrschung der ‚Kräfte' [23])."

III, 48: *tato manojavitvaṃ vikaraṇa-bhāvaḥ pradhānajayaś ca.*
„Dann entsteht Weitung des Geistes, der Zustand der Lösung von den körperlisch-seelischen Organen und Beherrschung der Urmaterie [24])."

III, 49: *sattva-puruṣa-anyatā-khyāti-mātrasya sarva-bhāva-adhiḥṭhātṛvaṃ sarvajñātṛtvaṃ ca.*
„Ein Yogin, den nur noch die Schau des Unterschiedes zwischen der lichten Weltstoffenergie und dem ‚Menschen-an-sich' ausfüllt, gewinnt Gewalt über jeden Seinszustand und das All-durchdringende Wissen."

III, 50: *tad-vairāgyād api doṣa-bīja-kṣaye kaivalyam.*
„Gibt dann der Yogin in völliger ‚Entdürstung' auch noch diese höchste Schau daran, so entsteht ihm das ‚Für-sich-sein' (die ‚Bloßheit')."

III, 51: *sthāny-upanimantraṇe saṅga-smaya-akaraṇaṃ, punar aniṣṭa-prasaṅgāt.*
„Wenn ihm auf diesem Wege höchsteWesen [25]) Gastfreundschaft anbieten, so soll er sich darauf nichts einbilden und jedes Verlangen nach Seligkeit drangeben, weil sich sonst nur wieder Unheil an ihn hängt."

III, 52: *kṣaṇa-tatkramayoḥ saṃyamād vivekajaṃ jñānam.*
„Durch Anwendung der Gesamtzügelung auf die einzelnen Momente der Zeit und auf deren Folge und Zusammenhang [26]) gewinnt der Yogin ‚das aus Unterscheidung geborene Wissen'."

III, 53: *jāti-lakṣaṇa-deśair-anyatā-anavachedāt tulyayos tataḥ pratipattiḥ.*
„Daraus erfolgt ein Innewerden der Zweie, die völlig identisch erscheinen, weil ihre Verschiedenheit in Wesen, Merkmal und Bereich in der gewöhnlichen Erfahrung sich nicht darstellt [27])."

III, 54: *tārakaṃ, sarvaviṣayaṃ, sarvathāviṣayam akramaṃ ca, iti vivekajaṃ jñānam.*
„Die Erkenntnis, die über den Strom (des Weltseins) hinüberträgt, die das Ganze und dessen in der Zeit sich wandelnde Erscheinungsformen in Einheit gegenständigt und die ‚schrittlos' ist, ist die aus Unterscheidung geborene Erkenntnis."

III, 55: *sattva-puruṣayoḥ śuddhi-sāmye kaivalyam.*
„Da nun die lichte Weltstoffenergie *(sattva)* und der ‚Mensch-an-sich' in derselben Reinheit sich getrennt darstellen, tritt die ‚Bloßheit' *(kaivalyam)* ein [28])."

IV, 1: *[janma-oṣadhi-mantra-tapaḥ-samādhijāḥ siddhayaḥ.*
„Die ‚Erreichnisse' gewinnt man durch Veranlagung, durch Kräuter, durch Sprüche, durch Askese und durch ‚Einfaltung' [1])."]

E. Der *nirmāṇacitta*-Text (Kap. IV) [2])

IV, 2: *jāty-antara-pariṇāmaḥ prakṛty-āpūrāt.*
„Der Prozeß, der zu einer neuen Existenz führt, kommt aus dem Quellgrund der Werdekräfte der Urnatur [3])."

IV, 3: *nimittam aprayojakaṃ prakṛtīnāṃ, varaṇa-bhedas tu tataḥ kṣetrikavat.*
„Die mitwirkende Ursache (die *vāsana* oder *saṃskāra*) veranlaßt die Werdevorgänge nicht, sie beseitigt nur die Dämme davon, wie der Bauer [4])."

IV, 4: *nirmāṇa-cittāny asmitā-mātrāt.*
„Die *citta,* die in der irdischen Sphäre erscheinen, stammen aus der absoluten ‚Ich-bin-heit' [5])."

IV, 5: *pravṛtti-bhede prayojakaṃ cittam ekam* anekeṣām.
„Obwohl die Funktionen der einzelnen *(citta)* verschieden sind, ist doch das absolute Eine *citta* die Ursache der zahllosen (irdischen)."

IV, 6: *tatra dhyānajam anāśayam.*
„Unter diesen hat das aus der Versenkung umgeschaffene keine ‚Werkliegenschaft' mehr."

IV, 7: *karma aśukla-akṛṣṇaṃ yoginas, trividham itareṣām.*
„Das ‚Werk' des vollendeten Yogin ist weder ‚weiß' noch ‚schwarz', das der andern ist dreiartig [6])."

IV, 8: *tatas tad-vipāka-anuguṇānām eva abhivyaktir vāsanānām.*
„Aus diesem dreiartigen Werkrest erfolgt die Entfaltung der ‚Einwohnungen' [7]), die sich nach dem Reifegesetz des ‚Werkes' richten."

IV, 9: *jāti-deśa-kāla-vyavahitānām apy ānantaryaṃ smṛtisaṃskārayor ekarūpatvāt.*

„Obwohl die sich entfaltenden ‚Einwohnungen' von ihrer Werk-Ursache durch Geburt, Raum und Zeit getrennt sind, besteht doch zwischen ihnen und dieser ein ununterbrochener Kausalzusammenhang, weil das die Eindrücke bewahrende Gedächtnis und die hier eingesenkten Bewirker ein einheitliches Ganzes bilden [8])."

IV, 10: *tāsām anāditvaṃ ca* [9]) *āśiṣo nityatvāt.*

„Und die ‚Einwohnungen' sind unanfänglich, weil der Lebensdrang ewig ist."

IV, 11: *hetu-phala-āśraya-ālaṃbanaiḥ saṃgṛhītatvād, eṣām abhāve tadabhāvaḥ.*

„Da der Bestand der ‚Einwohnungen' beruht auf der Ursache (Lebensdrang), auf der Frucht (Triebe und Handlungen) und auf dem begehrten Gegenstand (Objekte des Weltessens), so vergehen mit diesen auch jene."

IV, 12: *atīta-anāgataṃ svarūpato 'sty, adhva-bhedād dharmāṇām.*

„Vergangenheit und Zukunft haben je ihre eigene Seinsform, weil die das Seiende konstituierenden Elemente je einem andern Prozeß angehören [10])."

IV, 13: *te vyakta-sūkṣmā guṇa-ātmānaḥ.*

„Die das Seiende konstituierenden Elemente haben einen irdisch erscheinenden *(vyakta)* und einen metapsychischen *(sūkṣma)* Aspekt. Ihr tragendes ‚Selbst' sind die ‚Weltstoffenergien'."

IV, 14: *pariṇāma-ekatvād vastu-tattvam.*

„Durch die Einheit (Vereinigung) von Schwingungen entsteht die Seinsgrundlage der realen Welt."

IV, 15: *vastu-sāmye citta-bhedāt tayor vibhaktaḥ* [11]) *panthāḥ.*

„Weil, während die reale Welt dieselbe ist, die *citta* verschieden sind, fallen diese und die ‚seelische Welt' nicht zusammen (sind nicht identisch)."

IV, 16: *na ca ekacitta-tantraṃ vastu, tad-apramāṇakāṃ* [12]), *tadā kiṃ syāt.*

„Und keineswegs ist die Sache nur ein Gedankenprodukt des Einen absoluten *citta.* Eine solche Auffassung ist unbeweisbar: könnte dann eine Sache überhaupt sein?"

IV, 17: *tad-uparāga-apekṣitvāc cittasya vastu jñāta-ajñātam.*

„Dadurch, daß das *citta* von einer Sache durchfärbt wird oder sie nicht beachtet, wird diese erkannt oder nicht erkannt."

IV, 18: *sadā jñātāś citta-vṛttayas, tat-prabhoḥ puruṣasya apariṇāmitvāt* [13]).

„Die Bewegungen des *citta* sind immer apperzipiert, weil ihr Herr, der *puruṣa* keinen Schwingungen der Weltstoffe unterworfen ist."

IV, 19: *na tat sva-ābhāsaṃ dṛśyatvāt.*
„Das *citta* beleuchtet sich nicht selbst, da es Anschauungsgegenstand des *puruṣa* ist.“

IV, 20: *ekasamaye ca ubhaya-anavadhāraṇam.*
„Es kann nämlich nicht zur selben Zeit beides sein, Wahrnehmungsgegenstand und ‚Wahrnehmer‘ [14]).“

IV, 21: *citta-antara-dṛśye, buddhi-buddher atiprasaṅgaḥ smṛtisaṃkaraś ca.*
„Wenn ein *citta* von einem andern wahrgenommen würde, bekämen wir einen regressus ad infinitum von Geistorgan zu Geistorgan und eine Verwirrung des klaren Bewußtseins.“

IV, 22: *citer apratisaṃkramāyās tad-ākāra-āpattau sva-buddhisaṃvedanaṃ.*
„Wenn der ‚Geist‘ *(citi)* [15]), der in Wahrheit von dem Getriebe des *citta* unberührt bleibt, empirisch in dessen Getriebe eingeht, kommt er zum Bewußtsein des ihm zugehörenden Geistorgans (und damit zum Bewußtsein der vom Geistorgan dargebotenen Objekte).“

IV, 23: *draṣṭṛ-dṛśya-uparaktaṃ cittaṃ sarva-artham.*
„Das *citta,* das sowohl der ‚Wahrnehmer‘ wie die Objekte der Wahrnehmung ‚durchfärben‘ [16]), dient so jeglichem Zweck (der Befreiung).“

IV, 24: *tad asaṃkhyeya-vāsanābhiś citram api, para-arthaṃ, saṃhatyakāritvāt.*
„Obwohl das *citta* von unzähligen Einwohnungen durchwirkt ist, dient es doch dem Zweck der Befreiung des ‚Andern‘ [17]), weil es in Gemeinschaft mit ihm steht.“

IV, 25: *viśeṣa-darśina ātma-bhāva-bhāvanā-nivṛttiḥ.*
„Wer die Verschiedenheit (zwischen *citta* und *puruṣa*) sieht, hat damit Befreiung erlangt von der Setzung des empirischen Selbstes [18]).“

IV, 26: *tadā viveka-nimnaṃ kaivalya-prāgbhāraṃ cittam.*
„Dann strömt das *cittam* dem ‚Tale der Unterscheidung‘ zu, hinunter die ‚Bergeshalde des Für-sich-seins‘ [19]).“

IV, 27: *tac-chidreṣu pratyaya-antarāṇi saṃskārebhyaḥ.*
„Dazwischen ein drängen sich immer wieder andere Vorstellungen, die aus unterbewußten Bewirkern stammen [20]).“

IV, 28: *hānam eṣāṃ kleśavad uktam.*
„Deren Aufhebung ist dieselbe, wie die der ‚Dränger‘. Dies ist schon besprochen [21]).“

IV, 29: *prasaṃkhyāne 'py akusīdasya sarvathā viveka-khyāter dharma-meghaḥ samādhiḥ.*
„Wenn einer zur Tiefenschau gelangt, selbst da nicht genießend verharrt, sondern zur unumschränkten Unterscheidungsschau fortschreitet, so ist das die ‚Einfaltung‘ genannt: ‚Wolke der tragenden Urmacht‘ [22]).“

IV, 30: *tataḥ kleśa-karma-nivṛttiḥ.*
„Dann ist die Bewegung von ‚Dränger' und ‚Werkrest' zu Ende."

IV, 31: *tadā sarva-āvaraṇa-mala-apetasya jñānasya ānantyāj jñeyam alpam.*
„Dann bleibt, wegen der Unendlichkeit der von allen Umhüllungen und Trübungen befreiten Erkenntnis wenig mehr zu wissen übrig."

IV, 32: *tataḥ kṛta-arthānāṃ pariṇāma-krama-samāptir guṇānām.*
„Nun tritt, da die Weltstoffe ihren Zweck erfüllt haben, das Ende ihres Schwingungsablaufs ein."

IV, 33: *kṣaṇa-pratiyogī pariṇāma-aparānta-nirgrāhyaḥ kramaḥ.*
„Der den einzelnen Momenten entgegengesetzte ‚Gang' (der Bewegungen, Schwingungen der Weltstoffenergien) muß als Ende dieser Schwingungen erfaßt werden [23])."

IV, 34: *puruṣa-artha-śūnyānāṃ guṇānāṃ pratiprasavaḥ kaivalyaṃ svarūpa-pratiṣṭhā vā citi-śaktir iti.*
„Das Zurückströmen der Weltstoff-Energien in die Urmaterie, die keinen Zweck für den *puruṣa* mehr zu erfüllen haben, ist *kaivalyam* (absolutes Für-sich-sein des Puruṣa) oder die Grundexistenz der Geist-Kraft in ihrem eigenen Wesen."

3. Kapitel

Der Yoga nach der Zeit des Yoga-Sūtra

a) Grundlinien der Entwicklung

Die Zeit, in der das YS in seiner jetzigen Form entstanden ist, war, wie schon erwähnt, erfüllt von einer großen Yoga-Bewegung, die vornehmlich auch den sich wandelnden Buddhismus trug. Im Mittelpunkt steht die etwa im 4. Jahrhundert zur Blüte kommende sog. Yogācāra-Schule [1]). Von dieser Schule, die als ein absoluter Idealismus *(vijñānavāda)* bezeichnet werden muß, wurde der Yoga des Frühbuddhismus dem neuen Buddhismus angepaßt. So wurden z. B. die *dhyāna*-Stufen mit den Ebenen *(bhūmi)* der kosmischen Wirklichkeitssphären ineinsgesetzt, ein Prozeß, der schon mit den frühbuddhistischen *arūpa*-Stufen begonnen hatte [2]), der dann im Dhammasaṅgaṇi weitergeführt wurde [3]) und der in dem spätbuddhistischen Yogāvacāra-Manual eine besondere Ausprägung gefunden hat [4]).

Auch der Abhidharmakośa des Vasubandhu zeigt dieselbe Ausbildung des *dhyāna*-Systems [5]). Die Bewegung ging offenbar dahin, die metaphysischen Erkenntnisse unmittelbar mit den Versenkungsübungen und -Erlebnissen zusammenfallen zu lassen, wobei der Nachdruck nicht auf den Erkenntnissen, sondern auf den Bewußtseinsvorgängen lag.

Daß hier ein geistorganischer Vorgang vorliegt: Die Versenkungserlebnisse bestimmen die metaphysischen Überzeugungen, ist schon oben gesagt. Diese wurden schließlich die einzige Realität. Wo aber der Erkenntnisgegenstand im strengen Sinne verschwindet, da kann es nicht ausbleiben, daß auch die Erkenntnis selber in ihrer objektiven Natur übergeht in einen reinen, nur in sich selbst beruhenden Rhythmus von Bewußtseinszuständen *(bhūmi),* die als immanent-dialektischer Erlösungsgang (*pratyātmagati,* der „Gang, der für jedes Selbst zu gehen ist", wenn Erlösung eintreten soll) den Menschen aus der Weltbefangenheit *(avidyā)* zum Nirvāṇa führen. Diese Entwicklung vollendet sich im Laṅkāvatāra-Sūtra, wo *pratyātmagati, pratyātmagocara, pratyātmāryajñāna, pratyātmadharma* zu den zentralen Begriffen gehören. Zu diesem letzten Ausschwingen aller Geisteskräfte steigt man durch *dhyāna* auf. Auch das Laṅkāvatāra hat seine vier Stufen, aber nicht jene durch die Tradition geweihten vier *jhāna*-Stufen sind es, sondern gemäß der veränderten metaphysischen Grundhaltung neu benannte und neu erlebte, wenn diese vier Stufen auch noch eine starke innere Verwandtschaft mit den alten *jhāna*-Stufen zeigen, wie das ja auf Grund gleichbleibender seelischer Gesetze gar nicht anders sein kann. Die Namen für diese Stufen sind 1. *arthapravicaya,* 2. *bālopacārika, tathatālambana, tathāgata-śubha* [6]): die Stufe der Betrachtung von Erkenntnisgegenständen, dann die Stufe des freudigen Genusses, von dem sich die Törichten gefangennehmen lassen, dann die Stufe der reinen Erkenntnis und endlich die Stufe, die hinüberführt zum Nirvāṇa. Wer diese Stufe erreicht, zu dem kommen von allen Weltgegenden die Buddhas herbei mit ihren sonnenglänzenden Buddhahänden und streicheln seinen Kopf. Während nun aber im früheren Buddhismus die Versenkungen eine ganz positive Realität und Bewertung hatten, führt die innere Dialektik der Bewußtseinsvorgänge des Laṅkāvatāra weiter bis zur völligen Auflösung auch dieser letzten Realitäten und Werte: „die Versenkungen, die Unermeßlichen *(apramāṇa* vgl. oben S. 170), die Formlosen (*arūpya* vgl. oben S. 173), die Einfaltungen *(samādhayaḥ),* ja die ganze Stillegung des Bewußtseins *(samjñānirodha)* spielen sich innerhalb des Weltbewußtseins ab [7]) ... der sich Versenkende, die Versenkung, der Gegenstand der Versenkung, das Aufgeben und die Wahrheitsschau ist alles nur Bewußtseinsgestaltung – wer dieses weiß, der ist erlöst" [8]). Das Laṅkāvatāra will auch noch über diese letzten Bewußtseinsprozesse hinausführen zur *śūnyatā,* zur „Leere". Damit ist die Geschichte einer radikalen Wirklichkeitsforschung zu Ende gelangt. Hier stehen nicht mehr die alten heiligen Erkenntnisse über das Leiden, über seine Ursachen und über den Weg zu seiner Vernichtung in ihrer unerschütterten Objektivität, sondern *śūnyatā,* die große Stille der Ewigkeit, die erst für diese Menschen die wahre Wirklichkeit ist, schweigt das absolute Wesen herein in die laute Welt. Damit erst ist der Weg ins Unendliche frei. Wer ganz leer geworden ist, der ist wahrhaftig erfüllt. In diesen Abgrund der Leere stürzen die kühn aufgebauten philosophischen Systeme, die zu erstarren drohen und die Versenkungserlebnisse, die sich psychisch veräußerlichen.

Dies ist nicht nur ein negativer Vorgang. Durch dieses Zusammenstürzen wird seltsamerweise der Weg frei für ein ganz gelöstes Leben in der Welt, die in einer ungeheuer tiefsinnigen Paradoxie, für den der *śūnyatā* erfahren hat, *saṃsāra* und *nirvāṇa* zugleich ist [9]). Der Intellektualismus, der zur Zeit Vasubandhus sich zu einer schweren Gefahr zu entwickeln begann, hat sich damit selbst überwunden, ebenso wie der Psychologismus. Von der Erlösung läßt sich die Menschheit nie abschneiden.

Ein ganz anderer Weg zur Überwindung des gefahrvollen Intellektualismus ist von den Mahāyāna-Sūtras eingeschlagen worden, die der *bhakti*-Richtung des Spätbuddhismus angehören [10]). Diesem Buddhismus war Buddha zum höchsten Gott geworden. Und die Meditationsmethoden dieser Richtung gehen alle darauf aus, die überirdische Realität dieses Buddha und seines Paradieses der unmittelbaren Erfahrung zugänglich zu machen. Ein für diese *dhyāna*-Methode bezeichnendes Sūtra ist das Amitāyurdhyāna-Sūtra „das Sūtra der Meditation des Buddha vom unermeßlichen Leben“. Dieses ist uns nur in Chinesisch erhalten, ist aber übersetzt in "Sacred Books of the East" XLIX, part II 161 ff. In 16 Meditationsstufen werden hier, ausgehend von einfachsten Konzentrationsmethoden der *kasiṇa*-Art [11]), wie Blicken in die untergehende Sonne usw. die höheren Welten meditativ-visionär realisiert, ebenso wie der Buddha, sein Wesen, seine Begleiter usw., bis die Seele von diesen Bildern völlig überflutet und durchdrungen schließlich in einer alles verzehrenden Anbetung des Buddha untergeht. Bei dieser Methode werden die Kräfte der Phantasie in einer unerhörten Weise mobilisiert, und man kann wohl verstehen, wenn dafür begabte Menschen durch diese gewaltige innere Bewegung von ihren leidvollen Bindungen gelöst werden und eine tiefgehende Wandlung erleben. Ein in der Serie von A. Avalon „Tantrik Texts“ vol. VII veröffentlichtes und übersetztes tibetisches Tantra, das Śrīcakrasaṃbhāra-Tantra, hat diese Methode mit der *śūnyatā*-Metaphysik des Laṅkāvatāra und mit Murmel-Meditationen zu einem ausgebauten Meditationssystem verknüpft und hat damit jene Metaphysik der meditativen Erfahrung zugänglich zu machen versucht [12]).

In die großen Sūtren des Mahāyāna-Buddhismus, wie z. B. in das Saddharmapuṇḍarīka-Sūtra wie in das Laṅkāvatāra-Sūtra sind eine Anzahl von sog. *dhāraṇī*-Kapiteln eingebaut, die offenbar späteren Ursprungs sind. Es sind Kapitel, die mit scheinbar sinnlosen, aber für den Meditierenden mit tiefem Sinn beladenen Worten und Silben ausgefüllt sind. Ein solches Kapitel ist z. B. das IX. im Laṅkāvatāra-Sūtra [13]). Diese *dhāraṇī*-„Meditationsstützen“ [14]) werden zur Murmelmeditation benutzt, durch die das Wesen des Buddha und seine Lehre, die, dem Novizen vom Lehrer enthüllt, geheimnisvoll in diesen Silben enthalten sind, innerlich realisiert werden sollen. Diese Art von Meditation, deren

Anfänge in die vedische Zeit zurückgehen, wo ja auch schon in den heiligen, damals nicht mehr verstandenen Opfersilben geheimster Sinn verborgen ist, wurde dann besonders im tantrischen Yoga weitergebildet [15]).

Es liegt auf der Hand, daß die Entwicklung, die mit den *dhāraṇī* eingeleitet wurde, schließlich im Okkultismus und in der Magie enden mußte. Die Verbindung des Mahāyāna-Buddhismus mit Tibet, etwa seit dem Beginn der zweiten Hälfte des ersten Jahrtausends nach Christus, hat diese Entwicklung sicher beschleunigt. Doch hatte sie schon vor dieser Verbindung stark eingesetzt, wie das aus dem Laṅkāvatāra-Sūtra, dessen Übersetzungen ins Chinesische zeitlich feststehen, bewiesen werden kann [16]). Die gewaltigen Anstrengungen der Spekulation im Spätbuddhismus und die Steigerung der mystischen Erfahrung bis zu den schwindelnden Höhen von *śūnyatā,* verzehrten in jenen Jahrhunderten die höheren geistigen Kräfte und schufen Raum für neue Aufbrüche aus den tiefen Schichten der Seele, in denen auch die okkulten und magischen Tendenzen der Möglichkeit harren, sich zu entfalten. Dazu kam, daß der Hinduismus und damit auch der Yoga schon seit geraumer Zeit die nicht-arischen Völkerelemente Nordindiens in sich aufzunehmen begonnen hatte, deren erotisch-ekstatischen Kräfte sich mit dem arischen Śivaismus – Śiva gilt Megasthenes als Dionysos! – willig verbanden.

In diese Zeit, also in die zweite Hälfte des ersten Jahrtausends nach Christus, fällt auch die enge Verbindung von Śivaismus und Buddhismus, wie sie dann im nepalesischen Śivaismus und Buddhismus sich klassisch darstellte. Der Buddha, der Vater der Welt, als welcher er schon im Saddharmapuṇḍarīka auftritt, wird zu *ādibuddha,* zum Ur-Buddha, und schließlich zu *ādinātha,* zum Ur-Herrn und zum Ur-Gott. In dieser Form ist er nicht mehr von dem Ur-Gott Śiva zu unterscheiden. Und wie zu Śiva, aus Urtiefen aufsteigend, eine Göttin sich gesellt, so wird auch diesem Buddha eine weibliche Entsprechung zugegeben, nämlich Tārā „die große Retterin". Das Vajrayāna, „Diamant- oder Donnerkeil-Fahrzeug" tritt im Mahāyāna auf und mit ihm hält die Erotik ihren Einzug im Buddhismus. Dies ist das Ende des Buddhismus in Indien. Von jetzt an wird er vom Śivaismus aufgesogen. Wenn der Buddhismus auch noch in seiner andern Form Jahrhunderte um sein Daseinsrecht in Indien kämpfte, der Sieg des Hinduismus war schon entschieden. Damit tritt eine ganz neue Form von Buddhismus auf. Die orientalische Erotik verschmilzt mit dem zur Urmacht erhobenen Buddha so eng, daß neue Buddhas, je mit ihren Śaktis auftauchen, wie Heruka und Vajrayoginī (*heruka* war ursprünglich ein Beiname Gaṇeśas, eines Sohnes des Śiva). Es treten Bilder auf, in denen diese Buddhas in innigster geschlechtlicher Vereinigung mit ihren Śaktis dargestellt werden. In Tibet sind solche Bildwerke in künstlerischer Vollendung zu finden. Geschlechtliche Vereinigung wird als höchster religiöser Akt gepriesen (und wohl von manchen so erlebt). So verschmelzen Śiva-Śakti-Glaube und Buddhismus in diesen Jahrhunderten unauflöslich, besonders in Nepal und im nordöstlichen Indien, z. B. in Bengalen, wo dieser erotische Buddhismus *sahaja* genannt wurde und die romantische Liebe zu schönen Mädchen als Erlösungspfad sich auftat. Diese Bewegung verbindet sich ganz eng mit dem Yoga tantrisch-schāktischer Prägung: Die heilige Begattung wird durch Weihen vorbereitet, die mit Yoga-Übungen verknüpft werden und Samāpatti wird erreicht in der Ekstase geschlechtlicher Vereinigung [17]). Die neue Heimat dieses Buddhismus wurde Tibet. Dort hatte er seine große Zeit.

Im Anfang dieser Epoche hatte allerdings der letzte große buddhistische Patriarch Indiens, *Bodhidharma*, durch seine Flucht im Jahre 520 den Buddhismus vor dem allgemeinen Niedergang nach dem fernen Osten, nach China gerettet, wo er, wie das Christentum in der germanischen Welt, eine neue Blüte erlebte [18]). Diese Flucht ist von entscheidender Bedeutung auch für die Geschichte des Yoga geworden. Bodhidharma war selber, wie seine Biographien berichten, ein großer Yogin, der in rücksichtsloser Versenkung dem Letzten sich zuwandte. Und von hier aus entwickeln sich dann die großen Versenkungsschulen, deren wichtigste wohl die Zen-Schule ist, die ja ihren Namen von *dhyāna* hat *(zen = dhyāna)*. Durch Bodhidharma wird der Yoga eine umfassende Bewegung für den ganzen Osten. Daß gerade der Buddhismus in seiner Zen-Form auf die Geschichte Japans einen entscheidenden Einfluß ausgeübt hat, der auch heute wieder aufs neue sich kundtut, zeigt, daß der Yoga sich aufs engste mit dem tätigen Leben verknüpfen kann, wie ja auch einst der Frühbuddhismus in der Person des Aśoka im höchsten Grade geschichtsgestaltend geworden ist. Rechte Versenkung, wenn der Wille der Tat zugerichtet ist, aktiviert die Kräfte-Tiefen der menschlichen Seele in ungeahntem Maße.

Der Yoga innerhalb der śivaitischen Bewegung steht wie diese selbst im engsten Zusammenhang mit dem geschilderten erotisch-religiösen Aufbruch, der wie eine Sturzflut über die nordindischen Völker dahinrollt. Die tiefen Ursachen dieses Aufbruches sind wohl ähnliche wie die des religiös-erotischen Aufbruchs in den germanischen Völkern etwa seit der Mitte des 11. Jahrhunderts. Wie sie von der Antike und der Kirche zunächst in harte, auch intellektuelle Zucht genommen worden waren, so die nordindischen vom Buddhismus und Brahmanismus. Dazu kamen gewaltige Erschütterungen durch Kriege und Seuchen, die schwer auf jener Zeit lasteten. Aber das heiße Blut und die unverbrauchte Kraft brechen sich Bahn und suchen sich neue Formen religiöser Inbrunst. Übrigens kann diese Bewegung nach jeder Moderne ebenfalls beobachtet werden. Wenn die Kraft des Intellekts, aufs äußerste angespannt, das Leben einhemmen will, bricht in souveräner Selbsthilfe die Tiefenschicht der Natur im Blut empor. Und immer ist in irgendeiner Form das Weib Symbol für diesen Aufbruch. Daß Minnedienst und Marienkult aufs engste zusammenhängen, ist uns heute klar. Und die Versuche neuen Verständnisses für den Marienkult in der heutigen Zeit, auch außerhalb des Katholizismus, ist auch ein ins Religiöse erhobener Ausdruck der erotischen Welle, die sich über die Völker des Westens seit

Beginn unseres Jahrhunderts ergossen hat. Wie parallel sich diese Bewegungen oft abspielen, zeigt ein Vergleich der germanischen und der indischen Welt im Mittelalter deutlich. Zur selben Zeit, als im Westen Mönche und Nonnen in qualvoller Askese und tiefer Versenkung sich bereiten, mit dem Seelenbräutigam Christus vereinigt zu werden, führt in Indien die erotische Richtung der Bhakti-Religion und der tantrische Yoga die Seele zu liebender Einung dem Gott oder der Göttin zu. Und selbst innerhalb der islamischen Welt Persiens bricht dieselbe erotische Bewegung in der Mystik durch.

Die Polarität zwischen dem männlichen und weiblichen Prinzip, zwischen der zeugend schaffenden und der empfangend dargebärenden Erscheinungsform der ewigen Wirklichkeit kommt jetzt erst im Śivaismus zu seiner vollen Durchbildung.

Der Yoga geht in diesem Bereich völlig in die neue Entwicklung ein. Die große Zeit des tantrischen Yoga beginnt. Der Anfang eines der wichtigsten Tantra dieses Yoga-Weges, des Mahānirvāṇa-Tantra (vgl. Avalon Tantrik Texts vol. XIII) zeigt den großen Gott und seine Göttin in liebendem Zwiegespräch. Er ist der Gott der Götter, und die Herrin der Welt, das Barmherzigkeitsjuwel, die große Weise, die Geliebte seines Herzens, die Schöpfermacht in Wahrheit, ist doch nur Er selbst, des Gottes eigene Schöpfermacht und Weisheit. Dieser enthüllt er die Geheimnisse des Yoga-Weges, der besteht in *upāsana* „Gottesdienst", der zugleich auch eine Art praktischer Meditation über den verehrten Gott ist, ferner in *mudrā* „symbolischen Handstellungen", die dem Meditierenden helfen, seinen Geist auf das Wesen des Gottes und in die Tiefe zu lenken, *japa* „Murmelmeditation", *nyāsa* „bestimmte Handauflegungen", durch die der Körper mit der Macht des Gottes geladen wird, *yantra* „Meditationen mit Hilfe von Diagrammen". Dazu kommen noch verschiedene Sitzarten und Atemübungen. Alle diese Übungen sollen dazu dienen, die *kuṇḍalinī* im Menschen zu erwecken. Und diese ist im Grunde eben die Mutter der Welt, die im Blut schlummernden Mächte, die in das Reich des Geistes emporgeläutert werden sollen.

Am seltsamsten mutet uns in diesem Bereich die Zeremonie mit den fünf M an *(pañcatattva): mada,* der „heilige Trank", *māṃsa* „rituelles Essen von Fleisch", *matsya* „rituelles Essen von Fisch", *mudrā* „symbolische Handstellungen" (dafür tritt offenbar in einer bestimmten Tradition *mudgala,* oder *mudgara,* eine Art von Brei ein), *maithuna,* die „sakrale Begattung" [19]). Wein und Weib, in religiöser Weihe genossen, sollen die Seele aufwühlen und in ekstatischer Freude dem Gotte und der Göttin einen [20]).

Die klassische Beschreibung dieser Riten hält sich frei von der sittlichen Verwilderung, wenn ein solcher Ritus auch immer in Gefahr steht, ins Niedersinnliche auszuarten. Wir müssen darin den Versuch sehen, die aus der Tiefe drängenden elementaren Kräfte mit Hilfe von strengen Zeremonien in den Dienst religiöser Erhebung zu stellen und damit die verstarrende Schicht des mechanischen Kultus und des philosophischen Intellektualismus zu durchbrechen. Dieser Yoga benützt die Sehnsucht nach Symbolen, nach Rhythmik zwischen Blut und Geist, nach befreiender Phantasie als Kraft der Erlösung. Aus den Brunnen der Tiefe versucht er die Schwungkräfte zu holen für eine religiöse Vertiefung. Nicht Abkehr von der stürmischen Bewegtheit des Lebens ist sein Ziel, sondern Heiligung des Lebensrausches bis hinunter in seine wild-erotischen Ausbrüche.

Das letzte Ziel dieser „Erlösung" ist aber immer wieder der Gott und die Göttin, die in dem ewigen Reiche thronen. Von diesem Gott singt der Mahimnastava Vers 25: „Den Geist in eingewandter Seele nach richtiger Vorschrift zur Ruh gezwungen, die Hauche streng gezügelt, das Leibeshaar gesträubt (vor Freude), die Augen überquellend von Tränenfluten ekstatischer Lust – das, was die Yogin da erblicken an höchster Seligkeit, wie in ein Meer von Nektar eingetaucht, worauf sie treffen in der Seele Tiefe, – dies seltsam Wesen, wahrlich, das bist Du." Und von der ewigen Mutter singt die Ānandalaharī Vers 26 ff.: „Diese Mutter bleibt in Ewigkeit wie ihr Gemahl, wenn alle großen Götter in der Weltennacht versinken. Das ganze Leben sei ein Gottesdienst für sie. Mein Gerede sei heiliges Murmeln *(japa),* jedes handfertige Werk sei heilige Fingerhaltung *(mudrā)* dir. Mein Gehen sei ein Rechtsumwandeln (das Zeichen der Verehrung) deines Bildes, und Essen, Trinken sei Opferwerk für dich. Wenn ich mich lege, sei's Verbeugung dir, was immer ich an Lust genieße, dir sei es Selbst-Opfer. Und wenn ich fröhlich bin, dann sei das dir ein Huldigungstanz." Diesem zweieinigen Gott, dem man sich in höchster Verzückung geeint hat, soll auch das ganze leid- und lustvolle Leben geweiht sein. Ähnliche Heiligsprechungen des Alltagslebens sind uns ja schon in den Upaniṣaden begegnet.

Es ist klar, daß in diesem Kult uralte primitive Elemente, wie z. B. die heilige Begattung des Mahāvrata-Festes [21]), der Rauschtrank primitiveren Opferkultes [22]) usw. wieder zum Leben erwacht sind, wobei wir wohl annehmen dürfen, daß in jenen Gegenden, in denen der tantrische Śivaismus auch die höchsten Bereiche eroberte, die alten Zeremonien bei den primitiven Schichten nie ganz ausgestorben waren. Auch ist anzunehmen, daß die jetzt überall vom Hinduismus einbezogenen nichtarischen Elemente religionsgeschichtliche Niederungsschichten in die Bewegung einführten.

Sobald die echte ekstatische und religiöse Kraft in dieser Bewegung sich erschöpfte, konnte es darum nicht ausbleiben, daß die niederen Elemente dieses Kultes (denn so muß dieser Yoga genannt werden) sich mit Zauberei, Okkultismus und Nekromantik verbanden, die das höhere Leben bis zu einer völligen Verwahrlosung der Hochziele überdeckte. Daß der Buddhismus dann auch in diese Bewegung hineingezogen wurde, und besonders in dieser Form auch in Tibet viele Anhänger fand, beweist am deutlichsten die Geschichte des Buddhismus von Tāranātha [23]).

Wie der Yoga sich aufs innigste mit dem ekstatischen Śiva-Kult verbunden hat, so auch mit der Bhakti-Religion des Viṣṇuismus. Das Viṣṇu-Purāṇa, dessen endgültige Abfassung in die Jahrhunderte nach der Entstehung des Pātañjala fällt, gibt in seinem VI. Buche eine ausführliche Darlegung des Yoga in seiner Verbindung mit *bhakti*. Es sind hier in großartiger Weise jene Bhakti-Elemente, die in der Śvet-Up. wenigstens als neuer Begriff auftauchen und die dann in der Bhagavadgītā zur Blüte kommen, mit dem Yoga-Weg unter dem Einfluß eines glühenden Viṣṇu-Kṛṣṇa-Glaubens verschmolzen, um Erkenntnis und Gemeinschaft mit der Gottheit zu erlangen. Jedenfalls steht das Viṣṇu-Purāṇa in der späteren Yoga-Tradition in hohem Ansehen. Vācaspatimiśra z. B. in seinem Kommentar gibt reichliche Zitate aus dem Purāṇa.

Daß aber der Yoga in dieser Zeit trotz seines Eingehens in Śivaismus und Viṣṇuismus eine eigene Tradition behalten hat, zeigt das große Yogaśāstra des Hemacandra [24]), bei dem *yoga* Allgemeinbegriff für Frömmigkeit ist, vor allem aber die Kommentare zum YS des Patañjali.

b) Die wichtigsten Kommentare zum Yoga-Sūtra

Der älteste und klassische Kommentar zum YS ist das sog. Bhāṣya des Vyāsa. Ausgaben dieses Kommentars finden sich fast durchweg in den Ausgaben des YS [25]). Ein Studium der wichtigsten späteren Kommentare zum YS zeigt, daß sie alle mehr oder weniger von Vyāsa abhängig sind, selbst wenn sie sich in so kritischer Weise über die früheren Kommentare auslassen, wie es etwa Bhojarāja in seiner Vorrede zum Rājamārtaṇḍa tut. *bhāṣya* bedeutet „Rede, Unterredung", und ein ausführlicher Originalkommentar in Indien trägt darum diesen Namen, weil die kurzen Merksprüche des Sūtra nur dazu verfaßt sind, dem Studierenden zu helfen, die ganze Stoffmasse mit dem Gedächtnis zu meistern, während die Erklärung dieser so schwer verständlichen Merksprüche von einem Lehrer oft in der Form von Rede und Gegenrede gegeben wurde [26]).

Ein wirkliches Erfassen des klassischen Yoga ohne diesen Kommentar ist ausgeschlossen, wenn auch die Bemerkung Winternitzens, das, was wir als Yoga-Philosophie kennen, sei doch eigentlich in den Kommentaren enthalten, nicht ganz zu Recht besteht [27]). Es ist doch sehr viel Yoga-Philosophie aus den Sūtren selbst zu entnehmen. Und die Kommentare nach Vyāsa, ja schon Vyāsa selbst haben vielfach, statt die echte Yoga-Philosophie zu bieten, die Sāṃkhya-Philosophie dem Yoga untergeschoben. Sie sind deshalb nicht ohne Kritik zu benützen. Und diese Kritik hat von den uns sonst zugänglichen Yoga-Überlieferungen auszugehen. Leider sind die meisten von ihnen sehr vermischt mit vielem anderem Stoff, was die Arbeit außerordentlich erschwert. Die Früchte reifen hier sehr langsam [28]). Wichtiger als für die Yoga-Philosophie ist das YBh für die Übungen und Erlebnisse des Yoga [29]); für sie ist dieses Werk eine durch nichts zu ersetzende Quelle, obwohl wir auch hier mit ständiger Kritik arbeiten müssen. Der Zweifel, daß der Verfasser des YBh auch in dieser Beziehung manchen Merkspruch des YS mißverstanden hat, kann nicht unterdrückt werden, so daß wir fragen, ob Vyāsa ein Yogin gewesen ist, dem der Zugang zu den höchsten Yoga-Erlebnissen in eigener Erfahrung offen stand.

Aber aufs Ganze gesehen ist das YBh für uns ein unersetzliches Grundwerk zur Erforschung des Yoga, schon auch darum, weil das YBh von der endgültigen Redaktion des YS nicht allzu weit entfernt ist. Wir finden in ihm noch Spuren einer Auseinandersetzung mit den Buddhisten [30]). Wenn diese auch nicht mehr so lebendig scheint, wie im YS selber, so muß das YBh doch geschrieben sein vor dem Verebben der buddhistischen Spekulation.

Wir können das Datum des YBh aber noch etwas genauer bestimmen. Am Ende von III, 53 und IV, 13 zitiert das YBh einen Sāṃkhya-Lehrer, Vārṣagaṇya, der ein Zeitgenosse des buddhistischen Philosophen Vasubandhu war [31]). Über das Datum von Vasubandhu sind sich zwar die Autoritäten nicht einig [32]); aber es steht fest, daß er nicht später als das 5. Jahrhundert nach Christus anzusetzen ist. Doch sprechen gewichtige Gründe dafür, daß er etwa 350 nach Christus gestorben ist [33]). Das YBh kann also jedenfalls, da Vārṣaganya, wie feststeht, Zeitgenosse von Vasubandhu war, nicht vor Mitte oder Ende des 4. Jahrhunderts angesetzt werden (was ja auch dadurch unmöglich ist, daß das YS die Gestalt, in der es dem YBh vorlag, das ist die Form, in der es auch uns vorliegt, sicherlich erst in diesem Jahrhundert oder nicht viel früher erhalten hat, wie ich zu zeigen versucht habe). Vielleicht liegt das YBh aber noch ziemlich später, doch wohl nicht später als 650 nach Christus. Woods hat wahrscheinlich gemacht, daß im Śiśupālavadha auf YBh I, 33 angespielt wird [34]). Das YBh kann also nicht später als 650 nach Christus angesetzt werden. Wir haben einen Zeitraum von etwa 250 Jahren zwischen der Entstehung des YS als Ganzes und des YBh. Zu nahe dürfen wir es nicht an das YS heranrücken, weil die Mißverständnisse des Textes, vor allem des IV. Buches, und die überragende Bedeutung der typischen Sāṃkhya-Philosophie im YBh zwischen dieses und das YS eine an philosophischen Ereignissen nicht unwichtige Epoche einzuschieben verlangen. Wenn wir die letzte Redaktion YS etwa in das 4. Jahrhundert setzen, so kann das YBh schwerlich vor Ende des 5. oder zu Anfang des 6. Jahrhunderts geschrieben sein. Sein Datum genauer zu bestimmen, scheint mir beim heutigen Stand der Forschung unmöglich.

Eine Eigentümlichkeit des YBh ist noch hervorzuheben. Es vertritt durchweg den ausgeprägten Theismus der früheren Yoga-Tradition im Sinne etwa der Śvetāśvatara-Upaniṣad. Der Īśvara dieses Theismus ist Śiva. Dies geht unmißverständlich aus den schönen Eingangsversen zum YBh hervor. Übrigens vertreten auch andere wichtige Yoga-Kommentare den Theismus śivaitischer Richtung, so z. B. eben der Kommentar des Bhojarāja. Es hat also in dieser Beziehung seit der Zeit, als die Einleitung zum YS verfaßt worden ist, innerhalb der Yoga-Beflissenen ganz allgemein eine Wendung zum Theismus hin eingesetzt. Diese Zurückwendung zum ausgeprägten Theismus liegt ganz in der Richtung jener Zeit, die sich dann in den großen Bhakti-Bewegungen und in der Ausbildung des nordindischen und südindischen Śivaismus, wie wir sie etwa seit Beginn des 2. Jahrtausends nach Christus deutlich wahrnehmen können, vollends ausgewirkt hat.

Vyāsa selbst ist schon stark von dieser Bhakti-Bewegung gefaßt. Er erklärt darum z. B. *īśvarapraṇidhāna* durchaus im Sinne von *bhakti* (so z. B. YS I, 23, *bhaktiviśeṣa,* „eine besondere Art von *bhakti*"). Ebenso finden sich z. B. in II, 1 und in II, 23 ganz deutliche Anklänge an die Ausdrücke der Bhagavadgītā. Am deutlichsten kommt diese seine Haltung zum Ausdruck in dem Eingang zu seinem Kommentar, wo es vom Gott Śiva heißt:

„Der seine Urform aufgab und der Welt
in Gnaden zugeneigt gar mannigfache Formen annahm,
von dem der Haufen der Bedrängnisse
vernichtet abfällt,
der Träger ist des schauerlichen Giftes,
des eigen zahllose Münder, der viel genießt,
der Antrieb ist jeglicher Erkenntnis,
des Schlangengürtel zur Liebe da ist in Ewigkeit,
des Körper strahlt in fleckenlosem Weiß,
der Yoga gibt, in Yoga selbst versunken –
Der Gott, der Schlangen Herr, er steh euch bei."

Wer dieser Vyāsa, der als der Verfasser des YBh in der indischen Tradition lebt, gewesen ist, können wir nicht mehr sagen. Vielleicht ist es nur ein Deckname, der des mythischen Verfassers des Mahābhārata, dem man gern ein so wichtiges Werk zur Erhöhung von dessen Autorität zuschrieb. Vielleicht aber stecken in diesem Namen doch allerhand Beziehungen, die noch aufgeklärt werden müssen, beim heutigen Stand der Forschung kann darüber nichts ausgesagt werden.

Der Kommentar des Vācaspatimiśra zum Yogabhāṣya, die sog. Tattvavaiśāradī, wird meistens in den Ausgaben des YS und des YBh mitgedruckt, und zwar mit gutem Recht. Vācaspatimiśra lebte im 9. Jahrhundert [35]). Er zeigt eine außerordentliche Vertrautheit mit der Yoga-Tradition, wenn er auch nach meiner Meinung kein eigentlicher Yogin war, sondern an den Yoga mit einem starken Interesse von außen herankam. Nachdruck legt er vor allem auf die philosophische Seite des Yoga. Die vielen grammatischen und logisch-erkenntnistheoretischen Auseinandersetzungen sind zwar unter dem Gesichtspunkt der philosophischen Entwicklung Indiens sehr wertvoll. Aber zur Erfassung des Yoga mit Beziehung auf seine typischen Erfahrungen tragen sie nicht sehr viel bei, ja führen häufig von dem Text des YS und von dem des YBh so sehr ab, daß diese oft mehr verdunkelt als erhellt werden. Durch das YBh wie durch die Tattvavaiśāradī ist übrigens die Vermischung von

Yoga und Sāṃkhya wieder so weitgehend durchgeführt worden, daß es unmöglich ist, die gesonderte Tradition dieser beiden, die sich ja, wie wir gesehen haben, sowohl wegen der Verschiedenheit der Methoden, wie wegen der Verschiedenheit des metaphysisch-religiösen Standpunktes getrennt hatten, zu erfassen.

Ein weiterer wichtiger Kommentar ist Bhojarājas Rājamārtāṇda „der Königs-Sonnenvogel", der in einfach klarer Sprache und Gedankenführung das YS zu erhellen sucht. Dieser Kommentar ist zwar stark von Vyāsas Yogabhāṣya abhängig, zeigt aber doch so viel Selbständigkeit, daß wir annehmen dürfen, König Bhoja sei selbst Yogin gewesen und habe aus eigener Erfahrung geschrieben. Bhojarāja lebte im 11. Jahrhundert und war Anhänger des śivaitischen Theismus [36]).

c) *Al-Bīrūnī, Yoga und die persische Mystik*

Im Zusammenhang mit Bhojarājas Yogakommentar ist der Name eines Nichtinders viel genannt worden. Es ist der berühmte persische Reisende aus Chiva Al-Bīrūnī, der in der ersten Hälfte des 11. Jahrhunderts Indien bereiste und ein Buch über Indien in arabisch schrieb, worin er auch über Sāṃkhya und Yoga berichtet [37]). Sein Bericht über das Sāṃkhya ist gut, soweit es das philosophische System betrifft. Die psychologische Seite scheint sein Interesse weniger gefunden zu haben, jedenfalls fehlt ihm dafür das tiefere Verständnis. Die Berichte über den Yoga sind verschwommen. Aber er bemerkt in seiner Vorrede, daß er neben einem Buch über Sāṃkhya auch ein Buch über „Die Befreiung der Seele von den Banden des Körpers" übersetzt habe mit dem Namen *pātanğala.* Es ist nie ein Zweifel darüber gewesen, daß darunter das *pātañjalam,* also das Yogasūtra gemeint ist.

Diese beiden Übersetzungen waren verschollen. Glücklicherweise hat sich das *pātanğala* wiedergefunden. Eine Notiz L. Massignons (in seinem Buche „Essay sur les Origines du Lexique Technique de la Mystique Musulmane", Paris 1922, S. 79) über das in Konstantinopel liegende, von ihm zufällig bemerkte Manuskript, blieb zwar unberücksichtigt. Aber Massignon hatte H. Ritter darauf aufmerksam gemacht und als ich mich auf einer Studienreise durch Ägypten und Vorderasien auf dem Rückweg einige Wochen in Konstantinopel aufhielt, erwähnte H. Ritter das Manuskript und sah es auf meine Bitte mit mir an Ort und Stelle durch. Er schrieb mir das Manuskript auch ab und stellte eine vorläufige Übersetzung her. Der arabische Text befindet sich auf dem breiten Rande der Sammelhandschrift Köprülü 1589 (diese Tatsache ist Schuld daran, daß der Text nie katalogisiert und darum übersehen wurde). Ich habe über ihn ausführlich berichtet in der OLZ 1930 (33. Jahrgang Nr. IV, S. 273 ff.), worauf ich hier verweise; denn es hängen mit diesem Texte eine Reihe von indologischen Fragen zusammen.

Daß dieser Text eine Übersetzung des Kommentars von Bhojarāja ist, wie Garbe und andere vermuteten, hat sich als nicht richtig herausgestellt. Daß *kitāb pātanğala* eine Übersetzung des Yogasūtra ist, beweist eine Durchsicht des Textes wider allen Zweifel. Zwar entspricht der Satz Massignons: „Al-Bīrūnī il a traduit intégralement son (des Patañjali) Yoga-Sūtra du sanscrit en arabe" nicht ganz den Tatsachen. Er hat zwar zum großen Teil die Sūtra laufend übersetzt, läßt aber eine ganze Anzahl von ihnen weg (vielleicht war ihm ihr Sinn nicht klar). Doch gibt er alle Sūtren wieder, die die großen Linien des Yoga zeichnen. Wo aber feinere Unterscheidungen der Yoga-Übungen, -Erlebnisse und -Philosopheme behandelt werden, läßt er sie beiseite. Es ist darum nicht immer leicht den Text des *kitāb pātanğala* mit einzelnen Sūtren des Yogasūtra zu identifizieren.

Aber eine noch größere Schwierigkeit bei der Feststellung der genauen arabischen Entsprechungen für die übersetzten Sanskritausdrücke ist die von Al-Bīrūnī verteidigte Methode, den von ihm benutzten Kommentar zu den Yogasūtra mit diesen ineins zu arbeiten. Und eben diesen Kommentar kennen wir nicht; es ist aber sicher weder das Yogabhāṣya noch Bhojarājas Kommentar. Diese These ist in der angeführten Abhandlung in der OLZ ausführlich begründet.

Neue Erkenntnisse über den Yoga bringt uns Al-Bīrūnīs *kitāb pātanğala* nicht. Aber es ist aus einem anderen Grund von höchstem Interesse. Das Vorwort zu diesem Buch wirft Licht auf die geistigen Bewegungen der islamisch-persischen Welt und ihre Beziehungen zu Indien. Es müssen damals, also im 10./11. Jahrhundert (Al-Bīrūnī wurde 973 geboren und starb 1048) außerordentlich starke Auseinandersetzungen in der islamischen Welt Persiens vor sich gegangen sein, in denen der dogmatisch-konfessionelle Fanatismus und ein freierer Geist miteinander rangen. In diesen Auseinandersetzungen scheinen besonders auch indische Gedanken im Mittelpunkt des Für und Wider gestanden haben. Dies weist darauf hin, daß geistige Einströmungen von Indien her schon längere Zeit im Gange waren, sonst hätten sie nicht im 10. Jahrhundert schon die öffentliche philosophisch-religiöse Diskussion bestimmt. Diese Tatsache gibt der These M. Hortens, die er in seinen Schriften „Indische Strömungen in der islamischen Mystik", Heidelberg I, 1927, II, 1928 vertritt, eine starke Stütze. Wenn auch H. H. Schaeders Einwand zu Recht besteht, daß die einheimischen Quellen der persischen Mystik (er meint vor allem die hellenisch-aramäische Mystik der Jahrhunderte n. Chr., wobei er mir den Einfluß des Neuplatonismus zu unterschätzen scheint) bei der Betrachtung der persischen Mystik nicht übersehen werden dürften [38]).

Al-Bīrūnīs Werk ist ein sprechendes Dokument für die enge Verbindung der alten indo-iranischen Kulturräume um die Wende des 1. Jahrtausends. Al-Bīrūnī nennt als den Zweck seiner mühsamen Arbeiten, durch die er, offenbar um seiner Übersetzungen aus den Schriften der Ungläubigen willen, allerlei Anfeindungen zu erdulden hatte, dies: Die Strebungen der Menschen seien verschieden, und darauf beruhe die Verschiedenheit der Kulturen. Diese zu erkennen und zu lehren, fülle seine Seele aus. Er wolle dem törichten Treiben entgegentreten, daß man über Dinge disputiere, die man gar nicht recht kenne (nämlich die indische Religion und Philosophie), so daß die Auseinandersetzungen auf ein bloßes Bestreiten und Wieder-Ableugnen hinauskommen. Er will also, ohne seine Kritik an den Lehren und Wissenschaften der Inder zu verschweigen, eine einwandfreie Grundlage schaffen für eine sachliche Auseinandersetzung mit der indischen Gedankenwelt, die offenbar die Gemüter damals aufs stärkste erregte. Es war ja jene Zeit, in der die Eroberungszüge des Maḥmūd von Ghazna, der Al-Bīrūnī aus seiner turkestanischen Heimat nach Afghanistan gerufen hatte, die mohamedanische Welt in engste Verbindung mit Indien brachte. In diesem großen Forscher und Reisenden stellt sich ein wahrhaft souveräner Geist vor, inmitten einer Welt, die in Gefahr war, im islamischen Konfessionalismus sich zu verhärten. Es ist erhebend zu sehen, wie immer wieder der schöpferische Geist durch alle Verengungen bricht und dem heiligen Leben der Tiefenkräfte freie Bahn schafft.

So fanden sich die beiden arischen Völker, die sich schon im 3./2. Jahrtausend vor Chr. getrennt hatten, weil ihre alte gemeinsame Heimat östlich des Kaspischen Meeres durch Klimawandlungen sie nicht mehr ernähren konnte, in einem gemeinsamen Suchen nach Wirklichkeit und Wahrheit neu. Diese Begegnung, deren reifste Frucht die persische Mystik war, ist nicht nur für Persien und den Orient, also für die ganze islamische Welt, sondern auch für das christliche Abendland von einer vielleicht noch gar nicht ganz erkannten Wirkung gewesen. Persische Mystik und die Parsifal-Sage, die mit größter Wahrscheinlichkeit auch iranische Wurzeln hat, sind unverlierbare Besitztümer des abendländischen Geistes geworden.

Daß in diese ganze Tradition und Bewegung hinein der Yoga wirkte, ist ein erstaunliches Beispiel für die weltweite Wirkung schöpferischer geistiger Kräfte.

d) Der Haṭhayoga und sein Gegenspieler Vijñānabhikṣu

Während die bisher genannten Werke den klassischen Yoga hochhielten, tritt, nachdem die philosophische und mystische Schwungkraft seit dem Anfang des 2. Jahrtausends n. Chr. zu verebben begann und die Kräfte der Tiefenschau erlahmten, der Yoga in seine letzte Phase. Das System des Haṭha-Yoga, des „groben“ Yoga entwickelt sich.

Als Begründer dieses Systems muß wohl Gorakṣanātha angesehen werden, der im 15. Jahrhundert gelebt haben soll [39]). Diesem Gorakṣanātha werden zwei Sanskritwerke, „Haṭha-Yoga“ und „Gorakṣaśataka“ zugeschrieben. Er ist der Gründer einer Sekte, der Gorakhnāthīs, und diese hat dann die Tradition des Haṭha-Yoga weitergetragen. Aus ihr entstanden die klassischen Haṭhayoga-Werke wie die

Haṭhayogapradīpikā „Leuchte des Haṭhayoga" und die Gheraṇḍa-Saṃhitā „Sammlung der Lehren des Gheraṇḍa" und Śiva Saṃhitā [40]). Der Haṭha-Yoga soll nach den Autoritäten ein Hilfsmittel zum höheren Yoga, dem sog. Rāja-Yoga sein. Gewiß enthält er sehr viele wichtige Elemente therapeutischer Art, die bei kritischer Übernahme unter streng medizinischer Kontrolle ausgenützt werden könnten. Aber mit Beziehung auf den eigentlichen Yoga-Weg zeigt er doch eine starke psychotechnische Veräußerlichung, ein typisches Produkt der Verfallszeiten des indischen Geistes, das trotz aller Versicherungen weit abliegt von jenem rücksichtslosen ehrlichen Drang nach völliger Durchklärung, Befreiung der Seele und nach der Erfahrung letzter Wirklichkeit. Der Haṭhayoga hat einen starken Einschlag einer grobschlächtigen Suggestionsmethode und verknüpft sich aufs engste mit Magie und Sexualität. Einige seiner Übungen, wie z. B. die Vajrolī und Sahajolī stellen sogar sexuelle Perversitäten in den Dienst der „Erlösung". Und diese Vermischung von Sexuellem und Erlösungsstreben wird mit dem bezeichnenden Satze gerechtfertigt: „Diese immer zuverlässige Übung verleiht Schönheit und führt, obwohl sie mit Genuß verbunden ist, zur Erlösung". *samādhi* in diesem System ist in der Tat ein Trancezustand des abgedämpften Bewußtseins, nicht mehr das geistklare Leben in höchster Bewußtheit. Diese geringere Wertung des Haṭha-Yoga gegenüber dem im Pātañjalam gelehrten klassischen Yoga hat seinen Grund nicht, wie H. Zimmer meint (vgl. Anmerkung 40) „in einer intellektuell-philosophierenden Haltung des Westens" (mit einer solchen Haltung könnte man auch den klassischen Yoga nicht verstehen und nicht werten!), sondern eben in der Tatsache, daß den Haṭha-Yoga eine Atmosphäre durchdringt, die echte Tiefenerfahrung und Tiefenerkenntnis hindert. Lehren, die das magische Element in den Vordergrund schieben und behaupten, schon die Atemübungen führten zur Gottgleichheit und sexuelle Perversitäten brächten Schönheit und Genuß und obendrein noch *mukti,* also höchste innere Befreiung, tragen die Gefahr in sich, den hohen Sinn des Yoga in sein Gegenteil zu verkehren. Wer das Fakirwesen Indiens aus eigener Anschauung kennt, weiß, daß Tausende sogenannter „Yogis" dieser Gefahr erlegen sind und daß sie selbst sehr ernst Strebende bedroht.

Diese Haṭhayoga-Methode ist in Indien auch heute sehr verbreitet und ist in Europa, besonders durch den Yogin Haridās, der im 19. Jahrhundert gelebt hat und über den J. Braids in „Observations on trance or human Hybernation" 1850 berichtet, bekannt geworden. Die besondere Methode, die er befolgte, war neben allerhand Reinigungen die in den Haṭhayoga-Schriften ausführlich angegebene, wonach das Zungenband an der unteren Zungenwurzel zerschnitten und die Zunge so lange trainiert wird, bis man mit ihr die Augenbrauen berühren kann. Um zum völligen Trancezustand zu kommen, wird dann die Zunge zurückgebogen, so daß sie den Eingang der Luftröhre völlig verdeckt und Scheintod eintritt. Der genannte Haridās ließ sich in diesem Zustand nach dem Bericht von Augenzeugen in dem Garten eines seine Fähigkeiten bezweifelnden Rāja 40 Tage lang begraben. Dieses Begräbnis wurde mit Hilfe von mohammedanischen Soldaten, die dem Yogin als Hindu nicht gewogen waren, unter den größten Vorsichtsmaßregeln innerhalb eines Gebäudes, das dann zugemauert wurde, vorgenommen. Nach genauen Anweisungen wurde er nach 40 Tagen ausgegraben und von seinem Schüler erweckt. Nach der Rückkehr aus diesem seligen Stand der Erlösung zum irdischen Leben verschwand er allerdings über Nacht mit einer Schönen aus dem Harem des von der Wunderkraft des Yogin nun überzeugten Rāja. Er ist dann bei einem späteren Experiment dieser Art ins endgültige Nirvāṇa eingegangen. So wurde diese große Bewegung schließlich von den Kräften der Schwere *(tamas!)* hinuntergezogen auf eine Ebene, auf der sie zum Spott oder gar zum Abscheu aller Ernsthaften geworden ist. Wo die Tiefenkräfte versagen, entsteht auch aus dem Heiligsten immer eine Karikatur.

Der Gegenschlag gegen die Vergröberung des Yoga, die zugleich die Gefahr der Veräußerlichung und damit die Gefahr geistiger Verwahrlosung in sich barg, kam von einem der bedeutendsten Denker Indiens im 16. Jahrhundert, Vijñānabhikṣu, dessen Yogavārttika zu den wichtigen Yoga-Kommentaren gehört [41]). Er erklärt darin das Yogabhāṣya mit viel Einsicht in Yoga-Erfahrungen, allerdings mit einer deutlichen Wendung zum Vedānta.

Dies ist ein gewichtiges Zeugnis für den allbeherrschenden Einfluß dieser Bewegung im indischen Geistesleben seit dem großen Vedānta-Lehrer Śaṅkarācārya, der selbst wieder sehr stark vom Yoga und seinen Erfahrungen angeregt war. Doch überwiegt bei ihm die Spekulation. Diese Bewegung hat von dem Beginn des 2. Jahrtausends an dem Sāṃkhya-Yoga die Waage gehalten und hat immer wieder ihre klärende Wirkung ausgeübt.

Das aufschlußreiche Ineinander und Widereinander dieser Bewegungen kann hier nicht verfolgt werden. Doch sei kurz bemerkt, daß die verschiedene Haltung innerhalb des Yoga mit seiner ausgesprochenen Neigung zu einer personhaften Gottmacht und die in dieser Zeit sich immer stärker ausbildende atheistische Haltung des Sāṃkhya durch die monistische Neigung des Vedānta in ständiger Spannung gehalten wurden, wie andererseits die monistische Bewegung dem Theismus entgegenkommen mußte. Da die verschiedenen Bewegungen weithin nur immer für sich betrachtet wurden, ist die Tatsache dieser spannungsgeladenen Gesamtbewegung des religiösen Lebens und Denkens nicht genügend beachtet worden.

Von den Schriften Vijñānabhikṣus sei noch genannt der Yogasārasaṃgraha „kurze Zusammenfassung des Wesentlichen des Yoga“, in dem der gesamte Yoga im Sinn des Yogasūtra und des Yogabhāṣya in gefälliger Weise dargestellt ist.

Vijñānabhikṣu ist ein Beweis dafür, daß die Yoga-Bewegung in Indien entschlossen war, den religiösen und philosophischen Niedergang der anbrechenden Neuzeit in Indien zu überwinden und sich hinüberzuretten in eine Zeit, in der nach einem geradezu katastrophalen Niedergang des Hinduismus (der etwa Ende des 18. Jahrhunderts seinen Tiefpunkt erreicht hatte) die religiösen und philosophischen Kräfte Indiens wieder neu erwachen sollten.

Im 19. Jahrhundert hat dann der Yoga nicht nur in Männern wie Rāmakṛṣna und Svāmi Vivekānanda eine neue Blüte erlebt. Er hat auch seit dem letzten Drittel des 19. Jahrhunderts einen Anlauf genommen, die Welt des Westens zu durchdringen – am Ende des 3. Jahrtausends seiner Geschichte, wie er in seinem 2. Jahrtausend den fernen Osten durchdrungen hat. So kehrt jene große Bewegung indogermanischen Geistes in einer Zeit schwerster innerer und äußerer Bedrängnis zu den Völkern zurück, die sich einstens in grauer Vorzeit von jenen nach Osten abziehenden Indogermanen getrennt hatten, damit den Ring schließend, der diesen gewaltigen Bereich trotz der größten Verschiedenheit verbindet.

III. Hauptabschnitt

Der Yoga als Weg zum Heil

1. Kapitel

Der Mensch und die Gesamtwirklichkeit in der Schau des Yoga

1. Die metapsychischen und metaphysischen Grundanschauungen des Yoga [1])

Der „achtgliederige Pfad" des Yoga ist in seinem Wesen und seinen Zielen nur verständlich, wenn wir die Metapsychik und Metaphysik des Yoga kennen. Das Wort „Metapsychik", im Unterschied von Metaphysik, möchte ich hier einführen für die Yoga-Lehre von der Seele, die nicht die empirisch erfaßbaren seelisch-geistigen Vorgänge, sondern deren dynamische Voraussetzungen im Gesamtbau der Weltwirklichkeit betreffen. Jede Funktion hat nach dieser Anschauung eine übersinnliche Machtwirklichkeit zur Voraussetzung oder als Quelle. Diese Quelle speist alle Cittas, Bewußtseine oder „innere Welten" in ihrem Funktionieren. Diese Metapsychik geht ohne Grenze in die Metaphysik über, in die Begriffe wie *prakṛti, pradhāna, avyakta, vyakta* gehören. *asmitā*-mātra das (kosmische) Individuationsprinzip, wörtlich die „Ichbinheit", steht dagegen auf der Grenze, während z. B. die *tanmātra* der *indriya,* die übersinnlich-transzendenten Voraussetzungen der Tat- und Erkenntnisorgane zur Yoga-Metapsychik gerechnet werden müßten. Dies nur zur Erklärung der hier gebrauchten Bezeichnungen.

Weithin ist die Metapsychik und die Metaphysik des Yoga mit der des Sāṃkhya identisch, besonders was den Aufbau der Gesamtwirklichkeit anbelangt, wenigstens wenn wir auch die Kommentare berücksichtigen. Dies müssen wir, weil in den Yogasūtra keine ausführliche psychologisch-philosophische Gesamtschau gegeben wird.

In den Yoga-Up., besonders in der Maitrāyaṇa- und Praśna-Upaniṣad, welch letztere dem Pippalāda, dem Urvater der kaśmirischen Atharva-Schule der Paippalādas zugeschrieben wird, haben wir schon ein weit ausgebildetes aber noch durchaus panentheistisches System einer Metapsychik und Metaphysik vor uns. Hier treten die meisten Grundbegriffe zum erstenmal literarisch auf, wie z. B. der so eigenartige Begriff *tanmātra* (Maitr.-Up. III, 2; Praśna-Up. IV, 8). Aus dem Gesamtzusammenhang ist zu ersehen, daß der Yoga einen Hauptanteil an der Bildung dieses Systems hat.

Im vollausgebildeten System des Yogasūtra und seiner Kommentare treten aber eine Anzahl Unterschiede des Yoga gegenüber dem Sāṃkhya deutlich genug hervor, besonders wenn wir das IV. Kapitel des Yogasūtra etwas schärfer ins Auge fassen. Auch die philosophische Methode des Yoga unterscheidet sich in gewissem Sinn von der des Sāṃkhya. Sie muß es in der Tat gewesen sein, die schließlich zu einer Trennung der beiden Systeme geführt hat: Der Yoga geht viel strenger von den unmittelbaren Erfahrungen, vornehmlich von den Innenerfahrungen aus. Seine Metapsychik und Metaphysik ist eine denkerische Verarbeitung dieser Erfahrungen und sein Ziel ist nicht so sehr, ein geschlossenes System aufzustellen, als vielmehr eine gesicherte Grundlage für die unmittelbare Erfahrung zu schaffen. Das Sāṃkhya dagegen ist mehr spekulativ gerichtet, was schon in dem Wort *sāṃkhya* liegt (die Meinung, daß dieses Wort aus der Zählmethode des Sāṃkhya mit seinen 25 Prinzipien entstanden sei, halte ich für abwegig!). Der Sāṃkhyayoga im Unterschied vom Dhyānayoga ist, wie schon oben gezeigt, der vornehmlich spekulativ vorgehende Yoga.

Darum sind auch in der Yogametaphysik Probleme, die im Westen die Gemüter sehr heftig bewegten, die aber ihrem Wesen nach nie eine Antwort finden können, nicht aufgeworfen, wie etwa die Frage, ob Gott persönlich oder unpersönlich sei. Bei solchen Fragen wittert der Yoga stets die Gefahr der Bewußtseinsspannung, ja des Bewußtseinskrampfes, den er doch zu lösen sich bemüht.

Aber er kennt wohl die heilsame Bedeutung strenger Innenforschung, metaphysischer Besinnung und letzter Erkenntnisse und Überzeugungen. Der Heilsweg, den er zu zeigen und zu führen unternimmt, ist nicht begehbar ohne sie. Denn es ist nicht gleichgültig, wie ein Mensch die Welt betrachtet und was er von ihren Hintergründen hält. Ist sie ihm nur ein lastendes Rätsel, ein schweigendes Ungeheuer, das ihn bedroht, so wird er nie den Weg zur Freiheit finden. Darum wird der Yoga-Beflissene von dem Lehrer in die Geheimnisse eingeweiht, die tausendjährige Erfahrung der inneren Schau erschlossen hat. Und diese Einweihung soll ihn bereiten, selbst zu schauen, was verborgen west in seinem eigenen Sein und seinem eigenen Leben. So gelangt der Eingeweihte zur erlebten Metaphysik. Solange sie nur Wissen und Gedächtniskram ist, schlummern ihre Kräfte. Und tut er sich auf dies sein Wissen etwas zu gut, so schlägt es ihn in die harten Fesseln eines unlebendigen Geistes.

Freilich muß gesagt werden, daß die strenge Systematik des Sāṃkhya in der indischen Geistesgeschichte insofern den Sieg davongetragen hat, als sein metapsychischer und metaphysischer Prinzipienaufbau überall da anerkannt wurde, wo man überhaupt versuchte, einen metaphysischen Aufbau der Gesamtwirklichkeit zu konzipieren, der auch immer kosmologisch-psychologische Entwicklungsgeschichte war. Auch die brahmanisch bestimmten Werke, wie das Gesetzbuch des Manu, die Pūrāṇas und das Mahābhārata konnten sich diesem Einfluß nicht entziehen. Doch weisen Zeugnisse darauf hin, daß der Yoga in der Entwicklung dieses Systems einen bedeutenden Einfluß gehabt hat.

In einem sind Sāṃkhya und Yoga einig, gegenüber der fast allmächtig herrschenden Māyā-Lehre des Vedānta: beide lehren die Realität der Welt. Zwar tritt im Bereich des Yoga-Sāṃkhya das Wort *māyā* auf und zwar schon in Śvet.-Up. IV, 10 (neben *prakṛti*) für die gestaltete Welt. Aber es muß hier daran erinnert werden, daß *māyā* (von *mā* „messen, bauen, bilden") in ältester Zeit die kosmische Bildekraft bedeutet, durch die der Gott Taten tut und Gestaltetes wirkt, auch die eigenen Erscheinungsformen. Bald wird auch *māyā* auf diese Gestaltungen selber angewendet. Erst später schleicht sich in das Wort die Bedeutung „Illusion" ein, besonders im späteren Vedānta. Zwar ist recht verstanden auch im Vedānta der Sinn von *māyā* nicht der, den man dem Wort im allgemeinen im Westen gibt, Täuschung oder gar Trug. Vielmehr bedeutet auch dort *māyā* noch relative Existenz, verglichen mit der absoluten des *brahman*, jedoch mit einer Neigung, die Welt als flüchtige Erscheinung zu werten [2]). Einzelne vedantistische Erklärer des YS gebrauchen das Wort *māyā* im Sinne ihrer Philosophie. Und selbst das Ybh hat schon eine leichte Tendenz dazu.

Aber da, wo der klassische Yoga sich ernsthaft mit den Leugnern der Realität der Welt auseinandersetzt, weiß er ganz gut, auf welche Seite er gehört, gegenüber allen Versuchen, die Welt als nicht real zu erweisen, die z. B. zu der Zeit der endgültigen Redaktion des YS besonders von den buddhistischen Vijñānavādins, den extremen Idealisten, gemacht wurden [3]).

In diesem Realismus scheint mir der Yoga sogar viel entschiedenere Haltung zu haben als das Sāṃkhya, wenn dieses im Grunde auch auf dem Boden des Realismus steht. *āstikya* „gläubige Überzeugung von der Realität des Seins" haben wir oben in den Yoga-Up. sogar als ein Stück des *niyama* gefunden.

Es ist eine naheliegende Frage, warum gerade der Yoga, dem doch Samādhi höchstes Ziel ist und der eine radikale „Introversion", eine letzthinnige Einkehr fordert, eine so entschieden realistische Metaphysik vertritt. Jedenfalls beweist der echte Yoga damit, daß diese Einkehr keineswegs das Ergebnis haben muß, die Welt zu irrealisieren. In der Tat wird gerade der Mensch, der seine geistigen Fähigkeiten als Ganzes folgerichtig schult und anwendet, durch die klaren Erkenntnisse von der Gesetzmäßigkeit und Wirkungskraft der Welt der Erscheinung zur Erkenntnis und Anerkenntnis ihrer Realität gezwungen, während der entweder rein rationalistisch-sollipsistisch oder mystisch Spekulierende Gründe genug zu finden vermeint, diese zu bezweifeln oder gar zu leugnen.

Zudem drängt sich demjenigen, der eine sittliche Durchbildung des ganzen Menschen anstrebt, wie es im Yoga verlangt wird, die widerständige Realität des Daseins in Umwelt, Gemeinschaft und in seinem eigenen biotischen Grundgefüge so unausweichbar auf, daß er an dieser Realität nicht gut zweifeln kann.

Das Yogasūtra spricht dieses Bekenntnis zum philosophischen Realismus in einer Anzahl von Sūtren genügend deutlich aus, z. B. IV, 16: „Keineswegs also ist das Daseiende *(vastu)* nur ein Produkt eines absoluten *citta*. Eine solche Auffassung ist unbeweisbar. Denn wie käme ein

Erscheinend-Seiendes *(vastu)* überhaupt zustande?" Dazu gehört IV, 14 u. 15: „Durch die Vereinigung von Schwingungen (der Weltstoffenergien) entsteht die Seinsgrundlage der Welt der Erscheinungen *(vastu)*. Weil diese (für alle) dieselbe ist, die *citta* aber verschieden sind, darum haben sie einen verschiedenen Pfad", d. h. die Tatsache, daß die verschiedenen Bewußtseine ein und dieselbe irdisch-reale Erscheinung je anders aufnehmen und formen, ist ein Beweis dafür, daß Bewußtsein und erscheinende Sache nicht ineinsfallen, also nicht identisch sind. Dieser philosophische Realismus ist in der Tat die polare Entsprechung der Samādhi-Erfahrung, in welcher der Puruṣa seine eigenartige geistige Existenz realisiert, der gegenüber die Welt der Guṇa ihre klar erkennbare Eigengesetzlichkeit hat.

Hier mögen noch einige nicht unwichtige Bemerkungen des Yogabhāṣya und der Tattvavaiśāradī des Vācaspatimiśra erwähnt werden, die Licht auf die Auseinandersetzungen der Yogin mit den radikalen Idealisten buddhistischer Prägung und den Vedāntisten werfen.

Die Erklärungen des Ybh zu den Sūtren IV, 14 ff. enthalten den Versuch einer Widerlegung jener Lehre, daß alles Bewußtseinsschwingung sei. Der Yoga nimmt hier gemäß seinem Charakter die Erfahrung ohne Spintisieren als die selbstverständliche Grundlage alles Denkens an, von der aus die Erkenntnis vordringen muß in die Hintergründe des Weltseins: *arthena, svakīyayā grāhyaśaktyā vijñānam ajani:* „Die Erkenntnis kommt zustande durch den realen Sinngehalt, d. h. durch die dem Ding real innewohnende Objektkraft" sagt Vācaspatimiśra zu IV, 14 sehr scharfsinnig. Damit ist ein unerschütterlicher Grundsatz alles Erkennens gegeben. Und wenn die Vijñānavādins gegen den Realismus des Yoga Erfahrungen wie den Traum usw. ins Feld führen, um zu beweisen, daß alle Sachvorstellung nur Ein-Bildung sei, so antwortet ihnen Vyāsa in ehrlicher Entrüstung einfach und überzeugend: „Wie kann man Menschen Glauben schenken, die das reale Wesen einer Sache ohne zwingende Gründe nur aus Einbildung mit vielen leeren Worten leugnen, einer Sache, die sich doch vermöge ihrer Eigenmächtigkeit (*svamahātmyena,* eigentlich: ‚vermöge der ihr innewohnenden Majestät') der Erfahrung aufdrängt *(pratyupasthita)*?" Aus diesen Worten bricht die dem Yoga innewohnende Ehrfurcht vor dem Wirklichen erfrischend durch und drängt alle subtilen Gegengründe, die dann Vācaspatimiśra mit großem Scharfsinn gegen den radikalen Idealismus und Illusionismus darlegt, in den Hintergrund. Zu YS IV, 15 bemerkt das Yogabhāṣya, daß eine und dieselbe Sache uns ja ganz verschieden affiziere, was doch auf ihre reale Eigenständigkeit hinweise. Und in Ybh IV, 16 versucht Vyāsa an der Wahrnehmung selbst zu zeigen, daß die Sache in sich real existiere, indem er darauf hinweist, daß man, wenn man von einer Sache, die man einst ganz wahrgenommen hat, später nur einen Teil sieht, etwa deren Rückseite, nach den Vijñānavādins behaupten müßte, die Vorderseite dieser Sache existiere nicht. Wie aber, wenn sie nun auf Grund der Wahrnehmung eines andern als tatsächlich existierend erwiesen wird? Dieses Beispiel zeigt, wie man hier mit einfachen Mitteln überzeugend philosophiert, überzeugend für jeden, dem nicht durch sophistische Spitzfindigkeiten das ursprüngliche Tatsachenbewußtsein zerstört ist.

Die Auswirkung dieses Realismus für den praktischen Yogaweg ist von größter Bedeutung. Immer ist innerhalb des Bereiches, in dem die Realität der Welt geleugnet wurde, die Gefahr aufgetaucht, daß sich der Mensch der Wirklichkeit der Welt und seines eigenen Seins entzieht. So entwickelt sich hier anstatt einer sachgemäßen inneren Durchklärung und einer den strengen Gesetzen des Seins gehorsamen Orientierung ein verschwommenes Welt- und Persönlichkeitsgefühl. Um überhaupt die Existenz noch ertragen zu können, muß dann der Mensch ins Absolute, oder, wie im späten Buddhismus, in die ewige Leere sich flüchten, wo er zwar letzte Zuflucht findet, schwer aber Meisterung der Welt. Der Yoga nimmt das Sein, so auch sein eigenes inneres und äußeres Leben, ehrfürchtig als ein Aufgegebenes entgegen, dessen Eigengesetze und tiefste Wesenheit man zu ergründen hat, um zu der Befreiung zu gelangen. Was ihm auch immer in seiner inneren Welt entgegentritt, das ist real. Und diese Realität ist durchwaltet von Ordnungen und sich gegenwärtigenden Kräften, denen man sich als dem Walten der Urnatur ohne Rückhalt hinzugeben hat. So wird der philosophische Realismus hier zum Ansporn einer wirklichkeitsgehorsamen inneren Haltung und Lebensführung. An diesem Punkte wird die führende Gewalt der Yogametaphysik eindringlich klar. Und auf dem Hintergrunde dieses praktischen Realismus muß das ganze metaphysische Weltbild des Yoga betrachtet werden.

Völlig eigenständig ist der Yoga in seiner Metaphysik der Zeit. Auch diese ist ohne Zweifel aus den Tiefenerfahrungen und der Tiefenbesinnung des Yoga entsprungen.

Im Puruṣa wird ein Wesen gefaßt, das gegenüber der Gesetzlichkeit der Guṇa-Welt frei ist: Er hat ein Wesen, das über diese Gesetze erhaben ist (wie Kants intelligibles Subjekt), auch erhaben über „Raum und Zeit", in denen sich die Schwingungen der Weltstoffenergien vollziehen. Und eben weil der Puruṣa in seinem Wesen so klar und eindeutig erfahren wird, darum tritt in dieser Erfahrung als Gegensatz die Realität der Guṇa-Welt in ihrer so radikal anderen Wesensart und Gesetzlichkeit heraus. Dies ist gemeint in YS III, 52: „Durch die Anwendung der Tiefenbesinnung auf die Zeitmomente und ihre Abfolge, gewinnt man die aus ‚Unterscheidung' (zwischen Puruṣa und Guṇa-Welt) geborene Erkenntnis". Dazu sind zu vergleichen die Sūtren III, 16 ff., wo gesagt wird, aus der Tiefenbesinnung über die *pariṇāma* „Schwingungen der Weltstoffenergien" gewinne man Wissen von Vergangenem und Zukünftigem, d. h. wohl von dem jetzigen Problem aus gesehen, die richtige Einsicht in das Wesen der Zeit.

Das Zeitproblem ist in der Yoga-Metaphysik nach Vyāsa zu III, 52 (vgl. dazu III, 13) aufs engste verknüpft mit der Atomtheorie. *aṇu* „das

Atom" ist das kleinste Unteilbare der Guṇas, sowohl in ihrer *sūkṣma-* wie in ihrer *sthūla*-Form [4]). Sie sind in ständiger Bewegung begriffen, wodurch die unablässigen Umwandlungen im Reich der Guṇas geschehen. Diese Bewegungen und Umwandlungen heißen *pariṇāma,* ein Wort, das wir wegen des dynamischen Charakters der Guṇa mit „Schwingung" übersetzen. Zeit und die Bewegung der Guṇa sind insofern eins, als das kleinste Zeitmoment aufgefaßt wird als die Bewegung eines *aṇu* von einer Stelle zur nächsten. Vielleicht wäre es besser gemäß unserer heutigen Sicht *aṇu* nicht mit „Atom", sondern mit „Energiequant" zu übersetzen; denn es ist nach indischer Auffassung in der Tat das kleinste absolut unteilbare Quantum von Weltstoffenergie. das gedacht werden kann. (Der geübte Yogin soll es wahrnehmen können.) Damit ergibt sich aber auch eine beachtenswerte Parallele zum modernen Zeitproblem sofern dieses im rechten Licht gesehen wird: Die Maße, die wir dann für Zeit und Raum einsetzen, sind relative Bestimmungen augenblicklicher Übereinkunft, nicht Realitäten.

Noch im Sāṃkhya ist die Zeit, im Anschluß an die alten Überlieferungen (vgl. oben den Abschnitt über den Av) eine kosmische Macht, die das Geschehen wirkt und darum als Schicksal waltet. Diese Auffassung ist im Yoga fallen gelassen. Eigentlich gibt es nur Bewegung, Geschehen, die *pariṇāma* der *prakṛti* mit ihren Weltstoffenergien. Zeit ist nur real als der nach künstlichen Maßstäben gemessene Gang der *aṇu* von einer Stelle zur nächsten. Im Grunde ist Zeit an sich ebenso unreal wie der Raum an sich. Das Wort, das häufig mit „Raum" übersetzt wird, *ākāśa,* ist kein leerer Raum an sich, sondern strömende Weltstoffenergie, auf die der Ton zurückgeführt wird. Wir können also die Auffassung der Yoga-Metapysik als Geschehensrealismus bezeichnen: Was existiert, ist nur das Geschehen, d. h. die Bewegung der Weltstoffenergien im ganzen Reich des geokosmischen und seelisch-geistigen Daseins. Die Weltstoffenergien sind in ihrem Wesen derart, daß sie sich in energetisch-stoffliche und in vital-seelisch-geistige Energieweisen differenzieren können. In dieser unaufhörlichen Bewegung wesen die unzähligen Puruṣa in ewiger Autonomie als die „ganz Anderen". Zeit und Raum gibt es hier nicht. Eben in der Realisierung dieser Existenz der Puruṣa strahlt die Erkenntnis auf von der Realität des Geschehens und der Irrealität von Zeit und Raum. Über beide erhaben aber steht der *puruṣa.*

Um die Bedeutung dieser Zeitmetaphysik des Yoga für den praktischen Yogaweg deutlicher zu erkennen, ist es nötig, einige wichtige Stellen des Yogabhāṣya, des ältesten Kommentars zu den Yogasūtra, heranzuziehen (vgl. oben S. 265 ff.).

Das Zeitproblem ist notwendigerweise vom späteren Buddhismus, der das zeitlose Sein so vorbehaltlos in den Mittelpunkt seines Philosophierens stellte (im Anschluß an die Nirvāṇa-Erfahrung), wie schon erwähnt, sehr energisch und tiefgründig angefaßt worden. Und ohne Zweifel ist schon das IV. Kap. des YS und noch mehr das Ybh davon stark bestimmt. Aber der Verfasser des Ybh ist selbst ein durchdringender Denker, zudem ein Yogin, dem sicher auch einige Yoga-Erfahrungen zu Gebote standen. Die Originalität seiner Ausführungen tut sich überall kund.

Er stellt den Satz in den Mittelpunkt, den wir schon kennen: „Die Zeit ist keine Realität in sich *(na asti vastu-samāhāra)*, sondern eine Anschauungsform des Bewußtseins *(buddhi-samāhāra kālaḥ, vastu-śūnyo 'pi buddhi-nirmāṇaḥ)*. Real sind nur die Entfaltungsformen der Wirklichkeit selber *(vastu)*".

Als eine sich entfaltende und der Erfahrung sich darbietende Sache heißt die Wirklichkeit *dharmin* „der Träger von *dharma*". *dharma* bedeutet hier das „Attribut", das in der Erfahrung von einer Sache aufgenommen wird. „Die *dharma* sind die innere Wesensform des *dharma*-Trägers, die sich nach außen darstellt" (Ybh III, 13; vgl. dazu noch YS-Ybh IV, 12. 13). Die „Attribute" hängen also der Wirklichkeit nicht einfach an, sie sind die Wirklichkeit in Entfaltung, welche allein die Erfahrung möglich macht. Im Grunde ist *prakṛti-pradhāna,* der einzige umfassende *dharma*-Träger und alle ihre Manifestationen sind *dharma*, die dem Blick, der in das Dunkel der Weltentiefen tauchen kann, willig sich enthüllen.

Diese Entfaltungen des *dharma*-Trägers sind von Uranfang gewesen, sind jetzt und werden immer sein (Ybh IV, 10), wie auch an jeder Sache, die wird, ist und vergeht, immer dasselbe Sein bleibt, nur daß sich dieses in drei verschiedenen Entfaltungsformen darstellt, die wir Zeit nennen. So auch was war, ist immer noch; nur ist diese „Form" des Wirklichen der unmittelbaren Anschauung entschwunden. Was kommen wird, war immer da, doch hat sich diese zukünftige Form des Seins noch nicht enthüllt. So wie die, durch Yoga nicht geschärften Sinne gebaut sind, tritt uns nur die „Form" entgegen, die sich im Augenblick entrollt (*vartamāna* „das Rollende" bedeutet zugleich auch Gegenwart). Dies sind die drei Zeitformen, d. h. Existenzformen einer Sache oder eines Geschehnisses in den drei Zeitläufen.

Der *„dharmin"* enthält in seinem Wesen eine Reihe von *dharma*. Und weil der Zeitcharakter dieses *dharmin* ein verschiedener ist, stellen seine *dharma* sich demgemäß dar. „Vergangenes und Zukünftiges existiert nicht in der Form des Konkreten, wie das Gegenwärtige, das sich zu einer bestimmten Einzelerscheinung entfaltet hat. Was heißt dies nun? Das Zukünftige existiert kraft eines ihm zugehörigen Eigenwesens, das noch der Entfaltung harrt, das Vergangene kraft seines Eigenwesens, das schon in der Erfahrung sich entfaltet hat. Die Entfaltung des Eigenwesens gehört dem Zeitlauf *(adhvan)* der Gegenwart an; nicht so die Zeitformen der Vergangenheit oder der Zukunft. Während eine Zeitform da ist, inherieren die zwei andern dem *dharmin* nur latent. Also ist es nicht so, daß die drei Zeitformen der Wirklichkeit entstünden, ohne vorher existent gewesen zu sein" (Ybh IV, 12).

Ybh III, 13 gibt als Beispiel eines *dharma rāga* „Liebesleidenschaft, Lusttrieb, Lustgier" und sagt, die Liebesleidenschaft für ein bestimmtes Weib sei nicht einfach vernichtet, wenn sie sich auf ein anderes Weib richte, sie schlummere nur, sei dem *citta*, das hier *dharma*-Träger ist, in subtiler Form inhaerent. Sie kann ja jeden Augenblick wieder aktiv werden und nur der Unwissende gibt sich der Täuschung hin, was im flüchtigen Moment sich abspiele, sei sein *rāga:* es ist nur die „Gegenwartsform" seiner Leidenschaft. Sie selbst ist als Vergangenheit bis zurück in Uranfänge und als Zukunft existierend bis zur Befreiung, das Ausgebären eines Teiles seines unerlösten *citta*, zu dessen Eigenwesen *rāga* gehört.

Im besonderen wird dann diese Anschauung vom Ybh auf die Entfaltung der unbewußten „Einwohnungen" angewendet, die durch frühere Handlungen und Erlebnisse erworben sind. Diese „reifen" nach dem Gesetz von *karman*. Um ein Beispiel zu nennen: „Wenn die ‚Werkfrucht', trage sie in sich die Wirkung zum Genuß oder zur Befreiung, keine Qualitätsbestimmung hätte *(nirūpākhyā)*, solange sie noch nur die Tendenz hat, wirksam zu werden, so könnte der Yogin, der in Yoga sich übt, darum ja nicht auf jene Tendenz sich richten (und sie durch Yoga vernichten, wenn sie bindet, oder sie fördern, wenn sie befreit:) Nur eine schon existierende Werkfrucht kann durch die auslösende Ursache *(nimitta)* in Erscheinung gebracht werden. Aber diese Ursache vermag nicht etwas zu erzeugen, was nicht da war. Die Ursache, die sich ganz auswirkt, vermag zwar die von ihr abhängige Einzelerscheinung zur Darstellung zu bringen, aber sie bewirkt nichts, was vorher nicht schon dagewesen wäre."

Hier wird der Blick entschieden weggelenkt von allem Zufälligen, das etwa ein bestimmtes Geschehnis (ein äußeres oder ein inneres) (scheinbar) verursacht. Der den Heilweg Gehende muß nach der „Vergangenheitsform" dieses Geschehnisses, d. h. nach der Wurzel suchen, die von der Form der Gegenwart im Augenblick verdeckt ist. So soll er auch die zukünftige Form ergründen, d. h. den inneren Gang, die Zielrichtung dessen, was er jetzt erlebt. Denn dieser Gang ist schon in dem Geschehnis immanent, er hat sich nur noch nicht enthüllt. So wird jedes Augenblicksgeschehen und -erleben erfaßt als Teil einer in sich geschlossenen Einheit selbständiger Natur, gleichsam als die Äußerung eines lebendigen Organismus, der seine ganze Entfaltungsform stets in sich trägt, die sich gesetzmäßig ent-wickelt. Dieses Sichentwickelnde allein ist real. Wir erfahren und betrachten seine Stufen. Die Abfolge dieser Stufen, wie wir sie sehen, nennen wir „Zeit". Sie ist nichts in sich, nur unsere Anschauungsform. Diese Kantsche Auffassung von Zeit ergab sich dem Yoga aus der Erkenntnis der Entwicklung innerer Realitäten, deren zeitloser Zusammenhang sich bei der geistigen Tiefenschau zeigt.

Die Bedeutung dieser Anschauung für den Heilweg des Yoga ist diese: der nichtgeübte Mensch nimmt die Gegenwart als eine Realität für sich, ja nur sie ist ihm im eigentlichen Sinne real. Vergangenes und Zukünftiges sind Scheinrealitäten. Der Yoga lehrt die Gegenwart, d. h. die eben sich darbietende Erscheinung nur als ein Moment der Wirklichkeit, sei diese Wirklichkeit nun eine Sache oder ein Erlebnis. Nur in der Erscheinungsform, nicht aber im Wesen unterscheidet sich das Gegenwärtige von Vergangenem und Zukünftigem. So wird der Mensch unter der strengen Zucht dieser Anschauung gezwungen, das was ihm jeden Augenblick begegnet, je in eine Gesamtwirklichkeit einzufügen, die unwiderleglich so gebaut ist, daß nur der sie meistert, der sie ganz durchschaut von ihren ersten Ursprüngen bis zu ihren letzten Konsequenzen. Denn alle „Formen" einer Sache oder eines Erlebnisses sind real in jedem Augenblick, ob sie Gegenwart, Vergangenheit oder Zukunft sind. Das Gegenwärtige zu isolieren, bedeutet Unheil, weil es dem inneren Wesen der Wirklichkeit widerspricht.

Diese Überzeugung von der Natur der Zeit ist für den, der sich einmal vertrauensvoll in den Heilwillen der *prakṛti* ergeben hat, ein Grund tiefster Beruhigung. Wenn das Gegenwärtige belasten, das Zukünftige bedrängen will, so weiß der Yogin, daß dies kindliche Furchtsamkeiten sind, die ihn vorbeilenken am Wirklichen. Immer war, was jetzt erscheint und was noch kommt. Nichts stößt ihm zu, als was schon da ist, ehe dieser flüchtige Augenblick die Seinsform der Gegenwart enthüllt. Und diese feste Fügung des Geschehens bejaht er nun, um recht zu leben und Befreiung zu gewinnen. Er schwankt nicht mehr von einem Augenblick zum andern, er tritt aus dem unaufhaltsamen Strom der Zeit, der ihm den Stand zu rauben scheint, fest auf den Grund der Sache, die ist, und die er selber ist. Was ihm im flüchtigen Augenblick davon sich zeigt, ist nicht das Wesen, nur des Wesens momentaner Ausdruck. Immer ist er dem Ganzen des Wirklichen gegenübergestellt, mit dem er sich nur augenblicklich in besonderer Ausprägung bemüht. Ein Entrinnen vor ihm gibt es nicht, nur Meisterung. Meistert er aber das Augenblickliche, meistert er einst das Ganze. Sein Heilwerden ist dann radikal, geht bis zur Wurzel.

Wichtig für die Metaphysik des Yoga ist auch die Tatsache, daß er alle Bewegungen, d. h. Funktionen und Inhalte der inneren Welt mit dem zusammenfassenden Ausdruck *citta* bezeichnet, gegenüber dem Sāṃkhya, das die innere Welt deutlich in eine Reihe von Organen und Funktionen (die ja in der Auffassung des Yoga-Sāṃkhya nicht getrennt werden, sondern eine Einheit bilden) aufteilt.

Das Sāṃkhya stellt eine metapsychogene Stufenreihe auf: aus der Prakṛti entspringt zunächst der *mahān* (auch *mahān ātman*), den wir schon aus dem Av und den alten Yoga-Up. kennen (Kaṭh.-Up. III, 10; VI, 7), zuweilen auch *mahat* genannt. Er wird der *buddhi* gleichgesetzt. Aus der *buddhi* entsteht der *ahaṃkāra* „der Ichmacher", das kosmische Individuationsprinzip, das die Ichfunktionen des empirischen Menschen bewirkt; aus diesem stammen die 5 *tanmātra*, die metaphysisch-kosmischen Elementmächte, aus deren *sūkṣma*-Wesen die Elemente in ihrem „groben" *(sthūla)* Aspekt entspringen; aus ihnen baut sich die Erscheinungswelt auf. Ebenso *manas* der kritische Verstand und die 10 *indriya*. d. h. die 5 Tatsinne und die 5 Erkenntnissinne (vgl. weiter unten). Diese, mit Ausnahme der 5 „groben" Elemente, bilden das *liṅgam*, das metapsychische Gesamtgefüge Mensch, das beim Tode überlebt und von Geburt zu Geburt wandert, also in gewisser Weise ein Parallelbegriff zum *citta* des Yoga.

Der Yoga faßt dagegen die innere Welt mit dem Ausdruck *citta* als eine eng zusammenhängende Einheit.

Dies hat wohl seinen Grund in der Tatsache, daß der Yoga durch seine durchgreifende innere Schulung das gesamte Getriebe der inneren Welt als eine in ständiger Bewegung befindliche Gesamtfunktion erkannte, die nur theoretisch in Einzelfunktionen zerlegt werden könnte. Dem spekulativ bestimmten Sāṃkhya dagegen kam es darauf an, die einzelnen Funktionen klar zu unterscheiden. Er hat damit ohne Zweifel der psychologischen Erkenntnis einen großen Dienst getan. Auf der andern Seite ist die Auffassung des Yoga sicher für die praktische Schulung von Bedeutung. Erst wenn wir den engen und untrennbaren Zusammenhang und das Zusammenspiel aller Funktionen der inneren Welt als eine aus einer tiefen und zentralen Einheit sich differenzierenden Gesamtfunktion erfassen, sind wir imstande, die Gesamtschulung des ganzen Menschen in Angriff zu nehmen und folgerichtig durchzuführen.

In diesem Zusammenhang muß auf einen weiteren gewichtigen Unterschied in der Metaphysik und Metapsychik des Yoga und Sāṃkhya hingewiesen werden, der meistens übersehen wird. Die Grundlagen für diesen Unterschied sind im *nirmāṇacitta*-Text des YS enthalten, der wohl, wie oben gezeigt, unter buddhistischem Einfluß entstanden ist. Dieser Text ist, wie schon erwähnt, fast durchweg völlig mißverstanden worden, sowohl von den indischen Kommentatoren wie von westlichen Indologen. Richtig verstanden enthält er ein bedeutendes Stück einer Yoga-Metaphysik und Metapsychik besonderer Prägung. Im Anfang dieses Textes ist nicht die Rede von Zauberkunststücken der Yogin, sondern wird die Frage beantwortet, wie es überhaupt zu neuen Geburten kommt. Der Text wendet sich gegen die Auffassung, daß die Urnatur von sich aus den Menschen zu neuen Geburten führe: Vielmehr sind es die noch nicht aufgelösten unterbewußten „Bewirker", die „Einwohnungen" aus früheren Geburten, die nach dem Gesetz des *karman* weiterwirken, bis die innere Welt radikal gereinigt ist. Die Urnatur steht zwar immer bereit aus ihrer Weltstoffenergie-Fülle die Substanz zu spenden, die zu neuen Geburten führt. Aber diese ruht wie ein tiefer See in sich, außer da wo die unterbewußten Bewirker, die weiterdrängen müssen, den Damm durchbrechen, so wie der Bauer die Dämme der Bewässerungsanlage durchsticht und das Wasser auf die von ihm bestimmten Felder leitet, damit das Wachstum beginnen kann. Damit soll die Möglichkeit einer endgültigen Erlösung für alle begründet werden: Einmal nach unzähligen Weltepochen werden alle Bewirker und alle Einwohnungen bei allen aufgelöst, wo alles Dasein gereinigt ist. Dann herrscht ewiger Frieden. Die Urnatur von sich aus wird nicht mehr nach neuem Dasein drängen – die „Brahma-Nacht" wirft hier ihr erlösendes Dunkel von ferne auf die Sehnsucht nach unendlicher Ruhe. Und da der Puruṣa nach der Auffassung des Yoga nicht schafft, wird kein „Brahma-Tag" mehr erscheinen – „der Rest ist Schweigen", – doch nur für ihn.

Die Entstehung der *nirmāṇacittāni,* der Gefüge der inneren Welt in irdischer Erscheinung geschieht nach YS IV, 4 durch Emanation aus *asmitāmātra,* dem metaphysisch-kosmischen Individuationsprinzip. Dies ist ein Parallelbegriff zum *ahaṃkārā* des Sāṃkhya, der zeigt, daß innerhalb des Yoga auch eine eigenständige Metaphysik und Metapsychik gepflegt wurde, die sich an den in bestimmten Epochen aktuellen Fragen orientierte.

Zu IV, 5 wird z. B. auf das Problem hingewiesen, das besteht in der Tatsache der gemeinsamen Quelle aller *citta* und ihrer empirischen Verschiedenheit. Das *citta* als ein inneres Gesamtgefüge ist auch Träger aller Faktoren, die den Menschen zu einer Wiederverkörperung führen. In ihm sind nicht nur die wesentlichen Funktionswirklichkeiten des leiblich-seelisch-geistigen Gesamtorganismus als unauflösliches Innengefüge, solange der Mensch auf der Wanderung von Existenz zu Existenz ist, sondern auch die *saṃskāra* „Bewirker", *vāsanā* „Einwohnungen", *āśaya* „Liegenschaften", d. h. die durch bestimmte Taten erworbenen Anlagen oder Voraussetzungen, die die Art der neuen Existenzen bestimmen. Die *smṛti,* die diesem Gefüge innewohnende „Gedächtniswesenheit" bewahrt sie treu und so wirken sie ohne Unterbrechung und Aufhören, bis der Mensch durch die Schau des Puruṣa befreit wird vom Zwang des Weltlaufs und seiner Existenzen.

Auch sonst finden sich Stücke der eigenartigen Yogaüberlieferung: das Zeitproblem ist schon erwähnt, ebenso das Problem der Realität der Welt. Das Problem des Zusammenhanges der vom *karman* beherrschten Vāsanās und Saṃskāras, d. h. die Frage, wie sie von Existenz zu Existenz weiterwirken, wird in IV, 9 ff. angerührt, wofür die Auffassung herangezogen wird, daß die „Zeit" bestimmt werde von den die Erscheinungen tragenden Seinselementen (IV, 12). Auch das Problem der Erfahrung, d. h. der Beziehung des erfahrenden Subjekts zu der Erscheinungswelt steht in einer eigenartigen Beleuchtung IV, 17 ff. Ebenso werden die Vorgänge der Tiefenschau, die zur Unterscheidungsschau führen, weiter belichtet.

Alle diese Beispiele zeigen, daß man mit der Ineinssetzung der klassischen Sāṃkhya-Metapsychik und Metaphysik mit den Anschauungen des Yoga es nicht zu leicht nehmen darf. Die Ursache der Unterschiede sehe ich, wie gesagt, in der unmittelbaren Tiefenerfahrung des Yoga gegenüber der Spekulation des Sāṃkhya.

Von diesen Einzelstücken der Metapsychik und Metaphysik des Yoga, die dieser zum Teil auch im Unterschied, ja im Gegensatz zum Sāṃkhya besitzt, wenden wir uns nun seiner Gesamtschau zu, die er weithin mit dem Sāṃkhya gemeinsam hat.

In urewiger Zweiheit west und rollt das Sein. *prakṛti* „die Urnatur" und *puruṣa* „der Mensch" sind die zwei Realitäten, in ihrem Wesen ewig unterschieden. *prakṛti* „das Wirken, Schaffen" taucht als Bezeichnung für die Schöpfung zum erstenmal in der Śvet-Up. (IV, 10) zusammen mit *māyā* auf, deren richtiges Verständnis oben gezeigt worden ist. Der Ausdruck *prakṛti* ist durchaus bezeichnend für jene beginnende Moderne, in der man anfing, die kosmischen Urmächte zu entpersönlichen und die Sprache überging zu Funktionsausdrücken, während man zuvor entweder persönliche Mächte wie etwa die Göttin Erde, oder substanzhafte Begriffe als letzte Realität zu setzen gewohnt war. Diese Tendenz der Entpersönlichung und der funktionellen Terminologie hat dem Yoga immer deutlicher seine Eigenart aufgedrückt [5]). Die *prakṛti,* das kosmische Wirken als solches, wird zuerst dem Gotte zugeschrieben, später aber verselbständigt. Es ist die wirkende Ursubstanz, in der nicht nur die Bilde- und Wirkungskräfte alles Werdens sind, sondern auch letzthinnige Zweckgerichtetheit, fast eine Göttin, doch ohne „Persönlichkeit", die „Urnatur". Die Urnatur hat ihr Sein ganz in sich.

Als letzter Weltgrund heißt die *prakṛti pradhāna* „die Grundlage", auf der Weltsein, Leben und Werden beruht und zu der alles wieder zurückkehrt, wenn die Weltennacht eintritt. Als solche ist sie unanfänglich und nimmt nie ein Ende. Immer war sie, immer ist sie, immer wird sie sein. Ewig ist sie in dem Sinne nie aufhörender Zeit, gegenüber dem *puruṣa,* von dem als dem Unerschaffenen, ewig Gleichen selbst solche letzthinnigen Zeitaussagen im klassischen Yoga nicht mehr gemacht werden.

Weil dieser Weltgrund noch unterschiedslos ist, heißt die *prakṛti avyaktam* „das Unentfaltete". Aus ihr entfaltet sich die Welt, die *vyaktam* „das Entfaltete" ist. Der Grundgedanke des *avyaktam* und *vyaktam* findet sich schon im Av X, 8, 29 [6]).

Um das Wesen von *prakṛti-pradhāna* und der *guṇa* richtig zu verstehen, ist es nötig, sich vor Augen zu halten, daß es sich hier nicht nur um materienhafte Substanzen handelt, sondern um schaffende Energien, die sowohl die energetisch-stoffliche Welt, wie die vitalen und geistigen Bewegungen, wie Denken, Erkennen usw., ebenso die sittlichen Verhaltensweisen schaffen. *prakṛti-pradhāna* enthält diese *guṇa* im Urzustand in ewigem Gleichgewicht in sich, aber in einer latenten Spannung. Diese differenzieren sich im Weltprozeß in die verschiedenen in den Erscheinungen sich kundtuenden Energieweisen. Es ist deshalb irreführend, wenn man *prakṛti* und *pradhāna* mit „Urmaterie" übersetzt, wie es meistens geschieht. „Weltengrund, schaffender Weltengrund" sind darum für eine Wiedergabe dieser Wörter viel geeigneter. Die undifferenzierte Ur-Weltstoffenergie wird im YS I, 45 *aliṅgam* „das Merkmallose" genannt. Dazu ist zu vergleichen YS II, 19, wo die Differenzierungen der Weltstoffenergien in ihrer stufenweisen Entfaltung von den „groben" Erscheinungsformen, d. h. den empirisch faßbaren bis zum *aliṅgam* erwähnt sind.

Der Grund dieser Entfaltung der *prakṛti* liegt in *āśis* „dem Urwillen", der im individuellen Menschen sich auswirkt als *tṛṣṇā* oder *abhiniveśa,* in „Lebensdurst und Lebensdrang" (YS YBh IV, 10). Und eben weil dieser Urwille unanfänglich ist und ohne Ende, darum sind auch Entstehen und Vergehen unanfänglich und ohne Ende in sich, wiewohl für den von der Welt befreiten *puruṣa* der Wirbel der *guṇa* zur Ruhe gekommen, mit Beziehung auf ihn das Weltsein zu Ende ist. Für alle andern aber – und immer noch gibt es solche andern – ist die Welt da zu Weltessen und Befreiung.

Die Dynamik dieses Urwillens ist rhythmisch. Dem Weltentag, der Millionen von Lichtjahren dauert, folgt die Weltennacht, in der alles „Entfaltete" eingeht in die unbewegte Ruhe des Nichtentfalteten. Dies ist *prakṛtilaya* (YS I, 19), das Zur-Ruhe-gehen der Urnatur. Eigentlich ist dies kein Weltende, denn alle „Keime" der Welt bleiben in dieser Ruhe keimkräftig. Es ist nur ein „Schlaf" der Welt, aus dem sie kraft jener Keime wieder erwacht, wenn nach dem Gesetz des *karman* die Zeit gekommen ist.

Das Weltsein ist ein lebendig bewegtes Ganzes, hierarchisch aufgebaut, von der *prakṛti* abwärts wesend bis zu den groben Elementen, aus denen die konkreten Einzelerscheinungen sich gestalten. Diese Hierarchie wird in den Kommentaren zum YS nicht einheitlich dargestellt, weil, wie schon erwähnt, die Yoga-Überlieferung mit der Sāṃkhya-Metaphysik vermischt wurde. Wahrscheinlich ist in YBh II, 19, wo die typischen Yoga-Ausdrücke *asmitā-mātra, sattā-mātra* = *liṅgamātra* gebraucht werden, die bestbezeugte Überlieferung gegeben. Sie möge hier noch ihren Platz haben. *pradhāna* steht am Anfang, das Unentfaltete *(avyakta),* das Merkmallose *(aliṅga),* das frei ist von Sein und Nichtsein, los vom Seienden – nichtseiend – los vom Nichtseienden *(niḥsatta – asattam niḥsad-asad-nirasad).* Dies ist *aliṅga-pariṇāma* „die Schwingung" [7]), in der kein unterscheidendes Merkmal mehr da ist; ein in Begriffen schwer faßbarer Energiezustand (vgl. die widerspruchsvollen Bestimmungen oben), der währt, solange die Weltennacht den Schlummer über alles Sein und Werden legt. Beim Weltwerden geht aus *aliṅgamātra* = *prakṛti* = *pradhāna* „das merkmalenthaltende große Sosein", *(liṅgamātra mahattattva,* auch *mahān ātman* „das große Selbst" genannt) hervor, das reines Sein ist *(sattāmātra).* Und zwar ist hier nichts Neues entstanden. Das merkmalenthaltende reine Sosein war schon latent in *prakṛti,* im Merkmallosen, denn nichts entsteht, was nicht schon ist und immer war. Dieses große Weltselbst, etwa der Weltseele Platos im Timäus vergleichbar, ist nicht zu verwechseln mit dem ewigen *puruṣa.* Es ist vielmehr eine dem Weltgrund zugehörende selbsttätige Gewalt, die sich in der Differenzierung der Weltstoffe auswirkt, sie durchdringt, sich zum „Selbst" der Weltgestaltung machend. Jetzt beginnen diese ihren ungeheuren Kampf.

prakṛti ist nie statisch; selbst wenn sie in der Weltennacht im Zustande der Ruhe ist, ist dies nur die völlig ausgeglichene Spannung zwischen ihren drei Konstitutionen, den *guṇas* in die sie latent immer gespalten ist.

Guṇa bedeutet ursprünglich „Faden". Das Bild stammt von dem Gewebe, in dem sich Fäden verschiedener Art und Farbe tausendfach verknüpfen. So wird die Welt gewoben aus den drei *guṇa.* Die ontische Einheit der drei *guṇa* ist die *prakṛti* in ihrem *pradhāna*-Zustand; sie sind ihre sich differenzierenden Energiewellen, Strömungen von kraftlebendigen Substanzen, die sich mischen und entmischen in unablässigem Ringen miteinander um die Herrschaft. Darum sind sie, solange Welt ist, in ungeheuer drängender Bewegung. Doch ist dieses Ringen immer zweckvoll gelenkt (Bhojarāja zu YS II, 5). In diesem dramatischen Kampfe entsteht und lebt die Welt.

Die drei *guṇa sattva, rajas, tamas* drücken Wesensunterschiede aus. *sattva* heißt wörtlich das „Seiend-sein“ oder „die Seiend-heit“, wobei dem Worte „seiend“ vornehmlich die Bedeutung „im höchsten Sinne seiend“ eignet. *sattva* hat den Charakter des Lichten, Klaren, Reinen *(pratyāprakāśa).* Es sind z.B. im Citta das helle Strömen der Bewußtseinsenergie, die hohen Erkenntnisse, Gedanken und Gefühle des feinen, sittlichen Handelns, des ungehemmten schöpferischen Intuierens (vgl. YS II, 41; III, 35. 49. 55). Man könnte *sattva* „der geistlichte Weltstoff“ übersetzen. *rajas* ist ursprünglich das Gewoge der am Himmel treibenden Nebel oder auch der Staubwolken, von dem Licht des Himmels und der Gestirne durchglüht. Ihm eignet vornehmlich Aktivität *(kriyā).* Alle Energien der Lebenslust, des von Leidenschaft getragenen Schaffens, Kämpfens, der Herrschlust und des Machttriebes gehören *rajas* an. Der Mensch ungebrochener Naturhaftigkeit ist sein typischer Exponent. „Lebenglühende Weltstoffenergie“ könnte man übersetzen.

tamas ist „das Dunkel“. Ihm eignet vornehmlich *sthiti* „das Beharren“. „Trägheit, Stumpfheit“, alle schweren, dunklen Kräfte, die wider das bewegte Leben der Natur und gegen die Welt höchster Werte in trägem Widerstand sich sperren, die träge Materie, wie sie in der einstigen Weltsicht gesehen wurde, sind *tamas.* Alle Verblendung und Betörung, das Starre und Gefesselte, das dumpf Gebannte, das Brutale, Geistlose, das Widerwärtige, die seelische und körperliche „Fettsucht“ (vgl. Vācaspatimiśra zu I, 30) gehören *tamas* an.

Gerne brauchen unsere Dokumente für das Strömen dieser kosmischen „Weltstoffenergien“ das Bild vom wilden Gewoge eines Meeres, wo die Strömungen miteinander ringen, kalte, dunkel-schwere, warme mächtig quellende und klare, frische, lebendig bewegte, in vielfältiger Mischung einander durchdringend und so den Rhythmus des Meeres schaffen [8]).

Die *guṇa* haben also dreifachen Charakter. Sie sind kosmische Kraftsubstanzen oder Energie-Arten, dann ethische Seinskräfte, die den Charakter des Menschen bestimmen, und endlich energetische Bewußtseinsformen: *tamas* ist die dumpfe, vegetative Schicht, die oft in blinder Rücksichtslosigkeit sich auswirkt. *rajas* ist die Schicht der schaffenden Triebe und der stolzen Leidenschaften, *sattva* die Region der klaren inneren Anschauung, des feinen Empfindens. Die Arbeit des Yogin geht darauf aus, in die Schicht von *sattva* vorzustoßen und *tamas* und *rajas* zu durchbrechen, ja auf der höchsten Stufe auszuschalten.

Fragt man, wie die Yogametaphysik zu diesen Konzeptionen kam, so lautet die Antwort immer wieder: durch Erfahrung. Wer anfängt, sein Inneres zu durchschauen, dem tritt die Dreiheit dieser Kraftsubstanzen erfahrbar gegenüber. Drei-urständig ist der Mensch gebaut und all sein Leben und Erfahren ist aus diesen drei Urständen zu erklären.

Weil diese *guṇa* die Welt lebendig schaffend tragen und durchdringen, heißen sie in der Yoga-Metaphysik *bhūtātman.* „Dieses ganze Universum ist nur die Dargestaltung der Weltstoffe zu Erscheinungsformen, im tiefsten Sinne des Weltstoffselbstes" (YS IV, 13. Vgl. dazu YBh IV, 13 und III, 49). Doch ist dieses „Selbst" nicht zu verwechseln mit *puruṣa-ātman.* Nur uneigentlich ist es ein Selbst genannt, als tragende und ordnende Tendenz, die allem Weltsein immanent ist. Man müßte *ātman* deshalb hier übersetzen etwa mit „tragende Energie der Weltordnung", die den Kampf der Guṇas lenkt zur sinnvollen Gestaltung. Dieses Weltstoff-Selbst ist die höchste verborgene Seinsform der drei Guṇas, nur dem erschaubar, dessen inneres Auge durch Yoga geklärt ist. Ein alter Spruch sagt es so: „Die höchste Form der Weltstoffe steigt nie herab auf den Pfad des Sichtbaren. Was den Pfad des Sichtbaren erreicht, das ist nur *māyā,* ist die äußere Schale." Dabei ist nicht zu vergessen, daß die Guṇas im ausgebildeten Yoga kraft ihrer eigenen Natur wirken, nicht angetrieben von einem andern (YBh III, 13). Sind sie doch nur der differenzierte Ausdruck der Urnatur selbst.

Im Kampf der Guṇas regt sich *āśis,* der Urwille. Hier ist auch das Ziel schon rege, das durch den Urwillen hindurch Ursache der Welt ist (vgl. YBh I, 45): Welt muß gestaltet werden, damit der *puruṣa* die Welt „esse" und aus dem „Weltessen" *(bhoga)* genese zur Befreiung von ihr, in die ihn ein Unbegreifliches zu langem Kreislauf der Geburten zwingt. Diese Schwingung der Urmaterie heißt *liṅgamātra-pariṇāma* „die Schwingung der reinen Merkmalbestimmtheit".

Im Kosmos wirkt *liṅgamātra* die 5 *tanmātra,* wörtlich „Das-nur (seiend)". Diesen Ausdruck kennen wir schon aus der Maitr. Up. und Bildungen mit – *mātra* werden offenbar von da an häufig, auch innerhalb der spätbuddhistischen Philosophie (vgl. oben S. 99 ff.). *mātra* bedeutet „Maß", dann „eben nur dieses Maß habend, nur dieses Wesen besitzend". Gemeint sind damit subtile Weltstoffenergieformen, die als die dynamischen Voraussetzungen aller sinnlich wahrnehmbaren oder erfahrbaren Erscheinungen zu gelten haben. Sie verdichten sich durch Zusammenballungen zu Elementen und Organen des Körpers. Man könnte als Parallele etwa an die atomaren Energieschwingungen denken, die als stoffliche Erscheinungen und als Bewußtseinsvorgänge wahrnehmbar sind. Mit den Sinnen sind diese *tanmātra* nicht zu erfassen. Nur der Yogin vermag sie mit seinen geschulten Innenorganen wahrzunehmen.

Diese Seinsform wandelt sich zunächst in *asmitāmātra* „die reine Ichbinheit". Das ist das kosmische Individuationsprinzip, von dem alle kosmischen und seelischen Einzelgestaltungen gewirkt werden (vgl. YBh II, 19; I, 36), auch reine Bewußtseinsform der Individuen, in der Subjekt und Objekt noch eins sind, und in die der Yogin durch Samādhi wieder eingeht.

So gibt es z. B. ein *śabda-tanmātra* „die subtile Tonenergie", die sich im Kosmos zu Äther (er ist nach Yoga-Anschauung der Träger des Tones) und in der inneren Welt zum Ohre, das den Ton erfaßt, verdichtet. Wahrnehmungsgegenstand und sein wahrnehmendes Organ beruhen auf derselben subtilen Energiezusammenballung. Die äußere und die innere Welt sind durchweg in Entsprechung. Dasgupta beschreibt es so: „The same book which in the inner microcosm is written in the language of ideas has been in the external world written in the language of matter." [9])

So haben alle 5 *tanmātras* je ihr sichtbares „Element" und ihr Organ: *sparśa,* der Tastsinn und die Luft, *rūpa,* der Gesichtssinn und das Feuer, *rasa,* der Geschmackssinn und das Wasser, *gandha,* der Geruchssinn und die Erde. Die Elemente und *asmitāmātra* bilden die „sechsfache Schwingung des nicht Einzelgestalteten" *(saḍ-aviśeṣa-pariṇāma).*

Aus *asmitāmātra* entsteht das individuelle empirische Ichbewußtsein *(asmitā),* ebenso wie alle Individuation. Wo Einzelwesen werden, Menschen, Kristalle, Sterne, da ist *asmitāmātra* wirksam. Und überall im Kosmos ist diese Macht der Individuation gegenwärtig.

Zu den 5 schon genannten „Erkenntnissinnen" *(budhīndriya, jñānendriya)* wirkt dann *asmitāmātra* besonders unter dem Einfluß von *rajas* die 5 „Tatsinne" *(karmendriya)* Reden, Gehen, Greifen, Entleeren, Zeugen. Diese 10 „Sinne" sind Wahrnehmungs- und Tätigkeitskräfte, nicht die sinnlichen Organe selber. Diese sind eine Verdichtung dieser „Kräfte". Dazu kommt als 11. „Sinn" das individuelle Denkorgan *(manas),* das aller Sinne Werk im Innern ordnet und dem Ichbewußtsein darbietet.

manas, die 10 Sinne und die 5 Elemente *(bhūta),* das ist Äther, Feuer, Luft, Wasser, Erde bilden *viśeṣapariṇāma* der Urmaterie, das heißt „die Schwingung in konkretisierten Einzelerscheinungen". Aus den 5 Elementen bauen sich dann alle Gebilde auf, die ebenfalls *viśeṣa* sind, mit ihrem typisch individuellen Sonderdasein. In ihnen allen strömen die Guṇas unaufhaltsam nach dem Gesetz des *karman* streng sich ordnend.

Das Problem, wie denn bei der verschiedenen Natur der die Welt tragenden und durchströmenden Energiestoffwellen überhaupt ein einheitliches Gebilde zustande komme, hat die Yogametaphysik lebhaft beschäftigt: „Wenn aber alles Existierende aus den drei Weltstoffen besteht, wie kommt es dann zu einem Ton, zu einem Sinn?" fragt Vyāsa zu YS IV, 14. Seine Antwort lautet: „In den Weltstoffen selbst ist schon der immanente Wille zum Organsein oder zum Objektsein. Aus diesem Willen schwingen die Weltstoffe ineinander, so daß eine einheitliche Schwingung entsteht." Also hat das Individuationsprinzip in dem Grundcharakter der Guṇas seinen Grund. Und der letzte Sinn der schaffenden Urnatur ist das konkrete Einzelwesen. Denn dieses nur kann der *puruṣa* „essen".

Das innere Kräftegefüge der konkreten Einzeldinge sind die „feinen Atome“ *(parama aṇu)* (YBh III, 52. YS I, 40, I, 45). Diese sind letzte Einheiten, in denen die drei Guṇas zusammenschwingen. Diese Einheiten sind Projektionen der *tanmātra.* Sie bilden die den Sinnen nicht zugänglichen Grundlagen der Elemente und damit der konkreten Welt, der inneren wie der äußeren. Weil diese Grundbestandteile der Welt eine Schwingungseinheit bilden, vermögen sie, so verschieden sie auch ihrer Natur nach sind, zu einer neuen Einheit wie Stein, Mensch, Pflanze zusammenzuschwingen unter der Leitung des den ganzen Kosmos durchdringenden Individuationsprinzips. So ist jedes Wesen ein stets bewegter Kosmos, in dem das ganze Sein der Welt mitschwingt, die Welt eine allumfassende Ureinheit, die *prakṛti* im Tanz der Atome.

Die Struktur der durch diese einheitliche Schwingung entstandenen Einzeldinge (wozu alles in der äußeren Welt wie in der inneren Welt gehört) zeigt 5 „Formen“ *(rūpa)* des Seins und der Erscheinung, d. h. fünf Aspekte unter denen sie angeschaut werden müssen. Die grobe Erscheinungsform *sthūla,* die innere Wesensform *svarūpa,* die feine Erscheinung *sūkṣma,* das ontisch-kausale Verhängtsein *anvaya* und die Zweckgerichtetheit *arthavattva.*

Die *sthūla*-Form ist die äußere Erscheinung, die wir mit den Sinnen wahrnehmen, oder in der inneren Welt Erlebnisse der Alltagserfahrung. Es ist der Oberflächenaspekt der äußeren und der inneren Welt, der jedem Menschen ohne weiteres zugänglich ist. Die zweite Form *svarūpa* ist der eigentümliche Allgemeincharakter einer Erscheinung *(svasāmānya)* wie z. B. die Kraft der Ausdehnung dem Äther eignet. An ihm sind die Töne die groben Einzelerscheinungen: „Wenn aus dem allgemeinen eine differenzierte Einzelerscheinung *(viśeṣa)* auftaucht, so ist dies ein Konkretes *(dravya).*“ Diese innere Wesensform einer Erscheinung ist also sein allgemeiner Grundcharakter, den sie mit andern Erscheinungen derselben Art gemeinsam hat. Dieser allgemeine Grundcharakter ist ein Kräftesystem mit eigentümlicher Tendenz, also nicht etwa nur eine „Idee“, die irgendwo in einem geistigen Raume wohnt, sondern ein Wirbel *(vṛtti)* typischer Art im Gesamtgefüge der Welt, der sich zu der ihm entsprechenden konkreten Einzelerscheinung verdichtet. Diese Auffassung vom Bau der Welt ist auch für die Erkenntnistheorie des Yoga von Bedeutung: der innere Sinn erfaßt *svarūpa* und ergreift damit das reale innere Gefüge der erscheinenden Welt.

Die „feine Form“ *sūkṣma-rūpa,* der subtile innere Aspekt der Welt, die wir sind und die uns erscheint, sind die schon genannten *tanmātra,* das „Das-nur“, d. h. reines, von den Sinnen her betrachtet, potentielles kraftlebendiges Bestimmtsein, aus dem die Wirkung *(kārya)* hervorgeht. Bei allem, was in Wahrheit ergriffen und begriffen werden soll, gilt es die *tanmātra* zu erfassen. Das Erfassen dieses *sukṣma*-Aspektes der Welt heißt das „Meistern des Sinnes der Einzelgestaltung“. Es ist das Erfassen der dynamisch-potentiellen Voraussetzungen alles Erscheinenden.

Die vierte „Form" ist das ontisch-kausale Verhängtsein aller Dinge mit allem, die darin besteht, daß die Guṇas alles Sein tragend und schaffend durchdringen mit ihrem Charakter von Helle, Aktivität und Beharrung usw., der allseitig ist, d. h. so gut kosmische wie geistig-sittliche Bestimmtheit in sich trägt. Sie durchdringen alles in tausendfältig verschiedener Mischung. Jeder Weltstoff ist Sein und Ursache, unentrinnbar; denn alle Menschen sind in dies gewaltige Ringen einbezogen. Der Mensch, der durchdringen will zur inneren Weltschau, muß diese Guṇas in ihrem Wesen und in ihrer Absicht erfassen, wenn er die Bewältigung der Schöpfung, die Meisterung der Welt und seines eigenen Lebens erlangen will. Dieser strenge Zusammenhang von Sein und Wirken der Guṇas ist der wichtigste ontische Aspekt des Seienden.

Die innere Struktur der Welt, nach dem Yoga streng geordnet, darf keineswegs in mechanischem Sinne gefaßt sein. Sie muß teleologisch begriffen werden. Der fünfte Aspekt der Welt und ihrer Dinge ist ihre Zweckgerichtetheit *(arthavattva).* Von der ersten Regung der Urmaterie bis zum letzten Einzelding durchzieht die Welt ein Zweck, ein Sinn: sie soll dem *puruṣa* zum „Essen" sich darbieten. „Die Zweckgerichtetheit, die darin besteht, Weltessen und Befreiung davon zu schaffen *(bhoga-apavarga-arthatā)* ist den Weltstoffen immanent. Die Weltstoffenergien aber wirken in den *tanmātra,* in den Elementen und in den elementgebauten Dingen. So ist alles zweckgerichtet" (YBh III, 54).

Diese Zweckgerichtetheit der Urnatur ist eine Zentrallehre des Yoga[10]). „In der Welt der Erscheinung wirken Helle, Aktivität und Beharren (das heißt die drei Guṇas); sie baut sich auf aus Elementen und Organen. Ihr Zweck ist Weltessen und Befreiung" (YS II, 18). Ähnlich heißt es YS II, 21: „Der dem *puruṣa* dienende Zweck allein ist das Selbst (*ātman,* d. h. die lebendige und ordnende Kraft) der Welt der Erscheinung." Und das YBh gibt dazu die nähere Erklärung: „Die Welt der Erscheinung ist in die Tätigkeitsform des Puruṣa, d. h. in eine Form durch die der Puruṣa mit ihr in wirksame Verbindung kommt, eingegangen. Dieser Zweck ist der *ātman* der Welt der Erscheinung, d. h. die innere Wesenheit der Welt *(svarūpa)*".

So wird dann besonders auch in YS IV, 24 und YBh das Sein und Wirken des Citta für den Puruṣa unter diesem Gesichtspunkt betrachtet: „Obwohl das Citta von zahllosen Einwohnungen bunt durchwirkt ist (also unter der determinierenden Wirkung der Saṃskāras steht), ist es doch zweckgerichtet für einen andern (für den Puruṣa), weil es in seinem Wirken mit ihm verknüpft ist." Das YBh gibt dazu ein Beispiel: „Wie das Haus nur ist und Haus genannt werden kann, wenn es für jemand zu schützender Wohnstatt dient, also einen Zweck außer seiner eigenen Existenz hat (und dieser Zweck ist der *ātman* des Hauses, sein lebendiger Sinn), so ist auch Citta eben nur darum Citta, weil es dem Puruṣa dient zu Weltessen und Befreiung. Die Lust des Citta ist nicht um der Lust willen da, noch auch das Erkennen um des Erkennens willen, sondern darum, daß der Zweck für einen ‚andern' sich erfülle." Die ganze

Welt hat keinen Sinn in sich allein, nur in Verbindung mit dem Puruṣa gewinnt sie einen solchen – sein Endziel allein gibt ihr Sinn –. Ja man kann sagen, daß auf diese Weise der Puruṣa Ursache und Triebkraft der Welt ist, obwohl er nichts tut, gleichwie ein Magnet wirkt durch sein bloßes Dasein. Diese Lehre wird im theistischen Yoga dann besonders auf Gott bezogen [11]). So ist von den *guṇa* als dem Selbst der Dinge und von allen andern Selbsten, welche die Welt tragen und ordnen zu sagen, daß sie aus diesem „Selbst" sich ableiten. Daß von der tragenden ordnenden und zweckgerichteten Kraft im Kosmos als von einem „Selbst" die Rede ist, wobei jeder Persönlichkeitscharakter sich ausschließt, zeigt den eigentümlich „modernen" Charakter des Yoga-Denkens.

In YS II, 23 wird auch deutlich gesagt wie sich dieser Zweck für den „andern" vollziehe: „Die Verknüpfung (des *puruṣa* mit der Welt) ist die Ursache für die Erfassung des wahren Wesens *(svarūpa)* der besessenen Welt und der Kraft dessen, der sie besitzt." Und das YBh erklärt diesen Merkspruch dahin, daß der *puruṣa* als „Meister" *(svāmin)* der Welt mit dieser verknüpft sei, um an der Erfahrung der Welt zur rechten Sicht des wahren Wesens dieser Welt und seines eigenen Selbstes zu kommen. Diese wahre Sicht aber sei Befreiung aus der Welt.

Zunächst ist hier ins Auge zu fassen, mit welcher Geflissentlichkeit der Yoga ganz entgegen einer weltabgewandten Askese das „Weltessen" *(bhoga)* als den alleinigen Weg zur inneren Befreiung betont. Wer nicht die Welt erfaßt, der wird auch nie sein eigenes abgründiges Wesen begreifen. Und wer nicht die Vorläufigkeit der Welt durchschaut, dem enthüllt sich nie die „Ewigkeit" des eigenen Selbstes.

So sind die beiden Tendenzen im Wirken der Urnatur, den Puruṣa zu verjochen mit der Welt und doch auch wieder ihn daraus zu befreien im Grunde *ein* Wille und *ein* Ziel, das polar sich auswirkt im Geschehen der endgültigen Befreiung *mukti.*

Ferner ist hier der Nachdruck zu legen auf die Betrachtung der Prakṛti als einer Heil wirkenden Macht: so furchtbar und seltsam ihre Manifestationen auch sein mögen, die Grundtendenz, dem Puruṣa zum Heile zu wirken, ist ihr immanent. Und da die Bewegungen der Urnatur dem Menschen nur zum wenigsten bewußt sind und seinem Willen unterstehen, so dürfen wir von unserer Sicht her von einem Heildrang, von einer zur Gesundung führenden Funktion der Tiefenkräfte reden, die hier der Yoga lehrt. Nur ist für den Yoga dieses Wirken nicht das eines X, dem er einen negativen Namen verleiht, um sein Rätsel zu verdecken, sondern jene die Welt durchdringenden Allkräfte, zusammengefaßt und wurzelnd in der Prakṛti, die sich ihm in der Erfahrung und in der Tiefenerkenntnis schaffend-helfend kundtut. Und daß diese Manifestation des Heilsgeschehens geschieht, ohne daß vom Menschen etwas anderes verlangt wird, als sich diesem Wirken hinzugeben, hat immer wieder jene Weisen zu stiller Begeisterung entfacht. „Wie die Milch, die kein Bewußtsein hat, rollt zum Gedeihen des Kalbes, so rollt die Urnatur um der Befreiung willen des Puruṣa daher. Wie zur Stillung des Verlangens die Welt in Taten sich ergeht, so regt sich darin das Unentfaltete zur Befreiung des Puruṣa" [12]).

Und das ist für jene tief Erkennenden das Beglückende, daß dieser auf den letzten Zweck des Puruṣa gerichtete Heilwille der Urnatur alle ihre Manifestationen durchdringt. Jede Seelenbewegung hat schließlich diesen positiven Sinn: Befreiung zu wirken von der *duḥkha*-Verkettung des Puruṣa.

Doch darf dies nicht in einem oberflächlich-psychologischen Sinn verstanden werden. Alles ist hier durch die Psychologie und das Metapsychische hindurch metaphysisch zu deuten.

Die Befreiung des Puruṣa, um die es hier geht, ist eine radikale. Es ist die Entdeckung des „Menschen-an-sich", sagen wir des ewigen Kernwesens im Menschen. Erst wenn der Mensch in seinem tiefsten Zielwillen auf dieses Ziel gerichtet ist, kann die Zweckgerichtetheit der Urnatur sich auch im Psychischen heilkräftig auswirken. Und im Strömen dieses abgründigen Willens zum radikalen Heilwerden werden dann auch alle Oberflächenhemmungen im Citta weggespült, wie das Unreine von einem starken, klaren Strom. So sind auch diese metaphysischen Überzeugungen, die auf tausendfach sich wiederholenden Erfahrungen beruhen, ein mächtiger Auftrieb für den, der Heil sucht. Die Natur, die Welt, das Leben bis hinein in ihre tiefsten Abgründe sind nicht fremde Mächte, Ungeheuer, die den Menschen in ihren Klauen halten, sondern Mächte der Hilfe immerdar bereit, sich dem zu gegenwärtigen, der in stillem Vertrauen sich ihrem letzten Willen eint. Nur der Gleichgültige, der Widerspenstige wird von ihnen gefangen gehalten zu immer neuen Existenzen, die unter dem Zwang des Werkgesetzes stehen.

In dieser eindrucksvollen metaphysischen und metapsychischen Schau der Gesamtwirklichkeit ist uns bis jetzt die eine Realität, die seit Beginn der eigenständigen Entwicklung des Yoga immer als höchste im Mittelpunkt stand, nicht begegnet, nämlich der Gott, *īśvara* „der Herr". Freilich taucht er auch im YS verschiedentlich auf und ein Text stellt ihn sogar in den Mittelpunkt – der *īśvarapraṇidhāna*-Text –. Aber es ist schwer ersichtlich, wie er metaphysisch-theologisch in das Gesamtsystem, das offenbar im Hintergrund des Yoga steht, einzuordnen ist. Dabei wiegt schwer die Tatsache, daß das ausgebildete Sāṃkhya der Kommentare zur Sāṃkhyakārikā und des Sāṃkhyasūtra ausgesprochen atheistisch *(nir-īśvara)* ist. Als solches tritt das Sāṃkhya, wie wir gesehen haben, schon im Mokṣadharma des Mbh auf (vgl. oben S. 195 ff.).

Die großen Sāṃkhyalehrer der späteren Zeit und sehr ausführlich das Sāṃkhyasūtra wenden sich ausdrücklich gegen die Annahme eines persönlichen Gottes, d. h. eines Gottes und eines göttlichen Letzthin-Wirklichen überhaupt. An seiner Stelle steht die Prakṛti.

Um so auffallender ist es bei der engen Verbindung von Sāṃkhya und Yoga, daß der Yoga ohne jede Frage theistisch *(sa-īśvara = seśvara)* geblieben ist. Daß schon das ursprüngliche Sāṃkhya atheistisch war, und selbst der Yoga, wie Garbe und nach ihm auch Deussen und andere meinten, und daß der Gott in das Yogasystem nur lose hineingesetzt worden sei, wird durch die oben gegebene Entwicklungsgeschichte des Yoga-Sāṃkhya widerlegt. Die These von der mehr oder weniger äußerlichen Einfügung des Theismus in den Yoga hat denn auch den energischen Widerspruch Hermann Jacobis gefunden [13]). Aber auch er kann für die gegensätzliche Entwicklung des Sāṃkhya gegenüber dem Yoga keine begründete Erklärung geben, noch wird weder von ihm noch auch von Deussen und Strauß die scheinbar zwiespältige Stellung des Gottes im Yogasystem genügend aufgehellt.

Dies ist nur möglich, wenn wir Grundwesen und Entwicklung der beiden ursprünglich so eng zusammenhängenden Systeme beachten. Der Yoga ging während seiner ganzen Entwicklung immer darauf aus, die unmittelbare Innenerfahrung, die bei ihm auch Tiefenerfahrung war, zu erreichen. Sein Ursprung und seine ganze Entwicklung vor dem YS war, wie oben gezeigt, aufs engste verknüpft mit dem Ur- und Großgott Vāyu-Rudra-Śiva, der schon sehr früh den Titel *īśvara*, der Mächtige, Herr, Herrscher erhielt, der dann aber auch für Viṣṇu gebraucht wurde. Es ist selbstverständlich, daß bei dieser Haltung die Yogin auch immer wieder den „Gott" erlebten, sich mit ihm verbunden fühlten, ja sich mit ihm einten. Noch das YS bezeugt dies (II, 44. 45). Diese unmittelbare Begegnung mit der Gottheit in dem tiefen Sinnen über die heiligen Überlieferungen und die Gotteswirklichkeit selbst, gab dem Gottglauben der Yogin stets neue Nahrung.

Die Haltung der Sāṃkhyas dagegen war eine etwas andere: ihnen ging es vornehmlich um intuitive Erforschung des inneren Gefüges der Gesamtwirklichkeit, um Erhellung der inneren Welt des Menschen, um systematische Durchbildung und Ordnung ihrer Gesamtschau. Zuhöchst auch um die Klarlegung des Wesens der unzähligen individuellen *puruṣa* durch radikale Tiefenbesinnung über ihr Verhältnis zu den unaufhörlichen Wandlungen der Welt der Erscheinungen. Philosophisches Interesse und metaphysische Sicht traten in den Vordergrund gegenüber der Versenkung in Letzthinwirkliches. Wie in jeder hochgesteigerten philosophischen Entwicklung, so wurde auch hier die unmittelbare religiöse Erfahrung in den Hintergrund gedrängt. So wächst langsam die theologische Skepsis und schließlich die Verneinung dessen, was aus der unmittelbaren Erfahrung schwindet: der Atheismus drängt sich auf. Hier mag die nicht theistische Philosophie gewisser buddhistischer Strömungen mitgewirkt haben. Der Yoga hat von der energischen *puruśa*-Forschung des Sāṃkhya sicher für seine meditative Tiefenbesinnung an Strenge und Klarheit gewonnen. Aber nicht nur die Tradition, sondern auch und vornehmlich seine meditativ-hingebende Haltung bewahrte ihn vor der negativen Entwicklung des Sāṃkhya mit Beziehung auf den Gottesglauben.

Aus diesem Grunde, nicht etwa als eine bloße Konzession an den Volksglauben, wie Garbe und Deussen meinen, hat auch das YS den

Gottesglauben in seinem „Weg zum Heil" beibehalten und im *īśvarapraṇidhāna*-Text dem *īśvara* eine höchste Stelle gegeben.

Diese praktische Seite wird an mehreren Stellen betont. Im Kriyāyoga-Text II, 1 tritt neben *tapas* und *svādhyāya īśvarapraṇidhāna* als Mittel zur Vernichtung der Kleśas, jener unterbewußten „Bedränger", die den Menschen auf dem Weg zum Heil hindern. Hingabe an den Gott praktisch im gelebten Leben, so wie es z. B. die Bhg lehrt, und meditativ, indem sich der Mensch in der Einkehr ganz in diese letzthinnige Wirklichkeit versenkt, sind in der Tat die wirksamsten Mittel der drängenden Triebe jeglicher Art Herr zu werden. Darum ist auch im *yogāṅga*-Text *īśvarapraṇidhāna* neben *tapas* und *svādhyāya* als ein Stück des Niyama genannt. Und in II, 44 führt das meditative Forschen in den heiligen Überlieferungen zur Vereinigung mit der „geliebten Gottheit", der Gottheit, die dem Gemüt am nächsten steht. Nach II, 45 fördert *īśvarapraṇidhāna* die Erreichung des Samādhi: Wer sich tiefsinnend in den Gott versenkt, von dem nimmt er ganz Besitz, füllt die innere Welt selbstmächtig aus und läßt schließlich, wenn alle Regungen zur Ruhe kommen, den Puruṣa in seiner selbsteigenen Form aufleuchten. (Vgl. unten den Abschnitt über Samādhi.) Einkehr und Gott gehören im Yoga notwendig zusammen.

Am entschiedensten betont dies der *īśvarapraṇidhāna*-Text YS I, 23 ff. Er macht die Hingabe an den Gott zum Hauptstück des ganzen Yogaweges und steht damit am entschiedensten in der alten Yogatradition.

Aber der Yoga betont nicht nur diese praktische Seite, sondern versucht auch die Gottesidee systematisch in den Yoga einzubauen, freilich ohne die inneren Widersprüche dieses Bemühens ganz zu beseitigen (YS I, 23 ff.).

Der Īśvara ist nach diesem Text ein Puruṣa besonderer Art *(puruṣaviśeṣa),* da er von den Kleśas, von den *āśaya* den „Liegenschaften", d. h. den unterbewußten „Einwohnungen" und Bewirkern und vom Gesetz des Karman, das ihre „Reifung" bestimmt, unberührt bleibt (I, 24). Der Keim des Allwissens (der auch in jedem anderen Puruṣa liegt) ist bei ihm in absoluter Vollendung vorhanden (I, 25). Von ihm als dem göttlichen Urguru des Yoga (I, 26) ist schon oben die Rede gewesen. Die Versenkung in ihn geschieht, wie in den Upaniṣaden, mit Hilfe der Silbe *om,* die Symbol seines urewigen umfaßbaren Wesens ist. Ihre meditative Murmelung hilft dieses Wesen innerlich zu realisieren. Dadurch erlangt der Yogin nach YS I, 29 „den Zugang zur Innenschau und die Vernichtung der Hindernisse", die vor der Erreichung von Samādhi stehen, der nach II, 45 durch *īśvarapraṇidhāna* erreicht wird.

Der Īśvara ist also nicht nur praktisch, sondern auch systematisch-innerlich mit dem Heilsweg eng verbunden: Er hat ihn gelehrt, er steht als ewiger Vollender in dem zu erreichenden Ziel. Sein Wesen, ewig unveränderlich und unerschüttert ist Puruṣa-Wesen, ist dasselbe, was auch als ewiger Wesenskern im Menschen da ist. Es muß nur auf mühevollem Pfad vom Menschen erreicht werden.

Man sollte meinen von diesem Standpunkt aus, wäre es für die Verfasser des YS nicht schwer gewesen, den Īśvara auch theologisch in das metaphysische Gesamtsystem folgerichtig einzubauen, wie es die Yoga-Upaniṣaden tun, wo er Anfang und Vollender von allem ist, weil er alles durchdringt, in allem west. Dies ist aber im Yogasūtra selbst nirgends deutlich sichtbar. Denn hier steht überall da, wo die Frage des Verhältnisses des zur Unterscheidungsschau gekommenen Puruṣa zum Gott auftaucht, die Betonung der Isolierung des Puruṣa von den Guṇas und ihren Bewegungen, sein Fürsich- und Insichsein (Kaivalyam) so im Vordergrund, daß vom Gott nicht mehr ausdrücklich die Rede ist. Ebensowenig ist sein Platz in und über der Gesamtwirklichkeit gekennzeichnet.

Es ist wohl keine Frage, daß hier die Sāṃkhya-Anschauungen mitwirkend gewesen sind, die ganz vom Gott oder irgendeinem Letzthin-Wirklichen außer der Prakṛti absehen und rücksichtslos nur die Einzelpuruṣa betonen. Die Sāṃkhyas wurden dann freilich in einer seltsamen Dialektik des Geistes gezwungen, alle Prädikate und Wirkungen, die der alte Sāṃkhya-Yoga dem Īśvara zugeschrieben hatte, der Prakṛti beizulegen. In dem Maße, in dem sie den Gott verdrängt, wird sie selbst sinn- und heilvoll wirkende Gottmacht, die in geradezu mütterlicher Weise auf das Heil des Puruṣa bedacht ist, der ganz und gar von ihr verschieden ist, mit ihr im Grunde nichts zu tun hat und nichts zu tun haben will. Darum muß man sich fragen, ob man das Sāṃkhya theologisch-philosophisch als „Atheismus“ bezeichnen darf, da die Prakṛti von einer Gottmacht nicht mehr zu unterscheiden ist. Dieser Widerspruch ist schließlich unerträglich und alles drängt auf eine letzte Einheit, die aber das Sāṃkhya streng vermieden hat. So bleibt es in einem unbefriedigenden Dualismus stecken.

Der Yoga behielt zwar diesen Dualismus bei. Aber da er den Īśvara nie aufgegeben hatte, ging er theologisch einen andern Weg. Dies zeigen deutlich die Kommentatoren. Dieser Weg scheint mir nicht nur aus dem eben gezeigten Denkwiderspruch, sondern auch durch die unmittelbaren Yoga-Erfahrungen sich zu ergeben: Ein Yogin, der durch *īśvarapraṇidhāna* zu Samādhi gelangte und der zudem an den Īśvara als Urquelle des Yoga glaubte, konnte doch unmöglich, wenn er zur Erfahrung des von allen Bindungen gelösten Puruṣa kam, der desselben Wesens war, wie der Gott-Puruṣa, zu diesem ohne jede Beziehung bleiben – so wie die unzähligen Einzelpuruṣa des Sāṃkhya in ewiger Beziehungslosigkeit nebeneinander stehen. Wohin sollte und konnte er sinken, wenn er aus dem *saṃprajñāta samādhi,* in welchem er sich als befreiter Puruṣa realisierte, in den *asaṃprajñāta samādhi* überging, wo alle Bewußtheit schwand? Wohin anders als in die Gemeinschaft mit dem Ewigen Gott-Puruṣa? Wie aber soll das Verhältnis des Gottes zur Prakṛti gesehen werden?

Die Kommentatoren, Vyāsa, Vācaspatimiśra, Bhoja mühen sich die Widersprüchlichkeit aufzulösen, verwickeln sich aber zunächst in neue Widersprüche: der Īśvara nimmt bei Vyāsa, um als Heilbringer wirken zu können, zeitweise den reinen Energieweltstoff *sattva* an. Vācaspatimiśra (zu YS I, 24) macht ihn schon zum Urheber und Verschlinger der Welten, darin der Śvet.-Up. folgend und zum Träger der Weltordnung; bei Bhoja Rāja hat er wieder die alte Stellung als Weltenherr und Heilsgott, wie in den Upaniṣaden [14]).

Daß hier immer alles in Bewegung bleibt zeigt sich deutlich, wenn wir den strengen Dualismus des Yoga und Sāṃkhya genauer betrachten, der durch die Verbindung des Īśvara mit Sattva ins Wanken geraten mußte.

Denn der Gott wurde doch wesentlich mit der Prakṛti verbunden, wenigstens mit ihrer reinsten, lichtesten Weltstoffenergie. Was ist dann aber das Verhältnis der Prakṛti zum Gott? Ist sie so nicht sein in der Heilsgeschichte wirkendes Organ? Warum trennt man die so heilvoll und zielgerecht wirkende Prákṛti vom Heil wirkenden, mit Gnade und Mitleid erfüllten Gott?

Diese Entwicklung der Yoga-Theologie und Metaphysik ist geistesgeschichtlich sehr aufschlußreich: Sie zeigt uns, wie aus Denknotwendigkeiten und Tiefenerfahrungen immer wieder bestimmte theologisch-metaphysische Anschauungen und Überzeugungen erzwungen werden, selbst da, wo, wie im Yoga, keine dogmatisch bindende Tradition mitwirkt. Gerade die Bemühungen der Kommentatoren des YS berufen sich ja nicht auf die Tradition, wenn diese auch unbewußt mitgewirkt haben mag, sondern versuchen, auf Grund von Erfahrung und Denken, die Gottesidee neu in das System einzuordnen, das in seinen entscheidenden Entwicklungsepochen mit rücksichtsloser Selbständigkeit in der indischen Geistesgeschichte einen eignen Weg ging.

Die Entwicklung dieses Dualismus muß also noch kurz betrachtet werden. Nach ihm rollt und west das Sein, wie die Yogasūtren immer wieder betonen, in urewiger Zweiheit: *prakṛti* und *puruṣa* sind die zwei Realitäten, in ihrem Wesen radikal und ewig unterschieden, aus denen sich Weltepoche um Weltepoche, Existenz um Existenz ohne Anfang und Ende entrollen. Wie kam es zu diesem in Indien auffallenden, radikalen Dualismus?

Die Entwicklung der metaphysischen Grundprinzipien der Yoga-Sāṃkhya-Philosophie ging aus von dem altindischen Panentheismus *), der auch in den ältesten und mittleren Upaniṣaden, in der Bhagavadgītā und im Mokṣadharma weithin herrschend ist und auch in den späteren und spätesten Upaniṣaden nirgends ganz verlorengeht. Nach diesem ist der Gott Īśvara „Herr" oder das Letzthin-Wirkliche die Quelle alles Werdens und Wirkens. Aus ihm gehen die großen kosmischen Prinzipien hervor, aus denen sich die gesamte Weltwirklichkeit gestaltet. Das Verhältnis dieser Urmacht und der andern Mächte ist das eines innigen Zusammenhanges, schließlich einer Identität: die Weltwirklich-

*) Panentheismus ist der Glaube, daß alles in Gott (oder in einem Göttlichen) ist, von ihm durchwaltet und in ihm und durch ihn gestaltet. Im Unterschied vom Pantheismus, der Gott und Welt einfach ineinssetzt, läßt der Panentheismus das Göttliche nicht mit der Welt erschöpft sein.

keit ist Verkörperung des Letzthin-Wirklichen, hat Wurzel und Wesen nur in ihm, ist in ihm, wenn dieses auch über alles Gewordene hinausstrahlt in ewiger Transzendenz. Dabei ist es kein radikaler Unterschied, ob die Weltentstehung, wozu auch der Mensch gehört, als Emanation, Zeugung oder Schöpfung angesehen wird, denn dies sind ja nichts als mythische Bilder, die auf eine Entstehung hinweisen. Dabei ist allerdings zu sagen, daß der Begriff der Schöpfung, der in der vedischen Zeit noch sehr lebendig war, gegen die andern Bilder zurücktritt. Jedenfalls aber ist die Urgottwirklichkeit nicht von der Weltwirklichkeit getrennt.

Ebensowenig ist die ewige Wirklichkeit im Menschen, Ātman oder Puruṣa, von dem weltwirklichen Gefüge, das er als empirischer Gesamtmensch ist, getrennt, noch von der Weltwirklichkeit: Das Selbst ist immer darin mitwirksam, nimmt Teil an ihm.

Aber durch die Idee der *mukti,* der Befreiung, die im Lauf der Entwicklung mehr und mehr gegenüber der Weltwirklichkeit eine pessimistische Note bekam, wurde das Verhältnis der polaren Spannung zwischen ewiger Wirklichkeit und Weltwirklichkeit das eines radikalen Gegensatzes: waren *vyaktam, prakṛti* usw. ursprünglich Seinsweisen des Letzthin-Wirklichen, wurden sie nun von Ewigkeit her völlig getrennte Realitäten. So entwickelte sich im Sāṃkhya und teilweise auch im Yoga ein radikaler Dualismus Puruṣa gegen Prakṛti und die Guṇas, die nicht nur den leiblich-seelischen Organismus, sondern auch die höchsten geistigen Funktionen wirken und beherrschen, mit Ausnahme der Puruṣa-Erfahrung selbst.

Während im Yoga aber der Zusammenhang der einzelnen Puruṣa mit dem Urpuruṣa-Īśvara, trotz steigender Betonung des Einzelpuruṣa, der vom Yogin in sich geschaut, realisiert, erfahren wurde, immer noch gewahrt blieb, wurde er im späteren Sāṃkhya vollständig aufgegeben: die Einzelpuruṣa wurden nicht mehr in einem Urpuruṣa zu einer Einheit zusammengefaßt – dieser Urpuruṣa verschwand völlig. Das Sāṃkhya wurde atheistisch. So entstand ein radikaler Dualismus, dessen „Geist"-Realität, eben der einzelne Puruṣa, in einem Pluralismus sich atomisierte, der das Gemüt leer läßt. Die metaphysische Kraft verebbte in zahllosen Punkten, die keine Beziehung mehr zueinander noch zu einem Ganzen hatten.

Die Hauptwurzel dieser Entwicklung war das geradezu unheimliche Streben, den Puruṣa in seiner Absolutheit zu erkennen und spekulativ nach allen Seiten zu sichern. Er ist schließlich, wie eben schon erwähnt, nur noch Zuschauer, *sākṣin* im Weltgetriebe, ohne jede Teilnahme und Anteilnahme, statt gebärende, schaffende, wirkende Macht.

Der Yoga hat am Pluralismus und Atheismus des Sāṃkhya nicht teilgenommen, hat die Identität des Einzelpuruṣa mit dem Urpuruṣa-Īśvara festgehalten. Aber ein metaphysisch tief genug verwurzeltes Verhältnis zur Weltwirklichkeit hat auch der klassische Yoga allgemein schwer gefunden. Sein Satz *sarvam duḥkham* ist immer hindernd im Weg gestanden, sobald er metaphysische Aussagen machte. Wo ein positives

Verhältnis sich durchsetzte, wie im Karmayoga, kam es nicht aus metaphysischen Erwägungen, sondern aus einer unmittelbaren Lebens- und Tatkraft, die durch die Yoga-Schulung ausgelöst wurde, besonders, wie wir sahen, in den unverbrauchten Kṣatriya-Kreisen, die in der Bhagavadgītā, auch teilweise im Mokṣadharma und im Yogavāsiṣṭha zu Wort kamen. Erst die späteren Kommentatoren fanden wieder zurück zu einer Art von Panentheismus, der aber nicht folgerichtig durchgeführt wurde, weil der Prakṛti zu viel Selbständigkeit zugestanden wurde und aus ihrem Heilwirken nicht die metaphysischen Folgerungen mit Beziehung auf ihren Gottcharakter gezogen wurden. Doch ging das unbewußte Streben in dieser Richtung.

Von hier aus wird auch noch ein neues Licht geworfen auf die Wendung zur Identifizierung von Nirvāṇa und Saṃsāra im Spätbuddhismus, durch welche der Dualismus zwischen Weltwirklichem und Letzthin-Wirklichem überwunden wurde und auf den Aufbruch der Erotik im tantrisch-buddhistischen Yoga: die Prakṛti forderte gebieterisch ihr Recht. Im tiefen Grunde der Yogaerfahrungen wachten die naturhaften Mächte auf, die den Puruṣa umschlangen und ihn zur Zeugung im Weltwirklichen zwangen: Im Weltwirklichen selbst, richtig und tief erlebt, ist die große Befreiung. Aber diese Mächte, einmal gerufen, überwältigten die zarte Reinheit dieses Wollens und die zeugende Vereinigung endete in einem wilden Lebensrausch.

Das tiefere Verständnis dieser entwicklungsgeschichtlichen Vorgänge gibt ein philosophisches und lebensgesetzlich-praktisches Problem auf, das da gelöst werden muß, wo die Anregungen des Yoga ernst genommen werden: Hier erhebt sich gebieterisch die Wahrheitsfrage: Sind Prakṛti und Puruṣa radikal getrennt, wie der klassische Yoga und das Sāṃkhya das behaupten; oder ist hier eine Fehlentwicklung geschehen unter dem einseitigen Lehrsatz: *sarvam duḥkham?* Hat nicht der Panentheismus der früheren Zeit, der mehr in unmittelbarer Erfahrung als im Spekulativen wurzelte, tiefer gesehen? Hier ist ein Problem, das ganz allgemein die westliche und östliche Philosophie lebenswichtig angeht. Denn auch die westliche Geistesgeschichte ist schließlich gescheitert an dem Problem des Verhältnisses von Geist und Materie, wenn auch hier die jeweiligen Positionen teilweise andere waren und sind, bedingt durch unsere naturwissenschaftlichen Erkenntnisse.

Wir stehen heute vor der Frage: wie verhält sich das naturwissenschaftlich nicht faßbare, weil nicht meßbare Individuations- und Strukturprinzip, das vom Atom bis zur menschlichen Persönlichkeit in der Gesamtwirklichkeit durchweg in seinen Wirkungen festzustellen ist, zu den energetisch-stofflichen Geschehnissen der Gesamtwirklichkeit, die meßbar und rational noch faßbar sind?

Das Problem kann nur angegangen werden, wenn wir die Ergebnisse der physikalischen, biologischen und psychologischen Forschung zusammennehmen mit unseren tiefsten Innenerfahrungen. Sie ermöglichen es uns vielleicht, Existenz und Wirkungen des Ichs in allen seinen Phasen bis zum Tiefenich, dem Selbst, und sein Verhältnis zu dem leiblich-seelisch-geistigen Gesamtgefüge des Menschen zu ergründen. Ohne intensivste Innenschulung und Tiefenbesinnung, Yoga im echten Sinn, wird das kaum möglich sein. Da zeichnen sich schon einige Linien neuer Erkenntnisse ab: jenes Individuations- und Strukturprinzip hat nahe Beziehungen zum *puruṣa*-Begriff panentheistischer Prägung. Aber sein Verhältnis zu *prakṛti* ist nun deutlicher zu sehen. *puruṣa* ist zwar anders als *prakṛti,* aber nicht weil er absolut anderer Herkunft wäre, sondern weil er die in der Gesamtwirklichkeit sich differenzierenden Energieweisen in absolut synthetischer, wenn auch individuierter Einheit ist. Als solche ist er mit dem Urschöpferischen wesenseins. Diese Einheit ist nur durch existenziale, intuitiv-unmittelbare Erfahrung und Erkenntnis zu fassen. Die sich differenzierende physiko-chemische Energieweise kann gemessen und mit den Sinnen erfaßt werden – sie ist energetisch-stoffliche Darstellung aus der ewigen Urenergie, in der alle Energieweisen und Individuationen eins sind. Da wo die Atomforschung, die Biologie und Psychologie an ihre Grenze kommen, beginnt aber eine „andere Sphäre", die als „andere Dimension" die Gesamtwirklichkeit durchdringt. Dies ist die Sphäre der synthetischen Einheit aller Energieweisen, der energetisch-stofflichen, der vitalen, der psychischen und geistigen. Eben darum auch kann das Selbst mit ihnen allen sich schöpferisch verbinden, wie das Urschöpferische selbst. Da sind, um in Ausdrücken des Sāṃkhya-Yoga zu sprechen, Puruṣa und Prakṛti eins.

Aus der Erfahrung und Schau dieser Einheit kehrt der Sinnende erleuchtet und durchkraftet in die Vielheit des Lebens zurück, um in ihr aus der Einheit zu wirken. Damit ist der Dualismus aufgehoben zugunsten eines Polarismus, dem eine urschöpferische Realität als Einheit zugrunde liegt. Dies sind kurze Andeutungen bestimmter Linien einer neuen Metaphysik, die ich in einigen Aufsätzen vorläufig dargelegt habe *). Eine neue Metaphysik aus Erfahrung, wissenschaftlicher Erkenntnis und philosophischer Denkarbeit ist zur Neubegründung unserer inneren Existenz unbedingt nötig, wenn auch betont werden muß, daß wir uns zuvörderst um das Erfassen unmittelbarer Lebenswirklichkeiten und ihrer Gesetze zu mühen haben, ehe wir auch nur zum Versuch einer Systembildung vorschreiten. Hier sind noch Vorarbeiten von einer Reihe von Generationen zu leisten.

*) Vgl. „Wirklichkeit und Wahrheit", Rundbriefe für geistige Erneuerung und lebensgesetzliche Daseinsordnung". Rdbf. 1./2. Juni/Juli 1953: „Der Glaube eines Heutigen", S. 1 ff.; Rdbf. 1./2. Juni/Juli 1954: „Einige Hauptprobleme der Bauhüttenphilosophie in der Sicht einer Philosophie des Urschöpferischen", S. 26; Rdbf. 3./4. Juli/Dezember 1954: „Der Symbolcharakter der religiösen Erlebnisse und Gestaltungen und ihr Verhältnis zu Wirklichkeit und Wahrheit der Religion", S. 24; Rdbf. 3./4. Aug./Dez. 1955: „Ursprung und Geltungsmacht des Sittlichen", S. 9 ff.

2. *duḥkha, Die leidvolle Hemmung als Grundbefindlichkeit des Menschen und der Welt*

„In der Sicht dessen, der die Unterscheidungsschau hat, ist alles *duḥkha*“ (YS II, 15). Mit diesem Satze stellt der Yoga das ganze Weltsein unter das Gesetz des Leidens. Der wirkliche Sinn dieser Aussage bleibt unerkannt, wenn wir „Leiden“ nur von unserer westlichen Gefühls- und Anschauungswelt her interpretieren. Die abwegigen Behauptungen über den „indischen Pessimismus“ entspringen aus dem Irrtum, die Lehre vom All-Leiden sei identisch mit einer Philosophie des Weltschmerzes und einer müden Resignation. In der Lehre von *duḥkha* wuchtet im Gegenteil ein gewaltiger Wille zur Überwindung, zum Sieg, der durch die rücksichtslose Erkenntnis vom All-Leiden keineswegs gelähmt wird. Die Beiwörter für den Weisen Alt-Indiens sind *siṃha* „der Löwe“ und *jina* „der Sieger“. Das Leiden, das hier gemeint ist, ist etwas ganz anderes als ein Schmerzgefühl, ein Bedrücktsein im Gemüt, dem man zu entfliehen trachtet. Es ist eine metaphysische Tatsache von abgründiger Tiefe, die erkannt, ans Licht gehoben und aus letzten Wesensgründen heraus gemeistert werden muß.

Das Wort *duḥkha* ist hier auf seinen tiefen Sinngehalt hin zu untersuchen. Ohne die Erfassung dieses Sinngehaltes bleibt das innerste Wesen des Yoga (wie überhaupt der indischen Religionen und vornehmlich des Buddhismus, der zum Yoga in allerengster Beziehung steht) verborgen.

Bei der Betrachtung des Wortes geht auch der Yoga zunächst von der geläufigen Deutung „Schmerz, Leid“ aus, dem gegenüber *sukha* „Lust, Seligkeit“ steht. Er untersucht mit nüchterner Schärfe, worin die verschiedenen Arten von Lust und Schmerz bestehen, was ihre Ursachen, ihre geheimen Wirkungen sind (Ybh. II, 15). Aber nie begeht er den Irrtum, *duḥkha* und *sukha* rein hedonistisch zu betrachten, d. h. unter der Frage, wie der Mensch dem Schmerz entfliehen und zum größtmöglichen Lust- und Glücksbesitz kommen könne. Eine solche Betrachtung wäre für den Yoga das deutlichste Symptom einer verkehrten Haltung. Auch das sublimste Lustverlangen, wenn es nur Lust will, ist Bindung.

Die Geschichte des Wortes *duḥkha,* das nicht zum ältesten Sprachbestand des Sanskrit gehört, wird seinen Kernsinn ganz klar machen. Es erscheint (abgesehen von einer verlorenen Stelle im Śatapathabrāhmaṇa) erst in den frühen Upaniṣaden. Das Wort ist offensichtlich neu gebildet in Analogie zu *sukha,* das schon im Rv sehr häufig vorkommt. *sukha* bedeutet aber dort nicht etwa „Lust, Seligkeit“, sondern es wird nur gebraucht vom Wagen und bedeutet wörtlich „eine gute Radnabe besitzend“ (*su* = gut und *kha* = Nabenloch), also „sicher, frei, schnell, leicht laufend“. Erst später bekommt dann das Wort die Bedeutung „Lust, lustvoll, herrlich, leicht, angenehm“. Gegen die hedonistische Verflachung von *sukha* ist schon eine sehr alte Stelle gerichtet, in der das Wort definiert wird, Chānd.-Up. VII, 22 ff.:

V. 22: „Die unbeschränkte Fülle *(bhūman)* ist *sukha.* Im Beschränkten (Kleinen, *alpa*) ist kein *sukha.* Also nur die unbeschränkte Fülle ist *sukha.* Darum soll man zu erfassen suchen, was die unbeschränkte Fülle ist."

V. 23: „Wenn einer nichts anderes sieht, nichts anderes hört, nichts anderes weiß (als das Selbst), das ist die unbeschränkte Fülle. Wenn aber einer etwas anderes sieht, etwas anderes hört, etwas anderes weiß, das ist das Beschränkte (das Kleine). Die unbeschränkte Fülle aber ist das Todlose."

V. 24: „Sie ist oben, unten, im Westen, im Osten, im Süden, im Norden. Sie ist dieser ganze Kosmos."

V. 25: „. . . und mit Beziehung auf das Selbst heißt das: das Selbst ist oben, das Selbst ist unten, das Selbst ist im Westen, das Selbst ist im Osten, das Selbst ist im Süden, das Selbst ist im Norden. Das Selbst ist dieser ganze Kosmos. Wer so sieht, so sinnt, so erkennt, am Selbst sich ergötzend, mit dem Selbste spielend, mit dem Selbst sich paarend, am Selbste seine Lust habend, der ist „selbstherrlich" [15]). Der schaltet in allen Welten nach Belieben. Die aber eine andere Sicht haben, die sind einem andern botmäßig [16]). Sie sind unfrei in allen Welten."

Also *sukha* recht verstanden ist die Weite des Seins, der Sicht, der Bewegungsfreiheit, die aus der Erfassung des *ātman* entspringende unbedingte innere Freiheit. Diese Bedeutung ist von unseren Texten nicht in das Wort hineingeheimnist, sondern sie ergibt sich aus seinem Wortsinn selbst mit strenger Folgerichtigkeit. Freilich hat dann das Wort im Laufe seiner Bedeutungsentwicklung auch eine hedonistische Verflachung erfahren.

Das Wort *duḥkha* bedeutet nun in allem das Gegenteil von *sukha* [17]). Als man *duḥkha* zur Zeit der ältesten Upaniṣaden in Analogie von *sukha* bildete, muß noch ein lebendiges Gefühl für den Ursinn von *sukha* vorhanden gewesen sein, sonst hätte man es nicht in *su-kha* auseinandergelegt und sein Gegenteil mit *duḥ-kha* bezeichnet. Das Näherliegende für *sukha* wäre *asukha* gewesen, das in der Tat in der späteren Literatur auch häufig vorkommt. Für das Sprachgefühl muß also dem Wort *duḥkha* noch, wenn auch schon symbolisch gewendet, die Bedeutung „eine schlechte Radnabe habend, schwer, unsicher, gehemmt laufend" innegewohnt haben. *duḥkha* muß deshalb ganz aus der Analogie mit *sukha* verstanden werden. Und wenn dieses zur Zeit als *duḥkha* gebildet wurde, unbedingte innere Freiheit, das freie Leben im Selbste bedeutete, muß *duḥkha* das Gegenteil, also Hemmung, Bindung, innere Unfreiheit, das Leben im Nichtselbste bedeutet haben. Die Schöpfer dieses Wortes sind nicht vom Gefühl des Schmerzes oder des Leids ausgegangen, sondern von der Hemmung der seelisch-geistigen Funktionen, die als Hemmung der vollen freien Menschlichkeit empfunden wurde. Das geht auch aus der ältesten Stelle, in der das Wort vorkommt, ganz deutlich hervor, Bṛh.-Up. IV, 14, 13 ff.: „Doch wer gefunden hat das Selbst, wenn es erwacht ist, das wohnt in dieses Leibs geheimen Gefüge, der kann alles, ist der Macher aller Dinge, ihm gehören die Welten, ja er ist die Welt." „Solange wir noch hier sind, können wir es finden, wo nicht, so bleibt der Wahn das große Verhängnis. Unsterblich werden die, die solches wissen, die andern aber gehen ein in *duḥkha.*" (Vgl. Śvet.-Up. III, 10.) „Doch wer das Selbst erschaut, den Gott, in plötzlicher Erleuchtung, der Herr ist des Vergangenen und Zukünftigen, der scheut sich dann vor nichts mehr."

Während also die *ātman*-Schauer schon in dieser Welt zur völligen Machtvollkommenheit und Freiheit gelangen, gehen die Unwissenden in *duḥkha,* das Gegenteil, ein. So wird mit diesen Versen seine wörtliche Grundbedeutung bestätigt. Wenn also im Buddhismus oder im klassischen Yoga von *duḥkha* die Rede ist, ist in erster Linie an die innere metapsychische und metaphysische Hemmung gedacht, die darin besteht, daß der Mensch außerhalb des Bereiches letzter Realität einer andern Bestimmung unterliegt als der in seinem Selbst gegebenen. Ich übersetze darum das Wort mit „leidvolle Hemmung".

Es ist nun allerdings, wie schon gesagt, richtig, daß in der späteren Zeit die Worte auch einfach Lust und Schmerz bedeuten. Mit der unbedingten inneren Freiheit ist immer ein freudevolles Erhobensein verknüpft, wie mit Hemmung ein leidvolles Gedrücktsein. Und im Laufe der Jahrhunderte und Jahrtausende, besonders durch das Nachlassen der Tiefenkräfte unter dem steigenden Druck der Weltlast, schob sich das Gefühlsmoment dieser Worte immer mehr in den Vordergrund. Aber sicher ist ihr Ursinn auch für das heutige Sprachgefühl im Sanskrit nicht verloren gegangen; und im klassischen Yoga ist er fraglos das schlechthin Beherrschende bei seiner Verwendung. Das zeigt sich auch darin, daß das Wort *duḥkha* schließlich gleichbedeutend ist mit dem Kreislauf der Geburten, der von dem Gesetz des *karman* bestimmt den Menschen in die Welt des Nichtselbst bindet, damit allerdings auch in die Welt des Leidens und der Schmerzen.

Von dieser Grundbedeutung des Wortes *duḥkha* aus ist auch die oben angeführte Stelle YS II, 15 zu verstehen. „alles ist *duḥkha*". Damit ist eben alles unerlöste Leben gemeint. Der *vivekin* dagegen ist *duḥkha*-entflohen; er ist zu jener unbeschränkten Fülle gelangt, von der die Chānd.-Up. redet, hat die radikale Wandlung durchgemacht, die ihn aus der Hemmung, die auf allen Wesen liegt, befreit. So sieht er, der Sichtgeklärte und leidenschaftslos Erkennende, die Welt, wie sie – außerhalb der Erlösung – ist, unter der Allherrschaft von *duḥkha.* Für ihn kann nicht der Irrtum entstehen, als ob ein nach geläufiger Auffassung „glückliches", „gesundes", „lustvolles" Leben nicht *duḥkha*-unterworfen wäre.

Dem Blick des noch in *avidyā* Befangenen erscheint die Welt gegliedert in Gute, Böse, Glückliche, Unglückliche, Gesunde, Kranke, Lusterfüllte, Leidgebeugte, Lebendige, Abgeschiedene, Selige und Verdammte. Dem, der durchgedrungen ist zur Schau der Wahrheit, sind diese Unterschiede im Grunde unbedeutend. Alle, die nicht im Selbste leben, ganz ihm hingegeben, sind Unglückliche. Die im geläufigen Sinne

Glücklichen sind nur eine Spielart von ihnen. Alle, die nicht durchgedrungen sind zur Erfassung ihres letzten Wesenskernes sind krank; gesund ist nur der durch das Selbst vom *duḥkha*-Verhang Befreite. Was wir gesund und recht und gut nennen, diesseits von jener Erlösung, ist nur versteckte Krankheit.

Der Versuch, die „Übel" im Menschen anders zu beseitigen als durch eine radikale Wandlung, sei es durch frommes Werk oder geistliche Übung, mag zwar eine kleine Vorbereitung zur Gesundung sein – wenn nicht getan im Blick auf letzte Wandlung, sind sie sogar nur neue Bindung –, aber er bleibt ein Kampf gegen Symptome, wobei die Wurzel aller Übel zäh weiterlebt. Für den, der die Unterscheidungsschau gewonnen, gibt es nur zwei Bereiche im ganzen Sein und Werden, den der „Gelösten" *(mukta)* – nur Seltene gehen diesen „höchsten Gang", obwohl er allen offen steht – und den der „Ungelösten". Und zu diesem gehört alle Welt, der Frömmste so gut wie der Gottlose, die in Seligkeit schwelgenden Götter nicht weniger als die in tiefsten Höllen Leidenden. Sie alle sind nicht gelöst, nicht frei, haben nicht erreicht die „unbeschränkte Fülle", sie alle leben noch im „Kleinen".

Dieser Gegensatz zu allem Hedonismus, der die tiefsten Gründe menschlichen Seins verdeckt, und der radikale Erlösungsdrang werden nirgends deutlicher als eben in der Art, wie der Yoga die Seligkeit der Himmlischen wertet. In Ybh. III, 18 wird die Geschichte des alten Yogaweisen Jaigīṣavya erzählt, der durch Yogakraft imstande war, sich zehn großer Weltzyklen zu erinnern. Zahllose Existenzen hatte er darin durchwandert und auf dieser Wanderung durch Höllen, Erden, Götterhimmel doch nichts anderes gesehen als nur *duḥkha,* bis er zur Lösung gelangte in der Schau des Selbstes. Und wie der erhabene Āvaṭya ihn fragt, ob er seine Herrschaft über die Urmaterie (die er durch Yoga sich gewonnen) und die höchste Himmelslust, die er genossen, etwa auch als *duḥkha* erachte, erklärt er: „Jene höchste Lust kann nur im Vergleich mit irdischer Lust unüberbietbar genannt werden. Verglichen mit der Seligkeit von *kaivalya* ist auch sie nur eitel *duḥkha*". Darum soll auch der Yogin nach Ybh. III, 51, wenn er auf seinem Wege zur Erlösung Verzückungen erlebt, in denen er von höchsten Wesen zu allen Genüssen der himmlischen Seligkeit eingeladen wird, sich darauf nichts zugute tun, soll jedes Verlangen nach dieser Himmelslust drangeben, weil sich sonst nur wieder Unheil an ihn hänge. Wenn die Götter ihn umschmeicheln: „Durch deine Tugenden hast du das alles erlangt. Nimm nun in Besitz diesen Ort, der nimmer vergeht, den unalternden, den todlosen, der den Göttern lieb ist", so beantwortet er diese seine letzte Versuchung, nämlich die der frommen Selbstzufriedenheit und den Ansturm subtilsten Lustbegehrens in einer Welt der Seligkeit, ehe dessen Wurzel ausgerissen wird, mit der leidenschaftlich bilderreichen Abwehr: „Geläutert in dem furchtbaren Feuer des Geburtenkreislaufs, hin und her irrend in den Finsternissen von Geburt und Tod bin ich von ungefähr auf die Lampe des Yoga gestoßen, welche das schwarze Dunkel der Dränger vertreibt. Die durstgeborenen Windstöße (des Lustverlangens) sind nur Feinde dieses Lichts. Wie sollte ich, der ich nun dieses Licht erschaut, durch jene Fata Morgana der Genußobjekte von meinem Pfade abgezogen, wiederum zum Brennholz werden für das Feuer des Geburtenkreislaufs, das schon am Erlöschen war, damit es wieder aufflammt? Fahrt wohl, ihr Dinge des Genusses, ihr Traumgebilde, elender Kreaturen Verlangen! Mit diesem Entschluß soll er die Einfaltung üben." Wenn die Lust auch viele Götterjahre dauerte und nicht der leise Schatten einer Unlust je sie trübte, die tausend Götterjahre sind ja nur ein Augenblick am Maß der Ewigkeit gemessen. Und Ewigkeit ist Sein im Selbste. Ist dieses nicht erfaßt, so zwingt das Muß des *karman* auch alle lustschwelgenden Götter zu neuem Gang im Kreislauf der Geburten, der von *duḥkha* durchdrungen. Hier gilt also nur eines: das Selbst, die ewige Wirklichkeit im Menschen. Und das Ringen um sie ist unheimlich strenges Werk. Die Himmelssehnsucht ist nur Flucht vor dieser Wirklichkeit in Wunschwelten, subtilste Genußsucht des Menschen, der meint, an dem Ungeheuren der inneren Befreiung vorbei zum Frieden gelangen zu können. Sie ist Scheintrost der Toren. So wird der Mensch mit hartem Griff erbarmungslos vor das Entweder-Oder gestellt: gefangen ohne Ende in der leidvollen Hemmung, oder radikale Wandlung, Einkehr bis zum Grunde.

Eine Phänomenologie von *duḥkha* im einzelnen wird in YS II, 15 versucht, wo begründet wird, warum und wie alles Leben *duḥkha* ist: *pariṇāma - tāpa - saṃskāra - duḥkhair guṇa - vṛtti - virodhāc ca duḥkham eva sarvaṃ vivekinaḥ:* „wegen der leidvollen Hemmungen, die entstehen aus dem unablässigen Wechsel (in der seelischen Welt), aus den Bedrängnissen, aus den unbewußten Bewirkern und weil die Bewegungen der Weltstoffe einander entgegengesetzt sind, ist für den, der die Durchschau erlangt hat, alles *duḥkha.*" Das Ybh erklärt diese Stelle sehr ausgiebig. Der unablässige Wechsel der inneren Welt *(pariṇāma)* besteht darin, daß der Mensch von einer Lust zur andern, von Lust zu Schmerz, zu Widerwillen und zu innerer Verwirrung getrieben wird. „Es ist ganz unmöglich, die Entlüstung *(vairāgya)* der Organe zu erlangen durch Übung im Genuß. Denn im Maße des Genusses wachsen die Begierden und die Genußfähigkeit der Organe. Darum ist Übung im Genuß kein Mittel zur Erlangung von Lust."

Zu diesem unablässigen Wechsel in der inneren Welt kommen die vielerlei Bedrängnisse *(tāpa),* deren schwerste die Unruhe ist, die das ganze Wesen des nach Lust verlangenden Menschen, Körper, Wort und Sinn durchzittert. Diese Unruhe wirft sich auf die Menschen im Umkreis, um sie werbend, sie quälend, und setzt so das Rad der sogenannten guten und bösen Taten in Schwung.

Und doch sind auch dies nur Oberflächenerfahrungen. Tief drunten im Unbewußten schaffen alle diese Bewegungen der inneren Welt „Werkreste" Werkliegenschaften *(karmāśaya),* d. h. die aus den Erfahrungen in den tiefen Untergrund von *citta* sich niederschlagenden

Dispositionen, die nach unverbrüchlichen Gesetzen neue ihnen entsprechende Bewegungen erzwingen, wie aus dem Keim die Pflanze wächst und Frucht reift. So ist der Mensch hineingezwungen in eine Kette inneren Geschehens, die sein ganzes Wesen und sein Leben bestimmt. Er ist nicht frei, ohne Entrinnen gebunden. Zwar ist den meisten Menschen gerade diese Seite der leidvollen Hemmung nicht bewußt. Aber wie ein Spinnfaden selbst den Augapfel schmerzt bei Berührung, so spürt der Yogin, dessen inneres Organ sozusagen von feinster Membrane ist, diese Gebundenheit im Unbewußten schwer und schmerzlich. Bei den andern wird sie verdeckt durch den Ansturm der empirischen Leiden, durch die wilden Wogen des unanfänglichen Stromes von *sukha* und *duḥkha,* die zwar bei jedem Tod scheinbar beiseite geschoben werden, doch in jeder neuen Geburt neu sich einstellen, weil sie entspringen aus der Werkliegenschaft, die im *citta* ruht, das den Menschen begleitet durch alle Geburten bis zur erlösenden Schau.

Aber eine noch tiefere Schicht von *duḥkha* taucht auf. Nach dem Yoga besteht alles Sein und Werden in der Welt durch die drei Weltstoffe *sattva, rajas* und *tamas,* aus dem Lichten, dem Glühenden und dem Dunklen. Der Wirbel dieser Weltstoffe hält das Leben in Gang. Sie mischen und entmischen sich in vielen Proportionen, so Gestalten und Seelenbewegungen von verschiedenstem Charakter schaffend. Schon dieser unaufhaltsame Wirbel der inneren Welt ist *duḥkha:* „unstät und von den Weltstoffen umgewirbelt ist das *citta*" klagt schon der alte Yogalehrer Pañcaśikha, der damit das tiefste Sehnen aller Yogaweisen klar enthüllt: Es ist die ewige Ruhe des Unerschütterlichen. Aber das Unheimliche, das hinter allen diesen Bewegungen lauert, ist dies: diese Weltstoffe, die sich zum Werden und Leben der Welt miteinander mischen, sind in ihrem innersten Aspekt einander feindlich gesinnt. Die Grundelemente der Welt sind in abgründigem Streit miteinander. So fehlt dem Weltgrund eben das, was der Yogin am heißesten ersehnt: die große Ruhe, das Unerschütterliche, das Ewige, das Frieden ist und Freisein. Und selbst die Überzeugung, daß *prakṛti,* die Urnatur, aus der die Weltstoffe hervorgehen, in sich dcn Willen trägt, die Welt zu heilen von der leidvollen Hemmung, vermag nicht dieses lastende Dunkel mit verklärendem Licht zu durchleuchten.

Aber auch diese Feststellung schöpft das All-Leiden noch nicht aus: Die tiefste Ursache von *duḥkha* ist die Verjochung des *puruṣa,* des Menschen an sich, des ewigen Selbstes mit der Welt, die seiner Art nicht ist, ihn fremd umfängt. Da aber nur durch diese Verjochung überhaupt Welt wird und bestehen kann, heißt dies: Weltsein und Leben als solches ist leidvolle Hemmung. Nur in der Nicht-Welt ist die unbeschränkte Fülle, das absolute freie Für-sich-sein des Selbstes *(kaivalya).* Damit ist, wie dort den Himmelssehnsüchten so hier allen Weltverbesserungshoffnungen unbarmherzig ein Ende bereitet. Und da Weltsein und -werden unanfänglich sind und ohne Ende, in unermeßlich weitgespannten Zyklen, die Weltentage und die Weltennächte auf- und niedergehen, ist auch *duḥkha* unanfänglich ohne Ende – abseits von denen, die ihm durch Entdeckung des Selbstes wunderbar entkommen.

Man kann diese Lehre vom All-Leiden einen radikalen Pessimismus nennen. Doch bleibt zu bedenken, daß sich dieser Pessimismus nur auf das Weltsein bezieht. Und das Weltsein ist nur eine Seite des Gesamtseins. Dem Dunkel von *duḥkha* gegenüber steht ein Sein von lichter Freiheit, der *puruṣa,* der *sat* ist, *cit* und *ānanda:* „seiend, Geistlicht und Seligkeit". Und zu diesem Selbste gibt es einen Pfad. Er ist gefunden, ist begehbar. So heißt es YS II, 16: *heyaṃ duḥkham anāgatam, „duḥkha,* das noch in der Zukunft liegt, ist zu beseitigen". *duḥkha* ist dreigegliedert; Vergangenheit und Gegenwart und Zukunft sind ihm eigen. Was war, ist immer noch, denn nichts vermag Vergangenes auszutilgen. Der Seinszustand ist nur ein anderer als die Gegenwart, die jeden Augenblick sich abrollt. Die Zukunft aber ist die Form der Hemmung, die latent, in jedem Augenblick wirksam sich entfaltend, den Menschen bindet. Sie wurzelt in Vergangenheit und Gegenwart. Und diese „Form der Zukunft" muß angegriffen, muß beseitigt werden. Mit ihr wird auch die Wurzel des Gegenwärtigen und Vergangenen herausgerissen. Der Yoga richtet so den inneren Blick hinweg von dem, was war und eben ist, zu dem, was immer kommt. Sein Heilweg ist zielstrebig nach vorwärts gerichtet. Und nur dadurch, so erklärt er, wirkt er zurück in die Vergangenheit zum Anfang.

Dies ist der radikale Optimismus des Yoga (wie auch der des Buddhismus), der seine Vorahnung hat in der Überzeugung, daß selbst *prakṛti* „die Urnatur" das Heil mitwirkt und daß *karman,* das unerbittliche „Gesetz des Werkes" seiner Natur nach den Weg nach oben zur Erlösung will. Insofern ist schon im Weltsein die Tendenz des Heils. Ein seltsames Ineinander von Erkenntnis schlechthinniger Gebundenheit und gläubigem Wissen um ihre Überwindung. Es kommt weithin darauf an, wie jeder Einzelne innerlich gebaut ist, daß das eine oder andere Moment die Überhand hat. Wollten wir versuchen, einen Ausdruck für diese Haltung zu prägen, könnten wir vielleicht von einem tragischen Optimismus reden, der, wie mir scheint, den Indoariern immer eigen war, ja selbst die ganze Breite indogermanischer Weltgestaltung geheim durchdringt.

So ist auch die praktische Haltung des wahren Yogin der Welt gegenüber im Grunde keine weltschmerzlich-abwehrende. Zwar merkt man diesen Menschen an, daß die Last von Jahrtausenden auf ihnen liegt, die an der biologischen und psychischen Kraft der zahllosen Geschlechter zehrte, die alle Lust des Lebens und Schaffens ausgekostet, die alle Höhen der Gestaltung im Geiste erstiegen hatten, um zu entdecken, daß hier nirgends ewige Rast und letzter Halt zu finden seien. Jene primitiv-naive ungebrochene Lebensfreude ist ihnen nicht mehr eigen. Aber dies hindert sie nicht, sich der Welt mit stillverklärter Lebensfreude zuzuwenden. Als Buddha kurz vor seinem Ende von Vaiśālī Abschied nahm, da rühmt er ihre Lieblichkeit. Und Männer wie Rāmakṛṣṇa und Vivekānanda haben die Welt der Erscheinungen mit inniger Liebe umfaßt und gepriesen. Wer einmal das Leid der Welt bis zum Grunde durchschaut und dort die Erlösung gesehen hat, dem ist *duḥkha* nicht mehr lastende Beschwer, sondern stille Selbstverständlichkeit, über die das Wissen um das Sein in ewiger Freiheit sieghaft sich erhebt.

Freilich ist das innere metaphysische Verhältnis des Erlösten zu der *duḥkha*-bestimmten Welt in der Metaphysik des Yoga undurchsichtig. Kraft der erlösenden Geschehnisse in seiner inneren Welt ist der zum Selbst Erwachte frei von der *duḥkha*-Bestimmung. Und doch lebt er noch in einer Welt, in der es Leben ohne *duḥkha* nirgends gibt. Es müßte in der Tat nach der Metaphysik des Yoga das leiblich-seelische Gefüge des Menschen in dem Augenblick zerfallen, in dem das Selbst von ihm ergriffen wird. Entweder gibt es diese unbedingte Realisierung des Selbstes nicht, sondern nur Annäherungen an sie. Dann aber bleibt der Mensch eben noch so weit in der Herrschaft von *duḥkha*, als er von der Erfassung des Selbstes frei ist. Oder aber ist die Metaphysik des Yoga an diesem Punkte unzulänglich, und es gibt ein Leben in der Welt, das nicht mehr unter dem Gesetz von *duḥkha* steht. Es müßte dann die Möglichkeit eines *duḥka*-befreiten Daseins angenommen werden. Doch diese Folgerung wurde nie von der Yogametaphysik gezogen. Sie verdeckt die Schwierigkeit mit einem Bilde: Wie das Töpferrad noch dann in seiner eigenen Schwungkraft eine Zeitlang weiterschwingt, wenn keine Hand, kein Fuß es mehr bewegt, so schwingt das leiblich-seelische Gefüge des Weisen noch eine Zeitlang weiter, obwohl die Grundbedingungen seines Weltdaseins vernichtet sind. Dies Bild ist eine Ausflucht und hat doch auch wieder hier sein gutes Recht. Kein Mensch wird je das Rätsel lösen können, das darin besteht, daß in der Tat kein Weltsein je erfahren wird, das ohne *duḥkha*-Bindung wäre, und doch der zu letzter Wirklichkeit hindurchgedrungene Mensch dem *duḥkha* nicht mehr untersteht. Wie überall so hier nimmt uns am Ende unseres Denkens über das, was uns geschieht, das Paradoxe, Unergründliche auf.

Die Grundüberzeugungen, die in der Yogametaphysik wirken, All-Leiden und der Weg heraus aus ihm, genügen völlig zu einem Leben voll sittlicher und geistiger Tatkraft. So tönen über alle metaphysischen Rätsel hinweg die Loblieder der Erlösten über ihr Leben in der inneren Freiheit:

„In lustvoller Freiheit laßt uns leben
haßlos unter Haßerfüllten.
In lustvoller Freiheit laßt uns leben
von Krankheit frei unter Kranken.
In lustvoller Freiheit laßt uns leben
begierdelos unter Begierde-Erfüllten.
In lustvoller Freiheit laßt uns leben,
die wir nichts mehr besitzen.
Von Freuden nähren wir uns, wie die lichten Götter“ [18]).

2. Kapitel

Der Heilweg

Einleitung

Es gibt verschiedene Arten von Yoga, weil in dem Wort seine Grundbedeutung „Anjochung, Zügelung, Zucht, bildendes Bemühen usw." lebendig geblieben ist. Darum kann das Wort als letztes Glied in Zusammensetzungen überall da auftreten, wo ein bemühendes Verhalten, ein Streben, eine seelische Bewegung oder seelisch-geistige Funktion usw. mit Schulung und frommer Zügelung verknüpft sind, die darauf ausgehen, den ganzen Menschen bildend zu erfassen. Hier eine Übersicht:

Die altvedische Bezeichnung *brahmayoga* ist oben S. 23 f. eingehend erklärt worden: Es ist die Anjochung des Geistes und des Herzens durch andächtige Hingabe in Spruch und sakraler Handlung, um „Macht" zu gewinnen. Das Wesen dieser Macht erstreckt sich von helfender Zaubermacht bis zu innerer Ermächtigung durch *brahman*. Die Murmelung von Sprüchen *mantrajapa*, die oben ausführlich behandelt wurde, wird zum *mantrayoga* durchgebildet, bei dem das andächtig-besinnliche Hersagen von Sprüchen und Litaneien das Kernstück ist. Sie sollen zur Versenkung in die Gottmacht und zur Gemeinschaft mit ihr führen.

Mit ihm eng verknüpft ist der *kriyāyoga* „der Yoga der frommen Werke", dem im Pātañjalam ein besonderes Kapitel gewidmet ist und dem viele fromme Verehrer der heiligen Zeremonien anhingen. Diese Zeremonien wurden durch den Kriyāyoga verfeinert und verinnerlicht; so entsteht eine edle Form des Gottesdienstes und der heiligen Handlungen überhaupt, die bedeutsam auf Wesen und Haltung des indischen Menschen wirken.

In diese Sphäre der Gottverehrung gehört auch der *bhaktiyoga*, der im Pātañjalam als *īśvarapraṇidhāna* „der Yoga gläubig-liebender Hingabe an eine persönliche Gottheit" in allem eine gewisse Parallele hat. Dieser Yoga wurde besonders im Viṣṇuismus gepflegt; die Bhagavadgītā ist sein vornehmstes Dokument.

Im Verlauf der Entwicklung des Yoga entstehen dann Zusammensetzungen wie *dhyānayoga* „der Yoga der Meditation", *adhyātmayoga* „der Yoga, der sich auf das ewige Selbst richtet" (z. B. Kaṭh. Up. II, 12), *jñānayoga* ein Heilweg, der sich vornehmlich um die Erkenntnis letzthinniger Wirklichkeiten müht; *sāṃkhyayoga* „der Yoga der forschenden Erwägung und Spekulation" (z. B. Śvet. Up. VI, 13), auf Grund der Erfahrungen, die sich während der Yogaübungen einstellen; *saṃnyāsayoga*, der Yoga, bei dem das Augenmerk vornehmlich auf die Entsagung gerichtet ist und der eine starke Neigung zur Weltflucht hat, hierin dem *dhyānayoga* verwandt.

Die Bhagavadgītā handelt ausführlich über den *karmayoga* „den Yoga der Tat", der nicht mit dem *kriyāyoga* verwechselt werden darf.

Das Werk, um das es im Karmayoga geht, ist die rechte Haltung und das echte Wirken in der Welt, das ohne tiefe Erkenntnis vom wahren Sinn des Tuns und Nichttuns und von der Wurzel des Werkes überhaupt nicht möglich ist. Echtes Werk wurzelt im *brahman,* der schöpferischen Urmacht, der sich der Mensch gehorsam und pflichtbewußt mit geläutertfrommen Willen eint.

Die Bhagavadgītā nennt dann auch noch einen *buddhiyoga,* durch den der oben schon kurz behandelte universale Spürsinn, die schöpferische Urteilskraft für die Ordnungen und Gesetze des Gesamtwirklichen und für das Tragend-Wirkliche, sowohl der inneren Welt wie der Gesamtwirklichkeit, geweckt und geschult werden soll (siehe darüber unten das besondere Kapitel: Der Yoga der Tat).

Auch Bildungen wie *asparśayoga* treten auf (Māṇḍūkya Kārikā III, 39; IV, 2), der Yoga, in dem alle „Berührungen" aufhören, d. h. wo das absolute Alleinsein und Einssein mit *brahman* herrscht, und Subjekt und Objekt, Wahrnehmung und Gegenstand des Wahrnehmens ineins fallen (*samatvam,* Bhg II, 48). Ihn treibt der Yogin, der, nicht mehr dem Weltwirklichen verknüpft, unaufhörlich in dem Wissen lebt, daß es keine Vielheit und kein Werden gibt. Es ist der Yoga der absoluten Advaita- und Ajāti-Lehre, die Lehre von der Nichtzweiheit und vom Nichtwerden, wie sie bekanntlich auch Parmenides in Griechenland vertreten hat. Eng mit diesem verwandt ist der *layayoga. laya* heißt „verschwinden, untergehen, in den Tod fallen"; es wird auch als Synonym von Nirvāṇa gebraucht. Doch hat der Ausdruck meistens eine engere Bedeutung. Er tritt auch vielfach im Haṭhayoga auf, wo er einen todesähnlichen Trancezustand bedeutet. Dieser Yoga neigt zu der Sphäre des psychotechnisch veräußerlichten Yoga, wenn dieses Absinken auch im Ausdruck selbst nicht liegt.

yoga wird auch in Zusammensetzungen gebraucht, die den theologisch-religionsphilosophischen Standpunkt kennzeichnen: es gibt einen *prākṛtikayoga,* den Yoga, in dem die Prakṛti die kosmische Großmacht ist; einen *sa-iśvara (seśvara)-* und einen *nirīśvara-yoga,* den Yoga theistischer und atheistischer Prägung, wie schon oben erwähnt; einen *āstikyayoga,* den „Realismus-Yoga", der die Realität der Welt gegenüber allen Māyātheorien lehrt. Der Ausdruck wird dann angewendet, wenn dieser, dem klassischen Yoga gemäße Standpunkt betont werden soll.

Die Unterscheidung von *rājayoga* „Fürsten-, vornehmer Yoga" und *haṭhayoga* „grober Yoga", die heute im Westen so viel verwendet wird, ist eine späte Neuprägung; sie kam erst auf, als der Haṭhayoga mit seiner Betonung der körperlichen Übungen des Yogaweges, seinen Reinigungen usw. zu einem besonderen System geworden war. Dies ist kaum vor der Zeit des späten Mittelalters geschehen. Die Unterscheidung verstärkte sich zuweilen zu einem schroffen Gegensatz, weil im Haṭhayoga der Nachdruck auf die äußeren Übungen so überaus stark wurde, daß der Weg der Verinnerlichung und die Erfahrung des Letzthin-Wirklichen verbaut zu werden drohte. Diese Entwicklung hängt eng zusammen mit einer Veräußerlichung der indischen Religionen in den Jahrhunderten bis etwa 1800 überhaupt.

Diese vielfältigen Zusammensetzungen mit *yoga* bezeugen wiederum den allbeherrschenden Einfluß, den der Yoga auf das gesamte geistige Leben Indiens hatte. Der Weg der seelisch-geistigen Schulung, der Verinnerlichung und Durchbildung des ganzen Menschen wurde ein allgemeines und selbstverständliches Ideal der indischen Menschheit. Dieses Ideal herrschte nicht nur in deren Bewußtsein, sondern ist ins Unterbewußte eingegangen und ist damit völlig unabhängig von der religiöstheologischen oder philosophischen Einstellung geworden. Vom Unterbewußten her wirkt dieses Ideal selbstverständlich und unwidersprochen in allen Sphären des geistigen Lebens der Inder. Der Yogaweg wurde in der Tat ein Bildungsfaktor, der durch lange Erfahrung seine Antriebs- und Steuerungskraft so deutlich erwies, daß sich hier ein gewaltiger Kulturkreis diesem Einfluß beugte.

Auf die Beurteilung des Yoga im Westen kann füglich das Wort Schillers im Wallenstein angewendet werden:

Von der Parteien Gunst und Haß verwirrt
Schwebt sein Charakterbild in der Geschichte.

Die einen erhoffen von ihm Wunderwirkungen; sie sind voll phantastischer Sehnsüchte und Erwartungen, um dem harten Muß des eigenen geistigen Schicksals des Abendlandes zu entfliehen; andere sehen in ihm nur menschliche Verirrungen, die Gefahr „induzierten Irreseins". Daß im Yoga, besonders im Haṭhayoga Gefahren lauern, ist immer wieder betont worden [1]).

Ebendarum ist es unbedingt nötig, Wesen und Sinn des Yoga kritisch zu betrachten, wobei schon hier gesagt werden soll, daß alle Versuche, den indischen Yoga als Gesamtsystem in den Westen zu übertragen, nur auf Abwege gegen die lebensgesetzliche leiblich-seelisch-geistige Durchbildung des westlichen Menschen führen kann. Abgesehen von der rein wissenschaftlichen Frage: Was ist der Yoga und was will er?, die in diesem Buch im Vordergrund steht, kann die Frage für uns lauten: Sind im Yoga Elemente, die für die Erkenntnis der inneren Welt, ihrer Wirklichkeiten und ihrer Gesetze, und für unsere eigene Seelenführung Aufhellung und Anstöße vermitteln können? Die Tatsache, daß der Yoga das Ideal seelischer Durchbildung für einen Kulturkreis von einigen Hundert Millionen Menschen geworden ist und einem weiteren Kulturkreis von 1/2 Milliarde im Fernen Osten stärkste Anstöße zur inneren Schulung vermittelt hat, muß uns zwingen diese Frage ernsthaft anzufassen, um allen dilettantischen und vorschnellen Übertragungsabsichten ein begründetes Urteil entgegenzusetzen. (Darüber Weiteres im nächsten Kapitel.)

1. Die „Glieder“ oder Stufen des Yogaweges

Die einzelnen Stufen des Yogaweges werden in den Lehrschriften als *aṅga* „Glieder“ bezeichnet. Mit gutem Recht. Denn richtig verstanden ist der Yogaweg ein lebendiger Organismus, der sich aus einem „Urkeim“ entfaltet. Der Sinn für organische Entfaltung ist im altindischen Denken sehr stark: der Mythus vom Hiraṇyagarbha, dem „Goldkeim“, aus dem die Gesamtwirklichkeit sich entfaltet, zieht sich durch das ganze indische Denken.

Der Urkeim, aus dem sich der echte Yoga entfaltet, ist die grundstürzende Erfahrung des *puruṣa* „des Menschen im Menschen“, des *yakṣam-ātmanvat* „des selbsthaften Schauerwesens“, das uns schon oben in den Atharvaliedern begegnet ist. So erschütternd war diese Erfahrung, daß diesem *puruṣa* numinoser Charakter zugeschrieben wurde und daß er mit *brahman,* dem „Macht-Geheimnis“, das überall vom Herzoffenen erspürt wird, ineinsgesetzt wurde.

Es wurde ein Weg gesucht, diese Zentralerfahrung des Menschseins, die einzelne Begnadete spontan überfiel und sie in ein echtes und bangeloses Dasein versetzte, auch denen zugänglich zu machen, die nicht ohne weiteres so spontan ergriffen wurden. Da der Yoga in sehr frühe Zeiten der Entwicklung der indischen Menschheit, und, wie gezeigt worden ist, wahrscheinlich in die indo-iranische und indogermanische Zeit, seine Wurzeln streckt, ist es nicht verwunderlich, daß allerlei magische Vorstellungen und ekstatische Erlebnisse als Nebenwurzeln des Yoga ihren Beitrag zu seiner Ausbildung gegeben haben. In manchen Strömungen der Yogabewegung und zu gewissen Zeiten ist dieses Magisch-Ekstatische oft beherrschend in den Vordergrund getreten, wie auch heute noch im „Fakirtum“. Wer aber den echten Yoga verstehen will, muß ihn als Entfaltung von jenem Urkeim her verstehen.

Hier ist eine kurze Bemerkung über den Unterschied von echt und unecht am Platze. Echt in der Sphäre des Seelisch-Geistigen nenne ich alles, was den Menschen in seinem Kernwesen berührt und durch die von dort ausgehende seelisch-geistige Lebensbewegung den ganzen Menschen schöpferisch ergreift und durchwaltet. Und zwar so, daß der Mensch in das große Reich der Wirklichkeit und Wahrheit bildend und verpflichtend eingeordnet wird, wodurch allein er seine Gestaltwerdung als Mensch erreicht.

Alles, was dem entgegensteht und entgegenwirkt ist unecht. Der Yoga ist dann unecht zu nennen, wenn er etwa darauf ausgeht, magische Fähigkeiten zu erlangen oder allerlei Verzückungserlebnisse, an denen sich der Mensch ergötzen möchte, ohne daß seine innere Gestaltwerdung von ihnen fördernd und wesentlich berührt wird.

Das Echte kommt immer aus einem Tiefenerleben und führt dahin. Es hat eine zentrale, eine umfassende und eine dauernde Wirkung im Werden und Handeln des Menschen. Dies ist der sichere Maßstab für alle Echtheit im seelisch-geistigen Leben.

Was an der Oberfläche des Seelisch-Geistigen erlebt wird, braucht nicht unwahr zu sein. Unwahrhaftigkeit, Lüge werden selbstverständlich von allen „Nicht-Verbogenen" abgelehnt. Aber das Oberflächliche wird in dem Maße ein Widerorganisches, in dem es sich in den Bereichen abspielt, die ihrem Wesen nach unbedingt Tiefe verlangen, wie dies im Geistigen, vornehmlich im Sittlichen und Religiösen der Fall ist. Ja wir müssen sogar die Frage erwägen, ob nicht alles Erleben, auch das im Reich des Biotisch-Körperlichen, Tiefe verlangt, um vor der Gefahr des Widerorganischen bewahrt zu bleiben. Der Satz: Alle Tiefenerfahrungen drängen zum Zentrum des menschlichen Seins und des Seins überhaupt, tragen also religiösen Charakter, hat geistorganisch verstanden eine Entsprechung: Alle Wirklichkeitserfahrung verlangt Tiefenerfahrung, um ganz echt zu sein. Bleibt sie an der Oberfläche, trägt sie immer ein Unechtes in sich, denn hier ist auf die Gefahr hinzuweisen, daß der nicht zentral erlebende Mensch sich von seinem Oberflächenerleben, sei es moralisches Verhalten, religiöses Gebaren aus Gewohnheit oder äußerer Schulung über dessen Wesen täuschen läßt und Oberfläche für echt nimmt.

Ein Yoga also, der sich nur oder vornehmlich mit dem Körperlichen beschäftigt, bleibt an der Oberfläche und steht in Gefahr des Widerorganischen im Reich des Geistes, dem der Yoga doch dienen will. In dieser Gefahr steht weithin der Haṭhayoga, wie auch der tantrische Yoga.

Unter echtem Yoga ist also hier verstanden, ein Yoga, der das Kernwesen des Menschen betrifft und durch den dieses Betroffenwerden kernwesenhafte schöpferische Bewegungen und Wirkungen im leiblich-seelisch-geistigen Gesamtgefüge auslöst. Dieser Yoga ist im Yogasūtra klassisch dargestellt, ebenso von der Bhakti hergesehen, in der Bhagavadgītā und in seinen Anfangsstadien in den alten Yoga-Upaniṣaden.

Betrachten wir den Yoga unter diesen Gesichtspunkten, so können wir zwei polare Sphären feststellen, deren Spannungsfelder alle Übungen des Yoga durchdringen: Die eine ist wurzeltiefe sittliche Zucht und Durchbildung des ganzen Menschen; die andere die unmittelbare Erfahrung des Tiefenichs, des Selbstes, die durch dessen numinosen Charakter und die Spürung eines „Unirdischen" in der Weltwirklichkeit auf ihren ewigen Urgrund weist. Die beiden Sphären bedingen einander: ohne die durchdringende sittliche Zucht und Bildung gibt es keine bleibende und wirkende Selbst- und Gottschau. Die sittliche Zucht wiederum wächst selbstverständlich und notwendig aus der schöpferischen Kraft einer echten Tiefenerfahrung, in der das Kernwesen des Menschen und der Quellgrund alles Wirklichen ergriffen wird. In dem gesamten Spannungsfeld der beiden Polsphären wachsen die „Glieder" des Yoga. Eine kritische Betrachtung soll ihr Wesen und ihre Beschränkung aufzeigen [2]).

Voran stehen *yama* und *niyama. yama* ist „die allgemeine sittliche Zucht", die im klassischen Yoga die fünf sittlichen Grundgesetze jeder menschlichen Gemeinschaft einschließt: *ahiṃsā* „Nichtschädigen" (worin Ehrfurcht vor dem Leben eingeschlossen ist); *satya* „Verpflichtung gegenüber der Wirklichkeit und Wahrheit"; *asteya* „Nichtstehlen" (also Ehrfurcht vor dem Eigentum); *aparigraha* „Lösung vom Raffwillen"; *brahmacarya* „keuscher Lebenswandel" (also Ehrfurcht vor den Zeugekräften). Der Yoga versteht darunter die Verpflichtung zu unbedingter geschlechtlicher Enthaltsamkeit, durch welche die Kraft allgemein, besonders aber die Herzkraft gestärkt werden soll, die nach der Anschauung des Yoga für die Tiefenschau Bedeutung hat.

Es ist hier daran zu erinnern, daß nach andern Yogatexten, z. B. den Yoga-Upaniṣaden, noch weitere fünf sittliche Pflichten zu Yama gehören: *dayā* „Mitleid"; *ārjava* „Gradheit"; *kṣamā* „Geduld"; *dhṛti* „Festigkeit"; *mitāhāra* „Mäßigung im Essen und Trinken". Doch enthält der straff zusammengefaßte Fünfer-Yama richtig verstanden diese weiteren fünf Pflichten in sich: *dayā* und *kṣamā* gehören zu *ahiṃsā; ārjava* und *dhṛti* zu *satya; mitāhāra* zu *brahmacarya.*

Wie Yama die sittliche Zucht mit Beziehung auf die Gemeinschaft umfaßt, so *niyama* die Verpflichtungen und Ordnungen im Reich des Persönlichen. *niyama* bedeutet wörtlich „Einfügung in eine Zucht"; wir können es also etwa mit „Selbst-Zucht" oder „Zucht und Bildung des persönlichen Seins und Verhaltens" übersetzen. Zum Niyama gehören: *śauca* „Sauberkeit in allen Dingen"; *saṃtoṣa* „Zufriedenheit"; *tapas* „asketische Zucht", die auf vielerlei Weise geübt werden kann; *svādhyāya* „eigenes Forschen" (in den heiligen Schriften); *iśvarapraṇidhāna* „Hingabe an den Herrn, Frömmigkeit" (die einem persönlichen Gott gilt). Auch *niyama* hat in den Yoga-Upaniṣaden fünf weitere Pflichten: *āstikya* „Wirklichkeitsglaube" (gegenüber der Meinung, die Welt sei nur Schein oder ein Bewußtseinsprozeß); *dāna* „Freigebigkeit"; *siddhāntaśravaṇa* „Hörsamkeit gegenüber den Vollendeten"; *hrīḥ* „Schamhaftigkeit"; *mati* „klares Denken"; *japa* „meditative Murmelung (heiliger Texte)"; *vrata* „Gelübdetreue"; *īśvarapūjana* „Verehrung des Īśvara mit Opfern usw.". Daß die Upaniṣadtexte *īśvarapūjana* statt *īśvarapraṇidhāna* (im YS) haben, scheint mir ein Hinweis darauf, daß diese erweiterte Form von Niyama der straffen Zusammenfassung des Yogasūtra vorausgeht. Denn es ist durchaus eine Tendenz im Yogasūtra, die zeremonielle Gottesverehrung in den Hintergrund zu rücken.

Wie tief und umfassend diese sittliche Zucht und Bildung im Yoga verstanden wurde, zeigen die Sūtren II, 33 ff. Dort wird, wenn die Durchführung von Yama und Niyama durch Zweifel und Schwierigkeiten gehindert werden, die „Erweckung der Gegenmacht" *(pratipakṣa)* gegen sie empfohlen. Diese besteht in strengen psychologischen und philosophischen Erwägungen, die den Sinn haben, das Bewußte und Unterbewußte zu klären. Denn da liegen ja sowohl Hindernisse wie Hilfskräfte für die sittliche Durchbildung. Diese soll in echten aufrichtigen Erkenntnissen im schöpferischen Grund der Persönlichkeit verwurzelt werden.

In den Sūtren II, 35 ff. wird von der *pratiṣṭhā* gehandelt, in welcher stehend dem Yogin neue sittliche Grundkräfte zuströmen. *pratiṣṭhā* ist ein *terminus technicus* des Yoga, wörtlich die „Stütze oder Grundlage". Es ist die schöpferische Grundvoraussetzung alles Daseins und alles Werdens und Wirkens, die im tiefen Seelengrund bereit steht. Aus ihr erwachen die empirischen Erscheinungen und Lebensbewegungen. Es handelt sich hier, nach der Auffassung des Yoga, um eine metapsychisch metaphysische Realität; ich habe das Wort deshalb mit „mystischer Grundkraft" wiedergegeben. So gibt es in der Tiefe des Seelengrundes z. B. eine schöpferische Urvoraussetzung der Achtung des Lebens; sie ist sozusagen eine dem Reich des Lebendigen eingeborene Ordnungsmacht, die „Tötungshemmung", welche die Lebewesen abhält, einander zu morden, und die im Bereich des Menschen erscheint als Ehrfurcht vor dem Leben. Die „Erweckung der Gegenmacht" gegen die Widerstände der sittlichen Durchbildung ist also ein radikales Sichhingeben an diesen schöpferischen Drang aus der Tiefe unseres Wesens und des Daseins überhaupt. Wer in dieser Verwurzelung steht, wessen sittliche Verpflichtung aus dem „Realisieren" *(bhāvanā)* dieser Ordnungsmacht entspringt, der wird nicht nur selbst von der Ehrfucht vor dem Leben angehalten, kein Lebendiges zu töten, jedenfalls nicht ohne strenge Notwendigkeit zu töten, sondern er schafft durch sein bloßes Sosein und Dasein eine Atmosphäre in der feindselige Haltung und Handlung gehemmt werden oder verschwinden: „Jedes Wesen läßt in seiner Nähe, d. h. in seiner Sphäre des Wohlwollens gegenüber allen Lebewesen die Feindschaft fahren." Daß es sich hier nicht um Einbildungen handelt, sondern um merkwürdige Erfahrungen, weiß jeder, der im Bereich des Sittlichen in die Tiefe zu leben gelernt hat. So ist es auch mit allen andern Stücken von Yama: Was der wurzelhaft Wahrhaftige sagt, das geschieht, realisiert sich; sein Wort hat zeugend-zwingende Gewalt, die jeder spürt und diese Gewalt wirkt und zwingt zu Tat.

Oder wer hätte nicht schon erfahren, daß, wenn er sich innerlich von der Bindung an Besitz und vom Schielen auf ihn bei andern losmacht, ihm durch „Zufälle" das zuströmt, an was er am wenigsten gedacht hat, und zwar oft dann, wenn er mit seinem rationalen Überlegen zu Ende war. Gewiß sind hier im Yoga noch allerlei magische Vorstellungen mitschwingend, wie etwa in Yogasūtra II, 39. Aber ist es nicht doch in der Tat so, daß die Freiheit vom Raffwillen mit ihrer Gelassenheit und der Kraft innerer Lösung den Blick öffnet für die eigenen Seelengründe und überhaupt für das eigentliche Wesen des menschlichen Seins, der bis dahin vom Erwerben – und Erraffenwollen gehalten war. Daß aus der Zufriedenheit unüberbietbare Glückseligkeit folgt, wissen wir alle. Der Yoga richtet also hier den Blick auf jene geheime Gesetzmäßigkeit im inneren Reich, deren Walten wir immer ahnen und oft überraschend erfahren. Es kann keine Frage sein, daß diese Haltung für die Durchbildung unseres gesamten Menschseins von höchster Bedeutung ist. Auch der Abschnitt des Yogasūtra über die „Erreichnisse" der Meditation enthalten neben viel Phantasiehaftem solche Tiefeneinsichten in die innere Gesetzmäßigkeit menschlichen Daseins, die im allgemeinen kaum beachtet wird.

Das Streben nach sittlicher Einsicht, Haltung und Werden verknüpft sich im Yoga nun organisch mit einer leiblich-seelisch-geistigen Schulung, die energisch auf die Bildung für Tiefenerfahrung und Tiefenschau hinzielt. Diese Schulung erstreckt sich von besonderen Anweisungen für Körperübungen, Ernährung, Atemübungen, bis zu den feinsten Methoden der Konzentration, des „Sinnens", der Meditation. Sie haben den Zweck, das seelisch-geistige Gesamtgefüge des Menschen so zu ordnen, zu beruhigen und zu klären, daß die Innenschau und die Erkenntnis und Erfahrung der Tiefenwirklichkeiten der inneren Welt nicht mehr von Unordnung, von Dumpfheit, vom Verhangensein im Äußerlichen gehemmt wird.

Der Yoga beginnt mit der richtigen Art von Körperhaltung bei der sinnenden Betrachtung; die übersetzten Texte enthalten zudem noch Ratschläge über die Art des Aufenthaltsortes usw.

Das YS ist sehr kurz und bündig: *sthira-sukham-āsanam* (II, 46): „Die Sitzhaltung *(āsana)* soll fest und bequem sein." Der nächste Merkspruch macht den Sinn dieser Anweisung ganz deutlich: Jede Anspannung soll vermieden und eine innere Haltung eingenommen werden, in der alles vom Menschen abfällt, was ihn irgendwie beengt. Von Anfang soll er sich auf das „Unendliche" *(anantya)* richten, alles Einschränkende, Hindernde von sich werfen, so daß er, sozusagen in die Sphäre des Allumfassenden eingebettet, ganz und gar der Innenschau sich hingeben kann. Er nimmt also sozusagen das Ziel des Yogaweges haltungsmäßig vorweg. Durch diese Haltung wird der Übende auch befreit von allen störenden Einflüssen der Umwelt, wie Kälte, Hitze, Lärm usw. Diese Unabhängigkeit gegenüber den Umweltbedingungen ist gerade für den westlichen Menschen, der ständig in einem Getriebe, in dem alles an allem hängt, eingespannt ist, von Bedeutung.

Über die Āsanas (Sitzarten) und die Mudrās (Körperstellungen) haben die Kommentare zum YS und mehr noch die Schriften des Haṭhayoga viel gehandelt. Diese Literatur zeigt je länger desto mehr eine hybride Entwicklung dieses „Gliedes" des Yoga. Die Gheraṇḍasaṃhitā verzeichnet 32 Sitzarten, darunter die seltsamsten Verrenkungen, die auch indische Yogin jahrelang üben müssen (vgl. dazu oben S. 270 ff.).

Unter diesen Übungen sind ohne Zweifel solche, die medizinisch gesehen gut sind, aber die Übertragung aller dieser Methoden in den Westen halte ich nicht nur für unnötig, sondern teilweise für schädlich. Zudem haben wir westlichen Menschen für solche Āsanas und Mudrās gar keine Zeit. Und wer aus dem Yoga einen Selbstzweck macht, verfehlt von vornherein das eigentliche Ziel. Unsere medizinischen Kenntnisse und die auf ihnen beruhenden Methoden der Heilgymnastik, besonders wenn sie noch psychologisch vertieft und weiter entwickelt werden, sind uns westlichen Menschen angepaßter und heilsamer.

Folgen wir der Grundregel über Āsana, wie sie im YS gegeben ist, so ist die uns gemäße Methode leicht zu finden: die einzig richtige „Position“ bei stiller Besinnung ist entweder das uns gewohnte ruhige Sitzen oder das langgestreckte, bequeme und entspannende Liegen. Die Yogaschriften raten zwar davon ab, weil die Gefahr des Einschlafens bestehe. Aber die Möglichkeit des Einschlafens ist für uns eher ein Grund für dieses „Āsana“; denn ein kurzer Schlaf der Entspannung ist die beste Vorbereitung zu stiller Besinnung. Wir wollen ja zunächst keine Wachheit erzwingen, sondern Gelöstheit erreichen ohne die ein hellwaches, tiefes Besinnen gar nicht möglich ist.

Als nächstes „Glied“ des Yoga ist *prāṇāyāma* „Atemzügelung“ behandelt.

Es gibt ohne Zweifel viele Menschen, die nicht richtig atmen, weil wir fast in einer unaufhörlichen Spannung leben, die auch das natürliche Atmen spannt. Hier wird die leibliche Unordnung, die häufig auch zu einer seelisch-geistigen Anlaß ist, am deutlichsten sichtbar. Wenn die Ordnung des leiblich-seelisch-geistigen Organismus erreicht werden soll, muß zunächst einmal hier angesetzt werden. Denn das Atmen ist ja die Voraussetzung aller Lebensbewegungen. Mit ihm tritt das Lebewesen in innige Verbindung mit den feinen Elementen, die für seine biotischen Funktionen unerläßlich sind. Zudem bestimmt der Rhythmus des Atmens mit den Blutkreislauf, dessen Störung zu schwersten Schädigungen führt. Nach dem Yoga besteht die „Atemzügelung“ darin, daß das gewöhnliche Atmen insofern „geregelt“ wird als zwischen *apāna* „Ein-(oder Hinab)-Atmen“ und *prāṇa* „Vorwärts- oder Ausatmen“, eine Pause eingeschaltet wird. Der Strom des Atmens wird angehalten. In dieser Übung heißt das Ausatmen *recaka* „Entleeren“, das Einatmen *pūraka* „Füllen“; das Atemanhalten *kuṃbhaka* „Stauen“. Auch diese Übung hat im Haṭhayoga eine Hypertrophie erlitten und die Kommentare sagen darüber sehr Verschiedenes aus, auf das hier nicht eingegangen werden kann Besonders wurde das Atemanhalten teilweise ins Maßlose gesteigert: Der Yogin sollte minuten- und stundenlang den Atem anhalten können und gewisse Yogin wie Haridas (vgl. oben S. 270 f. den Abschnitt über Haṭhayoga) sollen es sogar soweit gebracht haben, daß das Atmen überhaupt aufhörte und sie sich wochenlang begraben lassen konnten. Für das Ziel des echten Yoga sind diese Dinge sinnlos. Betrachten wir sie im Lichte der Physiologie und Psychologie, so müssen sie gedeutet werden als Versuche, abnorme Seelenzustände, wie Trance usw. herbeizuführen. Diese Gefahr hat den Yoga zu allen Zeiten und auf allen Stufen begleitet und hat ihn bei den ernstlich nach echter Innenschau und innerer Befreiung Strebenden in Mißkredit gebracht.

Bleiben wir bei dem, was das YS über die Atemübungen sagt, so haben wir die Vorschrift, den Atem in die drei genannten Abschnitte bewußt zu gliedern, die Tiefe und Ausdehnung des Atmens zu verstärken, die Zahl der Atemmomente, ihre Kraft und ihren Rhythmus zu beobachten, bis ein Atmen entsteht, das sich sozusagen von selbst tief und still vollzieht, worin der Übende sich sammelt, so daß er von störenden Vorstellungen befreit wird. So verstanden ist *prāṇāyāma* in der Tat ein ausgezeichnetes Mittel der Entspannung, wenn dabei jede krampfhafte Anstrengung unterbleibt und sofort abgebrochen wird, sobald sich das geringste Anzeichen der Anstrengung oder Verkrampfung zeigt. Das Ziel muß sein, ein geregeltes Tiefatmen, das ja auch heute von der westlichen Medizin als hervorragendes Ordnungs- und Heilmittel erkannt und angewandt wird. Dieses geregelte Tiefatmen entspannt aber nicht nur; es regelt den Blutkreislauf und befördert die Konzentration, wirkt also lösend auf den Strom oder den Zwang der Gedanken, von dem wir oft so schwer loskommen [3]).

Nach meiner eignen Erfahrung ist eine unserer Konstitution und unserem Lebensstil zuträgliche Atmung diese: Man legt sich bequem ausgestreckt auf eine Lagerstatt, die beiden Arme gelockert an den Seiten des entspannten Körpers, schließt die Augen, konzentriert sich ganz auf das Atmen, in dem man zuerst so tief als möglich durch den etwas gerundeten Mund ausatmet, hält dann einige Sekunden den Atem an, solang als man es entspannend und wohltuend empfindet, läßt dann den Atem durch die Nase frei einströmen, ohne jeden Zwang. Dabei ist darauf zu achten, daß eine gute Bauchatmung stattfindet, bis die Lungen wohltuend gefüllt sind. Die Bewegungen des Zwerchfells sind für die Mobilisierung des Sonnengeflechtes wichtig. Jedes krampfhafte Einziehen und Aufstauen von Luft ist zu vermeiden. Die eingeatmete Luft wird wieder einige Sekunden einbehalten, aber nur wenn dies durchaus angenehm und entspannend empfunden wird. Dabei können Kopf und Brust etwas gesenkt werden. Dann stößt man die eingeatmete Luft wieder wie vorhin aus.

Damit ist aus dem scheinbaren Zweier-Rhythmus des gewöhnlichen Atmens ein Vierer-Rhythmus geworden, d. h. die beiden Pausen zwischen Ein- und Ausatmen, die uns beim gewöhnlichen Atmen nicht zum Bewußtsein kommen, sind betont und bewußt gemacht.

Dieses Atmen kann man mit Zählen begleiten, indem man in einem festen Gleichmaß die vier Atemabschnitte je für sich zählt. Der Rhythmus des Zählens liegt nicht fern vom normalen Pulsschlag. Es scheint sich bei diesen Übungen ein gewisser natürlicher Rhythmus herauszustellen, der sich etwa so darstellt: Ausatmen 3×7, Anhalten 1×7, wobei der Übergang von Ausatmen und Anhalten auch unmerklich werden kann, Einatmen 1×7, Innehalten 1×7. Dieses Schema darf aber keinesfalls starr angewendet werden, weil alle diese Übungen sich der Konstitution des Einzelnen anpassen müssen. Bei guter Gesundheit und kräftigem Herzen kann das Ausatmen länger ausgedehnt werden, bei schwachem Herzen muß man es mit 1×7 oder 2×7 versuchen.

Zur Unterstützung der Konzentration auf diesen Atemrhythmus kann man sich einen Kreis vorstellen, in dem die vier Abschnitte so eingetragen sind, daß sich das Atmen in einer Rechtswendung vollzieht. Diesen Kreis kann man beliebig erweitern oder verringern, wobei die einzelnen

Abschnitte länger oder kürzer werden, was ein langsameres oder schnelleres Zählen bedingt. Meistens genügen 4–6 Minuten.

Diese Übung bewirkt eine allgemeine Entspannung und Beruhigung, die teils physiologischer, teils psychologischer Art ist; die Flucht der Gedanken, die uns oft so aufreibend drangsaliert, verschwindet; und die tieferen Sphären der inneren Welt lockern sich und werden wirksam.

Während dieser Übung hat sich die nächste schon von selbst eingestellt: *pratyāhāra* „die Einholung, das Einziehen" (der Wahrnehmungssinne). Bei dieser Übung werden die Wahrnehmungssinne so vollständig von den zu ihnen gehörigen äußeren Wahrnehmungsgegenständen abgezogen, daß sie ihre Tätigkeit einstellen. Das *citta,* das Bewußtsein, dessen Inhalt die „innere Welt" ist, tritt damit nach dem Yoga zurück in seine Eigengestalt. Der Mensch ist sozusagen nur noch in dieser „inneren Welt" da; sein inneres Augenmerk ist ganz auf sie gerichtet. Dabei kann schon eine gewisse „Einfaltung" eintreten: anschauliche Bilder, auch der obenerwähnte Kreis versinken. Diese Übung ist besonders wichtig in unserer lärmerfüllten Welt, die den Schlaf raubt und die Nerven zerreibt. Doch muß sie durchdrungen werden von dem Versinken in *anantya* „das Unendliche", das oben bei *āsana* empfohlen wurde.

Diese bis jetzt betrachteten fünf Glieder werden *bahiraṅga* „Außenglieder" des Yoga genannt. „Außenglieder" sind sie deshalb, weil sie Funktionen, Lebensbewegungen des Ich sind, die mit der äußeren Welt in Verbindung stehen, d. h. die Beziehungen des Ich zur äußeren Welt betreffen. Auch Yama und Niyama werden dazu gezählt, weil diese Ordnungen und Verpflichtungen den Menschen mit seiner Umwelt verbinden.

Die drei andern „Glieder" *dhāraṇā, dhyāna, samādhi* werden im Unterschied von diesen fünf „Außengliedern" *antaraṅga* „Innere Glieder" genannt, denn sie beziehen sich nur auf Gegenstände und Lebensbewegungen der „inneren Welt", wenigstens nach dem klassischen Yoga.

dhāraṇā, von *dhar* „tragen, halten" (dieselbe Wurzel wie in *dharman*) bedeutet wörtlich „das Festhalten", nämlich eines bestimmten inneren Gegenstandes, auf den sich die ganze Aufmerksamkeit zu richten hat. Es ist ein altes Wort in der Yogatradition und erscheint schon in der Kaṭh. Up. VI, 11 in der Zusammensetzung *indriyadhāraṇā; indriya* bedeutet „die Sinne", die inneren „Kräfte": die Sinne und alle Funktionen der inneren Welt sollen auf einen Gegenstand gerichtet werden, der damit fest in das innere Blickfeld tritt und den auch alle Gemütsregungen umfassen. Diese Übung ist in den vorausgehenden vorbereitet und z. T. schon enthalten; andererseits gehört sie eng zu *dhyāna* und *samādhi.* Am besten übersetzen wir das Wort mit „Konzentration", die aber Tiefencharakter haben muß.

Die Gegenstände solcher Konzentration sind in den oben dargebotenen Yogatexten sehr verschieden. Zu diesen Gegenständen kommen dann im Haṭhayoga und im trantischen Yoga eine ganze Reihe besondersartiger: im tantrischen Yoga spielt vor allem das Gottpaar Śiva-Śakti eine zentrale Rolle, das auch im tantrischen Buddhismus seine Parallelen hat. Auch eine Reihe der jüngeren Yoga-Up. betonen diese Gegenstände. Besonders wichtig sind im tantrischen Bereich, die oben kurz erwähnten Maṇḍala. Auf ihre Betonung, ja Überbetonung in der C. G. Jungschen Tiefenpsychologie, die vornehmlich von H. Zimmers Büchern indologisch unterstützt wurde, wird im nächsten Abschnitt noch zu kommen sein.

Im klassischen Yoga spielen diese Maṇḍala keine Rolle, so wenig wie die vielen Geheimsilben, die *dhāraṇī,* die als Konzentrations- und Meditationsstützen im tantrischen Yoga und Buddhismus so wichtig sind [4]).

Vor allem ist zu betonen, daß die im Haṭhayoga gebräuchlichen Fixierungen auf äußere Gegenstände, die Nasenspitze, Nasenwurzel, d. h. auf den Punkt zwischen den Augen, auf den Nabel, auf die Sonne usw. völlig abseits des klassischen Yoga liegen. Diese Methoden gehören zu jenem ordnungslosen Fakirtum, das in Indien viel seelisches und religiöses Unheil angerichtet hat.

Die Konzentrationsobjekte des echten Yoga sind durchweg innerlicher Art. Denn auch die Konzentration auf die „Murmelung“, etwa der *rudrajapa,* oder auf die Silbe *om,* die zur Konzentration gesummt wird, wie es z. B. auch noch der *īśvarapraṇidhāna*-Text (YS I, 26) empfiehlt, ist betont ein seelisch-geistiger Vorgang, weil ja die Silbe *om, praṇava,* das Lautsymbol für den höchsten Gott oder das Letzthin-Wirkliche ist, dessen Sinn bedacht werden muß; die Murmelung dieses Symbolwortes ist eine Vergegenwärtigung *(bhāvanā)* seines Bedeutungsgehaltes (vgl. YS I, 28).

dhāraṇā und *dhyāna* gehen hier unvermerkt ineinander über, sind sozusagen zwei Stufen derselben Übung, die als Ziel hat, das Wesen des Gottes innerlich lebendig zu machen. Dabei wird nicht einmal ein vorgestelltes Gottesbild, auf keinen Fall die bildliche Darstellung eines Gottes als Konzentrationsstütze benützt. Denn bei solcher Art von Konzentration (die Parallele der jesuistischen Meditationen mit Hilfe solcher Bilder drängt sich auf) besteht immer die Gefahr der Auto- oder Heterosuggestion, die das eigenschöpferische Erleben hemmen, indem sie den Menschen an eine bestimmte Tradition binden. Diese Gefahr begleitet den Yoga auf seinem ganzen Weg. Aber richtig verstanden will er nicht durch solche Auto- oder Heterosuggestion fest in eine Tradition einschulen; in seinen höheren Stufen zerbricht er immer wieder alle traditionellen Vorstellungen. Sondern er will den Zugang öffnen zu einer Geisteshaltung der Einkehr, der Innenschau, der unmittelbaren Innenerfahrung, die in der Erfahrung des *puruṣa* gipfelt.

Auf dem Wege zu diesem Ziel stellen sich dem Übenden schwer zu überwindende Hindernisse in den Weg. Sie sind im *īśvarapraṇidhāna*-Text (YS I, 30 ff.) gut gekennzeichnet. Die Anweisungen, die der Yoga zur Bekämpfung dieser Hindernisse gibt, zeigen einen erstaunlichen Tiefblick in das Reich der seelisch-geistigen Gesetze. Der Text gibt hier die Beschreibung einer besonderen Übung: *ekatattva-abhyāsa* „die

Übung der Sammlung auf das Eine Wesentliche". Dieses Eine Wesentliche kann der Gott sein als letzthinnige Realität, oder eine der wesentlichen geistigen Lebensmächte wie *maitrī* „die Freundschaft zu allen Wesen", auch Mitleid, Mitfreude, Gleichmut gegenüber Leid und Freud usw. Durch die unbedingte Sammlung auf diese Lebensmächte werden sie innerlich „realisiert", d. h. sie werden lebendig wirksam. Auf diese Weise erlangt man *citta-prasādana* „völlige Beruhigung der inneren Welt". Ebenso kann man sich sammeln in der Unbekümmertheit und Heiterkeit, in einem Gemüt erfüllt von Inhalten, die der Leidenschaftlichkeit entwunden sind, oder das sich ruhend versenkt in die Erkenntnisse, die aus Traum und Schlaf kommen. Der Sinn dieser Anweisungen ist klar: Es werden alle positiven Kräfte des Seelengrundes aufgerufen, und zwar mit einer unbedingten beruhigten Hingabe an sie, wodurch sie ihre Realität erst kundtun können. In dieser schöpferischen Bewegung der Tiefengründe unserer inneren Welt werden die Hindernisse sozusagen verflüchtigt, aufgezehrt.

Vergleichen wir damit die Bewegungen unserer inneren Welt im Alltag oder beim Einschlafen oder Erwachen: welches Durcheinander, störende Unordnung, Bangigkeiten usw., die den Menschen hin und her treiben. Die Schlaflosigkeit wäre nicht so verbreitet, wie sie heute ist, und geradezu zu einer unheimlichen Gefahr für unsere Wesenserfüllung und unsere ganze Kultur geworden, wenn wir diese lebensgesetzlichen Erkenntnisse mehr beachten würden.

Man kann aber seine Konzentration und Versenkung nach YS I, 39 mit irgendeinem der seelischen Lage angepaßten Gegenstand üben. Die Gegenstände von *saṃyama,* wie die Zusammenfassung von *dhāraṇā, dhyāna* und *samādhi* genannt wird, sind nach dem YS außerordentlich vielfältig und subtil.

Beispielshalber mag eine Übung genannt werden, die gerade auch für die Anforderungen und die Aufregungen einer Zeit wie der unsrigen, von einiger Bedeutung werden kann.

Bei einem angegriffenen Nervensystem setzen sich bei Beschwerden in irgendeinem Organ gewisse Ängste fest, die reflektorisch die Wirkung haben, daß die Funktionen dieses Organs gehemmt werden, woraus wiederum verstärkte Beschwerden entstehen. Eine unbewußte Autosuggestion beginnt ihre unheilvolle Wirkung auszuüben. Die psychologische Forschung hat uns aber gezeigt, daß wir auch imstande sind, durch eine positiv unbekümmerte Haltung, Heil- und Erneuerungskräfte aufzurufen, die im schöpferischen Seelengrund bereitliegen. Wenn die Bangnisse Konzentration auf die Beschwerden, d. h. auf die eingetretenen Hemmungen erzwingen wollen, können wir die Heil- und Erneuerungskräfte für eben dieses Organ aufrufen, indem wir uns auf sie gelöst und vertrauend konzentrieren, uns sozusagen in ihr Wirkungsfeld hineinbegeben. So wird die Kraft der Suggestion, die sich aus Bangnis nährend negativ wirkt, ins Positive gewendet; die Heil- und Erneuerungskraft wird so „realisiert" *(bhāvanā)* und das Gemüt wird durchdrungen von dem stillen Vertrauen, das ihre tiefste Wurzel ist. Stammt sie doch aus dem uns innerlich unaufhörlich nährenden Lebensstrom, der im Unbewußten da ist.

J. H. Schultz hat verwandte Übungen, teilweise im Anschluß an den Yoga, in sein „Autogenes Training" eingebaut (vgl. dazu unten den Abschnitt: Yoga und Psychotherapie).

dhāraṇā kann aber auf irgendeinen Gegenstand angewandt werden, etwa auf ein schwieriges geistiges Problem, z. B. das Gewissen oder das Problem der Freiheit, wobei alle Gegebenheiten dieses Problems scharf und klar ins Auge gefaßt und als Einheit innerlich anschauend festgehalten werden, als geistiges Lebensgefüge.

Wird *dhāraṇā* richtig geübt, geht diese Übung in *dhyāna* über, das siebente „Glied" des Yoga. Das Wort ist gebildet von der Wurzel *dhi* (eine Kurzform der Wurzel *dhā* „setzen" mit der Präposition *ā*, die „heran" bedeutet). So wurde schon im vedischen Sanskrit eine Wurzel *dhyā* gebildet, wörtlich: „(im Geiste) heransetzen", also, sich einen inneren Gegenstand so vorsetzen, daß er von allen Seiten betrachtet werden kann. Die Wurzel *dhyā* bedeutet also „sinnen über", woraus das Tätigkeitswort *dhyāna* gebildet wurde „Sinnen, Nachsinnen, Besinnung üben, sich sinnend in einen inneren Gegenstand versenken". Es entspricht dem lateinischen *meditatio* von dem Verb *meditari*, das auf die indogermanische Wurzel *med* zurückgeht, die „messen" bedeutet. *meditari* heißt also „für sich messen, ausmessen, ermessen". *dhyāna* ist eine vertiefte und schöpferisch bewegte *dhāraṇā*, wodurch die geistige Durchleuchtung eines inneren Gegenstandes geschieht. Zu der strengen Konzentration auf einen Gegenstand des Bewußtseins kommt nun die forschend-sinnende Betrachtung seines eigentlichen Wesens. Der Gegenstand wird sozusagen nach allen Zeiten vor das forschend-sinnende Bewußtsein gestellt, wird auf seine einzelnen Wesenszüge hin durchschaut, in seiner Ganzheit erfaßt, sein Wesenskern wird begriffen bis er sich in voller Durchsicht und Klarheit der erkennenden Schau darbietet. Diese Tätigkeit wird in manchen Texten *tarka* „Erwägung" genannt, z. B. Maitr. Up. VI, 18.

Dazu kommt aber eine bestimmte Gemütshaltung. So scharf und klar auch die Verstandeskräfte hier arbeiten, wäre es ein Fehler, *dhyāna* nur als logisch-rationalen Vorgang zu erfassen: der Sinnende muß seinen Gegenstand mit allen Seelenkräften durchdringen, muß mit ehrfürchtiger Hingabe in ihn eingehen, weil es ja um eine geistige Lebenswirklichkeit geht, die ihn in die Sphäre tiefinnerer Wesensteilnahme und Befreiung von einengenden und bindenden Hemmungen einbeziehen soll.

Wer sich so auf ein inneres Objekt konzentriert und es meditiert, gerät schließlich in einen Zustand unbedingter Sammlung auf dies eine Objekt, die *ekāgratā* genannt wird. Der Ausdruck bedeutet wörtlich „Ein-Spitze-keit". Er ist entstanden aus der Erfahrung, daß bei der Konzentration zunächst noch verschiedene Züge des Gegenstandes, auf den sich das Bewußtsein richtet, gegenwärtig sind, daß dann in der Meditation diese immer klarer durchschaut werden und zu einer Einheit zusammenwachsen, bis alle Züge in einer Kernvorstellung zusammenlaufen und sich einen in der ungeteilten Gesamterfassung des geistlebendig gewordenen Gegenstandes. Der Gegenstand nimmt nun sozusagen selbstwirkend in der eigenen Machtvollkommenheit seines Wesens Besitz vom Bewußtsein des Übenden.

Er entfaltet sozusagen selbsttätig sein Wesensgefüge, so daß das erkennende Subjekt mehr und mehr zum bloßen Zuschauer *sākṣin* wird.

Psychologisch ist der Vorgang durch parallele Erlebnisse von Künstlern und Dichtern zu verstehen. So berichtet Gustav Frenssen in seinen Lebenserinnerungen folgendes Erlebnis: Die Personen seiner Romane nahmen bei der Versenkung in den Gegenstand selbständige Gestalt an, er sah sie sozusagen leibhaftig vor sich, wie sie sich benahmen, er hörte sie sprechen, brauchte nur niederzuschreiben, was sie sagten usw. Psychologisch gesehen ist der Vorgang dieser: das Un- und Unterbewußte ist gefüllt mit Inhalten der Beobachtung, der intuitiven Charaktererfassung auch mit Erkenntnissen und Einsichten in das Menschenwesen, seine Lebensgesetze und Notwendigkeiten usw. und all dies wird von der schöpferischen Bildkraft des Unbewußten zu einer vollendeten Einheit gestaltet – spontan, selbsttätig, „urschöpferisch". Ganz allgemein kann überhaupt die dichterische und künstlerische Inspiration, bei der sich die treffenden Bilder und Worte mit Notwendigkeit aus der kraftlebendigen Selbstentfaltung des Gegenstandes einstellen, zum Vergleich und Verständnis des *dhyāna*-Erlebnisses herangezogen werden. Am eindrücklichsten hat Nietzsche dieses seltsame Erlebnis im Vorwort zu seinem Ecce Homo geschildert. Derselbe Vorgang spielt sich auch ab bei intensiver Betrachtung und Versenkung in einen geistigen Gegenstand, ein Problem, bei der Durchschau einer lebensgesetzlichen Wirklichkeit usw. – wobei selbstverständlich auch rein Subjektives und damit auch Irriges aus dem Un- und Unterbewußten miteinfließen kann. Aber daß hier schöpferische Vorgänge sich abspielen kann keine Frage sein.

Nach dem Yoga entsteht bei diesen Vorgängen ein *ekāgrya citta;* der meditierte Gegenstand bekommt eine aufsaugende Gewalt; er strahlt hell und machtvoll auf, so daß der Sinnende in ihm sozusagen untergeht aber so, daß noch ein klares Bewußtsein davon bleibt, daß der Gegenstand so aufstrahlt, so einhüllt, so durchdringt und aufsaugt. Von hier aus kann auch die meditative Murmelung, *mantrajapa, mantrayoga* verständlich gemacht werden. Nehmen wir wieder einen Vergleich. Um ein Gedicht etwa Hölderlins „Wie wenn am Feiertage" oder Rilkes „Sonette an Orpheus", ganz zu erfassen, muß es laut und oft meditativ gesprochen werden, wobei jedes Wort, sein Sinn, sein Rhythmus, sein Toncharakter, seine Klangfarbe usw. mit allen Fähigkeiten und Funktionen durchgefühlt und durchdacht werden muß. Je mehr wir dies tun, desto mehr nimmt seine geistige und körperhafte Ganzheit Gestalt an, wird kraftlebendig, „eigenmächtig", ergreift uns, nachdem wir uns lange gemüht haben, es zu ergreifen. Und nun erst, indem es uns bewältigt, enthüllt es seinen tiefsten Gehalt. Die Worte sind ein Machtgefüge geworden, das uns erfüllt, so daß wir uns selbst vergessen, nur noch Hingabe sind an ein Beschenkendes. Das ist *dhyāna,* das unvermerkt in *samādhi* übergeht.

Denn je mehr Objekt und Subjekt ineinander verschmelzen, ohne daß das Bewußtsein von dieser Tatsache völlig erlischt, desto mehr tritt das ein, was der Yoga *samādhi* „Einfaltung“ nennt. Diese Vorgänge sind ausführlich dargelegt im Yogāṅgatext YS III, 3 ff. *dhyāna* geht also, je intensiver und tiefer dringend es wird, ebenso in *samādhi* über wie die intensive *dhāraṇā* in *dhyāna.*

Daß es sich hier um außerordentlich schwierige, ohne eigene Erfahrung kaum verstehbare seelisch-geistige Vorgänge handelt, ist klar geworden. Das Thema Samādhi muß deshalb noch in einem besonderen Abschnitt behandelt werden.

Jedoch sei schon hier deutlich gesagt, daß man diesen Erlebnissen nicht mit der Hypothese, daß es sich um „hypnotische Vorgänge“ handele, gerecht wird, wie dies Lindquist in seinem sonst so ausgezeichneten Buch tut (vgl. Anm. 2 oben). Der radikale Unterschied zwischen hypnotischer Praxis und Yogaübungen ist der: Dort wird eine dem Objekt der hypnotischen Beeinflussung keineswegs wesentliche Idee suggeriert, ob sie dem Betroffenen angemessen ist oder nicht, ob sie wahr ist oder eine Illusion – meistens sind ja die suggerierten Vorstellungen und Ideen für das Opfer der Hypnose Illusionen –. In Dhyāna werden aber Weisheitslehren von höchster Bedeutung, werden seelisch-geistige Lebensbewegungen, wie Freundschaft mit allen Wesen, Tiefenschau in Gesetzhaftigkeiten des Seelisch-Geistigen usw. von den nach Erkenntnis Strebenden wachen Geistes betrachtet, in allen ihren Beziehungen erwogen, in den Zusammenhang mit letzthintragender und schöpferischer Realität gebracht, in die sich der Betrachtende selbst einbezogen weiß. Diese Betrachtung dringt durch bis das Wesen des Betrachteten erfaßt ist. Je mehr dies geschieht, desto mehr wird der Betrachtende vom Gegenstand seiner Betrachtung zentral ergriffen und schöpferisch bewegt bis er ganz und gar in diese Wirklichkeit eingeht.

Freilich lauert hier immer die Gefahr, welcher der Yoga nur zu oft erlegen ist. Da wo er den Blick auf sein eigentliches und höchstes Ziel verlor, nämlich die Realiserung der schöpferischen Innenmächte zuhöchst des Kernwesens Mensch, werden seine Übungen zu psychotechnischen Mitteln, den Zustand des bewußtlosen Trances herbeizuführen. Dies ist der veräußerlichte *layayoga,* den das YS gering schätzt.

Ehe wir auf das schwierige Problem von Samādhi eingehen, muß noch kurz der Ausdruck *saṃyama* erläutert werden, der im Yogāṅga-Text (YS III, 4 ff.) ausführlich dargelegt wird. Er wird dort im Zusammenhang mit den Gegenständen der Konzentration und Meditation behandelt und mit den Siddhis oder Vibhūtis „den magischen Vollkommenheiten oder Erreichnissen“, die dadurch erlangt werden sollen.

saṃyama bedeutet „Gesamtzucht, Allzucht" und umfaßt die drei Glieder des Yoga dhāraṇā, *dhyāna* und *samādhi*. Vom Gesichtspunkt der heutigen Tiefenpsychologie könnte man *saṃyama* am besten mit „Tiefenbesinnung" übersetzen [5]).

Im *nirodha*-Text (YS I, 12 ff.) wird für die Bewältigung aller Hindernisse einer solchen Tiefenbesinnung *abhyāsa* „die anhaltende Übung" und *vairāgya* „Freisein von den *rāga*" empfohlen. „Übung" bedeutet hier nach den Texten die strenge Bemühung im Festbleiben des Zustandes der Überwindung alles dessen, was den Menschen in der Tiefenbesinnung hindern und ihm das letzte Ziel aller Besinnung, die Erfahrung des Puruṣa, nehmen könnte. (Wir haben im Zenbuddhismus eine interessante körperliche „Übung" mit einer fest aufs Ziel gerichteten Haltung, nämlich das „Bogenschießen", bei dem der Übende nur dann zum Ziel kommt, wenn er in Gedanken und Haltung nichts anderes mehr als nur das Ziel angeht.)

Die *rāga* sind die unruhigen und leidenschaftlichen Bewegungen, die den Menschen in Vorläufiges binden. Wörtlich müßte man also *vairāgya* mit „Entleidenschaftung" übersetzen. Ich gebe es mit „Entlüstung" wieder, weil ein gewisser Lusttrieb alle diese Bewegungen durchsetzt und dieser sich auch innerhalb der religiösen Sphäre in Himmels- und Seligkeitsdurst sublimieren kann, der die Menschen bis in die höchsten Stufen inneren Schulung immer wieder anfällt und oft den Frömmsten hindert, das höchste Ziel zu erreichen. Der *nirodha*-Text sagt ausdrücklich, daß *vairāgya* nur dem völlig „Entdürsteten" (*vitṛṣṇa* „der vom Lebensdurst Freie") gelinge. Dieser Ausdruck ist vom Buddhismus beeinflußt; wir erinnern uns hier daran, daß der Nirodha-Text als letzter des YS in der Zeit der großen spätbuddhistischen philosophischen Systeme entstanden ist. Dieser *vitṛṣṇa* muß nicht nur von irdischen Genüssen, sondern auch von allen in den heiligen Schriften verheißenen „entdürstet" sein (YS I, 15). Wie sich der Yoga zu solchen Sehnsüchten stellt, ist deutlich in YS III, 51 gesagt, wo der Weg des Yogin zum höchsten Ziel der Erkenntnis als von „höchsten Wesen", d. h. übernatürlichen Wesen, die ihm zu Genüssen verhelfen wollen, gefährdet erscheint: „Wenn ihn auf diesem Wege höchste Wesen Gastfreundschaft anbieten, so soll er sich darauf nichts einbilden und jedes Verlangen nach Seligkeit drangeben, weil sich sonst nur wieder Unheil an ihn hängt." Mit diesen Sätzen leuchtet das Yogasūtra in die geheimsten Winkel frommer Sehnsucht hinein. Der Yoga verlangt harten und letzten Verzicht auf bloßen Genuß; denn sonst bleibt der Puruṣa verborgen. Erst wer sich von jeder Sehnsucht freigemacht hat, es sich in den Bereichen, die von den Guṅas bestimmt werden, genießend wohl sein zu lassen, gelangt zu *puruṣakhyāti* zur „unmittelbaren Erfahrung des Puruṣa". *vairāgya* ist ein Zustand friedvoller, unbedingter Gelassenheit, in dem alle Triebe und Strebungen ihre Kraft still in eine restlose Hingabe an letzthinnige innere Wirklichkeiten einströmen lassen. Es ist jener Zustand, der etwa auch in dem *wu-wei* dem „Nicht-Tun", „Nicht-Machenwollen" des Taoismus gemeint ist. Vielleicht mit dem Unterschied, daß in *wu-wei* noch eine still-mächtige Dynamik wirksam ist, die das Leben des Erleuchteten durchströmt, während die Neigung des Yoga eher in der Richtung der absoluten Befreiung von allem Weltsein geht. Wir werden weiter unten sehen, daß diese Neigung im Karmayoga der Bhagavadgītā einem kräftigen Willen zur Tat weicht; aber ein weltflüchtiger Zug tritt im Yoga immer wieder deutlich hervor.

In der Behandlung der Rāgas als Hindernisse einer zielgerichteten Tiefenbesinnung läßt uns der Yoga einen Blick tun in wesentliche Erkenntnisse über die Gesetze inneren Lebens. Es kann keine Frage sein, daß die Bindung an die leidenschaftlichen Bewegungen, die in unserem Ichstreben ihr Zentrum haben, den offenen Blick für Wirklichkeit und Wahrheit hindern. Solange wir den Blick auf das richten, was wir bei einem Bemühen an Ichhaftem gewinnen, solange sachfremde Rücksichten uns ablenken bei der Betrachtung eines wesentlichen Gegenstandes, den wir gründlich erforschen und geistig durchdringen sollten, werden wir nicht sehr weit in der Erkenntnis kommen. Nur eine Bindung durch die Sache selbst, die wir erfassen wollen, kann uns hier helfen.

Wie wesentlich und tiefblickend die Übungen von Saṃyama vom Yoga verstanden werden, ist aus den Voraussetzungen zu erschließen, die gefordert werden für denjenigen, der sein Ziel erreichen will. In Sūtra I, 20 des Nirodha-Textes, wo der echte Samādhi dem bloßen Versinken in *prakṛti* (also dem veräußerlichten *layayoga*) entgegengesetzt wird, sind diese Voraussetzungen aufgezählt: *śraddhā* „das Herz-dran-setzen, das große Trauen"; *vīrya* „Kraft, innere Vollmacht"; *smṛti* „rechtes Gedenken und Erinnern, klares Besinnen"; *samādhi* „völlige Einfaltung"; *prajñā* „Einsicht, klare Schau". In Vyāsas Kommentar zur Stelle wird der innere Zusammenhang dieser Voraussetzungen der letzthinnigen Erfahrung anschaulich aufgezeigt: *śraddhā* ist „die Zustimmung des Herzens" zu Wirklichkeit und Wahrheit; sie schützt den Yogin wie eine Mutter. Dem, der *śraddhā* in sich trägt und nach unterscheidender Wirklichkeitsschau strebt, wächst Kraft zu. Wächst ihm die Kraft zu, so stellt sich das Gedenken, Erinnern, klares Besinnen ein. In diesem Zustand wird das *citta* nicht mehr verwirrt und gelangt zu völliger Sammlung. Wessen *citta* aber zur völligen Sammlung gelangt ist, der erreicht „die Erkenntnis der Unterscheidung", durch welche er die Dinge so erkennt wie sie wirklich sind. Durch strenges Üben und durch Befreiung von den Rāgas (die sich bei diesem Üben einstellt), entsteht ihm die „vollendete Einfaltung", *asaṃprajnāta samādhi.*

In diesen Sätzen ist noch einmal einiges Wesentliche zusammengefaßt, das der Yoga an Schulung und Durchbildung verlangt. Richtig verstanden zielt der Yoga des Yogasūtra, im Unterschied von allen erbaulichen Yogaschriften auf eine unbedingt freie und selbständige Durchbildung des ganzen Menschen.

Das Kapitel über Saṃyama ist wohl das schwierigste des Yoga überhaupt. Die Gegenstände und Ergebnisse dieser Tiefenbesinnung müssen psychologisch und philosophisch im Zusammenhang betrachtet werden. Sie zeigen wie mannigfaltig und subtil die Gegenstände der Konzentration und Meditation im klassischen Yoga sind, und wie tiefgreifend und differenziert die seelisch-geistige Schulung ist, die in diesem System verlangt wird.

Die Erfolge, die Siddhis „Erreichnisse" und Vibhūtis „Mächtigkeiten", die vom YS für diese Tiefenbesinnung in Aussicht gestellt werden, sind eine Mischung von solchen, die wir auf Grund unserer psychologischen und philosophischen Erkenntnisse durchaus für richtig halten müssen, und solchen, von denen wir kaum etwas anderes annehmen können, als daß sie auf Autosuggestionen beruhen und in überkommenen magischen Vorstellungen wurzeln. Hier, wenn irgendwo, ist in der Untersuchung des Wesens des Yoga strengste Kritik geboten. Dabei ist die große Schwierigkeit zu bedenken, daß hier viel von parapsychischen Erscheinungen die Rede ist, die vielleicht auf tatsächlichen Erfahrungen beruhen, die aber noch nicht so nach strengen Methoden einer wissenschaftlichen Parapsychologie geprüft werden können, wie dies nötig wäre, um ein Urteil zu fällen. Schon in der Parapsychologie, wie sie im Westen bisher betrieben worden ist, sind hier viele offene Fragen; aber die wissenschaftlich-parapsychologische Prüfung behaupteter Erfahrungen in Indien ist fast unmöglich. Man hört zwar viele Erzählungen dieser Art und in der „Autobiographie eines Yogin" von Paramahaṃsa Yogānanda sind ebenfalls viele parapsychische und okkulte Erlebnisse berichtet; aber in diesem Buch gehen offensichtlich Wirklichkeit und Phantasie durcheinander, daß auf seine Berichte kein Verlaß ist. Ähnlich ist es in den Berichten des christlichen Predigers Sādhu Sundar Singh; auch die Bücher von Alexandra David-Neel, z. B. „Mystiques et Magiciens du Tibet" enthalten nur Gehörtes oder Gelesenes und nichts Selbsterfahrenes. Die Tibetreisenden wie Filchner, Schäfer und Hrch. Harrer „Sieben Jahre in Tibet" bieten in dieser Beziehung nichts. Ich selbst habe während eines fast fünfjährigen Aufenthaltes in Indien immer wieder versucht, einen Yogin zu finden, der über die im Yogasūtra in Aussicht gestellten Siddhis oder Vibhūtis verfügt hätte. Was ich sah, war entweder Taschenspielerei, oder konnte durch Auto- oder Heterosuggestion erklärt werden. Damit soll nicht einfach in Abrede gestellt werden, daß es tatsächlich parapsychische Erscheinungen wie Hellsehen, Telepathie, Levitation usw. gibt. Auch soll die Möglichkeit einer unmittelbaren intuitiven Schau der Vergangenheit und Zukunft, oder dem gewöhnlichen Bewußtsein sonst nicht zugänglicher seelisch-geistiger oder kosmischer Wirklichkeiten nicht unbedingt verneint werden. Trotzdem ist zunächst allen Behauptungen solcher Erfahrungen gegenüber, wenn nicht Skepsis, so doch schärfste kritische Einstellung am Platze.

Von YS III, 16 – III, 49 werden mehrere Dutzend Gegenstände von Saṃyama angegeben, die auf jeden Fall beweisen, mit welcher Energie im Yoga eine umfassende Tiefenbesinnung angestrebt wird. Bei jedem Gegenstand werden dann die Siddhis angegeben, die durch eine solche

Tiefenbesinnung erlangt werden sollen. *siddhi* von der Wurzel *sidh* „erreichen, zum Ziel gelangen usw." ist ein Tätigkeitswort und bedeutet „die Erlangung (des Zieles)" usw.; ich übersetze es mit „Erreichnis", weil *siddhi* immer auch eine dem Übenden zukommende Machteigenschaft ausdrückt; das Synonym ist *vibhūti,* das wörtlich „die Machterlangung oder Machtvollkommenheit" bedeutet. Die Siddhas, d. h. „die ans Ziel dieser Erreichnisse Gekommenen, die Vollendeten" spielen im Yoga eine sehr wichtige Rolle als die Meister oder Wegweiser.

Als erster Gegenstand von Saṃyama wird *pariṇāma* genannt. Dies ist ein wichtiger Ausdruck in der Yogaphilosophie (vgl. oben S. 279). Wörtlich bedeutet der Ausdruck „Das-sich-Herumbiegen", nämlich der „Urmaterie", die ja schon im Atharvaveda mit dem Ausdruck *vyañc* „Auseinanderbiegen" verknüpft ist. *pariṇāma* sind nach der Yogaphilosophie die ständigen Veränderungen, Wandlungen, Modifikationen der drei Weltenergiestoffe, der Guṇa, *sattva, rajas, tamas,* durch welche die Welterscheinungen entstehen. Ich übersetze darum das Wort mit „Schwingung" (der Weltstoffenergien).

Die sie schöpferisch durchwaltende Macht ist die *prakṛti,* mythisch die schwarz-rot-weiße Ziege der Śvet-Up. (vgl. oben S. 135). *prakṛti* ist wörtlich „Hervorbringung, Schöpfung", mit lat. *natura* „Gebärung" zu vergleichen. Dabei ist zu beachten, daß nicht nur die stofflichen, sondern auch alle seelisch-geistigen Bewegungen der inneren Welt vom Yoga als *pariṇāma* der Guṇas angesehen werden. Hier gibt es keinen Unterschied zwischen Stofflichem und Seelisch-Geistigem. Der Unterschied besteht nur darin, daß *tamas,* der dumpfe, träge, finstere Weltenergiestoff in den mehr materiellen und seelisch-dumpfen Bewegungen herrscht, *rajas* dagegen in den leidenschaftlich bewegten Erlebnissen sich kundtut, während *sattva* die helle, lichte Weltstoffenergie im freiströmenden, lichten, geistigen Leben sich darstellt.

Der *puruṣa* andererseits ist das nur-bewußte Subjekt, das als *sākṣin* „der Zuschauende" von allen diesen Bewegungen der *prakṛti* radikal verschieden ist.

In YS III, 13–15 wird der Charakter der *pariṇāma* sehr treffend charakterisiert. Dieser muß nämlich nach drei Aspekten betrachtet werden: Erstens, welche Weltstoffenergie ist bei einer bestimmten inneren Lebensbewegung im Schwingen, die dumpfe, hemmende, niederziehende, die sich in einer leiblich-seelisch-geistigen Dumpfheit und Niederträchtigkeit zeigt; die leidenschaftliche, die die innere Welt lebendig und oft wild bewegt; oder die helle, lichte, die in Erleuchtungen und Tiefenerkenntnissen aufstrahlt. Zweitens, welche Wirkung sie in der inneren Welt hat, ob hemmend, störend, helfend; drittens, ob sich die inneren Bewegungen, d. h. die verschiedenen Weltstoffenergien noch miteinander mischen oder ob ihre Trennung sich schon klar vollzogen hat. Ferner muß meditiert werden, wie sich die verschiedenen *pariṇāma* wandeln von *dhāraṇā,* zu *dhyāna,* zu *samādhi;* ob sie in voller Tätigkeit oder ruhend sich vollziehen, wie in Dhāraṇā und Dhyāna, oder ob sie über beides hinausliegend sich in einem Zustand befinden, der weder ruhend noch tätig ist, also im Samādhi-Zustand.

Diese Angaben weisen auf eine hochgesteigerte und differenzierte Selbstbeobachtung, durch die die Vorgänge der inneren Welt einer subtilen psychologisch-philosophischen Betrachtung unterworfen werden, wobei die Wandlungen von der Konzentration über die Meditation zur Einfaltung besonders ins Auge gefaßt werden. Eine solche Schulung, wenn sie streng und folgerichtig durchgeführt wird, muß zu psychologischen Tiefenerkenntnissen führen, die Voraussetzung für eine intuitiv-metaphysische Besinnung sind. Wer die indische Psychologie, wie sie besonders der *Sāṃkhyayoga* entwickelt hat, studiert, staunt immer wieder über Einsichten, die in voller Klarheit erfaßt sind, aber in der westlichen Psychologie erst langsam aufzudämmern beginnen.

Nach YS III, 16 soll eine solche Tiefenbesinnung über die *pariṇāma* Erkenntnis von Vergangenem und Zukünftigem bringen. Was sollen wir mit diesem Satz anfangen? Weder philosophisch noch durch Erfahrung ist diese Behauptung erwiesen. Ich bekenne, daß ich keinen Zusammenhang zwischen der Art der Tiefenbesinnung, wie sie beschrieben wurde und dem „Erreichnis" der Schau in die Vergangenheit und Zukunft sehe. Dürfte man vielleicht die Erklärung darin suchen, daß durch eine strenge und tiefsichtige Betrachtung der Wirkungsweisen dumpfer, finsterer, leidenschaftlicher und geistig lichter Lebensbewegungen im menschlichen Dasein der Blick geschärft wird für die inneren gesetzhaften Zusammenhänge geschichtlichen Geschehens, so daß die Vergangenheit in ihrer inneren Notwendigkeit, wie auch das zukünftige Geschehen deutlicher erkennbar werden? So daß es sich nicht um die Schau bestimmter einzelner Geschehnisse, sondern um diejenige von Gesetzmäßigkeiten handelt? Jedenfalls sind solche Fragen erwägenswert, denn sie werfen vielleicht neues Licht auf die Gesetze innerer Schulung.

Der nächste Gegenstand von Saṃyama ist die genaue Unterscheidung von Wort, Sache und Vorstellung, d. h. also von erscheinender Wirklichkeit, dem ideellen Nachschaffen dieser Wirklichkeit im Bewußtsein und dem Ausdruck von beiden im Lautbild, im Wort.

Dieser Gegenstand einer Tiefenbesinnung ist ohne Zweifel höchst bedeutsam für eine klare Erkenntnis der Erscheinungswelt. Hier ist das auch in der westlichen Philosophie so viel behandelte Problem vom Verhältnis der Erscheinungswelt zu unseren Wahrnehmungen und das ebenso interessante wie schwierige Problem des Verhältnisses von Bewußtseinsinhalten zu ihrer begrifflichen und lautlichen Gestaltung enthalten. Mit dieser Tiefenbesinnung hängt auch die noch viel zu wenig beachtete Sprachpsychologie und -philosophie, die *sphoṭa*-Lehre zusammen, die besonders auch im Bereich des tantrischen Yoga ausgebildet wurde, weil dort die heiligen Silben und ihr Wesens- und Machtgehalt eine hervorragende Rolle spielen.

Aus dieser Tiefenbesinnung soll Wissen um die Laute aller Wesen (oder der gesamten Erscheinungswelt) erwachsen. Daß aus solcher Besinnung der Sinn für das Wesen der Laute überhaupt geschärft und gebildet wird, ist wohl keine Frage. So könnten wir das *sarva-bhūta-ruta-jñānam* von YS III, 17 etwa deuten als Erkenntnis des Charakters oder des Wesens der Laute aller Lebewesen. Es wäre also der verfeinerte Spürsinn für den Sinngehalt der Laute überhaupt. Denn daß einst in der Sprachschöpfung der Sinngehalt einer bestimmten Vorstellung starke dynamische gefühlsbetonte seelisch-geistige Bewegungen auslöste, die in ganz bestimmten Lauten einen notwendigen Ausdruck suchten, ist wohl keine Frage. Ebensowenig die leidige Tatsache, daß wir durch die Sprachgewohnheit den Wesensgehalt dieser Laute nicht oder nicht genügend deutlich erfühlen. Dies ist ein Grund der Veräußerlichung und Verlotterung der Sprache wie sie im Laufe langer Zivilisationen überall sich einschleicht.

Die Anwendung von Saṃyama auf die Vorstellungswelt führt nach YS III, 19 zum Wissen der Vorstellungswelt anderer Menschen, dabei wird III, 20 ausdrücklich betont, daß diese Hellsichtigkeit für die Gedanken anderer sich nur auf die Vorstellungen beziehe und nicht auf die den Vorstellungen zugrunde liegenden Gegenstände. In der Behauptung der Steigerung des Erfassens der Vorstellungen anderer durch eine intensive Konzentration auf das Wesen, den Ablauf, vielleicht auch die reflektorische Wirkung der Vorstellungen wird in der Tat ein Richtiges liegen, wenn diese psychische Tatsache im Yoga auch magisch vergröbert gedeutet wurde. Die Parallelen solcher Erlebnisweisen finden wir sehr betont im Buddhismus, aber auch von christlichen Heiligen werden diese Wundergaben berichtet [6]). Ein Abschnitt aus Dīghanikāya II, 91 mag einiges Licht auf das hier Gemeinte werfen: Wenn jenes Bhikkhu Geist so konzentriert (nach II, 83 „geläutert, hell, vom Dunstkreis des Irdischen frei, fleckenlos, empfänglich, geschickt, stetig und unerschütterlich") geworden ist, „so wendet er ihn hin und richtet ihn auf das Durchschauen der Herzen. Indem er im Geiste anderer Personen, anderer Individuen Herzen prüft, erkennt er leidenschafterfüllte Herzen als voll von Leidenschaft, leidenschaftfreie als frei von Leidenschaft, haßerfüllte als voll von Haß, haßlose als frei von Haß, verblendete als verblendet, von Verblendung freie als frei von Verblendung, straff im Zügel gehaltene als straff gehalten, zerfahrene als zerfahren, weite als weit, enge als eng, hochsinnige als hochsinnig, gewöhnliche als gewöhnlich, konzentrierte als konzentriert, zerstreute als zerstreut, von der Weltlichkeit losgelöste als losgelöst und noch gebundene als gebunden."

Nach YS III, 21 soll durch die Anwendung von Saṃyama auf die Struktur des Körpers das Verschwinden des Körpers erlangt werden. Das Wort, das hier gebraucht wird ist *rūpa*. In der sogenannten *nāma-rūpa-Spekulation* der vedischen Zeit bedeutet *rūpa* die dynamische Wesensstruktur einer erscheinenden Wirklichkeit; sie macht ihr inneres Gefüge aus, das die äußere Struktur steuert. Erinnern wir uns hier an die Tatsache, daß unser Körper sich alle sieben Jahre stofflich erneuert, also sich ständig wandelt, während die dynamisch-steuernde Struktur bleibt. Diese ist der sogenannte *sūkṣma*-Aspekt, d. h. die subtile Form gegenüber dem *sthūla*-Aspekt der äußeren, erscheinenden Form. Richtet sich das betrachtende Bewußtsein völlig auf diese rein dynamische Struktur, so wird die Folge sein, daß der Körper in seinem *sthūla*-Aspekt völlig aus dem Bewußtsein schwindet. Solche Erfahrungen sind übrigens bei intensiver gedanklicher oder ästhetischer Konzentration sehr häufig. Aus solchen Erfahrungen entstand dann die magische Ansicht, der Körper werde überhaupt unsichtbar gemacht. Die „Tarnkappe" ist nichts anderes als der mythische Ausdruck für diese Erfahrung und den daraus irrigerweise gezogenen Schluß des Unsichtbarwerdens.

Wir werden so eine ganze Reihe von Siddhis erklären müssen: Es handelt sich um hochgesteigerte Autosuggestionen auf Grund von gewissen seelischen Erlebnissen, die als Wirklichkeit genommen und zu magisch verdichteten Anschauungen werden. So wenn z. B. der Yogin „aus dem Leibe tritt" und glaubt in einen andern Körper eintreten zu können. Das Erlebnis des „Austretens aus dem Leibe" stellt sich auch in unserem westlichen Bereich bei dafür Veranlagten spontan ein: ich kenne sie aus dem Bericht eines mir bekannten und absolut verläßlichen Menschen, der zudem nicht die geringsten okkulten Neigungen hat, sondern eher eine ausgesprochene Begabung für Rationalismus. Zu erklären ist dieses Erlebnis wahrscheinlich durch eine momentane Spaltung des Bewußtseins, bei der sich der Mensch wie von außen, meistens von „oben" betrachten kann.

Der Yogin soll auch durch die Meisterung des Atems, der zum Haupt steigt *(udāna)* die Fähigkeit bekommen, aus Wasser, Schlamm und stacheligem Schilf zu entkommen (YS II, 38/39). Ebenso soll er durch die Anwendung von Saṃyama auf die Verbindung von Körper und *ākāśa* (des Raumes oder Äthers) baumwoll- oder federleicht werden und im Äther wandeln können. Und schließlich steigern sich diese Erreichnisse zu einer ganzen Reihe von Vibhūtis, die Vyāsa zu YS III, 44 aufzählt. In den verschiedenen Aufzählungen sind es meistens acht solcher Machtvollkommenheiten: *aṇiman* „Atomisierung", d. h. die Fähigkeit sich in die feinsten Elemente aufzulösen; *laghiman „Levitation"*, sich federleicht zu machen; *mahiman* „die Fähigkeit sich ganz groß zu machen", so daß man Sonne und Mond berühren kann; *prāpti,* die Fähigkeit an jeden beliebigen Ort zu reichen; *prākāmya,* die Fähigkeit zu machen, was man will; *vasitva,* die Macht über die Elemente; *īśitṛtva,* Herrschaftsmacht, d. h. die Fähigkeit, Dinge hervortreten, verschwinden und wiederaufbauen zu können; *yatrakāmāvasāyitva,* die Fähigkeit, sich irgendwohin zu versetzen je nach Wunsch.

Auch im Buddhismus spielen die Siddhis (dort *ṛddhi* genannt, Pāli *iddhi*) eine wichtige Rolle [7]). So wird der Yogin schließlich ein Herr der ganzen Schöpfung.

Die Tatsache, daß auch das Yogasūtra alle diese „Erreichnisse" offenbar für tatsächliche Errungenschaften auf dem Yogaweg hält, zeigt wie stark der Yoga im Magischen wurzelt. Daß der klassische Yoga diese

Errungenschaften trotzdem nur als beiläufige Ergebnisse der Yogaschulung ansieht und sie sogar im Blick auf *samādhi* als Hindernisse bezeichnet, nämlich dann, wenn der Yogin sich darin zu Hause fühlt und sie für seine Zwecke verwendet, ist in YS III, 37 sehr deutlich gesagt: „Diese Erreichnisse gelten für den gewöhnlichen Bewußtseinszustand als solche; für den Samādhi sind sie Hindernisse *(upasarga).*" *upasarga* ist etwas, was nebenbei eintritt, ein Zufälliges, mit einem stark negativen Vorzeichen. Meistens bedeutet dieses Wort „Unfall, Widerwärtigkeit"; sie hindern, wenn der Yogin diese Erreichnisse pflegt, die „Einfaltung" und dadurch die Tiefenerkenntnis, die das eigentliche Ziel des Yoga ist. Der Saṃyama ist also auf die Gegenstände zu richten, die helfen, Samādhi zu erreichen. Davon sind eine Anzahl genannt; YS III, 22 ff., sind es *karman* „das Gesetz des Werkes", das alles durchdringt; die vier „Unermeßlichen"; diese sind „Freundschaft gegen alle Wesen", „Mitleid", „Frohsinn" und „Gleichmut" (vgl. YS I, 33). Diese vier Unermeßlichen sollen innerlich so realisiert werden, daß sie das ganze Wesen des Menschen wirksam durchdringen. Dadurch wird der unerschütterliche Seelenfrieden erlangt.

Ein weiteres wichtiges Stück der metapsychischen und metaphysischen Erkenntnis, die zu den letzthinnigen Erkenntnissen hinleitet, ist der ontisch-kausale Zusammenhang der äußeren Erscheinung der Dinge und ihrer inneren Wesensform, d. h. also des *sthūla-* und *sūkṣma*-Aspektes der Welterscheinungen und deren Sinnhaftigkeit überhaupt. Für die Yogaphilosophie besteht diese Sinnhaftigkeit darin, daß nur „am Essen" der Welt, d. h. durch die Wirklichkeitserfahrung, der Mensch zu der Erkenntnis kommt, daß er als „Mensch-an-sich" ein anderes Wesen ist als diese Welt, nämlich ein unirdisch-ewiges Wesen, während die Gesamtwirklichkeit in ewiger Wandlung begriffen ist. Durch die Anwendung von Saṃyama auf die genannten Gegenstände soll der Yogin *bhūta-jaya* „die Meisterung des ‚Gewordenen'" gewinnen. Dies ist wohl so zu verstehen, daß er seine innere Unabhängigkeit von allem Gewordenen erkennt und in dieser Erkenntnis in heiterer Sieghaftigkeit lebt (YS III, 44). Das magische Verständnis dieses Satzes, daß er die Macht gewinne, Werden, Vergehen und Wiederwerden zu schaffen usw., braucht uns nach dem Gesagten nicht mehr weiter zu beschäftigen.

In YS III, 47 wird ein weiterer wichtiger Gegenstand von Saṃyama angegeben, der psychologisch und philosophisch von wesentlicher Bedeutung ist. Die Tiefenbesinnung soll sich richten auf die Funktion des Erfassens eines bestimmten Gegenstandes, also auf das Wesen der „Wahrnehmung" und der Erfahrung überhaupt in ihrer eigentümlichen seelisch-geistigen Eigenform, abgesehen vom Gegenstand der erfaßt wird, als reine Funktion. Die Frage ist hier: was vollzieht sich in der inneren Welt, wenn wir einen Gegenstand sinnlich wahrnehmen und geistig erfassen (der Sanskritausdruck dafür heißt *grahaṇa*); und wie verhält sich das bewußte Ich zu dieser Funktion; und was ist der ontisch-kausale Zusammenhang zwischen der gesamten Wahrnehmungsfunktion des Ich und dem äußeren Gegenstand? Ferner was ist der eigentliche Sinn dieses Vorgangs? Dies sind sehr subtile Gegenstände der Tiefenbesinnung und daß durch eine solche Schulung eine Beherrschung der *indriya*, d. h. der „Kräfte" des Ichs erwächst, ist wohl nicht zu bestreiten, wobei freilich die verschiedenartige Bedeutung dieses Begriffs noch besonders beachtet werden muß.

Das Zeitproblem ist ebenfalls ein wichtiger Gegenstand von Saṃyama, wobei besonders die Folge der einzelnen Zeitmomente und ihr Zusammenhang meditiert werden soll (vgl. oben den Abschnitt über die Metapsychik und Metaphysik des Yoga). Durch diese Meditation soll das Wissen gewonnen werden, das zur „Unterscheidung" *(viveka)* führt, nämlich zwischen den Weltstoffenergien und dem Puruṣa. Die Weltstoffenergien sind der Zeit unterworfen, der Puruṣa in seiner unbedingten Eigenständigkeit aber nicht.

Auch das Problem des Raumes (*ākāśa*, was auch Äther bedeutet) ist nach YS III, 41 f. ein Gegenstand von Saṃyama.

Daß die Tiefenbesinnung über so schwierige und subtile Gegenstände, wie Zeit und Raum, eine klare Erkenntnis der ständigen Wandlungen der Weltstoffenergien, die sich in Raum und Zeit abspielen, wie auch die Erfahrung der Existenz eines „intelligiblen Subjektes", das diesen Wandlungen nicht unterworfen ist, erleichtert und sogar auslöst, ist verständlich. Zeit und Raum sind so von aller erscheinenden Wirklichkeit gelöste Gegenstände, daß sie höchste Abstraktion erfordern, die wohl wenigen gelingt. Alles was das Philosophieren über die „Zeit" bis jetzt hervorgebracht hat, scheinen mir unvollkommene Versuche; und die Verwendung der „Zeit" und des „Raumes" als mathematische Faktoren in den Berechnungen der Relativitätstheorie scheint mir das Problem eher verwirrt als erhellt zu haben.

Wenn diese höchste Abstraktion gelingt, muß sie einen von allem anschaulichen Inhalt ausgeleerten Bewußtseinszustand herbeiführen. Diesen Zustand bezeichnet der Yoga mit *vivekakhyāti* „Unterscheidungsschau"; das bedeutet die klare Erkenntnis des Unterschiedes von Bewegungen der Weltstoffenergien und des Subjekts in reiner geistiger Funktion.

Weitere Gegenstände von Saṃyama sind selbstverständlich auch die hervorragenden Inhalte der indischen Weistumsüberlieferung: *ṛtam, satyam, brahman;* ferner, besonders in den theistischen Upaniṣaden, der Großgott in seiner Form als Śiva oder Viṣṇu, und dessen Beziehungen zur Welt und zum Menschen, seine verschiedenen Erscheinungsweisen und sein ewiges, unaussprechbares und unfaßbares Wesen. Diese Meditationen gipfeln in den Upaniṣaden immer in dem *aham brahma asmi* „Ich bin *brahman*". Die Realisierung dieser letzten Erkenntnis mündet in eine *unio mystica.*

Es ist bezeichnend für den „modernen" Charakter des YS, daß diese *unio mystica* in ihm nicht im Zentrum steht, sondern die Realisierung des *puruṣa* als absolutes und ewiges, geistkräftiges Subjekt, wobei der

Gotthintergrund oder der Ewige Urgrund mehr im Emotionalen als Unterströmung bleibt, als daß er die Erkenntnisschau erfüllt.

Alles was die altvedischen Seher erschaut haben, wird so folgerichtig durch-„gesonnen“, innerlich „realisiert“, so daß es lebendiges geistiges Eigentum des Übenden wird. So wird diese Überlieferung unerschöpfliche Wirkkraft in der Gesamtgemeinschaft der indischen Völker. Hier sind Richtkräfte wegweisend für eine ganze Kultur geworden wie es in andern Kulturbereichen kaum erhört ist.

Versuchen wir die Anregungen, die im Saṃyama und seinen Gegenständen lebendig sind, für eine seelisch-geistige Schulung und Durchbildung zu realisieren, so dürfen wir diese Tiefenbesinnung mit ihren Gegenständen nicht einfach nachahmen. Dies wäre gegen den innersten Geist des klassischen Yoga selbst. Vielmehr müssen wir unsere Tiefenbesinnung auf die Gegenstände richten, die uns gemäß sind und unsere eigene Tiefenschau fördern. Selbstverständlich können wir uns dabei durchaus auch mit jenen altindischen Weistümern beschäftigen, die in den Yogaschriften maßgeblich sind. Denn in ihnen stecken Erkenntnisse, an denen wir nicht einfach vorbeigehen dürfen. Aber sie zum Ausgangspunkt zu machen, wie es etwa die Theosophie will, oder auch die Anthroposophie in ihrer ursprünglichen Form, oder die nicht wenigen buddhistischen und vedāntistischen Schulen im Westen, in denen zum Teil sogar nach indischem Vorbild *īśvara-* und *devī-pūja* veranstaltet werden, ist eine Verirrung auf dem Weg zu geistiger Neuschöpfung, so gut wie die Einführung der unveränderten Haṭha-Yoga-Übungen.

Es ist ja auch nicht so, daß der Westen nichts hätte, das als Voraussetzung für die Tiefenbesinnung gelten könnte. Die Gesamtwirklichkeit stellt sich uns auf Grund unserer wissenschaftlichen und philosophischen Erkenntnis noch anders dar, als dem Osten, wo die Neigung zur Māyā-Sicht und die *sarvam-duḥkham*-Haltung vielfach hemmend mitwirken. Was wir brauchen ist nicht Meditation in östlicher Ausprägung, sondern eine Wirklichkeitsbesinnung, die in die Tiefe dringt. Uns ist die Welt sehr real; die Gesetze der Natur sind in ganz anderer Weise erforscht als im einstigen Indien. Wir können uns nicht mehr mit der Sicht begnügen, welche drei Gunas als tragende Weltstoffenergien zum Ausgangspunkt hat.

Die Physik ist durch den Stoff hindurchgedrungen, bis sie seine atomare Struktur und sogar die einzelnen Energieteilchen entdeckt hat (es mag hier darauf hingewiesen werden, daß der reine Energiecharakter der Materie allerdings in der Guṇa-Lehre enthalten ist, und daß die atomaren Vorgänge in ihrem seltsamen Verhalten gegenüber dem mechanischen Geschehen wohl mit dem *sūkṣma*-Charakter der Erscheinungswelt verglichen werden können). Und schon ist die Frage nach dem Urquell dieser ungeheuren Energieentfaltungen in der westlichen Physik gestellt. Hier sind Gegenstände der Tiefenbesinnung, die wir eben beginnen anzufassen. Diese Tiefenbesinnung mag uns helfen, der Gefahr zu entgehen, in der die bloß mathematische Berechnung dieser Vorgänge immer steht, daß nämlich daraus ein neuer, wenn auch subtilerer Materialismus erwächst.

In derselben Weise ist die Biologie ganz anders in die Geheimnisse des Lebendigen eingedrungen als dies zur Zeit möglich war, als die Gegenstände von Saṃyama richtungweisend waren. Die Frage des Lebendigen ist durch die Virusforschung in ein wissenschaftliches Stadium getreten, das der philosophischen Besinnung darüber erst die feste Grundlage gibt.

Die Psychologie hat die Gesetze der inneren Welt wenigstens zum Teil erforscht und stößt heute auf den Ichkern zu, den sie nicht mehr leugnen kann: der *„puruṣa"* wird zum Problem der Tiefenbesinnung auch von der Wissenschaft her.

Die Erdgeschichte erscheint uns nicht mehr nur in Schauungen, in denen einiges intuitive Licht aufleuchtet; sie liegt vor uns in Schichten, die sich in Milliarden von Jahren aufgebaut und ihre Lebewesen teilweise erhalten haben. Ein Kosmos tut sich uns auf von ungeheurer Ausdehnung, dessen Millionen von Milchstraßen und vielleicht auch Millionen von Welten auf den Himmelskarten immer deutlicher erscheinen. Eine Schau übrigens, die schon von altindischen Sehern in gewaltiger Ergriffenheit verkündigt wurde.

Wir übersehen die Geschichte der Menschheit bis in die Zehntausende von Jahren zurück, wenigstens in ihren Hauptzügen.

Und wenn wir die Schicksale des vergangenen Halbjahrhunderts der abendländischen Welt bis in die Tiefe erlebt haben, tun sich uns ganz neue Gegenstände des Welt- und Menschseins auf. Wir haben die Tragik des Menschseins und der Geschichte in schwersten Erschütterungen entdeckt. Wir haben die Unordnung in ihrer grausigen Wirkung, und das „Böse" als eine furchtbare Realität erlebt. Diese Unordnung und Tragik der Geschichte ist wohl das schwerste Problem, das unserer Tiefenbesinnung aufgegeben ist. Hier ist dem Abendland eine weltgeschichtliche geistige Aufgabe zugewachsen, die sicher nur im Laufe von Jahrhunderten bewältigt werden kann.

Im Mittelpunkt von dem allen aber wird stehen die Grunderfahrung, die uns diese Schicksale hat bestehen lassen, daß wir in dem unbedingten Ausgeliefertsein unserer äußeren Existenz und in den inneren Erschütterungen unseres Dasein, die bis an dessen Grundlagen ging, in uns ein Sieghaftes erfahren haben, das in allen Erschütterungen unerschüttert blieb und das wir als unser eigentlichstes Ich, unser Selbst, unser Kernwesen erfuhren. Damit sind wir wieder von der Seite schwerster und tiefgreifendster Erfahrungen beim Puruṣa-Problem angelangt: Wir haben diesen „Puruṣa" nicht nur in höchster geistiger Abstraktion als lichtkräftig erlebt, sondern auch als das unerschütterliche Machtwesen, das unser inneres Dasein trägt.

Von diesem Zentrum aus als der festen Mitte ist es uns auch möglich die geschichtlichen Schicksale, auch die furchtbarsten, ruhigen Geistes zu betrachten mit der Frage im Herzen, was sie für uns bedeuten, was sie vielleicht überhaupt bedeuten, ob da Sinn waltet, oder ob wir dem Widersinn verfallen sind. Wir können nicht wie der Yogin den Weltlauf sich selbst überlassen, nachdem er die tiefe Einsicht gewonnen hat, daß der Puruṣa von diesem nicht verschlungen oder auch nur betroffen wird. Wir sind fest gebunden an die Frage, ob Schicksal, Geschichte, Menschendasein Schöpfung sind, Urgesetz, sinnvolles Werden, eine Frage, die schon in den alten gemein-germanischen Worten für Schicksal *skapu, wurti, uzlagu* lebendig ist.

Unsere Stellung in diesem gewaltigen Werden, unsere Verpflichtung und Sinngestaltung, das sind die großen Fragen einer Tiefenbesinnung, höchste Gegenstände eines Saṃyama für den westlichen Menschen. Hier ist ein ganzes Reich von Problemen, die alle in sich zusammenhängen und die man unmöglich auf rein logisch-rationalem Wege lösen kann, sondern nur auf dem Weg einer geistkräftigen Tiefenbesinnung. Unsere innere Entwicklung und das Schicksal unseres ganzen menschheitlichen Daseins, das von den Gefahren, die durch die Hast der Zeit und Zersplitterung und Zerfahrenheit heraufbeschworen werden und unsere innere Existenz bedrohen, muß von einer Tiefenbesinnung geleitet werden, für die wir vielleicht auch vom Yoga Anstöße erhalten können.

2. *Der Samādhi als psychologisches und ontologisches Problem*

a) Das Wesen des Samādhi nach den Texten des Yogasūtra

Die höchste Stufe der Tiefenbesinnung des Yoga ist *samādhi.* Der Ausdruck und die Zustände, die er bezeichnet, müssen zum besseren Verständnis des Yoga noch näher betrachtet werden, denn es treten hier Schauungen und Erleuchtungen auf, die nicht leicht zu verstehen sind, selbst für solche, die ähnliche Erfahrungen besitzen.

YS III, 32 wird ein *siddha-darśanam* „Schau der Vollendeten" erwähnt. Es handelt sich hier offenbar um visionäre Erscheinungen jener ins Überirdische erhobenen Weisen, die das letzte Ziel des Yoga erreicht haben. Diese Vision tritt auf in der Meditation eines im Bewußtsein auftauchenden Lichtscheins. Es sind Vorstufen weiterer Erleuchtungen. In YS III, 33 ist von einer *pratibhā,* wörtlich „Entgegen-Strahlung", die Rede, in der das All dem schauenden Bewußtsein gegenwärtig wird. Solche „Erleuchtungen", bei denen die Gesamtwirklichkeit in ihrem Zusammenhang und ihrer inneren Realität plötzlich anschaulich wird, kennen wir auch als spontane Erlebnisse bei Mystikern und mystischen Philosophen: Böhme schaut so die Geburt aller Dinge und der schwäbische Bauer Michael Hahn, der Gründer der „Hahnischen Gemeinschaften" berichtet von einer solchen plötzlichen Erleuchtung, die er nach einer langen, oft schmerzvollen inneren Hingabe an die Tiefenfragen des Menschseins bekam: „Ich schaute allen Geburten ins Herz." Wir stoßen hier auf eine menschliche Fähigkeit, die wir als metaphysische Intuition bezeichnen müssen (vgl. dazu den nächsten Abschnitt).

In YS III, 35 erscheint *puruṣa-jñāna* „Erkenntnis vom Menschen an sich". Dann bricht eine *pratibhā* in dem Schauenden auf, die den ganzen Menschen mit allen seinen Funktionen ergreift, so daß diese die innere Welt des Meditierenden durchfluten, als ob er die Weltwirklichkeit in ihrer innersten Bewegung erlebte. Doch sind auch dies nur Vorstufen des höchsten Erkenntniszustandes und müssen, damit dieser eintritt, verschwinden. Über *manojavitva* (YS III, 48), das man etwa mit „strömender Weitung des Bewußtseins" wiedergeben kann, die sich nicht mehr mit einzelnen Funktionen verbindet, entsteht endlich *vivekakyāti* die „Schau des Unterschiedes" (zwischen dem Menschen-an-sich und den Weltstoffenergien), deren reinste und lichteste, das *sattva,* immer noch mit dem *puruṣa* ineins gesehen wurde, weil die höchsten geistigen Funktionen eine Schwingung dieser Weltstoffenergie sind. Jetzt erst nachdem der Unterschied klar geworden ist, ist der Mensch ganz zu sich gekommen, Herr seiner selbst und zugleich Besitzer der höchsten Erkenntnis. Wer so den *puruṣa* erfährt, ist alles Erkennens Herr (YS III, 50). Der *puruṣa* ist in seinem wahren Wesen erkannt; nicht gegenständlich, denn das erkennende Subjekt kann ja nie Gegenstand seines Erkennens werden, sondern in reiner Existentialerfahrung, als reines für sich seiendes Subjekt, das als *sat, cit, ānanda,* als „seiend, geistend und als Urlust und Ewige Heiterkeit" west. Über die Struktur dieses Bewußtseinszustandes wird weiter unten noch einiges zu sagen sein.

In diesem Zustand strahlt reine Erkenntnis *(prajñā)* auf. *prajñā* ist ein wichtiger Begriff in diesem Zusammenhang. Nach YS III, 5 gewinnt derjenige, der den Saṃyama völlig gemeistert hat *prajñā-āloka,* wörtlich übersetzt „das ruhige Anschauen von Erkenntnis"; es ist eine Erkenntnis, die das Objekt vollkommen und klar hervortreten läßt, wie der Kommentar sagt. Und im *īśvarapraṇidhāna*-Text, der für diese letzthinnigen Erkenntnisse und Erfahrungen seine nur ihm zugehörigen Ausdrücke prägt, tritt in diesem Zustand *adhyātma-prasāda* ein, d. h. eine völlige Beruhigung des innersten Seelengrundes, die „in Herbstesklarheit" *(vaiśāradye)* liegt, (der Herbst ist in Nordindien die klarste Jahreszeit mit wunderbar durchleuchteter Atmosphäre) und das erkennende Bewußtsein wird *ṛtaṃbharā* „ewige Ordnung und Wahrheit in sich tragend".

Der „Gegenstand" dieser Erkenntnis, heißt es weiter, sei verschieden von den Gegenständen, die man durch die heilige Überlieferung und durch Schlußfolgerung gewinne; dieser Gegenstand habe einen „andern Zweck" (nämlich den absoluter Befreiung von allem Gegenständlichen und all den Wirklichkeiten, durch die der Mensch in den Weltverlauf einbezogen wird). (Vgl. YS I, 47 ff.)

Eben diese Erkenntnis wird als *viveka-khyāti* „die Unterschiedsschau" (YS I, 26) bezeichnet. Sie ist in verschiedenen Formen immer wieder aufgetaucht, d. h. während des Auftauchens der höheren Erkenntnisse hat sich immer deutlicher herausgestellt, daß alle Bewußtseinsbewegungen, auch wenn sie das erkennende Subjekt als seine eigenen Funktionen erfaßt, nicht Wesensveränderungen dieses Subjektes sind, sondern (dies immer nach der Anschauung des Yoga gesagt) Schwingungen der Weltstoffenergien. Darum stellt sich auch im Verlauf der Übungen *puruṣa-khyāti* (YS I, 16), also die Schau des Menschen an sich als eines absolut für sich seienden Subjektes ein, und wird zu einer klaren und festen Erkenntnis, zu *puruṣa-jñāna* (YS III, 35).

Verschiedentlich ist in den Yogatexten darauf hingewiesen, daß sich dieser Erkenntnisprozeß in sieben Stufen vollziehe, die von der klaren Erkenntnis „des zu Beseitigenden", also des *duḥkha*, in strenger Folge bis zu der Erkenntnis des *puruṣa* in seiner eigenen Wesensform führen. Diese sieben Stufen oder auch Phasen der erlösenden Erkenntnis sind:

1. Das zu Beseitigende ist völlig erkannt, es ist nicht nötig, es aufs Neue zu erkennen.
2. Die Ursachen des zu Beseitigenden sind vernichtet; es braucht keine neue Vernichtung mehr.
3. Die Beseitigung ist durch Samādhi klar zum Bewußtsein gebracht.
4. Das Mittel der Aufhebung, das in der „Unterschiedsschau" besteht, ist realisiert.
5. *buddhi* hat ihren Zweck erreicht.
6. Die Guṇas (der Erkennenden) strömen zurück in den Urgrund des Seins.
7. Der *puruṣa* ist von der Verjochung mit den Weltstoffenergien frei, stellt sich dar in seiner eigensten lichten Form, makellos und heil.

Auch dieses Beispiel zeigt wieder, mit welcher begrifflichen Schärfe die Denker des Yoga diese Bewußtseinsvorgänge gefaßt haben.

Jetzt ist das stürmische Streben nach letzthinniger Erkenntnis zur Ruhe gekommen; die Ausdrücke in YS I, 47 lassen uns erkennen und fühlen, welche stille Kraft in dieser Beruhigung des innersten Seelengrundes steckt; ebenso wie das Bewußtsein letzthinniger Erkenntnis als Ruhen im Ewigwirklichen erfaßt wird.

Der Puruṣa ist nun in den Zustand getreten, der vom Yoga als *kaivalyam* bezeichnet wird. Das Wort *kevala* hat, wie gezeigt, die Bedeutung „allein, für sich sein". Es ist also ein Zustand, in dem der Puruṣa nicht mehr mit irgend etwas verbunden ist, sondern in seiner absoluten Wesenseinheit und Wesensreinheit da ist. Die verschiedenen Texte des YS kennzeichnen diesen Zustand mit Beziehung auf seine begriffliche Fassung verschieden, aber sachlich durchaus übereinstimmend. (Die Tatsache, daß *kaivalyam* mehrmals im YS behandelt wird, ist übrigens wieder eine Bestätigung des zusammengesetzten Charakters dieser Sammlung.)

Der *nirmāṇacitta*-Text ist seiner Tendenz gemäß hier am ausführlichsten: „Das Zurückströmen der Weltstoffenergien (in *pradhāna*), die keinen Zweck mehr für den Puruṣa zu erfüllen haben, ist *kaivalyam*, d. h. die Grundexistenz der Geist-Kraft in ihrem eigenen Wesen."

Verwandt mit der Kennzeichnung des Kaivalya im *nirmāṇacitta*-Text ist diejenige des *nirodha*-Textes, obwohl hier das Wort selbst nicht gebraucht wird. Nachdem in YS I, 2 gesagt worden ist, daß der Yoga die Bewältigung oder Aufhebung *(nirodha)* der Bewußtseinsbewegungen *(vṛtti)* sei, heißt es dann in I, 3: „Dann tritt der ‚Wahrnehmer' in seine selbsteigene Wesensform." Der „Wahrnehmer" ist selbstverständlich nichts anderes als eben der Puruṣa und seine eigene Wesensform ist die des reinen erkennenden Subjektes ohne alle Verbindung mit irgendeinem Weltstoff.

Der *kriyā-yoga*-Text, der die positive Bedeutung der Verjochung des Puruṣa mit den Guṇas durch Avidyā besonders betont, legt Nachdruck auf die Beseitigung dieser Verjochung und sagt: „Wenn diese (die *avidyā* als Ursache) aufhört, dann besteht auch keine Verjochung mehr. Dies ist die ‚Aufhebung', das Kaivalya der Schaukraft" (YS II, 25).

Es ist nicht ohne Bedeutung, daß der *kriyā-yoga*-Text statt *puruṣa* die „Schaukraft" in den Kaivalya-Zustand eintreten läßt. In diesem Text ist ja der verehrte Gott die letzthinnige Realität im Hintergrund der Yogabemühungen. Auch im *īśvara-praṇidhāna*-Text wird Kaivalya als höchster Zustand des Puruṣa nicht genannt, sondern nur der *nirbīja-samādhi*, „die Einfaltung, die keinen Keim (neuer Existenzen im Kreislauf der Wiedergeburten) mehr in sich trägt", und in welchem der Yogin in die endgültige Einung mit dem Gott sinkt, in die absolute *unio mystica.*

Dagegen ist der *yogāṅga*-Text wieder sehr kurz und bündig „Da nun die lichte Weltstoffenergie *(sattva)* und der Mensch an sich *(puruṣa)* sich in derselben Reinheit darstellen, tritt Kaivalya ein." (YS III, 55) *).

Daß mit Kaivalya ein Zustand des Selbstes gemeint ist, der mit keinem geläufigen Bewußtseinszustand verglichen werden kann, wird aus den angeführten Sūtren ganz deutlich. Denn jeder wache Bewußtseinszustand hat nach geläufiger Psychologie einen Bewußtseinsgegenstand; ist dieser nicht mehr vorhanden, scheint Bewußtsein ins Leere versinken zu müssen. Es ist, obwohl von „Erkenntnis" gesprochen wird, aus den Texten über allen Zweifel ersichtlich, daß in Kaivalya der Puruṣa für den Erkennenden nicht als „Gegenstand" da ist. Denn dann wäre ja der Puruṣa, der Subjekt ist, „Schauer", „die Schau- oder Geistkraft", nicht *kevala,* d. h. ganz für sich, ganz „bloß", von allen Verbindungen frei; er wäre dann nach der Psychologie und Philosophie des Yoga noch an einen Bewußtseinsgegenstand gebunden, damit aber an die Weltstoffenergien. Vielmehr ist Kaivalya ein reiner Seinszustand, in dem das Selbst ganz für sich in Heiterkeit „istet" und „geistet". Es wird als unbedingte Realität erfahren; aber ohne jede Vorstellung, ohne Entgegensetzung von

*) Der Yogāṅga-Text ist ja nach unserer Auffassung die klassische kurze Darstellung des echten Yoga durch Patañjali. Eine genaue Vergleichung der höchsten Zustände und Erkenntnisse des Yogaweges ist also weiterhin eine erneute Bestätigung, daß die verschiedenen Texte des YS verschiedenen Zeiten und Strömungen entstammen.

Subjektsein und einem anderen Sein. Den westlichen Mystikern ist dieser Zustand ebenso bekannt wie dem Yoga. Sie nennen ihn „Bloßheit", ein Ausdruck, der als beste Wiedergabe von Kaivalya gelten darf, weil er auch dem Sinn des Wortes nach dieselbe Bedeutung hat wie dieses.

Diese merkwürdige Übereinstimmung in der Bezeichnung weist auf die Wirklichkeit einer Erfahrung hin, die sowohl im Osten wie im Westen unabhängig gemacht worden ist. Denn ein geschichtlicher Zusammenhang zwischen den beiden Worten besteht auf keinen Fall. Der Ausdruck „Bloßheit" wurde von deutschen Mystikern des Mittelalters geprägt, die vom Yoga sicher nichts wußten. Aber auch die Beschreibung des Zustandes der „Bloßheit" hat auffallende Ähnlichkeit mit dem, was die Yogaschriften über Kaivalya und Samādhi zu sagen haben. In beiden Bereichen wird die reine Erfahrung eines „intelligiblen Subjektes", das in der Kantschen Philosophie von einem Postulat in der „Kritik der reinen Vernunft" zu einer Erkenntnis in der „Praktischen Vernunft" wurde, numinos empfunden [8]). Dies ist in der absoluten Andersheit gegenüber allen andern Erfahrungen und Bewußtseinszuständen begründet. Hier enthüllt sich jenes *yakṣam-ātmanvat,* von dem schon in Atharvaveda X, 8 die Rede ist, und dessen Erfahrung, wenn wir uns gründlich umsehen in der Geistesgeschichte der Menschheit, als eine menschheitliche Urerfahrung gelten muß.

Das Verhältnis von Kaivalya zu Samādhi wird noch näher bestimmt werden, wenn dieser letztere Ausdruck weiter geklärt ist. Doch soll schon hier betont werden, daß Samādhi und seine Synonyma nicht einfach mit Kaivalya ineinsgesetzt werden dürfen, obwohl die mit Kaivalya bezeichnete Erfahrung im Samādhi-Zustand gemacht wird. Kaivalya bezeichnet mit Betonung einen Seins- und Wesenszustand des Puruṣa; Samādhi aber einen Bewußtseinszustand; jedenfalls ist das Wort im Blick auf einen Bewußtseinszustand geprägt worden. Der Puruṣa tritt im Kaivalya in einen Bewußtseinszustand, der sich von jedem andern darin unterscheidet, daß er ohne Gegenstand ist und keine Scheidung von Subjekt und Objekt kennt. Was da eintritt ist ein Bewußt-Sein des Selbstes, indem sich dieses nur seiner selbst als reines Subjekt inne wird. Ein Zustand der Bewußtheit, die nur in sich selbst aufstrahlt – der Ausdruck dafür ist *cit,* das wir wörtlich mit „geisten" übersetzt haben – und in dem sich ein Seiendes, nämlich eben das Selbst darstellt. Diese Sätze, die versuchen, in unserer Sprache den Sinn der Sūtren wiederzugeben, verbergen aber ein außerordentliches schwieriges psychologisches und ontologisches Problem, das anzugehen nun versucht werden soll. Denn *samādhi, puruṣa-khyāti* und *kaivalyam* sind Ausdrücke, die das Zentrum des Yoga ausmachen. Ohne ihr Verständnis bleibt der Yoga überhaupt unverstanden.

samādhi, ein Synonym von *samādhāna* ist gebildet aus der Wurzel *dhā* (verkürzt zu *dhi*) und den Präpostitionen *sam* „zusammen" und *ā* „her, heran" u. bedeutet wörtlich das „Zusammen-Heransetzen, Zusammenfügen, Zusammenlegen usw.". Der Grundsinn ist also der, daß ein

Getrenntes, ein Auseinandergefaltetes zu einer Einheit zusammengefügt wird oder zu einer Einheit zusammenfällt. Mit Beziehung auf das betrachtende Subjekt und sein Bewußtsein bedeutet also *samādhi* eine unbedingte Einheit des inneren Zustandes. Ich übersetze es darum mit „Einfaltung". Denn der Yogaübende ist ja ausgegangen von einer bewußten Verbindung mit der Außenwelt, von seinem Atmen, der Zurückziehung der Sinne von allen äußeren Gegenständen usw. und ist über Konzentration auf einen bestimmten inneren Gegenstand und dessen meditative Betrachtung dazu gekommen, daß er nun ganz im innersten Zentrum gesammelt ist. Die weithin sich spreitende und differenzierte Bewußtseinshaltung ist in ein unbedingt Einheitliches zurückgekehrt.

In YS III, 3 wird Samādhi im Anschluß an III, 2, wo Dhyāna bestimmt wird als die Betrachtung eines Gegenstandes in ununterbrochener Folgerichtigkeit so bezeichnet: „Wenn nun Dhyāna nur noch als der betrachtete Gegenstand aufstrahlt, gleichsam von seiner eigenen Wesensform befreit ist, so ist das Samādhi." D. h. also, wenn die meditative Versenkung, bei der das betrachtende Subjekt sich noch einen zu betrachtenden Gegenstand gegenüberstellt, in einen Zustand absoluter Vereinheitlichung übergeht, und zwar so, daß der betrachtete Gegenstand sozusagen selbstmächtig geworden, das Bewußtsein vollständig erfüllt oder aufsaugt, dann ist der Samādhi-Zustand eingetreten. Damit ist der Betrachter sozusagen mit dem Betrachteten völlig ineins gefallen.

Dieses eigentümliche Erleben ist schon in einer der ältesten Upaniṣaden gut gekennzeichnet, Brh. Up. II, 4, besonders IV, 13: „Wo gleichsam eine Zweiheit ist (d. h. wo Subjekt und Gegenstand noch einander gegenüberstehen) da erkennt einer den andern usw.; wo einem aber alles zum Ātman geworden ist, wie sollte man da irgendwen erkennen usw." Dies ist derselbe Zustand, nur jetzt von der Seite des Ātman, d. h. des Betrachtenden selbst aus gesehen. Hier saugt der Ātman alles Wahrgenommene und Erkannte so auf, daß er mit ihm identisch wird. Im YS dagegen, wo wir uns auf dem schwierigen Wege zu letzten Erkenntnissen befinden, wird das zu Erkennende und Erkannte in den Vordergrund gestellt und gesagt, daß dieses mit dem Subjekt identisch werde, d. h. es aufsauge.

Diese Art von Erfahrung tritt auch vielfach spontan auf, besonders auch in der ästhetischen Betrachtung, etwa beim Musikerleben und bei starken Naturerlebnissen. In dem folgenden Abschnitt werden einige Beispiele gegeben, die es ermöglichen, den Samādhi-Zustand einigermaßen anschaulich zu erfassen, wobei freilich zu sagen ist, daß die Voraussetzung eines wirklichen Verstehens das eigene Erleben von ähnlichen Zuständen ist. Die Kommentare geben sich sehr Mühe, den Samādhi-Zustand verständlich zu machen. Vijñanabhikṣu sagt es ziemlich klar: „Dhyāna geht dann in Samādhi über, wenn durch die Macht des betrachteten Gegenstandes die Betrachtung, der betrachtete Gegenstand und das betrachtende Subjekt als Bewußtseinsgegenstände verschwinden und der Betrachtungsgegenstand rein für sich wirkend da ist." [9])

Der Samādhi selbst wird dann wieder unterschieden in einen *saṃprajñātasamādhi* „ein noch mit Bewußtsein verbundener Samādhi" und in einen *asaṃprajñātasamādhi* „einen nicht mehr mit Bewußtsein verbundenen Samādhi". Der erstere heißt auch *sabīja* „der noch mit Keim behaftete", der letztere *nirbīja* „der keimlose". Damit soll gesagt sein, daß im ersteren immer noch der Keim zu neuen Bewußtseinsbewegungen wirksam ist, die jeden Augenblick aufstehen können; während beim letzteren die Möglichkeit nicht mehr besteht; der Sinnende verharrt in ungestörter Ruhe des reinen Leuchtens der „Geistkraft", ohne daß er davon ein ichzentriertes Bewußtsein hätte. Wir sind hier vor das Problem eines Bewußtseinszustandes gestellt, der weder Bewußtsein noch auch Nichtbewußtsein im geläufigen Sinn ist.

b) Die Parallelbegriffe zu Samādhi

Fassen wir die Aussagen des YS über die höchsten Erfahrungen auf dem Yogaweg kurz zusammen:

Das entscheidende Ereignis des Yogaweges ist die Realisierung des *Puruṣa (puruṣakhyāti* und *puruṣajñāna)* und die klare Erkenntnis, daß der Puruṣa in seinem Wesen radikal verschieden ist von den hin- und widerströmenden Weltstoffenergien, deren Erscheinungen und Gestaltungen kommen und gehen in unaufhörlichem Wechsel *(vivekakhyāti,* „Unterscheidungsschau").

Was der den Samādhi-Zustand Erreichende erfährt, ist ein Subjektsein besonderer Art, insofern als er sich nicht mehr den Inhalten seines Bewußtseins als Gegenständen gegenüber sieht: Er ist in ihnen, sie sind in ihm; er ist sie, sie sind er. Es ist also ein Subjektsein, das mit der erfahrenen Wirklichkeit durch und durch eins ist, das aber doch nicht in ihr untergeht, von ihr nicht gebunden, nicht eingeengt wird. Ein Subjektsein unbedingter Unbeschwertheit, uneingeschränkter Weite und lichter Freiheit. Das Harte, Bindende, Einschränkend-Hemmende, Leidvolle der Weltwirklichkeit, wie wir sie gewöhnlich erfahren, schwindet. Der in Samādhi Befindliche ist weder mehr fortgerissen vom Strom der Vorstellungen und Gedanken, noch hin und hergeschoben von Trieben und Strebungen. Daraus ergibt sich ihm, daß er von den Guṇas befreit, die ja in den Erscheinungen der Gesamtwirklichkeit in ständigem Wechsel schwingen, von ihnen völlig verschieden ist. Ist doch unser Erleben der Wirklichkeit in erster Linie auch ein Erleben der Bedingtheiten; ihnen scheinen wir nirgends entgehen zu können. Hier aber ist ein Erleben der Unbedingtheit in jeder Hinsicht. Entgegen diesem Wechsel ist im Samādhi das erfahrende Subjekt unbedingt existent *(sat),* wird leuchtende Klarheit der Schau *(cit)* und west in uneingeschränkter Heiterkeit *(ānanda).* So erfaßt es sich als ein Subjekt absoluter Realität. Das Ich erscheint in einer ganz andern Dimension.

Diese absolute Andersheit ist also das Erschütternde in den Samādhi-Erlebnissen. Das Subjekt mag versinken im Unbewußten, so daß es seiner selbst nicht mehr gewahr wird. Aber es steht wieder ebenso „anders" da, sobald die Selbstwahrnehmung wieder eintritt. Ob es im Tod erlischt, mag dahingestellt bleiben. Solange der Mensch lebt, existiert es nach seiner Erfahrung in diamantener Festigkeit. Und eben dies gibt ihm seinen numinosen Charakter.

Um das psychologische und philosophische Problem, um das es hier geht, wissenschaftlich zu umkreisen, vielleicht auch einzukreisen, müssen die Parallelbegriffe zu Samādhi betrachtet werden. Diese sind *samāpatti* und *nirodha,* in gewissem Sinn auch *nirvāṇa,* obwohl dieser Ausdruck im YS nicht vorkommt, wohl darum, weil er durch den Buddhismus eine ganz bestimmte Prägung erhalten hatte, die zur Zeit der Entstehung des YS auch weithin negativ als „Verlöschen" verstanden wurde; im Vedānta bedeutet er das Eingehen in *brahman.* Im klassischen Yoga kommt es aber auf das Hochziel der Unterscheidungsschau und der Puruṣa-Schau an.

samāpatti von *sam-ā-pat,* wörtlich „das Zusammen, Ineinsfallen" gehört dem *īśvarapraṇidhāna*-Text an. (Er ist auch in den buddhistischen Schriften ein wichtiger Begriff, hat aber dort eine etwas andere Bedeutung.) [10])

Auch *samāpatti* ist von den Kommentatoren sehr ausführlich behandelt worden. Diese stimmen alle darin überein, daß dieses Wort ein Parallelbegriff zu Samādhi ist. Daß gerade der *īśvarapraṇidhāna*-Text den Ausdruck *samāpatti* „Zusammenfallen" bevorzugt, hat seinen Grund in der betonten Verehrung des Īśvara. Er ist der Hauptgegenstand von Dhyāna und die innige Beziehung zu ihm füllt das Gemüt des Sinnenden aus. Das Hochziel dieses Yogaweges ist nicht nur die Unterscheidungsschau, in der dann auch die Puruṣa-Schau eingeschlossen ist, sondern im Hintergrund steht unausgesprochen die Vereinigung mit dem Īśvara selbst. Puruṣa und der Gott sind wesensidentisch und fallen restlos ineins, wenn der Meditierende die höchste Stufe erreicht hat. Insofern steht dieser Text noch in der lebendigen Tradition der alten Yoga-Upaniṣaden. In YS I, 41 wird Samāpatti folgendermaßen beschrieben: „Sind die seelischen Bewegungen zur Ruhe gekommen und ist der Yogin gleichsam ein durchscheinender Edelstein geworden, so erreicht er das Zusammenfallen, wobei er mit dem ‚Erfasser' (dem Puruṣa), der Funktion des Erfassens und dem Gegenstand des Erfassens eins und von ihnen ‚gesalbt' (d. h. von ihnen ganz durchwest) wird." Vyāsa beschäftigt sich mit diesem Sūtra sehr eingehend und betont, daß das Citta bei der Betrachtung der verschiedenen Gegenstände von den groben Elementen bis zum Puruṣa von diesen Gegenständen durchfärbt werde, d. h. das Citta wird vom Gegenstand erfüllt, wie ein Bergkristall ganz durchfärbt wird von dem Gegenstand, der neben ihm liegt. Mit diesem Vergleich erinnert Vyāsa an ein Bild, das im Yoga und Sāṃkhya sehr geläufig ist, um die absolute Unberührtheit des Puruṣa zu kennzeichnen. Doch hat Deussen zur Stelle YS I, 41 wohl recht, wenn er annimmt, daß dieser Vergleich hier nicht gemeint ist. Vielmehr wird das Sūtra so zu verstehen sein, daß der Puruṣa mit dem meditierten Gegenstand eins wird, weil ja nach der Auffassung des Yoga die großen Meditationsgegenstände nicht Begriffe, sondern Ewige Wirklichkeiten sind, *ṛtam, satyam, paramātman, īśvara, brahman* werden eins mit dem Meditierenden, er mit ihnen. Der *puruṣa* erfährt sich zwar als *kevala,* in seiner unbedingten Bloßheit im Aufgehen im Gegenstand, ist aber diese zugleich. Der Zustand ist ein paradoxer.

Wie Samādhi, so hat auch Samāpatti verschiedene Formen oder Erscheinungsweisen (YS I, 42 ff.). Es wird unterschieden zwischen einer *savitarkasamāpatti,* einer Samāpatti, die mit rationaler, streng kritischer Überlegung und Untersuchung der seelisch-geistigen Wirklichkeiten in der inneren Welt verbunden ist, und einer *nirvitarkasamāpatti,* einer Samāpatti ohne solche Überlegung und Untersuchung, d. h. ein Bewußtseinszustand, in dem diese Überlegungen ihr Ziel erreicht haben und das Bewußtsein anfängt zur Ruhe zu kommen. Ebenso wird eine *savicāra-* und *nirvicārasamāpatti* unterschieden. Die Gegenstände der letzteren beiden werden als *sūkṣma* bezeichnet, d. h. also als feine Gegenstände. Sie umfassen nach YS I, 45 die metapsychischen Realitäten bis zu der undifferenzierten Urmaterie *(aliṅga).* Die Gegenstände der *savicārasamāpatti* sind also solche der höchsten metapsychischen und metaphysischen Besinnung. Wörtlich bedeutet *vicāra* das Hin- und Herschreiten, d. h. also eine meditative Betrachtung, bei welcher der Gegenstand nach allen Seiten hin untersucht wird. Diese *savitarka-* und *savicārasamāpatti* wird von YS I, 46 dem *sabījasamādhi* gleichgesetzt. Hören diese beiden auf, so tritt das betrachtende Subjekt in die *nirvicārasamāpatti* ein und der betrachtete Gegenstand erscheint in seiner eigenen Wesensform so klar und machtvoll, daß die Entgegensetzungen von Betrachter, Betrachtungsgegenstand und Betrachtungsfunktion als noch bewußte Bewegung in vollendeter Klarheit eins werden. Es ist der Zustand, der im YS als „Herbstesklarheit" des Geistes bezeichnet wird und die selige Ruhe des Tiefenselbstes, *adhyātma prasāda* (YS I, 47) tritt ein. Und nun erstrahlt hell *prajnā ṛtaṃbharā* „die Erkenntnis, die erfüllt ist von *ṛtam,* der ewigen Ordnungswirklichkeit, die letzthinnige Wahrheitserkenntnis in sich trägt" (YS I, 48). Die *unio mystica* beginnt.

Wir haben schon oben gesehen, daß diese Art von Bewußtsein und Erkenntnisschau von jedem andern Gegenstand der Erkenntnis, den man durch die heilige Überlieferung oder durch rationale Schlußfolgerung gewinnt, verschieden, weil auch der Zweck dieser Erkenntnis ein ganz anderer ist, nämlich nicht den Menschen an irgendwelchen Erkenntnisgegenstand zu binden, sondern ihn, d. h. sein Selbst, in die unbedingte Befreiung zu führen. *nirbīja samādhi,* die „keimlose Einfaltung" tritt ein, die durch keine Störung von außen, noch durch unterbewußte „Bewirker" mehr betroffen werden kann. Dieses absolute Ruhen in dem stillstrahlenden, kernwesenhaften Sein seines Selbstes besitzt der *jivanmukta* „der schon bei Lebzeiten ganz Befreite", wenigstens für Augenblicke; derjenige, dem der *nirodha* bis zum Tode gelingt, für immer. Dies ist die große Befreiung *(vimukti)* aus dem Kreislauf der Geburten. Denn das ist und bleibt das letzte Ziel des Yoga entsprechend seiner Grundhaltung: *sarvam duḥkham* „Alles ist leidvolle Hemmung". Wie *samāpatti* ist *nirodha* ein Synonym von *samādhi,* bezeichnet aber diesen Bewußtseins- und Seinszustand in negativer Sicht: Die Aufhebung aller Bewußtseinsfunktionen ist hier betont als Voraussetzung von *samādhi.* Der Ausdruck selber enthält keinen aufschließenden Hinweis auf den Samādhi-Zustand, er ist gebildet aus der Wurzel *rudh* und der Präposition *ni* und heißt wörtlich „die Niederhaltung, die Bewältigung, das Zur-Ruhe-Bringen". YS I, 2 definiert den ganzen Yoga als *citta-vṛtti-nirodha* „die Bewältigung oder das Zur-Ruhe-Bringen der Bewegungen der inneren Welt (des Bewußtseins)". Die Atmosphäre des negativ gefaßten *nirvāṇa* ist hier fühlbar.

Der Ausdruck begegnet uns in verschiedenen Texten auch in buddhistischen Schriften, steht aber in dem *nirodha-Text* im Vordergrund. Nach YS I, 17 gibt es auch einen *saṃprajñāta-nirodha,* der dem *saṃprajñāta samādhi* gleichzusetzen ist. In ihm sind noch *vitarka* „kritische Betrachtung", *vicāra* „sinnende Betrachtung", *ānanda* „das Gefühl lustvoller Heiterkeit" und *asmitā* „Ichheit, Ichbewußtsein", wörtlich: „Ichbinheit" vorhanden. Daneben gibt es „einen andern" (dies ist selbstverständlich *asaṃprajñāta-nirodha*), also den Nirodha ohne Bewußtsein oder Bewußtheit, der zur Voraussetzung die Übung vom Aufhören aller Vorstellungen hat. Er entspringt aus einem unbewußten „Bewirker-Rest" *(saṃskāra),* d. h. dieser Zustand hat seine Wurzel in bestimmten Faktoren des Unbewußten, erscheint aber nicht mehr im Bewußtsein selbst. Die Parallele von *nirodha* zu *samādhi* ist also eindeutig. Wo dieses „Zur-Ruhe-Bringen" eintritt, da geschieht die letzthinnige „Entdürstung" *(vaitṛṣṇyam)* des Übenden von den Guṇas, der nun zu *puruṣakhyāti* gelangt ist (YS I, 16). Dies ist auch die absolute Freiheit von allen Rāgas. „Dann tritt der ‚Seher' (der Puruṣa) in seiner selbsteigenen Wesensform heraus" (YS I, 3).

Das Parallelwort für *nirodha* im *nirmāṇa-citta*-Text ist *ni-vṛtti* „die Zurückwendung oder Auflösung der Bewußtseinsbewegungen" (YS IV, 30). Da im Verlauf dieser Auflösung der Bewußtseinsvorgänge immer auch eine Wesenswandlung des Übenden sich vollzieht, geschieht auch die *nivṛtti* der *kleśas* „der unterbewußten Dränger", d. h. der nicht gereinigten Triebe und des *karman* „des Werkrestes" aus den verschiedenen Existenzen, der als Ursache von Bindungen in den Kreislauf der Geburten wirksam ist. Ist dies geschehen, „Dann bleibt, wegen der Unendlichkeit der von allen Umhüllungen und Trübungen befreiten Erkenntnis wenig mehr zu wissen übrig" (YS IV, 31) und „das Zurückströmen der Weltstoffenergien (in die Urmaterie), die keinen Zweck für den *puruṣa* mehr zu erfüllen haben, führt zu Kaivalya, und die Grundexistenz der Geist-Kraft in ihrem eigenen Wesen stellt sich dar" (YS IV, 34).

Betrachten wir zusammenfassend die verschiedenen Ausdrücke für die letzthinnigen Erfahrungen auf dem Yogaweg, so fällt als erstes die schon erwähnte Tatsache in die Augen, daß die in der Einleitung zum YS herausgestellten Texte je eine besondere Vorliebe für den einen oder andern Ausdruck zeigen und daß diese Vorliebe in der besonderen eigentümlichen Tradition der verschiedenen Texte ihre Ursache hat. Der Vergleich ist also eine weitere Bestätigung der in der Einleitung zum YS vorgetragenen These.

Der Yogāṅga-Text legt eingehend *ekāgratā-samādhi* dar und faßt *dhāraṇā, dhyāna* und *samādhi* unter dem Begriff *saṃyama* zusammen, dessen Gegenstände und „Früchte", die „Erreichnisse" er eingehend darlegt. (Vgl. oben S. 324 ff.)

Der *īśvarapraṇidhāna*-Text betont neben *samādhi samāpatti,* weil dieser Ausdruck seiner Grundbedeutung nach am ehesten mit dem Hochziel dieses Textes, der Vereinigung mit der Gottheit, übereinstimmt; Samāpatti ist eine Seite von Samādhi, die der Text offenbar nicht übersehen haben möchte [11]). Der *nirodha*-Text ist in einer Zeit entstanden, in welcher der Yoga stark unter dem Einfluß des Buddhismus stand, wie auch der *nirmāṇa-citta*-Text. Aus diesem Grunde sind die Ausdrücke für die letzthinnigen Yogaerfahrungen *nirodha* und *nivṛtti* stark negativ bestimmt. Der *kriyā-yoga*-Text legt starken Nachdruck auf die Verjochung *(saṃyoga)* des Puruṣa mit den Weltstoffenergien und darum auf *vivekakhyāti* „die Schau der Unterscheidung" zwischen dem Puruṣa und den Weltstoffenergien als Mittel der Befreiung von dieser Verjochung in siebenfacher Stufenfolge der Erkenntnis.

Diese verschiedenen Ausdrücke fassen je einen bestimmten Aspekt der höchsten Stufe des Yogaweges, der betont herausgestellt wird. Eben aus diesem Grunde konnten auch diese verschiedenen Texte zu einer Einheit zusammengefaßt werden.

Der Vergleich mit den Versenkungsstufen des Buddhismus kann uns noch einen Schritt weiterhelfen in der psychologischen Durchschau der geschilderten Übungen und Erlebnisse. In den buddhistischen Schriften sind noch feinere Unterscheidungen der Meditationsstufen und der Methoden der Versenkung aufgeführt [12]). (Vgl. dazu auch oben S. 173 ff.)

Es gibt hier vier *jhāna*-Stufen (*jhāna* ist der Pāli-Ausdruck für skr. *dhyāna*). Der Mönch, der sich von den Lüsten und von allen nichtreinen Bewußtseins- und Wesenszuständen befreit hat und die Tiefenbesinnung über die großen Wahrheiten, *anicca* (skr. *anitya)* „Nicht-Dauer, Vergänglichkeit des Daseins", *anatta* (skr. *anātman*) „des Nicht-Selbstes", d. h. des Nicht-Selbst-Seins, alles dessen, was der Mensch erlebt, denkt und ist, bis hinauf zu den höchsten Bewußtseinszuständen, *dukkham* (skr. *duḥkha*) „Leidvolle Hemmung", die alles Dasein durchdringt und beherrscht, üben will, tritt ein in die erste *jhāna*-Stufe, „die mit kritischer Überlegung (*savitakkam,* skr. *savitarka*) und sinnender Betrachtung (*savicāram*) verbundene, aus der Unterscheidung geborene (*vivekajam,* aus der Unterscheidung zwischen Ewigem und Nichtewigem) mit Lust und Freude verbundene".

Dieser folgt die zweite Stufe. Hier sind kritische Überlegung und sinnende Betrachtung verschwunden; ein tiefer Seelenfrieden, ein Einswerden des Geistes ist eingetreten (also *samādhi*), aber noch werden Freude und Lust verspürt.

Auf der dritten Stufe von *jhāna* verströmen Freude- und Lustgefühle. Der Mönch verharrt in ungestörter Unbekümmertheit erfüllt von klarem Denken und vollbewußt, nur mit seinem ganzen Körpergefüge spürt er noch ein lustvolles Strömen.

Auf der vierten Stufe verströmt auch dieses letzte Lustgefühl, wie jede leidvolle Hemmung „die von den Gefühlen leidvoller Hemmung und lustvollen Strömens freie, in vollendeter Unbekümmertheit und Geistesklarheit geläuterte *(parisuddhi)* vierte *jhāna*-Stufe ist erlangt". Damit hat er die höchste Stufe erreicht.

Es ist eine lange Debatte entstanden wie das Pāliwort *parisuddhi* gedeutet werden soll; ob positiv so, daß die vollendete Unbekümmertheit und die Geistklarheit völlig geläutert sind oder ob die vierte *jhāna*-Stufe auch von diesen beiden Merkmalen befreit ist. *parisuddhi* kann entweder heißen „Läuterung", oder absolute Reinigung im Sinne der Befreiung davon. Ich neige zur letzteren Deutung [13]).

Daß diese vier *jhāna*-Stufen nichts anderes sind als eine feinere psychologische Durchgliederung der Samādhi-Stufen ist ohne weiteres ersichtlich.

Als Gegenstände der Versenkung werden in den buddhistischen Schriften die vier *appamaññā* (skr. *apramaṇya*) „die vier Unermeßlichen" genannt. *mettā* (skr. *maitrī)* „die Freundschaft zu allen Wesen"; *karuṇyā* „Mitleid"; *muditā* „die Mitfreude", zugleich auch Frohsinn überhaupt, und *upekhā* (skr. *upekṣā*) „die Unbekümmertheit, Gleichmut". Diese „vier Unermeßlichen" sind uns schon aus YS III, 23 als Gegenstände von Saṃyama bekannt. Die besondere Methode der Beschäftigung mit ihnen wird auch im Buddhismus *bhāvanā* „die Realisation" genannt; sie ist oben behandelt worden. Die Konzentration, Meditation und Versenkung wird erst dann zu einer der inneren Befreiung dienenden Wesenserklärung und Wesensfestigung, wenn die „vier Unermeßlichen" innerster Besitz des Sinnenden geworden sind. Wir dürfen nie aus dem Auge verlieren, daß Besinnung und Versenkung keine nur psychologische und philosophische Bewußtseinsschulung ist, sondern eine Durchklärung, Wesenswandlung und Wesenserfüllung mit innerstem Gehalt sein muß, wenn das hier gesteckte Ziel erreicht werden soll. Wir haben es also immer auch mit ontischen Wirklichkeiten zu tun.

Die ungestüme Folgerichtigkeit und Durchdringlichkeit der buddhistischen Versenkung wird vollends deutlich durch das sogenannte *arūpajhāna*, d. h. die Versenkung in die absolut abstrakten Gegenstände des Sinnens: *ākāsānañcāyatana* „der Bereich der Raumunendlichkeit", *viññānānañcāyatana* „der Bereich der Bewußtseinsunendlichkeit", *ākiñcaññāyatana* „der Bereich der Nicht-Irgendetwas-heit", d. h. also der schlechthinnigen Leere und *nevasaññā-nāsaññāyatana* „der Bereich der Weder-Bewußtheit-noch-Nichtbewußtheit" (die wörtliche Übersetzung ist besser als der Versuch, uns geläufige Ausdrücke zu finden).

Der Mönch erreicht durch die Meditation und Versenkung in diese Gegenstände *saññā-vedayita-nirodha* „die völlige Aufhebung von Bewußtsein und Empfindung". Dieser Zustand ist also ein vollendeter *asaṃprajñāta-samādhi.*

Wenn wir versuchen, diese hochgesteigerten Abstraktionen und die Tiefenbesinnung über sie zu verstehen, können wir von unseren heutigen kosmischen Vorstellungen und Erkenntnissen ausgehen. Die Raumunendlichkeit ist in der Tat heute ein wichtiger Gegenstand wissenschaftlich-philosophischer Besinnung, da wir wissen, daß Milchstraßensysteme in millionenfacher Zahl entstanden sind und entstehen und in den Raum hinausjagen. Folgen wir diesem Werden ohne Rückwendung und ohne Aufhören, so reißt es uns hinein in einen Raumabgrund, der uns verschlingt. Daß diese Erfahrungen spontan auftreten, wird an Beispielen in einem nächsten Abschnitt gezeigt werden.

Die Bewußtseinsunendlichkeit drängt sich uns auf, wenn wir versuchen den *regressus ad infinitum,* das Rückschreiten des Kausaldenkens ohne Aufhören weiterzuführen.

Sie überfällt uns auch zunächst überwältigend, wenn wir das Ich in seinen bewußten Funktionen verfolgen, um nicht mehr diese Funktionen, sondern das Subjekt selbst zu erfassen. Da dieses sinnende Subjekt nie Objekt werden kann, auch wenn wir ihm stürmisch in unserem Sinnen nachjagen, stürzt es jeden Augenblick weg vom Erfaßten und vom Erfassen – beide werden sofort Vergangenheit, Gegenstand des Gedächtnisses, sind nicht mehr dynamisches Subjekt und Gegenwart – und führt uns so wiederum in einen unfaßbaren Abgrund, in den das dynamische Subjekt ohne Aufhalten davonrast.

Dann stürmt die „Nicht-Irgendetwas-heit", die absolute Leere über den Sinnenden, die sich steigern kann zu einem Zustand, in dem zwar das Bewußtsein nicht erloschen ist, aber auch kein Bewußtsein mehr im Sinne bewußter Existenz ist, die anderen Existenzen gegenübersteht. Auf keinen Fall ist dieser Zustand Bewußtlosigkeit oder ein dumpfer Trancezustand, wie er etwa in der Hypnose erlebt wird. Diese Vergleiche bleiben am Peripheren des Psychischen hängen. Das entscheidend Andersartige des Versenkungszustandes ist eine eigentümliche Helle, die mit der Helle des bestirnten Himmels verglichen werden kann, wenn man von den Gestirnen absieht. Auch dieser Zustand konvergiert in den Samādhi-Zustand.

Wir haben hier psychologisch und geistesgesetzlich durchaus folgerichtige Übungen und Erlebnisse vor uns, die alle immer wieder in einem eigentümlichen, anders als geläufigen Bewußtseinszustand enden. Dieser Bewußtseinszustand ist zugleich ein Wesenszustand, eine eigenartige Existenz, ein Zustand des Tiefen-ichs, des Selbstes, des „intelligiblen Subjektes", das weder Gegenstand einer Anschauung noch Bewußtsein, nur ein Sein ist subtilster heller Geistigkeit.

Entscheidend ist aber, daß dieses seltsame Existent-sein immer numinos erlebt wird, d. h. die „Spürung eines Unirdischen" erweckt. Dieser Aspekt der betrachteten letzthinnigen Erfahrungen wird im Buddhismus ausgesprochenermaßen mit dem Wort *nirvāṇa* bezeichnet. Dieses Wort ist zwar rein philologisch ein Negativum (von *nis(r)* „heraus, aus, weg" und *vā* „wehen" gebildet). Dem Sinn nach aber ist Nirvāṇa ein absolutes numinoses Positivum. Innerhalb der Yogabewegung tritt das Wort erst in den späteren Upaniṣaden und in den späten Schichten des Mahābhārata auf. In der Bhagvadgītā hat es eine wichtige Stelle inne; in den 108 Upaniṣaden findet sich auch eine Nirvāṇa-Upaniṣad (in meiner oben angegebenen Sammlung S. 297 ff.). *nirvāṇa* ist im brahmanischen Bereich, wie auch in den theistischen Richtungen, immer *brahmanirvāṇa,* also Eingehen in *brahman.* Im Buddhismus Buddhas bleibt sein Wesen ungesagt und immer umhegt von philologisch negativen Bestimmungen.

Im Buddhismus hat Nirvāṇa die zentrale Stelle inne. Es ist der Endzustand des Befreiten, in dem er in das „Ungeschaffene, Ungeborene, Ungestaltete", also in ein Letzthin-Wirkliches, eingeht, das nur noch in Verneinungen ausgedrückt wird, die aber absolut positiven Sinn haben (vgl. oben S. 175). Daß Nirvāṇa nicht einfach ein Aufhören ist, wird heute von allen Einsichtigen zugegeben.

Im Yoga dagegen bleibt das Augenmerk auch auf der höchsten Stufe des Yogaweges stets noch auf den Puruṣa in seinem Kaivalya-Zustand gerichtet. Darum kommt der Ausdruck Nirvāṇa im YS auch nicht vor. Doch mag der Blick in den theistischen oder brahmanischen Richtungen von da auf den höchsten Gott und auf *brahman* gerichtet werden. Dann hat auch das Wort Nirvāṇa seinen Platz wie in der Bhagavadgītā, während, wie wir gesehen haben, der theistische Yoga auch dann noch den Ausdruck Samāpatti, der auch im Buddhismus oft gebraucht wird, festhält.

c) Beispiele für spontan auftretende Samādhi-Erlebnisse

Für alle die höchsten Yogaerfahrungen lassen sich wohlbezeugte Beispiele spontaner Erfahrungen beibringen, die sehr deutliche Parallelen darstellen. Zur weiteren psychologischen und philosophischen Erhellung seien hier einige dieser Beispiele gegeben. Zunächst einige Erlebnisse eines mir wohlbekannten Menschen – nennen wir ihn „X" – von denen besonders die Jugenderlebnisse ein Beweis für die Spontaneität sind. Der Junge, etwa 8/9jährig (das Datum liegt durch einen Wohnungswechsel fest) liegt eines Abends im dunklen Zimmer noch allein wach. Draußen vor dem Fenster rauscht eine Pappel im Nachtwind. Das Rauschen faßt ihn, füllt sein Gemüt aus, umhüllt ihn ganz; er geht drin unter in seltsamer Weitung und Ergriffenheit seines Bewußtseins; er wird von einem Unfaßbaren doch Geheimnisvoll-Gegenwärtigen ergriffen und erschüttert [14]). Das Bewußtsein vom Erleben ist immer noch vorhanden, beginnt aber langsam zu verschwimmen. Dann setzt das Gedächtnis aus.

Wir haben hier eine unverkennbare Parallele zum *saṃprajñāta-samādhi,* der langsam in den *asaṃprajñāta* übergeht und der zugleich numinos erlebt wird.

Ein anderes Erlebnis desselben X, etwa in seinem 15. Jahr: Er ist mit andern Jugendgenossen am Sonntagnachmittag in der Kirche, wo der Pfarrer „Kinderlehre" hält. Der Pfarrer zitiert einige Strophen aus Schillers Gedicht „Die Größe der Welt", dessen erste Strophe lautet:

Die der schaffende Geist einst aus dem Chaos schlug,
Durch die schwebende Welt flieg ich des Windes Flug,
Bis am Strande
Ihrer Wogen ich lande,
Anker werf', wo kein Hauch mehr weht
Und der Markstein der Schöpfung steht.

Der Junge hat das Gedicht zum erstenmal vernommen; es erfaßt ihn im Innersten. Er folgt dem Inhalt mit Phantasie und Sinnen. Dann vernimmt er nichts mehr, auch der Raum verschwindet; er ist in eine tiefe Abstraktion verfallen. Wie lange sie dauerte, weiß er nicht, auch nicht, wie er heimgekommen ist. Aber bald merkt er, daß etwas Radikales in ihm geschehen: sein bisheriger einfacher Gottesglaube ist völlig zerbrochen und er ist in eine ungeheure Leere gestellt, die lange Zeit andauert und ihn schwer bedrückt. Er hat den Glauben überhaupt verloren. Vorher betete er morgens und abends; jetzt kann er nicht mehr beten. Doch vertraut er sich keinem Menschen an; er ist ganz allein – oft unsagbar allein.

Der Zustand dauerte sehr lange. Dann hat dieser Junge plötzlich ein anderes Erlebnis: Beim Anblick eines im hellen Maienlicht vom Winde sanft bewegten Saatfeldes spürt er ein ihm Entgegenkommendes, das die Leere mit einer unfaßbaren Gegenwart ausfüllt, und ein neues Wissen um ein Anderes, „Unirdisches" („das Erspüren einer andern Dimension im Wirklichen", wie er es später auszudrücken pflegte) keimt auf, das ihn von der Qual der Leere erlösend, Frieden und stille Heiterkeit bringend durchdringt. Er kann wieder „glauben".

Das Bewußtsein hat in diesen Erlebnissen eine besondere Form. Es ist klar, aber all-durchdringend, mit der Neigung zu einer Weite, die auf das Ichbewußtsein lockernd wirkt.

Derselbe X im Alter von etwa 23 Jahren: Er war den ganzen Tag allein auf einem steilabfallenden Felsen in den Bergen, Klopstocks Oden lesend und die Natur betrachtend. Nach einer etwas gefährlichen und erregenden Suche nach seinem weggeflogenen Hut, betrachtet er in der schon beginnenden Dämmerung noch einmal Berge und Täler; ein Alpenglühen flammt in der Ferne auf. Da bricht es in seine Seele ein, die flammenden Alpen, die waldigen, leise rauschenden Hänge, das dämmerige

Tal, der noch silbern-leuchtende Fluß – seine innere Welt erfüllt sich restlos mit diesen Anblicken, sie saugen ihn auf, er strömt in ihnen, er *ist* als dies, die Grenzen des Ichs sind geborsten. Er kann nur noch laut rufen: Gott! Gott! All dies geschieht in voller Bewußtheit, denn er erinnert sich noch nach Jahren jeder Einzelheit *).

Der dabei erlebte Bewußtseinszustand kann etwa so beschrieben werden: Das Bewußtsein ist nicht mehr als ichzentrierte Aktivität da, für die der Bewußtseinsinhalt Gegenstand ist, sondern als eine den ganzen Bewußteinsinhalt stilldurchdringende Ichgegenwart. Und da in diesem Falle der Bewußtseinsinhalt die Naturerscheinungen waren, durchdringt diese Ichgegenwart erlebend auch diese. Es ist als ob das Ich den engen Ring, in dem es sonst eingeschlossen ist, und der durch die bewußten Inhalte gebildet wird, durchbräche und allgegenwärtig würde. Eben dadurch verliert der Bewußtseinsinhalt seine Gegenständlichkeit, vereinigt sich mit dem betrachtenden Subjekt und die Aktivität des Bewußtseins wird zu einem stillen Strömen. So strömen Bewußtseinsaktivität, Bewußtseinsinhalt und bewußtes Ich ineinander über.

Auch dieses Erleben kann mit dem *samādhi* verglichen werden; dabei ist zu betonen, daß X sich in der Zeit noch keineswegs mit mystischen Schriften befaßt hatte, die von solchen Erlebnissen sprachen und diese auch nicht aus Gesprächen mit andern kannte.

Auch die hochgesteigerte wissenschaftliche und philosophische Abstraktion hat eine ähnliche Struktur, je mehr sie in intuitives Erfassen übergeht.

Derselbe X, etwa 26 Jahre alt: Er sitzt noch geschwächt von einem erlittenen Sonnenstich in den Tropen beim Mondschein im Schatten eines Busches, über den Sinn des Geschehnisses von Golgatha nachdenkend. Das Sinnen wird anhaltend immer intensiver; – es sinnt in ihm – und füllt ihn ganz aus. Hier setzt die Erinnerung aus. Sobald sie wieder einsetzt (wie lange der Zustand des Aussetzens des Ich-Bewußtseins gedauert hat, weiß er nicht), ist es ihm erschütternd gewiß, daß ihm in diesem Zustand die Antwort auf sein Sinnen geworden ist, daß er eine Anwort „gesehen" hat, in ungeheurer Weite. Was aber der Inhalt dieser Erkenntnis war, war völlig verschwunden. Erst nach Jahrzehnten schien es ihm, als ob er die damals spontan erlebte Erkenntnis durch langes Forschen und Sinnen wieder errungen hätte.

*) Hier ist eine Bemerkung am Platze über die Möglichkeit solche Erlebnisse unverfälscht im Gedächtnis zu behalten. Warnungen gegen spätere Eintragungen sind durchaus berechtigt. Aber solche Erlebnisse haben immer eine außerordentliche Einprägekraft, die Selbstwahrnehmung – diese ist sehr zu unterscheiden von Selbstbeobachtung, die hier nicht statt hat! – ist in solchen Augenblicken gesteigert, so daß auch Einzelheiten merkwürdig plastisch aufgenommen werden; eine Beobachtung, die auch sonst bei erschütternden Erlebnissen zu machen ist. Wir können aber, wenn der Erlebende, der berichtet, überdies psychologisch kritisch geschult ist, solche Erlebnisse wohl zur Grundlage wissenschaftlicher Betrachtung machen.

Auf die Wahrheitsfrage, die sich hier aufdrängt, soll aber hier nicht eingegangen werden; diese Beispiele sollen lediglich zeigen, daß dem Samādhi analoge oder parallele Erlebnisse ohne jede Schulung spontan auftreten, was übrigens die indischen Weisen ebenfalls seit alters wußten.

Wichtig ist, noch zu betonen, daß diese Erlebnisse auf die innere Haltung, auf Besinnung und Werden des X tiefe und nachhaltige Wirkung gehabt haben.

Nach YS III, 32 ff. gibt es eine Form des *saṃyama,* wobei der Gegenstand „das Licht im Schädel" ist, was zur Schau der Vollendeten führe und durch plötzliche Erleuchtung eine Allschau wirke. Eine solche „Erleuchtung", mit der „Feuer im Kopfe" verbunden ist, beschreibt die Prinzessin Auguste von Hessen-Homburg von sich in ihrem „Testament" [15]). Sie berichtet hier von theologischen Büchern, die ihr ein Onkel zum Lesen gegeben hatte: „Einst las ich auch eins dergleichen, das mir höchst interessant war ... Im Buch war die Rede von der Drei-Einigkeit, indem ich darüber nachdachte – sahe ich – aber nicht mit den Augen – im Kopf – wie in einem Feuerklumpen – und die Drei-Einigkeit ist mir von dem Augenblick an ganz deutlich – ob ich sie gleich mit keine andere Worte aussprechen könnte, als sie es ist. – Von dem an wußte ich, was Religion sei: was ich von Kind auf gehört, geglaubt, und auch, wie ich mir vorstellte, ganz empfunden hatte – das wurde ich jetzt erst würklich inne ... die Klarheit, womit ich nun alles verstand und selbst, was nicht zur Religion, mögte ich sagen, gehörte, obgleich alles zueinander gehört, was ist – es war mir alles so deutlich, als wenn ich es erfunden hätte. – Der Reichtum, der sich damals in mir entfaltete, ist mir selbst unbegreiflich." Die entscheidenden Worte zeigen, wenn man sie mit ähnlichen Ausdrücken im YS vergleicht, deutlich die Parallelen zu Samādhi und seinen „Erleuchtungen".

Auch bei diesem spontanen Erlebnis soll jetzt die Wahrheitsfrage nicht aufgeworfen werden, es soll rein als Beispiel dafür dienen, wie bestimmte Erlebnisse des Yoga, die dort durch Schulung erreicht werden, bei bestimmten Personen, die von dieser Schulung nichts wissen und sie auch nicht geübt haben können, spontan auftreten, und zwar mit tiefsten Wirkungen für Haltung und inneres Werden der Erlebenden. Diese letztere Tatsache bedarf einer strengen psychologischen und philosophischen Besinnung. Hier nur kurz dies: Das Bewußtsein, durch solche Erlebnisse in die Sphäre einer höheren Realität eingetreten zu sein, wirkt umstürzend auf den ganzen Menschen. Daß die Prinzessin eine Anlage zu solchen Erlebnissen in sich trug, zeigt eine spätere Bemerkung (S. 85), wo sie ihre Beziehung zu „Onkel Christian" schildert: „Auch eine wunderbare Selbstauflösung war mir nie vorgekommen – in seiner Gegenwart fühlte ich mich nicht – nur ihn –, ich war gar nicht mehr in mir. –": Der Gegenstand der „Betrachtung" – hier verstanden als ganze innere Hingabe – nahm selbstmächtig Besitz von der Betrachtenden – wie dies die Samādhi-Sūtren schildern.

Hier ist auch auf eine Strophe aus dem Gedicht von Wordsworth: Lines composed a few miles above Tintern Abbey 1798 heranzuziehen:

Und ich fühlte eine Gegenwart,
Die mich erschauern läßt
Mit einer Freude hoher Gedanken; eine feine Spürung
Von etwas, das alles tief durchdringt,
Das wohnt im Leuchten untergehnder Sonnen,
Ringsum im Meer und in lebend'ger Luft,
Im blauen Himmel und im Geist des Menschen,
Ein Regen und ein geistig Sein, das alle Wesen
Die denken, antreibt, und alles was gedacht wird,
Und strömt ringsum durch alle Dinge. [16])

Auch Wordsworth schildert hier Jugenderlebnisse.

Solche Erlebnisse finden wir übrigens sehr häufig bei Dichtern und Künstlern. Es mag hier auf Runge hingewiesen werden, der sein Naturerleben, das er packend schildert, so zusammenfaßt: „Da jauchzt die Seele laut auf und fliegt umher in dem unermeßlichen Raum um mich, es ist kein Unten und kein Oben mehr, keine Zeit, kein Anfang und kein Ende; ich höre und fühle den lebendigen Odem Gottes, der die Welt hegt und trägt, in dem alles lebt und wirkt: hier ist das Höchste, was wir ahnen – Gott." [17])

Dieses Bekenntnis zeigt auch, wie solche Erlebnisse, sobald sie gedanklich ohne kritische Einstellung gestaltet werden, sich in eine traditionelle Form kleiden. Es kommt uns hier aber auf die seelisch-geistige Struktur dieser Erlebnisse an.

Es mag hier noch ein Gedicht Hegels angeführt werden, das Scholz zitiert:

Um mich, in mir wohnt Ruhe. Der geschäft'gen Menschen
Nie müde Sorge schläft. Sie geben Freiheit
Und Muße mir ...
Mein Aug' erhebt sich zu des Himmels Wölbung,
Zu dir, o glänzendes Gestirn der Nacht!
Und aller Wünsche, aller Hoffnungen
Vergessen strömt aus deiner Ewigkeit herab.
Der Sinn verliert sich in dem Anschaun.
Was mein ich nannte, schwindet.
Ich gebe mich dem Unermeßlichen dahin,
Ich bin in ihm, bin alles, bin nur es.
Dem wiederkehrenden Gedanken fremdet
Ihm graut vor dem Unendlichen und staunend faßt
Er dieses Anschauns Tiefe nicht.

Betrachten wir dies Gedicht des großen Philosophen, so ergibt sich deutlich eine Situation tiefen Sinnens, in der Stufe um Stufe die Dhyāna-

und Samādhi-Erlebnisse sich einstellen, bis zu dem Punkt wo das Angeschaute die Seele so ausfüllt, daß der Philosoph sagen kann: ich bin nur es. Wie tief diese Versenkung war, geht aus den Schlußlinien hervor: wieder zum vollen Wachbewußtsein zurückgekehrt, blickt er noch einmal auf das innerlich Erlebte zurück, das so gewaltig war, daß es ihm graut vor dem Angeschauten und er nicht mehr imstande ist, die Tiefe des Erlebens und damit auch seinen Inhalt zu ergründen. Der Übergang vom *saṃprajñāta samādhi* zum *asaṃprajñāta* ist so klar gekennzeichnet, daß wir versucht sind, Hegels Gedicht mit Hilfe von Ausdrücken des YS zu analysieren.

Besonders aber ist auch hier der numinose Charakter dieses Erlebnisses zu betonen. Nur aus solchen Erlebnissen erwachsen die großen Intuitionen der Menschheit. Wir *müssen* sie darum unbedingt in unser wissenschaftliches und philosophisches Forschen einschließen. Hier hören wir die Quellen geistigen Seins und Gestaltens rauschen. Die gründliche Erforschung des Yoga öffnet, wie an diesen Beispielen ersichtlich, die Augen für Wesentliches, das in unserer rationalistischen Denkweise übersehen wird und schärft den Blick für die großen Gesetze geistigen Werdens.

Auch Tennyson berichtet von sich verschiedentlich solche spontanen Samādhi-Erlebnisse:

„Ich hatte den Abend mit zwei Freunden in einer großen Stadt zugebracht. Wir hatten Dichtung und Philosophie miteinander gelesen und erörtert. Um Mitternacht trennten wir uns. Ich hatte noch eine lange Wagenfahrt nach Hause. Mein Gemüt, noch tief unter dem Einfluß der Gedanken, Bilder und Gefühle, die durch Lesen und Reden hervorgerufen waren, war still und friedvoll. Ich befand mich in dem Zustande eines ruhigen, passiven Genießens. Ich dachte nicht eigentlich, sondern ließ Gedanken, Bilder und Gefühle gleichsam frei mir durchs Gemüt fließen. Plötzlich, ganz unvorbereitet, fand ich mich eingehüllt in eine flammenfarbige Wolke. Ich dachte einen Augenblick an Feuer, an einen etwaigen Brand irgendwo in der Nähe. Aber sogleich sah ich: das Feuer war in mir selbst. Alsbald kam über mich ein Gefühl von Jubel, von grenzenloser Freude, begleitet oder unmittelbar gefolgt von einer unbeschreibbaren Erleuchtung der Einsicht. So sah ich unter anderm – ich war nicht bloß überzeugt, ich sah –, daß das All nicht aus totem Stoff besteht, sondern im Gegenteile, daß es eine lebendige Gegenwärtigkeit *(a living Presence)* ist; daß die Weltordnung so ist, daß ohne alle Ausnahme und Zufall alle Dinge füreinander zum besten wirken. – Die Schau dauerte wenige Sekunden. Dann war sie vorüber. Aber die Erinnerung an sie und das Gefühl der Wirklichkeit dessen, was sie zeigte, dauerte durch alle die fünfundzwanzig Jahre, die seither vergangen sind."

In seinen Memoiren schreibt Tennyson Folgendes: „Ich hatte öfter, wenn ich allein war, eine besondere Art von ‚Wachsein'; es kam, wenn ich meinen Namen schweigend wiederholte, bis sich auf einmal – als ob es durch die Intensität des Bewußtseins der Individualität käme – diese

Individualität selbst auflöste und verebbte in ein grenzenloses Sein. Und das nicht als ein wirrer Zustand, sondern als der klarste vom Sichersten, völlig jenseits aller Worte – wo Tod eine beinahe lächerliche Unmöglichkeit war –. Dabei schien der Verlust der Personalität (wenn es das gewesen sein sollte) keine Auflösung, sondern das einzig wahre Leben zu sein." [18]) Wir werden durch die Wiederholung des Namens an den Mantrajapa erinnert. Doch ist eine direkte Beeinflussung durch indische Yogamethoden ausgeschlossen. Ähnliche Erlebnisse der völligen „Abstraktion" hatte übrigens auch X, wenn er irgendein Wort, etwa „Messer" oft wiederholte: Es verschwand jede gegenständliche Vorstellung, das Wort wurde absolut inhaltslos und diese Leere begann, sich auf das ganze Bewußtsein auszudehnen, aber bei vollem Wachbewußtsein, bis ein Bangen, ins Leere zu fallen, das aktive Ichbewußtsein wieder aufschreckte.

Dazu möge noch die Beschreibung des Samādhi-Zustandes, wie sie der bekannte indische Religionsphilosoph Radha Krischnan gibt, beigefügt werden. „Es ist eine Art von Erfahrung, bei der der Subjekt-Objekt-Charakter des Bewußtseins nicht mehr klar differenziert ist, ein einheitliches, ungeteiltes Bewußtsein, in dem nicht nur diese oder jene Seite des menschlichen Wesens erscheint, sondern wo sich die Ganzheit seines Wesens darstellt. Es ist ein Bewußtsein, in dem die Gefühle ineinander strömen und die Ideen miteinander verschmelzen, Grenzen brechen und die geläufigen Unterscheidungen werden überschritten. Vergangenheit und Gegenwart verschwimmen in ein Gefühl zeitlosen Seins, Bewußtsein und Sein sind da nicht mehr voneinander getrennt: alles Sein ist Bewußtsein, und alles Bewußtsein Sein. Gedanke und Wirklichkeit fallen ineinander und eine schöpferische Verschmelzung von Subjekt und Objekt ist die Folge. Das Leben wird sich seiner unglaublichen Tiefen bewußt. In dieser Fülle erfühlten Lebens und der Freiheit (Radha Krischnan übersetzt *ānanda* offenbar mit Freiheit; besser aber ist die Übersetzung Heiterkeit) verschwindet die Unterscheidung vom Erkenner und vom Erkannten. Die Isolierung des individuellen Selbstes ist zerbrochen und überschwemmt von einem universalen Selbst, welches das Individuum als sein eigenes erlebt." [19])

Daß wir innerhalb der westlichen Mystik eine Menge solcher Beispiele finden, ist eine bekannte Tatsache [20]). Hier sei nur noch ein Lied angeführt, das wohl aus Eckeharts Schülerkreis stammt und das wiederum als ganz deutliche Parallele zum Samādhi zu gelten hat, wenn man dieses Lied im Blick auf jene Yogaerfahrung analysiert.

Min geyst hat sich verwildet
Us allem unterscheyd: *(viveka)*
Do ston ich unverbildet *(nivṛtti)*
In miner istikeyt.
Ich mag mich nút gebinden *(sat)*
In keyn anderheyt. *(viveka-khyāti)*

Fry und fry durchgangen
Do bin ich in erhangen.
Ich kann nút anders leben.
Min sinne hant sich vergangen,
Min vernunft mag es küm (kaum) erlangen: *(samādhi)*
Min hertz will us mir selber: *(puruṣa-khyāti)*
In fryheit müs ich leben. *(vimukti)*
Daz sulent ir mir vergeben.
. . . . . .
Dovon (daher) kan ich nycht finden
Kein geschaffenheit. (*guṇa-prasava* vgl. YS IV, 36)
Mir ist öch (auch) vergangen
Zit und ewikeyt. (Zeitbewußtsein verschwindet)
Wann ich bin bestanden
Gar in eynikeyt. *(kaivalya)*

In Jakob Böhmes Lebensabriß (Inselausgabe) werden ebenfalls spontane Erleuchtungserlebnisse glaubwürdig berichtet und in „Aurora" Kap. 19 beschreibt er den plötzlichen Durchbruch des Geistes, der Erleuchtung von allen Qualen des Zweifels und ein neues, inneres Existentsein brachte. „Als sich aber in solcher Trübsal mein Geist ... ernstlich in Gott erhob als mit einem großen Sturme ..., so brach der Geist durch. . . . . . .

Was aber für ein Triumphieren im Geiste gewesen, kann ich nicht schreiben und reden; es läßt sich auch mit nichts vergleichen als nur mit dem, wo mitten im Tode das Leben geboren wird, und vergleicht sich der Auferstehung von den Toten.

In diesem Lichte hat mein Geist alsbald durch alles gesehen, und an allen Kreaturen ... Gott erkannt, wer der sei und wie der sei, und was sein Wille sei: auch so ist alsobald in diesem Lichte mein Wille gewachsen mit großem Trieb, das Wesen Gottes zu beschreiben." Der Christ und willensmächtige Prophet reagiert auf diese Erleuchtung in seiner Weise [21]).

Ebenso schildert der schwäbische Bauer Michael Hahn, der Gründer der „Hahnischen Gemeinschaft", der um die Wende des 18./19. Jahrhunderts lebte, sein Ringen um Gotterkenntnis und -erfahrung bis seine Erleuchtungen auftraten, die sein Sehnen und Fragen beantworteten. „... denn ich sahe in die innerste Geburt, und allen Dingen ins Herz, und mir war als wäre auf einmal die Erde zum Himmel geworden, und als ob ich die Allenthalbenheit Gottes schaute, mein Herz war gleich der ausgedehnten Ewigkeit, darinnen sich Gott offenbart." [22]).

Diese Schilderungen zeigen auch, wie solche Erlebnisse meistens, sobald sie in Worte gefaßt werden, sich in die Form geläufiger religiöser Vorstellungen gießen, sofern nicht eine kritisch-psychologische Betrachtungsweise sie begleitet.

Beispiele dieser Art begegnen dem aufmerksamen Leser in Biographien und Selbstzeugnissen von Dichtern, Künstlern und Philosophen viel häufiger als man gemeinhin annimmt. Und zwar auch in den Bereichen des Westens, die von Yogagedanken nicht berührt sind, und bei Persönlichkeiten, die sicher keine Yogaübungen gemacht haben. (Man lese z. B. im Blick auf die geschilderten Erfahrungen Hölderlins Gedichte oder Novalis. Selbst bei so „nüchternen" Dichtern wie Theodor Storm fehlen diese Dinge nicht. Ich verweise hier z. B. auf sein Gedicht „Im Zeichen des Todes", das ohne Zweifel in einem solchen Erlebnis wurzelt.)

Ein Gedicht von Nietzsche mag hier noch seinen Platz finden:

Die Sonne sinkt

Heiterkeit, güldene, komm!
    du des Todes
heimlichster, süßester Vorgenuß!
– Lief ich zu rasch meines Wegs?
Jetzt erst, wo der Fuß müde ward,
    holt dein Blick mich noch ein,
    holt dein Glück mich noch ein.
Rings nur Welle und Spiel.
    Was je schwer war,
sank in blaue Vergessenheit, –
müßig steht nun mein Kahn.
Sturm und Fahrt – wie verlernt' er das!
    Wunsch und Hoffen ertrank,
    glatt liegt Seele und Meer.
Siebente Einsamkeit!
    Nie empfand ich
näher mir süße Sicherheit,
wärmer der Sonne Blick,
– Glüht nicht das Eis meiner Gipfel noch?
    Silbern, leicht, ein Fisch,
    schwimmt nun mein Nachen hinaus ...

Wir können das Erlebnis, das in diesem Gedicht gestaltet ist, an der Hand der Dhyāna- und Samādhi-Stufen verfolgen:

Betont steht im Anfang die Heiterkeit; es ist eine besondere, eine letzthinnige, leuchtende Heiterkeit, wie sie nicht selten unmitelbar vor der Auflösung des Bewußtseins im Tode eintritt. Diese Besonderheit ist bezeichnet durch das Beiwort „gülden" (vgl. dazu *ānanda*). Sie ist Glück *(sukha)*. Der Erlebende ist in einem Zustand stillwogender Ruhe. Alles was ihn je bedrängte *(duḥkha)* „die leidvolle Hemmung" ist mit dem Verschwimmen aller Bewußtseinsinhalte, aller Wünsche und Hoffnungen, also aller Bewußtseinsbewegungen *(vṛtti)* versunken. (Das „Zurückströmen" der Guṇas in die undifferenzierte Weltstoffenergie, *pradhāna)*. Der Kahn, der Träger des bewußten Ichs, ist zur absoluten Ruhe gekommen. Nun ist er ganz allein, es gibt für ihn keinen „Gegen-Stand“ mehr *(kevala)*. Die „siebente Einsamkeit“ erinnert an die sieben Stufen der *prajñā*, die schließlich zu Samādhi und Kaivalya führen. Nun tritt der Zustand unbedingter Sicherheit ein (das sich Herausstellen des unzerstörbaren Puruṣa). Das Bewußtsein strahlt noch auf, wie ein fernes Alpenglühen; dann verströmt es. Der Kahn ist zum Fisch geworden, der ins Meer hinausschwimmt. Das ist Samādhi *asaṃprajñāta*. Es ist geradezu erstaunlich wie ähnlich die seelisch-geistige Struktur dieses Erlebnisses derjenigen des Samādhi, wie er im YS geschildert wird, ist.

d) Versuch einer zusammenfassenden Wesensschau des Samādhi im Blick auf unsere innersten Wirklichkeitserfharungen

Da dieselben Erfahrungen auch im Fernen Osten, in China und Japan vielfach bezeugt sind (vgl. unten S. 404 ff.) und selbst bei den Naturvölkern auftreten, wo sie ebenfalls starke numinose Gefühle und religiöse Gestaltungen auslösen (vgl. dazu Hauer, „Die Religion“, Bd. 1, „Das religiöse Erlebnis auf den unteren Stufen“), kann mit Recht gesagt werden, daß die geschilderten Erfahrungen in ihrer seelisch-geistigen Grundstruktur Tiefenerfahrungen des Menschseins überhaupt, also Urerfahrungen sind.

Darum braucht es uns auch nicht zu wundern, wenn Erlebnisse dieser Art schon im Kindesalter spontan auftreten. Auch von Buddha wird dies berichtet, wenn auch in legendären Quellen. Nach den angeführten geschichtlichen Beispielen braucht dies nicht bezweifelt zu werden. Es ist nämlich nicht selten, daß in legendären Erzählungen sonst übersehene geschichtliche Geschehnisse im Leben bestimmter Persönlichkeiten erhalten geblieben sind.

Man wird an Hölderlins Wort erinnert:

Und wunderbar, als hätte von Anbeginn
Des Menschen Geist das Werden und Wirken all,
Des Lebens Weise schon erfahren,
Kennt er im ersten Zeichen Vollendetes schon.

Daß diese Erlebnisse auch spontan auftreten ist in der Yogatradition wohl bekannt. Schon der Verfasser der alten Kaṭh.-Up. wußte das (vgl. II, 20 und VI, 13, die oben übersetzt sind); auch die Śvet.-Up. III, 20 weist darauf hin, und in der Bhg XI, 48 sagt Viṣṇu-Kṛiṣṇa zu Arjuna, dem er die Gnade schenkte, ihn zu schauen:

Nicht durch Vedenlesen, noch durch Opfer oder Schenken,
Noch durch andere fromme Werke, noch gewaltige Askese
Kann mich einer schauen, so wie ich bin, im Reich der Menschen.
Kein andrer als du, o tapferer Kuruheld.

Im Hintergrund steht hier überall der Gedanke, daß es die Gnade *(prasāda)* des Gottes sei, die solche Erfahrungen unmittelbar schenkt [23]). Durch das Realisieren der großen Weistümer und durch Zucht und Bildung, die der Yoga lehrt, können nur die Hindernisse weggeräumt werden, die eine solche Tiefenerfahrung schwer oder vielleicht unmöglich machen. Aber oft, seltsam unerwartet und plötzlich, stellt sich die Erfahrung ein, wo auch nichts versucht wurde, sie zu erlangen. Denn unbegreiflich bleiben immer die Wege des Urschöpferischen. Alles Tiefste und Höchste im Menschsein ist letztlich Geschenk aus geheimnisvollen Quellen und alles menschliche Bemühen bleibt immer im Vorläufigen, wenn jene Quellen nicht sprudeln.

Ehe wir versuchen, die geschilderten Erlebnisse nach ihrer psychischen Struktur und ihrem ontischen Wesensgehalt noch tiefer und klarer zu erfassen, ist es nötig, einem radikalen Mißverständnis entgegenzutreten. Die Beispiele aus der westlichen Erlebnissphäre haben es vollends deutlich gemacht, daß jeder Versuch, diese Erlebnisse als suggestiv-hypnotische zu erklären, wie das besonders Lindquist in seiner sonst so gründlichen Arbeit getan hat (vgl. besonders S. 119 und 162 ff.), scheitern muß, sobald man mit genauer Kenntnis der Texte und der seelisch-geistigen Struktur dieser Erlebnisse an ihre Erklärung herangeht.

Die Inder selbst kennen auch hypnotische Zustände, unterscheiden sie aber deutlich von den Yogaerfahrungen wie Samādhi usw. [24]).

Die wesentlichen Unterschiede zwischen den hypnotischen Erlebnissen und den Yogaerfahrungen sind diese:

1. Nirgends werden im echten Yoga hypnotisch-suggestive Methoden angewendet; diese spielen nur im Haṭha-Yoga eine gewisse Rolle.

2. Ein selbstverständliches unkritisches Versinken in einen vorgeschriebenen Gegenstand oder Zustand, wie dies in der Hypnose geschieht, wird hier nirgends geübt. Vielmehr sind diese Übungen, wie wir gesehen haben, mit *vicāra* und *vitarka* verknüpft, sind vollbewußte kritische Überlegungen.

3. Das immer wieder betonte Ziel ist kein Trancezustand hypnotischer Art, sondern, *prajñā* „Erkenntnis", deren sieben Stufen deutlich gekennzeichnet werden. Es sind lauter Stufen bewußter Innenforschung, und klarer Tiefenbesinnung. Als Gegenstände gelten die großen Erkenntnisse, die in allen Phasen der höheren Religiosität Indiens immer wieder auftauchen. Über deren Wahrheit soll jetzt nichts ausgesagt sein. Aber daß mit *prajñā* ein höchst wacher, streng sichtender Geisteszustand gemeint ist, kann keine Frage sein. Dies ist aber ein radikaler Gegensatz zur Hypnose, die dann am besten gelingt, wenn jede wache Kritik und Bewußtseinstätigkeit ausgeschaltet ist.

4. Also ist der Samādhi-Zustand keineswegs der hypnotischer Bewußtlosigkeit, sondern im Gegenteil ein solcher der Hellwachheit, in dem der Erfahrende sich als unbedingtes Subjekt realisiert.

5. Aus diesem Grunde ist auch der *asaṃprajñāta-samādhi* nicht etwa ein Zustand dumpfer Bewußtlosigkeit, sondern ein als *sat-cit-ānanda*

bezeichneter reiner Seinszustand des Subjektes, ein Zustand überbewußter Realisation eines Letzthin-Wirklichen im Menschen, der, wie wir gesehen haben, Kaivalya genannt wird. Freilich geht er aus dem Überbewußten ins Unbewußte über, meist nur für Augenblicke.

6. Erwacht aber der Erfahrende aus diesem Zustand, so hat er das klare Bewußtsein, daß ihm wesentliche neue Erfahrungserkenntnisse zugewachsen sind, die dauernd und wesentlich in sein inneres Leben schöpferisch eingreifen.

Mit dieser Kritik an der Hypnose-Theorie ist auch schon die Theorie abgewiesen, daß es sich bei den Yogaerlebnissen um Erscheinungen der Schizophrenie handele. Der Unterschied von *Samādhi* und der schizophrenen Veränderung des Bewußtseins scheint mir zunächst rein phänomenologisch – das Wort in seiner wörtlichen Bedeutung genommen – darin zu liegen, daß *Samādhi,* wie die Texte oft versichern, zeitlich gemessen meist nur einen Augenblick dauert. Die Jainatexte z. B. haben diese Dinge mit peinlicher Genauigkeit registriert und systematisiert. Die vorletzte Stufe der Versenkung, in welcher der Yogin die Trennung von dem Getriebe seiner Seele und die Schau seiner Befreiung erlebt, dauert nach ihnen höchstens ein *muhūrta,* das sind 48 Minuten. Und der letzte Zustand, in dem er ganz in seine Erfahrung entsinkt, und sein zentrales Ichbewußtsein verliert, dauert sogar nur so lange, als man braucht, um die Silben a, i, u, ṛ, ḷ auszusprechen.

Vorher und nachher ist er völlig Herr seines in strengster Zucht geklärten und gefestigten Bewußtseins. Die Erleuchtung ist eine ungeheure Weitung des Hellbewußtseins mit nur momentanem Verlust der Kraft, in dieser Weitung das Ichgefühl zu behaupten – ein momentaner Verlust innerhalb eines sonst völlig selbstbeherrschten psychischen Gesamtverlaufs. Es ist nicht Spaltung des Ichs in verschiedene mit drängenden Inhalten gefüllte Iche, sondern völlige Isolierung des reinen Ich von jedem Bewußtseinsinhalt [25]).

Die buddhistischen Texte berichten übrigens häufig von Erleuchtungen, die bewirkt werden durch eine Predigt oder auch nur ein eindrückliches Wort von Buddha in völlig unvorbereiteten Menschen. Wie ein Blitz fährt es in sie: „Das Verkündigte ist die Wahrheit.“ Sie realisieren sie innerhalb eines Augenblicks und sind ebenso augenblicklich für die Dauer ihres Lebens von der Herrschaft ihrer *kleśa* erlöst. Die Erlösung ist in diesen Fällen psychologisch betrachtet, ein ganz normaler tiefenschöpferischer Vorgang. Wir haben keinen Grund, an diesen Erlebnissen zu zweifeln, denn solche Erfahrungen sind dem Kundigen auch heute nicht fremd. Im japanischen Zenbuddhismus wird diese Erleuchtung *„satori“* genannt; sie ist das höchste Ziel der Zen-Meister mit ihren Schülern.

Dann aber besteht darin ein radikaler Unterschied zwischen diesen Erleuchtungen und schizophrenen Erlebnissen, daß der Yogin, wenn er aus seiner Erleuchtung ins normale Leben zurückkehrt, das Geschehen seiner Schau als dauernden und zentralen Besitz festhält, ja, daß von jetzt an sein ganzes Dasein einzig und allein aus diesem Besitz heraus gelebt und gestaltet wird. Er muß nicht geheilt werden von seinen seltsamen Erfahrungen, sondern er ist gerade in ihnen und durch sie heil geworden. Er wandert in seliger Freiheit aus dieser Schau, lebt in ihrer Wirklichkeit als in der entscheidenden Wirklichkeit, eine freie, heitere und in der großen Gemeinschaft seines Volkes und der Menschheit kräftig wirkende Persönlichkeit. Zu den großen Gestalten der Vergangenheit, wie Buddha, gesellen sich Heutige wie Suzuki, dessen „Essays in Zen Buddhism" jedem Psychiater zu ernstlichem Studium empfohlen seien.

Das entscheidende Geschehnis auf den höchsten Stufen des Yogaweges ist, wie gezeigt, *puruṣa-khyāti,* von der Seite der Erfahrung aus gesehen und *puruṣa-jñāna,* in dem die Puruṣa-Erfahrung zu einer festen Überzeugung wird. Es ist also die erfahrungs- und erkenntnismäßige Realisierung des Kernwesens Mensch, des Wesenskernes in der Tiefe des Menschseins.

Daß die Erfahrung und Erkenntnis des Puruṣa sich schon in den frühen Schichten der altindischen Literatur findet, wo erst die Anfänge des sich ausbildenden Yoga sichtbar werden, ist ein Beweis dafür, daß die Puruṣa-Erfahrung zunächst spontan auftrat und nicht das Ergebnis einer Yogaschulung war. Diese muß vielmehr als ein Versuch verstanden werden, dieser Erfahrung und Erkenntnis durch eine folgerichtige innere Schulung den Weg zu bereiten.

Diese Tatsache ist von Wichtigkeit für die Beurteilung des ontischen Charakters der Puruṣa-Erfahrung. Es handelt sich dabei nicht um seelische Erlebnisse, sondern um zentrale und existenziale Geschehnisse, die durch einen urschöpferischen Akt da eintreten, wo letzthinniger Einsatz der ganzen Existenz gefordert wird. Darum ist es, wie schon oben im Kapitel des Yoga in der Bhg gesagt, nicht verwunderlich, daß die Puruṣa-Erfahrung gerade bei Kriegern betont wird.

Da auch die Vrātyas engste Beziehungen zur Kriegerkaste hatten und in ihren Überlieferungen die Puruṣa-Lehre eine zentrale Stelle innehat, wie oben gezeigt, ist der Schluß zwingend, daß die Puruṣa-Erfahrung in den altvedischen Kriegerkreisen heimisch war.

Daß die *Puruṣa*-Überlieferung sich mit der *Ātman*-Überlieferung vereinigte, mag ebenfalls auf die Kriegerkreise zurückgehen.

Diese Auffassung wird bestätigt durch die Tatsache, daß auch unsere Zeit der Kriege und Schlachten und der Bombennächte als viel zu wenig beachtetes, innerstes Merkmal die eigentümliche Erfahrung des unerschütterten Tiefenichs hat. Auf diese Erfahrung soll hier, wo Beispiele spontanen Aufbruchs von Tiefenerfahrungen, wie sie der Yoga schildert, behandelt werden, besonders das Augenmerk gerichtet werden. Aus vielen Berichten und Erzählungen gerade derer, die in Schlachten, Bombennächten oder auch in Gefängnissen und Lagern die absolute Geworfenheit menschlicher Existenz zu erleiden hatten, kann die Grundstruktur aller dieser Erfahrungen etwa so gekennzeichnet werden: Mitten im unbedingten Ausgeliefertsein ersteht plötzlich im Menschen eine unbedingte Ruhe und Sicherheit, ein Wesen tut sich in diesem Geworfen- und Umdrohtsein kund, in uns, wir sind es selbst in unserer innersten Existenz, das von alle dem nicht mehr betroffen wird. Wir stehen ohne Furcht und Schwanken über all dem Tod und Vernichtung Drohenden in stillem, sieghaftem Sein der absoluten Unantastbarkeit. Es handelt sich hier nicht im geringsten um mystische Verzückungen oder irgend etwas Ähnliches. Es ist eine klarbewußte, zentral erlebte innerste Realität, ein unerschüttertes Existentsein, das rein psychisch geradezu nüchtern erscheinen kann.

Hier mögen einige Auszüge aus Ernst Jüngers Schriften Platz finden, allen voran sein Erleben der Materialschlacht im ersten Weltkrieg in „Feuer und Blut": ... „Wir hatten keine Angst mehr, denn dieses Schauspiel war von einer kosmischen Größe, vor der kein menschliches Gefühl mehr aufkommen konnte. Wir warteten, denn es war unzweifelhaft, daß sich an diese ungeheuerliche Verschwendung des Materials der Einsatz des Menschen schließen mußte. Und da sah ich, wie neben mir der Fähnrich W., ein blutjunger Mensch, sich bückte und eine Weinflasche ergriff, die ihm am Abend der Materialträgertrupp nach vorn gebracht hatte, und die für die heißen Mittagsstunden des nächsten Tages aufgespart werden sollte. Ich sah, wie er sie zum Munde hob, in einem langen Zug leerte und lachend nach vorn über die Brüstung warf. Und ich verstand, was das zu bedeuten hatte: Er sah voraus, daß er sie morgen nicht mehr würde trinken können. Aber in dieser Handlung lag eine so verwegene Kühnheit und eine so selbstverständliche Überlegenheit, daß ich plötzlich das Gefühl einer großen Befreiung empfand, daß ich ihn hätte umarmen mögen, und daß ich mit einem Schlage ganz lustig geworden war.

Das haben wir auch kennengelernt, dieses Gefühl, daß der Mensch dem Material überlegen ist, wenn er ihm die große Haltung entgegenzustellen hat, und daß kein Maß und Übermaß der äußeren Gewalten denkbar ist, dem die seelische Kraft nicht gewachsen wäre. Und daraus kann jeder, der dazu fähig ist, den Schluß ziehen, daß im Menschen, im wirklichen Menschen, Werte lebendig sind, die nicht durch Geschosse und nicht durch Berge von Sprengstofftonnen zerstört werden können.

Ich glaube, es ist sehr wertvoll und notwendig, daß wir diese Erfahrung machen mußten, wie ich überhaupt glaube, daß dieser Krieg für uns notwendig ist. Notwendig nicht nur aus äußeren Gründen, sondern in viel höherem Maße aus inneren Gründen heraus. Und das Besondere ist, daß wir diese Erfahrung nicht etwa durch ein spekulatives Denken, sondern durch das Schicksal selbst gewonnen haben, sie ist eine Erfahrung aus Fleisch und Blut. Sie ist für den Soldaten, den Führer, den Arbeiter, den Denker, für jeden Einzelnen von höchster Wichtigkeit. Und wenn die Generation, die es traf, Schulden bezahlen mußte, die andere angehäuft hatten, so hat sie vielleicht in ihren einsamen und fürchterlichen Stunden im glühenden Fegefeuer des Materials auch schon einen Gewinn gesammelt, der noch spät seine Früchte tragen wird, einen Gewinn, der schwerer als alle Toten und alle Leiden wiegt."

Dazu noch eine Stelle aus einer späteren Schrift Jüngers:

„Das beste in uns ist niederen Gewalten unzugänglich. So ruhen unsere hohen Kräfte unverletzlich wie in den Adlerschlössern von Kristall."

Auch bei Antoine de Saint-Exupéry (z. B. Wind, Sand und Sterne) finden wir Andeutungen für die hier gemeinte Erfahrung [26]).

Dazu ein ganz anderes, einfaches Erlebnis, das aber in dieselbe Sphäre spontaner menschlicher Urerfahrungen gehört. Eine Frau schreibt: „Ich wuchs in einer Großstadt auf. Als ich etwa sechs Jahre alt war, wurden im Wald, nahe der Stadt, zwei Frauen ermordet; diese furchtbare Tat erregte damals – es war vor dem ersten Weltkrieg – alle Gemüter und es konnte nicht ausbleiben, daß ich aus den Gesprächen der Erwachsenen von dem Geschehenen erfuhr. Ich ging nur noch mit Grausen an der Tatstelle vorüber und in mir wuchs eine peinigende Angst vor gewaltsamem Tod auf. Angst- und Verfolgungsträume quälten mich Jahre hindurch. Der Gedanke, mir selber könnte einmal so etwas geschehen, ängstigte mich nicht nur wegen der Furchtbarkeit einer solchen Tat, sondern ich hatte das Gefühl, daß ich dann kein heiles Ganzes mehr sei.

In meinem 14. Lebensjahr geschah es dann, daß ich mitten im Straßengewühl von dem Bewußtsein überfallen wurde: Wenn man deinen ganzen Körper zerstören würde, dann bliebe doch etwas, das nicht vernichtet werden kann, etwas, das unangreifbar ist. Dieses Erkennen – ich möchte es fast Erleuchtung nennen – gab mir eine große Ruhe und befreite mich von der Angst, durch einen gewaltsamen Tod als ein Ganzes zerstört zu sein.

Eine gewisse Furcht vor gewaltsamem Tod ist mir aus jenem Kindheitserlebnis bis auf den heutigen Tag geblieben, das Gefühl, damit vernichtet zu sein, ist geschwunden."

Das Eigentümliche dieser Erfahrung ist, daß sie zentrale und dauernde Wirkung hat. Wem dieses begegnet ist, der steht, auch wenn die Begegnung selbst als Gegenwärtiges in den Gang der Zeitenfolge eingeht, von nun an jeder Bedrohung und jedem Schicksal anders gegenüber als zuvor: Er steht in einer Sicherheit, die durch keine Schwankungen der seelischen Haltung im wesentlichen berührt wird. Diese Erfahrung tritt ohne Willensanstrengung spontan auf – sie darf keineswegs verwechselt werden mit dem bewußten Sich-Zusammenreißen; dieses ist in solchen Situationen des absoluten Ausgeliefertseins physisch und psychisch gar nicht mehr möglich; sondern sie kommt zu einem. Auch ist sie in ihrer seelisch-geistigen Struktur anderer Art als etwa die Zuflucht zu einer schützenden Gottmacht. Es ist die unmittelbare, weder gesuchte noch erbetene, noch in eigener Kraft und Willensanstrengung errungene, sondern rein geschehende Erfahrung eines Unerschütterten, das wir als unsere eigene Tiefenexistenz erleben.

Die Tatsache, daß sie in den Kriegs- und Nachkriegsjahren der letzten

Jahrzehnte von so vielen gemacht wurde, ist der eigentliche Reichtum der abendländischen Menschheit, sozusagen die Frucht ihrer schweren Schicksale und der Quellpunkt einer neuen Religiosität.

Es wird nötig sein, daß wir die Zeugnisse der Kriegsteilnehmer und der Menschen in Bombennächten oder der unter schwersten Umständen Eingekerkerten und Gefangenen mit Tiefenbesinnung betrachten. Auch die Tatsache, daß diese Erfahrung von Menschen aller weltanschaulichen, religiösen oder auch nichtreligiösen Haltungen gemacht wird, daß sie also über allen diesen Unterschieden steht, ist von metaphysischer und theiologischer Bedeutung und verlangt strenge und tiefe Besinnung: Sie kann nicht anders beurteilt werden denn als ein urschöpferisches Geschehnis aus den tiefsten Seins- und Werdegründen, durch das der Mensch befähigt wird, das Schicksal, auch das schwerste, zu meistern.

Betrachten wir die Erfahrung selbst noch einmal psychologisch, so wird ein Strukturelement klar, das sie mit den Samādhi-Erfahrungen verbindet: Die Erfahrung geschieht am ehesten da, wo der ganze leiblich-seelisch-geistige Organismus als Mittel zur Erhaltung der Existenz ausgeschaltet ist, weil er nicht mehr ausreicht und der Mensch so von allem „entblößt" ist; daß sich sozusagen, seine ganze Existenzkraft durch innere Notwendigkeit und durch eine zwar schwer erkennbare, aber immer wieder in ihrer Wirkung feststellbare geistige Gesetzmäßigkeit im Zentrum sammelt, und dieses Zentrum mit einer durchdringenden Dynamik, sich in einem Lebensvollzug offenbart. Dieser erfüllt das Bewußtsein in vollendeter Gelassenheit und durchdringt das ganze leiblich-seelisch-geistige Gefüge stillschöpferisch und dauernd. Es ist als ob der Mensch in seiner absoluten Existenz offenbar würde.

Das innere Geschehen, das hier zu beschreiben versucht wurde – auch hier ist es außerordentlich schwer die richtigen Worte zu finden – stellt sich also in der „Bloßheit" und als „Bloßheit" ein. Denn alle Inhalte, die diesem Geschehen psychologisch, philosophisch oder theologisch zugeschrieben werden, sind ein Versuch, die „Bloßheit" mit Begriffen zu füllen, die wir aus unserer Gesamterfahrung entnehmen. Das innere Geschehen und die darin erfahrene Wirklichkeit sind zugleich unbedingt einiges Zentrum und unfaßbare Weite.

Es wundert uns nicht, wenn diese Erfahrung sehr oft – im tiefsten Grunde vielleicht immer – numinos erlebt wird, d. h. als etwas Außerordentliches, gegenüber allen uns geläufigen Erfahrungen, als etwas „ganz Anderes", das über sie hinausweist in eine Sphäre oder eine Dimension, die wir in Ermangelung eines besseren Ausdruckes als das „Unirdische" bezeichnen wollen. Und sobald diese Erfahrungen Gegenstand einer wirklichen Tiefenbesinnung werden, führen sie in die religiöse Sphäre.

Dies ist der Grund, warum schon in Altindien *puruṣa* und *ātman* dem *brahman* gleichgesetzt wurden, d. h. dem Letzthin-Wirklichen, dem „Ewig-Mächtigen" schlechthin. Hier treffen zwei Linien der „Spürung des Unirdischen" zusammen: die eine hat ihren Ursprung in der Spürung des Unirdischen in der Gesamtwirklichkeit, die andere in der Erfahrung des uns innewohnenden Tiefenichs.

Setzen wir die Beispiele spontaner Puruṣa-Erfahrung in unserem Bereich noch einmal in Beziehung zu den Samādhi-Erlebnissen, können wir in ontologischer Hinsicht das Gemeinsame so formulieren: Was bei den spontanen kernwesenhaften Selbsterfahrungen sich als letzthinnige dynamische Realität im Menschen kundtut, erscheint in dem aus Dhyāna entspringenden Samādhi als letzthinnige geistige Subjektkraft, als *citiśakti* oder einfach *cit*. Ontologisch gesehen handelt es sich also um dieselbe Erfahrung: Die existenziale Realisation eines unerschütterlichen Kernwesens oder Wesenskernes im Menschen, bei der alles als völlig unwesentlich abfällt, was nicht zu ihm gehört.

Im einzelnen bestehen weitere auffallende Parallelen, auf die noch einmal hingewiesen sei: Zunächst werden bei solchen zentralen Erfahrungen alle Einzelheiten, die sie begleiten, mit einer geradezu unheimlichen Deutlichkeit wahrgenommen. – Dies ist dem *saṃprajñāta samādhi* zu vergleichen, bei dem der Gegenstand des Bewußtseins in vollmächtiger Klarheit Besitz vom Betrachtenden nimmt –. Dann aber wird der Erfahrende vom Seinsvollzug seines Wesenskernes so restlos aufgesogen, daß alles andere verschwindet; er nimmt nichts mehr wahr, *ist* sozusagen nur noch, bis er wieder „zu sich kommt". Es entsteht ein Zustand völliger Entnommenheit des erfahrenden Subjekts von allem Außen und Innen; es west nur noch im existenzialen Vollzug seiner selbst, im reinen Sein verharrend, sich behauptend gegenüber allen Bedrohungen von außen. Aber eine stille, seltsam-heitere Ruhe mag noch merkbar sein. Wo dieser Zustand eintritt, setzt beim Zu-Sich-Selbst-Kommen die Erinnerung aus. Dies stellt sich in den Berichten über diese Erfahrungen so dar (etwa nach einem schweren Bombenangriff): „Ich weiß nicht wie ichs überstand, wie ich da herauskam" usw. Der Subjekt-Objekt-Bezug des Bewußtseins war aufgehoben. Dieser Zustand nähert sich dem *asaṃprajñāta samādhi*. Beim Zu-Sich-Selbst-Kommen setzt dann der Subjekt-Objekt-Bezug wieder ein – dieser Ausdruck entspringt übrigens einer Alltagsansicht: der Erfahrende war im *asaṃprajñāta-samādhi*-Zustand ganz „bei sich".

Die metaphysische Sicht der Samādhi-Erfahrung, wie sie der Yoga hat, daß nämlich im Samādhi-Zustand sich der Puruṣa gänzlich von der Urnatur, Prakṛti löse, und daß zwischen beiden ein radikaler Unterschied bestehe, hat zum Grund die Tatsache, daß in dem Samādhi-Zustand alle seelisch-geistigen Einzelbewegungen, die als *pariṇāma* der Guṇas, d. h. als Schwingungen der Weltstoffenergien angesehen werden, aufhören. Das Aufhören wird hier als radikale Trennung angesehen. Dies ergibt sich aber nicht mit Notwendigkeit aus der Samādhi-Erfahrung selbst. Denn Aufhören braucht keine Trennung zu sein, nur ein „Zur-Ruhe-kommen". Treten doch die Vṛttis des Citta gleich wieder auf, wenn Samādhi aufhört.

Im Hintergrund der Yoga-Sicht steht der radikale Dualismus des

Sāṃkhya, der, wie gezeigt, eine Spätentwicklung ist und dem Pantheismus des ursprünglichen Yoga entgegensteht. Ein Rest dieses ist aber noch sichtbar in der Bezeichnung des Puruṣa als *sat, cit, ānanda;* denn *ānanda,* die „Urlust", ist ursprünglich die Lust des Seins und Werdens, als die Wurzel aller Schaffungen.

Durch die Tatsachen, auf die hier hingewiesen werden mußte, ist dem westlichen Menschen eine höchst wichtige Aufgabe gewiesen, die nur er erfüllen kann. Ihm hat sich in den schweren Schicksalen dieser Jahrzehnte der Kriege und Zusammenbrüche die ungeheure Tragik und die Fragwürdigkeit des menschlichen Daseins enthüllt. Sie hat zunächst ihren Niederschlag in einer Philosophie der Angst gefunden, die sich mit einer ähnlich gestimmten Theologie verschwisterte. Aber es ist viel zu wenig beachtet, daß gerade diese Zeit dem westlichen Menschen die Erfahrung eines Unerschütterlichen gebracht hat, und zwar nicht nur einzelnen Begnadeten, sondern Vielen, Zehntausenden, Hunderttausenden, nicht in überbewußten und mystischen Erlebnissen in der Abgeschiedenheit, sondern mitten in diesen furchtbaren Schicksalen selbst, im Leben, das der westliche Mensch bis in seine bittersten Tiefen zu leben gezwungen wurde und mit all seinen Widersprüchen und Fragwürdigkeiten. An dieser Tatsache kann und muß die Tiefenbesinnung einsetzen: gerade die Tragik der Weltwirklichkeit ist es ja gewesen, in der das Tiefste und Höchste erfahren wurde, das es für den Menschen gibt. Diese Tatsache auch philosophisch-metaphysisch und „theiologisch" zu begreifen und ihr geistige Gestalt zu geben, ist ein weltgeschichtlicher Auftrag. Er wird, wenn er mit dem letzthinnigen Ernst in Angriff genommen wird, zu dem das Schicksal uns gezwungen hat, auch für Selbstverständnis und Gestaltwerdung des Menschen und der menschlichen Gemeinschaft von noch nicht abzusehender Wirkung sein.

e) Die Beziehung der Samādhi-Erfahrungen zum Leben der Wirklichkeit und der Tat

Wem sich der Puruṣa in seinem unbedingten Sein, in der Reinheit des Kaivalya enthüllt hat, der wird von jetzt an durch nichts mehr geängstigt oder gebunden. Er ist ein absolut Befreiter und kann nun als *jivanmukta* „der schon im Leben absolut Befreite" in der Seligkeit dieser Befreiung leben.

Damit aber macht er sein Yoginsein zum Inhalt seines Daseins. Dies ist eine Versuchung, die ja auch Buddha erfuhr, als ihm Māra riet, in seiner Versenkung unter dem Bodhibaum zu verharren.

Er kann aber auch, so befreit, in das Leben der Wirklichkeit und der Tat zurückkehren. Sein ganzes Wesen und seine Handlungen werden dann von der Lichtenergie und der Kraft seines Kaivalya-Zustandes schöpferisch durchdrungen. Die Yogaschriften sprechen von dieser Rückkehr ins wirkliche Leben selten. Doch hat das Weltdasein jedenfalls immer einen positiven Sinn. Die Überzeugung scheint immer wieder durch, daß es ohne Weltsein keine Erkenntnis des Puruṣa geben könnte, z. B. YS II, 18. Das Weltwirkliche wird das „Wahrzunehmende" genannt. Dies ist die gesamte Erfahrungswelt, die sich aus den Guṇas aufbaut und in den die sichtbare Welt bildende Elementen und den „Kräften" oder Organen darstellt. Die Erfahrung dieses Weltwirklichen hat den einen überragenden Zweck, die Erleuchtung zu ermöglichen, daß der Puruṣa ein Wesen absoluter Freiheit ist, der von dieser ganzen Erscheinungswelt sich radikal unterscheidet. Da die Weltwirklichkeit von *duḥkha* durchdrungen ist, bekommt auch dieses seinen positiven Sinn. Und nur dadurch, daß der Puruṣa diese Weltwirklichkeit „genießt", d. h. mit Hilfe des seelisch-geistigen Gefüges, in dem er west, sie in jeder Hinsicht erfahrend kennenlernt, kommt er überhaupt zum Bewußtsein seiner selbst und seines eigentlichen Wesens: In der Weltwirklichkeit und durch sie erringt er die große Erkenntnis, die ihn von allem Unheil befreit. Es ist also auch hier ein Bewußtsein davon, daß das Dasein in der Weltwirklichkeit, gerade auch durch das sie durchwaltende *duḥkha* von wesentlicher Bedeutung für das Heil des Menschen ist. Auch hier dämmert eine Ahnung auf von der schöpferischen Bedeutung der Tragik des Daseins.

Wenn die Yogatexte, wie ja bekanntlich auch die buddhistischen Schriften, die unbedingte Abkehr von der Welt als höchstes Ideal betonen, so liegt dies in einer gewissen Welt- und Lebensmüdigkeit, die immer nach höchsten Kulturleistungen eintritt, und die dann dadurch eine gewisse Strömung im Gesamtsein eines Volkes bildet, daß immer wieder Einzelne solcher Welt- und Lebensmüdigkeit anheimfallen. Die Stärke dieser Strömung hängt ferner auch noch mit der Gesamtart der Völker zusammen, in der sie auftritt. In Indien ist sie immer sehr bedeutend gewesen. Denn sie wird hier begünstigt und verstärkt durch die unverkennbare Neigung des indischen Menschen zu stillem Sinnen und Einkehr in die Abgeschiedenheit. Gestaltwerdung und Weltgestaltung ist kein ausgesprochenes Ziel des Yoga allgemein. Dazu ist er doch zu sehr von der Neigung durchdrungen, die jeder Mystik von Natur innewohnt, die Welt gering zu achten angesichts der ungeheuren letzthinnigen Innenerfahrungen, deren Wucht und Seligkeit immer wieder den Drang nach Wirken und Werden überwältigt. Wer den Yogaweg ganz hingegeben begeht, der wächst allerdings still und folgerichtig auch ohne bewußte Zielsetzung der Menschwerdung als Ganzes, in eine Gestaltwerdung hoher Art hinein. Diese erwirkt sich sozusagen unbeschaut und ungewollt mit Notwendigkeit aus dem Yogaweg selbst. Nicht nur werden Yama und Niyama als Voraussetzung für letzthinnig-befreiende Erfahrung und Schau des Kernwesens im Menschen streng gefordert; sondern diese Schau und Erfahrung läßt den, der sie gemacht hat, nicht wieder aus ihrer Gewalt und Heiligkeit in die niederen Sphären gestaltwidrigen Hintreibens im Bann der Begierden und der Trägheit zurücksinken.

Im Gesamtleben der indischen Völker ist aber immer wieder der Lebensdrang und eine tatfrohe, Wirklichkeit meisternde Haltung durchgebrochen, wie sie besonders die großen Dichter, Denker und politischen Führer der Neuzeit kennzeichnen.

Auch in früheren Zeiten wird diese Weltzukehr und das tatkräftige Anfassen der Weltwirklichkeit in der Geschichte innerhalb der Yogabewegung gepriesen, wie z. B. im Yogavāsiṣṭha, wie oben schon erwähnt (vgl. oben S. 212 ff.). Und sie ist, wie es scheint, dort mit einer höheren Bewertung bedacht als das beschauliche Leben eines Yogin in der Weltabgeschiedenheit.

Vor allem aber ist es die Bhagavadgītā, die in ihrer Lehre vom *Karmayoga* „dem Tatyoga" (nicht zu verwechseln mit dem *kriyāyoga* „dem Yoga der frommen Werke", die vornehmlich in gottesdienstlichen Übungen bestehen), die Wendung zur Welt- und Geschichtswirklichkeit und zur schöpferischen Tat eindringlich und tiefblickend darstellt.

Von der inneren Situation und Haltung eines noch tatkräftigen Menschen, der zur Schau des Selbstes, also zu Samādhi durchgedrungen ist, ist diese Hinkehr zu Wirklichkeit und Tat eigentlich notwendig. Sie ist ein wirksames Einströmen der im Samādhi aufgebrochenen schöpferischen Kräfte in die bewußtseinsverkrampfte und leidverhangene Welt.

In diesem Zusammenhang ist daran zu erinnern, daß der Yoga auch darauf abzielt, den Seeleninhalt bewußt zu machen, also die Tiefenerkenntnisse ins Tagesbewußtsein einzuführen, so daß sie dort für den gesamten Menschen schöpferisch wirksam werden. Auch die buddhistischen Schriften sind voll von Bemerkungen wie: „Vollbewußt tut der Mönch dies und dies." Dies ist ein typischer Ausdruck der Moderne, in deren Entwicklungstyp ja der Buddhismus gehört (ich bezeichne den Buddhismus als die erste „Moderne" in der Geistesgeschichte der indischen Völker). Doch sind sowohl Yoga wie Buddhismus jeder „Bewußtseinskultur" und jedem Intellektualismus entgegengesetzt. Bewußtheit bedeutet hier nicht Verfestigung von Erfahrungstatsachen oder von bloßen Konstruktionen zu mehr oder weniger starren Systemen, sondern klare Durchdringung der seelischen Tatsachen, ihrer Verflechtungen und ihrer Wirkungen, in dem durch die Bewußtheit schöpferischen bewegten Gesamtbewußtsein. Ist dieser Prozeß des Bewußtwerdens vollendet, damit die Seele geklärt und sind ihre Tiefenkräfte durch diese Klärung in eine harmonische Verbindung zueinander und zum bewußten Leben gebracht, so kann der gesamte Vorgang des Bewußtmachens samt seinem Ergebnis, dem bewußten Wissen um das verwickelte seelische Getriebe und dessen Wurzeln, wieder zurücksinken ins Unbewußte. Aber nun nicht als ein lastender Inhalt, sondern als lebendiger Besitz, der stetig wirksam ist und vom Bewußtsein auch immer wieder schöpferisch realisiert werden kann. Denn ganzheitlich gerichtete Gestaltwerdung und aufbauende Tat muß auch aus klarem Bewußtsein gelenkt werden.

Der Zenbuddhismus hat diese Verhältnisse in einer außerordentlich tiefgründigen und zeugungskräftigen Weise erkannt und dargestellt und zu bildkräftigen Symbolen gestaltet. So stellt er z. B. den Befreiungsprozeß, durch den das letzte Geheimnis im Menschen und im Sein überhaupt entdeckt wird, dar als das Suchen einer im Walde verlaufenen Kuh. Hat der Suchende die Kuh gefunden und heimgetrieben, so bekümmert er sich weiter nicht mehr um sie – sie mag auf die Weide gehn oder im Stalle stehn, er weiß in seinem Unbewußten, sie ist da, und er schläft und wandelt in Heiterkeit wohin er beliebt, ja er mischt sich in seiner unbekümmerten Freiheit sogar unter die Fleischesser und Weintrinker (sonst ein Greuel für den Buddhisten). Wo er aber hinkommt, da kommt mit ihm güldene Heiterkeit, segnende Lösung der Gemüter. Denn alle Menschen sind ihm in Buddhas verwandelt, weil sie alle das Buddhaherz verborgen in sich tragen:

„Buddha, der Herr auf seinem Löwenthron
wohnt in jedem Sandkorn und im kleinsten Stein."

Legt der Erleuchtete die Hand auf den dürren Baum, so bricht er in Blüten aus. Es könnte kaum ein schöneres Bild geben für die befreiende Wirkung eines ganz Befreiten in der Gemeinschaft der leidgehemmten Menschheit. Der Zenbuddhismus ist darum auch das leuchtendste Beispiel dafür, daß letzthinnige Tiefenerfahrungen den Menschen sieghaft zu Leben und Tat zurückkehren lassen [27]). Hier ist der Ort, zu zeigen, wie sich die aktive Haltung der Yogabeflissenen im Karmayoga der Bhg weltgeschichtlich bedeutsam ausgewirkt hat.

3. Kapitel

Der Yoga der Tat, lebensgesetzliches Werden und Wirken nach der Bhagavadgītā[1])

Wie der Yoga in den Dienst einer aktiven Haltung und eines Tragik und Schicksal meisternden Lebens und Wirkens gestellt werden kann, zeigt am deutlichsten die Lehre vom *karmayoga* in der Bhagavadgītā, von dem schon im I. Hauptabschnitt kurz die Rede war [2]).

1. Der buddhi-yoga als Weg zum rechten Werk

An der Stelle, wo die Frage auftaucht, wie man zu einem Leben echter, wirkungsvoller Tat und zu der Kraft des Kampfes komme, weist der Kriegerseher Kṛṣṇa als Wagenlenker seinen Fürsten Arjuna auf den *buddhi-yoga* hin.

Wir Westlichen sind gewöhnt, ein tatkräftiges Leben ineinszusetzen mit einem Leben rastloser Tätigkeit. Die Indo-Arier hatten eine andere Auffassung. Sie waren überzeugt, daß rechte Tat nur entspringen kann aus einem gesammelten und geklärten Gemüte, in dem die Forderung der Urnatur gehört und das ewige Selbst erkannt wird. Wer ohne ein solches geklärtes Gemüt zu wirken unternimmt, gerät in das „Aberwerk" *(vikarman)*, seine Tätigkeit wird zum irren Wirken, in dem zwar Kräfte verbraucht und gewisse Dinge getan werden, durch das aber das „Werk" nicht gewirkt wird, nämlich das Werk, das die Urnatur, der Gott, durch uns wirken will, IV, 16 u. 17:

> „Darüber, was Werk- und Aberwerk ist, sind selbst oft Weise nicht im klaren. Ich will dir das Werk künden, das du erkennen mußt, um vom Heillosen befreit zu werden."
>
> „Was ‚Werk' ist, muß man wissen, wie auch, was Aberwerk ist. Ferner was Nichtwerk ist, denn tief verborgen ist der Gang des Werkes."

Um zur Erkenntnis dieses „verborgenen Ganges des Werkes" zu kommen, bedarf es der Schulung des Gemüts. Das Wort, das ich mit „Gemüt" übersetze heißt *buddhi* (vgl. oben S. 97 ff.). Es hat sich die verschiedenartigsten Übersetzungen gefallen lassen müssen und schon Humboldt beschäftigt sich in einer Abhandlung über die Bhg mit den Schwierigkeiten des Wortes. Sie lösen sich, sobald man sich den Wurzelwert und die Bildung des Wortes, sowie die psychologischen und philosophischen Anschauungen der Indo-Arier klarmacht. *buddhi* ist, wie gezeigt, gebildet von der Wurzel *budh* mit der Bildesilbe für Tätigkeitswörter *ti*. Diese Wurzel indogermanischer Herkunft bedeutet „aufwachen, innerlich wach sein, hell wachend wahrnehmen". (Es ist dieselbe Wurzel in Buddha „der Erwachte".) *buddhi* bedeutet also „Erwachen, Hell-Wachsein". Dieses Hell-Wachsein ist ein tiefinneres Klarsehen, es ist das Erwachen zu den geheimen Wirklichkeiten und Gesetzen, die im Menschen und in der Welt wirken. Also Tiefenerkenntnis, ein zentraler Spürsinn für das Wirkliche in allen Sphären der Gesamtwirklichkeit und für dessen Ordnungen; die intuitiv erkennende zentrale Geistkraft, die das innere Tiefenwesen des Menschen erfaßt und schöpferisch bewegt. Die Reichweite seiner Bedeutung ist noch nicht so eingeengt, wie im späteren Sāṃkhya. Unser Wort „Gemüt" in seiner alten umfassenden Bedeutung kommt dem, was mit *buddhi* gemeint ist, am nächsten. *buddhi* bedeutet aber auch das Organ dieses inneren Wachseins und endlich dessen Inhalt, die Erkenntnis als klar bewußte Anschauung. Dieses für uns so merkwürdige Ineinander von Tätigkeit, Organ und Inhalt hat seinen Grund in der psychologischen und philosophischen Anschauung der Indo-Arier, wonach die drei nur verschiedene Aspekte derselben inneren Bewegung sind. Organ, Tätigkeit und Inhalt des Organs sind derselbe Wirbel der Guṇas, der Weltstoffenergien, der im Menschen gewirkt wird und sich dann im Bewußtsein des Selbstes darstellt. Je nach dem Zusammenhang steht der eine oder der andere Aspekt im Vordergrund und muß durch die Übersetzung herausgebracht werden. Jedenfalls ist dies klar: *buddhi* vermittelt dem Menschen die Wollungen und Ziele der schaffenden Tiefenwirklichkeit der Welt. Mit Hilfe dieses Organs und seiner Erkenntnis lenkt sie das Werden und den Gang der Geschehnisse vom Innersten her; sie ist entscheidungskräftige Spürung. Die wahrhaft Schaffenden sind nur diejenigen, die mit der *buddhi* jenen ewigen Willen klar erspüren. Sie allein wirken das rechte Werk *(karman).* Die andern wirken das Aberwerk *(vikarman).*

Nun ist aber die *buddhi* im Menschen nicht von vornherein klar. Sie ist umhüllt von seinem Eigensein, den Eigenstrebungen und Eigensüchten. Diese gehören zum naturhaften Menschsein. Das gesunde Tier gehorcht instinkthaft jenem Urwillen, aber unter Verzicht auf Eigensein: es ist nur als ein Exemplar der Gattung. Der Weg zum Menschen führt über betontes Eigensein, in dem die Sinne und der Wille frei nach der Welt greifen können, um sie zu „essen", wie der uralte indo-arische Ausdruck für die Welterfassung lautet. Wer die Welt sich zu eigen machen will, muß sie sich einverleiben. Denn Erkenntnis und Ziel letzter Wirklichkeiten, die die Welt schaffen und bilden wollen, geht nur über Weltessen und die dadurch vermittelte Erkenntnis der Welttiefe. So wird der Mensch von allen Organen zunächst hineingerissen in die Welt, wie sie sich ihm in den mannigfaltigsten Erscheinungen darbietet. Er will die Welt und wird von ihr ergriffen. Er verlangt nach ihrem ganzen Reichtum, weil er ohne ihn nicht Mensch werden kann. Und die Welt nimmt ihn in sich hinein, weil ihr Ziel der Mensch ist. In diesem Willen der freien Aneignung der Welt, dem Urwillen der Menschwerdung, läuft der Mensch Gefahr, daß er den tiefen Zielwillen der Welt überhöre, daß jenes Spürorgan im Wirbel des Weltergriffenseins verunklart werde.

Darum ist die Bildung der *buddhi* strenge Forderung für den, der dem schaffenden Urgrund gehorsam werden will, damit er zu einem Menschentum gelange, das im Werke sich vollende, welches im Innersten als Muß und Notwendigkeit vernommen ist.

Der Ausdruck *buddhi-yoga* leitet sich daher, daß man die Innenwelt zunächst erlebt als einen Bereich sehr verschiedenartiger Kräfte, die je ihr eigenes Ziel haben. Die Sinne greifen nach den Sinnendingen. Das Lustbegehren schweift in alle Bereiche und sucht Stillung. Das Denken wandert nach allen Richtungen. Die Ichkraft verfestigt sich in Eigenwillen. So wie wir die innere Welt antreffen, wenn wir bewußt in ihre Erfahrung eintreten, ist sie nicht in Ordnung, wie sie sein müßte, damit die zentralen Kräfte ungehindert auf das „Werk" gelenkt werden können. Der Vorgang des Ordnens, der Durchformung und der Straffung der inneren Welt wurde vom indo-arischen Menschen als Zügelung, als „Anjochung" erlebt. Das Bild, das hier vorschwebt, ist ein Gespann von feurigen Pferden, die in die Zügel gebrochen werden müssen, damit der Renn- oder Kriegswagen zielsicher fahre. So heißt es schon in der Kāṭhaka-Up. III, 3 ff.:

„Das Selbst, so wisse, ist der Wagenfahrer, der Körper aber ist der Wagen. Wagenlenker ist das Gemüt *(buddhi)*. Der Verstand *(manas)* ist der Zügel."

„Die Sinne werden die Rosse genannt, die Sinnendinge sind ihnen die Wegeziele. Das Selbst, das mit den Sinnen, dem Verstand verjocht ist, nennen die Weisen den Esser (der Welt)."

„Wer aber ohne Einsicht ist, mit einem Verstand, der nie angejocht ist, hat seine Sinne nicht in der Gewalt, wie ein Wagenlenker nicht wilde Rosse."

„Wer aber Einsicht hat und wessen Verstand immerdar gejocht ist, hat seine Sinne in der Gewalt, wie ein Wagenlenker gute Rosse."

Der Wagenlenker ist derjenige, von dem im Kampf Wesentliches abhängt.

buddhiyoga ist eine innere Durchbildung des gesamten Menschen mit dem Ziel, seine Gemüts- und Geistkraft so zu straffen, daß von hier aus die innere Welt und damit sein ganzes Leben beherrscht werden kann. Darum hängt von diesem *buddhi-yoga* das rechte Werk ab. Bhg II, 49:

„Weit unter *buddhi-yoga*, o Schätzeerbeuter, steht das Werk. Nimm in der *buddhi* deine Zuflucht. – Jämmerlinge sind die Nützlichkeitskrämer."

II, 39 ff.:

„Höre nun von dem Gemüt, mit dem der Yoga sich befaßt, und mit dem du angejocht die Werkverkettung überwinden wirst."

„Hier schlägt die Unternehmung nicht aus zum Verderben, noch geht das Wollen schief. Wer dieser Ordnung auch nur ein weniges erreicht, den macht sie frei vom großen Bangen."

„Hier ist das Gemüt voll fester Entschlußkraft und ungeteilt, o Kurufreude. Dem Unentschlossenen aber teilt sich das Gemüt in lauter Äste ohne Ende."

Diese Festentschlossenen, Ein-Mütigen sind klar in ihrem Zielwillen und fest in ihrem Werke. Denn in ihrem Gemüte ist die eine Linie deutlich sichtbar: der Urwille der Welt, der sich ihnen eindeutig kundtut. II, 54 ff. heißt ein so im Gemüte Angejochter „einer, dessen Einsicht feststeht *(sthitaprajña).*"

„Wenn einer alle Begierden aufgibt, die auf den inneren Sinn einstürmen, wenn einer in seinem Selbste mit dem Selbste zufrieden ist, der ist einer, dessen Einsicht feststeht."

„Wenn einer nicht zittert vor Schmerzen, wenn er nicht nach Lust giert, wenn er frei ist von Begierden, dann heißt er ein Begeisterter festen Mutes."

„Wer an nichts sein Herz hängt, wer, wie es kommt, ob Angenehmes oder Unangenehmes, sich weder übermäßig freut, noch sich dagegen sperrt, der ist einer, dessen Einsicht feststeht."

. . . . . .

. . . . . .

„Wer aber an die Gegenstände draußen herangeht mit Organen, die frei sind von Lustverlangen und von Haß und in der Gewalt des Selbstes, der gelangt fügsamen Selbstes zur inneren Ruhe."

„Wer in der inneren Ruhe weilt, dem wird Befreiung von Lust und Leid. Wo diese Ruhe das Herz erfüllt, wird das Gemüt gar bald ganz fest."

Yoga ist also nach der Auffassung der Bhg die Festigung des Gemütes zur Gewinnung eines klaren Weges für das Werk. Diese Zügelung ist eine Durchbildung des gesamten Menschen, eine vollendete Meisterung aller Lebensäußerungen, da das Gemüt von einem ungezügelten Leben immer wieder beunruhigt wird. VI, 17 f.:

„Wer ‚gezügelt' *(yukta)* ißt, wer gezügelt sich erholt, wer in seinem Wirken gezügelt sich auswirkt, wer gezügelt schläft und wacht, der hat die Zügelung erlangt, die den Schmerz vertreibt."

„Wenn einer seine innere Welt gezügelt hat und im Selbste steht, befreit von dem Verlangen nach den Begierdedingen, der heißt ein Gezügelter."

Wichtig für das rechte Werk ist zunächst die Zügelung der Sinne. Sie führt zu einer seelisch-geistigen und charakterlichen Gesamtzucht. Dabei ist zu beachten, daß es nach indischer Anschauung zehn Sinne gibt. Zu den fünf Wahrnehmungssinnen *(jñānendriya),* mit denen wir die Welt „essen", gibt es fünf Tatsinne *(karmendriya),* die aktive Funktionen ausüben, und mit denen wir auch tätig in die Welt eingreifen. Diese fünf Tatsinne sind: Reden, Greifen, Gehen, Zeugen und schließlich ein uns etwas Peinliches, dem Inder aber, der den engen Zusammenhang zwischen gesunden Körperfunktionen und einer gesunden Seele noch elementarer fühlte als der Kulturmensch, Entleeren. Am besten übersetzen wir deshalb *indriya* mit „Funktion" oder „Organ". „Zügelung der Sinne" ist die Zucht und Zusammenordnung all dieser Funktionen, so daß alle Kräfte in Ordnung und Spannkraft für das Werk eingesetzt werden können, zu jedem Augenblick, wenn die *buddhi* das Muß und Wie des Werkes erkennt. Wenn ein Sinn versagt, ist das ganze Werk gefährdet. Die ungezügelten Sinne stürzen sich auf einen Gegenstand um den andern. Leidenschaftlich reißen sie den Menschen bald dahin, bald dorthin. Man muß dabei die angeborene Leidenschaftlichkeit des indischen Menschen noch besonders bedenken.

II, 60 ff.:

„Selbst wenn ein Mensch sich zügeln will, o Sohn der Kuntī, und nicht ohne Einsicht ist, reißen die wilden Organe seinen Verstand mit sich fort."

„Darum soll er sie alle fest an die Zügel nehmen und gezügelt verharren, ganz mir hingegeben. Denn wer seine Funktionen fest in der Hand hat, dessen Einsicht wird fest gegründet."

„Wenn einer immer über die Gegenstände draußen nachsinnt, so wächst der Hang nach ihnen; und aus dem Hang entsteht dann die Begierde. Aus Begierde wird bald der Zorn geboren."

„Aus dem Zorn entspringt die Umnebelung. Durch die Umnebelung wird das klare Denken verwirrt. Ist aber das klare Denken verwirrt, wird die Einsicht zunichte. Ist die Einsicht dahin, so geht der Mensch zugrunde."

„Wenn aber einer an die Dinge draußen herangeht mit Organen, die frei sind von Haß und Lustgier und in der Gewalt des Selbstes, auf das zu Tuende das Selbst gerichtet, der gelangt zur Ruhe des Gemütes."

„In der Ruhe des Gemütes wächst ihm die Vernichtung aller Schmerzen zu. Denn einem, dessen Herz in Ruhe steht, stellt rasch sich Einsicht ein ringsum."

Aus diesen Versen wird deutlich, daß auch da, wo die Zügelung der Sinne, vornehmlich der Wahrnehmungssinne, so verstanden wird, daß sie von allen Sinnendingen weggezogen werden sollen, so daß der Mensch völlige „Einkehr" erreicht als Vorstufe der Versenkung in die Tiefen des Gemüts, nicht etwa ihrer Abtötung das Wort geredet wird. Vielmehr will diese Mahnung eine Gefahr beheben, die allen Menschen hochaktiver Kultur und Geschichtsdynamik droht: daß nämlich die ungeheure Fülle der Eindrücke und Anfassungen die „Sinne", d. h. alle die in der Aktivität wirksamen Organe so angreift, daß ihre Kräfte geschwächt oder zerrieben und damit ihr Funktionswille und die Tatkraft zerstört werden. Alle Kraft verströmt sich sozusagen nach außen in tausend Richtungen. Das „Einsammeln der Sinne", d. h. die völlige Loslösung von den Dingen draußen, soll ihnen Ruhe schaffen. Dadurch erholen sie sich in einer wohltätigen Entspannung. Die Kräfte erneuern sich aus der Tiefe des seelischen Quellgrundes. So entsteht in dieser „Einsammlung" eine gesunde, kraftgeladene Spannung der gesamten inneren Welt, die sich in einer ruhedurchdrungenen und einzieligen Weltergreifung und Weltmeisterung auswirken kann.

Auch die „Entlüstung" *(vairāgya)* bedeutet hier nicht etwa eine „Abtötung des Fleisches". Vielmehr ist gemeint eine Befreiung aller Organe und des gesamten Menschen von dem Gefangensein in Lustgier. Das Bild, das in der Bhg für diese Befreiung gebraucht wird, ist nicht etwa Töten der Sinne, sondern das Untersinken der Begierden im Seelengrunde, so wie die Ströme im Meer versinken und sein Wallen verstärken:

„So wie die Wasser in den Ozean strömen, der immer sich füllt und doch fest in seinen Grenzen wallt, so gelangt der, der nicht mehr in Begierden giert, zur Ruhe, wenn die Begierden in ihm entsunken sind" (II, 70).

Was hier mit „Begierde" *(kāma)* gemeint ist, ist das Verlangen des Menschen nach Lust an sich, ohne Bejahung der Tiefe der Funktion und der Verantwortung ihr gegenüber, die sich in seinem Bewußtsein mit Lust verknüpft. Entsinkt diese sich isolierende Begierde in ihm, so hat sich die Lust so tief in die Funktion zurückgezogen und mit ihr vereinigt, daß diese und der ganze Mensch nicht ärmer an Kraft und Erlebnis, sondern reicher geworden sind, so wie das Meer gespeist wird von den ihm ewig zuströmenden Wassern.

Hier wird auch jene letzte „Entlüstung" des Menschen, der zum Wesen durchgeblickt hatte, energisch betont, nämlich die Abkehr von jeder religiösen Lohnsucht und von allen Süchten nach Himmelsfreuden. Diese sind ihrem Wesen nach nichts anderes als jene von dem Sein sich isolierenden Lüste, nach denen die Menschen gieren, die nicht leben und wirken, sondern genießen wollen. Es sind jene „Unverständigen", die II, 42 ff. die „blumige Rede" im Munde führen von den Himmelsfreuden; die, von Begierden erfüllt und auf Seligkeit erpicht, hoffen, daß sie als Lohn für ihre Werke eine neue Geburt im Himmel zu erwarten haben, auf alte „Vedaworte" sich stützend, die voll sind von Vorschriften über Dinge, die man tun soll, damit Genüsse und Herrlichkeit einst unser sein werden. Ihr Herz wird fortgerissen von diesen Aussichten.

Dagegen wird der gestellt, der in der Einfaltung fest entschlossenen Selbstes sein Gemüt durchklären und festigen läßt, zu wahrer Einsicht und Tat. Was ihm bleibt, da wo er von letzten Dingen redet, ist die Rückkehr zu seinem Ursprung, der „höchste Gang", der mit Genuß und Lohn nichts mehr zu tun hat. Denn er bedeutet nur das Nach-Hause-Kommen zum „Wesen", das Ganz-bei-sich-Sein, das nur in sich selbst seinen Wert und seine Glückseligkeit hat, wo die Gegenstände, die genossen werden könnten, versinken im Abgrund des Ganz-beim-Selbste-Seins. XVIII, 49:

„Wessen Gemüt frei ist vom Hang jedweder Art, wer sein Selbst ersiegt hat, sich gelöst hat von Begier, der erreicht durch die Entsagung die höchste Vollkommenheit des Befreitwerdens aus der Werkverknechtung."

Indem er sein ganzes leiblich-seelisch-geistiges Gefüge durch die „Allzucht", die Yama und Niyama einschließt, geläutert und gelöst hat, ist er fähig gemacht, dem ewigen Lebensgrunde selbst sich so zu einen, daß er sozusagen zu diesem selbst wird. Er erfährt ihn so zentral und gegenwärtig wirksam, daß er mit ihm eins wird im Dhyānayoga. XVIII, 50 ff. (Kṛṣṇa als Inkarnation des Viṣṇu spricht):

„Wie nun der, der diese Vollkommenheit erreicht hat, das *brahman* erlangt, das höre von mir in Kürze, o Sohn der Kuntī, das ist das höchste Ziel der Erkenntnis."

„Angejocht in einem gereinigten Gemüte und mit Festigkeit sein Selbst gezügelt, die Gegenstände draußen dahintenlassend, Begierde und Haß wegwerfend, auf sich gestellt, mäßig im Essen, in Rede. Körper und Verstand gezügelt, dem Versenkungsyoga hingegeben, immerdar in der Entlüstung ruhend."

„Von Ichhaftigkeit, Gewalttat, Überhebung, Begier, Zorn, Wut und Raffgier sich lösend, uneigennützig, beruhigt – wer so lebt, der ist bereitet, mit *brahman* eines Wesens zu werden" *(brahma-bhūyāya kalpate).*

„Ist er mit *brahman* eines Wesens geworden, gelassenen Selbstes, so grämt er sich nicht mehr, giert nicht mehr. Der Gleiche allen Wesen gegenüber, erreicht er die höchste Hingabe *(bhakti)* an mich."

„Durch Hingabe erkennt er mich, so wie ich bin in Wahrheit. Wenn er mich so in Wahrheit erkannt hat, geht er unverzüglich zur großen Ruhe ein."

„Indem er alle seine Werke tut, immerdar auf mich vertrauend, wird er durch meine Herablassung den ewigen unvergänglichen Ort erreichen."

„In deinem Geiste alle deine Werke in mich hinein entsagend, von mir erfüllt, laß immerdar dein Herz auf mich gerichtet sein, indem du dich der Bildung des Gemüts *(buddhiyoga)* hingibst."

„Ist dein Herz auf mich gerichtet, wirst du aller Schwierigkeiten durch meine Herablassung Herr. Wenn du jedoch in Ichhaftigkeit nicht hören willst, wirst du zugrunde gehen."

„Wenn du in Ichhaftigkeit verharrend denkst, du wollest nicht kämpfen, so ist dieser Entschluß ein Fehlgang. Die Urnatur in dir wird dich zwingen."

„Von dem ‚Werk', das dir kraft deiner Anlage verordnet ist, gebunden, wirst du, was du aus Umnebelung nicht tun willst, tun müssen wider deinen Willen."

(Wir werden hier erinnert an das tiefe Wort: „Den Willigen leitet das Schicksal, den Nichtwilligen schleift es.")

„Der Herr *(īśvara)* steht in dem Herzen aller Wesen, o Arjuna, und läßt durch seine Weltbaumacht *(māyā)* alle Wesen in dem Schaukelrade (der Welt) kreisen."

„Zu ihm nimm deine Zuflucht mit deinem ganzen Sein, o Nachkomme des Bharata. Durch seine Herablassung wirst du die höchste Ruhe, die ewige Stätte erreichen."

Diese Hingabe an den Gott ist also eine tätige im Werk und eine beschauliche in der Einkehr. In dieser Einkehr versenkt sich der Mensch in Gott. Er „sinnt über ihn nach". Aber nicht intellektuell-diskursiv, sondern intuitiv-sinnend. Der Vorgang ist ein lebendig-innerliches Sicheinbeziehenlassen in die großen Erkenntnisse der Weisen über das Wesen der Welt und das Wirken der letzten Mächte. Es ist aber mehr als dies: es ist die lebendige Berührung der ganz gesammelten und gelösten Seele mit jenem Wesen selbst. Dem Sinnenden, der vom Werke herkommt und zum Werke hinstrebt, erweist sich das alte Weistum als Wahrheit und als Gegenwart. Darum gehen ihm von seinen eigenen Werken her im Sinnen neue Wahrheiten auf. XII, 6 ff.:

> „Die aber alle Werke in mich hinein entsagen, ganz mir hingegeben, mit einer Zügelung, die von allem andern frei ist, die mich in Versenkung ehren",
>
> „denen bin ich ein Entheber aus dem Meer des Todeskreislaufes. Nicht lange lasse ich auf mich warten, o Sohn der Pṛthā, wenn sie ihr Herz wohnen lassen bei mir."
>
> „In mich laß deinen Sinn eingehen, in mich versenke dein Gemüt, dann wirst du von dem Augenblick an in mir wohnen ohne Zweifel."

Dabei ist immer zu bedenken, daß der „Gezügelte" in der ursprünglichen Bhg ein Kämpfer ist, dem die Stunden der Beschauung nur dazu dienen, den Kampf mit dem Leben tatkräftiger und einsichtiger aufzunehmen. Erst wenn der Lebenskämpfer seine ihm gestellte Aufgabe ganz erfüllt hat, wenn er sicher sein darf, daß ein von ihm gezeugtes und erzogenes nachfolgendes Geschlecht das „Werk" weiterführt, zieht er sich ganz in die Stille zurück, um schließlich in der Versenkung in seinem Gotte oder in der letzten Wirklichkeit aufzugehen.

Dabei wirken zwei Kräfte mit. Der indo-arische Mensch hatte ein starkes Gefühl für den Rhythmus der Generationen. Er weiß, daß auch der Tatkräftigste und Lebendigste, wenn er ein gewisses Alter überschreitet, nicht mehr vermag, lebendig genug in dem Rhythmus einer neuen Zeit mitzuschwingen. So überläßt er den nachdrängenden Kräften nicht ungern die neu zu erfüllenden Aufgaben. Das Sichhängen an den Lebenskreis ist hier, wo tiefe Einsicht in die Gesetze des Lebens waltet, nicht das Selbstverständliche, sondern die Loslösung. Dann aber war im indo-arischen Menschen der Drang nach Unbedingtem so lebendig, daß er gern Vorletztes denen überließ, für die dieses der Kerngehalt ihres Lebens ist. So hoch er Leben und Wirken wertete, über allem stand doch die Frage nach der einen letzten Wirklichkeit, das Verlangen nach dem beseligenden Geheimnis des Überseienden, des ganz Anderen, mit dem vereinigt zu werden Vollendung und Überwindung alles Erdenwirkens und Weltseins zugleich war.

Doch kann diese Vereinigung erst geschehen, wenn der Mensch die Aufgabe erfüllt hat, die ihm im Weltlauf gestellt ist: Im Wirken des von den schaffenden Mächten geforderten Werkes sein „Selbst zu ersiegen". Dies gelingt ihm nach der Bhg erst in vielen Verwandlungen, in denen er von Geburt zu Geburt schreitet. Solange dieses Endziel nicht erreicht ist, weiß er, daß er, auch wenn er im Tode sich dem Lebensgrunde eint, zu neuem Wirken bestimmt ist. So empfindet er, wo ihm in erschütternden Erfahrungen ein Geschmack jener Vereinigung geschenkt wird, die Forderung zum Wirken in diesem Leben. Die Welt und das Leben werden ihm gegenwärtiger in solcher Erfahrung, die ihn nicht nur ihrem Verhaftetsein entnimmt, sondern ihn auch tiefer im Lebensgrund verwurzelt. Beschauung, Einkehr sind hier dem Karmayoga Vorbereitung zur Tat. So gilt für jeden, der noch auf dem Wege ist, nicht die Losung: Entweder Wirken oder Versenkung, sondern beides: sowohl Einkehr wie Welthinkehr, Beschauung wie Tat. Die Verbindung beider zu einer polaren Spannung ist letzten Endes das große Geheimnis aller aus dem Grunde schaffenden Menschen. Der Karmayoga der Bhg hat ewige Lebensgesetze des geistigen Reiches aufgedeckt, geboren aus der schweren Erfahrung des Kampfes.

Diese Anweisung zur Zügelung und Schulung aller hohen Gemüts- und Geisteskräfte durch den *buddhi-yoga* um das rechte Werk zu tun, wird von der Bhg unterbaut durch eine Metaphysik des mit Tragik behafteten Geschehens und Wirkens, die an tiefen Einsichten unerreicht dasteht.

2. *Die metaphysischen Wurzeln des Werdens und Wirkens* [3])

a) Die Tragik menschlichen Daseins und Wirkens

Erinnern wir uns noch einmal der Situation aus welcher die Urbhagavadgītā entsprungen ist (vgl. oben S. 187 ff.):

Ein schwerer Bruderzwist hat sich zwischen zwei großen Völkern Altindiens entsponnen, der nun in einer Schlacht seinen Austrag finden soll.

Ehe der Kampf beginnt, als schon der Kriegslärm sich erhebt und die Geschosse fliegen, läßt der Paṇḍuiden-Fürst Arjuna den Kriegswagen, auf dem er steht, von seinem Wagenlenker Kṛṣṇa vor die eigene Schlachtreihe fahren, der gegenüber die feindlichen Heerscharen aufmarschiert sind, um beide Heere noch einmal zu überschauen. Kampfbegierig sieht er all die Helden, mannigfaltige Waffen führend, dem Tode geweiht. Er ahnt, daß die Schlacht furchtbar werden wird. Da hebt er seinen Bogen, offenbar zum Zeichen, die Schlacht noch nicht zu beginnen. Und nun spielt sich das Gespräch ab zwischen ihm und Kṛṣṇa, dem göttlichen Weisheitslehrer. Beim Anblick der dem Tode geweihten Scharen stürzt die Last der Tragik auf den von Mitleid erfüllten Arjuna mit ungestümer Gewalt herein. I, 28 ff.:

„Wie ich meine eigenen Gesippen so zum Kampf bereit erblicke, o Kṛṣṇa, erschlaffen meine Glieder und meine Zunge klebt mir am Gaumen. Es bebt mein Leib und meine Haare sträuben sich."

„Der Bogen sinkt mir aus der Hand und meine Haut glüht. Ich kann mich nicht mehr aufrecht halten und meine Gedanken verwirren sich."

„Auch schaue ich widrige Omen, o Langgelockter, und ich sehe kein Heil entstehen, wenn ich meine Gesippen fälle in der Schlacht."

„Ich giere nicht nach Sieg, o Kṛṣṇa, noch nach Herrschaft oder Freuden. Was soll uns Herrschaft, o du Kuherbeuter, und was Genüsse, was das Leben?"

„Stehen doch jene, um deretwillen wir Herrschaft erstreben, Freuden und Genüsse, zur Schlacht bereit und haben auf Leben verzichtet und Besitz."

Dann führt er alle die Versippten auf, die er sich als Feinde gegenübersieht, darunter Lehrer, die ihn in die Kunst der Waffen eingeführt. Mit Schaudern wendet er sich von dem Gedanken, daß er mit seinem Heere diese bekämpfen und vernichten soll:

„Ich will sie nicht töten, auch wenn sie mir ans Leben gehen, o Dämonenbezwinger, selbst wenn ich die Herrschaft über das Weltall gewönne, viel weniger noch um diese kleine Erde."

Arjuna ist Krieger. Er hat schon manchen schweren Strauß bestanden. Aber was hier vom Schicksal von ihm gefordert wird, das Vergießen von so viel versipptem Blute, scheint ihm durch keinen noch so hohen Preis entgolten werden zu können.

Die Tragik des Bruderkampfes wird noch vertieft durch die Ahnung seiner unheilvollen Wirkung auf die von den Indo-Ariern so hochgehaltene Sippenordnung. I, 38 ff.:

„Wenn auch jene auf der andern Seite, von der Habsucht des klaren Geistes beraubt, nicht erkennen, welcher Schaden entsteht durch den Verfall der Sippe, noch das Unheil, das im Freundestruge lauert."

„Warum sollten wir nicht einen Weg erschauen, von dieser Schuld uns frei zu halten, die wir den Schaden klar erkennen, der folgt aus dem Verfall der Sippe."

„Verfällt die Sippe, so gehen die uralten Sippenordnungen zugrunde. Sind diese Ordnungen zerstört, so wird die ganze Sippe von Gesetzlosigkeit überwältigt."

. . . . .

„O weh, wir hatten vor, gar schwere Schuld auf uns zu laden, als wir uns anschickten, die Gesippen zu töten aus Begierde nach Herrschaft und nach ihrer Lust."

Kṛṣṇa geht auf diese erschütternde Klage nicht ein. Er spricht II, 2 ff.:

„Wie kommt es, o Arjuna, daß dich im Augenblicke der Gefahr solche Elendigkeit befällt, die einem Nichtedeling anstehen mag, die aber dem Manne den Himmel verschließt und ihm die Ehre raubt?"

„Sei doch kein Feigling, Sohn der Pṛthā, dies ziemt sich nicht für dich. Wirf weg die kurze Herzenserbärmlichkeit, ermanne dich, Bedränger der Feinde."

Kṛṣṇa verliert kein Wort darüber, ob der Kampf nicht vermieden werden könnte. Aus allem, was er sagt, klingt als dunkler Unterton das Muß des Schicksals. Der Kampf ist bestimmt. Es geht nur noch darum, ihn so zu bestehen, wie es sich gebührt und wie es dem Kämpfenden zum inneren Heil ausschlägt. Kṛṣṇa weiß jedoch, daß die Last dieser Tragik erdrückend wirken muß, solange der Mensch seinen Blick nur auf die irdischen Zusammenhänge und das augenblickliche Muß richtet. Eingezwängt in dies Netz der Notwendigkeit vermag er nicht im Schicksalswalten sich zu erheben zu freier, herzgeborener Tat. Darum öffnet Kṛṣṇa dem Arjuna den Blick in die geheimen Gründe des Menschseins und des Weltwaltens. Die Welt der Notwendigkeit, so lehrt er ihn damit, ist nur eine Seite des Seins. Und der Mensch, wie er in das tragische Verhängnis einbezogen ist, ist nicht das Ganze des Menschen. In ihm, über ihm, sozusagen jenseits alles Verhängtseins steht etwas, das unberührt bleibt von der Last der Tragik, auch unberührt von Schwert und Tod. II, 11 ff.:

„Du hast ein Klagelied angestimmt um solche, die nicht zu beklagen sind, und führst Reden rein menschlichen Verstehens. Die Weisen aber beklagen weder die Lebendigen, noch die Toten."

„Gab es doch keine Zeit, zu der ich nicht war, noch du, noch jene Fürsten, noch werden alle wir in Zukunft jemals nicht sein."

„So wie der Leibbesitzer in diesem jetzigen Leibe Kindheit, Jugendzeit und Alter durchlebt, so wird er wieder andere Leiber annehmen – der Einsichtskühne wird darin nicht irre."

„Die Ausstrahlungen der Materie aber, o Sohn der Kuntī, die Hitze schaffen, Kälte, Leid und Schmerz, die sind ein Kommen und ein Gehen, sind nicht von Dauer. Begegne ihnen scharfen Willens, o Nachkomme des Bharata."

„Denn der einsichtskühne Mann, o Männerbester, den diese nicht mehr beirren, dem Schmerz und Lust gleich gelten, der ist zur Todlosigkeit bereitet."

„Kein Werden gibt es für das Nichtseiende, noch fällt das Seiende dem Vergang anheim. Die Grenze zwischen beiden, die verschieden, wird von dem Wesen-Schauenden erschaut."

„Unzerstörbar aber, nimm's zur Kenntnis, ist Jenes, aus dem das All sich ausspannt. Niemand vermag Jenem als dem Unvergänglichen, den Vergang zu wirken."

„Endlich sind nur die Leiber jenes ewigen Leibbesitzers, der unvergänglich ist und sonder Maß – drum auf zum Kampf, o Nachkomme des Bharata!"

Indem Kṛṣṇa Arjunas Blick auf jenen unvergänglichen ewigen Wesenskern im empirischen Menschen lenkt, der durch sein Schicksal in die tragische Notwendigkeit verhängt ist, macht er ihm dies klar: Einmal die Tatsache, daß das geschichtlich-empirische Schicksal des Menschen, also auch der Tod in der Schlacht, nicht ein unbedingt Letzthinniges ist, sondern eine kleine Episode in der unendlichen Reihe von Entfaltungen und Verwandlungen, die der Mensch durchmacht in seinem Gange durch die tausend Lebenskreise, die ihm in vielen Geburten zugeteilt sind. Der Tod wird durch diese Sicht zum Augenblicksschicksal. Er verliert seinen Charakter der Endgültigkeit. Der Angriff auf das

Leben, der hier von der Pflicht gefordert wird, ist darum kein Angriff auf den „Menschen-an-sich". Der Angriff auf den „Menschen" wäre Frevel am ewigen Willen der Welt, an der göttlichen Majestät des Menschseins, das eine ewige Tatsache ist. Der Tod ist nur ein Angriff auf die empirische Erscheinungsform, die in den Kreislauf des Werdens und Vergehens, in die Notwendigkeit des Geschehens einbezogen ist. Der Kämpfer, der töten muß, wird also dadurch nicht zum Zerstörer des Menschen, er ist nur das ausführende Organ des Geschehens im Weltlauf. *ahiṃsā* „Nicht-töten" ist eine uralte Forderung der Indo-Arier, entsprungen aus ihrer tiefen Ehrfurcht vor dem Leben. Hier in der Bhagavadgītā ist das Gebot und seine Wurzel, die Ehrfurcht vor dem Leben, durchschaut bis in ihre Tiefen. *ahiṃsā* übt der wahrhaft Wissende auch dann, wenn er aus Pflicht zum Töten gezwungen ist. Denn das Leben an sich, so ist ihm geoffenbart, löscht er nicht aus mit seinem Tun. So wird das Schauervolle tragbar. Die Schuld, die er schicksalgebunden auf sich lädt, ist keine Schuld der Ewigkeit, die unaustilgbar wäre, sondern der Zeitlichkeit. Sie ist nur ein Teil der irdisch-menschlichen Notwendigkeit.

Zwar wird durch diese Lehre die Tragik des Geschehens nicht verneint, aber sie wird tragbar, weil man erkennt, daß sie sich abspielt im Bereiche eines Vordergründigen, hinter dem ein ewiger Hintergrund sich in die Abgründe alles Seins erstreckt. Und in diesem Abgrund ruht die Seele dessen, der tötet, so gut wie die des Fallenden. Über dem Tosen des Weltlaufs, in dem Pflicht gegen Pflicht steht, wo Schuld gewirkt werden muß nach dem Willen der Urnatur, die ihren Gang geht, steht still und groß wie ein unerschütterlicher Pfeiler jener *puruṣa,* der desselben Wesens ist wie der Gott. Die Tragik des Schuldigwerdens spielt sich ab über dem Grunde der Ruhe ewigen Seins, in das der Mensch, der erkannt hat, daß er dieses ewige Sein in sich trägt, jetzt schon, im Augenblick des schuldverhangenen Wirkens eingesenkt ist. Den Menschen, der dieses schaut, kann keine letzte Verzweiflung mehr anfassen, kein Zagen und Bangen. Sein Schuldigwerden und sein Untergang sind Augenblickserscheinungen, die sein innerstes Wesen unberührt lassen, wenn er in ihm ruht.

Aber nicht nur bleibt der „Mensch-an-sich", die letzthinnige Menschenwirklichkeit in diesem tragischen Verhängnis unangetastet. Gerade durch das tragische Erleben hindurch, das ihn bis zur Tiefe je und dann erschüttert, wird er zu jener letzthinnigen Menschenwirklichkeit erweckt, die dem Unerschütterten verborgen bleiben muß.

Nachdem Kṛṣṇa dem Arjuna jene metaphysischen Hintergründe des menschlichen Seins und des irdischen Geschehens aufgezeigt hat, führt er ihn wieder zurück zur Forderung des Augenblicks, zum Kampfe, der bevorsteht. Und hier faßt er ihn nun bei der Grundlage seines empirischen Daseins, bei seiner Kriegerehre und seiner Kriegerpflicht. II, 31 ff.:

> „Behalt im Auge deine Pflicht und wanke nicht. Nichts gibt es Höheres für den Krieger als den Kampf, der ihm als Pflicht ist auferlegt."

„Glücklich sind die Krieger, denen das Schicksal einen solchen Kampf beschert. Es ist das Tor zum Himmel, weit geöffnet.'"

„Weigerst du dich dieses pflichtgewordenen Waffenganges, dann schiebst du die Pflicht beiseite, die dir dein Stand bestimmt, und die Ehre, und lädst Unheil auf dich."

„Die Wesen alle werden dann von deiner Unehre zeugen. Und für einen, der in Ehren stand, ist Unehre schlimmer als der Tod."

. . . . . .

. . . . . .

. . . . . .

Mit diesen Versen ist der Krieger in seinem tragischen Widerspruch der Pflichten zunächst einmal auf das Selbstverständliche seiner sittlichen Existenz hingewiesen: auf Pflicht und Ehre.

Das einzige, was im brandenden Schicksal bewahrt werden kann, ist der Mensch als Echter. Ehre, das bedeutet die innere Würde des unangetasteten und beim Wackeren unantastbaren Menschseins, dem von jedem unbedingt vertraut werden kann. Es ist die Wahrung jenes diamantenen Kerns der Persönlichkeit, dessen Zerstörung den Menschen in seiner inneren Ganzheit vernichtet. Wer die Ehre verliert, den hat das schaffende Ganze verloren. Es stößt ihn aus wie ein gesunder Organismus den Keim der Fäulnis. Pflicht aber ist die Forderung, die sich dem Menschen durch seine Einordnung in die Gemeinschaft als Träger einer Funktion, als Glied eines lebenswichtigen Standes ergibt. Die Menschen der Pflicht sind das Gefüge der Gemeinschaft, die vom schaffenden Geist ihre Aufgaben gesetzt bekommen hat. Er handelt durch sie, indem sie sich diesem strengen Dienste opferbereit zur Verfügung stellen. Darum sind Ehre und Pflicht die beiden Pole, um die das Leben eines Volkes kreist.

Indem der Mensch, auf den die Last der Tragik des Lebens gefallen ist, auf Ehre und Pflicht gestellt wird, wird er von allem nur gefühlsmäßigen Bewegtsein weggewiesen zu den unerschütterlichen Grundlagen der menschlichen Existenz und der geschichtlichen Gemeinschaft. Gefühlsüberschwänge, sei es Schmerz und Verzweiflung oder ihr Gegenteil, verwirren den Sinn und gefährden die Entscheidung, wenn es zum Letzten kommt. Wer dem Schicksal recht begegnen will, muß sich einbeziehen lassen in den Kreis unzerstörbarer Werte und allgemeingültiger Forderungen.

Die Tat, die geschehen soll zur Bewältigung der Tragik, wird hier beleuchtet von letzten Wirklichkeiten und eingestellt in das Gesamtsein. Damit wird der Mensch herausgerissen aus dem subjektiven Verwirrtsein des Augenblicks. So ist der Sinn dieser ersten Kapitel der Bhagavadgītā der: zur Bewältigung der Last der Tragik hilft Kṛṣṇa dem Arjuna seinen Stand fest in den zwei Wirklichkeitswelten zu nehmen, aus denen der wahre Mensch lebt: in der Welt der Tiefenkräfte, die sein Wesen und sein Werk geheim tragen und nähren, und in der Welt sittlicher Verantwortung, durch die er eingefügt ist in eine Gemeinschaft, in der er durchbrechen soll zu sich selbst, um dadurch mitzubauen an dem Ganzen, das immer nur durch solche Menschen des Durchbruchs gebaut werden kann.

Innerlich gewappnet in Ehre und Pflicht, die Seele geweitet und erhoben durch den Blick in die tiefen Wesensgründe des Menschen, ist Arjuna nun bereitet zu dem schicksalbestimmten Kampfe:

> „Schmerz und Lust, Gewinnen und Verlieren, Sieg und Niederlage als gleich erachtend, rüste dich zum Kampfe. So wirst du kein Unheil auf dich laden“ (II, 38).

Mit dieser Aufforderung war wohl das ursprüngliche Gespräch zwischen Arjuna und Kṛṣṇa in der alten Überlieferung zu Ende. Damit ist das Grundthema der Bhagavadgītā angeschlagen: Die schuldbehaftete Tragik des menschlichen Wirkens und die Meisterung dieser Tragik durch Kampf und Tat. Arjuna steht in einem Widerspruch der Pflichten: Ehre und Kriegerpflicht auf der einen Seite, Sippenblut auf der andern. Die Bhagavadgītā nimmt diesen Widerspruch als Kernbeispiel der sittlichen und religiösen Problematik des menschlichen Wirkens überhaupt.

In dem vom Christentum durchdrungenen geistigen Raum ist es üblich, das sittliche Problem einfach unter dem Gesichtspunkt der guten und der bösen Tat zu behandeln, gleich als ob die großen Entscheidungen unseres Lebens unter diesem Entweder–Oder stünden. Eine solche Betrachtungsweise ist nur da möglich, wo man glaubt, mit einer eindeutigen Sittlichkeit das Leben in seiner Vielfältigkeit und in seinem Widerspruch meistern zu können.

Gewiß gibt es eine Reihe von Entscheidungen, wo die eine die Wahl der guten, die andere die der bösen Tat bedeutet. Aber wer versucht, wesentlich im Einklang mit den Forderungen des Lebens zu handeln, wird bald entdecken, daß dieses Entweder-Oder doch nur die Oberfläche menschlichen Handelns betrifft, sozusagen den Bereich des Selbstverständlichen. Die Indo-Arier sind schon sehr früh zu der Einsicht gekommen, daß wir in die Tiefe sittlicher Entscheidung erst da stoßen, wo wir in den unentrinnbaren Widerspruch zwischen Pflicht und Pflicht gestellt sind, weil wir hier nicht mehr vermögen, nach einem feststehenden Sittenkodex zu urteilen, sondern imstande sein müssen, die über alles subjektive Wünschen und Wollen hinausgehenden Forderungen des Lebens, die Werte in ihrer ewigen Spannung unmittelbar zu erspüren. In solchen Entscheidungen entdecken wir die durchgängige Tragik des menschlichen Wirkens überhaupt. Nicht nur, daß uns der Blick geöffnet wird für die Tatsache, daß der Unterschied zwischen gut und böse in der menschlichen Wirklichkeit kein absoluter ist, so unerbittlich auch das reine Gesetz in uns das „Gute“ fordern mag – das doch dann von jedem wieder anders bestimmt wird, sobald man von der allgemeinen Forderung auf greifbare Inhalte kommt. Es gibt keine Tat, die nur gut wäre. Sondern die Tragik des menschlichen Handelns liegt gerade darin, daß jede Tat, im Lichte des Ganzen betrachtet, Schuld in sich birgt, d. h., daß jede Tat einen tragischen Innengrund hat. Was ist die Tragik, die hier gemeint ist? Eben dies, daß in unserem Willen zwar das Streben liegt, so zu handeln, daß wir der ruhigen Überzeugung sein dürfen, recht gehandelt zu haben, d. h. im Einklang mit den innersten Gesetzen, die unser Leben bestimmen wollen. Daß wir aber durch Gehorsam gegen eine Forderung eine andere, die nicht minder Gehorsam von uns heischt, verletzen; daß wir Menschen im Grunde gar nicht anders als in der schmerzlichen Spannung dieses Widerspruches leben können. Dieses Schicksal gehört zum Menschsein als solchem. Dies ist der Sinn des Verses aus dem XVIII. Kapitel der Bhagavadgītā (48), der den ersten Kernsatz des Gedichtes enthält.

„Alles, was der Mensch anfaßt, ist mit Schuld behaftet *(sadoṣa)*, wie das Feuer mit Rauch."

Die Bhagavadgītā geht aus von dem furchtbaren Kampfe, der dem Arjuna bevorsteht. Aber sie betrachtet diesen Kampf nur als ein besonders eindrucksvolles und klar belichtetes Beispiel der Tragik des Menschenwirkens überhaupt. Seiner innersten Natur nach ist nicht nur jedes menschliche Wirken, sondern das ganze Leben ein tragischer Konflikt und jede Tat ist, im Zusammenhang gesehen, ein Moment dieses Konfliktes.

Das Wort, das für diese Verflechtung alles menschlichen Wirkens mit Schuld gebraucht wird, *sadoṣa,* enthält in sich das Hauptwort *doṣa,* abgeleitet von der Wurzel *duṣ*. Diese Wurzel bedeutet aber „böse, gebresthaft, unheilbehaftet, schuldig sein". Versuchen wir dieses Wort in seinem vollen Umfange zu verstehen, so zeigt sich uns ein vierfacher Aspekt dieser *doṣa*-Verflechtung der menschlichen Tat.

Einmal dies: jede Tat ist unvollkommen. Kein menschliches Wirken ist ganz rein. Vornehmlich durchdringt die Ichhaftigkeit das Wesen des Menschen so ganz, daß seine Taten nur in seinen größten Augenblicken davon nicht gefärbt sind.

Dann aber steckt in *sadoṣa* dies: Alles Leben ist Raub an einem andern Leben. Wir können nicht einmal unser leibliches Dasein fristen, ohne daß wir beständig Leben zerstören. Jeder Aufstieg zu einer höheren Ebene menschlichen Daseins geschieht dadurch, daß wir anderes Leben, das darangegeben wird, opfern, oft sehr gegen dessen Willen. Und wenn Schiller die Welt vollkommen sein läßt überall, wo der Mensch nicht hinkommt mit seiner Qual, so ist dies eine eng beschränkte Ansicht. Die qualvolle Bewußtseinsspiegelung der durchgängigen Tragik des Lebens im menschlichen Gemüte ist keine andere Seinsart, nur eine andere Erlebnisart vom Leben. Wer in den menschenleeren Urwald hineinlauscht, hört die Schreie der gejagten und sterbenden Beute der Stärkeren schaurig durch die Nacht tönen. Und Millionen von Wesen werden jeden Augenblick in stummem Opfergang für das vorwärtsstrebende Leben vernichtet.

Ferner aber werden wir durch die Tat in den Schuldzusammenhang des gesamten menschlichen Daseins und in dessen Schmutz einbezogen. Wir werden hineingerissen in den großen Wirbel der Leidenschaften.

Die Kräfte der Seele werden nach außen gedrängt in tausend Strebungen. Die Organe hängen sich an die Welt mit saugender Begierde. Auch werden wir umhüllt und befleckt von den Niederungen menschlicher Art. Wer wirken will, ist zwar bereit, seine beste Kraft in den Dienst zu stellen und die höchsten Ziele anzustreben. Aber Unverstand und Gemeinheit hemmen ihn auf allen Seiten und führen ihn nur zu oft in Versuchung, sich mit anderen Mitteln als den besten durchzusetzen. Taktik trübt sein reines Wollen, Kompromisse verdunkeln seine hohen Ziele. Und selbst wenn er diesem entgehen sollte, verjocht ihn seine Tat mit allem Niedrigen der Menschen, das er leidend ertragen oder starkwillig bekämpfen muß. Dies nennt die Bhagavadgītā die Bindung, oder die Befleckung durch die Tat.

Endlich aber wird der Mensch nach indo-arischer Anschauung durch seine Tat in das „Werkgesetz" in *karman* eingezwungen. *karman* bedeutet zunächst einfach „Tat, Werk", dann aber auch das Werkgesetz, das diesen Sinn hat: jede Handlung ist Teil einer Ursachenkette und trägt in sich wiederum die Ursache zu künftigem Geschehen nach einem alles durchdringenden ethisch-kosmischen Gesetze. Die Entsprechung von Art einer Tat und der daraus sich ergebenden Wirkung ist von jener Gesetzmäßigkeit unbedingt geregelt. Durch sie wird der handelnde Mensch von Zustand zu Zustand, von Tat zu Tat, von Geburt zu Geburt, von Existenz zu Existenz getrieben. Das Gesetz ist unerbittlich und der Mensch bestimmt sein Geschick selbst mit durch sein Wirken. Der Tod ändert daran nichts, denn in der Seele des Menschen ruhen die „Werkreste", d. h. die unbewußten Wirkungen seines Tuns, die in jeder neuen Geburt rege werden und das Sein und Handeln des Menschen mitgestalten. So hat das „Werk" Folgen unendlicher Tiefe und Dauer.

Es soll hier nicht vergessen werden, zu sagen, daß dieser Glaube an das Werkgesetz nicht etwa als starrer Determinismus verstanden werden darf, der zum Fatalismus führt. Im Menschenwesen wirken noch andere, geheimnisvollere Kräfte als sein eigenes Tun. Das ist die Urnatur mit ihrer Güte, die den Menschen nicht läßt. Es ist der Gott, der in allem waltet und dessen Gegenwart in unbegreiflichem Wirken des Menschen sich annimmt. Und es gibt einen Weg heraus aus dem Rad der Geburten, wenn er auch schwer zu gehen ist. Jedoch dies bleibt: der Mensch lebt in einer strengen Verkettung und jede Tat beweist ihm neu, daß nur ein Unbegreifliches sie brechen kann, die Erfahrung des *puruṣa.*

Die weitere Entwicklung des religiösen und philosophischen Problems in der Bhagavadgītā von dem oben angeführten Kernsatz aus kann ganz nur von der indischen Sicht her verstanden werden, wo die Neigung zur Weltabkehr besonders stark ist.

b) Die Überwindung der Tragik menschlichen Daseins und Wirkens durch die schöpferische Tat

Wenn es so ist, daß alles, was der Mensch anfaßt, mit Schuld behaftet ist, so scheint der beste Weg zum Seelenfrieden der zu sein, sich von der Welt zurückzuziehen und sich in Enthaltung vom Wirken der Beschauung jenes Letzten Unbegreiflichen hinzugeben. Dieser Weg des *a-karman,* der „Tatlosigkeit", wird von vielen hoch gepriesen. Aber gerade gegen diesen wendet sich die Bhagavadgītā mit Entschiedenheit als gegen einen Irrweg. Darum kann die Flucht vor der Tragik des Lebens durch Tatlosigkeit nicht zum Ziele führen. Man müßte ja dann dem Leben selbst entfliehen. Denn das Leben wird nicht da und dort durch besondere Konflikte tragisch, es ist selbst in seinem Wesen so:

> „Keiner kann auch nur einen Augenblick bestehen, ohne zu wirken. Wird doch jeder zur Tat getrieben durch die ihn bildenden Weltstoffenergien *(guṇas)* der Urnatur" (III, 5).

Leben heißt handeln. Und Handeln ist tragisch. Da, wo die Tragik aufhört, hört nach indo-arischer Anschauung Welt- und Menschsein überhaupt auf.

Die Unmöglichkeit der Flucht vor der Tragik des Lebens ist für dieses Denken unbedingt. Wer unter der Last der Tragik zusammenbricht und freiwillig aus dem Leben scheidet, wird zwar nirgends verdammt, aber es wird klar genug betont, daß dies kein Entfliehen aus der Tragik des Lebens ist, sondern nur ein Wechsel des Schauplatzes. Im Grunde ist es Flucht. Und des Geflüchteten wartet eine neue Geburt. In einem andern Dasein hat er die Aufgabe zu lösen, die ihm hier zu schwer war. Vorbei an der Meisterung dieser Tragik gibt es keine Menschwerdung. Denn diese geschieht nur dadurch, daß der Mensch lebt und recht lebt. Solange er an dieser Tragik scheut oder zerbricht, führt ihn die Urnatur von Geburt zu Geburt – um seiner selbst willen. Denn die Urnatur läßt keinen untergehen in dem Wirbel des Weltgeschehens. Und der Gott wartet eines jeden, bis er zur Freiheit des „Menschen-an-sich", bis er zu seinem Selbst gelangt ist. Die Meisterung der Tragik, die dem Leben wesentlich eingeboren ist, ist nichts anderes als die Ersiegung und Behauptung des Selbstes, das göttlicher Natur ist, zu unbedingter Freiheit und Selbständigkeit. Aus dem Ringen mit der Tragik des Lebens, die den Menschen schwer bedrängt, die ihn in bittere Notwendigkeiten einzwängt, erlebt der Mensch jene schweren Erschütterungen seines leiblich-seelischen Gefüges, durch die er in Schmerz und Lust des Daseins das Verborgenste in sich entdeckt, jenes Verborgene, das bei dem nicht Ringenden und nicht Erschütterten in dumpfem Schlummer liegt.

Da aber der Mensch nur durch die Tat in des Lebens schaffenden Zusammenhang ganz eingefügt wird, springt der zweite Kernsatz der Bhagavadgītā mit Notwendigkeit aus dem Wesen des Welt- und Menschseins klar hervor: Nur durch die Tat schreitet der Mensch zur Überwindung des tragischen Tatverhängnisses. Nur durch das Wirken wird des Lebens Tragik überwunden. Darum setzt die Bhagavadgītā dem oben angeführten Vers den andern voraus:

„Du sollst das Werk, das dir nach deinem Wesen zugeordnet ist, nicht verleugnen, o Sohn der Kuntī, auch wenn es mit Schuld behaftet ist."

Wer dazu nicht den Mut hat, der muß am Leben verzweifeln und wird nie am Leben genesen von seiner lastenden Tragik zur Freiheit des göttlichen Selbstes.

Der Ausdruck, der diese Befreiung von der Last und dem Hemmnis des Schuldverhanges menschlichen Wirkens bezeichnet, ist *naiṣkarmyam* (III, 4; XVIII, 49). Das ist „Freiheit von der Werkverhaftung", das Heraustreten aus *karman,* wobei das Wort *karman* in seiner Bedeutung als Tat im Sinne schuldverhängten Wirkens und in seiner Bedeutung als zwingendes Werkgesetz der Entsprechung genommen wird. Zwar steht jede Tat, auch die Tat des zur Freiheit des Selbstes Genesenen, in dem tragischen Schuldverhang alles menschlichen Seins und des Lebens überhaupt. Aber der aus der Freiheit seines Selbstes Handelnde wird durch diese Verkettung nicht mehr gebunden noch „befleckt". Sein Selbst lebt in dem Raum der überweltlich reinen Freiheit. Das Wort *naiṣkarmyam* ist eine Neuprägung aus der Zeit der Bhagavadgītā und enthält eine Spitze gegen *akarman* „das Nicht-Werk, das Aufgeben des Wirkens" als den Weg zur Freiheit, der so hoch gepriesen ward. *akarman* ist ein Negatives, das darum auch zu einem Negativen führen muß. *naiṣkarmyam* aber ist streng positiv, eine im Leben erwirkte Errungenschaft, die das an innerer Freiheit als Wirklichkeit verbürgt, was von *akarman* vorgetäuscht wird. *Durch Weltflucht werden wir nicht verwandelt.* Wir bleiben, wenn unser Wesen unfrei ist, auch in der Weltflucht gleichermaßen unfrei. Zu Freiheit erlöst nur die Tat. Im Wirken, im rechten Wirken müssen wir sie erringen. Denn im Wirken, das tief im Grunde gesehen, ein Kämpfen, ein Ringen mit den Widermächten ist, werden die Mächte lebendig, die uns von allen Bindungen befreien. III, 4 ff.:

„Nicht durch Enthaltung vom Werk gelangt der Mensch zur Freiheit von der Werkverhaftung, noch erreicht er die Vollkommenheit durch Weltflucht."

„Kann doch keiner auch nur einen Augenblick bestehen, ohne zu wirken, und jeder wird selbst ohne seinen Willen zum Werk getrieben, solange noch die *guṇas* der Urnatur ihn bilden."

„Sitzt einer da und legt die Tatorgane lahm und hängt mit seinen Sinnen an den Sinnendingen, verwirrten Selbstes, so heißt er ein dem Trug Verfallener."

„Wer aber seine Sinne mit seinem Geiste streng in Zucht nimmt, und so das Werk mit seinen Tatorganen anfaßt, o Arjuna, frei von dem Hang nach Nutzen, der ist ausgezeichnet."

„Wirke die Tat, die dir aufgetragen. Denn Tat ist besser als Nichttat und auch der Fortbestand des Körpers kann nicht erhalten werden, ohne zu wirken."

. . . .

„Denn durch die Tat allein gelangte Janaka und all die andern Weisen zur Vollkommenheit. Darum mußt du, auch wenn du nur den Fortgang der Geschichte im Auge behältst, handeln."

„Denn was ein Edler tut, tun auch die andern, der Maßstab, den er schafft durch seine Tat, dem folgt die Welt."

„In mich senk' all deine Werke ein mit einem nach innen gesammelten Gemüte, frei von Erwartung, ohne Eigennutz. So kämpfe als einer, der vom wilden Fieber frei geworden ist."

„Die Menschen, die diese meine Lehre immerdar befolgen, gläubigen Herzens, ohne Groll, die werden auch durch ihre Tat befreit."

c) Das Wesen der rechten Tat

Bei der Frage nach dem Wesen der rechten Tat liegt der Nachdruck nicht auf einzelnen Eigenschaften oder gar auf moralischen Vorschriften, sondern auf dem ethischen und metaphysischen Grundcharakter des „Werkes" überhaupt. Soll die Tat uns von der Tragik des Lebens entlasten und zur Freiheit führen, so gilt es in erster Linie, das „Werk", d. h. das tätige Geschehen in der Welt in seinem innersten Wesen zu erfassen. Der Blick, der an der Oberfläche haftet, sieht am Werk in erster Linie das, was es wirkt, die „Frucht", die erreicht werden soll. Diese Einstellung auf die Frucht oder den Nutzen vom Werk nennt die Bhagavadgītā *phalasaṅga* „Hang nach Frucht". Sie müht sich, in immer erneuten Anläufen uns klarzumachen, daß damit die inneren Kräfte auf den falschen Punkt gerichtet sind. Das Hängen am Nutzen, der aus dem Werk erwachsen soll, das Verlangen nach Frucht raubt dem menschlichen Handeln seine befreiende Kraft. Er verstrickt sich durch sein Handeln nur immer tiefer in Gebrechen und Schuld. Die schaffenden Lebensströme rauschen ungefaßt an ihm vorbei, weil sein Hang nach Nutzen ihn vom Kraftzentrum des Werkes weg auf ein Neben und Außerhalb der Tat führt. Dieser Hang saugt seine besten Kräfte aus dem Herzen seiner Tat. Dies ist eine Erfahrung, die wir selber immer wieder machen müssen. Nichts verstreut unsere Kräfte bei unserem Handeln so sehr wie das Haschen nach Erfolg und Nutzen oder der Gram über Mißerfolg und Nutzlosigkeit. Solange wir auf Nutzen den Blick richten, solange wir Anerkennung und Erfolg suchen und darum immer im Wirken auf das Draußen zielen, wird nie unsere ganze Kraft gesammelt auf die Handlung selber, auf das Werk, so daß wir restlos in der Tat, die von uns im Innersten gefordert wird, untertauchen, wie das Kind in seinem Tun, das diesem seine ganze, ungeteilte Seele gibt und so Willen und Sein in den Augenblick des gewirkten Wirkens einströmen läßt. II, 47 ff.:

„Mit dem Werke hast du es zu tun, niemals mit der Frucht der Werke. Sei keiner von denen, die um des Nutzens willen handeln. Laß dich auch nicht verführen zur Untätigkeit."

„Im Yoga stehend tue dein Werk und gib den Hang nach Nutzen auf, o Schätzeerbeuter. Bleibe der gleiche in Erfolg und Mißerfolg. Dieser Gleichmut heißt Yoga (Zügelung)."

„Weit wichtiger als die Handlung ist *buddhi-yoga*, o Schätzeerbeuter. In der *buddhi* nimm deine Zuflucht, erbärmlich sind die Nützlichkeitskrämer."

Oder XII, 12, wo der adelig ohne Hang nach Nutzen Wirkende als der Höchste gilt:

„Denn höher als Übung (*abhyāsa*, vgl. oben S. 240) ist Erkenntnis. Über der Erkenntnis steht das tiefe Sinnen *(dhyāna)*. Aber höher als das tiefe Sinnen ist Verzicht auf Werkfrucht. Denn aus diesem Verzichte folgt der letzte Frieden."

III, 19:

„Darum vollbringe ohne Hang nach Nutzen das Werk, das zu wirken ist. Der Mensch, der ohne Hang nach Nutzen sein Werk vollbringt, erreicht das höchste Ziel."

Von dem so Wirkenden, der sich auch nicht mehr zu kümmern hat um das Urteil der Menge, sondern sein Werk tut als vom Innersten her bestimmt, heißt es II, 50:

„Der im Gemüte Gezügelte *(buddhiyukta)* schreitet hinaus über beides: das (landläufige) ‚Gut-getan' und ‚Bös-getan'. Darum übe die Zügelung. Die Zügelung gibt Geschicklichkeit zu allen Werken."

Der Yogin, „der Anjochung Übende", ist nicht der, der meint, in tatenloser Beschauung sein Gemüt „anjochen" zu können, um so zum ewigen Frieden zu gelangen, sondern der, der mit gesammeltem Gemüte, mit ganzer Hingabe und Festigkeit das ihm von den weltschaffenden Mächten aufgetragene Werk vollbringt. Erst wer so sein Werk tut, dem Weltwerkwillen streng gehorsam, findet dann auch den Weg zu jenen stillen Stunden der Beschauung, die keine Flucht mehr aus dem Leben sind, sondern dessen Vollendung, weil das Werk gewirkt ist. Und aus dieser Beschauung kehrt der „Yogin" geklärt und gestärkt zum Werk zurück, bis die stillste Stunde zu ihm kommt, in der er eingeht in den ewigen Lebensgrund, in den Gott.

VI, 1:

„Wer ohne nach Nutzen zu gieren, das Werk wirkt, das zu wirken ist, der ist ein ‚Entsagender', ein ‚Yogin'. Nicht, der kein Feuer mehr schürt, der untätig ist."

XVIII, 2:

„Die Dichter besingen das Aufgeben der begierdeerfüllten Werke als die erlösende Entsagung. Die Weisen jedoch verkündigen den völligen Verzicht auf Werknutzen als den Weg zum Heile."

XVIII, 9:

„Wenn einer das Werk wirkt, das ihm aufgetragen ist, indem er jede Sucht nach Nutzen fahren läßt, so ist das der ‚Verzicht', der entspringt aus der lichten Weltstoffenergie." (Die lichte Weltstoffenergie *[sattva]* ist die Kraft vollendeten Seins und Wirkens.)

XVIII, 26:

„Der Täter, der frei ist vom Hang nach Nutzen, der verlernt hat, von sich zu reden, der Festigkeit besitzt und Ausdauer, der bei Erfolg und Mißerfolg sich gleichbleibt, heißt der Täter der lichten Weltstoffenergie."

Daraus folgt dann von selbst die von der lichten Weltstoffenergie durchdrungene Tat. Wer völlig vom Nützlichkeitsstandpunkt befreit ist, der erst ist fähig, so zu handeln, daß das aufbauende Werk der schöpferischen Weltmächte durch ihn geschieht. Das Bestimmende des recht Handelnden ist nicht sein augenblicklich subjektiver Wille, sondern die Substanz, aus der heraus er handelt. Alles wird hier auf eine innerste Haltung zurückgeführt, auf die Grundquellen der menschlichen Tat. So und nur so wird die Tragik menschlichen Daseins und Wirkens gemeistert. Wer in seinem Wirken nichts mehr für sich will, nur dem ewigen Gestaltwillen *(prakṛti* und *īśvara)* dienend, der führt in Geschehen und Wirken lösend-schöpferische Kräfte ein, die ihn selbst aus aller Werkverkrampfung lösen und da, wo Wirken tragisch sein muß, die Mächte des Opfers und der Liebe herbeirufen, in denen alle Tragik schöpferisch wird.

d) Kampf und Opfer als die Kernbeispiele rechter Willenshaltung bei der Tat

Es gibt zwei Arten menschlichen Handelns, in denen die hier verlangte Haltung des gänzlichen Verzichts auf Nutzen aus dem Werk am reinsten sich kundtut. Das ist der Kampf und das Opfer. Die Bhagavadgītā geht ja in ihrer Metaphysik der Tat, wie wir gesehen haben, vom Kampfe, dem „Werk" des Kriegers aus. Von brahmanischer Seite aus wird dann das Opfer unter dasselbe Licht gestellt, und zwar mit Recht. Denn Kampf und Opfer sind in ihrem tiefsten Wesen eng miteinander verwandt. Der Kampf in der Schlacht ist der Einsatz des ganzen Menschen, aller seiner Kräfte, ohne Gewähr, daß ihm aus dem Einsatz ein persönlicher Nutzen erwächst. Es ist Hingabe an das Werk in vollendetster Zusammenfassung aller Kräfte, eine Hingabe an das Ganze für das Ganze ohne Rücksicht auf das Eigene. Was aus seinem Werke folgt, kommt ja nicht mehr ihm persönlich zugute, auch wenn es dem Ganzen dient. Und der wahre Kämpfer ist doch der, der im Augenblick des Kampfes selbst noch das fernste Ziel vergißt und seine Kräfte im fordernden Augenblick verzehrt.

Auch das rechte Opfer, das den ewigen Mächten mit frommem Sinn dargebracht wird, muß in das Unsichtbare hineingeopfert werden, dessen Wirkungsgesetze wir nicht kennen, von dem der Mensch einen errechenbaren Nutzen auch nicht erwarten kann. Das rechte Opfer ist Hingabe an das Allwaltende, das mit diesem Opfer tun kann seinem Willen gemäß. Nichts darf der Mensch verlangen, nichts erwarten. Für den unerleuchteten Alltagssinn ist es verlorenes Gut. Der Erleuchtete allerdings weiß, daß kein Opfer ohne Wirkung bleibt im großen Sein und in dem eigenen Leben. So wird der Mensch im Opfer ganz auf das nicht vor Augen Liegende gerichtet. Die innersten Kräfte werden in ihm rege und dies macht den Weg frei in der Tiefe seines Herzens für jene Weltkräfte, welche die Indo-Arier Götter nannten, daß sie wirken können. In der indo-arischen Opfertheorie ist es so ausgedrückt: Das Opfer bewegt die Götter, regt sie zum Schaffen an, macht ihnen das Schaffen erst möglich im Kosmos und in der Geschichte. Durch das Opfer wird das wirkende Leben der Welt erhalten. Wer recht opfert, zweckfrei, kraftergriffen, der wirkt die rechte Tat, dringt durch zur Weite göttlicher Befreiung. III, 9 ff.:

„Gebunden wird der Mensch von jedem Werk, es meine denn Opfer. Darum tue Werk im Opfersinn, o Sohn der Kuntī, frei vom Hang nach Nutzen."

„Als vor uralters der Schöpfungsherr die Geschöpfe schuf, schuf er sie zusammen mit dem Opfer und sprach: ‚Durch dieses sollt ihr euch fortpflanzen, dies sei eure Wunschkuh'."

„Durch dieses belebt die Götter, durch diese sollen die Götter euch beleben. Indem ihr euch so im Kreise belebt, werdet ihr das höchste Heil erwirken."

„Die Götter, vom Opfer belebt, werden euch eures Herzens Wünsche gewähren. Wer aber das Gut, das sie euch reichen, opferlos hinnimmt, der ist ein Dieb."

„Wer ißt, was von dem Opfer bleibt als Rest, wird los aller Elendigkeit. Wer aber für sich selbst nur kocht, der ißt als Übeltäter Unheil." (Vgl. oben S. 23 ff.)

„Aus der Nahrung entstehen die Wesen und aus dem Wetter kommt die Nahrung. Doch dieses entsteht aus dem Opfer. Das Opfer aber hat im Werke seinen Ursprung."

„Das Werk hat seinen Ursprung in *brahman,* dies wisse. Das *brahman* hat seinen Ursprung in dem Unvergänglichen *(akṣaram).* Als Allesdurchdringendes ist das *brahman* im Opfer fest gegründet und durchdringt alles."

Hier ist die alte Opfertheorie, nach der die Götter vom Opfer zu ihren Taten ermächtigt werden, symbolisch gewendet. Durch die Opfertat, d. h. die völlige Hingabe im Werke (das Opfer hat im Werke seinen Ursprung), werden die verborgenen Schaffensmächte rege. *brahman* selbst, der ewige Lebensgrund, wird zu seiner allesdurchdringenden Wirksamkeit im Opfer lebendig. Wer Opfer bringt, ist einbezogen in jenen großen Schaffenszusammenhang, der die Welt trägt und Geschichte wirkt. Die Bhagavadgītā bleibt nicht stehen bei moralischen Vorschriften, sondern dringt zu den metaphysischen Gründen des Geschehens vor. Diese aber sind *prakṛti, īśvara* oder *puruṣa* und *brahman.* Alle diese Begriffe werden aber hier in einer höchsten Einheit, dem *akṣaram*, zusammengefaßt. Dies ist das Letzthin-Wirkliche, aus dem sich alles Wirken entfaltet [4]). Nicht selten gerät die Bhagavadgītā hier in mystisch dunkle Verse, deren Sinn sich aber uns erhellt, sobald wir die Gesamtart der Bhagavadgītā einmal begriffen haben. IV, 23 f.:

„Wer den Hang nach Nutzen überwunden hat, wer befreit ist, wessen Herz in der Erkenntnis ruht, wer sich dem Opfer widmet, des *karman* löst sich völlig auf. (Hier ist *karman* die Verkettung in das Werkgesetz.)

„*brahman* ist das Darbringen, *brahman* der Opferguß, das *brahman* wird im Feuer von *brahman* geopfert; das *brahman* ist es, durch welches das *brahman*-Werk erreicht wird in der Entfaltung.“

Und der Gott sagt von sich VIII, 4:

„Das Opfer, das im Innern wirkt, bin ich hier in diesem Körper, o Bester der Körperträger.“

Also ist der Wille und die Fähigkeit, Opfer zu bringen, Werk zu wirken in voller Hingabe, der Gott selber in uns, der uns als seine Organe benützt. Wo Opferwille sich regt, da kündet sich des Gottes Gegenwart an, wo einer sich opfert, ist Er selber da.

So wundert es uns nicht, daß schließlich der Gott als das große Beispiel des rechten Handelns hingestellt wird. III, 22 ff.:

„Nichts gibt es, o Sohn der Pṛthā, das ich tun müßte in den drei Welten. Nichts, das ich noch nicht erreicht hätte und erreichen müßte. Und trotzdem bin ich immerdar am Werke.“

„Denn wirkte ich nicht ohne Ermüden, o Sohn der Pṛthā, so folgten die Menschen meiner Spur an allen Enden.“

„Wenn ich das Werk nicht wirkte, würden alle Welten aufhören. Und ich würde der Urheber kosmischer Verwirrung, würde die Wesen hier in die Vernichtung stürzen.“

„Darum, wenn die Toren ihre Werke wirken, um Nutzen zu erlangen, so soll der Weise wirken ohne diesen Hang, nur darauf bedacht, dem Fortgang des Geschehens zu dienen.“

In diesen Versen zeigt sich übrigens die unbedingte Lebensbejahung der Bhagavadgītā deutlich. Das Ende des Geschehens, ehe das Notwendige erfüllt ist, wird als Verwirrung empfunden. Darum wirkt der Gott: daß Sein sei, Leben und Gestaltwerdung. Dieses göttliche Wirken erhält das Sein und wirkt die Welt. Und nichts will der Gott nach der Auffassung der Bhagavadgītā, weder seine Ehre, noch sonst ein Gut; hat er doch alles in sich selbst. Er will nur wirken, weil er wirken muß.

An diesem Beispiel schule sich der Mensch. Er wird in diesen Versen aufgerufen zu der göttlichen Selbstlosigkeit, in welcher der Mensch das tatsächliche Muß des Lebens und Wirkens bejaht als ein von letztem Willen Bestimmtes. Der Nutzen, der ihm aus diesem Werk erwachsen soll, ist verschlungen von der Hingabe an den Weltwillen, der über alle ichhaften Wünsche und Ziele hinweg Geschichte wirkt in seiner majestätischen Unnahbarkeit.

Es kann keine Frage sein, daß die Wirkung der Hingabe in dieser göttlichen Selbstlosigkeit eine Lebens- und Schaffensenergie auslöst, die den Menschen befreit von allen Berechnungen und Erwartungen, und seine Kraft und Einsicht sammelt auf das Eine, das Herz der Tat. Diese tatwirkende innere Sammlung, diese kraftgesammelte Tat ist aber auch ein Mittel, innerlich in Ordnung zu kommen. Die „Tat ohne Hang" ist nicht nur ein gehorsames Wirken in dem großen Muß des Weltlaufs, das seinen eigenen Sinn hat, sondern auch der Weg zur Befreiung aus Bindungen, die nicht anders als durch die rechte Tat überwunden werden können. Rechte Tat aber entspringt aus einer tiefgreifenden Bildung des Gemüts, aus der Polarität von Einkehr und Welthinkehr, aus einer unbedingten Hingabe an die Gottheit. Das ist der wahre Yoga nach der Auffassung der Bhagavadgītā.

e) Die letzthinnige Voraussetzung für das rechte Werk:

Der Durchbruch zum Selbste

Die Ersiegung des Selbstes ist nach der Bhagavadgītā das Ziel der Menschwerdung. Wer es nicht erreicht, gelangt auch nicht zu seinem Werke.

Die innere Welt des Menschen ist ein großer Kosmos, in dem das Selbst als erhabene höchste Realität wohnt und lenkt. III, 42 f.:

> „Hoch erhaben nennt man die Sinne. Höher als die Sinne ist der Verstand. Über dem Verstande steht das Gemüt. Der aber höher ist als das Gemüt, das ist Er." (Der *puruṣa.)*
>
> „Wenn du zu ihm erwacht bist und dein Selbst mit deinem Selbste gefestigt hast, kannst du den Feind besiegen, o Starkarmiger, der schwer zu berennen ist, die Welt der Begierde."

Dieses Selbst ist der stille Lenker und Lichtgeber der inneren Welt. VI, 18 ff.:

> „Wenn einer seine innere Welt gezügelt hat und im Selbste steht, wenn er ganz befreit ist von dem Verlangen nach den Gegenständen der Begierde, dann wird einer ein Gezügelter genannt."
>
> „Wie eine Flamme an einem windgeschützten Orte, die nicht flackert – dies Gleichnis ist uns überliefert vom Selbst des Yogin, der seine innere Welt gezügelt hat und den Yoga übt des Selbstes."
>
> „Wo die innere Welt zur Ruhe kommt, durch Yoga-Übung streng bewältigt, wo einer im Selbste zufrieden weilt, das Selbst mit seinem Selbste schauend",
>
> „wo einer die überschwengliche Lust kennt, die alle Sinne übersteigt und nur vom Gemüt noch ergriffen werden kann, der steht fest und wankt nicht mehr vom Wesen."
>
> „Wo einer den Gewinn erlangt, in dessen Besitz er weiß, daß keinen höheren es gibt, wenn er in ihm feststehend auch nicht von einem

harten Schmerze wankend gemacht wird, das ist ein Yoga, der Befreiung ist vom Schmerzverhängtsein."

Solange der Mensch nicht zur Erfahrung dieses Selbstes durchgebrochen ist, ist sein Wesen verwirrt und sind seine Kräfte gestört. Die Unerlöstheit seines Selbstes wirkt sich hemmend und unheilvoll aus. Das Selbst ist gegen ihn, wenn er es nicht kennt und anerkennt, wie es auch der zuverlässige Freund und Helfer ist, wo es wirken darf mit seiner unversieglichen Lichtgewalt. Nun führt aber kein Weg zu ihm, als es selbst. Dies ist die Paradoxie der Schau des Selbstes. Es ist kein Gegenstand, der auf irgendeine Weise sozusagen außerhalb ihm selbst angeschaut werden könnte. Es ist ein Sein, in das man eintritt. Will man es schauen, so muß man es sein. Der Mensch muß zu einer zentralen Sammlung kommen, soll er zu ihm gelangen. VI, 5 f.:

„Mit seinem Selbst erfasse man das Selbst. Das soll man nicht niederhalten. Ist doch das Selbst des Selbstes Freund, ist doch das Selbst des Selbstes Feind."

„Das Selbst ist Freund des Menschen Selbste, durch den das Selbst mit Selbst ersiegt wird. Doch wer das Selbst nicht hat entdeckt, dem ist sein Selbst in Feindschaft waltend als ein Feind."

Auf die erlösende Wirkung, die von der Erfahrung des Selbstes ausgeht, ist schon oben hingewiesen worden. Wer nicht durchschaut zum Selbste und seiner kosmischen Tiefe, der richtet sein Augenmerk auf den unmittelbaren Gefühlscharakter und die Folge seiner Handlung, soweit dies ihn betrifft. Darum bleibt er ichhaft gebunden. Wer aber zum Selbste, zur seelisch-geistigen Tiefe, zum Innersten, zum überempirischen Sein durchdringt und dort jene abgründige Realität entdeckt, die er im Kerne ist, der wird hineingezogen in jene lichtstille Gemeinschaft, in der ihm Ruhe und Sicherheit zuströmt, völlige Befreiung von der Bindung an das Vorläufige. Er sieht nicht nur sich selbst, sondern auch sein Werk verwurzelt im Gesamten. So durchdringt ihn eine unerschütterliche Klarheit und Freiheit, sie löst die Knoten, befreit die Kräfte, stählt den Mut, läutert die Strebungen, weitet den Willen. Die Schau des Selbstes verbindet den Menschen in der Tiefe mit der Urmacht. Denn das Selbst ist die Gegenwart der Urmacht im vergänglichen Menschen. So wirkt das Selbst jene letzte Hingabe des Menschen an das Allwirken, und die radikale Gelassenheit der Gottnatur durchdringt Wesen und Werk. Da, wo diese Erfahrung in ihrer ganzen Tiefe und Wucht realisiert wird, wird keine Kraft mehr verbraucht, es sei denn auf das unmittelbare Geheiß des ewigen Lebensgrundes. So werden im Gottgeborgenen alle Kräfte frei für die Tat. Hier sehen wir den Wert der *puruṣa*-Metaphysik und -Erfahrung für die Tat. III, 17 ff.:

„Für den Menschen aber, der am Selbst sich freut, am Selbste Genüge findet, im Selbste zufrieden lebt, für den gibt es kein Muß mehr des Tuns."

„Er sucht keinen Zweck mehr, weder im Tun, noch im Lassen. Und kein Wesen ist ihm Mittel mehr zur Zweckerreichung."

„Darum wirke immerdar das Werk, das dir zu tun bestimmt ist, ohne Hang. Der Mensch, der ohne Hang das Werk wirkt, erreicht das Höchste."

Es sei hier nur noch angedeutet, daß am Problem des Selbstes und seiner Erfahrung das indo-arische Problem der Freiheit hängt. Unbedingt frei ist dies Selbst darum, weil es im Grunde gänzlich außerhalb der Zwangsverkettung des Weltgeschehens steht. Daß es trotzdem in ihm wirkt und durch es zu sich selbst kommt, ist ein schweres philosophisches Problem. Es ist die schwierige Frage, die auch Kant durch sein Postulat des intelligiblen Subjekts zu lösen versucht hat.

f) Der Widersacher des rechten Werkes und sein Gegenspieler

Der Mensch erlebt sich selbst als den Wirker seiner Werke. Die Tat liegt auf ihm als dem Verantwortlichen. In dieser Erfahrung tut sich sein Eigensein kund, seine Funktion als gestaltende Gewalt in der Geschichte. Die Bhagavadgītā tut dieser Überzeugung keinen Abbruch. Sie legt auf den Menschen die volle Verantwortung für sein Werk und stellt ihn vor die Tatsache, daß er frei ist, gutes und böses Werk zu wirken. Sie hat darum auch die Frage anfassen müssen, wodurch der Mensch sich zwingen läßt, dem Wirken der die Ordnung setzenden Weltmächte sich zu entziehen. Aber das Problem des Bösen ist von ihr nicht in moralphilosophischen Erwägungen behandelt worden, denen sie, wie überhaupt das indo-arische Denken, abhold ist; sondern sie hat versucht, in Bildern den Menschen eine Ahnung zu vermitteln von den metaphysischen Tiefen, in denen das Wirken und damit auch der Drang zum „Bösen" wurzelt. III, 36 ff.:

„Wodurch verjocht, o Sproß des Vṛṣṇi, gerät jener Puruṣa hinein ins Böse, selbst wider seinen Willen, gleichsam von einer Macht gezwungen?"

Der Erhabene sprach:

„Die Begierde und der Groll, die aus der glühenden Weltstoffenergie *(rajas)* stammen, große Fresser sind sie, ein großes Unheil. Wisse, daß sie hier die Widersacher sind."

„Wie das Feuer vom Rauch umhüllt wird, der Spiegel vom Schmutz getrübt ist; wie der Keim im Mutterschoß von der Eihaut umhüllt ist, so ist von ihm diese Welt *(idam)* umhüllt."

„Von ihm ist die Erkenntnis des Erkennenden umhüllt als von einem ewigen Widersacher. Von ihm, der in Form der Begierde erscheint, o Sohn der Kuntī, wie von einem trüben Feuer."

„Die Sinne, der Verstand und das Gemüt werden sein Sitz genannt. Durch diese verwirrt er, die Erkenntnis verhüllend, den Körperbesitzer."

„Deshalb, Bharatafürst, halte als erstes deine Sinne in Zucht und gehe an gegen das Unheil, das Erkenntnis und Wissen vernichtet."

Der Widersacher des *idam* (Vers 38), d. h. der Welt in ihrer diesseitigen Erscheinung ist also die glühende Weltstoffenergie *(rajas)* in ihrer menschlich eingeengten Form, die Begierde und Groll genannt wird. Sie sind es, die den Menschen in Sinnenwelt und Gemeinschaft ichhaft binden und darum die klare Erkenntnis, die zum rechten Werke führt, hindern. *rajas* ist auch die Weltstoffenergie, aus der alle große Aktivität entspringt und jede gewaltige Leidenschaft. Als solche ist sie Bildner der Welt in ihrem Drängen nach Sein und Geschehen. Aber da, wo sie im genußgierigen und in Ichhaftigkeit grollenden Menschen in ihrem freien Strömen aufgehalten wird, wird sie zur schweren Hemmung des Werkes. Diese Weltenergie verfängt sich sozusagen in Eigensucht des Menschen und wird so zum Widersacher des rechten Werkes, zum Unheil seines Daseins. Irgendwo in diesem ichbeschränkten Kreis muß also der Verursacher dieses Unheils sitzen. Wer es sei oder was, wird nicht gesagt. Dies bleibt ein undurchdringliches Rätsel. Es kann nur vom tätigen Menschen gelöst werden. Denn in der Tat erlebt der Mensch das Beglückende, daß er jenem Widersacher nicht hilflos preisgegeben ist – er kann ihn meistern. Der Grund dieser Meisterung liegt, wenn wir die Bhagavadgītā deuten wollen, in der Metaphysik des Weltwirkens überhaupt. *rajas* ist eine Wirkungsform der weltbauenden Urnatur, in deren mütterlicher Obhut alle Wesen werden und wirken und in die sie wieder zurücksinken. Warum sie jene Hemmung gewollt, bleibt ewig dunkel. Daß sie sie lösen will, liegt in ihrem Ziel begründet. Denn jeder ist berufen, zum Selbste zu genesen, und jeder wird dieses Ziel erreichen. Sie ist die Wurzel, aus der jene Hemmung wächst und die Kraft, die sie vernichtet. Das Böse, die Macht, welche den Menschen zwingt, einen anderen Weg als den der bauenden Tat und der inneren Befreiung zu gehen, ist eine Wirklichkeit der Erfahrung, deren psychologische und metaphysische Erklärung verdeckt bleibt. Aber ebenso wirklich ist die Bewältigung dieses Rätsels. Nicht durch theoretische Versuche der Enträtselung, sondern durch die Tat, die Ordnung wirkt und beweist, daß das „Böse" seinen Sinn hat im Gesamtwirken der Urnatur. *rajas,* in dem das Böse gründet, ist sie selbst in ihrer weltbauenden Gewalt und in ihrer hindernisschaffenden Vorsicht, die zur Freiheit des Selbstes führt.

Wir sind damit zu der Frage nach dem metaphysischen Grunde alles Wirkens überhaupt gelangt. Wer wirkt das Werk der Welt?

Die Antworten, welche die Bhagavadgītā auf diese Frage gibt, sind verschieden, je nach der religiösen und philosophischen Sicht der einzelnen Abschnitte, die teilweise verschiedenen Zeiten und Bereichen angehören. Doch liegen sie alle in derselben Richtung: der Wirker der schöpferischen Tat ist nicht der Mensch in seiner subjektiven Menschlichkeit. Er selber ist nur ein Teil in dem gewaltigen Schaffenswillen des Gesamten. Die tiefsten Wurzeln seines Handelns sind dort in jenen Tiefengründen des Weltwirkens. Dies ist der Sinn jenes Satzes IV, 17: „Der Gang des Werkes ist tief verborgen."

„Unter meiner Oberaufsicht gebiert die Urnatur was läuft und nicht läuft. Aus diesem Grunde, o Sohn der Kuntī, dreht sich die Welt im Kreise", sagt der in Kṛṣṇa inkarnierte Gott IX, 10.

An diesem Punkte enthüllt sich die unbedingte Lebensbejahung der Bhagavadgītā.

Der Gott hat das Rad der Welt ins Rollen gebracht durch die Urnatur, und diese Tatsache heischt Gehorsam:

„Wer das so ins Rollen gebrachte Rad nicht weiter dreht, schuldwirkend, an den Sinnen sich freuend, der, o Sohn der Pṛthā, lebt den Irrtum" (III, 16).

Der sichere Grund, auf dem stehend der Mensch ja sagt zum Leben und zur Tat, ist das Leben selber. Die Tatsache des Weltlaufs, in den wir eingeordnet sind, ohne daß wir uns für oder gegen die Einordnung hätten entscheiden können, ist unentrinnbare Forderung. So stark ist hier das Vertrauen in das Wirkliche, daß der zum Selbst Erwachte, statt viele Versuche zu machen, einen auch mit dem Verstand erfaßbaren Sinn des Daseins zu ergründen, um aus der Bejahung dieses Sinnes dann eine Bejahung des Lebens zu gewinnen, einfach die Tatsächlichkeit des Daseins selber, die ja nicht bestritten werden kann, hinnimmt als genügenden Grund, um sich zum Leben positiv zu stellen. Das Verhältnis des Menschen zum Leben und zur Welt ist hier nicht das der Gegenständlichkeit, das des Subjektes zu einem Gegenstande, den er zu betrachten, zu beurteilen und zu bejahen oder zu verneinen hätte aus freier Wahl, sondern das Sicheingeordnetfühlen, das Eingeordnetsein in einen Gesamtzusammenhang. Der Mensch ist nur so, daß er Glied eines Ganzen, des Lebens, der Welt ist. So gut er Welt und Leben als unverrückbare Tatsache vorfindet, findet er auch sich als Glied dieses Ganzen vor. Mit der Tatsache seines Seins ist auch die Tatsache seines Gliedseins und damit seiner Pflicht, als Glied zu wirken, gegeben. Der Mensch findet sich in dieser Welt vor als ein mit einer Aufgabe Betrauter, eben als Mensch. Dies ist die Wirklichkeit, die jedem als Erfahrung zugänglich ist. Und dieses Wirkliche trägt seinen Wert in sich, eben weil es wirklich ist. Darum wird auch nicht gefragt, ob das Dasein, das der Mensch als seine Aufgabe vorfindet, nützlich oder wertvoll, lust- oder leidvoll sei. Alle diese Gefühls- und Verstandesfragen verstummen vor der Tatsache der Aufgabe selber. Die Ehrfurcht vor dem Wirklichen ist so groß, daß es mit unbedingtem Ja in das ganze Wesen aufgenommen wird als etwas, vor dem es kein Infragestellen und auch keine Flucht geben darf, nicht geben kann, weil Wirklichkeit nicht der Wirklichkeit zu entrinnen vermag.

Die treibende Kraft bei dieser so unbedingt bejahenden Einstellung zur Welt und zum Leben in ihrer gegebenen Tatsächlichkeit ist eine positive Wertung der Welt und des Lebens von unerhörter Selbstverständlichkeit. Diese Wertung ist keine rational-hedonistische, sondern eine biotisch-metaphysische. Die Welt wird nicht darum positiv bewertet, weil sie von Lust und Glück erfüllt ist und einen mit dem Geist zu erfassenden „Sinn" hätte, sondern weil sie aus einem letzten Seins- und

Schaffensgrunde hervorgegangen ist, den der Mensch in sich selbst erlebt. Die Beziehung zu diesem Grunde, das ist zum ewigen Lebensgrund selber, ist eine unbedingt gläubige. Die Hingabe an die Welt als Wirklichkeit und als Forderung ist eine Hingabe an die letzte Wirklichkeit. Hier enthüllt sich die ausgesprochen religiöse Wurzel der indo-arischen Weltbejahung. Darum ist auch die Frage nach dem Weltgrund die entscheidende im indo-arischen Denken. Und die Wurzelung der Welt in diesem ewigen Weltgrunde ist Befreiung von allen Weltkümmernissen. II, 28:

„Im Unentfalteten (*avyakta*, ‚der ewige Weltgrund') haben die Wesen ihren Ursprung. Als Entfaltetes sind sie in ihrer Mitte, o Nachkomme des Bharata. Im Unentfalteten finden sie wiederum ihr Ende – wenn es so steht, warum soll dich dann Kümmernis befallen?"

Und den Menschen, die in diesem Auf und Nieder des Weltwerdens und Ent-werdens kommen und vergehen, ruft der Künder ewiger Wahrheit zu:

„Ewig ist der Körperträger, unangreifbar im Körper eines jeden, o Nachkomme des Bharata. Darum brauchst du um der vielen Wesen keines dich zu sorgen." (II, 30)

Weder im Werden, noch im Vergehen können sie aus jenem ewigen Lebensgrunde fallen, noch sich selbst je verlieren.

In der Bhagavadgītā wird schließlich alles auf den Gott bezogen. Der Gott hat zwei Erscheinungsformen in der Welt: die gröbere sinnlichseelische, zu der die Elemente gehören, aus denen die sichtbare Welt gebaut ist, sowie die seelischen Organe. Die andere höhere Erscheinungsform ist die unsichtbar erhaltende Weltenergie, die zum Leben der Welt gewordene Schaffenskraft *(jīvabhūta-prakṛti)*. In VII, 6 ff. bricht der Dichter aus in einen großen Lobgesang der Selbstoffenbarung des Ewig-Schöpferischen:

„Begreife dies als aller Wesen Mutterschoß: Ich bin der Ursprung des ganzen Alls und sein Vergang."

„Kein anderes gibt es, o Schätze-Erbeuter, das höher wäre als ich. In mich ist dieses ganze Weltall eingewoben, wie die Perlen an den Faden."

„Im Wasser bin ich der Saft, o Sohn der Kuntī, der Glanz in Mond und Sonne. Die heilige Silbe *om* in allen Veden. Die Energie des Tones in dem Luftraum. In den Menschen bin ich das Menschsein."

„Der feine Ruch der Erde bin ich, die Glut im Feuer, das Leben in den Wesen allen, Asketenglut in den Asketen."

„Erkenne mich als ewigen Keim in allen Wesen, o Sohn der Pṛthā. Die Einsicht bin ich in den Einsichtsvollen, die Würde in den Würdigen."

„Die Stärke in den Starken bin ich, die frei ist von Begier und Lustverlangen. Ich bin der Liebesdrang in allen Wesen, der nicht der Ordnung widerstreitet, o du Bharata-Held."

In X, 19 ff. wird dieses Thema erweitert und vertieft:

„Wohlan, ich will dir künden die göttlichen Entfaltungen meines

Selbstes, o Kuru-Bester – das Wichtigste davon – denn grenzenlos ist meine Ausbreitung im All."

„Ich bin das Selbst in allen Wesen, o du mit dem Haarknoten. Ich bin der Anfang, die Mitte und das Ende der Wesen."

„Ich bin die Zucht der Zähmenden, bin die Führung in denen, die zu siegen wünschen. Ich bin das Schweigen der Geheimnisse, bin die Erkenntnis der Erkennenden."

„Und was der Keim in allen Wesen ist, das bin ich, o Arjuna, ohne mich ist nichts, das ist, was sich bewegt und nicht bewegt."

„Meiner göttlichen Entfaltungen ist keine Grenze, o Feindebedränger. Ich habe jetzt von der Ausdehnung meiner Entfaltungen nur in Andeutungen gesprochen."

„Was immer sich entfaltet, seinsgefüllt, heildurchdrungen, energiegeladen, das wisse, ist hervorgegangen als Teil aus meiner Glanzkraft."

In rhythmisch sich wiederholenden Epochen gerät durch die Zerrüttung der Lebensstände die Welt in Unordnung, so daß ein außerordentliches Eingreifen der weltlenkenden Mächte nötig ist. Dies sind die großen Revolutionen, die Erneuerungsepochen der Völker- und Kulturgemeinschaften, die dem gläubigen Menschen als eine unmittelbare Offenbarung des Ordnung und Erneuerung wirkenden Gottes erscheint. IV, 6 ff. sagt der Gott in der Gestalt des Kṛṣṇa:

„Zwar bin ich ungeboren, unvergänglichen Selbstes, Herr der Geschöpfe. Doch nehme ich Urnatur an mich als meine Erscheinungsform und trete ins Dasein ein durch die Wunderbaukraft meines Selbstes" *(ātmamāyā).*

„Wenn je und je die Ordnung welk wird, o Nachkomme des Bharata, und Unordnung ihr grausig Haupt erhebt, dann erschaff' ich mich neu in der Welt."

„Zur Errettung der Guten, zur Vernichtung der Übeltäter, um die Ordnung wieder aufzurichten, trete ich von Weltzeit zu Weltzeit ein ins Dasein."

Der Gott läßt seine Welt nicht. Darum soll auch der Mensch den Gott nicht lassen. Er ist Walter der Ordnung in seinem Auftrag und in diesem Auftrag stehend wirkt er in Ruhe.

Und in Kapitel XI sieht Arjuna die gewaltige Vision, in der ihm das Weltall mit all seinem Geschehen als der Gott erscheint, der dies alles ist, und der sich dem Schauenden eint.

Der alles wirkende Täter ist der Gott selber. Der Mensch ist Werkzeug, der in Ehrfurcht und Verantwortung die Tat tut, die der Gott will.

Wenn nach dem Weg gefragt wird, auf dem der Mensch zu diesen Antworten gelangt, so ist die Bhagavadgītā hier ganz deutlich: Es ist nicht der Weg der Spekulationen, noch rationaler Schlußfolgerungen aus gegenständlicher Betrachtung, sondern der Weg lebengewirkter innerer Schau. Der Mensch selber ist bis in die Tiefe dieser Wirklichkeit mit einbezogen. Dort spürt er den Weltkeim wirken wie überall. In seinem eigenen Sein und Gewirktwerden erlebt er den Lebensgrund, der alles wirkt, unmittelbar. Sobald sein innerer Blick von der Verwirrung befreit ist, die auf ihn gelegt ist dadurch, daß er sich zunächst erfährt als einen in den Wirbel der Weltstoffenergien Einbezogenen, erkennt er in sich und in der Welt denselben Lebensgrund. Ist die Umnebelung (*moha* VII, 13 ff. und sonst) einmal durchbrochen, so ist der Mensch imstande, jene letzten Zusammenhänge seiner selbst mit dem Weltwirken unmittelbar zu erfassen.

Zugleich entdeckt er aber auch, daß, wie in der Welt selber, so in ihm ein Letztes, Unerschütterliches in Frieden west. Dies ist der *puruṣa*, der „Mensch-an-sich". Und so, wie sich das von den Weltstoffenergien gebaute Wesen Mensch in den Weltlauf und in das Weltwirken einbezogen erlebt, so erlebt sich das Selbst als wesenseins mit dem Gott. Alles ist hier auf Erfahrung abgestellt.

g) Die große Befreiung und der tiefe Frieden des Tat-Gehorsamen im Letzthin-Wirklichen

Aus der Erkenntnis, daß der Mensch mit seinem Wirken in das Wirken des Weltwillens einbezogen ist, ja daß er richtig gesehen trotz aller Eigenständigkeit und Eigenverantwortung von jenem Willen gewirkt ist, entspringt eine große Befreiung: zwar wird der Mensch der Verantwortung für sein Tun nicht enthoben, aber er ist imstande, sein Tun von seiner eng umschränkten Menschlichkeit weg in den schaffenden Urgrund zu legen.

Um dies ohne Gefahr tun zu können, muß allerdings der Mensch zu einer letzten Hingabe bereit sein und die tiefsten Erkenntnisse ergreifen. Es zeigt die tiefe psychologische Einsicht der Bhagavadgītā in das Wesen der Masse, daß sie abrät, ihr die hier vorgetragene Haltung als Richtschnur aufzuzwingen. Jene Erfahrenen wußten zu gut, daß dazu eine Klärung des Willens und eine Bildung des Gemütes gehört, die nur wenige erreichen – die wenigen allerdings, auf die es ankommt, wenn die rechten Dinge geschaffen werden sollen. III, 25 ff.:

> „Wie die Nichtwissenden ihre Werke mit Hang tun, o Nachkomme des Bharata, so soll der Wissende sie ohne Hang tun, wenn er am Zusammenhang der Geschichte mitwirken will."
>
> „Doch soll er im Gemüt der Unwissenden, die am Werke hängen (als dem ihrigen), keine Unruhe stiften. Wo immer Werk geschieht, freue sich der Wissende daran. Er aber soll angejocht seinen Wandel führen."

Aus der Erfahrung und Sicht, daß das Werk vom ewigen Weltgrund gewirkt ist, leitet sich dann eine uns zunächst sehr auffallende Ausdrucksweise her: der Mensch soll sein Werk in den Gott oder in *brahman* einfügen:

„Wer wirkt, indem er seine Werke in *brahman* einfügt, fahrenlassend alles Sichdranhängen, der wird von Unheil nicht befleckt, wie am Lotosblatt kein unreiner Tropfen klebt."

Oder sagt der Gott III, 30:

„Alle Werke in mich hinein entsagend, nach innen gewandt, frei von Erwartungen, frei von Eigennutz, kämpfe deinen Kampf, der fieberischen Unruhe entronnen."

„Die Menschen, welche diese von mir geoffenbarte Leitung immerdar befolgen, im Glauben fest und ohne Unlust, die werden auch befreit durch ihre Taten."

Und XII, 6 f.:

„Die aber alle Werke in mich hinein entsagen, ganz mir hingegeben mit einer Anjochung, die von allem andern frei ist, die mich in der Versenkung ehren",

„denen bin ich ein Entheber aus dem Meere des Todeskreislaufes. Nicht lange laß ich auf mich warten, o Sohn der Pṛthā, wenn sie ihr Herz wohnen lassen bei mir."

Diese Einfügung des Werkes in *brahman* oder in den Gott hat diese beiden Seiten: es soll gewirkt sein, wie der ewige Lebensgrund es will, in dessen schaffender Gemeinschaft der Geläuterte lebt. Aber die andere Seite ist in der Bhagavadgītā noch deutlicher. Der Mensch in seinem Wirken fühlt die Last der Verantwortung für seine Tat, die doch nie das ist, was sie sein soll. Er würde im Wissen darum, daß jede seiner Taten eingreift in den Weltlauf, unter dieser Verantwortung zu schwer tragen. Er müßte beim Nichtgelingen seiner besten innersten Ziele erliegen an der Fragwürdigkeit des menschlichen Tuns, wenn er nur auf sich gestellt wäre als der selbst und allein Handelnde. Dadurch, daß er sein Werk einfügen darf in jenes Ganze, das ihn trägt und in ihm wirkt, wird er, ohne Eigenkräftigkeit und Verantwortung aufzugeben, von der Überlast des Werkes befreit. Die deutschen Mystiker haben für diese Erfahrung einen ganz ähnlichen Ausdruck gefunden wie die Bhagavadgītā. Sie nennen dies: „das Werk Gotte hinauftragen". Es ist jene seltsame Befreiung, die uns gerade zu Zeiten angestrengtesten Wirkens zustößt, wenn die Entscheidungen und Handlungen schwer auf uns lasten: wir werden losgelöst von allem, als ob es nicht unser wäre und können in unendlicher innerer Ruhe das zu Entscheidende und zu Wirkende bildlich gesprochen in die Hände nehmen und den schaffenden Mächten selbst darbieten als ihr Eigentum. Dann wirkt sich das Werk still von selbst in dem Abgrund, wo der Mensch eins ist mit dem Gott. Und die Entscheidungen und der Wille zum Werk kommen dann zu ihm aus diesem Abgrund zurück. Wir stehen hier an der Grenze der Ausdrucksmöglichkeit menschlicher Tiefenerfahrung.

Aus dieser Erfahrung entspringen dann paradoxe Sätze, wie wir sie so häufig in der Bhagavadgītā finden. IV, 18 ff.:

„Wer im Werke Nichtwerk sieht und im Nichtwerk Werk, der ist der Einsichtsvolle unter den Menschen, der ist angejocht, der ist der Wirker des Vollwerkes."

„Wessen Unternehmungen alle frei sind von Begierden und Wünschen, wessen Werke verbrannt sind in dem Feuer der Erkenntnis, den nennen die Wissenden einen Weisen."

„Entsagend jedem Hang nach Werkfrucht, ist er ein ewig Zufriedener, ein Unabhängiger, selbst wenn er mitten in angestrengtem Wirken steht, tut ein solcher in Wahrheit nichts."

„Ohne Erwartung die innere Welt und das Selbst gezügelt, verzichtend auf jeden Raffwillen, sein Leibgefüge nur dem Werke hingegeben, lädt er kein Unheil auf sich."

So erlangt er mitten in einem Wirken, in das alle Kräfte einbezogen sind, die vollendete Freiheit von der Bindung durch das Werk *(naiṣkarmyam)*; und jetzt, wenn es richtig verstanden wird, auch *akarman* und damit *śānti,* d. h. die unerschütterliche innere Ruhe, die den Menschen hineinhebt in eine „andere Welt", d. h. in eine innerste Befreiung von der Überlast der Tragik des Lebens und des Wirkens, auch wenn er mitten in dieser Tragik steht. Das ist die Paradoxie der Bewältigung der durchgängigen Tragik des Daseins durch den Menschen, der doch nie, solange er Mensch ist und in der Welt wirkt, der Tragik entfliehen kann. Diese Erfahrung ist dieselbe wie die, die Goethe so ausdrückt: „Und alles Drängen, alles Ringen ist ewige Ruh in Gott, dem Herrn."

Wenn dann noch etwa die Frage aufgeworfen wird nach dem Sinn der Tat, d. h. nach dem Sinn des Wirkens und Lebens überhaupt, so wird darauf keine andere Antwort gegeben als die, die wir schon in anderem Zusammenhang angeführt haben. III, 15 ff.:

„Das Werk hat seinen Ursprung in *brahman*"

. . . . . .

. . . . . .

„Darum tue das Werk, das dir bestimmt ist, ohne Zwecksucht immerdar. Der Mann, der so sein Werk tut, erreicht das höchste Ziel."

Dies ist dieselbe Haltung, die wir auch bei westlichen Mystikern finden, besonders bei Eckehart an den verschiedenen Stellen, wo nach dem Sinn der Gottgläubigkeit und des Lebens gefragt wird. Der Mensch soll leben „sunder warumbe", d. h. ohne zu fragen, zu welchem Zwecke:

„Warum ißest du, warum schläfst du? Damit du lebst. Aber: warum lebst du? Um zu leben und weiß doch nicht warum. Warum liebst du Gott? Um Gottes willen. Warum liebst du Wahrheit? Um der Wahrheit willen. Warum liebst du Gerechtigkeit? Um der Gerechtigkeit willen. Warum liebst du Güte? Um der Güte willen. Warum lebst du? Meiner Treu, ich weiß es nicht: ich lebe gern."

Wir sind nicht berufen, den Sinn des Lebens und des Geschehens rational zu enträtseln, sondern die von uns geforderte Tat zu erkennen und zu wirken und so handelnd das Rätsel des Lebens zu meistern, das „Selbst zu ersiegen", d. h. die „Ewige Mitte" in uns zu finden, und so mitten in der Tragik und durch sie ganze Menschen zu werden.

Diese Skizze des Karmayoga, wie ihn die Bhagavadgītā lehrt, kann jeden Unvoreingenommenen überzeugen, daß hier tiefgründige Erkenntnisse über Leben und Wirken enthalten sind, die ernster Beachtung wert sind und die für Erkennen, Werden und Wirken des westlichen Menschen von wesenhafter Bedeutung sein können. Dieser Yoga hat die großen schöpferischen Gestalten des modernen Indien und ihre Gefolgsleute wesentlich beeinflußt und ist so weltgeschichtlich wirksam geworden. Er muß in erster Linie betrachtet werden, wenn die Frage „Yoga und der Westen" behandelt wird [5]).

Das Problem, das hier angefaßt ist, entspringt nicht irgendeiner menschlichen Willkür oder einer Zeitströmung, sondern hat seinen Grund in den beiden Strebungen, die dem Menschenwesen seine schaffende Dynamik geben, und die ja auch die moderne Psychologie, da wo sie vermochte, den Blick unter die Oberfläche seelischer Erscheinungen zu senken, entdeckt hat. Wenn C. G. Jung, zunächst ganz unbeeinflußt von indischer Gedankenwelt, dafür die Ausdrücke Introversion und Extraversion geprägt hat, die ich mit „Selbsteinkehr" und „Welthinkehr" wiedergeben möchte, so hat er damit dasselbe polare Grundgefüge des Menschenwesens gekennzeichnet. Wohl nirgends besser als eben in der Bhg ist in zahlreichen Versen die lebensorganische Verbindung der beiden Strebungen angedeutet und gekennzeichnet.

Damit führt die Bhagavadgītā weit hinaus über den Bereich religionsgeschichtlicher oder religionsphilosophischer Betrachtung. Hier sind menschliche Grunderkenntnisse ans Licht gekommen, die von lebenswichtiger Bedeutung für uns alle sind, besonders in der heutigen Epoche der westlichen Welt mit ihrem gewaltigen Drang nach Gestaltung der äußeren Wirklichkeit. Was der indo-arische Mensch im Yoga der Bhg ist, gilt für diesen Menschen von heute in ganz besonderem Maße: Im Rhythmus zwischen diesen beiden Strebungen, in der polaren Spannung zwischen Welthinkehr und Selbst-Einkehr liegt das wahre Leben. Denn nur hier werden alle Kräfte entbunden. In der Selbst-Einkehr sammelt sich die Kraft und Erkenntnis der inneren Werde- und Schaffensgesetze, quellen die Tiefengründe aus dem Selbste auf. In der weltbejahenden Tat gestalten sich diese Kräfte zu gemeinschafts- und geschichtsbauender Wirkung. In diesem Rhythmus gibt es keine verkrampfte Leidenschaft, kein ungelöstes Pathos der Aktivität, das so viel „Aberwerk" hervorbringt. Hier ist die vollendete Lockerung im Strömen der schöpferischen Kräfte. Erst wenn das innere Wesen so gelöst in natur- und geistklarer Ruhe schwingt, durchdringen die tiefen schöpferischen Kräfte jede Willensregung und jede Handlung in kraftgelassener Straffung. Dies ist wahre Bildung des Gemüts und rechte Haltung des Willens. Ganz dem Werke hingegeben lebt der so Gebildete losgelöst von allen Berechnungen und Erwartungen und sammelt alle Kraft und Einsicht auf den einen Punkt der urgewirkten Tat. Und solches Wirken befreit auch das Selbst. Hemmungen und Verknotigungen der Seele lösen sich, weil die ganze innere Welt hineingezogen wird in diesen Rhythmus der Lebenskräfte. Tote Bereiche werden lebendig, Verstarrungen zerbrechen, das ganze Wesen des Menschen kommt in lebendigen Fluß. So kann die Gewalt des Selbstes Sein und Wirken ganz durchdringen. Der Mensch wird geschickt zum „höchsten Gang".

Die Überzeugung, daß die Bhg mit ihrem Karmayoga Grundgesetze menschlichen Werdens und Wirkens darbietet, wird noch klarer, wenn wir unseren Blick noch einmal auf das schon oben kurz betrachtete *Zen* richten unter dem Gesichtspunkt des Karmayoga und damit auf jenen anderen Kriegeradel, der in der Geschichte des fernen Ostens eine hervorragende Rolle gespielt hat, auf die Samurai Japans. Diese Krieger, die unter Führung von Yoro-tomo im Jahre 1186 die Herrschaft über Japan an sich nahmen und das Land, das von einem degenerierten Adel im Stich gelassen worden war, gegen die Eroberung durch den Mongolenkaiser Kublaikhan erfolgreich verteidigten, haben Japan im eigentlichen Sinne gebaut. Das Geheimnis ihrer Kraft aber, die sie durch ein halbes Jahrtausend hindurch bewahrt haben, liegt nach ihrer eigenen Überzeugung nicht nur in den äußeren Eigenschaften als Krieger, sondern in ihrer seelisch-geistigen Schulung durch Zen. Zen ist, wie oben gezeigt, eine Form des östlichen Buddhismus, der über China nach Japan gekommen ist. *(Zen = dhyāna).* Nach dem Zen-Buddhismus gelten Lehre, Dogma, Wissen um religiöse Dinge, wo Wesentlichstes in Frage steht, nichts. Alles kommt auf den inneren Blick an, der dem in seiner Seele völlig Gesammelten aufgeht und die Haltung, die daraus folgt. Die Geistkraft eines erleuchteten Gemüts ist die eigentliche Quelle aller Tat. Auch der Kämpfer lebt nur aus dieser. Und Zen, innere Sammlung und Versenkung, vereinigt sich aufs beste mit der Kunst des Fechtens und Bogenschießens, ja gibt dieser eigentlich erst ihre unbezwingliche Gewalt, wie schon bei den Chinesen der beste Bogenschütze der ist, der ganz versenkt zu schießen vermag [6]). Zu dieser Tatversenkung aber führt ein Weg härtester Zucht und selbstverleugnender Hingabe, gleich dem Buddha, der nach der Überlieferung der Zen-Leute der Meister des Zen war. Ein japanischer Forscher, Kaiten Nukariya ("The religion auf the Samurai", London 1913) sieht die Ähnlichkeit der Samurai-Art mit dem Zen 1. in der strengen Zucht und Entbehrung ohne Klagen; 2. in der edlen Armut oder Bedürfnislosigkeit, die verschmäht, sich Vorteile durch unedle Mittel zu verschaffen. Bezeichnend ist dafür das Sprichwort: „Der Falke frißt keine Körner, selbst wenn er Hungers sterben müßte"; 3. in der Mannhaftigkeit und Würde, die in einer oft geradezu groben Schulung erworben wird; 4. im Mut und in der Gefaßtheit des Geistes. Diese Gefaßtheit des Geistes ist der lebendige Mittelpunkt der Zen-Leute. Sie entsprang eben aus der Übung des Zen. Dort wurden sie gelehrt, das Unerschütterte in ihnen selbst als das Letzthinnige zu erleben. Sie gaben diesem Letzthinnigen keinen Namen mehr; kein *puruṣa* wird hier mehr gelehrt. Es ist die namen- und gestaltlose Ewigkeit im eigenen Wesen, die sie sieghaft über allem stehen läßt, das *śūnyam* des Vasubandhu (jap. ku). Was ist Tod, Sieg oder Niederlage angesichts dieser stillen Ewigkeit?

Es wäre völlig verkehrt, wollte man die Erfahrung und Weisheit des

Zen auf die alten Samurai einschränken. Daß auch in Japan die Erfahrung eines Unerschüttert-Letzthinnigen im Menschen besonders von Kriegern erlebt wurde, hat, wie oben gezeigt, tiefe lebensgesetzliche Gründe: In dem schlechthinnigen Ausgeliefertsein im Kampfe auf Leben und Tod – und so in jedem schlechthinnigen Geworfen- und Ausgeliefertsein – bricht die Erfahrung des Ewig-Unerschütterten im Menschen durch und stellt ihn in sieghafte innere Sicherheit. Die Samurai sind also nur ein Beispiel, wie Zen selbst auf Menschen gewirkt hat, deren Pflicht die kriegerische war.

Die schon oben angeführten Bücher Suzukis, bes. „Die große Befreiung", zeigen Zen als einen Pfad zu einer welt- und tatbejahenden Haltung allgemein, der Weltzukehr und Einkehr in vollkommener Weise vereinigt. Wer radikal darauf verzichtet, seinen Ichwillen, der immer eingeengt ist, zu verwirklichen, dafür aber in straffer Gelöstheit sich einem stillwirkenden Ursein eint, der steht von ihm hingenommen mitten im drängenden Leben als einer der lebt und wirkt, weil er gelebt und gewirkt wird.

Wie eng sich diese Zen-Lehre mit dem Weltseienden verbindet, zeigt die Anekdote, nach der die Zen-Schulung auf den Meister Buddha selbst zurückgeführt wird. Buddha saß einst im Kreise seiner Schüler, die begierig waren, Worte der Lehre von ihm zu hören. Aber er saß schweigend da und drehte betrachtend eine Blume zwischen den Fingern. Keiner wußte, was daraus machen. Da leuchtete in Kāśyapas Gesicht ein feines Lächeln auf; er hatte plötzlich den Meister begriffen. In der schweigenden Betrachtung der Blume war alle Weisheit beschlossen. Was brauchte es da noch der Worte der Lehre! Und der Erhabene sprach: „Mein ist der Vollbesitz durchschauter Wahrheit, unfaßbarer *nirvāṇa*-Geist. Den übergebe ich Kāśyapa [7])." Diese Übermittlung schweigender Weisheit von Seele zu Seele am Weltwirklichen (japan. *i-shin den-shin*) ist das Entscheidende. So wird jeder, der das Weltsein erkennen und wirken soll, in sein Innerstes, auf sich selbst gewiesen. Hier wird dem Menschen die Erleuchtung, wenn er gelernt hat, sich ganz zu sammeln und zu versenken. Aber diese Wendung nach innen ist unauflöslich verknüpft mit dem Jasagen zum Weltgegebenen, zum Werke, auch zum Kampfe, wenn er sein muß. Der Volkscharakter der Japaner ist weithin von diesem Zen-Buddhismus beeinflußt worden; er gab ihm mit seine seelische Festigkeit und jene innerliche Art, die uns besonders in der japanischen Kunst so unmittelbar anspricht.

Heute wirkt Zen nicht nur in Japan, sondern sehr stark auch schon im Westen. Die Schriften Suzukis, Herrigels u. a. werden heute in Europa und Amerika von Tausenden gelesen, die einen Weg suchen, um der Zerfaserung ihrer Seele zu entgehen. So wird der Yoga auch über Zen zu einer geistigen Macht im Westen, wie ja auch der verwandte Weg des höheren Taoismus, besonders das Taoteking, dessen weitverbreitete „Übersetzungen" in der Stille wirken, nach dem geheimen Gesetz des *wu-wei* „Nicht-Tun", d. h. „Nicht-Machen-Wollen", sondern

Tiefenkräfte im Tun wirken lassen: Nicht: „Ich schieße" ist die Haltung des Bogenschützen, sondern: „Es schießt" (durch mich).

Diese Tatsachen legen uns des weiteren die Verpflichtung auf, uns mit dem Yoga, seinem wahren Wesen und seinen Gefahren ernsthaft zu befassen.

4. Kapitel

Der Yoga und der Westen. Die Psychotherapie

1. Die Notwendigkeit des eigenen abendländischen Weges

Versuchen wir als westliche Menschen zum Yoga Stellung zu nehmen, so taucht, auch wenn wir das Hauptaugenmerk auf den klassischen Yoga richten, wie er im YS gelehrt wird, immer wieder die Grundfrage auf: Kann der Yoga als Weg zum „Heil" auf den westlichen Menschen übertragen werden. Unter „Heil" verstehen wir ein „Ganzsein", das aus den tiefen Wurzeln des Urschöpferischen erwächst. Gewiß kann auch ein Europäer die Yogaübungen erlernen. Es gibt solche, die glauben, vollendete Yogin geworden zu sein. Aber haben sie dabei das gewonnen, was der Yoga als das eigentliche Ziel seines Weges ansieht, nämlich die Erfahrung und Erkenntnis jener letzthinnigen Wirklichkeit im Menschen, die er Puruṣa nennt? Es gibt Europäer, die den Haṭhayoga mit allen seinen Āsanas und Mudrās beherrschen. Aber was ist damit gewonnen? Dem westlichen Menschen, sofern er für das ihm bestimmte innere Schicksal den richtigen Blick hat, geht es ja nicht darum, extravagante Erlebnisse zu haben, in denen vielleicht sogar auffallende Fähigkeiten des Hellsehens, der Telepathie usw. auftauchen; dies sind höchst interessante parapsychische Erscheinungen und parapsychologische Probleme, aber keine solchen, die das Ganzwerden des Menschen, sein „Heil" zentral beträfen. Und um dieses geht es dem echten Yoga unbestreitbar. Ist dies nun unser Weg?

Man kann die Frage nach dem Sinn des Yoga für den Westen aber auch von einer andern Seite betrachten: Bringt uns der Yoga medizinisch und therapeutisch völlig Unbekanntes, ohne das wir nicht in unserer Entwicklung weiterkämen? Daß er auf manches verschüttete Wissen und Üben hinweist und damit Anregungen zu einer Wiederentdeckung geben kann, darf nicht bestritten werden. Aber auch dann muß eine solche uns gemäße Heilmethode aus westlichen Voraussetzungen erwachsen, und zwar in engster Verbindung mit der medizinischen Wissenschaft des Abendlandes, die ja ihrerseits seit Paracelsus auch große Fortschritte gemacht hat. Wenn dies nicht geschieht und die Yogamethoden, vor allem die des psychotechnisch veräußerlichten Haṭhayoga, kritiklos übernommen werden, wird sicher mehr Schaden angerichtet als Nutzen gestiftet. Denn in diesen Haṭhayogamethoden ist medizinisch Richtiges mit viel Schiefem, Falschem, ja Unsinnigem verknüpft, das strengstens ausgesiebt werden muß, ehe die Anregungen, die in ihnen stecken, wirksam werden können. Auch für die körperlich-seelische Therapie und Schulung hat die westliche Welt viel Positives, medizinisch und lebensgesetzlich Gesichertes, errungen. Ich denke hier vor allem an die Heilgymnastik, die sich auf einer wissenschaftlichen Erkenntnis vom Wesen und Bau des menschlichen Organismus gründet, wobei die psychologische Betrachtung, d. h. die Erkenntnis vom engen Zusammenhang von Leib und Seele helfend mitwirkt.

Besonders wichtig ist auch die Erforschung des Wesens der Suggestion und ihrer Gesetze durch die westliche Wissenschaft und Heilpraxis. Hier ist ein gewaltiger Schritt über das hinaus gemacht, was die Inder über diese geheimen Seelenkräfte wußten. Die enge Verkoppelung der suggestiven Kräfte mit dem Magischen und das Fehlen einer strengen psychologischen Wissenschaft hat den Fortschritt auf diesem Gebiet in Indien verhindert. Das *jar-phoonk* „Streichen-Atmen" ist eine suggestiv-magische Handlung, wie wir sie bei vielen Naturvölkern in Übung finden.

Daß der klassische Yoga nicht einfach unter dem Gesichtspunkt der Hypnose und der Suggestion betrachtet werden darf, wie Lindquist es tut, ist oben sehr deutlich gesagt worden, wenn auch bei manchen Yogaerlebnissen suggestive Erscheinungen auftauchen. Zu einer wissenschaftlich begründeten, folgerichtigen Verwendung der Suggestivkraft kam es nie. Dies ist eine Errungenschaft des Westens, die keine geringe Bedeutung für die Heilpraxis hat. Sie wird zur eigentlichen Wirkung aber erst kommen, wenn sie sich mit einer Tiefensicht des leiblich-seelisch-geistigen Gesamtgefüges Mensch verbindet. Nur dadurch kann ihre Gefahr beschworen werden, daß man die Suggestivkraft als Teilfunktion eines Urschöpferischen begreift, wodurch sie in die Sphäre der Verantwortung für die ganzheitliche Gestaltwerdung des Menschen erhoben wird: Es ist die Realisierung schaffender Gedanken und Ideen, eine besondere Funktion des Selbstes.

Gewiß war der Zusammenhang von Leib und Seele auch den Verkündigern des Yoga keineswegs unbekannt. Im Gegenteil ist die dem Yoga zugrunde liegende Weltanschauung auf diesem engen Zusammenhang aufgebaut. Sowohl die leiblichen wie die seelischen und geistigen Vorgänge sind ja nach der Metaphysik des Yoga *pariṇāma* „Schwingungen der Prakṛti (Urmaterie)", die sich nicht im Wesen, sondern nur im Grad der „Grobheit" und „Feinheit" voneinander unterscheiden. Doch hat ja, wie wir gesehen haben, der Yoga das Kernwesen im Menschen, den Puruṣa radikal von diesen Schwingungen der Weltstoffenergien getrennt: er ist bloß *draṣṭar* „Beschauer" oder *sākṣin* „Augenzeuge" aller dieser Vorgänge, ist im Grunde von ihnen unberührt, und wirkt sie auch nicht. Dies ist eine Auffassung, die, wie ich glaube, das „Heilwerden" des westlichen Menschen eher hindern als fördern kann. Auf Grund unserer psychologischen Kenntnisse und philosophischen und metaphysischen Erkenntnisse kommen wir eher zu der Überzeugung, daß das Kernwesen des Menschen, das eigentlich Schöpferische und Steuernde im leiblich-seelisch-geistigen Gesamtgefüge Mensch ist. (Dies ist übrigens, auch ursprünglich die Auffassung der altindischen Puruṣa-Ātman-Lehre noch in der Bhg. Erst im Laufe der Entwicklung hat man den *puruṣa* absolut vom Welt- und Menschsein getrennt, in dem Streben, seine Absolutheit unbedingt sicher zu stellen [1]).

Trotz der vorgebrachten Einwände kann gesagt werden, daß im Yoga-Sāṃkhya-System außerordentlich wichtige Erkenntnisse über die Sphären und Funktionen der inneren Welt und ihr gegenseitiges Verhältnis enthalten sind. Darum können wir von dieser Psychologie und Metapsychik sehr viel lernen. Denn hier wird auf Erfahrungen und deren wissenschaftlich-philosophische Durcharbeitung, die wir auf Grund unserer westlichen Erlebnis- und Denkweise gewonnen haben, erhellendes Licht geworfen, das uns manchen Schritt weiterbringt. Aber auch hier ist davor zu warnen, daß man die in Indien geprägten Begriffe und Anschauungen einfach übernimmt. Je mehr ich mich mit diesen Problemen beschäftige – und dies sind einige Jahrzehnte gründlicher Durchforschung der Dokumente des Yoga – desto entschiedener ist meine Stellungnahme gegen jeden Versuch, den indischen Yoga, so wie er sich uns in den Schriften darbietet, wobei auch das Yogasūtra nicht ausgeschlossen ist, als Heilweg einzuführen, den wir nur zu wissen und zu gehen brauchten, um ans Ziel zu kommen. Ich bin durchaus einverstanden mit dem, was C. G. Jung in seiner Einleitung zu Richard Wilhelms Buch „Das Geheimnis der goldenen Blüte, ein chinesisches Lebensbuch" auf S. 11 u. 12 sagt: „Der gewöhnliche Irrtum (nämlich der theosophische) des westlichen Menschen ist, daß er, wie der Student im Faust, vom Teufel übel beraten, der Wissenschaft verächtlich den Rücken kehrt und östliche Ekstatik anempfindend, Yogapraktiken wortwörtlich übernimmt und kläglich imitiert. Dabei verläßt er den einzig sicheren Boden des westlichen Geistes und verliert sich in einem Dunst von Wörtern und Begriffen, die niemals aus europäischen Gehirnen entstanden wären, und die auch niemals auf solche mit Nutzen aufgepfropft werden können.

. . . . . .

Westliche Nachahmung ist tragisches, weil unpsychologisches Mißverständnis, ebenso steril, wie die modernen Eskapaden nach Neu-Mexiko, seligen Südseeinseln und Zentralafrika, wo mit Ernst ‚primitiv' gespielt wird, wobei unterdessen der abendländische Kulturmensch seinen drohenden Aufgaben, seinem ‚Hic Rhodos hic salta' heimlich entwichen ist. Nicht darum handelt es sich, daß man unorganisch Fremdes imitiert oder gar missioniert, sondern, daß man die abendländische Kultur, die an tausend Übeln krankt, an Ort und Stelle aufbaut und dazu den wirklichen Europäer herbeiholt in seiner westlichen Alltäglichkeit, mit seinen Eheproblemen, seinen Neurosen, seinen sozialen und politischen Wahnvorstellungen und mit seiner ganzen weltanschaulichen Desorientiertheit."

Meine eigene Stellung zu der von Indien sich herleitenden Theosophie (nicht zu verwechseln mit der „Theosophie" eines Oetingers und anderer, die rein christlich-abendländisch ist) und der ursprünglich aus ihr herauswachsenden Anthroposophie von Rudolf Steiner habe ich ausführlich dargestellt in meinem Buch „Werden und Wesen der Anthroposophie. Eine Wertung und eine Kritik", 2. Auflage, Stuttgart 1923.

Geht man mit dieser kritischen Haltung an die östliche Weisheit und ihre Heilspfade heran mit der Frage, was sie uns in unserem eigenen Streben um Neubegründung unserer inneren Existenz an Wegweisendem zu sagen haben, dann ist dies allerdings nicht wenig, wie auch die vorausgehende Darstellung des Yoga zu zeigen versucht.

Dabei darf allerdings eines nicht übersehen werden, worauf schon hingewiesen wurde, daß es nicht so liegt, als habe der Westen mit Beziehung auf Einkehr und innere Schulung für die tiefere Schau des Menschseins und der Weltwirklichkeit, und für die metaphysische Erkenntnis des Letzthin-Wirklichen einfach vom Osten zu lernen, wie das manche Schriften darzustellen belieben. Auch das Abendland hat eine mehr als 2000 Jahre alte Tradition, die von Heraklit über Platon, Aristoteles, die Stoiker, die Hermetiker und Neuplatoniker zu der abendländischen Mystik führt, die in einem Eckehart ihren Höhepunkt erreicht. Füglich hat R. Otto in seiner „West-östlichen Mystik" ihn deshalb mit dem großen Śaṅkara vergleichen können. Und auch ein Jakob Böhme, der philosophus teutonicus und die großen Philosophen des deutschen Idealismus (man denke an Fichtes „Anweisung zum seligen Leben"), wie auch die großen Dichter des Abendlandes um die Wende des 18. und 19. Jahrhunderts, und die Romantiker wie Coleridge und Novalis, die Tiefenpsychologen Fechner und Carus haben eine Welt und einen Weg der Einkehr begründet, deren gewaltiger Reichtum an Kräften seelisch-geistiger Gestaltwerdung noch lange nicht ausgeschöpft ist.

Daß diese Welt der Einkehr im Abendland des späteren 19. und des 20. Jahrhunderts weithin unzugänglich und schließlich ganz verloren wurde, und daß der moderne abendländische Mensch oft und immer wieder durch östliche Führung an Einkehr und Tiefenbesinnung gemahnt und zu ihr geführt wurde, ist ein seltsames und wohl zu beachtendes Schicksal, dem nach meiner Überzeugung ein tiefer Sinn innewohnt: Es bahnt sich eine weltumfassende Gemeinschaft der Aufmerkenden und Einkehrenden an, der in der zukünftigen Weltepoche eine wichtige und große Aufgabe gestellt sein wird, das sozial-wirtschaftliche und politische Leben mit Erneuerungskräften zu durchdringen, wie es die Gestalt Gandhis von indischen Voraussetzungen vorgezeichnet und vorgelebt hat.

Aber wenn wir in dieser Aufgabe unsern Teil erfüllen wollen, müssen wir dies tun von unsern abendländischen Voraussetzungen her, die sowohl in unserem Lebensraum, wie in unserer Geschichte und in unserer Wesensart liegen. Sie müssen aber in ihrem ganzen Reichtum und in ihrer Tiefe erfaßt werden. Nur so können wir die Anstöße des Ostens geistorganisch aufnehmen. Dann mag es uns gelingen, in unserem Wesen und unsrer seelisch-geistigen Situation, die auch die besondere Art unserer Zukunftsaufgabe bestimmt, Entsprechendes zu gestalten. Wenn wir einen Weg suchen, auf dem „Heil", d. h. echte Gestaltwerdung des Menschen und der menschlichen Gemeinschaft erreicht werden soll, dann dürfen in unserem Bemühen, neben der schon erwähnten abendländischen Tradition eines „inneren Reiches', weder Naturwissenschaft noch

Psychologie und kritische Philosophie fehlen, mit deren Erkenntnissen in der Kraft eigener Tiefenerfahrungen wir unsern Weg suchen.

2. *Die Psychotherapie*

Ein gutes Beispiel für die Anstöße vom Yoga her in der westlichen Welt sind eine Anzahl psychotherapeutischer Methoden.

Hier ist zunächst zu nennen, das sogenannte Autogene Training von Johann H. Schultz [2]), und dann vor allem C. G. Jungs „Komplexe Psychologie" und sein Bemühen um die „Archetypen" und ihre Bedeutung in der Seelenführung. Auch das von L. Tirala auf bestimmte Atemübungen gegründete Heilsystem ist sehr stark vom Prāṇāyāma des Yoga angeregt.

Alle diese Versuche sind aber wurzelhaft aus Erkenntnissen der abendländischen Wissenschaft und aus Einsichten des abendländischen Geistes erwachsen. Man denke nur daran, wie fruchtbar etwa in der Psychoanalyse als Voraussetzung einer Durchklärung des Unterbewußten und der Heilung von Komplexen die Erkenntnis Freuds (die übrigens schon bei Carus auftaucht) gewirkt hat, daß die Traumbilder Symbole seelisch-geistiger Lebensbewegungen sind, wodurch das Traumleben als eine wichtige Quelle der tieferen Selbsterkenntnis erfaßt wurde. Freilich hat Freud durch seinen „Pansexualismus" diese Erkenntnis wieder sehr getrübt, bis C. G. Jung sie aus dieser Enge befreite. Daß Jung seinerseits wieder im Psychologisch-Mythischen befangen blieb, – eine Befangenheit, die auch durch die Einführung des Begriffes „Individuation", die stark am Ātman-Puruṣa-Begriff orientiert ist –, nicht gesprengt wurde, wird weiter unten zu zeigen sein.

Geistesgeschichtlich wichtig ist, zu erkennen, daß die seelischen Heilmethoden, die sich teilweise an den Yoga anschließen, alle entstanden sind in einer Zeit, die verglichen werden kann mit der Zeit, in welcher der Yoga innerhalb der buddhistischen Sphäre weiterentwickelt wurde. Denn all das, was zu der „Moderne" des Abendlandes gehört, ist dort in Erscheinung getreten: eine hochgesteigerte Bewußtseinskultur, eine gewisse Verstädterung und damit verknüpft die wirtschaftlichen und sozialen Probleme, die eine Verstädterung immer mit sich bringt; der langsam deutlich werdende Zusammenbruch früherer Glaubenssysteme und darum eine lähmende Ratlosigkeit, die sich mit einer gewissen Kulturmüdigkeit paart. In einer solchen Situation muß der Mensch entweder resignieren oder sucht er neue Wege zur Begründung der inneren Existenz. Besonders auch darum, weil in solchen Zeiten meist auch die äußere Existenz bedroht ist. Es wäre ein wichtiges Problem, diesen Parallelen und Zusammenhängen nachzugehen. Es ist hier dafür nicht der Ort.

Doch sollen wenigstens einige wesentliche Versuche seelischer Heilmethoden, die den Anschluß an den Yoga gesucht haben, kurz betrachtet werden.

Das „Autogene Training“ von J. H. Schultz, wurzelhaft aufgebaut auf Beobachtungen bei der Hypnose, ist beherrscht von dem Bestreben, eine tiefdringende „konzentrative Selbstentspannung“ herbeizuführen, aus der klaren Erkenntnis, daß die allseitige Verkrampfung, die durch die Hast unseres modernen Lebens bewirkt wird, das größte Hindernis für ein lebensgesetzliches Dasein ist. Alle Übungen, die Schultz vorschreibt, gehen auf dieses Ziel: die Liegehaltung in Rückenlage, durch welche die tieferen psychischen Schichten leichter ins Bewußtsein treten, oder Sitzhaltungen, z. B. die „passive Sitzhaltung“, bei welcher der Übende bequem in einem Sessel sitzt, sich anlehnt und nun versucht, alle Glieder zu entspannen, oder die „Droschkenkutscherhaltung“, bei der der Übende auf einem Stuhl sitzt, etwas nach vorn gebeugt und beide Arme bequem auf die Kniee gelegt; dazu kommt eine bestimmte Augenhaltung nach innen und unten gerichtet und schließlich eine Entspannung der gesamten Muskulatur.

Vergleichen wir diese Vorschriften mit der Vorschrift des YS II, 46 ff. über Āsana, so sind psychologisch gesehen die Übungen in beiden Fällen durchaus gleich, wenn auch die Formen des Sitzens verschieden sind. Die indische Form entspricht der uralten Gepflogenheit, die westliche Form der Gepflogenheit unseres Kulturbereiches. Auch die Parallele zu YS II, 48 ist vorhanden, nämlich eine Übung für Unempfindlichkeit gegen die Unterschiede von Hitze und Kälte usw.

An diesem Punkt schon setzt die bewußte Autosuggestion im „Autogenen Training“ ein „Ich bin ganz entspannt“ usw. Dadurch soll auch eine „ruhige Stimmlage“ geschaffen werden. Diese Betonung der Autosuggestion wirft ein helles Licht auf die verschiedene Haltung im Autogenen Training gegenüber dem Yoga. Dieser sucht eine ruhige „Stimmlage“ zu erreichen durch *ānantya samāpatti* (YS II, 47), d. h. durch „Versenkung in das Unendliche“, also durch das Sich-Fallenlassen aus allen engen Bindungen, hinein in ein Unbegrenztes. Der Mensch soll sofort einbezogen werden in ein Still-Tragendes, All-Umhüllendes. Daraus erfolge dann (YS II, 48) das Nichtmehr-Betroffenwerden von den (den Menschen hin- und herreißenden) Gegensätzen der äußeren und inneren Welt. Hier ist metaphysische Haltung gefordert; dort, im „Autogenen Training“ psychologische, statt metaphysischer Einbettung autosuggestive Übung. Dies ergibt sich mit Notwendigkeit aus der seelisch-geistigen Situation des westlichen Menschen, der zunächst erste Schritte auf dem Weg der Sammlung und Einkehr tun muß und dem metaphysische Ideen keine selbstverständlichen Wirklichkeiten mehr bekunden. Die Kenntnis der Gesetze der Suggestion, die uns westliches Forschen gebracht hat, muß die erste Hilfe sein. Je weiter allerdings Erfahrung und Wissenschaft der seelischen Heilmethoden sich vertiefen, desto deutlicher wird es werden, daß sie ohne metaphysische Verwurzelung nicht zu ihrem eigentlichen Ziel, Heilwerden des Menschen, kommen.

Gerade auch die neueste kurze Darstellung des „Wesens und der

Grenzen des Autogenen Trainings“ in „Universitas“ zeigt dies deutlich genug. Das autogene Training vollzieht sich in zwei Wendungen: Die Abwendung vom „Außen“ und die Zuwendung zum „Innen“.

Die Grundhaltung dabei ist die: es muß „jede Art innerer Aktivität oder wollender Intentionalität irgendeines Sinnes völlig wegfallen und der Übende sich empfangend, annehmend, fühlend und schauend der Entfaltung seiner Innenerlebnisse zuwenden, die durch entsprechende Führungsformeln gesteuert wird“. Diese „Führungsformeln“ sind autosuggestiv verwendete Sätze wie etwa: „Ich bin ganz entspannt“ usw.

Diese Steuerung durchschreitet sechs Stufen:

1. Die konzentrativ-passiv etablierte Entspannung.
2. Die Regulierung der Funktionen der Blutgefäße.
3. Die Kontrolle der Herztätigkeit.
4. Die Einfügung der Atemruhe, d. h. Entspannung durch besondere Atemübungen.
5. Die Übungen zur Entspannung und Regulierung der Bauchhöhlenorgane. Dadurch soll „eine gelöst warme entspannende Totalhaltung von Leib und Gliedern“ erreicht werden. Dabei wird bei der letzten Übung „im Gegensatz zu den warm entspannt ruhenden übrigen Gebieten, die Kopfsphäre sehr vorsichtig ein kleinwenig kühl gestellt.“

Diese fünf Übungen mit ihren entsprechenden „Führungsformeln“ bilden die „Unterstufe“ des autogenen Trainings. Durch diese „erwächst die Bilderwelt des Leibes in der konzentrativen Selbstentspannung mehr und mehr zur vollen Vergegenwärtigung, und gleichlaufend hiermit wandelt sich das subjektiv erlebte Innengeschehen mehr und mehr zum Eintritt in die zweite Wirklichkeit der Bilder, durchaus analog dem Übergang vom Wachdenken zur Schau der nächtlichen Träume“. Mit der zweiten „Wirklichkeit der Bilder“ ist wohl der Symbolcharakter der inneren Bilder gemeint.

Darüber erhebt sich die „Oberstufe“. „Hier wird die in der Welt der Bilder vertieft zugängliche Selbstschau und Selbstklärung in den Dienst der Persönlichkeitsentwicklung gestellt. Das bedeutet in allen etwas schwierigen Fällen eine unmittelbare Konfrontation des Menschen mit seinem unverstellten Innenleben.“ Dafür sei insbesondere psychoanalytische Ausbildung und Erfahrung nötig.

Schultz macht über die Arbeit dieser „Oberstufe“ nur andeutende Bemerkungen; sie ist offenbar noch in den Anfängen und es muß sich erst zeigen, welches letztes Ziel hier angestrebt wird und welche Ergebnisse die Arbeit hat.

Soviel ist jedenfalls deutlich: auch das autogene Training sieht sich von seinen eigenen Voraussetzungen her gezwungen, den Versuch zu machen, zum Kernwesen oder Wesenskern des Menschen, zum Selbst vorzustoßen, wenn ihm wirklich geholfen werden soll, also dasselbe Hochziel anzustreben wie der Yoga.

Aber die abschließende Bemerkung in dem Aufsatz von Schultz, daß sich aus dieser „Oberstufe" „neue und sehr wesentliche Ansätze für *formelhafte Vorsatzbildungen* (Sperrung von mir) ergeben", zeigt deutlich genug, daß wir uns hier noch durchaus im Bannkreis des Autosuggestiven befinden, wenn auch mit einem ethischen Einschlag. Diese Tatsache wirft das wesentlichste Problem der westlichen Psychotherapie auf, das weiter unten ausführlich behandelt werden soll, ob ohne eine radikale ethisch-ontologische und theiologische Einstellung der Psychotherapie dem Menschen überhaupt zentral und radikal geholfen werden kann. Es scheint mir, daß gerade hier die eigentliche Auseinandersetzung der westlichen Psychotherapie mit dem echten Yoga beginnen müßte. Denn die einfache Übernahme des Begriffes „Selbst" und seiner Symbole aus dem Indischen, wie sie z. B. in der Jungschen Schule nicht selten ist, ist noch keine Erfassung der Selbst-Erfahrung, auf die doch alles ankommt. (Vgl. weiter unter die Auseinandersetzung mit C. G. Jung.)

Damit sind wir in eine kritisch-vergleichende Betrachtung eingetreten. Schultz kommt es darauf an, zunächst eine physiologische Umstellung im vegetativen Nervensystem zu gewinnen, aus der Erkenntnis, daß die Verkrampfung durch Überwiegen der Sympathicustätigkeit zustande kommt. In der unbedingten Ruhe dominiert der Parasympathicus; so entsteht ein gewisses Gleichgewicht, das in Jung'schen Begriffen in der Harmonie von Extraversion und Intraversion sich ausdrückt. Eine wichtige Rolle spielt das sogenannte Sonnengeflecht (Plexus solaris), das wichtige Zentrum des sympathischen Nervensystems, auch *zerebrum abdominale,* das „Bauchhirn" genannt. (Dieses Sonnengeflecht ist nichts anderes als das sogenannte *maṇipūra cakra* „das Juwelerfüllte Zentrum" des tantrischen Yoga [3]). Dieses Zentrum reguliert bekanntlich selbständig die Verdauungsorgane. Es muß aktiviert werden, um Verkrampfungen in dieser Gegend, die ja in unserer Zeit äußerst häufig sind (Magen, Leber, Galle, die Därme), zu lösen. Der Übende versenkt sich ganz in die Vorstellung: dieser Bereich ist ganz warm, ist gut durchblutet usw. Den meisten Übenden gelingt es, diese Vorstellung zu realisieren, wodurch eine Entlastung des überlasteten Gefäßsystems stattfindet. Es ist also hier sozusagen eine *bhāvanā* von bestimmten Vorgängen des Organismus. Auf diese Weise kann auch das Herz beeinflußt werden, oder die Lunge durch die Vorstellung einer starken Durchblutung, doch rät Schultz, diese Übungen nur unter Anleitung des Arztes zu machen. Es gelingt sogar Migräne zu heilen, etwa durch die Vorstellung, daß der Kopf sich erweitere, wodurch eine bessere Blutverteilung zustande kommt.

Die Wirkung dieser Übungen kann vertieft werden durch bestimmte Atemübungen, was wieder auf den Yoga weist. Schultz geht aber noch einen Schritt weiter in diesen *bhāvanā*-Übungen (um die Parallele zum Yoga anzudeuten; *bhāvanā* ist, wie oben gezeigt, die Hervorrufung durch seelische Übungen). Ein Raucher z. B. gibt sich in dem Zustand der völligen Tiefenentspannung etwa den Befehl: „Ich bin entschlossen, nicht mehr zu rauchen"; der Alkoholiker: „Ich weiß, daß ich keinen Tropfen

Alkohol mehr trinken werde; der Alkohol ist mir ganz gleichgültig"; gegen Verstimmungen und Depressionen lautet der Vorsatz: „Ich sehe das Gute und freue mich am Leben"; die Wirkung dieser Selbstbefehle während der Entspannung beruht nach Schultz auf der engeren Bindung des Unterbewußtseins an das Ich in diesem Zustand, wodurch es sich den Befehlen des bewußten Ich öffnet. Und von dort her dringt dann die so angestoßene Bewegung in den leiblich-seelisch-geistigen Gesamtorganismus ein und bestimmt damit auch das bewußte Ich.

Vergleichen wir die psychisch-geistige Struktur dieser Übungen mit dem Yoga, so sind die Parallelen deutlich sichtbar. Der Unterschied allerdings, auf den schon hier hinzuweisen ist, ist tiefgreifend. Das letztinnige Ziel des Yoga, nämlich die Realisierung des Kernwesens des Menschen und seine Verknüpfung mit der „andern Dimension" der Gesamtwirklichkeit kommt hier noch nicht zu der zentralen Geltung, wie auch Yama und Niyama als Voraussetzung des Gelingens des Heilprozesses noch nicht grundlegend sind in diesem System.
Diese Vernachlässigung des Sittlichen und des Zentralen im Menschsein ist übrigens ein Kennzeichen auch anderer seelischer Heilmethoden, die eine starke Verwandtschaft mit dem autogenen Training haben. Einzig Jung hat bewußt versucht, die Realisierung des „Selbstes" in seine Heilmethode einzubauen, und zwar folgerichtig erst nach seiner Berührung mit der indischen Lehre vom *ātman-puruṣa.* Ob mit Erfolg ist eine Frage, über die noch zu handeln sein wird.

Eine dem autogenen Training verwandte Heilmethode ist die von E. Kretschmer entwickelte sogenannte „fraktionierte Aktiv-Hypnose". Auch hier bilden die Übungen des autogenen Trainings den Ausgang. Aber von dem Zustand der Entspannung aus wird hier ein tieferer Zustand unbewußter Art angestrebt, das sogenannte Hypnoid, d. h. also nicht eine eigentliche Hypnose, in die der Patient völlig versinkt, aber doch ein Bewußtseinszustand, der vom wachbewußten in der Richtung der Hypnose abweicht. Damit soll der Kontakt zwischen Arzt und Patient enger werden. Eine vertiefte Aussprache (Exploration) des Patienten soll dadurch ermöglicht sein, von einer einfachen Kurzbehandlung bis auf das große, psycho-analytische Verfahren. In dieser Methode ist allerdings die Gefahr, die alle hypnotischen Experimente begleitet, gegeben: daß leicht Heterosuggestionen wirksam werden; ferner daß der Patient zu abhängig wird und den hypnotischen Zustand anstrebt.

E. Jacobson hat die Methode der „progressiven Relaxation" entwickelt, die dem autogenen Training sehr ähnlich ist. Sie unterscheidet sich durch eine systematischere Durchführung der Entspannungsübungen, wobei auch Nachdruck gelegt wird auf die geistige Entspannung. Dieses Verfahren soll vor allem bei Angstzuständen, Kreislaufstörungen, Schlaflosigkeit gute Dienste leisten.

W. Frederking nähert sich in seiner Methode C. G. Jung, indem er in dem Zustand der Tiefenentspannung das „Bildern" übt. Auch Frederking versucht durch körperliche und seelische Entspannungsübungen die Verbindung vom Ich zum Unbewußten zu verstärken. Hier wird die Erkenntnis Freuds, die von C. G. Jung vertieft und erweitert wurde, ausgenützt, daß ein gut Teil körperlicher und seelischer Hemmungszustände auf Verdrängungen bestimmter Erlebnisse, Wünsche oder Strebungen ins Unterbewußte zurückgehen. Begibt sich der Patient in die völlige körperlich-seelische Entspannung, so werden, wie sonst im Traum, durch symbolische Bilder diese unterbewußten Inhalte klar bewußt, können ausgesprochen und besprochen werden. Der Patient muß sich auf diese Erscheinungen konzentrieren; dabei vollziehen sich Veränderungen in seinen Körperempfindungen, die sich weiterhin zu Bildern verdichten. Das äußere und innere Leben des Patienten kommt so zum Ablauf und etwaige Verknotigungen, die durch dieses oder jenes Erlebnis eingetreten sind, können gelöst werden.

Auch hier sind die Parallelen zu den Yogaübungen wieder erkennbar, denn der Yoga ist ja sehr energisch darauf bedacht, das Unterbewußte und Unbewußte zu durchklären und zwar durch *dhāraṇā* „Konzentration“ und *dhyāna* „Meditation, Versenkung“ in die in der inneren Welt aufsteigenden Bilder und Strebungen.

Eine sehr anschauliche Schilderung dieser Durchklärung des Unterbewußten gibt der Kommentar zum YS, wo er eine Übung zur Auflösung des *vitarka* beschreibt. *vitarka* bedeutet in diesem Zusammenhang das Hin- und Hergerissenwerden in dem Gedanken: „soll ich? darf ich?“ usw. Es handelt sich also um ungeklärte Haltung des Unterbewußten. Folgende Schritte sind zu beachten:

1. Der Vitarka tritt auf, der Yogin „spuckt ihn aus“, d. h. er sucht sich bewußt und willentlich davon zu befreien. Aber

2. um seine Triebkraft zu vernichten, bekämpft er ihn nicht einfach – diese starre Willenshaltung würde ihn wieder binden – sondern er realisiert in sich *(bhāvayate)* dessen Gegenteil und beruhigt damit sein von dem Vitarka hin- und hergerissenes Gemüt. Will ihn Neid befallen, so füllt er sein Gemüt mit *maitrī*, d. h. mit der Freundschaft gegen alle Wesen; fühlt er den Drang, andere zu schädigen, so wendet er sich mitleidend zu denen, die im Jammer sind. Setzt ihm Eifersucht zu, so sucht er sich zu ergötzen an solchen, die in edlem Werk sich üben; legt sich Unmut auf ihn, so sucht er Gleichmut an Schlechten zu lernen. Dazu kommen Dankesregungen: „Ich will jedes Wesen beschützen“, sagt er, „der ich Zuflucht im Yoga gefunden habe“. Auf diese Weise geht er dem Vitarka zu Leibe. Aber nun heißt es nicht gerade ästhetisch, aber sehr anschaulich:

3. Er benimmt sich gegen seinen Vitarka wie ein Hund gegen sein eigenes Gespei (der es wieder in sich hineinschlingt). Das heißt, so wie ich es verstehe: er soll die ekligen Versuchungen nicht einfach hinausdrängen, sondern sie, nachdem er sein Gemüt durch die geschilderten Übungen gelöst hat, tapfer in seinen Gedanken betrachten, also *dhyāna* üben, bis sie ihm in ihren Wurzeln, in ihren Absichten und Folgen vollbewußt sind. So gewinnt er sie in seine Gewalt.

4. wird der Vitarka nun einer systematischen Betrachtung unterworfen: handelt es sich a) um einen getanen, um einen nur veranlaßten, um einen nur gebilligten Vitarka; b) was sind die Ursachen, Gier, Zorn, Verblendung? c) Gier, Zorn, Verblendung können je dreifach sein: milde, mittel und wild. Also gibt es 3×3=9 Arten von Vitarka. Diese werden wiederum je dreifach geteilt. So bekommen wir 27 Arten, und diese wiederum dreifach, so bekommen wir 81 Arten von Ursachen, mit andern Worten: der Betrachtende beschäftigt sich so gründlich mit dem verhaßten Gegenstand, bis er ihn völlig durchschaut (in der Beschreibung dieser Übung im Kommentar zeigt sich allerdings schon die in Indien nicht seltene Maßlosigkeit). Damit ist der Vitarka völlig aufgelöst von einer kritischen Analyse. Nun kommt

5. eine Abwehrmeditation auf Grund magischer Entsprechung, die hier als ein Hilfsmittel mit angerufen wird:

a) Wer verletzt, nimmt Kraft weg;

b) wer verletzt, schafft Schmerz;

c) wer verletzt, entwurzelt Leben. Das, was aber dem andern gegenüber geschieht, geschieht nach dieser Auffassung allgemein, also nimmt man sich Kraft, schafft man sich Schmerz, entwurzelt man sein Leben (wenn man so handelt, wie der Vitarka will);

d) Selbst wenn man sich nach diesen Taten den Tod wünscht, ist dies zwecklos, weil der Tod nicht erlöst. Die unterbewußten „Bewirker" *saṃskāra* reifen mit Notwendigkeit in neuen Existenzen. Und selbst, wenn man durch schwere Bußübungen meint, gesühnt zu haben und etwa den Himmel mit dieser Sühnung erreicht, dauert das nur eine kurze Frist. Man muß die Frucht seiner Taten genießen. So wird in dieser letzten Übung der metaphysische Glaube an das Gesetz des Karman mit in die Auflösung des Vitarka eingestellt.

Diese merkwürdige Übung enthüllt uns auch den gewaltigen Ernst und die metaphysische Tiefe der Besinnung, die der Yoga verlangt. Darin unterscheidet sie sich wesentlich von der „Tiefenbesinnung" der betrachteten Heilmethoden [4]).

Alle die erwähnten Methoden haben ihre relative Bedeutung im Ringen des westlichen Menschen um einen Weg des seelisch-geistigen Heilwerdens mit dem Ziel, sein so schwer gewordenes Dasein zu meistern. Aber je näher diese Therapeutik den zentralen Lebensproblemen kommt, desto deutlicher zeigt sich ein Mangel: Sie haben das Augenmerk nicht fest genug auf die Verwurzelung des Menschen in einem Letzthin-Tragenden und Zentralen gerichtet. Ebenso auffallend ist ein anderer Mangel: die Nichtbetonung der Tatsache, daß Heilwerden im tiefsten Sinn nur da möglich ist, wo der Mensch mit allen seinen Beziehungen zur Gesamtwirklichkeit in einer unbedingten sittlichen Verpflichtung steht. Wie diese Sittlichkeit im Einzelnen verstanden wird, ist dabei nicht so wichtig, wie die allgemeine Tatsache des Verpflichtetseins. Autosuggestionen wie: „Ich bin entschlossen nicht mehr zu rauchen" usw. mögen, wenn sie in völliger Entspannung gegeben sind, einen guten Schritt weiterhelfen. Aber nur dann, wenn es im Zentrum des Menschseins, in seinem Wesenskern gefaßte sittliche Entschlüsse sind. Sie können unmöglich zu einem endgültigen Erfolg führen, wenn sie nicht zentral verwurzelt sind in einem sittlichen Verpflichtetsein überhaupt und in dem Bewußtsein, daß Gestaltwerdung als Mensch die unerläßliche Grundlage alles Heilwerdens ist.

Und wenn bei Verstimmungen und Depressionen die Autosuggestion: „Ich sehe das Gute und freue mich am Leben" mehr sein soll als ein kleiner Anstoß in der Richtung zu Leben meisternder Haltung, dann muß dieser Satz wiederum ins Zentrale treffen und von dort wirken, d. h. er muß aus der kernwesenhaften Existenz des Menschen kommen, die vom letzthinnigen Sinn des Daseins ergriffen und bewegt ist und von dem Glauben getragen, daß in dem so sinnwidrig erscheinenden Leben und in den uns erschütternden Schicksalen ein Waltendes ist, das unsere eigene Gestaltwerdung und die Gestaltwerdung der Menschheit helfend und schöpferisch durchdringt.

Mit diesen Überzeugungen sind wir aber in die religiöse Sphäre eingetreten, ohne deren Kräfte es keine radikale Psychotherapie gibt. Die vielen Rückfälle nach anfänglicher Besserung und das nicht seltene Scheitern von Psychotherapeuten selbst haben in diesem aufgezeigten Mangel ihre tiefste Ursache.

C. G. Jung hat den Versuch gewagt, die Psychotherapie in der Richtung des Metapsychischen und Religiösen zu erweitern. Er ging bekanntlich von Freud aus, dessen Einbeziehen der Traumsymbolik in die psychiatrische Forschung und in die Psychotherapie ein großer Schritt vorwärts war in der Richtung einer eigengewachsenen seelischen Heilmethode des Westens. Der Fortschritt, der durch diese neue Erkenntnis angebahnt war, wurde allerdings gehemmt durch Freuds einseitige Ödipus-Komplex-Theorie, deren Wurzel eine für Freud typische Überbetonung des Sexuellen war. Man kann geradezu von einem Pan-Sexualismus Freuds und seiner Schüler reden, die anfingen, die ganze Religionsgeschichte in Variationen von Ödipus-Komplexen aufzulösen. Die Lektüre dieser Schriften ist peinlich. Gekrönt wurde dieser Versuch durch Freuds Buch „Die Zukunft einer Illusion" (womit die Religion gemeint war), das heute nur noch als Zeugnis eines beginnenden geistigen Verfalls gelten kann.

Es ist C. G. Jungs großes und bleibendes Verdienst, daß er diesen Bann durchbrochen und eine „Komplexe Psychologie" aufgebaut hat, in der nicht nur ein Trieb in den Vordergrund gestellt, sondern der Versuch gemacht wird, die Komplexität des menschlichen Seelenlebens zu erfassen. Schon in seiner frühesten größeren Arbeit „Wandlungen der Libido" (2. Aufl. 1924), die in der Verwendung des Ausdrucks *libido* „Lusttrieb" sich an Freud anschließt, wird dies sichtbar. Jung macht dann immer entschiedener die Wende zu der Erkenntnis, daß der Mensch noch von ganz andern Lebensmächten als von denen der Libido bestimmt wird, die ebenfalls ihre eigentümlichen, aus dem Unbewußten auftauchenden „Symbole“, Bildgestalten, haben und die erkannt werden müssen, wenn der Mensch heil werden soll. Auch Jung hat sich dann der Religionsgeschichte zugewendet und hat deren große mythischen Symbole wie „Vater“. „Weib-Mutter-Muttergottheit-Kind“, „Soter“, „Heiland“, „Wegweiser“, „Selbst“, auch die der Gegenmächte „Dämon“, „Teufel“ usw. ins Auge gefaßt und vergleichend untersucht. Er erkannte auch die Bedeutung dieser Erkenntnisse für die Psychotherapie. Damit hat er sowohl den Pan-Sexualismus der Freudschen Schule wie auch das radikale Mißverständnis der Religion als einer bloßen Illusion überwunden. Diese Tat und die ihr zugrunde liegende Haltung und Spürung ist von weittragender Bedeutung für das Finden eines Weges zum „Heil“ in der westlichen Welt.

In einer äußerst fruchtbaren und weitschichtigen Lebensarbeit, die Jung vergönnt war, hat er dann diese Erkenntnisse in seiner Lehre von den „Archetypen“, worunter er allmenschliche, dem kollektiven Unbewußten eingeborene, also vererbbare Urbilder versteht, ausgebaut und versucht, sie für die Psychotherapie nutzbar zu machen. Es ist hier unmöglich auf diese weitschichtige Arbeit, die einen unerhörten Reichtum an Gesichtspunkten, überraschenden Einfällen und Vergleichen und vielen richtigen Erkenntnissen enthält, im Einzelnen einzugehen. Doch muß hier einiges Grundsätzliche zur Theorie Jungs gesagt werden.

Die rein biologisch-psychologische Frage, ob es überhaupt eingeborene, durch Vererbung weitergegebene Archetypen, also vererbbare Vorstellungen der Urbilder oder wenigstens Dispositionen zu diesen gibt, müßte in eingehenden Untersuchungen, die mir bis jetzt zu fehlen scheinen, begründet werden. Jung selbst hat diese Begründung nicht gegeben; auch seinen Schülern ist eine solche Begründung bis jetzt nicht gelungen.

Ich selbst stehe der Hypothese der eingeborenen und vererbbaren „Archetypen“ kritisch gegenüber. Zunächst ist zu sagen, daß die religionsgeschichtlich-empirische Basis für die These der „Archetypen“ äußerst schwach ist. Was von Jung und seiner Schule an religionsgeschichtlichen Parallelen von unmittelbar in der Menschheit auftretenden Bildern, die den Jungschen „Archetypen“ ähnlich oder gleich sein sollen, geboten wird, ist nicht überzeugend. Meistens handelt es sich um ganz allgemeinste Bildformen, die unabhängig voneinander ohne Vererbung entstanden sein können. Sie finden in der Tradition ihre feste Formung als „Archetypen“, wie Weib-Mutter-Kind, Vater usw. und lenken so die neuen unmittelbaren Erfahrungen in derselben Richtung. So kann auch das Gott-Vater-Bild an verschiedenen Orten aus der „Spürung des Unirdischen“ und dem Erlebnis des Vaterseins in der menschlichen Sphäre entsprungen sein. Aber auch die Archetypen „Heiland“, die Prometheus- und Faustgestalten; ebenso der Archetypus „Selbst“ und gerade er, denn die Erfahrung eines unzerstörbaren Kernwesens im Menschen ist allmenschlich, und die Symbole dafür sind sehr verschieden. In den wichtigsten Fällen geschieht die Erfahrung des Selbstes ohne jegliches Symbol, rein als existenziales Geschehen.

Da wo Symbole entstehen, haben sie also ihren Ursprung in der Erfahrung des Vater-tums, des Mutter-tums, des Weib-tums, des Helfertums usw., die ja von allen Menschen überall und zu aller Zeit gemacht wird.

Die Silbe *tum*, dem Sanskrit *dhāman* vom Indogermanischen her verwandt, bedeutet „gesetzte Urwirklichkeit"; sie weist auf den rechten Weg der Erklärung der „Archetypen": Diese Bildungen erwachsen aus erfahrenen Lebenswirklichkeiten, die das menschliche Dasein seelisch-geistig begründen. Weil sie tief im Urschöpferischen wurzeln, werden sie als „Machtwirklichkeiten" von solchen erlebt, die dafür eine Spürung haben. Aus deren Bildkraft entspringen dann Vorstellungen und zusammenfassende anschauliche Begriffe mit Notwendigkeit. So erwuchsen sie spontan mit innerer Notwendigkeit aus den immer und überall erfahrenen Lebenswirklichkeiten kosmischer und seelisch-geistiger Art: Die im Unterbewußten eingeborenen „Bereitschaften" zur Erfahrung der tragenden Lebenswirklichkeiten als „Machtwirklichkeiten" realisieren sich im Dasein des Einzelnen und in der Gesamtgeschichte von Menschengruppen und der Menschheit.

Weil diese Lebenswirklichkeiten allgemein sind und weil das leiblich-seelisch-geistige Gefüge im Grunde dasselbe ist bei allen Menschen, trotz der individuellen Unterschiede, darum entstehen gleiche oder ähnliche „Urbilder" zu allen Zeiten. Diese bekommen ihre klassische Formung durch die hervorragende Bildkraft von dafür Begabten und gewinnen in der Tradition ihre feste Formung. So werden sie weitergegeben und neue unmittelbare Erfahrungen derselben Lebenswirklichkeiten vertiefen, bereichern und wandeln die „Urbilder" durch alle Epochen der Entwicklung von Kultursphären und der Menschheit, die durch deren Kontakt und Austausch entsteht. So werden sie zu schaffenden Wirklichkeiten in der inneren Welt, schlagen tiefe Wurzeln im Unbewußten und gewinnen durch ihre wirkende Macht numinosen Charakter, es sei denn, sie seien imaginären Wirklichkeitsvoraussetzungen entsprungen. In diesem Fall wird eine aufhellende Vernunft diesen imaginären Charakter entdecken, wodurch diese scheinbaren „Urbilder" ihren numinosen Charakter einbüßen und aus dem Reich schaffender geistiger Wirklichkeiten verschwinden.

Solche Urbilder haben sich in der menschlichen Gemeinschaft wohl von Anfang an entwickelt. Da wo sie in „Dokumenten" vor uns treten, wie in den Kunstwerken der jüngeren Altsteinzeit, haben sie schon eine reiche Entfaltung gefunden. Das Bild der „Großen Mutter" (und ihres männlichen Partners) z. B. ist, wie durch vorgeschichtliche Funde nachgewiesen werden kann, durch Jahrzehntausende in der Tradition weitergegeben worden. Aber auch die „Machtwirklichkeiten" selbst, aus denen die traditionellen Urbilder entsprungen sind, treten jeder neuen Generation in unmittelbarer Erfahrung entgegen und werden im Anschluß an das Überkommene weiter gebildet und differenziert von Geschlecht zu Geschlecht.

Diese These scheint mir die weite Verbreitung und die numinose Kraft dieser „Urbilder“ zu erklären, ohne daß wir hier Vererbung in einem „Kollektiv-Unbewußten“ annehmen müßten. Ob diese These zur Erklärung genügt, muß kritischer Untersuchung vorbehalten bleiben.

Auf Grund dieser Überlegungen stimme ich der wohlwollend-besonnenen Kritik des bekannten Biologen Adolf Portmann an der Theorie der „Archetypen“ als „im kollektiven Unbewußten“ vererbbarer „Urbilder“ voll und ganz zu. (Vgl. „Die Urbilder in biologischer Sicht“, Eranos-Jahrbuch XVIII, 1950.) Gerade die Erblichkeit dieser Urbilder ist dem Biologen sehr fraglich trotz der Tatsache, daß bei Tieren erblich gegebene einfache Gestaltkomplexe, also eigentlich „Vorstellungen“, als „Auslöser“ bestimmter Handlungen nachgewiesen sind. Ziehen wir das Fazit aus dieser Betrachtung der „Archetypen“ durch Portmann in biologischer Sicht, so bleibt von den „Archetypen“ Jungs eigentlich keine als auch nur wahrscheinlich vererbbar im „Kollektiven Unbewußten“. Was bleibt ist die mögliche Idee des Archetyps überhaupt, der aber einen ganz andern Charakter haben müßte, als die Jungschen „Urbilder“, nämlich den einer angeborenen Bereitschaft für die Erfahrung bestimmter Lebenswirklichkeiten, die sich bei der Begegnung des Menschen mit ihnen zu Bildern realisieren, die auch ins Unbewußte eingehen; aber nicht in das Kollektiv-Unbewußte, sondern nur in das Unbewußte des erfahrenden Individuums. Abgesehen davon leben sie in der Tradition weiter und wirken so im Bewußten und im Unbewußten.

Portmann gibt allerdings keine Hinweise, wie das Problem weiter psychologisch verfolgt werden soll. In einem Anhang versuche ich, einiges zur wissenschaftlichen Betrachtung des Problems der „Archetypen“ zu geben, weil dieses Problem für die Frage: Yoga und Psychotherapie von zentraler Wichtigkeit ist. (Vgl. den Anhang: „Die Archetypen in biologisch-psychologischer Sicht“ am Schluß dieses Kapitels.)

Für das Verhältnis der Psychotherapie zum Yoga ist diese Frage insofern von Bedeutung als man im Jungschen Kreis meiner Ansicht nach die mythischen Bilder des tantrischen Yoga allzu schnell mit den „Archetypen“ ineinssetzte, nicht zum Vorteil der klaren Erkenntnis beider.

Mit dieser Betrachtungsweise ist selbstverständlich die entscheidende Frage nach dem Wesen der Jungschen „Archetypen“ aufgeworfen: Sind es rein empsychische, also nur innerseelische Wirklichkeiten, oder zentrale seelisch-geistige Lebens- und Machtwirklichkeiten, die ihre Wurzel in einem Letzthin-Wirklichen haben, und kommt diesen „Archetypen“ numinoser Charakter mit Recht zu? Bei der in den obigen Darlegungen und im „Anhang“ vorgetragenen Auffassung ist das Wesen der „Urbilder“ klar: es sind seelisch-geistige innerseelische Gestaltungen symbolhafter Art von Lebens- und Machtwirklichkeiten, die in sich existieren und vom spürsamen Menschen kraft seiner eingeborenen „Bereitschaften“ zu ihnen numinos erfahren werden, wodurch er zentral schöpferisch bewegt wird. Bei Jung ist ein schwankendes Verhalten erkennbar. das ein wirkliches Verständnis erschwert.

Diese Frage wird vor allem da brennend, wo es sich um den Archetypus „Selbst" und den Archetypus „Gott" handelt. In seinen letzten Werken hat sich Jung immer eingehender mit diesen beiden Archetypen beschäftigt und hat sie nicht nur eng miteinander verbunden, sondern in gewisser Weise ineinsgesetzt: Das Selbst handelt und wirkt sich aus wie eine Gottheit. Vom Archetypus Selbst sagt Jung: „Es erscheint daher nicht unwahrscheinlich, daß ersterer (der Archetypus der Ganzheit, das Selbst) auch an sich eine gewisse zentrale Position besitzt, welche ihn dem Gottesbild annähert." „Das Gottesbild coinzidiert, genau gesprochen, nicht mit dem Unbewußten schlechthin, sondern mit einem besonderen Inhalt desselben, nämlich mit dem Archetypus des Selbst. Dieser ist es, von dem wir empirisch das Gottesbild nicht mehr zu trennen vermögen." Er setzt dann auseinander, daß man zwar arbiträr eine Verschiedenheit dieser beiden Größen postulieren könne, daß uns das aber nichts nütze, sondern im Gegenteil nur dazu führe, Mensch und Gott zu trennen, wodurch die Menschwerdung verhindert werde. Auch ist er der Meinung, daß wir nicht zu unterscheiden vermögen, ob diese Wirkungen von Gott oder vom Unbewußten kommen [5]).

Jung will mit seiner These von der Verwandtschaft oder Identität des Archetypus Selbst und des Gottes nichts über die Existenz Gottes ausgesagt haben: „So wenig als der Archetypus des ‚Helden' das Vorhandensein eines solchen setzt." Er verwahrt sich dagegen, daß die Psychologie einen Gott auch nur als hypothetische Ursache setzt. Denn dann hätte sie implizite die Möglichkeit eines Gottesbeweises gefordert, womit sie ihre Kompetenz in absolut unzulänglicher Weise überschreiten würde. Doch weist er darauf hin, daß schon das Wort „Archetypus" ein Prägendes voraussetze. Wissenschaftlich lasse sich nicht ausmachen, woraus der Archetypus in letzter Linie herzuleiten sei.

Jung spricht hier rein als Wissenschaftler, der auch nicht einmal die Möglichkeit, daß der „Archetypus Gott" durch die Einwirkung einer tatsächlichen Gotteserfahrung zustande gekommen sei, annimmt. Er muß dann auch, da er Archetypus Gott und Archetypus Selbst so eng miteinander verbindet, dieselbe kritische Haltung einnehmen und es als Wissenschaftler offen lassen, ob der Archetypus Selbst von einer Realität Selbst bewirkt ist. Dabei bleibt dann wiederum die Frage offen, wie denn dieser für Jung so wichtige, ja zentrale Archetyp entstanden ist, den man dann aber doch in der Psychotherapie als numinose Realität einsetzt.

Man kann sich wissenschaftlich-kritisch so stellen, wie Jung es tut; aber dann bleibt man rein in der Sphäre des Psychologischen, und es erhebt sich die Frage, ob dann einem Archetypus überhaupt numinoser Charakter zugesprochen werden darf. Denn ein „numinoser Charakter", d. h. religiöse Realität, kann nur dem zukommen, was in der Tat auch Realität eines Letzthin-Wirklichen in sich trägt. Wird „numinoser Charakter" irgend einem Bild oder einer Sache beigelegt, ohne daß deren Wurzelung im Letzthin-Wirklichen, im Göttlichen feststeht, so ist dies streng besehen Illusion und Selbsttäuschung. Es ist hier schon die Frage aufzuwerfen, was der Psychotherapeut mit „Archetypen“ anfangen soll, wo es sich um letzthinnige „Archetypen“ handelt – denn das sind doch „Gott“ und „Selbst“ – wenn der letzthinnige Wirklichkeitscharakter dieser Archetypen offen bleibt. Doch darüber gleich mehr.

Der Nachdruck, den Jung und seine Schüler auf die unterbewußte Bildwelt legen, hat ohne Zweifel zu wesentlichen Erkenntnissen geführt. Die Ausdehnung der Freudschen Traumsymbolik auf die mythischen Gestaltungen der Menschheitsgeschichte hat den Blick geweitet und auf die Tatsache gelenkt, daß nicht nur eine dem Menschen innewohnende Bildkraft hier spontan, ohne willentlich-bewußtes Zutun des Menschen, Sinn-Bilder gestaltet, sondern daß diese Bilder auch ein Streben in sich tragen, dem Menschen Weisung zu geben, indem sie ihn auf die Unordnung in seiner inneren Welt hinweisen und ihm sogar den Weg zeigen, sie in Ordnung zu bringen. Daraus entspringt die Erkenntnis, daß im Unbewußten des Menschenwesens eine nicht vom Menschen abhängige Führungskraft – ein „Führendes“ vorhanden ist, eine Erfahrung, die zum Archetyp des „Urguru“, des „Urweisers“ sich verdichtete. Wir können also von einem Urschöpferischen, das im Unbewußten des Menschen schaffend und führend wirkt, sprechen. Warum muß es offenbleiben, daß dieses Urschöpferische göttlichen Charakter hat, ohne den diese Archetypen doch keinen Anspruch auf Numinosität haben?

Wie soll aber ohne diese Überzeugung ein durchgreifender Erfolg in der Psychotherapie erreicht werden? Hier ist die Radikalfrage zu stellen: können diese Archetypen, wenn sie ihren wahren Sinn nicht verlieren sollen, überhaupt nur-wissenschaftlich, in diesem Falle also rein psychologisch, betrachtet werden? Eine solche wissenschaftlich-vergleichende Betrachtung kann sich eigentlich nur auf die verschiedenen Ausprägungen dieses Archetyps beziehen und nicht auf seinen wesentlichen Inhalt. Dieser wesentliche Inhalt kann nur in der unmittelbaren Selbst- bzw. Gotterfahrung gefunden werden. Denn jede spontane Verbildlichung oder „Verbegrifflichung“ dieser „Archetypen“ – wenn es echte Archetypen mit numinosem Charakter sein sollen, was doch behauptet wird – ist im Wesentlichen nur verständlich, wenn unmittelbare kernwesenhafte Selbsterfahrung oder Gotterfahrung ihre tiefsten Ursachen sind. Aus dieser Erfahrung erwächst aber mit Notwendigkeit, gegenüber der nur kritischen Haltung des Wissenschaftlers, die unbedingte Überzeugung der letzthinnigen Realität sowohl des Selbstes wie des Gottes.

Wenn man also in der Psychotherapie überhaupt mit den Archetypen „Selbst“ und „Gott“ operieren will, dann kann man das zurechtens nur, wenn man die Überzeugung von der letzthinnigen Realität in sich trägt, aus denen diese beiden Archetypen erwachsen, nämlich von der Realität Gottes und des Selbstes.

Dabei soll schon hier noch einmal gesagt werden, daß eine unmittelbare Erfahrung des unerschütterbaren Kernwesens im Menschen, oder auch eine Gotteserfahrung, nicht unbedingt eine besondere Verbilderung dieser letzthinnigen Wirklichkeiten wirkt oder nötig hat.

Die Schwäche der „mythologischen Methode" – um diesen Begriff hier einzuführen – der Jungschen Psychotherapie liegt meiner Ansicht nach darin, daß die Ausführungen über das Selbst nicht das Ergebnis unmittelbarer Selbst-Erfahrung, sondern der vergleichenden Religionswissenschaft sind, die weithin auch im Zusammenhang mit den Dokumenten über Ātman-Puruṣa-Tao sich vollzieht: es ist eine Phänomenologie des Selbstes nach Dokumenten, nicht eine Wesenserfassung aus dem unmittelbar gelebten Leben.

Das soll nicht heißen, daß Jung nichts von dieser Erfahrung wisse. Aber ebenso wie er in der Frage nach einer letzthinnigen religiösen Realität ständig schwankt zwischen einer Haltung und Aussprüchen, die zu zeigen scheinen, daß sie für ihn feststeht, und andern, in denen wieder alles psychologisch relativiert wird, so auch mit Beziehung auf den Archetypus Selbst, den er langsam in das Zentrum seiner ganzen Archetypen-Lehre und der darauf basierenden Psychotherapie gerückt hat. Der Grund für diese widerspruchsvolle Haltung scheint mir darin zu liegen, daß sich Jung und weithin auch seine Schüler, vordringlich mit mythischen Bildern, ihrer Struktur und ihren differenzierten Formen befaßt haben, statt mit den Erfahrungen selbst, aus denen sie entstanden sind. Dies ist auch der Grund, warum Jung, dann kräftig unterstützt von H. Zimmer, dem geistreichen Deuter indischer Mythen, eigentlich nur mit dem tantrischen Yoga und seinen Verbilderungen der inneren Erlebnisse sich abgibt. Den klassischen Yoga des Yogasūtra, das mit einem rücksichtslosen Ernst auf die Eigenerfahrung letzthinniger Realitäten hinzielt, hat Jung, wie auch Zimmer, fast ganz übersehen.

Die Auffassung, daß da, wo gewisse Traumbilder erscheinen, die als Symbole der „Individuation" (der Ganzwerdung des Menschen aus dem Selbst) gedeutet werden, auch die Selbstwerdung sich realiter vollziehe, d. h. daß innerste seelisch-geistige Lebensbewegungen geschehen, oder geschehen seien, beschwört eine Gefahr herauf. Besonders auch darum, weil diese Auffassung weiterhin ein Korrelat hat: daß nämlich überall da, wo Selbstwerdung sich vollziehe, solche Individuations-Symbole sich einstellten. Daß das Letztere keineswegs der Fall ist, beweisen die vielfachen „Puruṣa-Erfahrungen" in Situationen radikaler Geworfenheit, in denen plötzlich das unerschütterte Selbst sich existenzial gegenwärtigt, ohne jede Verbilderung. Auch bei der unmittelbaren Erfahrung des Selbstes im Samādhi des klassischen Yoga treten keine Individuations-Symbole mehr auf, wenngleich diese in den Yoga-Upaniṣaden und im Av ihre Bedeutung haben. Das YS betont sogar, daß gerade in der Puruṣakhyāti alle Bilder verschwinden. Die Selbsterfahrung, die radikal, d. h. kernwesenhaft geschieht, ist also letztlich rein existenzialer Art, ganz unmythisch und unsymbolisch. Diese Erfahrung ist aber, wie gezeigt, das zentralste schöpferische Ereignis, das einem Menschen zustoßen kann. Die Tatsache, daß diese seine existenziale Realität in der Jungschen Methode fast keine Rolle spielt, muß zu schiefen Sichten über den Wert und das Verhältnis der „archetypischen Bilder“ zu der Erfahrung, die sie meinen, führen.

Ferner aber ist auf die Gefahr der Meinung hinzuweisen, daß, wo Individuations-Symbole im Traumleben auftreten, auch eine existenziale Selbstwerdung eingetreten oder im Gange sei. Solche Traumbilder können auch durch Autosuggestion auftreten, besonders in einer seelisch-geistigen Atmosphäre, die geschwängert ist mit Vorstellungen dieser Individuations-Symbole. Eine solche Atmosphäre ist heute durch die vielen Schriften und Aufsätze über diese Dinge wohl vorhanden. Damit ist die Gefahr gegeben, daß verhältnismäßig periphere Vorgänge für zentrale gehalten werden, ein Irrtum, der das „Heilwerden“ hindert.

Aber auch da, wo die gemeinten Traumsymbole spontan auftreten, ist dies noch kein Beweis für ein existenziales Geschehen im Wesenskern des Menschen. Wenn man nämlich diese Traumsymbole genauer untersucht – ich denke dabei z. B. an die vermeintlichen Parallelen zu den sogenannten Kuṇḍalinī-Symbolen, oder an gewisse Maṇḍala, die als Individuationssymbole gedeutet werden – besteht häufig nur eine ganz allgemeine Ähnlichkeit und der Sinn dieser Symbole ist keineswegs so eindeutig wie das so oft angenommen wird.

Die Gefahr also, die der Jungschen komplexen Psychologie und der psychologisch-mythologischen Therapie droht, ist die Überbetonung der psychischen Realitäten, vor denen die realen „Machtwirklichkeiten“ des kosmischen und menschlichen Daseins zurückstehen, und die zu einfache Ineinssetzung von psychischen Erlebnissen mit metapsychischer ja metaphysischer Wirklichkeit, die dazu immer wieder der „wissenschaftlichen“ Haltung zuliebe in Frage gestellt wird. Die „Archetypen“, die man aus psychischen Erlebnissen gewinnt, werden zu mystisch-metapsychischen, ja metaphysischen Wirklichkeiten hypostasiert und mit einer Unbedingtheit und Absolutheit ausgestattet, als ob sie für sich existierende Machtwesen wären, werden aber dann doch wieder, wenn der Blick scharf auf die Frage gerichtet wird, ob sie wahrhaftige Wirklichkeit sind im metaphysischen Sinn und auf ihre „andere Dimension“, wieder in die Sphäre des Psychologischen zurückgerufen.

Dieses Schwanken führt zu einem geistigen Irrealismus, in dem alles relativ wird und schließlich bleibt man im „Mythischen“ befangen und kommt nicht heraus aus dem Banne des Unbewußten. Dieses Verhalten wird am besten durch ein Bild klar gemacht: Man bewegt sich sozusagen in einer sehr dehnbaren Sphäre des Psychologischen, hat eine gewisse Spürung von metapsychischen und metaphysischen Realitäten und gelegentlich auch den Drang, zu dieser anderen Sphäre durchzustoßen; dann dehnt sie sich in dieser Richtung. Aber es kommt nie zu einem Durchbruch: die Hülle der psychologisch-mythischen Sphäre widersteht dem Durchbruch und zwingt den metaphysisch Strebenden wieder zurück in das Psychologische, dem er unentrinnbar verhaftet bleibt.

Das beste Beispiel dafür ist Jungs Buch „Antwort an Hiob“. Zu welchen schiefen Sichten die gekennzeichnete Haltung führen kann, zeigt am deutlichsten Jungs Stellung zum neuverkündeten Dogma der leiblichen Himmelfahrt der Maria. Er hält dieses Asumptionsdogma, „beiläufig gesagt", für das wichtigste religiöse Ereignis seit der Reformation. Wer eine richtige Spürung für das echt Religiöse hat, wird nicht umhin können, diese Behauptung als ein verhängnisvolles Fehlurteil anzusehen. Die Verkündigung dieses Dogmas ist überhaupt kein religiöses Ereignis. Denn es hat dem Marienglauben, der ja schon längst in seiner mythischen Form die leibliche Himmelfahrt der Maria miteinbezogen hatte, auch nicht das geringste an religiösem Gehalt zugegeben. Im Gegenteil, zahlreiche gutgläubige Katholiken sind durch dieses Dogma, das jeden treuen Katholiken zum unbedingten Glauben an es verpflichtet, in schwerste Gewissensnöte gebracht. Zudem verfehlt Jungs psychologische Deutung dieses Dogmas als Symbol völlig den wahren Sachverhalt. Denn gerade die mythische Symbolhaftigkeit des Dogmas ist vom Papste selbst zurückgewiesen worden. Es meint absolute, transzendente Realität und nicht Symbol. Für viele Anhänger Jungs ist diese seine Stellungnahme schwer verständlich gewesen. Die Aufdeckung des Grundes ist darum nicht ohne Wichtigkeit. Sie enthüllt wie durch ein Schlaglicht die Gefahr der ganzen Methode: Statt das Augenmerk auf den unmittelbaren Vollzug der entscheidenden schöpferischen Geschehnisse des Innern zu richten, bleibt es in der Sphäre der Bild-Symbole, im Banne des Mythisch-Psychischen, die doch nur Hinweis sein können auf ein Metapsychisch-Reales – wenn sie echt und geboren sind! – Dieses aber muß auf seinen transpsychischen Wahrheitsgehalt hin betrachtet werden, der nicht in Frage gestellt werden kann, wenn der Archetyp therapeutisch – dies im weitesten Sinn verstanden – verwendet werden soll. Eine nur symbolisch verstandene Maria hat ihren numinosen Charakter verloren. Damit ist aber auch das Ende für sie als Himmelskönigin und Fürsprecherin gekommen. Dasselbe gilt für den Archetyp „Gott" und „Selbst". Sie gelten nur insofern als therapeutische Mächte, als ihre transpsychische, oder immanent-transzendente Realität bejaht wird. Wo darüber Unsicherheit besteht, fallen sie als Heilmächte aus.

Trotz dieser Kritik soll aber noch einmal betont werden, daß die Beschäftigung mit dem Selbst und mit seinem Verhältnis zum Göttlichen durch Jung und seine Schüler eine Tatsache in den Vordergrund gerückt hat, die von wesentlicher Bedeutung für eine Erneuerung des Religiösen und das Wirksamwerden dieser zentralen seelisch-geistigen Wirklichkeit in unserem westlichen Dasein ist.

Damit ist eine Erwartung erfüllt, die im Schlußabschnitt meines Vortrags über „Symbole und Erfahrung des Selbstes in der indo-arischen Mystik", den ich auf der Eranos-Tagung 1934 gehalten habe, ausgesprochen ist. Dort sind gewisse psychische Erscheinungen, die als indo-arische Symbole des Selbstes bezeichnet werden können, ausführlich behandelt. Aber auch mit Nachdruck erklärt: „diese Reflexe der Erfahrung des Tiefenichs werden aber, soviel ich sehe, in den alten Upaniṣaden als das gewertet, was sie sind, Bewußtseinsspiegelungen von Lebensvorgängen, die sich in der wesenhaften Tiefe abspielen. Und es ist höchst gefährlich, diese Bewußtseinsspiegelungen sozusagen für die Erfahrung selbst zu nehmen." Die wichtigen Sätze finden sich im Schlußabschnitt des Vortrags „Der Seinsdynamische Ursprung der Erfahrung und der Symbolwelt des Selbstes", die hier aus Eranos-Jahrbuch 1934 angeführt werden mögen:

„Suchen wir also nun auf Grund des bis jetzt vorgelegten Materials die Ansatzpunkte zu entdecken, an denen die seinsdynamische Realität des Selbstes sichtbar wurde.

Zunächst einmal dies: Der Mensch ist der Punkt, auf den jedes Schicksal des Kosmos, des Lebens und der eigenen Geschichte gerichtet ist. So stürmen auf ihn Erlebnisse aller Art mit einer unerhörten Wucht heran. Da ist nichts, das der Mensch nicht erfahren müßte, sei es die Tiefe der Hölle oder die Lust des Himmels. Auf ihn türmt sich die ganze Weltlast als auf den einen lebendigen Punkt, von dem aus sie getragen und gemeistert werden soll. Wir erfahren das am Einzelschicksal, am Völkerschicksal, am kosmischen Schicksal. Je weiter sich unser Blick spannt, um so ungeheurer treten uns diese Schicksale entgegen, je tiefer wir forschen, um so gewaltiger stürmen sie an gegen diesen einen Punkt: das menschliche Herz. Und nun erfährt der Mensch, daß er in diesem ungeheuren Wirbel in einem Unerschütterlichen gegründet ist; daß er nicht eine Gründung zu suchen, nicht das Fundament seiner Existenz zu finden oder gar zu schaffen hat, sondern daß es da ist, eben weil er als Mensch da ist. Dieses Gegründetsein in einem Unerschütterlichen ist die Urtatsache alles Menschseins, die sich dem Menschen gerade dann, wenn das Schicksal am wildesten gegen ihn antobt, vor seinem inneren Auge klar enthüllt und ihn in eine ewige Gelassenheit einbettet.

Es kann wohl keine Frage sein, daß durch jene Zeiten der Erschütterung und des Überganges, die wir im ersten Vortrag kurz gekennzeichnet haben, die Menschen innerlich und äußerlich aufs heftigste und bis in die Tiefen aufgewühlt waren. Es ist aber eine Erfahrung unseres eigenen Lebens, die sich in den Schicksalen der Völker und Kulturen, der vergehenden und wieder entstehenden Glaubensformen immer wieder einstellt, daß gerade in solchen Zeiten die Schleier vor unserem inneren Auge, die uns die Fundamente unseres Daseins verhüllen, weggezogen werden, so daß wir sie schauen in ihrer diamantenen Klarheit und Festigkeit. Dies ist der Grund, warum das Wort *pratiṣṭhā*, die ewige Grundlage, das abgründige Fundament des Seins, in jener Zeit eine so wichtige Rolle gespielt hat und warum das schöne Bild vom ‚Lotos des Herzens', der aus *brahman*, dem ewigen Urgrunde aufwächst, gefunden wurde. Es handelt sich hier durchaus nicht um parapsychische Erlebnisse, um mystische Verzückungen, die in dichterischen Bildern ihren Ausdruck fanden, obwohl die Erfahrung dieses Gegründetseins teilweise auch von starken psychischen Erlebnissen begleitet gewesen sein mag, sondern um gewaltige Tatsachen, um seinsdynamische Wirklichkeiten.

Mit diesem Gegründetsein hängt eng zusammen eine andere Erfahrung: daß sich der Mensch entdeckt als unzerstörbares Subjekt. Wie groß auch der Wirbel der Bewußtseinstatsachen sein mag, wie wild auch das Meer der inneren Erlebnisse tobe, wie stark auch die Bewußtseinshelle sich wandle, über alle Schwankungen, Trübungen und scheinbare Zerstörung hinweg erhebt sich immer wieder beherrschend und unangreifbar der Mensch als inneres Subjekt. Man hat versucht, diese Tatsache zu leugnen, indem man das Subjekt auflöste in ein Bündel von inneren Schwingungen. Sowohl der Spätbuddhismus, wie die westindogermanische Philosophie der unschöpferischen Epoche des ausgehenden neunzehnten Jahrhunderts sind diesen Weg gegangen. Aber auch aus dieser Negation des Menschen als Subjekt hat sich einfach aus der Erfahrung selbst wieder die Überzeugung erhoben, die auch aus unserem eigenen inneren Leben nicht zu tilgen ist: der Mensch ist und bleibt Subjekt, d. h. es ist in ihm ein Kern, an den wie die Strahlen an den Kristallkern alle seine Erlebnisse anschießen, um dort erst Halt zu finden, woraus dann Gestaltung wird. Dieses Problem stellt sich in der indo-arischen Lehre vom Selbste dar in der Frage nach ‚Dem, der sieht, hört, schmeckt, riecht, redet, denkt', im Unterschied von der Funktion oder den Organen dieser Bewegungen, die Gegenstand der Anschauung werden können. Hier ist schon eine Beobachtung angedeutet, die dann in jene mehr erkenntnistheoretischen Überlegungen vom unsichtbaren Subjekt hinüberführt in den Bereich des Metaphysischen. Wenn der Mensch nämlich sich als Subjekt erfährt und dieses Subjekt nun anschauen will, so entschwindet es ihm ständig aus der Anschauung; scheint er es für einen Augenblick anschauend zu erfassen, so wird der Gegenstand seiner inneren Anschauung zum Nichtsubjekt, während das Subjekt selber wieder in den Abgrund eines Geheimnisses versinkt. Und doch, – dies ist das Paradoxe solcher inneren Forschung – könnte er dies alles nicht erleben, wenn er nicht zur Zeit Subjekt wäre und sich dieses seines Subjektseins bewußt würde. In diesen Abgrund des Geheimnisses, der um den Menschen als Subjekt webt, hinunterblickend, ahnt der Mensch etwas von der ewigen Verwurzelung seines inneren Seins.

Ein weiterer Zugang zur seinsdynamischen Realität des Selbstes wird angedeutet in einem sehr alten Bild indo-arischen Denkens, das wir schon im Aitareya-Āraṇyaka finden. Dort wird der Mensch bezeichnet als die himmlische Leier. Das Bild ist dort nicht weiter ausgedeutet, aber ich glaube, daß wir den Sinn recht erfassen, wenn wir es so verstehen: Der Mensch erlebt sich als den Durchgangspunkt, als das Organ weltgestaltender Kraft, weltgestaltenden Geistes. Die Urmächte des Seins spielen auf dieser himmlischen Leier ihre ewige Melodie. In seiner schaffenden Existenz erfährt der Mensch, daß aus ihm Gestaltungen göttlicher Art entspringen. Was der Künstler, der Dichter, überhaupt jeder schaffende Mensch, auch der Lebensmeister, erfährt und wirkt, führt ihn, wenn er die Frage nach dem Ursprung seines Wirkens und Gestaltens stellt, weit über ihn selbst, d. h. über seine empirische Existenz hinaus. Das Werk, das aus ihm wird oder werden will, es mag noch so viel Vorläufigkeiten und Fragwürdigkeiten in sich enthalten, ist nach seiner Überzeugung nicht sein Werk, sondern das eines Übergewaltigen. Nicht er in seiner eng umschränkten Individualität ist Urheber, sondern jene geheimnisvolle Macht, die ihn benützt, so wie die Leier in rauschenden Akkorden tönt, nicht aus sich selbst, sondern weil sie ein großer Künstler spielt. Was dem empirischen Blicke seiner Hände und seines Geistes Werk ist, das wird ihm aufgedrungen von einem andern her. Am eindrucksvollsten hat ja dieses Erlebnis derjenige beschrieben, für den Gott und alle Götter tot waren und der an ihre Stelle das Leben selbst gesetzt hatte, Nietzsche in seinem Ecce homo." (Eranosjahrb. S. 81–84.)

. . . .

„Noch tiefer in die seinsdynamische Realität des Selbstes führt ein Ausdruck, der an entscheidender Stelle (Bṛhad.-Up. II, 3, 6) für den Ātman gebraucht wird: *satyasya satyam* (die Wirklichkeit der Wirklichkeit, die Wahrheit der Wahrheit, die Echtheit der Echtheit). An der angeführten Stelle wird von den *prāṇāḥ*, den schaffenden Lebensströmen, gesagt, sie seien *satyam*. Dieses *satyam* aber wird von einem noch Tieferen getragen, vom *ātman*. Er ist in allen Realitäten die Realität. Dies ist die Erfahrung, die jeder echte Mensch immer wieder beglückt machen darf, daß er, wenn er echt ist und wirkt, in dieser Echtheit geborgen ruht. Es mag der einfachste Handwerker sein, echt in jedem Hammerschlag. Die Echtheit in ihm ist wirksam, durchdringt sein ganzes Leben befreiend, wirkt unaufhaltsam in ihm das Rechte, daß er vor diesem seltsamen Wirken in gewissen Augenblicken seines Lebens mit einer Ehrfurcht und einer Gläubigkeit steht, die ihn unmittelbar an das Letzte binden. Die ‚Wirklichkeit der Wirklichkeit' dämmert in ihm auf und durchdringt sein nüchternes Leben mit dem Lichte ewigen Seins. *satyasya satyam*, diese Erfahrung vom Selbste, kommt nicht etwa aus philosophischen Überlegungen, noch auch aus seltsamen Erlebnissen. Sie ist die göttliche Gabe der Lebensechtheit jedes Menschen. An diesem Punkte führt die Seinsdynamik des Selbstes vom Leben unmittelbar in die ewige Tiefe.

Hier ist auf eine Tatsache hinzuweisen, die uns beim Studium indo-arischer Weisheit immer wieder entgegentritt, daß nämlich jene Menschen ein außerordentlich starkes Empfinden und Wissen um das hatten, was ich die Tiefenintention alles Gegebenen nennen möchte. Mit dem Gegebenen meine ich alles, was wir sind und erfahren, alles, was um uns und in uns ist. Dies alles trägt in sich den Zug zu seiner letzten Tiefe. Wo wir uns selbst oder das Sein erfassen, wo wir hineingreifen ins volle Menschenleben, überall entdecken wir diesen Zug in die Tiefe, wenn wir mit spürsamem Herzen die inneren Strömungen des Seins und Geschehens empfinden. Diese metaphysische Spürsamkeit, d. h. der Gehorsam gegenüber der Tiefenintention des Gegebenen ist ein Entscheidendes für die Gründung des Menschen in einem Unerschütterlichen" (S. 86 f.).

. . . .

„Wir könnten diese Art von Leben, Wirken und Denken auch Leben und Besinnung mit metaphysischem Ernste nennen, d. h. die Bereitschaft auf jenes Letzte hin, die Erwartung eines Entgegenkommens von dort aus den Dingen. Aus dieser Haltung und Erwartung entspringt dann jene zwischen Gegebenem und letzter Realität polar gespannte Innendynamik, die allein zu schöpferischen Begegnungen mit dem Tiefen-Sein der Dinge führen kann. In dieser Dynamik wird das Gegebene nicht entwertet, denn diese Entwertung würde sie ja zerstören; und das Tiefensein des Gegebenen wird nicht in irgend eine jenseitige Welt verlegt, die vielleicht einmal zu erreichen wäre, sondern gehört zum lebendigen Augenblick.

Das bisher Angeführte hat hoffentlich deutlich gemacht, daß es sich bei der Erfahrung des Selbstes in erster Linie nicht um Erlebnisse handelt, die etwa auf parapsychischem Wege erlangt werden müßten, sondern um Realitäten des Menschkeins als solchen" (S. 92).

. . . .

S. 95, wo auf den Yoga hingewiesen und vor seiner psychotechnischen Veräußerlichung gewarnt wird, heißt es: „Zum Selbste führen keine psychotechnischen Zugänge, sondern nur das Leben. Allerdings ein Leben, das in Welthinkehr und Einkehr in die Stille rhythmisch sich bewegt. Echter Yoga ist nichts anderes als echte Einkehr, um des Lebens Tiefe zu ergründen.

Darum kann auch die Erfassung des innersten Gehaltes und das Lebendigwerden der Symbole des Selbstes in uns nicht auf dem Wege einer bloß meditativen Ergründung geschehen. Das einzig Entscheidende ist und muß sein die Realisierung des ewigen Selbstes in uns durch Leben in seiner Seinsdynamik. Dafür allerdings mögen die Symbole des Selbstes, innerlich wirklich ergriffen, eine gewisse Anleitung sein. Liegt es doch bei der Entwicklung unseres Innenlebens so, daß manches in uns ungeformt und teilweise unwirksam da ist, bis ein Bild oder ein Begriff, sozusagen als die Kristallisationspunkte eindringen, um die sich dann all das ihnen Wesensverwandte in unserem eigenen Leben formt. Und das ist der großen Meister des Lebens Vorrecht, daß sie in die Tiefe schauten und das Erschaute gültig formten. Wir sind nicht alle gleich gestaltkräftig und der Führer auf dem Wege inneren Lebens ist für Viele nicht überflüssig. Aber er kann nicht mehr tun, als das anrühren, was in uns selbst lebt und zur Gestaltung drängt, daß es sich forme und so im Aufbau unseres inneren Kosmos wirksam werde. Jede andere Verlebendigung der Begriffe und Symbole vom Selbst wird zwangsläufig zu einer verhängnisvollen Selbsttäuschung führen, in der man den Schatten der Dinge für die Dinge selbst nimmt. Indem man an ihnen sich ergözt, wird man, von den nährenden Lebenskräften verlassen, zum Gespenst auf den Gefilden des Lebens. Wer sich des Lebens äußerer Wirklichkeit und dem konkret Gegebenen in vorgeblicher Sehnsucht nach dem Inneren entzieht, den stößt die Wirklichkeit nach unerbittlichen Gesetzen aus ihrer schaffenden Gemeinschaft aus."

Diese Sätze aus dem Eranosjahrbuch 1934 enthalten programmatisch die Richtlinien, die uns bei der Ergründung des Archetyps Selbst und der ihm entsprechenden transpsychischen Realität, aus deren Erfahrung er entsprungen ist, leiten können. Und eng verbunden damit ist der andere Archetyp, der auf das Letzthin-Wirkliche hinweist.

So hocherfreulich es ist, daß auf dem Wege einer zentralen und radikalen Psychotherapie in der westlichen Welt dadurch ein weiter Schritt vorwärts getan wurde, daß die Idee des Selbstes und damit der göttlichen Wirklichkeit in den zwei Jahrzehnten, die zwischen den angeführten Äußerungen liegen, in den Mittelpunkt gerückt worden ist: die Mahnung am Schluß dieses Vortrages gilt auch heute noch: Zum Selbst führt keine noch so tiefe und subtile Analyse des Archetyps „Selbst", sondern nur der Lebensvollzug, also innerstes existenziales Geschehen. Und auf diesen muß das Augenmerk des Psychotherapeuten in erster Linie gerichtet sein.

Einige von Jung herkommende Psychotherapeuten spüren den Mangel an religiöser Verwurzelung der psychologisch-mythologischen Methode und versuchen energisch aus der psychologischen Sphäre in die metaphysisch-religiöse vorzudringen. Es seien hier nur zwei Namen genannt: G. R. Heyer und Gustav Schmaltz. Der erstere hat in einem Vortrag „Wege und Wandlungen der Seelenheilkunde" [6]) seine Haltung in einem Satz ausgedrückt, der deutlich auf das Transzendente weist. „Heute ist der Fragende der Fromme. Der einzige Ort der Gottwerdung, der uns zugänglich ist, ist das menschliche Herz, als ein wahrer Teil des transzendenten Prozesses selbst." Hier ist jedenfalls ein Bekenntnis zu der nicht im Psychologischen endenden Sphäre. Wie weit damit allerdings die nur psychologisch-mythologische Methode durch eine theiologische, ohne die es keine radikale Psychotherapie geben kann, ergänzt wird, muß die Zukunft weisen.

Am deutlichsten scheint mir Gustav Schmaltz in seinem kleinen Werk: „Östliche Weisheit und westliche Psychotherapie" auf die Notwendigkeit der Einbeziehung des Religiösen und damit des Nicht-Nur-Psychologischen zu zielen. Nachdem er Freuds Arbeit „Die Zukunft einer Illusion" als ein Zeugnis für sein persönliches Unvermögen, zum religiösen Erleben einen Zugang zu finden erklärt, sagt er: „Religion aber entspricht einem Urbedürfnis des Menschen. Sie ist eine Funktion der Tiefenseele, auch dann, wenn Sie nicht mehr in Dogma oder Glaubensbekenntnis ihren Ausdruck finden kann. Es gibt keine echte Kultur ohne Religion. Ohne ihr Wirken ist kein Mensch vollkommen und ganz, und er hat keinen Frieden. Wenn wir von der Ganzwerdung des Menschen oder seiner Selbstverwirklichung gesprochen haben, so handelt es sich dabei nicht um irgendeinen individuellen Religionsersatz, sondern um eine echte religiöse Möglichkeit, die vielleicht sogar den Keim allgemeiner religiöser Formen birgt, die heute noch im Dunkel liegen. Hier liegt in der Tat eine Aufgabe für die westliche Psychotherapie der Zukunft"[7]. Wenn diese Sätze so gemeint sind, wie ich sie verstehe, dann enthalten sie das Streben in der Psychotherapie bis zum Religiösen vorzustoßen, d. h. zu der Erfahrung eines Letzthin-Wirklichen, das sich im menschlichen Selbst offenbart und von dem dieses Selbst, so wie es in dem oben zitierten Vortrag betont ist, eine „Individuation" ist[8]). Dann muß aber auch das Bekenntnis zu der Realität dieses Letzthin-Wirklichen miteingeschlossen sein. Denn wenn die Erfahrung des Selbstes als letzthinnige Realität im Menschen tatsächlich geschieht, kann daraus nicht die Haltung entspringen, die die Frage offen läßt, ob es sich bei dieser Erfahrung um eine „andere, tiefste oder höchste, Dimension" des Wirklichen handelt, die alle andern Dimensionen, auch die psychische, übersteigt und durchdringt. D. h., um es ganz unverblümt zu sagen: der Psychotherapeut, der radikal auf das Zentrum des Heilwerdens zielt, muß zum „Theiologen" werden *). Der Yoga hat sich nicht gescheut, diesen Schritt zu tun. Ob die westliche Psychotherapie diesen Schritt tun wird?

Sehen wir weiter nach den Ausführungen von Schmaltz, so scheint es, trotz seines Strebens, unbekümmert in die religiöse Sphäre vorzustoßen und sich zu ihr zu bekennen, daß er sich wieder im Mythisch-Psychologischen verfängt. Der Psychotherapeut, so meint Schmaltz, welcher mit den Menschen arbeiten müsse, denen der Zugang zur abendländischen Erscheinungsform des Religiösen und damit auch zur priesterlichen Form des geistigen Lehrers verschlossen ist, müsse viel tiefer graben, nämlich in jene Schichten der Seele, wo die Urerfahrungen der Menschheit in archetypischen Bildern beschlossen liege. „Was aus diesen aufsteigt, ist unserem Gegenwartsbewußtsein zunächst völlig fremd, es muß in mühsamer Arbeit vom Bewußtsein transformiert werden und zubereitet zu einer Seelenspeise, die uns wieder bekömmlich ist." [9])

Von der Urerfahrung des Religiösen her ist aber zu fragen: Ist dieser Weg über die „Archetypen" ein Weg zur Erhellung und Wiederentdeckung des Religiösen, wenn dieses Bemühen nicht ergänzt wird durch das Wissen um die unmittelbare Selbsterfahrung, wie sie oben beschrieben worden ist, und die unmittelbare Erfahrung des Letzthin-Wirklichen im Schicksal und in der Gesamtwirklichkeit?

Ja man muß sogar die Frage stellen, ob dieses ständige Kreisen um die archetypischen Bilder, die mit Recht oder mit Unrecht als Symbole des Selbstes und des Göttlichen gelten, nicht der Grund ist, warum kein Durchbruch zum unmittelbar erfahrenden Religiösen in der Jungschen Psychotherapie geschieht. Gibt es nicht zu denken, daß sowohl die westlichen Mystiker wie der echte Yoga das Freiwerden von Bildern als den eigentlichen Weg zur Urquelle bezeichnen. Denn es ist nicht richtig, was Schmaltz S. 51 sagt: „Die Erfahrung des Selbst ist, soweit unsere Be-

*) Ich brauche das Wort „Theiologie" statt „Theologie" (die in einem bestimmten Glauben und Dogma gebunden ist) für eine freie, religiöse Tiefenbesinnung (*theĩon* „das Göttliche").

obachtungen reichen, *stets* (von mir gesperrt) mit der Erscheinung bildhafter oder bildähnlicher Symbole – die Jung als ‚natürliche' bezeichnet hat – verbunden. Wahrscheinlich gehört es überhaupt zum Wesen des Selbst, daß es nicht anders erscheinen kann" (S. 51). Ist nicht die realste „Erfahrung" des Selbstes die existenziale, wenn es mitten in unbedingtem Ausgeliefertsein und Geworfensein des empirischen Menschen sich als unerschüttert zeigt? Nicht in Bildern, sondern als Geschehnis letzthin tragender Wirklichkeit im Menschsein, die das ganze Dasein neu begründet.

Dies ist die Selbsterfahrung, die dem westlichen Menschen das Schicksal tausendfach zugewiesen hat und ihm auch fernerhin zuweisen wird. Erst wenn wir das erkennen, werden wir uns auch der andern Realität bewußt, der des Urschöpferischen schlechthin, das als Letzthin-Wirkliches und Wirkendes im Ganzen bezeichnet werden muß. Damit erst tritt der Psychotherapeut aus dem Banne der mythischen Bilder und des Unbewußten heraus, tritt ein in die Sphäre unmittelbarer schöpferischer Erfahrung.

Wenn wir also jetzt die westliche Psychotherapie im Lichte des Yoga betrachten – und nicht nur in diesem Lichte, sondern im Lichte eigener kernwesenhafter Erfahrungen – so zeigt es sich, daß sie das Ziel, das ihr von den Notwendigkeiten unseres westlichen Daseins und Schicksals gesteckt ist (wenn sie der seelisch-geistigen Struktur der Gegenwart und wohl auch der Zukunft wesensgemäß wirken will), noch nicht erreicht hat, – wenn sie das Ziel auch sieht. Denn darüber ist bei allen Einsichtigen keine Frage, daß diese seelisch-geistige Struktur der Gegenwart nicht einfach den „Verkündiger" der Religion braucht, sondern den Wegweiser, dessen Wirken aus den tiefsten Wurzeln menschlicher Existenz entspringt und seine Wirkung und Rechtfertigung erhält, nämlich aus den sittlich-religiösen eigener Erfahrung.

Damit ist die Frage gestellt, die auch in der Psychotherapie immer wieder auftaucht und die auch der Yoga zu stellen hatte, nämlich die Frage nach dem Guru. Das Wort wird gewöhnlich als „Meister" oder „Lehrer", „Weiser" übersetzt. Seine wörtliche Bedeutung aber läßt uns erst den tiefen Sinn dieser Art von Lehrer erkennen, denn das Wort bedeutet „der Gewichtige, der Schwere". Gewichtig, schwer ist dieser Mensch nicht nur kraft seines Wissens, sondern durch seine innere Vollmacht, die in der radikalen Erfahrung dessen wurzelt, was er lehrt, also was er in seinem innersten Wesen ist. Dieses gibt ihm die selbstverständlich wirkende Kraft und Vollmacht.

Der echte Yoga hat eine alle Weisungen beherrschende Tendenz: den Menschen schließlich ganz auf sich selbst und seine eigene Erfahrung und Erkenntnis zu stellen.

Er übersieht dabei nicht, wie schwer das für die meisten ist, auch für diejenigen, die sich mit unbedingtem Willen dem Wesentlichen zuzuwenden wagen. Keiner kann der Erfahrung und Weisheit der Wegweiser entraten. Der Yoga hat deshalb dem Guru eine wichtige, wenn auch vorläufige Stellung eingeräumt. Die Śvet-Up. ermahnt sogar den Yogabeflissenen, dem Guru *bhakti* zu erweisen, wie auch dem Gott.

Dies ist auch in Indien oft mißverstanden und von Gurus, denen diese innere Gewichtigkeit fehlte, weidlich ausgenutzt worden. *gurubhakti* wird in späteren Upaniṣaden im Übermaß gefordert. Sie allein soll schon zum Heil genügen und in der Yogaśikhā-Up. (V, 56. 57) ist der *guru* Brahmán, Viṣṇu, der ewig-unerschütterte Gott. In den drei Welten ist keiner größer als der *guru.* Wer den Unterweiser in der göttlichen Erkenntnis, den Unterweisungsfähigen, als den allerhöchsten Gottherrn verehrt mit gläubiger Hingabe, dem mag als Frucht die Erkenntnis geschenkt werden [10]).

Wie es aber im echten Yoga verstanden wurde, wird aus dem *īśvarapraṇidhāna*-Text des YS klar. Dort wird I, 23 ff. der *īśvara* „als *puruṣa* besonderer Art" gekennzeichnet: er ist unberührt von den *kleśa,* den dem empirischen Menschen innewohnenden „Drängern" oder Trieben, von *karman,* der Bindung an das Werkgesetz und von den *āśaya,* den Anlagen oder unterbewußten Einwohnungen, mit denen der Mensch zur Welt kommt und die seine Existenz und sein Werden oft so schwer belasten. Diesem Guru eignet die „ewige Keimkraft der alldurchdringenden Erkenntnis". Er ist der Guru der vorausgegangenen Gurus des Yoga, da ihm keine Grenze gesetzt ist durch Kāla „Zeit, Schicksal". Aber eine Bindung an den Guru kennt das Yogasūtra nicht. Es ist darin durchaus „modern". Seine Haltung ist ohne Zweifel mitbestimmt von jenem machtvollen Ringen um geistige Selbständigkeit in den Jahrhunderten um die Zeitwende, deren Niederschlag am deutlichsten in der spätbuddhistischen Philosophie und in den Sāṃkhya-Texten zu finden ist.

Mit der Nennung des Gottes als Urguru ist auf die unmittelbare schöpferische Erleuchtungsmacht hingewiesen, die jedem mit ganzem Herzen um das höchste Ziel Ringenden immer und überall nahe ist. Alles echte Wissen und Werden stammt aus dieser ewigen Schöpfungsquelle.

Wer also auf dem Yogaweg Weisung geben will, muß nach dem Yogasūtra von ihm gelehrt sein. Dieser Satz steht wie eine eherne Gesetzestafel am Eingang des Yogaweges. Sie gilt aber auch überall und zu allen Zeiten: Wer Menschen zum Heilwerden führen will, muß selber im Heil stehen, das aus dem Göttlich-Urschöpferischen kommt. In dem Maße, als ein Wegweiser in ihm steht, wird er radikal und zentral zum „Heil", d. h. zum Ganzwerden führen können; und in dem Maße, in dem er davon entfernt ist, bleibt seine Wegweisung vorläufig.

Mit dieser Erkenntnis, die heute in der Psychotherapie aufzudämmern beginnt, steht diese an einem Scheidewege.

Hier setzen die christlichen Therapeuten ein. Für sie ist Gott nicht nur eine Möglichkeit, die man kaum zu bejahen vermag, sondern unbedingte Wirklichkeit und letzthinnige Heilsmacht, auf die der Mensch sich verlassen kann und die jederzeit bereit ist, ihm zu helfen. Ist der christliche Psychotherapeut ein echter Christ, so hat sein Gottes- und Christusglaube auch echte religiöse Kraft. Darum wird auch sein Bestreben sein, die ihm sich anvertrauenden Menschen dieser Kraft teilhaft werden zu lassen und sie wieder in diesem Glauben zu verwurzeln.

Dies ist auch insoweit richtig, als es sich dabei um Menschen handelt, deren seelisch-geistiger Struktur und Bewußtseinslage dieser Christenglauben gemäß ist. Wo dies aber nicht der Fall ist, besteht die Gefahr, daß der Heilung und Heil suchende Mensch sich in eine ihm nicht gemäße Glaubensform hineinfühlt, um den letzten Halt zu gewinnen. Dabei kommt es nicht selten zu bewußt-willentlichen Versteifungen, aus denen nur wieder neue Verknotigungen im Un- und Unterbewußten entstehen, weil die zentrale innere Lebensbewegung nicht geschieht, aus welcher der Christenglaube erwachsen ist. Bei einem solchen Versuch werden nur periphere, emotionale und rationale Erlebnisse erreicht, die zudem ihrer ganzen Struktur nach im Gegensatz zu der innersten Haltung stehen. Gerade das, was der Psychotherapeut heilen will, entsteht, nämlich das Auseinanderfallen von Bewußt-Willentlichem und Unbewußtem. Der Schaden, der dadurch entstehen kann, greift aber weit um sich, weil hier ein Zustand der Unwirklichkeit gerade in letzthinnigen Dingen erwächst: es ist ein nie recht eingestandenes bängliches Schweben in einem Als-Ob-Zustand, der das Wachsen jeder echten Sicherheit verhindert und schließlich nur in einem Nihilismus enden kann.

Wir haben nicht wenige Beispiele von Menschen, die im Umbruch dieser Zeit, aus Angst vor der inneren Unsicherheit sich mit einer gewissen Gewaltsamkeit dem einst verlassenen Glauben wieder in die Arme werfen – unsere Zeit ist geradezu eine Zeit der Verführung für solche inneren Gewaltsamkeiten – dann aber, weil sie nicht zu dem ihnen gemäßen Glauben kommen, schließlich am Religiösen überhaupt verzweifelnd, alles verneinen.

G. R. Heyer hat schon recht mit seinen warnenden Sätzen: „Und was helfen uns faktisch die Nachweise, beispielsweise E. Michels – so klug und kulturgeschichtlich sie sind! –, daß die Autoritäten der alten gesellschaftlichen Ordnungen von den mittelalterlichen Würdeträgern eindrucksvoll dargelegt, die Hinordnung des Individuums auf geistige Bereiche garantierten, eine wirkliche Bildung der Heranwachsenden ermöglichten und in die geschichtliche Gemeinschaft eingliederten – wenn diese Ordnungen weitgehend im Verfall begriffen sind, wenn sie nicht mehr religiös-metaphysische Absolutsetzungen für die Verhaltensmaßstäbe bedeuten“ [11]).

Es ist noch auf eine Schwäche der westlichen Psychotherapie hinzuweisen, die auch G. Schmaltz betont. Nämlich das fast völlige Außerachtlassen und Schweigen über die Bedeutung des Ethischen für das Heilwerden des Menschen. „Die ethische Seite des Individuationsprozesses (der Selbstwerdung)“ so sagt er, „gehört zu den schwierigsten Fragen, mit denen der psychotherapeutische Helfer immer wieder konfrontiert wird. Es ist sehr charakteristisch, daß sie unseres Wissens in der psychologischen Literatur noch nirgends zusammenfassend behandelt worden ist.“ Nach seiner Ansicht leuchtet die Arbeit von Erich Neumann „Tiefenpsychologie und neue Ethik“ das Problem an, ohne es aber zu lösen. Er fährt dann fort, daß es nicht die Aufgabe des Psychotherapeuten sein könne, dem Leidenden, welcher vor Entscheidungen ethischer Art steht, fertige kollektive Normen aufzudrängen, weil er sich damit der Gefahr aussetzen würde, neue Verdrängungen zu schaffen und eine schon vorhandene Neurose zu vertiefen. Der Psychotherapeut soll selbst Abwegigkeiten gegenüber größte Unbefangenheit, Großherzigkeit und Toleranz üben, vor allem müsse er auch vermeiden, seinen eigenen Schatten auf den Leidenden zu projizieren und damit in eine moralisierende Haltung zu verfallen, die einer der größten Feinde guter Psychotherapie sei. Doch bedeute diese Haltung keineswegs eine völlige ethische Indifferenz des Psychotherapeuten, die eine ebenso große Gefahr fruchtbarer Psychotherapie wäre. Er soll erst, wenn das Unbewußte des Patienten die ethischen Probleme zur Sprache bringe, ihm helfen, eine freie Entscheidung zu fällen. Diese Sätze sind unbedingt zu bejahen.

Wenn Schmaltz allerdings diese Ausführungen mit dem Satze beschließt: „Es gibt keinen Leidenden in unserer westlichen Welt, in dessen Unbewußten nicht die Geschichte des Christentums und seine ethischen Normen seinen Niederschlag gefunden hätten“, so scheint er mir das ethische Problem doch wieder nicht tief genug anzufassen: Gewiß ist es richtig, daß die Geschichte des Christentums und seine ethischen Normen in uns allen ihren Niederschlag gefunden haben. Aber so wenig es möglich ist, das religiöse Problem in der Seelenführung mit dem Hinweis auf das Christentum zu lösen, so wenig ist es möglich, die schweren ethischen Probleme, die uns heute mehr denn frühere Generationen bedrängen, mit dem Hinweis auf die ethischen Normen des Christentums zu lösen [12]).

So weist auch das ethische Problem in der Psychotherapie darauf hin, daß sie in der Tat an einem Scheidewege steht, und eine radikale Entscheidung zu fällen hat, wenn sie das leisten soll, wozu sie nach ihrer ganzen bisherigen Entwicklung bestimmt ist, nämlich freie, gegenwarts- und zukunftsgerechte seelisch-geistige Wegweisung, also umfassende „Psychagogik“ zu sein. Ohne sie ist der Weg nicht zu Ende gegangen.

Die bisherigen Methoden haben selbstverständlich ihr gutes Recht als einleitende und vorläufige Versuche, auf das Ziel, das der Psychotherapie gesetzt ist, ein Stück Weges hinzuführen.

Sie ist in der Tat ein gutes Stück vorwärts gekommen. Aber nun liegt vor ihr eine außerordentlich schwere Aufgabe, nämlich die, von ihrem eigenen Forschungszweig und ihrer reichen Erfahrung her radikale Besinnung zu üben über das Wesen des Religiösen und des Sittlichen, und mitzuhelfen, neue, unserer seelisch-geistigen Situation gemäße Gestaltungen und Ordnungen dieser beiden zentralen Sphären der menschlichen Existenz zu finden. Daß dies geschehen muß aus unserer Verwurzelung in der Gesamtgeschichte des Abendlandes, die geistig von Heraklit bis heute reicht und in die auch das Christentum seine besten Lebenskräfte hineingegeben hat, wie auch unsere angeborene Art, ist selbstverständlich. Aber die gewaltigen geistigen Umbrüche, die durch die Naturwissenschaften in der Traditionswelt des Abendlandes geschehen sind, zwingen zu radikaler Besinnung und zu einem Neubau von Grund auf.

Wenn es nämlich klar ist, daß es ohne religiöse Verwurzelung keine durchdringende Psychotherapie und kein radikales Ganzwerden und Heilsein geben kann, und andererseits sich immer deutlicher herausstellt, daß die bisher geschichtlich gewordenen Religionssysteme den allermeisten Menschen der Gegenwart nicht mehr gemäß sind, weil ihre Formen zu sehr von früheren Entwicklungsstufen und Bewußtseinslagen der Menschheit bestimmt werden, dann bleibt der Psychotherapie kein anderer Ausweg mehr als das religiöse Problem radikal anzufassen und dasselbe gilt für das ethische. Es geht um die Frage, was denn Religion im tiefsten und allgemeinsten Sinn sei und welche Form sie annehmen muß, daß sie dem heutigen Menschen zugänglich wird und er so ihrer schöpferischen Kräfte teilhaftig wird. Die Schäden unserer Zeit sind radikal. Eine Methode, die sie heilen will, muß ebenso radikal sein. Sie darf auch vor dem schwierigsten Problem nicht zurückscheuen. Das Sichberufen auf die Beschränkung, welche die Wissenschaft dem Psychotherapeuten auferlege, mit der Jung stets eine eindeutige Stellungnahme in religiösen Fragen ablehnt, oder umgeht, gilt hier nicht mehr. Denn durch Wissenschaft allein – diese Erkenntnis ist heute eine Binsenwahrheit – ist noch nie ein Mensch ganz oder heil geworden. Und das Selbst, die zentrale Größe in diesem Spiel, ist wie wohl aus dem Vorausgegangenen deutlich geworden ist, mit Wissenschaft nur in seinen peripheren Schichten anzugehen. Seine Realität muß, um es noch einmal zu betonen, im existenzialen Lebensvollzug unmittelbar erfaßt werden, zu dem die Wissenschaft allein keinen Zugang schaffen kann. Aus diesem Lebensvollzug aber wächst Überzeugung und Überzeugungskraft, die allein den Weg zum „Heil" weisen kann. Das Bekenntnis zu dieser Überzeugung darf sich nicht hinter der „wissenschaftlichen" Haltung verbergen.

Es ist oft davon gesprochen und geschrieben worden, daß heute der Arzt und der Psychotherapeut den Priester ersetzen müsse. Dem ist zuzustimmen unter der Bedingung, daß er dann auch die Funktion des Priesters mit übernimmt, und diese ist, den Menschen zu letzthinniger, schöpferischer Wirklichkeit zu weisen.

Für das Sittliche gilt analog dasselbe. Die Menschheit ringt heute um ihre Neugeburt, die ohne radikale sittliche Ergriffenheit nicht geschehen kann. Die großen Ordnungen aber, welche die Zukunft tragen sollen, müssen wiederum im lebendigen Vollzug von Menschen erspürt werden, die fraglos davon überzeugt sind, daß sittliche Verpflichtung die unbedingte Voraussetzung echter Gestaltwerdung des Menschen ist. Es gibt wohl keine Wissenschaft, welche so viel Erfahrung von der Problematik des Sittlichen hat, wie die Psychotherapie. Sie hat wie keine Philosophie klar erkannt, daß das echt Sittliche auch Wurzeln hat, die zutiefst ins

Unbewußte und Unterbewußte hinunterreichen und ihre Entdeckung, daß das Unbewußte symbolhaft kündend und wegweisend in das Bewußte einbricht, also daß in ihm eine zentrale Führungskraft wirksam ist, ist für die Neuentdeckung der sittlichen Mächte und Ordnungen und ihrer verpflichtenden Gewalt von entscheidender Bedeutung [13]). Daß diese Führungskraft nichts anderes sein kann als das Schöpferische Selbst, auf das wir von verschiedenen Seiten her immer wieder gestoßen sind, wird durch ernste und tiefdringende Besinnung über diese Tatsachen so klar, daß diese Erkenntnis wohl eingesetzt werden kann im Ringen um den Menschen in seiner Ganzheit.

SCHLUSS

Wenden wir von hier noch einmal den Blick auf die Frage: Hat der Yoga dem Westen etwas zu sagen in seinem Bemühen, einen Weg zum „Heil" zu finden? Dabei geht es jetzt nicht um Einzelnes, das genügend beleuchtet wurde, sondern um Grunderkenntnisse und Grundwirklichkeiten.

Als erstes ist zu nennen die vom Yoga seit der Zeit des Buddhismus und wohl schon vorher unablässig wiederholte Erkenntnis, daß es ohne strenge sittliche Zucht keine Einsicht in die tieferen Gründe unserer eigenen Existenz gibt und darum auch kein Heilwerden. Diese Zucht muß nach dem Yoga umfassend sein, muß also sowohl die Ordnung in unserem individuellen leiblich-seelisch-geistigen Funktionsgefüge und in den dazu gehörigen Sphären, wie auch die Ordnung, die den Einzelnen in die Gemeinschaft einfügt, einschließen. Diese sittliche Zucht ist zudem erhoben über jeden Lohn- oder Strafgedanken. Vielmehr ist sie Teil der allem Dasein innewohnenden seelisch-geistigen Gesetzmäßigkeit, die mit dem Ausdruck *karman* umgriffen wird. Nach dieser Auffassung haben alle Verfehlungen gesetzmäßig ihre negativen Wirkungen, und umgekehrt auch das rechte sittliche Sein und Verhalten ihre positiven. Die Verpflichtung gegenüber dieser Gesetzmäßigkeit ist darum unerbittlich. Ferner ist die sittliche Zucht nicht eine Angelegenheit für sich, sondern ein lebensgesetzlicher Teil der Gestaltwerdung des Menschen, also ein schöpferischer Beitrag zum Heilwerden. Sie kann darum nie in Moralität ausarten, die Selbstzweck ist, oder gar Mittel zur Erreichung überirdischer Belohnungen.

Diese Haltung ist der psychotherapeutischen Forschung und Erfahrung eng verwandt. Von hier aus kann das ethische Problem wirkungskräftig für die Gestaltung unseres Daseins neu angefaßt werden.

Ein Zweites, sehr Wichtiges, das zugleich ein gewisses Korrektiv der westlichen Psychotherapie ist, besteht in der strengen Schulung und Durchklärung auch der bewußten Funktionen und Sphären unserer inneren Welt. Die Psychotherapie ist entstanden und gewachsen in einer Atmosphäre übersteigerter Bewußtseinskultur. Sie war darum genötigt, demgegenüber die Bedeutung des Un- und Unterbewußten zu betonen, was schließlich zu einer Gefahr der Verabsolutierung, ja Deifizierung des Unbewußten in den „Archetypen" wurde und bei einem bedeutenden Philosophen unserer Zeit die Überzeugung hervorbrachte, daß der Geist der Widersacher der Seele sei.

In diese Einseitigkeit ist der Yoga trotz seiner überbewußten Erlebnisse nicht verfallen. Zwar erscheint auf dem Yogaweg vielfältiger Inhalt des Un- und Unterbewußten, und er ist beherrscht vom Streben alle Sphären der menschlichen Existenz, insonderheit auch der inneren Welt zu durchklären, bis hinunter zu den biotischen Funktionen. Aber die Fähigkeit des wachbewußten inneren Forschens in Selbstwahrnehmung, Selbstbeobachtung und Schulung auch der rational-kritischen und insbesondere der intuitiven Kräfte wird, entsprechend den Erkenntnissen und Überzeugungen der Epochen, in denen der Yoga entstand und sich entwickelte, strengstens durchgebildet. So kann, im klassischen Yoga wenigstens, kein Überwuchern des Unbewußten entstehen. Die harmonische Zusammenordnung der verschiedenen Bewußtseinssphären wird instinktiv angestrebt.

Es ist hier an das zu erinnern, was oben über Saṃyama gesagt worden ist: Auch die höchsten Stufen des Yoga, Dhyāna und Samādhi, die schließlich zu einer unmittelbaren Existenzerfahrung des Selbstes führen, sind kein Zurücksinken ins schlechthin Unbewußte, sondern eher eine überbewußte Bewußtseinshelle, in welcher das Selbst nicht mehr in Bildern erscheint, die aus dem Unterbewußten aufsteigen, sondern sich als letzthinnige Realität im Menschen gegenwärtigt. An diesem Ort steht nicht nur eine innerpsychische Wirklichkeit, die möglicherweise auf eine transpsychische Realität hinweist, sondern eine Erfahrung, die Überzeugung unerschütterlicher Art schafft und die darum echten numinosen Charakter trägt, und unbedingte Geltungsmacht besitzt. „Möglichkeiten" dagegen können ihrem Wesen nach, wie schon oben betont, keinen numinosen Charakter tragen und haben deshalb auch keine unbedingte Geltungsmacht.

Welche zentrale Wichtigkeit der Selbsterfahrung gerade auch für unsere Zeit der Umbrüche und Zusammenbrüche innewohnt, ist oben genügend betont worden. Diese Erfahrung ist Kern und Stern des Yoga. In welcher Form und unter welchen Umständen sie gemacht wird, ist von zweitrangiger Bedeutung. Das Puruṣa-Erlebnis des Yoga muß auch psychologisch von allen Seiten angegangen werden – da ist noch viel Arbeit zu tun –. Aber die Tatsache dieser Erfahrung als Zentralerfahrung menschlicher Existenz bleibt davon unerschüttert. Sie wird durch gründlichste psychologische Forschung nur noch fester begründet werden.

Ihre philosophisch-metaphysische und ethische Auswertung steht erst in den Anfängen. Sie wird, wie ich überzeugt bin, die westliche Menschheit ein gut Stück weiterbringen in ihrem Ringen um eine unbedingt sichere Grundlage ihres inneren Daseins [14]).

Damit ist auch schon ein Viertes angedeutet: Der Puruṣa ist nach der Überzeugung des Yoga göttlicher Wesenheit; mit ihm erscheint eine andere, eine „unirdische Realität oder Dimension“ im Mensch- und Weltsein.

Denn jener Urpuruṣa, der am Anfang des *īśvarapraṇidhāna*-Textes die absolute Keimkraft aller Erkenntnis genannt wird, ist die Urquelle aller Tiefenerkenntnis, die sich in den einzelnen Puruṣa in die Menschheit ergießt, dadurch eine schöpferische Gottunmittelbarkeit wirkend. Sie macht den Menschen unabhängig von allen Bildern oder Dogmen, in die das Letzthin-Wirkliche gebannt sein mag. Der Yoga bricht in seiner Tiefenbesinnung und intuitiven Schau durch alle diese Hüllen des Göttlich-Urschöpferischen hindurch zu der reinen letzthinnigen Wirklichkeit, die nur noch *sat, cit, ānanda* ist „Seiendes, Geistendes, lustvolle Heiterkeit“. So stellt sich der Puruṣa dar in seiner selbsteigenen wesenhaften Grundexistenz (YS IV, 35).

Von der Erfahrung und Schau dieser absoluten Realität gehen ewige Heilkräfte aus. So geschieht die große Befreiung – *vimukti* – nach der im tiefsten Grunde auch alle westlichen Psychotherapien und alle „Psychagogik“ streben. In der erneuten Welthinkehr wirkt sie höchste Überwindungskraft, die Tat und Gestaltwerdung stillschöpferisch durchwaltet. Hier treffen sich die großen geistigen Schöpfer des Abendlandes mit denen des Yoga.

Blicken wir zurück auf das, was oben S. 334 ff. über die besondere Aufgabe des Abendlandes in der Geistesgeschichte der Menschheit gesagt ist, und verbinden wir es mit den Anregungen, die vom Yoga ausgehen können, so zeigt sich die Möglichkeit einer weltgeschichtlichen Synthese, wie sie auch von S. Radhakrishnan in seinem Buch: „Die Gemeinschaft des Geistes“ und von Junyu Kitayama in „West-Östliche Begegnung“ gemeint ist, in welcher Ost Ost und West West bleibt, wirkend und sich gestaltend „nach dem Gesetz, nach dem sie angetreten“.

So spannt sich der große Bogen, dessen Kraftströme die Völker schaffend durchwalten, die um Neubegründung ihrer inneren Existenz und Neugestaltung ihres Daseins ringen, – Heil wirkend in allem Unheil.

* *
*

ANHANG

zu dem Abschnitt Yoga und Psychotherapie

Die „Archetypen" in biologisch-psychologischer und religionswissenschaftlicher Sicht

Eine Weiterführung der Kritik Adolf Portmanns „Die Urbilder in biologischer Sicht", Eranos-Jahrbuch XVIII (1950) S. 413–432.

Das Ergebnis dieser Behandlung Portmanns ist für die These Jungs von den in einem „Kollektiv-Unbewußten" vererbbaren Archetypen sehr einschneidend: Gerade die Erblichkeit der „Archetypen", die in Jungs Komplexer Psychologie und in seiner Psychotherapie die entscheidende Stelle innehaben, muß der Biologe in Frage stellen, der andererseits doch betont, daß bei Tieren, vielleicht auch beim Menschen erblich gegebene Gestaltanlagen als „Auslöser" nachgewiesen sind: Junge Vögel oder Küken, die nie einen Raubvogel gesehen haben können, machen Fluchtbewegungen, wenn der traditionelle Feind oder eine Attrappe von ihm sich über sie bewegt; dieselbe Attrappe umgekehrt, also als andere „Gestalt", über sie gezogen, löst die Schutzbewegungen nicht aus. Säuglinge von 3.–6. Monat lächeln, wenn sie ein Menschengesicht en face sehen. Doch hält Portmann es nicht unbedingt für erwiesen, daß dieser „vorsprachliche Sozialkontakt" vererbt ist; da er vor dem 3. Monat nicht streng nachweisbar zu sein scheint, könnte er auch schon durch „Erfahrung" geprägt sein.

Deshalb warnt Portmann sehr energisch vor der gefährlichen cryptolamarckistischen Denkweise, die unbemerkt weiterwirkt und dazu neigt, „Erblichwerden" anzunehmen, in Lagen, in denen nicht das kleinste wissenschaftliche Argument dafür beizubringen ist (S. 430 f. a. a. O.). Wie nötig diese Warnung ist, zeigt meine eigene Erfahrung: In einer brieflichen Aussprache über Möglichkeiten und Notwendigkeit neuer religiöser Erfahrungen und Gestaltungen berief sich ein Dr. phil. und Studienrat meinen Argumenten gegenüber darauf, daß wir nicht nur ontogenetisch, sondern auch phylogenetisch in das Christentum hineingewachsen seien. Hier geistert der Vererbungsgedanke der christlichen Symbolbilder. „Wenn wir diese angestammten ... Bilder herausreißen, dann verletzen wir unsere Seele." Man sieht hier, welcher Schaden durch wissenschaftlich ungenügend oder überhaupt nicht begründete Thesen angerichtet wird, wenn sie popularisiert werden.

Portmann hat schon seine Bedenken gegen die Vererbbarkeit der einfachen Urbilder: „Wie weit z. B. die Urbilder der ‚Frau' und des Mannes, des Vaters, der Mutter, des Artgenossen ohne weiteres hierher (NB. zu den Auslösern mit Gestaltcharakter) gerechnet werden dürfen, ist mir sehr fraglich." Vollends die komplexen Gebilde erscheinen ihm derart zu sein, daß wir kaum noch berechtigt sind, das Ererbte besonders stark zu betonen gegenüber dem Kulturbedingten (d. h. der Tradition). Es ist altes Kulturgut: „Doch darf aus solchem ehrwürdigen Alter nicht in einer Art von lamarckistischem Denken eine ‚gewisse Erblichkeit' solcher Geistesgüter angenommen werden, eine Denkweise, zu der der Hang nur allzuweit verbreitet ist."

Daher die wiederholte Mahnung Portmanns, die These der Archetypen wissenschaftlich-psychologisch aber im Anschluß an die Biologie gründlich zu erforschen. Dieser Mahnung zur Vorsicht fester Behauptungen über die Archetypen schließe ich mich ohne Vorbehalt an, und zwar auch von der Religionsforschung her. Denn die empirisch-religionsgeschichtliche Basis der These von im Kollektiv-Unbewußten vererbbaren „Archetypen" ist keineswegs so gesichert, wie dies von Jung und seinen Schülern angenommen wird. Für eine strenge religions-wissenschaftlich-psychologische Erforschung des ganzen Problems der „Archetypen" und des „Kollektiv-Unbewußten" Jungs müssen eine Reihe von Leitgedanken beachtet werden:

1. Das religionsgeschichtliche Material, das zum Vergleich herangezogen wird, muß viel strenger gesichtet und konturiert werden. Allgemeine Ähnlichkeiten genügen hier keineswegs, besonders wenn es um den Archetypus Selbst geht, dessen Symbole in ihrer Vielfalt systematisch geordnet und auf ihren jeweiligen Eigengehalt untersucht werden müßten. Sie sind schon in der indischen Entwicklung sehr verschieden geartet. Vgl. dazu meinen schon erwähnten Eranosvortrag über die Symbole und Erfahrung des Selbstes in der indo-arischen Mystik (Eranos-Jahrbuch 1934). Die einseitige Betonung der Maṇḍala durch Jung und Zimmer hat die Erforschung dieser Symbolwelt gehindert. Zudem ist die Deutung dieser Maṇḍala als Symbole des Selbstes keineswegs so sicher als vielfach angenommen. Wer die Yoga-Upaniṣaden kennt, in denen solche Maṇḍala gelehrt werden, wird dieser Behauptung beistimmen müssen.

2. Die Gesetze der Entstehung von Symbolen für bestimmte kosmische und seelisch-geistige Lebenswirklichkeiten müssen viel strenger herausgearbeitet werden. Hier bietet die fortlaufende Entstehung von individuellen Symbolen in unseren Träumen, die bei stetiger Übung meistens gedeutet werden können, ausgezeichnete Grundlagen. Denn hier kann der unmittelbaren Entstehung der Traumsymbole im Vollzug noch nachgegangen werden.

3. Muß viel genauer unterschieden werden zwischen Unterbewußtem und Unbewußtem. Die Auffassung von „Schichten" des Bewußtseins muß dabei der von rhythmisch ineinandergehenden und abwechselnden Sphären weichen. Die Betrachtung des Gesamtbewußtseins als eines rhythmischen vorwärts und rückwärts gehenden Ablaufs von Bewußtseinsphasen des Gesamtichs ermöglicht es, den Prozeß der symbolischen Gestaltwerdung von Erfahrungen in Ursprung, Verwurzelung und Wachstum zu verfolgen. Dabei zeigt sich die große schöpferische Kraft des Individuums, das wirklichkeitsunmittelbar zu erleben und zu gestalten vermag.

4. Die Hypothese eines „Kollektiven Unbewußten“ braucht hier kaum in Anspruch genommen werden. Die jedem Individuum im Unterbewußten eingeborene Bildkraft, deren Tatsächlichkeit aus tausenden von Erfahrungen bestätigt wird, genügt, wie ich glaube, zur Erklärung der Entstehung individueller Traumsymbole aus der unmittelbaren Erfahrung von Lebenswirklichkeiten, wie das logische Denken oder das moralische Urteilen sich aus der tatsächlich zu erlebenden eingeborenen logischen und moralischen Funktion erklären läßt.

Doch zugegeben, daß irgendwo ein Rest bleiben mag, der auf ein Kollektiv-Unbewußtes zu deuten scheint, müßte diese These ebenfalls wissenschaftlich, sowohl biologisch wie psychologisch ganz anders angefaßt werden als dies bisher geschehen ist. Auch in Indien ist dies noch nicht geschehen, wo doch das die Wiederverkörperung beherrschende Gesetz des *Karman* zusammen mit den oben erwähnten *Saṃskāras* und *Vāsanas* ohne ein solches Kollektiv-Unbewußtes gar nicht verstanden werden kann. Ja die Unsicherheit betreffs eines solchen ist immer ein gewichtiges Argument des Westens gegen die Wiederverkörperungslehre gewesen.

Die Probleme, die im Zusammenhang mit der These des Jungschen „Kollektiv-Unbewußten“, in dem sich Archetypen vererben sollen, wissenschaftlich angefaßt werden müßten, sind selbstverständlich: a) Ist dieses Kollektiv-Unbewußte nur linear, im Protoplasma von Geschlecht zu Geschlecht mit gewissen Inhalten sich vererbend, also getragen von Individuen, die durch Abstammung verbunden sind? Dann wären die diesem eingeborenen „Archetypen“ in Vererbungsgruppen gesondert. In diesem Falle könnte es keine der Menschheit gemeinsamen, sondern nur Gruppen-Archetypen geben. Denn die Menschheit ist seit ihrem Beginn stammbaumlich gespalten, wie ein Vergleich des Pithekanthropos indonesischer Herkunft etwa mit dem „homo pekinensis“, einem andern Pithekanthropos-Typ zeigt (beide wohl etwa 500–600 000 Jahre alt). Der Australopithekus Südafrikas (vielleicht in die Übergangszeit vom Tertiär zum Quartär gehörig), der typenmäßig als Übergang von der Tier- zur Menschenstufe gelten kann (vgl. G. Heberer: Neue Ergebnisse der menschlichen Abstammungslehre, Göttingen 1951), ist nach seinem anthropologischen Körperbau und seinen „Kultur“-Hinterlassenschaften als auf einer so niedrigen Stufe geistiger Entwicklung stehend zu denken, daß man unmöglich annehmen kann, die Jungschen Archetypen seien in dieser Zeit auch nur in den Anfängen vorhanden gewesen, so daß sie im „Kollektiven Unbewußten“ der von dieser Art Lebewesen abstammenden Menschheit sich hätten vererben können.

Sobald der „Mensch“ mit Sicherheit auftritt, das ist eben im Pythekanthropos-Typ, ist er, wie gesagt, schon stammbaumlich gespalten. Auch diesem Typ können wir nicht, und wäre es auch nur mit geringer Wahrscheinlichkeit, das Erleben der Jungschen Archetypen zuschreiben. Solche komplexen „Urbilder“ sind, nach allem, was wir aus Vorgeschichte und Religionsgeschichte noch eruieren können, erst im Laufe der folgenden Jahrhunderttausende und besonders der unserer Gegenwart unmittelbar vorausgehenden Jahrzehntausende oder Jahrtausende erwachsen, als die Menschheit stammbaumlich längst aufgespalten und getrennt war.

5. Sollte es also menschheitliche „Archetypen" in einem Kollektiv-Unbewußten, wie sie Jung annimmt, geben, dann müßten diese entweder in den gespaltenen und weithin getrennt voneinander wohnenden Menschengruppen (Rassen) unabhängig voneinander parallel erwachsen sein, oder müßte eine unmittelbare und unbewußte Kommunikation in einem als seelischer Groß-Sphäre gedachten Kollektiv-Unbewußten stattgefunden haben. Für diese Annahme haben wir auch nicht den geringsten Anhaltspunkt. Denn durch eine solche Kommunikation müßten ja gruppeneigenartige Archetypen, etwa der Heilands-Archetyp Christus, Buddha oder Kṛṣṇa und nicht nur der allgemeine Archetyp „Heiland" oder der „Archetyp Gott" in besonderer Ausprägung sich in das Kollektiv-Unbewußte einer andern Gruppe übertragen. Eine Übertragung geschieht aber immer nur durch die bewußte Kommunikation sprachlicher Verkündigung.

Wir sehen, sobald wir der These von den Archetypen wissenschaftlich von der Religionsgeschichte, der Biologie und der Psychologie her auf den Leib rücken, wird sie sehr fraglich. Dies ist der Grund meiner kritischen Haltung dieser ganzen These gegenüber, deren durch und durch hypothetischer Charakter durch die Selbstverständlichkeit und Sicherheit, mit der man sie anwendet, verdeckt wird. Aber alle Hypothesen, die ohne genügende wissenschaftlich-philosophische Begründung als selbstverständliche Thesen marschieren, richten auf die Dauer Schaden an. Auch aus diesem praktisch-therapeutischen Grunde muß eine strenge Prüfung und Begründung gefordert werden.

Aus den angeführten Gründen neige ich zu der Ansicht, daß die Archetypenlehre, wie sie von Jung und seiner Schule ausgebaut worden ist, dem Mißverständnis eines Richtigen entspringt, auf das hinzuweisen ist, damit ein fester Ausgangspunkt und eine gesicherte Basis für ein wissenschaftlich-philosophisches Angehen des von der Jungschen Arbeit aufgeworfenen Problems möglich ist.

Gehen wir von den Ergebnissen der biologischen und der psychologischen Forschung aus, so steht, soweit sie für die Erforschung der Archetypen von Bedeutung sind Folgendes fest:

a) die Tatsache besteht, daß bestimmte visuelle und akustische Gestaltkomplexe, die gewisse Tiere unmöglich durch Erfahrung kennengelernt haben können, die also angeboren sind, bestimmte instinktive Reaktionen auslösen. Erinnern wir uns an das oben angeführte Beispiel (s. oben S. 440). Es muß sich also in der Erbmasse dieser Tiere eine gewisse Vorstellung (Raubvogel) mit der sie auslösenden Reaktion verkoppelt vererben. (Dasselbe gilt auch für bestimmte Töne usw.) Daß also Vorstellungen in der Erbmasse von Lebewesen vererbt werden können, steht nach diesen Forschungen fest. (Die Frage, wie sie dahineingekommen sind, muß offen bleiben; Portmann warnt sehr gegen den Krypto-Lamarckismus, also gegen die Theorie des Erblichwerdens erworbener Eigenschaften. Aber wie anders soll man die angeführte Tatsache erklären? Reicht die darwinistische Theorie dafür aus?)

Könnten sich so nicht auch die „Archetypen", die „Urbilder", die doch auch „Vorstellungen" sind vererben?

b) diese könnten aber dann sicher nicht darwinistisch erklärt werden, d. h. als Zufallsmutationen in den Vorstellungen bestimmter Menschen, die durch das Gesetz der Auslese überlebten. Wie sollte durch Zufallsmutation etwa der Archetyp „Selbst" in einem Menschen entstehen und dann durch das Gesetz der Auslese vererbt werden? Wir müßten also schon annehmen, daß einmal ein genialer Mensch diesen Archetyp concipiert hätte und nach ihm viele durch viele Generationen hindurch bis er erbfest in dieser Gruppe geworden wäre. Diese darwinistische Erklärung ist aber offensichtlich unsinnig. Bliebe also keine andere Erklärung als die lamarckistische, daß erworbenes Vorstellungsgut in die Erbmasse eingeht. Man bedenke aber die kurze Spanne Zeit für ein solches Erblichwerden einer inhaltlich sehr komplizierten rein geistigen Vorstellung, gegenüber der oben erwähnten einfachen sinnhaften Gestaltkomplexe, die sich bei Tieren vererben in einem Erbmassen-Gefüge, das viele Millionen Jahre für seine Bildung gebraucht hat.

Von welcher Seite man die Vererbbarkeit der Archetypen auch vom Biologischen oder Psychologischen her betrachtet, es stellen sich unüberwindliche Schwierigkeiten entgegen. Sie werden auch nicht behoben durch den von Jung versuchten Ausweg, daß sich nur „Dispositionen" zu diesen Archetypen vererbten. Die Schwierigkeit des Erblichwerdens bleibt. Zudem: was sind „Dispositionen" etwa des Archetyps „Heiland" oder „Gott", die doch „Urbilder" sein sollen und als Symbole etwa im Traum erscheinen?

Ferner aber erhebt sich die Frage: wie kämen diese Urbilder in das Kollektiv-Unbewußte der Menschheit? Steht jedes Individuum, jede Menschheitsgruppe mit diesem in ständiger schöpferischer Verbindung, und zwar nicht nur mit ihm als dem Quellgrund rein dynamischer Kräfte, sondern mit einem geprägten Inhalt dieses Quellgrundes?

Daß es einen solchen dynamischen seelischen Quellgrund gibt, mit dem die Lebewesen in schöpferischer Verbindung stehen, darf man auf Grund gewisser seelischer Erfahrungen und parapsychischer Forschung vielleicht annehmen, dieses seelische Energienetz, an das alle Lebewesen angeschlossen sind, wäre eine parallele aber „andere" Sphäre zu dem stofflich-energetischen, in das auch die Lebewesen einbezogen sind. Man könnte dieses seelische Energienetz als ein Kollektives Unbewußtes ansehen.

Es bleibt aber die Schwierigkeit: woher kämen in ein solches die von Individuen oder Gruppen concipierten „Urbilder"? Oder sind die „Archetypen" eine besondere Schöpfung dieses Kollektiven Unbewußten selbst? Eine solche Annahme führt aber ganz in die Nähe gnostischer

Spekulationen, für deren Realität keine andere Garantie gegeben ist als – Glaube. Solche Spekulationen gibt es aber sehr viele, und gegensätzliche. Aus ihnen allen gemeinsame „Archetypen“ zu gewinnen ist sehr schwer, wenn nicht unmöglich.

Die indischen und fernöstlichen Systeme sind in vielem radikal anders, keine Harmonisierungsversuche können darüber hinwegtäuschen.

Doch kann gerade auch an diesen Spekulationen als Beispiel ein neuer Ansatz für die wissenschaftlich-philosophische Betrachtung der „Archetypen“-Lehre gezeigt werden, der wissenschaftlich unanfechtbar ist. Nehmen wir als Beispiel den gnostischen Archetypus „Sigé“ (Σιγή) „Schweigen“, der in den gnostischen Systemen als kosmogonische Macht gilt. Wie ist dieser „Archetypus“ zu erklären, d. h. also, wie kommt der Mensch dazu Schweigen als eine kosmische Urmacht zu erleben und zu schauen?

Gehen wir biologisch-psychologisch der Entstehung nach. Zunächst ist hier auf eine Erfahrung hinzuweisen: Wer zu schweigen vermag im tiefsten Sinne des Wortes, wer in das Schweigen der Nacht oder der Einsamkeit hineinhorcht, wird eine seltsame Bereitschaft in der Tiefe seiner sonst so bewegten oder gar aufgewühlten inneren Welt entdecken, diesem Schweigen sich anheimzugeben. Er wird lösende Kraft darin erleben, ja es regen sich sonst überhörte leise Regungen heiterer Gelassenheit; die Stille und Ruhe befreit Einsichten, die leise auftauchen – oder auch erschütternde Bangigkeit – der „panische Schreck“ – das Unheimliche steigt auf und darin wieder die „stille sanfte Stimme“. So wird „Schweigen“ als eine Lebenswirklichkeit erfahren, die, wo sie auf eine starke innere Bereitschaft stößt, eine gewaltige Machtwirkung auslöst, die schöpferisch tief in das Innenleben eingreift. So wird die schöpferisch erfahrene Lebenswirklichkeit zu einer numinos erlebten „Machtwirklichkeit“. Dies braucht noch zu keiner „Verbilderung“ zu führen. Aber bei bildkräftiger Veranlagung gestalten sich diese Erfahrungen der Machtwirklichkeit „Schweigen“ zu Bildern – man erinnere sich hier an Böcklins erschütterndes Bild „Das Schweigen im Walde“. Und zwar werden diese Bilder bestimmt vom Wesen der so erlebten Lebens-, d. h. Machtwirklichkeit, von der Art des Erlebenden – denn jede Machtwirklichkeit kann trotz desselben Wesens auf Grund ihrer vielfältigen Wesensstruktur und ihrer Polarität verschieden, ja gegensätzlich erlebt werden –, von dem im Unterbewußtsein des Erlebenden aufgespeicherten Bildmaterial, von der augenblicklichen Verfassung und der jeweiligen Umwelt usw. So gestaltet sich ein und dieselbe Lebens- und Machtwirklichkeit in vielartigen Formen. Wird dieses Erleben oft gemacht und von Hochbegabten gestaltet, entsteht ein als gültig anerkanntes „Urbild“, das durch mündliche Überlieferung und alle andern Kanäle, vielleicht auch die unterbewußter Kommunikation, in einer hingegebenen Gemeinschaft im Bewußtsein und Unterbewußtsein der inneren Welt ganzer Völkergruppen, die durch Abstammung und kulturelle Gemeinschaft verbunden sind, sich beheimatet und von da bemerkt und unbemerkt formend wirkt. Solche „Urbilder", deren es ebensoviele gibt, wie die eingeborenen Bereitschaften und die schöpferisch auf sie wirkenden Lebens-, d. h. Machtwirklichkeiten, soweit sie lebenskräftig erfahren werden, kann man mit gutem Recht „Archetypen" nennen.

Zusammenfassend kann also nun gesagt werden: Nicht die Archetypen als Urbilder, noch auch „Dispositionen" zu diesen Urbildern sind angeboren, vererben sich also. Für eine solche Vererbung von Bildern oder Ideen, oder auch nur von Dispositionen zu ihnen, läßt sich keine wissenschaftlich gerechtfertigte Begründung geben. Vielmehr sind „Bereitschaften" für die Lebens- und Machtwirklichkeiten der geokosmischen Umwelt und der inneren Welt, von denen die letzteren als potentielle Lebensmächte allen Menschen konstitutiv zugehören, angeboren. Sie tragen und nähren die Gesamtexistenz des Menschen überall und zu allen Zeiten. Die „Urbilder" dagegen entstammen den geschichtlich konkretisierten Gestaltungen dieser „Bereitschaften" und der angeborenen potentiellen Lebensmächte, wie Vater, Mutter, Heiland, Führer, Selbst usw. und werden durch Tradition weitergegeben. Daher auch ihre zeit- und artbestimmte Verschiedenheit, trotz ihrer wurzelhaften Einheit.

Möglicherweise sind diese „Bereitschaften" im Laufe der Jahrhunderttausende durch Mutationen verstärkt worden, wie z. B. anzunehmen ist, daß etwa die logische, intuitive, ästhetische, ethische und andere Funktionen im Laufe der Entwicklung des Menschengeschlechts eine Steigerung erfahren haben.

Aus dieser Sicht können sämtliche „Archetypen" wissenschaftlich einwandfrei verstanden werden. Der Archetypus „Vater" z. B. hat als innere „Bereitschaft" die angeborene Fähigkeit zum Vater-tum, ebenso die Bereitschaft, Vater-tum, d. h. Zeugungs-Führungs-Schutzkraft des Vaters schöpferisch zu erleben. Wo diese Bereitschaft auf die Lebenswirklichkeit „Vater" stößt – in einem empirisch erlebten echten Vater – entsteht ein gültiges Vater-Bild, der „Archetyp Vater" und nimmt seinen Lauf, wie oben gezeigt.

Wenn wir von dieser Sicht her etwa den Archetyp „Große Mutter" biologisch und psychologisch-philosophisch durch die ganze Religionsgeschichte der Menschheit hindurch betrachten, werden alle seine vielfältigen und gegensätzlichen Formen ebenso verständlich, wie sein Grundwesen, von den leidenschaftlich-erotischen Formen, die sich häufig bei Naturvölkern finden und die in den indischen Śaktigestalten vor uns treten, über die der großen Gebärerin, *natura, prakṛti* und die mütterlichen Gottheiten über Demeter und Isis bis zur „Gottesgebärerin" und der reinen Jungfrau Maria, über die der „Heilige Geist" kommt und die zur Himmelskönigin und Fürsprecherin wird, und in die Gestalten wie Ischthar und Isis ihren Beitrag zur jungfräulichen Sublimation gegeben haben.

Die eingeborene Bereitschaft zum Weib-tum, zum Mutter-tum, zum Jungfrau-tum, zum Gott-tum stieß im Lauf der Geschichte und Ent-

verbunden sind, sich beheimatet und von da bemerkt und unbemerkt formend wirkt. Solche „Urbilder", deren es ebensoviele gibt, wie die eingeborenen Bereitschaften und die schöpferisch auf sie wirkenden Lebens-, d. h. Machtwirklichkeiten, soweit sie lebenskräftig erfahren werden, kann man mit gutem Recht „Archetypen" nennen.

Zusammenfassend kann also nun gesagt werden: Nicht die Archetypen als Urbilder, noch auch „Dispositionen" zu diesen Urbildern sind angeboren, vererben sich also. Für eine solche Vererbung von Bildern oder Ideen, oder auch nur von Dispositionen zu ihnen, läßt sich keine wissenschaftlich gerechtfertigte Begründung geben. Vielmehr sind „Bereitschaften" für die Lebens- und Machtwirklichkeiten der geokosmischen Umwelt und der inneren Welt, von denen die letzteren als potentielle Lebensmächte allen Menschen konstitutiv zugehören, angeboren. Sie tragen und nähren die Gesamtexistenz des Menschen überall und zu allen Zeiten. Die „Urbilder" dagegen entstammen den geschichtlich konkretisierten Gestaltungen dieser „Bereitschaften" und der angeborenen potentiellen Lebensmächte, wie Vater, Mutter, Heiland, Führer, Selbst usw. und werden durch Tradition weitergegeben. Daher auch ihre zeit- und artbestimmte Verschiedenheit, trotz ihrer wurzelhaften Einheit.

Möglicherweise sind diese „Bereitschaften" im Laufe der Jahrhunderttausende durch Mutationen verstärkt worden, wie z. B. anzunehmen ist, daß etwa die logische, intuitive, ästhetische, ethische und andere Funktionen im Laufe der Entwicklung des Menschengeschlechts eine Steigerung erfahren haben.

Aus dieser Sicht können sämtliche „Archetypen" wissenschaftlich einwandfrei verstanden werden. Der Archetypus „Vater" z. B. hat als innere „Bereitschaft" die angeborene Fähigkeit zum Vater-tum, ebenso die Bereitschaft, Vater-tum, d. h. Zeugungs-Führungs-Schutzkraft des Vaters schöpferisch zu erleben. Wo diese Bereitschaft auf die Lebenswirklichkeit „Vater" stößt – in einem empirisch erlebten echten Vater – entsteht ein gültiges Vater-Bild, der „Archetyp Vater" und nimmt seinen Lauf, wie oben gezeigt.

Wenn wir von dieser Sicht her etwa den Archetyp „Große Mutter" biologisch und psychologisch-philosophisch durch die ganze Religionsgeschichte der Menschheit hindurch betrachten, werden alle seine vielfältigen und gegensätzlichen Formen ebenso verständlich, wie sein Grundwesen, von den leidenschaftlich-erotischen Formen, die sich häufig bei Naturvölkern finden und die in den indischen Śaktigestalten vor uns treten, über die der großen Gebärerin, *natura, prakṛti* und die mütterlichen Gottheiten über Demeter und Isis bis zur „Gottesgebärerin" und der reinen Jungfrau Maria, über die der „Heilige Geist" kommt und die zur Himmelskönigin und Fürsprecherin wird, und in die Gestalten wie Ischthar und Isis ihren Beitrag zur jungfräulichen Sublimation gegeben haben.

Die eingeborene Bereitschaft zum Weib-tum, zum Mutter-tum, zum Jungfrau-tum, zum Gott-tum stieß im Lauf der Geschichte und Ent-wird, schwindet der numinose Charakter dieser Züge einer Gestalt oder auch der Gestalt überhaupt: Der Mariengestalt ist im Protestantismus dieses Schicksal widerfahren und der „Gottessohn“ und die „Zweite Person“ der Dreieinigkeit ist im liberalen Christentum verschwunden. Solche Vorgänge können da auch nicht mehr rückgängig gemacht werden.

Mit der Darlegung des Verhältnisses von „Urbild“ und der zugrunde liegenden Lebens- und Machtwirklichkeit ist auch gegeben, daß das erste Augenmerk auf die Erfahrung dieser zugrunde liegenden Lebens- und Machtwirklichkeiten und nicht auf die Bilder zu richten ist.

Dies ist eine wichtige Erkenntnis auch für die Psychotherapie. Daß bisher in der Psychotherapie Jungscher Schule die umgekehrte Methode herrschend war, ist nach meiner Ansicht ein Hauptgrund vieler ihrer Fehlschläge.

Die sehr schwierige Frage der Vererbbarkeit der so entstandenen „Urbilder“ selbst und nicht nur der „Bereitschaften“ zur Erfahrung der Lebens- und Machtwirklichkeiten, aus denen sie erwachsen sind, in einem linearen oder allmenschlichen Kollektiven Unbewußten kann jetzt erst, nachdem der Ursprung dieser „Urbilder“ erhellt worden ist, streng wissenschaftlich angegangen werden. Da die empirisch-religionsgeschichtliche Basis der Jungschen These, wie schon betont, nicht gesichert ist, kann nur von jenen vererbbaren Gestaltkomplexen bei Tieren ausgegangen werden, die wissenschaftlich gesichert sind.

Diese Gestaltkomplexe sind immer dieselben einfachen, sinnlich wahrnehmbaren Gebilde, deren Grundstruktur offenbar im Zentralnervensystem als „Vorstellungen“ so eingeboren sind, daß die Wahrnehmung dieses Komplexes in der Außenwelt sofort die damit verbundene „Handlung“ auslöst. Aber wie soll ein „Archetyp“, der doch immer nur als eigenartig geprägtes Gebilde und nicht als schematisch sich darstellende Wesenheit, die ja erst aus den eigengeprägten Urbildern durch bewußte Deutung herausgestellt wird, im Bewußtsein auftritt, sich so in die Erbmasse einkörpern, daß er sich dort als eben solche Wesenheit vererben kann? Dabei ist psychologisch zu bedenken, daß seit Jahrzehnt- vielleicht Jahrhunderttausenden diese Urbilder ständig ihre eigengeprägte Form wechselten. Man denke an den Archetyp „Profet“ oder „Heilbringer“ vom wilden Schamanen über den vom Blutrausch besessenen Elia bis zu dem radikal anderen Typ Jesus, Buddha; oder an den oben kurz skizzierten Archetyp „Große Mutter“.

Wenn ein solch allgemeiner Typ der Urbilder sich im Kollektiven Unbewußten vererben könnte oder auch nur die „Dispositionen“ dazu – wobei diese biologisch-psychologisch klar gekennzeichnet werden müßten –, dann müßten sich doch auch die Begriffe vererben können. Denn sie sind ja psychologisch gesehen dieselben „Wesenheiten“, wie die behaupteten „Archetypen“, was in Platos Ideenlehre ganz klar ist. In der Tat, bei Licht besehen ist das „Kollektive Unbewußte“ Jungs mit seinen ihm eingeborenen „Archetypen“ eine genaue Parallele zu Platos „Reich der Ideen“. Der Unterschied ist nur der, daß Jung moderne Begriffsschemata statt der alten idealistischen einsetzt. An die Stelle von Anamnesie „Rückerinnerung“ an das Reich der Ideen, in dem die Seele vor ihrer Geburt wohnte, ist „Vererbung“ getreten, und statt der früheren Transzendenz die heute betonte Immanenz. Aber dieses „Reich der Ideen“ hat schon Aristoteles mit seiner Theorie der „Entelechien“, die den irdischen Erscheinungen als deren Gestaltmacht innewohnen und die vom erfahrenden und schauenden Menschen erfaßt werden und sich dann zu Begriffen formen, richtiger gedeutet.

Niemand wird darum wagen, die Begriffe aus vererbbaren Urbildern eines Kollektiven Unbewußten zu erklären. Auch bei Plato ist ein Richtiges nicht richtig gedeutet. Dem Menschen ist in der Tat die „Bereitschaft“ zu Begriffen eingeboren, wenn auch nicht die Begriffe selbst, d. h. die im Unbewußten wurzelnde Fähigkeit und der Drang, eine Reihe von Erscheinungen, denen dieselbe „Wesenheit“ eigen ist, zu einer allgemeinen Gestalt – in diesem Falle eine psychologisch-logische – also einen Begriff – zusammenzufassen und zugleich in einem Lautgebilde (Wort, Name) auszudrücken. Und zwar überall da, wo diese dem Menschen eingeborene Bereitschaft und Fähigkeit auf Erscheinungen stößt, die ihn stark und zentral betreffen. Dieses „Bilden“ ist dem Menschen eigen seit er Mensch ist, wie es sich spontan auch beim Kinde deutlich zeigt. Denn der Begriff ist keineswegs das Ergebnis bewußt-logischer Gestaltung. Diese ist immer sekundär; die Schöpfung des Begriffes erfolgt spontan aus dem Un- und Unterbewußten, wie auch die Schöpfung des Wortes von dort ins Bewußtsein drängt, wo der Mensch zentral ergriffen ist. Niemand aber nimmt hier Vererbung an, und zwar aus guten Gründen nicht.

Auch von dieser Seite her muß das Problem des Kollektiven Unbewußten und der vererbbaren Archetypen angefaßt werden, wenn wir es wissenschaftlich ernsthaft angehen wollen.

Es ist am Platze hier darauf hinzuweisen, daß auch das „Paidenma“ von Leo Frobenius, eine dem Kollektiven Unbewußten und seinen Inhalten parallele Hypothese, dieselbe Kritik trifft, wie die gegen die Hypothese der „Archetypen“ vorgebrachte.

Einige wesentliche Gesichtspunkte zu diesem Problem habe ich in einer Abhandlung dargelegt: Der Symbolcharakter der religiösen Erlebnisse und Gestaltungen und ihr Verhältnis zu Wirklichkeit und Wahrheit der Religion. (In „Wirklichkeit und Wahrheit“, Rundbriefe der Arbeitsgemeinschaft für freie Religionsforschung und Philosophie Juli/Dez. 1954, S. 24 ff.)

Es mag hier noch einmal darauf hingewiesen werden, daß auch das Verhältnis von „Individuation“ und „Selbst“ bei Jung unklar ist und der „Archetypus Selbst“ keinen rechten Platz in der Hierarchie der Archetypen innehat. Zwar versucht G. R. Heyer in einer neueren Arbeit eine solche Einordnung; aber sie will schwer gelingen [15]). Der Grund scheint mir darin zu liegen, daß zwar der Begriff „Individuation“ in Jungs System eigenständig gewachsen ist und darin die selbe Bedeutung hat, wie etwa mein Begriff der „(inneren) Gestaltwerdung des Menschen". Daß aber der Begriff (Archetypus) „Selbst" in das Jungsche System von außen hereingekommen ist. Und zwar, soviel ich sehe, erst nachdem Jung durch seine Beschäftigung mit indischen Ideen auf den Begriff Ātman-Puruṣa stieß (vgl. das oben aus dem Eranos-Jahrbuch 1934 Zitierte). Jung versuchte dann diesen Begriff mit dem der „Individuation" zu verknüpfen oder gar ineinszusetzen, was aber unmöglich ist. Denn Ātman-Puruṣa ist dasselbe, was Kant das „Intelligible Subjekt" nennt, und dieses ist die seinsdynamische *Voraussetzung* der „Gestaltwerdung" = „Individuation". Wenn ich den Ātman eine „Individuation des Letzthin-Wirklichen" nenne, hat dieses Wort eine völlig andere Bedeutung als „Individuation" bei Jung: Gemeint ist die metaphysisch verstandene Individuation des Allgeistes in einzelne Ātman-Puruṣa.

Anmerkungen

I. Hauptabschnitt

1. Kapitel

Die Anfänge des Yoga in der vedischen Zeit

1) Vgl. zu den folgenden Ausführungen J. W. Hauer, „Die Anfänge der Yoga-Praxis im alten Indien", Stuttgart 1922, besonders S. 65–156 und 189–202.

2) Vgl. dazu K. Th. Preuß, Die Nayarit-Expedition, Leipzig 1912; ders., Religion und Mythologie der Uitoto, Leipzig 1921, bes. S. 25 ff. und Index unter: „Wort – Überlieferung –"; Knud Rasmussen, Die Gabe des Adlers, Frkft. 1937, S. 17 ff.; Paul Radin, Gott und Mensch in der primitiven Welt, Zürich 1953, S. 83 ff.; Ad. E. Jensen, Mythos und Kult bei Naturvölkern, Wiesbaden 1951, S. 144 ff.; J. W. Hauer, Die Religionen, ihr Werden, ihr Sinn, ihre Wahrheit, Stuttgart 1923, S. 127–133.

3) Vgl. dazu Hauer, „Die Religionen", S. 117–143.

4) Vgl. dazu H. Oldenberg, „Religion des Veda" 2, Stuttgart 1917, S. 307–474; A. Hillebrandt, „Ritualliteratur, vedische Opfer und Zauber" (GIPA), Straßburg 1897.

5) Ṛgveda I, 18. 6 ff.

6) Ṛgveda V, 81. 1.

7) Taittirīya - Saṃhitā IV, 1. 1. Vgl. Śvetāśvatara - Upaniṣad II, 1, wo dieser Gott „Antreiber" als Schutzherr des Yoga angerufen wird; weiter unten die Übersetzung der Śvet.-Up.

8) Vgl. dazu Oldenberg, „Die Weltanschauung der Brāhmaṇa-Texte", Göttingen 1919, 149 ff.; die „Religion des Veda" vom selben Verfasser, 397 ff.; ferner „Encyclopaedia of Religion and Ethics", 287 ff.; Deussen, „Allg. Gesch. d. Philos." I, 2. 60 ff. und Hauer, „Die Anfänge der Yoga-Praxis", 98 ff.

9) Vgl. Atharvaveda XI, 5 und Hauer, „Yoga-Praxis", 79 ff.

10) Vgl. Oldenberg, „Die Weltanschauung ...", a. a. O.

11) Ṛgveda X, 190. 1.

12) Vgl. unten S. 166 ff.

13) Vgl. YS II, 1. 32. 43 und die Kommentare.

14) Hauer, „Yoga-Praxis", 116 ff.

15) Vgl. Oldenberg, „Die Weltanschauung der Brāhmaṇa-T." 149, vgl. auch Macdonell, „Vedic Index" II, 86 ff.

16) Vgl. unten S. 235 ff., 244 ff.

17) Vgl. YS II, 1 ff., II, 28 ff. und Kap. 2, III. Hauptabschnitt.

18) Vgl. dazu Hauer, „Die Dhāraṇī im nördlichen Buddhismus und ihre Parallelen in der sogenannten Mithrasliturgie", Stuttgart 1927, 16 ff.

19) Vgl. unten S. 241 ff.

20) Vgl. Hauer, „Anfänge der Yogapraxis", 194 und den ganzen Abschnitt 189–202. Dieser Abschnitt ist insofern zu korrigieren als meine weiteren Forschungen gezeigt haben, daß die Worte *yuj* und *yoga* in dem spezifischen Sinn, der zum Yoga hinführt, nicht ausschließlich brahmanischer Besitz waren, sondern, da sie mit urtümlichen Zauberriten des Av, des Veda der Vrātya, eng verbunden waren, dem Vrātya-Bereich zugehören und dort vielleicht sogar ursprünglicher waren als im brahmanischen Bereich.

21) Vgl. Hillebrandt, „Ritual-Literatur" 100, 130.

22) *om* gleicht, wenn es laut gesummt wird, dem Ton eines Schwirrholzes. Da die vedische Jünglingsweihe ohne Zweifel in primitive Zeiten zurückreicht, in denen das Schwirrholz noch gebraucht wurde, drängt sich die Frage auf, ob etwa *om* aus jenen Schichten stammt, d. h. das Schwirrholz ablöste. Vgl. dazu Hauer, „Religionen", S. 154 ff.

23) Chāndogya-Upaniṣad I, 4, 4.

[24]) Vgl. dazu YS I, 27 und Deussen, „Allg. Gesch.-Phil." I, 2, 349 ff.

[25]) Vgl. Deussen, „60 Upanishads", 858 und M. Bloomfield, „The Atharva-Veda and the Gopatha-Brāhmaṇa", 108 ff.

[26]) Vgl. dazu Deussen, „Allg. Gesch. d. Phil." I, 1, 294 ff.

[27]) Vgl. dazu Hauer, „Anfänge der Yoga-Praxis", 9 ff. und „Der Vrātya, Untersuchungen über die nichtbrahmanische Religion Altindiens", Stuttgart 1927, 291 ff.

[28]) Es ist hier zu erinnern an den Anfang der Maitrāyaṇī-Up., wo ein König mit Namen Bṛhadratha sich der Entsagung zuwandte und in den Wald hinauszog. Er gab sich dort der höchsten Kasteiung hin, indem er in die Sonne schauend mit emporgestreckten Armen dastand. Nach Ablauf von eintausend (Tagen oder Jahren) naht sich ihm der erhabene Śākāyanya und gibt ihm Offenbarung.

[29]) Vgl. über diese Zusammenhänge weiter unten S. 45 ff.

[30]) Dieser ganze Aufzug wird in großartiger Weise allegorisiert. Eine auffallende Parallele (wohl derselben Tradition angehörig) findet sich in Mbh XII, 236.

[31]) Vgl. dazu Hauer, „Vrātya", 308–334.

[32]) Vgl. dazu a. a. O., 108 ff. und 246 ff. und Anfänge der Yogapraxis S. 130 f.

[33]) Vgl. dazu a. a. O., 334 ff.

[34]) Zur Erklärung des Liedes im einzelnen: Hauer, „Yoga-Praxis", 169 ff. und „Vrātya", 324 ff. Zur weiteren Erklärung des dunklen Ausdrucks *kunaṃnamā* ist die Tatsache der lösenden Wirkung der Rauschtränke heranzuziehen, die eine Steigerung des Kreislaufs und eine befreite Atmung bewirken.

[35]) Vgl. dazu „Vrātya", 112 ff.

[36]) Vgl. dazu J. Pokorny, „Indog. Etymolog. Wörterbuch I", 726 f. und Hauer, „Urkunden und Gestalten der germanisch-deutschen Glaubensgeschichte", Stuttgart 1939 ff., 233 f.

[37]) Vgl. dazu Ernst Benz, „Indische Einflüsse auf die frühchristliche Theologie", Abh. d. Ak. d. Wiss. u. Lit. Geistes- und Soz. Wiss. Kl., Mainz Jahrg. 1951 Nr. 3, S. 198 (30) ff.

[38]) Vgl. dazu G. Widengren, „Iranische Religionsgeschichte II" in „Numen", International Review for the History of Religions, vol. II (1955), H. 1–2, 47 ff., bes. 66 ff.

[39]) A. a. O. 69.

[40]) Vgl. a. a. O. 70 und Wikander, „Vāyu I" 37; 43 ff.; 76 ff.; 84 f.

[41]) Vgl. dazu Pargiter Ancient Ind. Hist. Tradition 202; Anm. 10, wo auch die Stellen im Mhb und im Padma Purāṇa angegeben sind.

[42]) Vgl. dazu H. H. Schaeder. Z. D. M. G. 95 (1941) 268–299 und G. Widengren, „Iranische Religionsgeschichte I" in „Numen" vol. I., 1954, 21; ferner Nyberg, „Die Religionen des alten Iran", Leipzig 1938, 381 ff.

[43]) Über den Zervanismus und die Aion- und Chronos-Spekulationen gibt es eine sehr umfangreiche Literatur. Das meiste davon ist aufgeführt in M. P. Nilsson, „Geschichte der griech. Religion" Bd. II, 477 ff.; dazu ist noch zu nennen: H. H. Schaeder, „Der iranische Zeitgott und sein Mythos", Z. D. M. G., Bd. 95, 268 ff.; G. Widengren, „Religionens Värld", Uppsala 1945, Index unter Zervanismus; ders., „Hochgottglaube im alten Iran", Uppsala 1938, Index; und für Aion und Chronos, Pauly-Wissowas, Realenzyklopädie s. v.; ferner Albrecht Dietrich, „Eine Mithrasliturgie", 3. Aufl. Leipzig-Berlin 1923, 66; vgl. dazu Hauer, „Die Dhāraṇī im nördlichen Buddhismus", Stuttg. 1927 und H. Haas, Bilderatlas der Rel. Gesch., 15.Lief., Leipzig 1930, XV und Abb. 35 ff.

[44]) Vgl. dazu Pargiter a. a. O. u. S. 107–145.

[45]) Vgl. dazu Hauer, „Vrātya", 207 ff.

[46]) R. Garbe, „Die Sāṃkhya-Philosophie", 2. Aufl., Leipzig 1917, 6 ff.; 14; ders., „Beiträge zur indischen Kulturgeschichte", Berlin 1903, 1. Kap.

[47]) H. Oldenberg, „Die Lehre der Upaniṣaden und die Anfänge des Buddhismus", Göttingen 1915, 166 ff.

[48]) Für die anschauliche Schilderung einer solchen Handlung in altisländischen Sagas vgl. Paul Herrmann, „Nordische Mythologie", Leipzig 1903, 560 ff.; dort wird auch die seltsame Ausrüstung einer Völva beschrieben. Diese und ihr gesamtes Tun erinnern einigermaßen an die Ausrüstung der Vrātyas; auch darin bestehen offensichtlich altindogermanische Zusammenhänge.

[49]) Vgl. dazu Pargiter a. a. O. 173.

[50]) A. a. O. 124; 243–251; 310 ff.

[51]) Vgl. dazu Hauer, „Vrātya" 56 ff.; 80 ff.; 337.

[52]) Vgl. dazu R. G. Bhandarkar, „Vaiṣṇavism and Śivaism", Grdr. d. indoar. Phil. u. Altertumsk. III, 6, Straßburg 1913, 112 ff.

[53]) Vgl. dazu R. Garbe, „Die Bhagavadgītā", 2. Aufl., Leipzig 1921, 127 Anm.

[54]) Vgl. dazu Deussen, „Allg. Gesch. d. Phil.", Leipzig 1906, I, 1, 318 ff.

[55]) Vgl. dazu auch ERE. Bd. X, 765 ff.

[56]) Die Etymologie des Wortes ist schwierig. Volksetymologisch wird es Gopatha Brahmaṇa I, 1, 39 nach Av X, 2, 28 als *puriśaya* „der Bewohner der Burg (des *brahman*)" erklärt. Die Etymologie ist unhaltbar. Vielmehr scheint mir Leumanns Ableitung von *pū (puṃs)* „Mann", „Mensch" und *vṛṣa* „der Besamer" richtig zu sein. (Vgl. dazu R. Garbe, Sāṃkhya 355 ff.). Der „Mann-Besamer" ist wohl eine Bildung zur Unterscheidung von *vṛṣa,* dem alten Wort für Stier. Diese Ableitung erklärt auch die Dehnform *pūruṣa,* die im Av häufig da vorkommt, wo es das Versmaß zuläßt oder verlangt. Im Rv kommt diese Form nur in dem Lied über den göttlichen Urmenschen, aus dem die Welt gebaut wird (Rv X, 90) vor, dessen ursprüngliche Fassung dem Av, also der Vrātya-Tradition zugehört, und in einem sehr urtümlichen Zauberlied, wahrscheinlich einem „Wasserdonnerkeil"-Lied, das seiner ganzen Art nach auch zum Av gehört. Diese philologischen Dinge sind von einiger Wichtigkeit für die Frage der Herkunft des Wortes *puruṣa.* Es scheint ein ausgesprochenes Vrātya-Yoga-Wort zu sein.

[57]) Vgl. dazu auch Hauer: „Urkunden und Gestalten der germanisch-deutschen Glaubensgeschichte", Stuttgart 1939 ff., 201 ff.

[58]) Vgl. dazu H. Oldenberg, „Die Lehre der Upanishaden und die Anfänge des Buddhismus", Göttingen 1915, 224.

[59]) Vgl. dazu Vafthrudnismál, Strophe 54 ff. Über diese Deutung vgl. Hauer, „Urkunden und Gestalten" . . .", S. 537 ff.

[60]) Eine Übersetzung dieser Up. findet sich in Deussens, „60 Upanishads" und K. F. Geldner, „Vedismus und Brahmanismus" (Rel. Gesch. Lesebuch, herausgeg. von A. Bertholet), S. 146 ff.

[61]) Vgl. zu beiden Liedern Deussen: „All. Gesch. d. Phil." I, 1, 265 ff. Deussen hat das Lied XI, 8 in seinem Wesen völlig mißverstanden; er vermutet hinter dem Verfasser einen „jener geistreichen aber paradoxen Gesellen . . ., die an der heiligen Überlieferung ihren Mutwillen üben." Doch hat Deussen für beiden Lieder durch seinen Versuch einer Übersetzung und seine ausgiebigen Anmerkungen Wesentliches zu ihrer Erhellung beigetragen, wenn er auch da und dort den Text mißverstanden hat. Dieses Mißverstehen kommt weithin aus seiner Einstellung: das Mythische ist ihm gegenüber dem Philosophischen geringwertiger, wie er ja auch überall da, wo das Göttliche in Persongestalt auftritt, durch seinen ausgesprochen vedantistischen Standpunkt seinen sonstigen Spürsinn für das Richtige verliert. Das Mythische und Personhafte ist ihm immer Abfall von der ursprünglichen hohen metaphysischen Erkenntnis.

[62]) Vgl. dazu die Vorbemerkungen und die Anmerkungen zu der Übersetzung dieses Liedes in Whitney-Lanman, „Atharva-Veda, Translation and Notes" Harvard Oriental Series Vol. 7 u. 8.

[63]) Vgl. dazu Hauer: „Urkunden und Gestalten . . .", 201 ff.

[64]) Vgl. dazu auch die Übersetzung in Geldners Rigveda und Deussen, Allg. Gesch. Phil. I, 1, 150 ff.

[65]) Vgl. dazu Deussen, a. a. O. 301 ff. Deussen hat den Hymnus übersetzt und erläutert.

[66]) Vgl. dazu Deussen, a. a. O. 305 und Hauer: „Anfänge der Yogapraxis", 130 ff.

[67]) Hauer, a. a. O., 132 ff.; dort sind die Lieder und ihre psychologische und metaphysische Bedeutung ausführlich behandelt.

[68]) Kāṭhaka-Saṃhitā XVII, 11–17; vgl. XXI, 6; Maitrāyaṇī-Saṃhitā II, 9, 1 ff.; Taittirīya-Saṃh. IV, 5, 1–11 (vgl. V, 4, 3, 1); vgl. Taitt.-Brāhmaṇa III, 11, 9, 9 usw.; Vājasaneyi-Saṃh. XVI, 1 ff. (vgl. Śatapatha-Br. IX, 1, 1; 2, 1.

[69]) Über das Alter des Kāṭhakaṃ und der Maitrāyaṇī-Saṃh. vgl. L. von Schroeders Einleitung zu seiner Ausgabe der beiden großen Werke und Louis Renou. „Les Écoles Védiques", Paris 1947, 129 ff.

[70]) Daß der Vers verdächtig sein soll, wie L. von Schroeder meint, kann nicht aus der Tatsache geschlossen werden, daß er in einer Handschrift fehlt. Im Gegenteil wird seine Bedeutung unterstrichen, daß er in der Tübinger Handschrift 5 dreimal steht.

[71]) Vgl. zu *Savitar* auch A. A. Macdonell, Vedic Mythology (Grundriß der indoarischen Philologie und Altertumskunde, § 15) und H. Oldenberg, Religion des Veda, 2. Aufl., S. 64 ff. Sein indogermanischer Ursprung ist schon früher vertreten, aber von Macdonell und Oldenberg abgelehnt worden. Zu Sāvitrī vgl. Hillebrandt, Ritual-Literatur, S. 51 ff.

[72]) Tantrik Texts vol. XIII p. 146; vgl. auch Avalon, „The Great Liberation[2]", Madras 1927, 167 ff.

[73]) Vgl. dazu Deussen a. a. O., S. 535 ff. und 827 ff. Die Sammlung Oupnekhat ist eine persische Übersetzung von 50 Upaniṣaden, die von dem genannten Sultan 1656 veranstaltet wurde, indem er Gelehrte aus Benares nach Dehli kommen ließ. Diese Sammlung wurde von dem französischen Orientreisenden Anquetil du Perron Wort für Wort ins Lateinische übersetzt (2 Bde. 1801–1802). Die Sammlung ist insofern geistesgeschichtlich wichtig geworden, als Schopenhauer aus ihr sein Wissen über die Upaniṣaden bezog.

[74]) Vgl. dazu Eleven, „Atharvaṇa Upanishads" ed. G. A. Jacobs, Bombay Sanskrit Series No. XI, Bombay 1916, p. 147 ff.

[75]) Vgl. dazu Otto Höfler, Kultische Geheimbünde der Germanen, Frkft. 1934 und M. P. Nilsson, Geschichte der griechischen Religion, Bd. I, Index s. v.

[76]) Vgl. dazu M. Bloomfield, The Atharvaveda, Straßburg 1899 (Grundriß d. Indo-Arischen Philologie und Altertumskunde, II. Bd., 1. Heft B).

[77]) Vgl. a. a. O. 76 ff. und 113.

[78]) Vgl. dazu J. N. Farquhar, An Outline of the Religious Literature of India. London 1920, 101 ff., 145 ff., 251 ff., und R. G. Bhandarkar a. a. O. 113 ff.

2. Kapitel

Der Yoga in den Upaniṣaden *)

*) Selbstverständlich können in einer solchen kurzen Übersicht nur die wichtigsten Yoga-Up. behandelt werden. Nachdruck ist auf die ältesten Dokumente, die Kāṭh.-Up. und besonders die Śvet.-Up. gelegt, die in ihren verschiedenen Schichten als das klassische Dokument des Yoga vor dem Yogasūtra angesehen werden darf.

a) *Die Yoga-Upaniṣaden der unmittelbaren Vrātya-Atharvaveda-Śatarudriya-Tradition. Eine Übersicht.*

[1]) Zu Chānd. Up. VII, 6, 1 ff. vgl. Kauṣ. Up. III, 2 ff.

[2]) Vgl. dazu Deussen, „60 Upanishads", 262.

[3]) Die Trennung der Kāṭh.-Up. in zwei verschiedene Upaniṣaden ist abgesehen von allen sachlichen Erwägungen durch Vallī III, 17 gefordert; denn dieser Vers ist ganz deutlich der Schlußvers einer Upaniṣad. Ferner wäre es beim Blick auf III, 10 ff. im Vergleich mit VI, 7 ff. unerklärlich, wenn in derselben Up. zweimal dasselbe Thema in weitgehender Übereinstimmung und dann doch wieder mit nicht unwichtigen Verschiedenheiten behandelt würde. Vgl. dazu auch: R. Otto, Die Kaṭha-Upanishad, Berlin 1936.

[4]) *manas* hat in diesem alten Zitat (vgl. Śvet.-Up. IV, 20 und III, 13) noch die Bedeutung „Geist" im umfassenden Sinn. Ich erkläre diesen Vers so, daß die Gestaltung des Gottes in der Schau oder im spekulativen Denken eine subjektive Schöpfung des Menschen ist.

[5]) Diese Erklärung zeigt deutlich, daß der Yoga, als einer klaren Definition bedürftig, eben anfing, seine erste bedeutende Ausgestaltung zu erlangen. Das „Werden" ist die innere Gestaltung; das „Vergehen" ihre Auflösung in *samādhi,* in der „Einfaltung".

[6]) Vgl. die Ausdrücke Śvet.-Up. V, 8: *buddher guṇaḥ, ātmaguṇaḥ; mano dhārayeta* II, 9 und oft; *sattvasya eṣa pravartakaḥ* III, 12.

[7]) Zu *avyaktam* ist zu vergleichen oben Av X, 8, 29, wo der *eka deva* „Fülle aus Fülle herausbiegt".

[8]) Über die Maitrāyaṇīyas, die eng mit den Kaṭhas verbunden waren, vgl. oben S. 83 f. Das Textmaterial der Upaniṣaden in der Maitrāyaṇa-Tradition ist in großer Unordnung. Der umfangreichste Text, in dem das älteste und jüngste Material zusammengefaßt ist, findet sich in der Ausgabe der Ānandāśrama-Sanskritserie. Diesen Text hat Deussen zu seinen „Sechzig Upaniṣads" benützt. In den „Hundertundacht Upaniṣaden" S. 159 ff. findet sich eine Maitr.-Up., die das meiste der ersten 5 Prapāṭhaka der ĀSS und einen Teil vom VI. Prapāṭhaka, so die wichtigen Śloka von VI, 34 enthält. Auf S. 201 ff. findet sich aber eine Maitreyī-Up., deren Anfang gleich ist mit der Maitr.-Up., während die Śloka im 2. Prapāṭhaka schon eine viel weitere Entwicklung zeigen. Es scheint mir eine Upaniṣad zu sein, die schon stark von der späteren buddhistischen Entwicklung beeinflußt ist; sie gibt sich als eine Offenbarung des Mahādeva, der in Prapāṭhaka III als der Allgott beschrieben wird. Ich benutze die Ausgabe der ĀSS.

[9]) Vgl. dazu Weber, „Indische Literaturgeschichte" [2], Berlin 1876, S. 108 ff. und Schröders Einleitung zu seiner Ausgabe der Maitrāyaṇī-Saṃhitā p. XIII ff. und XIX ff.

[10]) Vgl. unten das Kap.: Der Yoga im Mahābhārata, S. 162 ff. und 195 ff.

[11]) Vgl. dazu Pargiter, „Ancient Indian Historical Tradition", London 1922, S. 118 ff., 281 ff.

[12]) Vgl. zur Tradition der Vālakhilyas Taitt. Ār. I, 23. Zu dem tausend (Tage, Jahre) auf einem Fuß Stehen vgl. Mbh. XII 329, 4 ff., wo Mahādeva tausend Götterjahre auf einem Fuß steht, und oben S. 26 ff., wo der Vrātya ein ganzes Jahr aufrecht dasteht. Zu *ūrdhvaretas* vgl. oben S. 94.

[13]) Hier wird auf die im Yoga hartnäckig auftauchende, aber nie gelöste Frage angespielt, warum der *puruṣa* mit seinem *citta* verbunden sei.

[14]) Dies erinnert an das *citta,* wie es im Yogabhāṣya beschrieben wird.

b) Die Śvetāśvatara-Upaniṣad

[15]) Vgl. dazu auch Hauer, Glaubensgeschichte der Indogermanen Bd. I, 174 ff.

[16]) Vgl. die Einleitung Deussens zu seiner Übersetzung des Śvetāśvatara-Upaniṣad in Sechzig Upaniṣads S. 288 ff.

[17]) Vgl. Weber, „Indische Studien" III, 257.

[18]) Vācaspatyam des Tārānātha Tarkavācaspati p. 1222, angeführt bei M. Müller in der Einleitung zu seiner Übersetzung der Upaniṣaden, Sacred Books of the East XV, XXXI.

[19]) Jaim. Up. Br. IV, 1, vgl. dazu Maitr. S. II, 9.

[20]) Daß wir hier verschiedene Upaniṣaden vor uns haben, zeigt schon der Text, der am Schluß der Kapitel von m e h r e r e n Śvetāśvatara-Upaniṣaden Zeugnis ablegt. Siehe die Ausgabe von Richard Hauschild: *iti Śvetāśvatarōpaniṣatsu prathamo 'dhyāyaḥ* usw.

[21]) Vgl. dazu Richard Hauschild, Die Śvetāśvatara-Up. (Abh. K. Morgenl.), Leipzig 1927, S. 16, Anm.

[22]) Daß meine Auffassung von den Schichten der Upaniṣad richtig ist, wird klar, wenn man die einzelnen Kapitel miteinander vergleicht. Z. B. sind gewisse

Verse in den verschiedenen Kapiteln wiederholt, aber mit der jeweiligen Absicht des Verfassers entsprechenden wichtigen Änderungen. So ist z. B. III, 4 in IV, 12 wiederholt aber mit der Änderung des *hiraṇyagarbhaṃ janayāmāsa pūrvam* in *hiraṇyagarbhaṃ paśyata jāyamānam.* Der Grund der Änderung geht aus der Tendenz des IV. Kapitels hervor. Dies ist nämlich bei näherem Zusehen der Versuch einer Überbrückung der Gegensätze zwischen dem Rudra-Śiva-Glauben und dem Brahmanismus. Im Brahmanismus aber ist *hiraṇyagarbha* eine große Gottheit. Und während nun *hiraṇyagarbha* in III, 4 dem älteren und ganz ursprünglich śivaitischen Stück von Rudra selbst in der Urzeit gezeugt worden ist, schaut er in IV, 12 seiner Geburt nur zu (vgl. Av XV, 1). Ferner sind die Yoga- und Sāṃkhya-Elemente in der Upaniṣad sehr ungleichmäßig verteilt. In Kapitel II haben wir schon einen ganz ausgesprochenen Yoga, ebenso in I, wo dann noch die ganze Sāṃkhya-Systematik hinzukommt. Diese beiden Kapitel sind also offensichtlich später als III und IV, wo der Yoga noch nicht in dieser ausgebildeten Weise auftritt, sondern wo die Versenkung im allgemeinen vedischen Stile, wie z. B. III, 13 und IV, 17 angedeutet ist. Und während in Kapitel IV, das eine bestimmte Epoche der Annäherung an das Brahmanische darstellt, starke Anklänge an brahmanische Ideen sich finden, setzen sich Kapitel V und VI und auch Kapitel I negativ mit dem Brahmanismus auseinander. Denn überall wird in diesen Kapiteln betont, daß das *brahman* irgendwie von dem Gott abhängig ist und daß auch die Brahmanen das wissen (das *brahmā vedate* in V, 6 geht nicht auf Brahmā, sondern auf Brahmanen).

Auch der literarische Stil ist sehr verschieden. Während die Kapitel III und VI z. T. höchsten poetischen Schwung zeigen, sind IV und V eher tiefsinnig bohrend. Dann ist auch eine Entwicklung in der Auffassung von *puruṣa* in den verschiedenen Kapiteln festzustellen. In Kapitel III, 13 wird noch unbedenklich von dem *aṅguṣṭhamātra,* dem „daumengroßen Selbst" im Menschen gesprochen im Anschluß an alte Überlieferung. Aber in V, 8 f. wird dieser *aṅguṣṭhamātra* zum *ārāgramatra,* ja zum *vālāgraśatabhāga śatadhā kalpita,* Ausdrücke, die deutlich erkennen lassen, wie man über die alten Vorstellungen hinaus zu einer Verfeinerung der Seelenlehre zu kommen suchte. In Kapitel I und VI treten dann ganz neue Ausdrücke auf, so vor allem auch die späteren Sāṃkhya-Yoga-Worte wie *sākṣin, kleśa, akartar* und viele andere. Endlich findet sich in Kapitel VI zum erstenmal das Wort *bhakti,* wie denn überhaupt zu bemerken ist, daß in Kapitel VI die fortschreitende Verinnerlichung von einer deutlichen Note persönlicher Frömmigkeit begleitet wird. So heißt der Gott dort z. B. *dharmāvaha pāpanuda bhagēśa* (v. 6) *śaraṇam* des *mumukṣu* (v. 18), während Kapitel I, 6 ff. zu einer kühleren Haltung zurückkehrt, und Nachdruck auf den Yoga und das Sāṃkhya legt.

Auch die Formeln, welche die Erlösung und den Erlösungsweg ausdrücken, sind in den einzelnen Kapiteln verschieden. Kapitel III hat fast durchweg *ya etad vidur amṛtās te bhavanti,* das nur noch in IV zweimal vorkommt, während die anderen Kapitel andere Formen haben und z. B. das *vid* fast überall durch *jñā* ersetzen. Dann fehlt auffallenderweise dem III. Kapitel die sonst allen Kapiteln gemeinsame Zentralformel *jñātvā devaṃ mucyate sarvapāśaiḥ,* die auch der Welt gegenüber eine neue Stimmung zeigt. Ohne hier auf weitere Einzelheiten einzugehen, bemerke ich noch, daß auf Grund einer wiederholten, die verschiedenen Gegenstände berücksichtigenden Analyse sich dieselbe Schichtenfolge zeigt. Sie heben sich bei jedem wichtigen Gegenstand mit Deutlichkeit ab, so daß immer die eine Untersuchung die andere bestätigt.

Ich fasse meine Resultate kurz zusammen: 1. Wir haben nicht eine, sondern eine Anzahl von Śvetāśvatara-Upaniṣaden in der jetzigen Upaniṣad vereinigt. 2. Diese Upaniṣaden entstammen verschiedenen Zeiten und vielleicht auch verschiedenen Kreisen von Rudra-Śiva-Verehrern. Vielleicht daß z. B. III, IV und V nebeneinander bestanden haben und später zusammengefügt wurden. Ich erinnere hier an die beiden Upaniṣaden, die in der Kaṭhopaniṣad zu einer zusammengefaßt sind. 3. Kapitel III gehört der ältesten Schicht an, IV und V sind ebenfalls alt. II mag dann kommen, VI ist ein jüngerer Versuch einer systematischen Zusammenfassung der Kapitel II–V. I ist ebenfalls jünger und faßt das Ganze noch einmal zusammen mit einer systematischen Einleitung, in der die Hauptgedanken der verschiedenen Upaniṣaden programmatisch ausgesprochen sind, und mit einer ganz deutlichen Spitze gegen die Lehre von *brahman* als dem Höchsten. Kapitel VI zerfällt in zwei Teile, nämlich Vers 1–9 mit dem deutlich erkennbaren einstigen Schluß: *sa no dadhāt brahmāpyayam* und 11–20, das eine Art Nachtrag und Weiterführung des 1. Teiles ist, wie die Wiederholung von Vers 2 in Vers 16 zeigt.

Zum Beweis meiner Auffassung von *brahma pūrvyam* vgl. unten die Anmerkung zur Übersetzung der Upaniṣad.

23) Vgl. dazu die wertvollen Ausführungen von R. Otto in „Westöstliche Mystik", 16 ff.; Strauß, „Indische Philosophie", 71 ff.; ebenfalls Oldenberg, „Die Weltanschauung der Brāhmaṇatexte", Göttingen 1928, 280 ff.

24) Vgl. dazu Oldenberg, „Weltanschauung der Brāhmaṇatexte".

25) Ich bleibe trotz Schrader bei meiner früheren Übersetzung des *brahmapara* und halte seine Meinung, daß *bṛhantam* ein Neutrum sei, für falsch trotz des Hinweises auf I, 6. Das *brahmapara* ist analog gebildet dem *tṛṣṇāpara* in Sprüche 2011, das in Sprüche 6439 mit *tṛṣṇāyāḥ para* wiedergegeben wird (nach Böhtlingk, Indische Sprüche).

26) Vgl. dazu P. M. Modi, „Akṣara, a forgotten chapter in the history of Indian Philosophy", Baroda 1932, 14 ff.

27) Vgl. dazu C. A. Scharbau, „Die Idee der Schöpfung in der vedischen Literatur", Stuttgart 1932.

28) Das Wort *duḥkha,* bekanntlich auch eines der Schlüsselworte des Buddhismus, bedarf einer gesonderten Untersuchung. Die Übersetzung „Leid" ist nach meiner Ansicht völlig ungenügend, um den Gefühls- und Sinngehalt des Wortes wiederzugeben. Das Wort *duḥkha,* in der ältesten Sprache Indiens nicht bekannt, ist analog zu *sukha* gebildet. *su-kha,* das schon im Ṛgveda vorkommt, bedeutet aber „eine gute, eine unzerbrechliche Nabe habend", einen sicher und schnell gehenden Wagen. Es heißt also: „ungehemmt, sicher, richtig, rasch gehend", als Hauptwort: „der sichere, der freie, der rasche Gang, das Nicht-Gehemmtsein", und weil dieses mit Lust verknüpft ist, also „lustvoller, freier Gang". Davon ist das Gegenteil *duḥkha* „gehemmt, unsicher", als Hauptwort: „Hemmung, Gebundenheit", die im Gefühl als Leid sich kundtut. Diese Gefühlsseite ist aber ursprünglich sicher nicht allein in dem Begriff maßgeblich gewesen. Später wurde allerdings diese Seite betont und überbetont bis zum Weltschmerz. Vgl. dazu das Kap. 1, 2 im III. Hauptabschnitt.

29) Das ist im Grund dieselbe Lösung für das Welträtsel, die dann der spätere Mahāyāna-Buddhismus, etwa in der Form des Laṅkāvatāra-Sūtra fand: Die Scheinwelt zwingt die Seele zum Verlangen nach dem Gegensatz, zu der ewigen Stätte, zu der „Leerheit", d. h. zu der aller Daseinsformen entkleideten Wirklichkeit.

30) Vgl. zu den theologischen Fragen, welche die spätere indische Gnadenreligion aufgibt, R. Ottos Buch „Indiens Gnadenreligionen und das Christentum", Gotha 1930.

c) Die Viṣṇu-Yoga-Upaniṣaden

31) Diese Up., die mit Taittirīya Āraṇyaka X identisch ist, liegt uns in verschiedenen Rezensionen vor. Vgl. dazu Deussen, „Sechzig Upanishads des Veda", S. 241 ff. Ich folge der Āndhra-Rezension, die mir in der Sammlung „One hundred & eight Upanishads" by Vāsudev Lakṣman Śāstrī Paṇśīkar, 3. Aufl., Bombay 1925, vorliegt.

32) Die Erklärung des Sāyāṇa zu Taitt. Ār. X zeigt deutlich, daß man sich schwer um das Verständnis jener seltsamen grammatischen Formen bemühte.

33) Vgl. dazu weiter oben die Übersetzung der Kāṭhaka-Up.

34) Vgl. Josef Bernhart, „Die philosophische Mystik des Mittelalters", München 1922, S. 179.

35) Vgl. dazu Diether Lauenstein, „Das Erwachen der Gottesmystik in Indien", München 1943, S. 50 ff.

36) Der benützte Text ist der in der schon genannten Sammlung der 108 Upanishaden, 3. Aufl., Bombay 1925, S. 497 ff.

37) Vgl. dazu Pargiter a. a. O. S. 228 ff.

38) Vgl. dazu Hauer, „Glaubensgeschichte der Indogermanen", S. 254 ff.

39) Vgl. dazu unten den III. Hauptabschnitt Kap. 2.

40) Vgl. dazu Diether Lauenstein, „Das Erwachen der Gottesmystik in Indien", München 1943, 132 ff.

41) Die Āgamas sind in erster Linie śivaitische Schriften, die seit dem 7./8. Jahrh. n. Chr. auftauchen. Vgl. dazu Farquhar, Outlines 190 ff.

3. Kapitel

Der Yoga im Buddhismus und Jinismus

1) Oldenberg, „Die Lehre der Upaniṣaden und die Anfänge des Buddhismus", Göttingen 1915, S. 320.

2) Vgl. hierzu E. Senart, „Bouddhisme et Yoga" in „Revue de l'Histoire des Religions" 1900, S. 345 ff.; H. Beck, „Buddhismus", Bd. II, S. 10 ff.; Oldenberg a. a. O. S.320 ff.; F. Heiler, „Die buddhistische Versenkung" 2, München 1922, S. 43 ff.; Jacobi, „Über das ursprüngliche Yogasystem", Sitzungsber. Preuß. Ak. Wiss. Phil.-Hist. Kl. 1929, XXVI, S. 619 ff. und C. A. F. Rhys Davids, „The Fellowman in Yoga", in Yoga Z. f. Intern. Yoga-F. a. a. O. S. 75 ff. Ich brauche das Wort „Yoga" hier für die Versenkungsmethoden des Buddhismus, obwohl es in den Pālischriften nur ausnahmsweise so gebraucht wird.

3) Vgl. dazu Beck a. a. O. S. 28, und Hauer, „Die Entwicklung zur sittlichen Persönlichkeit in der Ethik des Buddhismus", in „Die Entwicklung zur sittlichen Persönlichkeit", herausgegeben von Johannes Neumann, Gütersloh 1931, S. 38 ff. und YS II, 30 ff. (Abgedruckt in Hauer, „Glaubensgeschichte der Indogermanen" Bd. I, 254 ff.)

4) Vgl. Beck a. a. O. II, 36.

5) Vgl. Oldenberg, „Buddha" 7, Stuttgart 1920, 360.

6) Vgl. hier Heiler a. a. O. S. 12; Beck a. a. O. S. 41. Auffallend ist, daß Maitreya, der Buddha der Zukunft, nach europäischer Art sitzend dargestellt wird. Beck a. a. O.

7) Beck a. a. O. S. 42 und Heiler a. a. O. S. 13 f.

8) Dīgha Nikāya XXII (Mahā-Satipaṭṭhāna-Sutta); vgl. auch Heiler a. a. O. 13 f.

9) Beck a. a. O. S. 43.

10) Zu diesen *asubhabhāvanā* vgl. Maitr.-Up. I, 3 und Heiler a. a. O. 46.

11) Vgl. die Übersetzung und die Anmerkungen von Seidenstücker in „Pāli-Buddhismus in Übersetzungen", München 1923, 286 ff.

12) Hier ist übrigens zu erinnern an den *saṃyama* des klassischen Yoga YS III 4 ff.

13) Vgl. dazu Heiler a. a. O. S. 27 ff. und 45 f.

14) Vgl. dazu unten S. 171 ff.

15) Vgl. dazu Heiler a. a. O. S. 24 ff. und 47 ff.

16) Heiler, dessen Behandlung der ganzen Frage sonst ganz ausgezeichnet ist, hat hier nicht richtig gesehen, wenn er sagt a. a. O. S. 46: „Als die charakteristischen Merkmale der ersten Stufe gelten" usw. Es handelt sich hier nicht um die erste Stufe des *samādhi,* sondern um den bewußt erlebten *samādhi=nirodha,* dem dann in YS I, 18 sofort „der Andere", d. h. „der nicht mehr bewußt erlebte" entgegengesetzt wird. Es wird zwar in YS I, 41 ff. der Versuch gemacht *samā-*

patti = *samādhi* noch etwas feiner zu gliedern. Aber auch dort ist nicht vom vierfachen *dhyāna* oder *samādhi* die Rede. Überdies ist dort *vitarka* und *vicāra* mißverstanden. (Vgl. auch Dīgha Nikāya II, 75 ff.)

17) Vgl. über *samādhi* III. Hauptabschnitt, 2. Kap., Abschnitt 2.

18) Vgl. dazu Seidenstücker. Z. f. Buddhismus, IX, 1931 (7.–9. Heft).

19) Vgl. a. a. O. S. 26 ff. und Hauer, Die Entwicklung zur sittlichen Persönlichkeit in der Ethik des Buddhismus, S. 33 ff. (in „Die Entwicklung zur sittlichen Persönlichkeit", herausg. v. Johannes Neumann, Gütersloh 1931, S. 23 ff.).

20) Vgl. Beck a. a. O. S. 37; Seidenstücker, Pāli-Buddhismus, S. 287 ff.

21) Vgl. dazu Jiryo Masūda: Der individualistische Idealismus der Yogācāra-Schule, Heidelberg 1926, 51 ff.; auch H. v. Glasenapp: Buddhismus und Gottesidee, Mainzer Akademie d. Wissenschaften u. Literatur Abh. d. Geistes- und Sozialwiss. Klasse, Jahrgang 1954, Nr. 8, S. 493 (99 ff.).

22) Das beste Beispiel dafür sind Meister Eckeharts Deutsche Predigten. Trotz der Entschiedenheit mit der hier stets der Blick auf das Letzthin-Wirkliche gerichtet ist, wird der schlechthinnige Wert des gelebten Lebens und der einfachsten Tat bejaht. Beide Realitäten sind auch bei Eckehart im Grund eins.

23) Für die Darstellung des Jinismus vgl. H. Jacobi, Encyclopaedia of Religion and Ethics VII, 465 ff.; W. Schubring, in: Das Licht des Ostens, Stuttgart 1923, 118 ff.; H. v. Glasenapp, Der Jainismus, Berlin 1925 und W. Schubring, Religionsgesch. Lesebuch Nr. VII, Die Jainas, Tübingen 1927.

24) Hertel, „Muṇḍaka-Upaniṣad", Leipzig 1924, S. 45 ff., 64 ff.

25) Vgl. dazu Hauer, „Ein monotheistischer Traktat Altindiens" S. 6 ff., besonders S. 9 und „Vrātya" 299.

26) Vgl. dazu „Sacred Books of the East" XXII, 286 ff., und Hauer, „Vrātya" 91, 100.

27) Vgl. darüber Jacobi, Encyclopaedia of Religion and Ethics VII, 467 ff., SBE XXII, Einleitung, und Glasenapp a. a. O. 90 ff.

28) Vgl. v. Glasenapp a. a. O. S. 211 ff.

29) Vgl. oben S. 170 f.

30) Vgl. dazu Tattvārthādhigama Sūtra IX, 43 *ekāśraye savitarke pūrve.*

31) a. a. O. IX, 44 *avicāraṃ dvitīyam.*

32) a. a. O. IX, 4, wo es heißt: *vitarkaḥ śrutam;* vgl. dazu YS I, 42: *śabdārtha-jñāna-vikalpaiḥ saṃkīrṇā savitarkā (samāpatti).*

33) Vgl. Pāli-English Dictionary, ed. Rhys Davids s. v. *vitakka.*

34) Vgl. dazu Heiler 22 f.

35) Vgl. Schubring, Religionsgesch. Lesebuch S. 30.

36) Vgl. H. Jacobi, Über das ursprüngliche Yogasystem, a. a. O., 603 f.

37) Vgl. ZDMG Nr. 60, 1906, S. 523: *maitrīpramodakāruṇyamādhyasthāni sattvaguṇādhikakliśyamānāvineyeṣu* und Jacobi a. a. O. S. 607.

38) Vgl. Winternitz, Gesch. d. Ind. Lit. II, S. 347 f. und jetzt die Ausgabe in Bibl. Ind. Calcutta 1907 ff.

4. Kapitel

Der Yoga im Mahābhārata

1) Vgl. dazu E. W. Hopkins, „Yoga technique in the Great Epic", JAOS 1901, Bd. 22, 2. Hälfte, S. 333 ff.

2) Vgl. dazu Hopkins a. a. O. S. 367 ff.

1. Die Bhagavadgītā

3) Zu den Schichten in der Bhg vgl. R. Garbe, „Die Bhagavadgītā" [2], Leipzig 1921, die Einleitung u. S. 131 f.

4) Vgl. Śvet.-Up. II, 8 u. oben S. 130.

5) Vgl. Garbe a. a. O. 53. Es ist der *īśvarapraṇidhāna*-Yoga gläubig theistischer Prägung aber mehr im Sinn der Viṣṇu-bhakti.

6) Vgl. J. N. Farquhar a. a. O. S. 220–281; R. Otto: Die Gnadenreligion Indiens und das Christentum, Gotha 1930; K. J. Hutten: Die Bhakti-Religion in Indien und der christliche Glaube im Neuen Testament, Stuttgart 1929; Diether Lauenstein: Das Erwachen der Gottesmystik in Indien, München 1943.

7) Diether Lauenstein hat in seiner ausführlichen Untersuchung die These zu begründen versucht, daß die Bhakti-Bewegung aus dem Yoga herausgewachsen sei. Dies konnte er nur, weil er 1. die verschiedenen Überlieferungs- und Entwicklungslinien der altindischen Religionen übersah, und zudem den *Bhaktiyoga* der Bhg zu einfach mit *īśvarapraṇidhāna* des Yogasūtra ineinssetzte. Der *īśvarapraṇidhāna* des Yogasūtra und auch *japa* und *dhyāna* im Zusammenhang mit einem Gott, bleiben betont im Meditativen; der Bhaktiyoga aber ist schon weithin davon gelöst und zielt auf eine viel einfachere, unmittelbare Gläubigkeit, Haltung und Tat, woraus dann der Karmayoga sich entwickelt. Die Tatsache der Verbindung des Yoga mit einem Gott ist noch kein Bhaktiyoga. Darum darf weder die Kaṭh.- noch die Śvet.-Up. als Beweis für eine Bhakti-Bewegung angesehen werden, obwohl, wie von mir betont, der Ausdruck *bhakti* schon in der Śvet.-Up. auftaucht. Dort ist aber *jñāna* die erlösende Macht und nicht *bhakti*, wie im Bhaktiyoga der Bhg. Erst hier tritt der besondere *bhakti*-Pfad hervor. Ebenso ist neben der Bhg nur in Viṣṇu-Up. der späteren Zeit, wie z. B. in der Tripādvibhūtimahānārāyaṇa-Up. ein Bhaktiyoga gelehrt; dagegen in keiner reinen Rudra-Śiva-Up. Da dieser Glaube aufs engste mit dem Yoga verbunden ist, müßte in ihm in erster Linie ein Bhaktiyoga auftreten.

Wenn Lauenstein sagt, die Herkunft der Bhakti-Bewegung aus dem theistischen Yoga sei nicht zu leugnen, so ist dies richtig, aber zu allgemein und ungenau. Denn erstens gibt es zwei Richtungen des theistischen Yoga, nämlich eine śivaitische und eine viṣṇuitische; die Bhakti-Bewegung ist zunächst nur im viṣṇuitischen Bereich kräftig geworden. Und zweitens ist es keineswegs sicher, daß die Bhakti-Bewegung im viṣṇuitischen Bereich aus dem Yoga sich entwickelte. Denn der Yoga hat ja zunächst in der Religion des Rudra-Śiva sich entwickelt und war schon eine Macht, als er die Viṣṇu-Religion beeinflußte. Vielmehr wird die im Viṣṇuismus wohl ursprüngliche Bhaktibewegung aus dem śivaitischen *īśvarapraṇidhāna*-Yoga neue Anstöße erhalten haben.

Endlich muß hier noch ein Irrtum Lauensteins mit Beziehung auf meine Stellung zur Frage des Theismus im Yoga berichtigt werden. Er behauptet (S. 150), ich folge darin der Anschauung Garbes. Dies ist aber nicht richtig. Garbe (wie Jacobi u. a.) waren der Ansicht, der Theismus sei überhaupt von außen in den Yoga hineingekommen. Dies habe ich nirgends behauptet, auch nicht an der Stelle, die L. zum Beweis seiner Behauptung anführt. Vielmehr habe ich sowohl in meinen „Anfängen der Yogapraxis" wie in meiner Übersetzung der Śvet.-Up. in „Glaubensgeschichte der Indogermanen" Bd. I die ursprüngliche Verbindung des Yoga mit dem Glauben an den Gott Rudra-Śiva betont, ebenso in meinem Buch „Der Yoga als Heilweg".

Daß die Zurückführung des Yoga auf Viṣṇu in der Bhg (IV, 1 ff.) eine nachträgliche Konstruktion ist, wird durch die oben dargelegte Entstehung und Entwicklung des Yoga bewiesen. In jenen Strophen ist nur soviel richtig, daß die *rājarṣayaḥ*, die „Kriegerweisen" schon früh eng mit dem Yoga verknüpft waren – auch die Vrātya schon hatten enge Beziehungen zu den *rājanya* (vgl. oben S. 37). Aber diese ältesten „Yogins" waren Anhänger Vāyu-Rudra-Śivas.

8) Vgl. dazu D. T. Suzuki, Essays in Zen Buddhism, London 1927, Essays in Z., Second Series 1933 und „Die Große Befreiung", Leipzig 1939.

9) Vgl. zu diesem Abschnitt P. Deussen, „Vier philosophische Texte des Mahābhāratam" 2, Leipzig 1922.

10) Winternitz I, 364. Zum Inhalt des XII. Buches vgl. auch H. Jacobi, „Mahābhārata", Bonn 1903, 126 ff., und Holtzmann, „Das Mahābhārata", Bd. II, Kiel 1893, S. 206 ff.

11) Ich zitiere zugunsten der Leser nach der Calcuttaer Ausgabe wie Deussen

„Vier philosophische Texte des Mahābhāratam". Als Grundlage meiner Übersetzung habe ich aber die Bombayer Ausgabe des T. R. Kṛṣṇācārya und T. R. Vyāsācārya (Bombay 1907) benützt, deren Zählung sehr verschieden ist von der Calcuttaer Ausgabe.

[12]) Vornehmlich scheinen die Kāṭh.- und die Śvet.-Up. auf diesen Saṃvāda eingewirkt zu haben, vgl. z. B. 204, 9 ff., und Deussen a. a. O. S. 225.

[13]) *yoga* steht in diesem und ihm verwandten Texten für Anhänger des Yoga, wie *sāṃkhya* für Anhänger der Sāṃkhya.

[14]) Vgl. dazu oben die Ausführungen über den Yoga im Spätbuddhismus, S. 176 ff.

[15]) Der Text ist da und dort in Unordnung geraten und diese Unordnung scheint mir daherzurühren, daß man in späterer Zeit versucht hat, die Korrektur des Sāṃkhya-Yoga durch den Brahmanismus wieder zu verschleiern.

[16]) Vgl. dazu Śvet.-Up. V, 3 ff., VI, 3 ff.

[17]) Vgl. dazu neben Garbe, Sāṃkhya 1–112, H. v. Glasenapp: Die Philosophie der Inder, Stuttgart 1949, S. 197 ff.

5. Kapitel

Der Yoga in der Rāma-Gemeinde

[1]) Vgl. Winternitz, Gesch. d. Ind. Lit. I, S. 404 ff., bes. 439 f.

[2]) Vgl. dazu H. v. Glasenapp, Zwei philosophische Rāmāyaṇas, Akademie Wiss. u. Lit., Abh. Geist. und Soz. Kl., Mainz 1951, Nr. 6, und Yogalehren des Vāsiṣṭha, Schopenhauer-Jahrbuch 1953–54, S. 34 f.; B. L. Atreya, Yogavāsiṣṭha and its Philosophy, Lectures I–V, Benares 1932; Yogavāsiṣṭha and Modern Thought, Lectures VI–X, Benares 1934; Yogavāsiṣṭha and its Philosophy [2], Benares 1939 und: The Philosophy of the Yogavāsiṣṭha, Madras 1936; Textausgabe W. L. Sh. Panśîkar, Bombay 1911, 2. Aufl. 1918, 3. Aufl. 1937 in Nirṇaya Sâgar Press, Bombay; Engl. Übersetzung von Vihāri-Lālā Mitra, Calcutta 1891 ff. (in 3 Bänden); Ed. Mūla Saṃkara Śāstrin, mit der Hindi-Übersetzung Kṛṣṇa Panta Śāstrin 1–5, 1947–1949.

[3]) Vgl. Winternitz a. a. O. Bd. III, 443 ff. und H. v. Glasenapp a. a. O. S. 12 f.

[4]) Vgl. H. v. Glasenapp a. a. O. S. 44 ff.

[5]) Vgl. H. v. Glasenapp a. a. O. S. 41.

[6]) Vgl. H. v. Glasenapp a. a. O. S. 73 ff., bes. 89 ff. und Farquhar, Outline, S. 323 ff.

[7]) Vgl. Farquhar a. a. O. S. 330 und Winternitz a. a. O. III, S. 591.

II. HAUPTABSCHNITT

Das Yogasūtra des Patañjali und die Entwicklung des Yoga bis zur Entstehung der Haṭhayoga-Schriften

1. Kapitel

Zusammensetzung und Geschichte des Yogasūtra

[1]) Dieser Abschnitt ist im wesentlichen auch in Yoga, Internationale Zeitschrift für Yoga-Forschung, Vol. I, Nr. 1, 1931, S. 25 ff. erschienen. Dort begann ich auch die Veröffentlichung einer Übersetzung des Yogasūtra und des Yogabhāṣya.

[2]) Vgl. F. Hall, „A Contribution Towards an Index to the Bibliography of the Indian Philosophical Systems", Calcutta 1859, S. 9, und Rajendralāla Mitra, „The Yoga Aphorisms of Patañjali", Calcutta 1883, S. 225; ebenso die Abschlüsse

der einzelnen Bücher im Yogasūtram (ed. Ānandāśrama Sanskrit Series) *iti śrīpātañjale sāṃkhyapravacane yogasūtre* ... und besonders die Einleitung zum XV. Kap. des Sarvadarśanasaṃgraha von Mādhava.

3) Vgl. dazu R. Garbe, „Sāṃkhya-pravacana-bhāshya". Leipzig 1889 (AKM IX Nr. 3) und die Sanskrit-Ausgabe des „Sāṃkhya-pravacana-bhāṣya" in HOS vol. II, London-Leipzig 1895, je die Einleitung.

4) Vgl. dazu oben den Abschnitt über das Mbh und R. Garbe, „Sāṃkhya und Yoga" (GIPA), Straßburg 1896, S. 33 ff.

5) Zu den bei Winternitz, „Geschichte der indischen Litteratur", III, 460, Anm. 2, genannten Ausgaben füge ich hinzu: Yogasūtram mit 6 Kommentaren: 1. Bhojadeva Rāja's Rājamārtaṇḍa, 2. Bhāvā Gaṇeśa's Pradīpikā, 3. Nagoji Bhaṭṭa's Vṛtti, Rāmānandayati's Maṇiprabhā, 5. Anantadeva's Candrikā, 6. Sadāśivendra Sarasvatīs Yogasudhākara (Kashi Sanskrit Series number 83, Yogaśāstra Section number 1), Benares 1930; und Yogasūtram mit der Yogapradīpikā des Baladevamiśra (in derselben Serie Nr. 85, Yogaśāstra Section number 2), Benares 1931.

6) Über die Zeit Patañjalis und die dazu gehörige Literatur vgl. Winternitz a. a. O. III, S. 389 Anm. 2.

7) Vgl. z. B. J. H. Woods, „The Yoga System of Patañjali" (HOS vol. 17, p. XVII ff.), H. Jacobi, „Über das ursprüngliche Yoga-System" (Sitzungsberichte der Preuß. Akademie der Wissenschaften, Phil. Hist. Kl., Berlin 1929), J. W. Hauer, „Das IV. Buch des Yogasūtra" in „Studia Indo-Iranica", Ehrengabe für Wilh. Geiger, Leipzig 1931, S. 122 ff., und Rājendralāla Mitra a. a. O. p. LXXIV ff.

8) Deussen, „Allgemeine Geschichte der Philosophie" [3] I, 3, S. 507 ff.

9) Ich werde von jetzt ab für Yoga-Sūtra die Abkürzung YS und für Sūtra S brauchen.

10) Vgl. über das Einzelne weiter unten.

11) Der Einwand Lauensteins gegen meinen Anschluß des *īśvarapraṇidhānād vā* von I, 23 an *abhyāsavairāgyābhyām tan nirodhaḥ* in I, 12 ist unbegründet und beruht auf der Nichtachtung eines grammatischen Gesetzes: Das *vā* „oder" weist auf ein vorausgehendes Mittel, um den *nirodha* zu erreichen, und zwar ist eine ablativische Konstruktion verlangt. Diese findet sich von I, 23 rückwärts nur in I, 12. Daß auch im *īśvarapr.*-Text dem „Sinn nach" *vairāgya* und *abhyāsa* vorliegt hat damit nichts zu tun; beide sind immer in den verschiedenen Yoga-Systemen vorhanden. Aber die grammatische Forderung ist hier entscheidend; diese wird nur durch meine Deutung erfüllt.

12) a. a. O. S. 607, 619 ff. (Jacobi ist die wichtige Tatsache verborgen geblieben, daß sich diese nahen Beziehungen zum Buddhismus auf das I. u. IV. Buch des YS beschränken.)

13) Vgl. dazu auch D. T. Suzuki, „Studies in the Laṅkāvatāra Sūtra", Index.

14) Vgl. oben S. 169 ff.

15) Vgl. Seidenstücker, „Pāli-Buddhismus in Übersetzungen" S. 278, dazu „Dhamma Saṅgaṇi" S. 160 ff., und Heiler, „Die buddhistische Versenkung" S. 16 ff.

16) Vgl. Śvetāśvatara-Upaniṣad I, 4 ff.

17) Vgl. Laṅkāvatārasūtra, die Ausgabe von Bunyiu Nanjio p. 192.

18) Vgl. dazu das IV. Buch des Yogasūtra. Ein Beitrag zu seiner Erklärung und Zeitbestimmung. Studia Indo-Iranica, Ehrengabe für W. Geiger, Leipzig 1931.

19) Vgl. oben S. 136, 201 u. 207.

20) Vgl. noch dazu die angeführte Arbeit S. 126.

21) Vgl. oben S. 224 f.

22) Vgl. E. W. Hopkins a. a. O. S. 333 ff.

23) Vgl. Petersburger Wörterbuch s. v.

24) Vgl. oben S. 226 f.

25) a. a. O. S. 594 und 597.

[26]) Vgl. dazu auch Winternitz a. a. O. III, S. 387 ff. und 460 f. Am entschiedensten hat B. Liebich die These verfochten, daß der Grammatiker Patañjali der Verfasser des YS war. Die Gründe, die er anführt, können nicht übersehen werden: („Zur Einführung in die indische einheim. Sprachwissenschaft" I. Das Katantra, in: Sitzungsberichte der Heidelberger Akademie der Wissenschaften, Phil. Hist. Kl., Jg. 1919, 4. Abh., S. 7 ff.). Einige Gründe werden noch gewichtiger, wenn man sie im Lichte meiner Darlegungen liest. So gehören z. B. die beiden Fachausdrücke, die er als identisch im Mahabhāṣya und im Yogasūtra anführt, zum *yogāṅga*-Text. Seine allgemeine und in keiner Weise begründete Ablehnung der Hypothese Deussens von der Zusammensetzung des Yogasūtra aus verschiedenen Texten aber darf nach meinen Darlegungen wohl als erledigt betrachtet werden. Auch Jacobis Zweifel gegen die Verfasserschaft des Patañjali sind durch meine Untersuchung erledigt. Denn alle seine Gründe beziehen sich im Grunde nicht auf den *yogāṅga*-Text, sondern auf die andern Stücke, vornehmlich auf das I. und IV. Buch. Daß diese in der Tat der Zeit zugehören, in der sie Jacobi ansetzt, glaube ich noch weiter begründet zu haben. Aber das *yogasūtram* ist früher verfaßt worden.

2. Kapitel

Die Texte des pātañjalayogasūtram
Eine Verdeutschung der sogenannten Yoga-Merksprüche des Patañjali

A. Der *nirodha*-Text

*) Ich stelle meiner Übertragung den Sanskrittext ohne den sogenannten Sandhi (d. h. die im Sanskrit übliche Verbindung der Worte und Sätze) voraus, um auch Nichteingeweihten einen gewissen Einblick in die Art solcher Merksprüche zu vermitteln und ihnen im Zusammenhang mit einer strengen Übertragung die wichtigsten Fachausdrücke des Yoga vorzuführen. (Vgl. dazu P. Deussens Übersetzung in Allg. Gesch. der Philos. I, 3, 511 ff.) Den Fachleuten mag der Text eine Erleichterung zur Nachprüfung bieten. – Dazu ist zu vergleichen das vorausgehende Kapitel.

[1]) Vgl. oben S. 227 f. Der Text ist, wie ich oben ausführte, eine Art Einleitung des Redaktors zum Gesamttext, in welcher dieser ihm wichtig erscheinende Stücke des Yoga aus seiner geistigen Situation heraus behandelt. Da diese Situation eine etwas andere ist, als die der großen vorausgehenden Texte (wenn wir von dem IV. Kapitel, das etwa in dieselbe Zeit fällt, absehen), fühlte er sich gedrungen, den Gesamtweg des Yoga kurz zu skizzieren. Das Hauptwort des Textes ist *nirodha,* das meistens mit „Unterdrückung" übersetzt wird. Wir könnten es auch mit „Stillegung" übersetzen. Ich habe „Bewältigung" gewählt, um damit anzuzeigen, daß es sich nicht um eine krampfhafte Unterdrückung der Bewußtseinsfunktionen, sondern um eine Auflösung von unten her handelt. *nirodha* ist ein alter Fachausdruck des Buddhismus (vgl. Pāli-English Dictionary s. v.); auch in der Śvetāsvatara-Up. erscheint er. Er wird in den Schriften des Sanskritbuddhismus, so z. B. im Laṅkāvatārasūtra häufig gebraucht für das letzte Ziel des Heilsweges. Es ist somit Synonym für *saṃādhi,* wenn dann auch wieder in I, 20 gesagt ist, *samādhi* sei Voraussetzung für *nirodha.* In diesem Falle wird *samādhi* nicht in der strengen Phraseologie des Yoga, sondern in der des Buddhismus gebraucht, wo *samādhi* häufig eine „besinnliche Gesamtstimmung" bedeutet.

[2]) *asaṃpramoṣa* hat den Übersetzern viel Kopfzerbrechen gemacht. Das Wort ist aber ausgezeichnet gewählt aus der unmittelbaren Anschauung: wenn man versucht, sich an einmal erfahrene Gegenstände zu erinnern, so hat man häufig das Gefühl, daß der Gegenstand über den Horizont des Bewußtseins herauftauchen will, daß er aber immer wieder wie von einer unsichtbaren Hand weggezogen wird. Dieser Vorgang ist das Stehlen, *saṃpramoṣa.*

[3]) Deussen u. KSS 83 im kritischen Apparat lesen *asmitānugamāt.*

[4]) Über die verschiedenen Phasen von *nirodha* und *samādhi* vgl. das Kapitel *samādhi* im III. Hauptabschnitt, Kap. 2, dieses Werkes.

[5]) Diese andere Art von *nirodha* ist der *asaṃprajñāta-nirodha.*

[6]) *pratyaya.* Kurz vor Abschluß der Drucklegung dieses Buches erhielt ich von Adolf Janacek, Prag, eine Abhandlung zugeschickt „The Meaning of Pratyaya in Patañjalis Yoga-Sūtras" erschienen im Archiv Orientalni der Tschechoslowakischen Akademie für orientalische Forschung 25–1957, 2 (Prag). Die umfangreiche und gründliche Abhdl. verdient gewissenhafte Beachtung innerhalb der Yogaforschung. Janacek kommt zu dem Ergebnis, daß *pratyaya* überall im YS „*impulse*" bedeutet, und er unterscheidet 8 verschiedene „impulses", die er in Verbindung bringt mit den Forschungen Pawlows und seiner Schüler. Diese These hat auf jeden Fall den Wert stärkster Anregung und ich hoffe, mich mit ihr in einer kommenden Auflage dieses Buches oder in einem gesonderten Aufsatz eingehend befassen zu können. Freilich muß schon hier die Frage aufgeworfen werden, ob man mit Hilfe der Reflex- und Impuls-Forschungen Pawlows so hochgesteigerte Bewußtseinsvorgänge, wie sie der Yoga beschreibt, genügend tief angehen kann. Hier nur einige Bemerkungen.

Ich habe schon in meinem Buch „Der Yoga als Heilweg", S. 157, darauf hingewiesen, daß *pratyaya* im *nirodha*-Text wohl auch „Ursache" bedeutet, während sonst im YS die Bedeutung „Vorstellung, Idee" angenommen wird.

Ich bin auch jetzt noch, nach der Durchsicht von Janaceks Aufsatz, davon überzeugt, daß dies richtig ist und daß die durchgängige Bedeutung „*impulse*" nicht aufrecht erhalten werden kann. In dieser kurzen Notiz weise ich nur hin auf YS III, 2, wo im Anschluß an *dhāraṇā dhyāna* definiert wird: *tatra pratyaya-ekatānatā dhyānam.* Janaček übersetzt *dhyāna* „restriction or narrowing of impulses, meditation". Diese Wiedergabe beruht aber auf einem Mißverständnis des Wesens von *dhyāna. dhyāna* wird in den Yoga-Schriften oft definiert. Nirgends stoßen wir dabei auf den Begriff „restriction or narrowing of impulses", wie ja auch der Begriff „meditation" nie etwas Derartiges enthält. Vielmehr ist *dhyāna* als Weiterführung von *dhāraṇā* in das rein geistige Gebiet immer die ausschließliche Betrachtung einer Idee in ihrem ganzen Wesen und Umfang in freier intuitiv-schöpferischer Hingabe an diese Idee, bis sie vom ganzen Bewußtsein Besitz nimmt und so zu *samādhi* führt. Was sollte es auch besagen, wenn *dhyāna* einfach als die „Erstreckung eines Impulses" bezeichnet würde? Mindestens müßte doch die *Art* dieses Impulses angegeben werden, denn die Definitionen des YS sind nie vage, sondern immer sehr präzise. Der Fehler in Janaceks Deutung von YS III, 2 liegt darin, daß er das YS nicht in die Gesamtgeschichte der Yogaschriften einstellt, sondern es isoliert betrachtet, wobei auch die tatsächliche Dhyāna-Erfahrung unbeachtet bleibt.

Das Sūtra kann, wenn man diese Zusammenhänge im Auge behält, nicht anders übersetzt werden als wörtlich: „Dhyāna ist hier (d. h. als Fortsetzung von Dhāraṇā, „Konzentration", die auf einen dinglichen oder geistigen Gegenstand gehen kann) eine Vorstellung-(Idee-)Einzig-Erstreckung", also sinngemäß übersetzt:

„Dhyāna ist die Betrachtung einer einzigen Vorstellung (Idee) in ausgedehnter Folgerichtigkeit." Diese *ekatānatā* ist in der Tat dasselbe wie *ekāgratā,* das in den Yogaschriften nie etwas anderes bedeutet als „Gerichtetsein auf *eine* Idee oder Wesenheit". Hier wo die zentrale geistige Tätigkeit des Yoga Übenden zur Rede steht, kann es sich nicht um die „Erstreckung eines Impulses" handeln, der aus dem Unbewußten wirkt, sondern nur um etwas, was der Übende außer oder trotz der „Impulse" aus dem Unbewußten selbst tut, d. h. um die intensive sinnende Betrachtung einer Idee.

Betrachten wir die andern Stellen im YS, so scheint es mir, daß *pratyaya,* mit Ausnahme von den Stellen im *nirodha- und nirmāṇa-citta*-Text I, 10, 18, 19 und IV, 27 folgerichtig als „Vorstellung, Idee" gedeutet werden kann, ja *muß.* Dies soll später ausführlich begründet werden.

Dagegen ist ernstlich zu erwägen, ob in den beiden letzteren Texten *pratyaya* nicht „impulse", also „Antrieb, Ursache" bedeutet. Für I, 10 scheint mir das nach reiflichem Überlegen sicher, bei I, 18, 19 jedenfalls wahrscheinlich, wenn auch nicht unbedingt sicher. Kann man einen unterbewußten „Impuls" üben? Und welcher Art *nirodha* ist derjenige „der entkörpert in die Urmaterie Versinkenden", der durch den „Geschehens-Impuls" bewirkt wird? Verstehen wir diesen *nirodha* als einen Entrückungs- oder Trancezustand, so könnte *bhavapratyayaḥ* hier wohl bedeuten, daß diese Yogin nicht über die Meditation des Geschehens innerhalb der Prakṛti hinausgekommen sind, also über die Vorstellungen und Ideen dieser Sphäre. Denn auch hier erhebt sich ja die Frage: Wo bleibt das Bemühen des Yogin, wenn der Trancezustand durch einen aus dem Unterbewußten kommenden Impuls geschieht? Auch in IV, 27 besteht die Möglichkeit der Bedeutung von *pratyaya* als „Vorstellung, Idee". Allerdings die Möglichkeit der andern Bedeutung soll offen bleiben.

Zum Gebrauch der Kommentare für die Deutung des YS ist übrigens zu bemerken, daß gerade bei philosophischen Ausdrücken Vorsicht geboten ist. Kein Kommentar ist früher geschrieben als Jahrhunderte nach Patañjali (Vyāsa), die andern etwa ein Jahrtausend und mehr nach der endgültigen Redaktion des YS und alle sind von den geistigen Strömungen ihrer Zeit beeinflußt. Ich betone deshalb eine *immanente Interpretation,* d. h. eine Deutung in erster Linie aus dem YS selber mit Anschluß des YS an die vorausgehenden Yogaschriften, zusammen mit eigener Erfahrung.

Dieser Befund, daß im *yogāṅga*-Text die Bedeutung „Vorstellung, Idee" für *pratyaya* gefordert ist, während im *nirodha-* und *nirmāṇa-citta*-Text „impulse" möglich, vielleicht sogar wahrscheinlich ist, bestätigt die von mir vertretene These, daß die beiden letzteren Texte in der Zeit der spätbuddhistischen Philosophie entstanden sind, in deren Schriften *pratyaya* diese Bedeutung hat. Die Meinung Janaceks, daß in II, 20 ein Idealismus gelehrt wäre, wenn *pratyaya* die Bedeutung „Idee" hätte, besteht nicht zu Recht, da ja dort nur gesagt ist, daß der *puruṣa* die Ideen überschaue, was noch nichts besagt über das Verhältnis der Ideen zur Wirklichkeit. Es kann hier durchaus das des im Yoga immer wieder betonten Realismus sein.

Zum Schluß ist noch zu bemerken, daß ich meine These der komplexen Natur des YS mit Texten aus verschiedenen Zeiten keineswegs nur auf meine Auffassung von *pratyaya* begründe, sondern auf eine Reihe weiterer Gründe, wie aus der Einleitung zum YS zu ersehen.

7) Daß hier *samādhi* Voraussetzung für *nirodha* ist, das sonst synonym mit *samādhi* gebraucht wird, zeigt, wie auch die Aufzählung der Vorbedingungen für die Erlösung, buddhistischen Einfluß. Vgl. oben S. 169 ff. und Jacobi a. a. O. S. 607 ff.

8) *saṃvega* ist ein seltenes Wort, das ich sonst nirgends in der eigentlichen Yogaliteratur angetroffen habe. Seine Bedeutung war offenbar auch den Kommentatoren nicht mehr klar. Vācaspatimiśra setzt es einfach mit *vairāgya* gleich, was sicher nur eine Vermutung ist. Die richtige Bedeutung geht aus Hemacandras Yogaśāstra II, 15 hervor. Dort ist es mit *mokṣābhilāsa* „Verlangen nach Befreiung" erklärt.

B. Der *īśvarapraṇidhāna*-Text

1) Das *vā* verkoppelt den *īśvarapraṇidhāna*-Text mit dem *nirodha*-Text I, 1–22 und weist auf I, 12 zurück; vgl. oben S. 225 f. *nirodha* ist die Bewältigung aller Bewegungen der „seelischen Welt", vgl. YS I, 2.

2) KSS 83 liest merkwürdigerweise auf p. 31 *atra* statt *tatra,* obwohl in der laufenden Aufzählung der Sūtra p. 1 *tatra* steht. Statt der Lesart *sarvajñabījam* haben verschiedene Handschriften (auch Deussen) *sārvajñya*°; dies ist eine Erleichterung des Textes und darum beiseitezuschieben.

3) Dieser Bedeutungsgehalt, das ist das geheime Wissen über Wesen und

Walten der göttlichen Wirklichkeit, wird dem Schüler von seinem Meister im einzelnen mitgeteilt; er ruht sozusagen mystisch im *om*-Laut und muß durch Meditation „realisiert" werden.

4) *pratyakcetanā* entspricht etwa der „Introversion" bei C. G. Jung.

5) Diese Realisierung *(bhāvanā)* lehrt schon Buddha; sie ist ein Erfülltwerden von den mystischen Grundkräften dieser „vier Unermeßlichen". Wer sie realisiert, von dem strahlen diese Grundkräfte in Gesinnung, Wort und Tat aus; vgl. Hauer, „Die Entwicklung zur sittlichen Persönlichkeit in der Ethik des Buddhismus" S. 42 ff. (in „Die Entwicklung zur sittlichen Persönlichkeit", herausgegeben von Johannes Neumann, Gütersloh 1931, S. 23 ff., vgl. Hauer, Glaubensgesch. d. Indog. I, 254 ff.).

6) *manasaḥ* fehlt bei Deussen und KSS 83.

7) Zu dem hier gebrauchten Bild vgl. Śvet.-Up. II, 14. *samāpatti* als Fachausdruck für Versenkung ist schon in den Pālischriften viel gebraucht (vgl. dazu Pāli English Dictionary s. v.). Zum Gebrauch des Wortes im Sanskritbuddhismus vgl. B. D. T. Suzuki „Studies in the Laṅkāvatāra-Sūtra", Glossary s. v. Wie im Laṅkāvatārasūtra ist *samāpatti* auch im YS Synonym für *samādhi*, vgl. YS I, 46; 51 zusammen mit I, 41 ff.; ebenso II, 47; vgl. dazu III, 3 mit I, 43. Hier fällt Selbst, die Funktionen, welche die Wirklichkeit erfassen und diese in eins.

8) Vgl. dazu YS III, 3 oben S. 249.

9) Über die verschiedenen Arten des „Zusammenfallens" vgl. den III. Hauptabschnitt Kap. 2, 2.

10) Vgl. YS II, 19.

11) Diese „Einfaltung" enthält immer noch in der Form von unterbewußten Bewirkern die Keime der Entfaltung zu neuen leidbedingten Bewegungen der „seelischen Welt".

12) Der Herbst ist die lichteste Jahreszeit Nordindiens. Zu dem hier geschilderten Erlebnis vgl. unten den Abschnitt: Der Yoga im Licht der Psychotherapie.

13) *ṛtam*, ein altes indo-iranisches (vielleicht sogar ein indogermanisches Wort) bedeutet ursprünglich „das in wohlgefügter Ordnung Erströmte", dann „das Rechte, die heilige Ordnung"; daraus entwickelt sich die Bedeutung „Wahrheit, Wirklichkeit", die der heiligen Ordnung entspricht.

14) Das heißt die „Einfaltung", aus der keine leidgehemmten Bewußtseinsbewegungen mehr entstehen können.

C. Der *kriyāyoga*-Text

1) *avidyā* ist wörtlich „Nichtwissen, Unwissenheit". Diese Übersetzung gibt aber den tieferen Sinn des Wortes, das ja auch im Buddhismus eine zentrale Stellung innehat, nicht wieder. Das Wesentliche ist hier das Nichtwissen um den radikalen Unterschied zwischen dem wahren Freisein und dem in der Welt, als einem vermeintlichen Wesentlichen, Befangensein, also die Weltbefangenheit, die aus dem Nichtwissen entsteht. Ich gebe also *avidyā* so wieder.

2) Die Kraft, die wahrnimmt *(dṛgśakti)*, ist der ewige *puruṣa*. Die Kraft der Wahrnehmung *(darśana-śakti)* ist das die Welt aufnehmende und formende *citta*, der seelische Organismus. Die beiden sind nur empirisch eins, in Wirklichkeit sind sie streng getrennt.

3) Deussens Lesart *tanv-anubandho* statt: *tathā-rūḍho* habe ich nirgends finden können.

4) Unser Text unterscheidet zwischen den „Drängern" als *sūkṣma* = „fein" und den „Drängern" als *vṛtti* = „Bewegungen der seelischen Welt". Die „Dränger" als *sūkṣma* sind metapsychische Realitäten der inneren Welt; während die *vṛtti* der *kleśa* durch *dhyāna* beseitigt werden können, verschwinden sie als *sūkṣma* erst, wenn sie im *samādhi*, durch den die Auflösung der empirischen Person geschieht, in die Urmaterie zurückströmen.

[5]) *karmāśaya* „Werkliegenschaft" = *saṃskāra* „Bewirker" ist der im Unterbewußtsein sich festsetzende Niederschlag der Taten des nicht erlösten Menschen. Er determiniert sein ferneres Sein und Handeln.

[6]) Die Weltstoffe *(guṇa), sattva* „der lichte", *rajas* „der glühende", *tamas* „der dunkle" wirken gemäß ihrer Natur einander entgegen.

[7]) Daß mit *sarvam* das ganze unerlöste Weltsein gemeint ist, geht daraus hervor, daß mit der „Unterscheidungsschau" *(vivekakhyāti)* ein neues Sein für den Schauenden eintritt.

[8]) Der „Wahrnehmer" ist der ewige *puruṣa,* das „Wahrzunehmende" die Welt und ihr Leben, wozu auch die ganze seelische Welt des Menschen gehört. *saṃyoga* bedeutet die unanfängliche Verjochung des *puruṣa* mit der Welt (vgl. dazu Śvet. Up. I, 2; V, 12; VI, 3. 5). Diese Verjochung ist die Ursache des Weltleidens.

[9]) *śuddhi* „Reinheit" im Yoga entspricht der Bloßheit unserer Mystiker.

[10]) Deussen liest *tad-anya-sarva-s*⁰. Meine Texte enthalten diese Lesart nicht.

[11]) Vgl. oben Anmerkung 8.

[12]) Der „Meister" *svamin* ist der *puruṣa,* der sich die Welt durch „Weltessen" erkennend zu eigen macht und dadurch sich selbst erkennt als ewig unterschieden von dem „Gemeisterten" *(sva),* nämlich von der Welt. Anders gesagt: der *puruṣa* kommt erst durch das „Weltessen" zu sich selber.

[13]) *vivekakhyāti* ist die Schau des radikalen Unterschiedes zwischen dem ewigen *puruṣa* und dem der vergänglichen Welt angehörenden *citta.*

[14]) Deussen liest ⁰*bhūmau;* KSS 85 liest *prāntabhūmiprajña* und gibt in der Anmerkung die Lesart *bhūmau.* KSS 83 liest wie ĀSS ⁰*bhūmiḥ.* Ich gebe der Lesart *prāntabhūmiprajñā* den Vorzug wegen der Stellung des *saptadhā.*

[15]) Nach dem Kommentar hat die erlösende Erkenntnis folgende sieben Aspekte:
1. Das zu Beseitigende ist völlig erkannt; es ist nicht nötig, es aufs neue zu erkennen.
2. Die Ursachen des zu Beseitigenden sind vernichtet; es braucht keine neue Vernichtung mehr.
3. Die Beseitigung ist durch die Einfaltung klar zum Bewußtsein gebracht.
4. Das Mittel der Aufhebung, das in der Unterschiedsschau besteht, ist realisiert.
5. Das Geistorgan hat damit seine Aufgabe vollendet.
6. Die *guṇa* strömen zurück in den Urgrund des Seins.
7. Der *puruṣa* ist von der Verjochung mit den Weltstoffen frei, stellt sich dar als Licht in seiner eigensten Form, makellos und heil.

D. Der *yogāṅga*-Text

[1]) *pratiṣṭhā* ist ein Wort, das in der philosophischen Sprache seit alters eine bedeutende Rolle spielt. Wörtlich heißt *pr.* einfach „Stütze, Grundlage", bedeutet aber philosophisch immer eine Machtwirklichkeit im metaphysischen Sinn, auf der etwas ruht.

[2]) *jugupsā* hat landläufig die Bedeutung von „Ekel, Abscheu, Widerwillen", und es wäre nicht unmöglich, daß das Wort auch hier, wie alle Übersetzer und Kommentare wollen, diese Bedeutung hat. Ich glaube aber, daß eine andere Bedeutung von *jugupsā* vorzuziehen ist, und diese ist „Wunsch zuzudecken, sich fernzuhalten von".

[3]) Das *kiṃ ca,* das Deussen in den Text des Sūtra aufnimmt, gehört nach dem von mir zugrunde gelegten Text der ĀSS zum Bhāṣya. Die KashiSS stimmt damit überein.

[4]) *iṣṭā devatā* ist die Gottheit, die dem Yoga-Übenden als seine Schutzgottheit erscheint und von ihm ganz besonders verehrt wird.

[5]) Das *tatra* Deussens gehört wieder zum Bhāṣya, ebenso wie nach ĀSS das *sa tu* in II, 50. KashiSS hat *sa tu* im Sūtra.

[6]) Dies ist das fast unmerkliche innere Atmen in der tiefen Versenkung.

[7]) Text nach ĀSS und den beiden Ausgaben der KashiSS.

[8]) Vgl. dazu Śvet.-Up. II, 1 *tatvāya savitā dhīyaḥ.*

[9]) Vgl. dazu I, 51 und das Kap. über *samādhi* im II. Teil dieses Werkes.

[10]) *tataḥ punaḥ* fehlt bei Deussen und wird von KashiSS eingeklammert.

[11]) Die Element-gebauten Organe werden im Yoga den feinen, nicht aus groben Elementen bestehenden Organen entgegengesetzt.

[12]) Es soll darauf hingewiesen werden, daß diese Bewußtseinsschwingungen nur der Hinweis sind auf Wandlungen im Subjekt selber.

[13]) Im Folgenden werden die sogenannten *ṛddhi,* die wunderbaren „Erreichnisse" durch Yoga behandelt, auch *siddhi* oder *vibhūti* genannt III, 37.

[14]) *ca* fehlt bei Deussen. KashiSS klammert es ein.

[15]) Dies soll eine Warnung dagegen sein, daß man sich auf die Vorstellungen von andern mit Beziehung auf eine Sache verläßt.

[16]) Von jeder Tat bleibt eine Art Keim im unterbewußten Gefüge des Menschen zurück und dieser wirkt nach bestimmten Gesetzen Antriebe, Taten usw.

[17]) Vgl. I, 33. Die „vier Unermeßlichen" sind: Freundschaft gegen alle Wesen, Mitleid, Mitfreude und Gleichmut. Durch deren Realisierung wird der unerschütterliche Seelenfrieden erlangt.

[18]) Nach dem Kommentar ist dies die Höhlung in der Brust unter der Halsgrube.

[19]) *prātibha:* diese geht der höchsten Schau voraus, wie der Glanz beim Sonnenaufgang der Sonne.

[20]) Vgl. dazu III, 49. Wir haben hier eines der schwierigen Probleme der Yogametapsychik vor uns: *bhoga* ist wörtlich „Essen" und bezieht sich im Yoga immer auf „Essen der Welt". Es wird gewöhnlich mit „Genuß" übersetzt, was irreführend ist. Am ehesten könnte man noch etwa „Welterfahrung" sagen, aber im Sinne der völligen Aufnahme der Welt in sich. Die beiden Zwecke des Essens, das ja nicht vom *puruṣa,* vom „Menschen-an-sich", als solchem, sondern vom *citta,* der „seelischen Welt", dem Seelenorgan oder Bewußtsein geschieht, sind der Zweck für den andern, d. h. für den „Menschen-an-sich", der durch das Welt-Essen zur Erkenntnis seiner Verschiedenheit von der Welt kommt, (für diesen Zweck steht im Yoga *parārthatva,* die „Fremdzweckigkeit" der Bewegung des *citta*), und der Eigenzweck *(svārtha),* dieser bezieht sich auf das aus *prakṛti* bestehende *citta* selber, das entdeckt, daß Welt-Essen nicht letzthinnig befriedigt. Der Kommentar des Ybh hat den Text einigermaßen mißverstanden und schlägt darum anstatt der richtigen Lesart *parārthānyasvārtha* die Lesart *parārthatvātsvārtha* vor. Diese Lesart hat eine Korrektur im Text verursacht, *parārthāt svārtha* (vgl. die Ausgabe des YS in ĀSS). Diese Lesart ist aber unnötig, ja irreführend. Die ursprüngliche Lesart *parārthānyasvārtha* ist beizubehalten, wie das von den neuesten Ausgaben des YS in KashiSS geschehen ist. Darauf baue ich meine Übersetzung auf.

[21]) Dies ist ein von den Übersetzern sehr mißverstandener Merkspruch. Die parapsychische Erfahrung des Austretens der Seele, um die es sich hier handelt, ist auch im Westen häufig bezeugt. Ich kenne eine Anzahl von Beispielen, so daß dieses „Austreten" als subjektives Erlebnis nicht in Frage gestellt werden kann. Ich erinnere hier übrigens an Goethes Erlebnis auf dem bekannten Ritt von Sesenheim nach Straßburg.

[22]) Vgl. dazu III, 38. Es handelt sich hier offenbar um den Verlust des Gefühls der Körpergebundenheit. Vgl. auch 25 (II, 52).

[23]) *indriya* ist ein umfassender Begriff für alle im Menschen tätigen leiblich-seelisch-geistigen Organe und Funktionen, wobei zu beachten ist, daß „Kraft" wie etwa bei den mittelalterlichen Mystikern metapsychische Schaffens- und Fassungskraft bedeutet.

[24]) Der Yogin braucht jetzt die Organe nicht mehr zur Welterfassung, da er in der Weltsubstanz selber lebt.

[25]) Der Text in der KashiSS liest statt *sthāny, svāmy* ... und sucht die Lesart

in einer Fußnote zu begründen. Sie ist aber offensichtlich eine Erleichterung des Textes, weshalb ich die alte Lesart beibehalte. Sachlich kommt es auf dasselbe heraus.

26) Es handelt sich hier um eine Meditation über das Zeitproblem überhaupt.

27) Das metaphysische Hochbeispiel dieser Art ist der vom *sattva* radikal verschiedene, empirisch aber mit diesem identisch erlebte *puruṣa.*

28) Auch die höchsten geistigen Funktionen und „Erreichnisse" spielen sich im Bereich der *guṇa*, der „Weltstoffenergien" ab. Der *puruṣa* ist davon radikal verschieden.

E. Der *nirmāṇacitta*-Text *)

*) Dieser Text enthält eine Yoga-Metaphysik besonderer Prägung. Er beschäftigt sich mit der Entstehung neuer Geburten und ihrer Aufhebung.

1) IV, 1 ist eine deutlich sichtbare Naht, die Kap. III mit Kap. IV verknüpfen soll. Im übrigen steht der Spruch in keinem Zusammenhang mit dem folgenden. Er muß später eingefügt worden sein, ob vom Redaktor des YS oder noch später muß offenbleiben. Dieser Vers ist die Ursache des Mißverstehens der ersten Verse des IV. Kap. geworden. Man hat nämlich *nirmāṇacitta* als „zauberische Verwielfältigungen durch Yoga-Kraft" gedeutet (selbst Deussen folgt dieser Erklärung).

2) Vgl. dazu oben S. 229 ff.

3) Vgl. dazu das *pūrṇam* aus Av X, 8, 29.

4) Die bei der Bewegung der Werdekräfte mitwirkende Ursache ist der Werkrest guter und unguter Taten, die in den Grund des *citta* eingesenkt sind und des Menschen Werden und Sein bestimmen. Diese können zwar den Werdeprozeß eines Menschen oder einer neuen Welt nicht verursachen – *hetu* „die Ursache", ist allein die nach unerforschlichen Gesetzen wirkende Urmaterie, die sich in verschiedenartige Werdekräfte teilt, – aber sie dirigieren das Strömen der Werdekräfte in diese oder jene Richtung, bestimmen diese oder jene Form, wie der Bauer, der sein Feld berieseln will, zwar das Wasser nicht machen und fließen lassen, aber es durch Beseitigung der Dämme in diese oder jene Richtung dirigieren kann.

5) Über *citta*, seine Bedeutung und Übersetzung vgl. unten 283 ff. Um der eigentümlichen Bedeutung, die das Wort gerade in diesem Text hat, lasse ich das Sanskritwort hier unübersetzt.

6) Nach dem Kommentar bedeutet dies: des vollendeten Yogin Werk schafft keinen Werkrest mehr, bringt auch keine Werkfrüchte mehr hervor, weder gute noch ungute. Seine Handlungen sind absolut gelöst. Er wird von ihnen nicht mehr determiniert. Das Werk der Bösewichter ist schwarz, das derer, die sich äußerer Mittel, wie Werkfrömmigkeit usw. bedienen, weiß-und-schwarz; das Werk der Yoga-Übenden ist weiß, das des Vollendeten ist über alle diese Charaktereigentümlichkeiten erhaben.

7) *vāsanā* ist synonym für *saṃskāra* und *karmāśya.*

8) Die einzelne „seelische Welt" ist in der langen Reihe ihrer Existenzen ja eine und dieselbe.

9) Bei Deussen und KSS 83 fehlt *ca*. Es muß aber im Text bleiben, weil mit diesem Satz die Einheitlichkeit jeder „seelischen Welt", die im vorausgehenden Merkspruch behauptet wird, noch einmal unterstrichen ist.

10) Zur Erklärung vergleiche das 1. Kapitel im III. Hauptabschnitt.

11) Deussen und KSS 83 haben *viviktaḥ.*

12) KSS 83 liest *tatpramāṇakam*. Diese Lesart wird auch in ĀSS im kritischen Apparat vermerkt. Der Sinn verbietet diese Lesart. Dieser Merkspruch wird von verschiedenen Erklärern als unecht beiseitegeschoben. Es ist nicht unmöglich, daß er aus dem Kommentar in die Reihe der Merksprüche geschoben worden ist. Vgl. die Anmerkung zum Sūtra in KSS 83, ebenso Jvala Prasad JRAS

1930, 365 ff. Doch mag bedacht werden, daß er sich gegen den absoluten Idealismus der Yogācāras wendet.

13) Deussen liest *apariṇāmāt*; meine Texte bieten diese Lesart nicht.

14) Der „Wahrnehmer" ist nur der *puruṣa*, der Licht ist und mit diesem die „seelische Welt" belichtet, so daß sie ihm wahrnehmbar wird.

15) der Geist *citi*, eigentlich „das Geisten" ist die einzige Tätigkeit des *puruṣa*.

16) *uparakta* bedeutet „affiziert". Nach der Metapsychik des Yoga werden die aus den Weltstoffen gebauten Bereiche der „seelischen Welt" von der Wirklichkeit gefärbt, bekommen deren Form und Seinscharakter und bieten so dem *puruṣa* deren Anschauung dar.

17) Der „Andere" ist eben *citi* d. h. *puruṣa*.

18) Das heißt, er erlebt sich von jetzt an nicht mehr als ein aus *citta* und *puruṣa* einheitlich zusammengesetztes Ich, sondern hat erkannt, daß die beiden in ihrem Wesen verschieden sind.

19) Die „Unterscheidung" ist eben die klare Trennung von *citta* und *puruṣa* in der Tiefenschau. Die symbolische Ausdrucksweise hängt mit der Metapsychik des Yoga zusammen: solange die Seele noch rein empirisch in der Welt lebt, ist sie wie ein Strom, der ohne Aufhören in diese Welt hineinströmt, dort wie die Wasser in volksbelebter Ebene sich verteilend und versickernd, den *puruṣa* mit hineinziehend. Ist aber die Erkenntnis der Unterscheidung vollendet, so lenkt sich der Strom den entgegengesetzten Abhang hinunter, wo die Weltstoffe in die Eine Urmaterie untertauchen, den *puruṣa* auf dem Berggipfel in ewiger Klarheit zurücklassend.

20) Die Schau der Unterscheidung dauert oft nur kurze Zeit, dann tritt wieder das Alltagsbewußtsein auf.

21) Vgl. YS II, 2 ff.

22) Dieser Ausdruck stammt aus dem Buddhismus. *dharma* ist zwar im allgemeinen „Gesetz", kehrt aber im späteren Buddhismus häufig zu seiner Grundbedeutung „tragende Urmacht" zurück. Der sich Versenkende ist in diesem Zustand eingehüllt in die tragende Urmacht der Welt, er ist ein *dharmakāya* geworden, wie der „große Muni". Das ist ein Ausdruck für den in das Nirvāna eingegangenen Buddha. Die Übersetzung: „Wolke der Tugenden" (Deussen. Vivekānanda u. a.) halte ich nicht für richtig. Denn da, wo der absolute Samādhi eintritt, ist der Yogin weit über den Bereich der Tugenden hinausgeschritten. Vgl. dazu die Triṃśikavijñapti des Vasubandhu 30 und H. Jacobi, Übersetzung, Stuttgart 1932, S. 60, Beiträge zur ind. Sprachwissenschaft und Religionsgeschichte, herausgeg. von J. W. Hauer, Heft 7.

23) Dieser „Gang" ist eben das Zurücksinken dieser Schwingungen in *pradhāna* oder *prakṛti*, den schaffenden Urgrund der Welt. Nun west der Puruṣa in seinem selbsteigenen Wesen erhoben über alles Geschehen in Zeit und Raum. Ob das Sūtra so verstanden werden darf, wie Deussen es will (in seiner Übersetzung A. G. Phil. I, 3, 543) ist mir sehr fraglich.

3. Kapitel

Der Yoga nach der Zeit des Yoga-Sūtra

a) Grundlinien der Entwicklung

1) Vgl. dazu M. Winternitz, „Geschichte der indischen Litteratur" S. 255 ff., dort auch die Literatur.

2) Vgl. oben S. 169 ff.

3) Vgl. z. B. Kap. VI.

4) Vgl. dazu die Ausgabe der „Pāli-Text Society", London 1896, und die Übersetzung dazu, „Manual of a Mystic", London 1916.

5) Vgl. dazu Winternitz, Gesch. d. Ind. Lit. II, 257 und die Übersetzung des Abhidharmakośa von L. de la Vallée Poussin, Paris, 1923 ff. Im einzelnen vgl. z. B. Kap. III, 32, II, 103 ff., Kap. VI usw.

6) Vgl. die Ausgabe des Laṅkāvatāra Sūtra von Bunyiu Nanjio p. 98 und Suzuki, „Studies in the Laṅkāvatāra-Sūtra", London 1930, S. 367.

7) Ich lese *cittamātreṇa.*

8) Vgl. dazu Laṅkāvatāra-Sūtra p. 121 und Suzuki, „Essays in Zen Buddhism" 81.

9) Vgl. dazu Suzuki, Laṅkāvatāra-Sūtra 127 und Hauer, „Das Laṅkāvatāra-Sūtra und das Sāṃkhya", Stuttgart 1927.

10) Vgl. dazu Winternitz a. a. O. II, 230 ff. u. Farquhar a. a. O. 272 ff.

11) Vgl. Heiler, „Die buddhistische Versenkung" 26 ff.

12) Vgl. dazu Hauer, „Die Dhāraṇī im nördlichen Buddhismus und ihre Parallelen in der sog. Mithrasliturgie", Stuttgart 1927, S. 3 ff.

13) Vgl. z. B. die Übersetzung und Erklärung dieses Kap. in Hauer, „Dhāraṇī".

14) Ich muß bei dieser Erklärung des Ausdrucks *dhāraṇī* bleiben, da weder die Einwände von Winternitz in OLZ noch die von G. Tucci, der ihm folgt, begründet sind. (Vgl. Notes on the Laṅkāvatāra, Sonderdruck, S. 553 ff.) Daß die *dhāraṇī* auch magischen Charakter haben, was ich ja betone, (vgl. Fortsetzung im Text) spricht nicht dagegen, daß sie Meditations- oder Konzentrationsstützen sind, was Tucci auch zugeben muß. Innerhalb der Yogatexte wird ein paralleler Ausdruck gebraucht, der ausdrücklich mit *dhāraṇā* verknüpft wird: *anādhārā dhāraṇā na upapadyate* „ohne Stütze kann die Konzentration nicht gelingen" (vgl. Lindquist a. a. O. 104).

Hier sei nebenbei bemerkt, daß mich die Gründe Tuccis gegen meine Auffassung, im Laṅkāvatāra-S. fände sich eine Auseinandersetzung mit dem Sāṃkhya (vgl. Hauer: Das Laṅkāvatāra und das Sāṃkhya) ebensowenig überzeugt haben. Die Tatsache bleibt doch, daß Kapila dort ausdrücklich genannt ist. Daß auch Kaṇāda genannt ist, spricht eher für meine These: Das L. S. wendet sich gegen verschiedene andere Standpunkte, nicht nur gegen das Sāṃkhya. Tuccis Einwände gegen die Übersetzung einiger Ausdrücke der schwierigen Stellen mögen teilweise zu Recht bestehen; ich kann mich hier nicht damit auseinandersetzen. An meiner These ändert das nichts. Auch nicht die Tatsache, daß im Laṅkāvatāra-S. verschiedene Schichten sind, was selbstverständlich ist.

15) Vgl. Hauer, Anfänge der Yogapraxis, S. 77 ff.

16) Vgl. dazu Hauer, Das Laṅkāvatāra-S. und das Sāṃkhya, Stuttgart 1927, 3 ff.

17) Vgl. dazu H. v. Glasenapp, Buddhistische Mysterien, Stuttgart 1940, bes. S. 154 ff. Es ist erfreulich, daß v. Glasenapp hier auch den Einfluß der Rasse auf die Entwicklung des tantrischen Buddhismus betont.

Vgl. noch Evans Wentz, Tibetan Yoga and Secret Doctrines, Oxford 1935.

18) Vgl. dazu Suzuki, „Essays in Zen-Buddhism", 151 ff., 166.

19) Vgl. dazu Mahānirvāṇa-Tantra Kap. VI.

20) Vgl. dazu auch noch Woodroffe (Avalon), Shakti and Shākta [3], London 1929 und Mircea Eliade, Yoga, Essai sur les Origines de la Mystique Indienne, Paris 1936, chapitre VII.

21) Vgl. auch Hauer, Vrātya, 261 ff.

22) Vgl. oben S. 28.

23) Vgl. die Übersetzung von A. Schiefner, Petersburg 1869.

24) Vgl. dazu Winternitz a. a. O. II, 347 u. oben S. 181 ff. Den tantrischen Kuṇḍalinī-Yoga habe ich ausführlicher behandelt in einem in Deutsch und Englisch gehaltenen Seminar im Psychologischen Klub von C. G. Jung in Zürich im Jahre 1932. Dabei habe ich das Ṣaṭcakranirūpaṇa „Die Betrachtung der sechs Cakra" zugrunde gelegt und teilweise übersetzt. Über dieses Seminar befindet sich ein ausführliches Manuskript in Deutsch und Englisch in der

Bibliothek des Psychologischen Klubs. Dr. Kranefeldt hat im Zentralblatt für Psychotherapie, Bd. V, Heft 21 ausführlich über dieses Seminar berichtet.

Meine Absicht, diese Vorlesungen für den Druck fertigzumachen, konnte ich nicht ausführen. Einesteils hätte ich zu viel Zeit auf die Ausarbeitung verwenden müssen, andererseits aber verlor ich das zentrale Interesse am Gegenstand, das nötig wäre, ihn auch nur einigermaßen zu meistern. Der tantrische Yoga ist uns zwar durch seine Lebensergriffenheit sympathisch, aber die Formen, in denen sie sich darbietet, entsprechen dem Menschen nicht unbedingt, der nach dem tiefsten Wesen des Yoga und seiner Bedeutung für uns fragt.

Zum trantrischen Yoga sind zu vergleichen die Ausgaben und Übersetzungen von Avalon (Woodroffe) s. Anm. 20 und H. Zimmer, Zur Bedeutung des indischen Tantra-Yoga, Eranos-Jahrbuch 1933, Zürich 1934, S. 9–94.

b) Die wichtigsten Kommentare zum Yoga-Sūtra

25) Vgl. dazu Hauer, Eine Übersetzung der Yoga-Merksprüche des Patañjali mit dem Kommentar des Vyāsa, in: Yoga, Internationale Zeitschrift für wissenschaftliche Yogaforschung, Vol. I, Harburg-Wilhelmsburg 1931 (ed. Helmut Palmie, S. 36–43).

Die Übersetzung wurde nicht fortgesetzt, weil infolge des plötzlichen Todes des Herausgebers die Zeitschrift ihr Erscheinen einstellte.

In dieser Einleitung zu meiner geplanten Übersetzung des Yogabhāṣya habe ich mich auch ausführlich über die Art der Übersetzung der oft so schwierigen Yogatexte geäußert und verweise darauf.

Zum Yogabhāṣya vgl. noch Woods, The Yoga-System of Patañjali u. Winternitz a. a. O. III, 450.

26) Vgl. dazu Winternitz a. a. O. III, 388.

27) Vgl. Winternitz a. a. O. III, 461.

28) Vgl. die oben angeführte Abhandlung von H. Jacobi, „Über das ursprüngliche Yogasystem".

29) Ich werde von jetzt an für Yoga-Bhāṣya die Abkürzung YBh brauchen.

30) Jacobi a. a. O. 619 ff.

31) Vgl. Woods „The Yoga-System of Patañjali" XX und Winternitz III, 451, sowie Garbe, „Sāṃkhya-Philosophie"[2], Leipzig 1917, 73 ff.

32) Winternitz II, 256, Anm. 2.

33) Vgl. dazu noch V. A. Smith, „The Early History of India"[4], Oxford 1924, S. 305.

34) Vgl. Woods a. a. O. Merkwürdigerweise findet sich an dieser Stelle die fatale Verwechslung von „earlier" statt „later", die dann die ganze weitere Datierung von Woods irrig macht. Vgl. dazu auch Winternitz III, 461, Anm. 2 und noch Jacobi a. a. O. 583 ff.

35) Über Vācaspatimiśra und seine Zeit vgl. vor allem Woods, „The Yoga-System of Patañjali", p. XXI ff.

36) Vgl. dazu Paul Markus, „Die Yoga-Philosophie nach dem Rājamārtaṇḍa", Leipziger Doktordissertation, Halle 1896 u. Yoga Aphorisms of Patañjali, with the Commentary of Bhojarāja and an English Translation by Rājendralāla Mitra, Calcutta 1883 (Bibl. Ind.).

c) Al-Bīrūnī, Yoga und die persische Mystik

37) Das Werk ist herausgegeben von E. C. Sachau 1887; engl. Übersetzung in 2. Aufl. 1910; vgl. dazu auch Garbe, Sāṃkhya Yoga, S. 41 ff.

38) Vgl. dazu H. H. Schaeder, Zur Deutung der islamischen Mystik, OLZ 1927 (Nr. 10), S. 843 ff. und Hauer, Das neu gefundene arabische Manuskript von al-Bīrūnīs Übersetzung des Pātañjala, in OLZ 1930 (33. Jahrg.) No. 4, S. 273 ff.

d) Der Haṭhayoga und sein Gegenspieler Vijñānabhikṣu

[39]) Vgl. dazu Farquhar, Outline 253 f.; 190 f.; 347 f.

[40]) Vgl. die auszugsweise Übersetzung der Gheraṇḍa-Saṃhitā bei R. Schmidt. „Fakire und Fakirtum", Berlin 1908, S. 122 ff., und die Übersetzung von Svātmaramas Haṭhayogapradīpikā von H. Walter, Münchner Doktordissertation, München 1893, H. Zimmer, „Lehren des Haṭhayoga" in Yoga, Intern. Zeitschrift f. Yoga-Forschung, 1931, Vol. I, Nr. 1, S. 45 ff. und Boris Sacharow, Das Große Geheimnis. Die verborgene Seite der Yoga-Übungen, München 1954.

[41]) Hsg. im „Pandit" N. S. Vol. V und VI. Vgl. dazu noch R. Garbe, Sāṃkhyaphilosophie [2] 101–105 und Farquhar, Outline 287 ff. und 368 f.

III. Hauptabschnitt

Der Yoga als Weg zum Heil

1. Kapitel

Der Mensch und die Gesamtwirklichkeit in der Schau des Yoga

[1]) Vgl. zur Yoga-Metaphysik Paul Markus „Die Yoga-Philosophie nach dem Rājamārtaṇḍa", S. 19 ff. und S. Dasgupta, „Yoga as Philosophy and Religion", London 1924, S. 31–39. Die Darstellung von Dasgupta geht sehr ins einzelne und er hat versucht, die verschiedenen, auch innerhalb der Yogasūtra-Kommentare sich widersprechenden Ansichten gegeneinander abzuwägen und auszugleichen. Ich glaube aber, es darf nicht vergessen werden, daß die Kommentatoren ganz verschiedenen Zeiten und verschiedenen philosophischen Bereichen angehören. Was die eigentliche Yoga-Metaphysik war, muß in erster Linie aus dem YS entnommen werden und aus den Stücken des Yogabhāṣya und des Bhoja Rāja, die sich eng an diese Sūtren anschließen. Selbst das Ybh ist mit Beziehung auf die von ihm vorgetragene Metaphysik widerspruchsvoll, wie z. B. ein Vergleich von Ybh II, 19 mit I, 45 deutlich zeigt. Denn in I, 45 steht *ahaṃkāra* da, wo in II, 19 *asmitāmātra* steht. Nun kommt aber *ahaṃkāra* nach meiner Meinung nirgends im klassischen Yoga als reiner Yoga-Ausdruck vor. *ahaṃkāra* gehört zum *Sāṃkhya.*

Vgl. auch noch Deussen AGPh I, 3, 545 ff.; Otto Strauß, Indische Philosophie (in Gesch. d. Philos. in Einzeldarstellungen Bd. 2), Munchen 1925, 80 ff. u. 176 ff.; R. Garbe, Sāṃkhya, 46 ff. u. 261 ff.; H. v. Glasenapp, Die Philosophie der Inder, Stuttgart (Kröner) 1949, 217 ff.; P. Tuxen, Yoga (dänisch), Kopenhagen 1911; J. H. Woods, The Yoga-System of Patañjali, Cambridge (Mass.) 1914 (Harvard Or. Ser. vol. 17). Für das Verhältnis des Yoga zur buddhistischen Philosophie sind noch zu vergleichen: Junyu Kitayama, Metaphysik des Buddhismus, Stuttgart 1934 und Th. Stcherbatsky, Erkenntnistheorie und Logik nach der Lehre der späteren Buddhisten, München-Neubiberg 1924, bes. S. 36 ff. und Otto Rosenberg, Die Probleme der buddhistischen Philosophie, Heidelberg 1924, bes. S. 233 ff.

[2]) Vgl. dazu den ausführlichen Artikel in ERE Māyā (Bd. VIII, 503 ff.), wo die gesamte ältere Literatur über Māyā angeführt ist; ferner R. Otto, Westöstliche Mystik, 116 ff.; besonders wichtig B. Hager, Māyā Tüb. Diss. 1942 (1938).

[3]) Vgl. Hermann Jacobi, Über das ursprüngliche Yogasystem, Sitzungsbericht der Preuß. Ak. d. Wiss. Phil. Hist. Kl. 1929, S. 42 ff.

[4]) Über diesen Unterschied siehe weiter unten. Hier nur dies: alle Bewegungen der Weltstoffenergien haben zwei Aspekte. Der „grobe" Aspekt wird mit den Sinnen wahrgenommen, wie die Elemente der Erde, Feuer usw.; dieser

sinnenhaften Erscheinung liegt aber eine sinnlich nicht wahrnehmbare Bewegungsweise, „Schwingung", zugrunde, die rein dynamischer Natur ist; dies ist der *tanmātra-* oder *sūkṣma-*, der „feine" Aspekt. Nur der geschulte Yogin vermag ihn zu erspüren.

5) Vgl. zu *prakṛti* noch *citi, vṛtti, pravṛti* usw.

6) Diese Ausdrücke haben ihre Vorläufer in Av X, 8, wo von der Urgöttin als der Ursubstanz ausgesagt wird, der Gott „biege aus ihr die Welt heraus". „Aus der Fülle biegt er die Fülle heraus *(ud-acati)*, „Fülle gießt er aus aus Fülle". *avyakta* ist zusammengesetzt aus *a-vi-añc=ac-;* vgl. Hauer, Glaubensgeschichte der Indogermanen, Bd. I, S. 195 ff., bes. 203.

7) *pariṇāma* ist eigentlich „Abbiegung, Umbiegung" nämlich der Urmaterie. Ich übersetze es mit „Schwingung", weil diese „Umbiegung" eine rastlose Dynamik der kraftlebendigen Substanz ist, also am ehesten das, was wir in der Physik mit Schwingung bezeichnen.

8) Sāṃkhyakārikā 17; vgl. dazu noch Vāc. zu YS I, 18; ferner YS IV, 34, II, 10 und Ybh zu den Stellen.

9) S. Dasgupta, „Yoga as Philosophy and Religion", London 1924, p. 68.

10) Vgl. besonders zu YS III, 44; III, 47; YS und Ybh II, 18–23 und IV, 24; vgl. dazu Vāc. zu I, 51.

11) Vgl. dazu Vācaspatimiśra zu IV, 3 und Dasgupta, Yoga 89 f.

12) Sāṃkhyakārikā 57. 58.

13) Vgl. dazu Garbe, Sāṃkhya, S. 149 ff.; Deussen AG Phil. I, 3, 545 f.; und H. Jacobi, Die Entwicklung der Gottesidee bei den Indern, Bonn-Leipzig, 1923, 36 ff.

14) Vgl. Vyāsa zu YS I, 24 ff.; 35; III, 51; Vāc. zu Ybh I, 24 ff.; Bhoja Rāja zu II, 45; und Strauß a. a. O. 193, ebenso v. Glasenapp a. a. O. 223 ff.

15) *svarāj,* Deussen gibt es mit „autonom" wieder.

16) *anyarāj,* Deussen übersetzt „heteronom".

17) Die Vorsilbe *su* heißt „gut, schön, richtig" usw.; *duḥ,* griechisch *dys,* lateinisch *dis* das Gegenteil von *su,* also „schlecht, böse, unrichtig" usw.

18) Vgl. Dhammapada 200. Entsprechend meiner Auffassung von *duḥkha* übersetze ich *sukhena* mit „in lustvoller Freiheit".

2. Kapitel

Der Heilweg

1) Vgl. dazu auch Richard Schmidt „Fakire und Fakirtum im alten und modernen Indien", Berlin 1908; in diesem Buch befindet sich auch eine Übersetzung der Gheraṇḍa Saṃhitā, neben der Haṭhayogaprādīpikā das wichtigste Dokument des Haṭhayoga und die obenerwähnten Bilder, die R. Garbe aus Indien mitbrachte; vgl. auch noch das oben erwähnte Buch von Boris Sacharow, „Das große Geheimnis, die verborgene Seite der Yoga-Übungen", in dem sich Photographien der verschiedenen Stellungen finden. Auch dieses Buch zeigt die Gefahr des Haṭhayoga.

2) Zu diesem Abschnitt ist die Übersetzung der Texte des YS zu vergleichen S. 239 ff.; vgl. auch noch: Richard Rösel, Die psychologischen Grundlagen der Yogapraxis, Stuttgart 1928; Sigurd Lindquist: Die Methoden des Yoga, Lund 1932 und Mircea Eliade: Technique du Yoga, Librairie Gallimard 1948.

3) Am eingehendsten hat Prof. L. G. Tirala die Anregungen des Yoga für das richtige Atmen benützt und hat ein System der Atemübungen geschaffen, das verdient hier erwähnt zu werden. Er hat seine Forschungen und Erfahrungen niedergelegt in einem Werk: „Heilung der Blutdruckkrankheit und einiger wichtiger Herzkrankheiten durch Atemübungen." Mir liegt die IX. Auflage vor. Frankf./Main 1939. Es mag hier auch noch auf die Atemschule von Anka Schulze, Rotenburg/Fulda, hingewiesen werden. Vor allem wird da starker Nachdruck auf das Bauchatmen gelegt.

[4]) Vgl. dazu J. W. Hauer: Die Dhāraṇī im nördlichen Buddhismus und ihre Parallelen in der sogenannten Mithrasliturgie, Stuttg. 1927 u. oben S. 260 f.

[5]) Vgl. dazu auch S. Lindquist a. a. O. S. 104, 116 f. und 133.

[6]) Vgl. dazu Friedrich Heiler: Die buddhistische Versenkung, 2. Aufl. München 1922, S. 33 f. und Otto Franke: Dīghanikāya, S. 80 ff.

[7]) Vgl. Lindquist a. a. O. S. 179 ff.

[8]) Vgl. dazu Hauer, Glaubengesch. d. Indogermanen Bd. I, S. 70–91.

[9]) Vgl. dazu Lindquist a. a. O., S. 122.

[10]) Vgl. dazu Heiler a. a. O. S. 28 ff. und Lindquist a. a. O. S. 120 ff.

[11]) Vgl. Lindquist a. a. O. 118 ff., bes. 121.

[12]) Hier ist besonders zu vergleichen die angeführte Arbeit von Fr. Heiler: Die buddhistische Versenkung, S. 14–42. Es ist dies der durchdringendste Versuch, die höchsten Stufen der Betrachtung und Versenkung im Buddhismus psychologisch und ontologisch zu fassen. Doch muß der Unterschied zwischen den Stufen der Versenkung und ihren Gegenständen noch etwas klarer herausgestellt werden. *appamaññā* und *arūpa* sind nicht eigentlich Stufen der Versenkung, sondern Gegenstände, die allerdings auch durch ihre Eigenart mit besonderen Bewußtseinsvorgängen und Seelenhaltungen verknüpft sind. Auch ist *arūpa-jhāna* nicht eine rein intellektuelle Versenkungsskala; zu *jhāna* vgl. auch noch: Pāli-English-Dictionary S. 120. Dort sind auch die Stellen der buddhistischen Schriften angegeben, in denen von der buddhistischen Versenkung usw. gehandelt wird. Vgl. dazu noch Lindquist a. a. O. S. 73 ff.

[13]) Vgl. dazu Heiler a. a. O. S. 78, Anmerk. 154.

[14]) Vgl. dazu auch J. W. Hauer: Die Religionen, ihr Werden, ihr Sinn, ihre Wahrheit, Stuttgart 1923, S. 53, 37 u. 94; und Rudolf Otto: Das Gefühl des Überweltlichen, München 1932; S. 275 ff.

[15]) Vgl. Hölderlin-Jahrbuch, Jahrgang 1951, S. 82 ff.

[16]) Vgl. The World's Classics, Selected Poems of Wordsworth.

[17]) Vgl. dazu Heinr. Scholz: Religionsphilosophie, Berlin 1921, S. 163 f.

[18]) Diese beiden Zeugnisse über Tennyson sind entnommen aus R. Otto: Das Gefühl des Überweltlichen, S. 276 und 252 ff.

[19]) Vgl. dazu B. L. Atreya: Yogavāsiṣṭha and modern Thought, 1934, S. 95 ff.

[20]) Vgl. R. Otto: West-östliche Mystik, 2. Aufl., S. 84 ff. und J. W. Hauer: Besprechung dieses Werkes in „Die christliche Welt" 43. Jahrgang, Nr. 14 u. 15, 1929; ferner T. K. Oesterreich: Einführung in die Rel. Psychologie, Berlin 1917; H. James: Varieties of Religious Experience, London-New York 1913; Evelyn Underhill: Mysticism 11. Aufl. 1926; Martin Buber: Ekstatische Konfessionen, Jena 1909.

[21]) Vgl. dazu Hans Grunsky: Jakob Böhme, Fromanns Klassiker der Philosophie, Stuttgart 1956, S. 22 ff.

[22]) Vgl. dazu Michael Hahn von Gottlob Lang, Stuttgart 1922.

[23]) D. Lauenstein behandelt diesen Ausdruck a. a. O., S. 76 ff. und findet den Gedanken des *prasāda* im Sinne von „Gnade" schon in der Kaṭh.-Up. Aber die Lesart *dhātuprasādāt* ist wohl die bessere und kann nichts anderes bedeuten als „durch völlige Beruhigung (der Bewegungen) des Urstoffes", d. h. der Bewegungen der Prakṛti. Str. 23 redet allerdings von einer (Gnaden)wahl des *ātman*, durch die allein man ihn gewinnt. Aber Lauenstein geht entschieden zu weit, wenn er *prasāda* als Zeugnis für Bhakti nimmt. Diese ist, auch wenn *bhakti* in der spätesten Schicht der Śvet.-Up. vorkommt, kaum vor den Spätschichten der Bhg festzustellen.

[24]) Vgl. dazu Mircea Eliade: Yoga, Paris 1936, S. 94 ff.

[25]) Sehr wichtig für die Erkenntnis des Unterschiedes zwischen schizophrenen Erscheinungen und mystischen Erfahrungen ist: H. Grabert, Die ekstatischen Erlebnisse der Mystiker und Psychopathen, Stuttgart 1929.

[26]) Vgl. dazu J. W. Hauer: Ernst Jünger, eine Gestalt des großen Umbruchs in Rdbrfe. „Wirklichkeit und Wahrheit" Jan./Juli 1955 und ders. Deutsche Gottschau, S. 174 ff.

27) Vgl. dazu D. T. Suzuki: Die große Befreiung, Leipzig 1939, S. 136 ff. und ders.: Manual of Zenbuddhism; von dort sind auch die Bilder übernommen, die für die Meditation von grundlegender Bedeutung sind. E. Conze: Der Buddhismus, Wesen und Entwicklung, Stuttgart 1953. Ein bedeutender Beitrag zum Verständnis der japanischen Geisteswelt in ihrer modernen Ausprägung, aber tief und kräftig durchdrungen vom Zen ist: Junyu Kitayama, West-Östliche Begegnung, Japans Kultur und Tradition, Berlin 1941. Hier zeigt sich auch, wie überraschend konvergent die Linien geistiger Entwicklung in den beiden Kultursphären sind.

3. Kapitel

Der Yoga der Tat, lebensgesetzliches Werden und Wirken nach der Bhagavadgītā

1) Dieses Kapitel ist im wesentlichen entnommen aus Hauer: Glaubensgeschichte der Indogermanen, Bd. I, S. 114–173 und S. 272 ff.

Die hier vorliegende Bearbeitung der Bhagavadgītā ist ein Versuch, dieses religiöse Gedicht in neuer Sicht zu betrachten und darzustellen. Ich hatte sie zunächst gesondert herausgegeben unter dem Titel: „Eine indoarische Metaphysik des Kampfes und der Tat" (Stuttgart 1934). Diese Ausgabe ist vergriffen, weshalb ich die Arbeit hier einfüge. Mit dem Titel wollte ich keineswegs sagen, daß die Bhagavadgītā eine ausgesprochene Philosophie bieten wollte, wie offenbar Rudolf Otto meinen Titel auffaßte, sondern es sollte mit ihm angedeutet sein, daß die Bhagavadgītā zeigt, was die metaphysischen Quellgründe von Kampf und Tat sein müssen, wenn sie richtig sein sollen. Daß dieser Quellgrund Gott ist und daß damit auch die Antwort auf die Frage nach dem ewigen Heile eingeschlossen ist, ist richtig und auch von mir betont worden. Aber diese Frage stand nach meiner Auffassung ursprünglich nicht im Vordergrund, sondern die andere nach Recht und Unrecht des Kampfes, vornehmlich des bevorstehenden Krieges und der in die Welt ausgreifenden Tat.

Es ist selbstverständlich, daß der Zweck dieser Abhandlung auch eine neue Übersetzung der zugrunde gelegten Texte erforderte. An Übersetzungen der Bhagavadgītā in vielen Sprachen ist kein Mangel. An deutschen Übersetzungen nenne ich: Richard Garbe, „Die Bhagavadgītā aus dem Sanskrit übersetzt", Leipzig 1921; Leopold von Schroeder, „Bhagavadgītā, Des Erhabenen Sang", Jena 1920; Paul Deussen-O. Strauß, „Vier philosophische Texte des Mahābhārata", Leipzig 1922. Dazu kommt noch eine Art Nachdichtung des leider im Kriege gefallenen Theodor Springmann, „Bhagavad-Gītā, Der Gesang des Erhabenen", Lauenburg 1921, in welcher der Geist des Gedichtes mit einer wundersamen Gabe der Einfühlung aus verwandter Art wiedergegeben ist. Eine Übersetzung der Bhagavadgītā durch denselben Forscher, die im Manuskript vorhanden ist und die mir von der Witwe des Verfassers zur Beurteilung zugesandt wurde, trägt dieselben Eigenschaften, wenn sie auch, vom Philologischen her gesehen, noch nicht die Reife hat, die für eine Veröffentlichung nötig wäre. Ich bin überzeugt, daß Springmann der deutsche Bhagavadgītā-Übersetzer geworden wäre, wenn ihm das Schicksal vergönnt hätte, seine Kenntnisse des Sanskrit zu vervollkommnen. Ferner hat F. O. Schrader im Religionsgeschichtlichen Lesebuch, hrsg. von A. Bertholet, Heft 14, Tübingen 1930, einen guten Teil des Gedichtes mit Anmerkungen übersetzt. R. Otto hat 1933 (Kohlhammer, Stuttgart) eine neue Gesamtübersetzung veröffentlicht, die außerordentlich anregend und eigenartig, aber auch ebenso eigenwillig ist und die deshalb eine ganze Reihe von Übersetzungsfehlern enthält. Zudem scheint mir der Versuch der Trennung in einzelne Traktate nicht gelungen. Es wurden nicht einzelne „Traktate" in die Bhagavadgītaā eingelegt, sondern sie hat unter dem Einfluß verschiedener religiöser Strömungen im Laufe der Jahrhunderte mehrere Überarbeitungen erfahren, wie ja Garbe schon gesehen hat, der vor allem den Einfluß der brahmanischen Theologie festzustellen versuchte.

2) Vgl. dazu oben das Kap.; Der Yoga im Mahābhārata, a) Die Bhagavadgītā.

3) Dieser Abschnitt ist im wesentlichen entnommen aus Hauer, Glaubensgeschichte der Indogermanen, Bd. I, S. 125–159.

4) Vgl. dazu P. M. Modi, Akṣara a forgotten chapter in the History of Indian Philosophy, Baroda 1932.

5) Der folgende Abschnitt ist im wesentlichen entnommen aus Hauer: Glaubensgeschichte d. Indog. I, 290 ff.

6) Vgl. dazu das feine Büchlein von Eugen Herrigel: Zen in der Kunst des Bogenschießens, Konstanz 1948. Hier gibt H. eine anschauliche und aufschlußreiche Schilderung seiner Einweihung in das Bogenschießen durch einen Zenmeister. Vgl. Besprechung von H. v. Glasenapp in „Universitas", 4. Jahrg. Heft 10 (Okt. 49), S. 1239.

4. Kapitel

Der Yoga und der Westen. Die Psychotherapie

1) Vgl. dazu J. W. Hauer: Glaubensgeschichte der Indogermanen, 1. Bd., S. 27–69.

2) Vgl. im Besonderen das Buch: Das autogene Training, herausgek. 1932, 8. Aufl. 1953 und J. H. Schultz: Wesen und Grenzen des autogenen Trainings, „Universitas", 1956, Heft 3, S. 285 ff.; und zu „Seelische Heilmethoden" überhaupt die Aufsätze von A. Großjohann in der Ztschr. „Kosmos" 1954, Heft 12, S. 577 ff.; 1955, Heft 1, S. 36 ff.; Heft 2, S. 88 ff.; Heft 5, S. 230 ff.; Heft 7, S. 322 ff. Großjohann geht auch kurz auf den Yoga ein, leider scheint er aber nur etwas vom Haṭhayoga zu wissen.

3) Vgl. dazu Lindquist a. a. O., S. 189 ff. und Hauer: Bericht über das Seminar vom 3.–8. Okt. 1932 im Psychologischen Club, Zürich, über den Tantrischen Yoga (als Manuskript niedergelegt im Psychologischen Club, Zürich).

4) Vgl. J. W. Hauer: Der Yoga im Lichte der Psychotherapie in „Glaubensgeschichte der Indogermanen, Bd. I, S. 293 ff.

5) Vgl. C. G. Jung: Antwort an Hiob, Zürich 1952, S. 166 ff. und Walter Bernet: Inhalt und Grenze der religiösen Erfahrung, Bern u. Stuttgart 1955, S. 80 ff.

6) Vgl. G. R. Heyer: Wege und Wandlungen der Seelenheilkunde, aus: „Die Vorträge der 5. Lindauer Psychotherapiewoche 1954", Georg-Thieme-Verlag, Stuttg.

7) Vgl. Gustav Schmaltz: Östliche Weisheit und westliche Psychotherapie, 2. Aufl., Hippokrates-Verlag, Stuttgart 1953, S. 29 ff.

8) Vgl. a. a. O. S. 63 und Hauer: Eranos-Jahrbuch 1934, S. 68 (vgl. Glaubensgeschichte der Indogerm., I, 50 f.).

9) Vgl. Schmaltz a. a. O., S. 30.

10) Vgl. dazu die ausführliche Untersuchung Lauensteins a. a. O., S. 123 ff.

11) Vgl. Heyer a. a. O., S. 70.

12) Vgl. Schmaltz a. a. O., S. 44 ff.

13) Vgl. dazu Hauer: Ursprung und Geltungsmacht des Sittlichen in „Wirklichkeit und Wahrheit, Rundbriefe der Arbeitsgemeinschaft für freie Religionsforschung und Philosophie", Heft 3/4, 1955, S. 9 ff.

14) Vgl. dazu Hauer: Rdbfe. „Wirklichkeit und Wahrheit ...", Jan./Juli 1955, S. 26 ff. und a. a. O.: „Einige Hauptprobleme der Bauhüttenphilosophie Kolbenheyers in der Sicht einer Philosophie des Urschöpferische".

15) G. R. *Heyer* hat in seinem Buch „Vom Kraftfeld der Seele", Stuttgart 1949, die Archetypen in Analogie zum Instinkt zu verstehen versucht und braucht hier den Begriff „Feld" („Kraftfeld") (S. 33 ff.; vgl. S. 170 f. Anm. 12). Die Archetypen sind danach „unstoffliche, spezielle Kraftfelder in der unbewußten

Sphäre. Sie sind bildlich unvorstellbar." Heyer verweist dabei auf Jungs Wesensbestimmung des Archetypus „als ein Organ der praerationalen Psyche, ewig vererbter identischer Formen und Ideen, zunächst ohne spezifischen Inhalt" ... „als leeres formales Element". In diesen Versuchen ist ohne Zweifel gegenüber früheren Äußerungen Jungs von der Vererbbarkeit der Urbilder das Streben nach einer strengeren wissenschaftlichen Fassung des Begriffes Archetypus erkennbar. Aber bei Jung sind es immer noch „Formen und Ideen", die vererbt werden. Aber was sind Formen und Ideen als „leeres formales Element"? Ideen haben immer einen Inhalt. Dagegen scheint mir Heyer mit seinen „Kraftfeldern" eher auf angeborene Dispositionen zu bestimmten seelisch-geistigen *Lebensbewegungen* zu zielen, wie auch in seiner Abhandlung über die „Komplexe Psychologie C. G. Jungs" im Handbuch der Neurosenlehre und Psychiatrie (Verlag Urban und Schwarzenberg, München). Darin versucht Heyer in höchst anregender Weise das Wesen der Archetypen und die Stellung des Selbstes in deren System weiter zu klären. Aber auch hier ist noch nicht klar genug erkannt, daß die Entstehung der Archetypen, die in den angeborenen „Bereitschaften" zu bestimmten seelisch-geistigen Lebensbewegungen wurzeln, nur über das Bewußtsein Einzelner oder auch ganzer Gruppen möglich ist, das diese Lebensbewegungen und die damit zusammenhängenden Erfahrungen erst zu *Vorstellungen* und *Bildern* gestaltet, die aus dem Bewußten auch ins Unbewußte sinken und von dorther gewisse Erlebnisse mitbestimmen können.

Im Anschluß an Heyers Durchsicht meiner Kritik an Jungs Archetypenlehre erfolgte ein Briefwechsel, in dem mich Heyer darauf hinwies, daß in den Schriften von *J. Jacobi* „Die Psychologie C. G. Jungs" (1949) und „Komplex, Archetypus, Symbol" (1957) dieselbe Ansicht vom Wesen der Archetypen vertreten sei, wie in meinem Buch. Dies scheint mir aber nicht richtig gesehen. Nach J. Jacobi (Die Psychologie von C. G. Jung, S. 81 ff.) sind die Archetypen „Abbilder von instinktiven, d. h. psychisch notwendigen Reaktionen auf bestimmte Situationen, die mit Umgehung des Bewußtseins durch ihre angeborene Bereitschaft ein Verhalten heranführen, das im Sinne einer psychischen Notwendigkeit liegt, wenn auch rational von außen gesehen, diese nicht immer als angemessen empfunden wird". Der Sinn dieser Sätze ist schwer zu erfassen. Es scheint aber, daß nach dieser Wesenskennzeichnung die Archetypen *„Abbilder"* sind von instinktiven Reaktionen, die nicht über das Bewußtsein, sondern durch ihre „angeborene Bereitschaft" ein psychisch notwendiges Verhalten heranführen, d. h. also doch, daß diese „Abbilder" dem Unbewußten innewohnen und ein Verhalten bewirken, das je dem im Unbewußten wirkenden „Archetypen" entspricht. Diese *„Abbilder"* sind darnach wirkende Ursache, ohne daß das (Tages)-Bewußtsein dabei mitwirkt.

Also muß notwendig die Frage aufgeworfen werden, wie diese Abbilder von „instinktiven Reaktionen" zu ihrer „angeborenen Bereitschaft" kommen und was diese eigentlich ist.

Welches Verhältnis besteht hier zwischen den „instinktiven Reaktionen", deren „Abbilder" im Unbewußten und deren „eingeborener Bereitschaft"? Ist diese mit jenen „instinktiven Reaktionen" identisch? Und: wie entstehen die „Abbilder"? Etwa auch mit „Umgehung des Bewußtseins"? Dieser Prozeß müßte einmal klargelegt werden, wenn die Archetypenlehre wissenschaftlich begründet werden soll. Sowohl biologisch wie psychologisch ist hier noch alles unklar. Die Zitate aus Jungs Schriften auf S. 82 f. hellen diese Unklarheit nicht auf. Im Gegenteil. Denn wenn Jung sagt, es handle sich bei diesem Begriff (der Archetypen) nicht um „vererbte Vorstellung" – was aber, wie mir scheint der Auffassung vom „Abbild" das durch seine angeborene Bereitschaft mit Umgehung des Bewußtseins ein bestimmtes „Verhalten heranführt", also doch im Unbewußten vorhanden sein muß, widerspricht –, sondern um „ererbte *Bahnungen*", die er mit der angeborenen Art vergleicht, wie das Hühnchen aus dem Ei kommt oder die Vögel ihre Nester bauen usw., so ist doch damit ein

Vergleich gebraucht, der für das Wesen der Archetypen nicht brauchbar ist, weil wir ja keine Gewähr dafür haben, daß bei Instinkthandlungen der Tiere „Abbilder", also Vorstellungen mitwirken. Es klafft doch zunächst wissenschaftlich eine unüberbrückbare Kluft zwischen einem „numinosen Archetypus" und seiner angenommenen Wirkung im Unbewußten und einer reinen Instinkthandlung eines Tieres. Aber eben diese müßte überbrückt werden, wenn eine wissenschaftliche Begründung der Archetypenlehre versucht wird, d. h. es müßte klar gemacht werden, daß und wie einem angenommenen Archetypus in der Tat eine „angeborene Bahnung" entspricht.

Auch die Ausführungen Iolande Jacobis in „Komplex, Archetypus, Symbol" Zürich 1957, S. 36 ff. führen zu keiner wissenschaftlichen Klärung der Begriffe „Archetypus" und „Kollektives Unbewußtes". Die Einleitung zu diesem Kapitel zeigt deutlich eine Unsicherheit in den Hauptfragen: Der Ursprung eines Archetyps, schreibt sie, bleibe dunkel, das Wesen unergründlich, denn er sei in jenem geheimnisvollen Schattenreich, im kollektiven Unbewußten beheimatet; man könne sein Sein und Wirken nur mittelbar durch Begegnung mit ihm in den Manifestationen der Psyche wissen.

Aber befinden wir uns da nicht in einem circulus vitiosus, solange dieses kollektive Unbewußte eine Hypothese bleibt, gegründet auf Traumbilder, deren Ursprung dunkel ist?

Diesen circulus vitiosus kann man nur durchbrechen, wenn man der Entstehung der individuellen Traumbilder nachgeht. Sie sind ihrem Wesen nach mit den allmenschheitlichen durchaus verwandt. Diese „Urbilder" einem andern Ursprung zuzuweisen als jene individuellen Traumbilder, nämlich einer geheimnisvollen psychischen Allmatrix, die ohne menschliches Zutun Urbilder menschlicher Begebnisse als „Dispositionen" zu Traumbildern in das menschliche Unbewußte gebiert, ist nicht statthaft. Der Ursprung individueller Traumsymbole kann aber in so zahlreichen Fällen bloßgelegt werden, daß wir damit einen festen wissenschaftlichen Anhaltspunkt für die Entstehung der Traumsymbole überhaupt gewinnen.

Meine Auffassung ist auch auf der Grundlage biotischer und seelisch-geistiger Gegebenheiten aufgebaut, aber *nicht* auf „angeborenen Bahnungen", die auf geheimnisvolle Weise im „Kollektiven Unbewußten" zu „Archetypen" werden, sondern auf den jedem Menschen als solchem eingeborenen „Bereitschaften", d. h. Fähigkeiten zu bestimmten seelisch-geistigen *Lebensbewegungen,* wie Vatertum, Muttertum, Heldentum, die im Bewußtsein zu *bewußten Gestaltungen,* zu „Urbildern", und, durch Tradition von Geschlecht zu Geschlecht weitergegeben, Allgemeinbesitz von ganzen Menschengruppen werden, der sich nicht nur im Tagesbewußtsein auswirkt, sondern auch im Unter- und Unbewußten der einzelnen – verwurzelt, aber nicht vererbt! – das Erleben der „Bereitschaften" sowohl im Bewußtsein beeinflußt, wie auch im „Unbewußten", etwa durch Träume. So kann jede Lebensmacht erfahren und erlebt werden, weil die „Bereitschaft" dazu im Menschen liegt, so das „Selbst" oder „Gott", und durch Erfahren ihrer numinosen Mächtigkeit sich im Bewußtsein zu einem „numinosen Archetyp" gestalten.

Dieses Ineinander von innewohnenden „Bereitschaften", numinos betreffenden Lebenswirklichkeiten, die zu „Machtwirklichkeiten" werden, und daraus entspringenden „Urbildern", die durch Tradition in Jahrtausenden sich festigen und je nach Art, Situation und Zeit sich differenzieren, bildet das immer lebendige Gefüge der archetypischen Gestaltungen der Menschheit. Der *Unterschied* zwischen der Auffassung der Archetypen bei Jung und J. Jacobi und das *Gemeinsame* ist nun wohl klar geworden.

Ich gebe mich der Hoffnung hin, daß eine Aussprache auf dieser Grundlage vielleicht doch zur allgemeinen Anerkennung des Richtigen in Jungs Archetypenlehre führen könnte. Ich halte dies sowohl im Interesse wissenschaftlicher Erkenntnis wie der Psychotherapie für wichtig.

Sachweiser

(Namen sind nur aufgeführt, wenn *sachlich* nötig)

Abhidharmakośa 258
Adhyātma-Rāmāyaṇa 219
Āditya 57
Āḷāro Kālāmo 171
Al-Bīrūnī 268
Alphabet 211
Altpanzer 75
Amitāyurdhyāna-Sūtra 260
Amṛta(nāda)bindu-Up. 112
Anthroposophie 409
„Antwort an Hiob" (C. G. Jung) 425
Archetypen 411 ff., 419, 440, 477 ff.
Arjuna 188
Arjuna Kārtavīrya 210
Arūpa-Versenkungen 169, 173
Āsandī-Spekulationen 45
Asaṅga 176
Āsuri 232
Atemregulierung 168
Atemzügelung 317
Atharvaveda 48
Atharva-Śikhā-Up. 108
Atharvaśiras 89, 106
Atheismus 208
atheistisch 293
Ātman-Puruṣa 450
Atom 217
Atreya, B. L. 461
Australopithekus 442
Autogenes Training 322
Autosuggestion 418
Avatāra-Lehre 190

Bedeutung des Ethischen 147, 434
Befreiung, die große 400
besonnene Bewußtheit 175
Bewußtseinsunendlichkeit 169, 348
Bhagavadgītā 187
Bhāgavatapurāṇa 207
Bhakti-Idee 191
Bhakti-Religion 192
Bhakti-Richtung 260
Bhakti-Yoga 157
Bhāṣya (des Vyāsa) 265
Bhīṣma 187
Bhojarājas Rājamārtāṇḍa 268
Bhṛgu 152
„Bildern" 415
Bindu-Upaniṣaden 110 ff.
Bloßheit 108, 364
Bodhidharma 262
Böhme, Jakob 356
Bösen, Drang zum 395
Brahmabindu-Up. 111
Brahmā 146
Brahmāṇḍa 216
Brahmanismus 142
Brahma-Nacht-Tag 62
Brahma-Verbundene 47
Bṛhadratha 36, 100
Buddhacarita 173
Buddhaherz 369
Buddhismus 165 ff., 229
Budha (N. B. nicht Buddha) 47

Chāndogya-Up. 95, 146
Christusglaube 433
Chronos 38
Citta 291
coincidentia oppositorum 214
Cūlikā-Up. 103, 105

Dattātreya 149
Daumengroß (der Puruṣa) 137
David-Neel, Alexandra 327
Demiurgen 197
Dhyānabindu-Up. 113
Dhyāna-System 258
Diagramme 152
Dionysos 261
Dīrghatamas 53
Dualismus 296, 365
Durchklärung des Unbewußten 416

echt 312
Eckehart 355
Ehre 382
Einfügung des Werkes 401
Einholung, Einziehen der Sinne 319
Einkehr 19
Ein-Spitze-keit 322
entblößt 364
Entsagungsyoga 145
Eranos-Tagung 1934 426
Erkenntnisprozeß 338
Erotik 261
erotischer Buddhismus 261
Erreichnisse 328
existenziale Realisation 365
Exploration 415

Filchner 327
fraktionierte Aktiv-Hypnose 415
Franz von Assisi 192
Frederking, W. 415
Freiheit 396
Fruchtbarkeitsgöttin 32
fünf M, die 263

Gandhi 194
Gāyatrī 62, 80, 112
„Geweihten", die 91
Gheraṇḍa-Saṃhitā 271
Glasenapp, H. v. 461
Glieder, des Yoga, äußere, innere 312 ff., 319
Gott, im Yogasūtra 293 f.
Götterpaare 33

Göttin als zentrale Gottheit 33
Guṇas 125 f., 279, 286 ff.
Guru 158, 432
Gurubhakti 151 ff., 158

Hahn, Michael 336, 356
Haṃsa-Up. 116
Haridās 271, 317
Harrer, Hrch. 327
Haṭhayoga 270
Haṭhayogapradīpikā 271
Hedonismus 304
Hegel 353
Heilandsglaube 191
Herakles 218
Heruka 261
Heyer, G. R. 434, 477 ff.
Hierarchie der Weltelemente 286 ff.
Hiraṇyagarbha 202
Hypnoid 415
Hypnose-Theorie 360
hypnotische Vorgänge 324

Individuation 424
Individuations-Symbole 425
„intelligibles Subjekt" 348, 450
Irrealismus 425
Īśvara im Yogasūtra 295
Īśvarakṛṣṇa 208
Īśvarapraṇidhāna-Text 226 ff., 465 ff.

Jābālas 87
Jābāladarśana-Up. 88, 149
Jābāli-Up. 87
Jacobsen, E. 415
Jaigīṣavya 46, 195
Janaka von Mithilā 202, 204
jhāna-Stufen 259
jhāna-Stufen, vier 346 ff.
Jinismus 43, 165, 181 ff.
Jünger, Ernst 362
Jung, C. G. 403, 409, 411, 418, 425

Kaḥ(kasmai)-Hymnus 77
Kaivalya 90, 338 ff.
Kaivalya-Up. 89 f., 108
Kāla 40
Kampf und Opfer 390
Kapila 137, 152, 207, 229
Kapilavastu 207
Karālajanaka 197
Karmayoga 193, 368, 370 ff.
Kāśyapa 405
Kāṭhakam 80 ff.
Kaṭha- oder Kāṭhaka-Up. 96 ff.
Kauṣika-Sippe 177
Kauṣītakin 46 f.
Kavi-Vištāspa 35
Kena-(Talavakāra) Up. 71 f., 109
Kernwesen (Puruṣa) 188 ff.
Keśin 35
Keśin-Dārbhya 28
Keśin-Hymnus 29 ff.
Ketzer 32
Ketzerreligion 93
„Kollektiv-Unbewußte", das 421, 440
Komplexe Psychologie 418
Körperhaltung 316
Körperträger 398
Kretschmer, E. 415
Kriegeradel 44, 189
Kriegerekstatiker 35
Kriegerkaste 361
Kriegerweise 193
Kriyāyoga-Text 236 ff., 466 ff.
Kṛṣṇa-Viṣṇu-Kult 187 ff.
Kṛṣṇa-Viṣṇu-Überlieferung 196
Kṣatriyas 43 ff.
Kṣatriya-Brahmanen 26, 46
Kṣatriya-Weiser 207
Kṣurikā-Up. 116
Kult 23
Kuṣītaka 46 f.

lamarckistisches Denken 441

Laṅkāvatārasūtra 228 f., 259
Leere, das; Leerheit, die 176 ff., 259

Machtvollkommenheiten, acht 331
Madhyamaka-Kārikās 176
Magie 261
Mahākalpa 213
Mahānārāyaṇa 144
Mahānirvāṇa-Tantra 263
Mahā-Up. 90, 143
Mahāvīra 43, 182
Mahāyāna-Buddhismus 176 ff., 260
Mahimnastava 264
Maitrāyaṇī-Saṃhitā 83 ff.
Maitrāyaṇī-Up. 99 ff.
Maitreya 177
Maitri 101
Māṇḍūkya-Up. 157
Mann-Löwe 143
Manu 196
Mārkaṇḍeya 35
Māṭhara 232
Māyā-Lehre 275
Megasthenes 261
Mensch, der 284
Metaphysik 274
metaphysisch-religiöse Sphäre 430
Metapsychik 274
metapsychogene Stufenreihe 282
Mimameið 72
Mystik, westliche 355
„mythologische Methode" 424
Mokṣadharma 195
monotheistische Tendenzen 162
Muni 30
Murmelmeditation 198, 260

Nādabindu-Up. 111
Nāgārjuna 176
Nāmarūpa-Spekulation 330

Nara, Nārāyaṇa, 84, 200, 201
Nekromantik 264
Neuplatonismus 31
Nichts 170
Nicht - irgend - Etwasheit 169, 172, 348
Nietzsche 357
Nirmāṇacitta-Text 230 ff., 338, 469 ff.
Nirodha-Text 226 ff., 463 ff.
Nirvāṇa 178, 349
Niyama 150 ff.
Nṛsiṃhapūrvatāpanīyā-Up. 90, 143

Okkultismus 261, 264
Om-Spekulation 24 f., 116
Opfer 21
Orphismus 38

Paippalāda 50
Pañcālas 28
Pañcaśikha 195, 205
Panentheismus 297
Paramahaṃsa Yogānanda 327
Parsifal 218
Pārśva 182
Paśupati 92
Patañjali 225
persische Mystik 268
Pflicht 382
Pflichtenordnung 148
Pietismus 192
Pippalāda 274
Pithekanthropos-Typ 442
Pluralismus 298
Portmann, Adolf 421, 440
Prajāpati 92, 144
Prakṛti 282, 292
Praṇava-Up. 25 f.
Prinzessin Auguste von Hessen-Homburg 352
progressive Relaxation 415
Pṛthu - Vainyu (Vainya) 34 f., 41 f., 50 f.
Psychagogik 435
psycho-empirische Metaphysik 156
Psychotechnik 175
Psychotherapie 407
Puruṣa 278, 293, 295, 298
Puruṣa-Erfahrungen 361, 424
Puruṣa-Erlebnis 91 f., 336 ff.
Puruṣa-Lieder 64 ff.

Quäker 194

Radha Krischnan 355
Rāgas 326
Ragnarök 62
Rājanya(s) 37, 43
Rāmānanda 219
Rāma-Upaniṣaden 209 ff.
Rätsel 53
Raumunendlichkeit 169, 348
Realität 275
Religiöse, das 430
Restopfer 51 f. (Opferrest) 78
Rohita 41
Ṛsi Buddha 229
Rudra (vgl. Śatarudriya) 131 ff.
Rudra-Hymnus (Einheitsschau) 106
Rudrajapa 90
Rudra-Śiva, eins mit Viṣṇu und als höchster Gott 161 ff., 195, 213

Saddharmapuṇḍarīka-Sūtra 260
Sādhu Sundar Singh 327
de Saint-Exupéry, Antoine 363
Śākāyanya 101
Sakkas, Ammonios (Ammonius Saccas) 31
Śākya-Muni 31
Samādhi 130, 336 ff., 340
Samādhi, Erlebnisse, spontan auftretende 349 ff.
Samādhi, Parallelbegriffe 342 ff.
Samādhi, Wesensschau 358
Sāman 44 ff.
Sāma-Veda 45, 151
Sāṃkhya 173, 282
Sāṃkhya-Kārikā 208
Sāṃkhyaśāstra 201
Sāṃkhya-Sūtra 208
Sāṃkhya-Yoga 136 ff., 196
Sāṃkṛti 150
Saṃnyāsa-Up. 117
Samurai 404
Saṃyama 328, 438
Sängerschulen 25
Śatarudriya 76, 79
Śaunaka 50
Savitar 54, 129
sechsgliedriger Yoga 102
Selbst 302, 348, 393, 414, 450
Siddhis 324, 327
Sinnen 19
Sītā 211
Sittliches 147
Sittlichkeit 417
sittliche Zucht 313
Sitzhaltung 316
Śiva 32, 33, 197, 213
Śivaismus 205
Śivasahasranāmastava 81
Śiva-Saṃhitā 271
Skanda-Up. 163
Somakult 24
Spätbuddhismus 260
Spürung des Unirdischen 349
Śrīcakrasaṃbhāra-Tantra 260
Śūnyam 115
Śūnyavāda 176, 177
Svayaṃbhu 229
Śvetāśvatara-Up. 117 ff.
Symbole und Erfahrung des Selbstes 426
Schäfer 327
Schatzkammerbewußtsein 177
Scheinrealitäten 281
Schizophrenie 360
Schmaltz, Gustav 430 ff.

Schuld 384
Schultz, Johann H. 411
Steiner, Rudolf 409
Sthūla-Form 290
Sthūla- und Sūkṣma-Aspekt 332

Tagesbewußtsein 368
Taitt.-Up. 95
Talavakāra-Up. 71
Tantrischer Yoga 28, 263
Tao-te-king 218
Tārānātha 264
Tat-Yoga 194, 368 ff.
Tattvavaiśāradī 267, 277
Tejo-bindu-Up. 114
teleologisch 291
Tennyson 354
Theismus 177
theistisch 293
Theosophie 409
Therapie, psychologisch-mythologische 425
Thūlr 30
Tiefenbesinnung 329
Tiefenerkenntnis 368
Tiefenich 348
Totenmahl 106
Tragik 382
Tragik menschlichen Daseins 378
Tragik, die Überwindung der 386
Trancezustand 359
Traumbilder 424

Übersteigerungs-Theologie 156
Uddaka Rāmaputta (Rudraka-Rāmaputra) 172
„Unbekannten Gott", dem 77
unecht 312
Unentfaltete, das 398
Unermeßlichen, die vier 170, 332, 347
Ungeborene, das 127, 177
unio mystica 333
Unterscheidungsschau 333, 337, 470, Anm. 19
Urbhagavadgītā 378
Ur-citta 232
Urguru 433
Urkeim 312
Urnatur 284
Urpuruṣa 34, 74
Urstier 75
Ur-Vrātya 48
Ur-Yogin 33
Urziege 135

Vācaspatimiśra 267
Vajrayāna 262
Vajrayoginī 261
Vālakhilyas 101
Vālmīki 212
Vasiṣṭha 26, 197
Vasubandhu 176
Vāyu 26
Vāyupurāṇa 45
Vāyu-Rudra 28, 232
Vāyu-Vāta-Rudra 32
Veda-Murmelung 204
Vena 42
Vererbbarkeit 448
Versenkungsstufen des Buddhismus 346
Verwurzelung, religiöse 436
Vibhūtis 324, 327
Videha 205
Vierter Veda, 52, 93
Vierundzwanzigster (Fünfundzwanzigster, Sechsundzwanzigster, Siebenundzwanzigster) 104 f., 197, 202
Vihāri Lāla Mitra 216
Vijñānavāda 176 f.
Vijñānabhikṣu 270
Vīrāj 103, 216
Viṣṇu, Viṣṇuismus 33, 142 ff., 197
Viṣṇu-Gemeinde 33, 47, 115 ff.
Viṣṇu-Gläubige 47
Viṣṇu-Upaniṣaden 48, 114, 142 ff.
Viṣṇu-Verehrer 47, 92
Viśvāmitra 26, 36
Viśvaratha 36
Vrātapati 33
Vrātīna 94
Vrātyas 34 ff., 47 ff., 91
Vrātya-Buch 26
Vrātya-Weistümer 48 ff.
Vyāsas-Kommentar 326

Weistumsüberlieferung 333
Weltenrad 55
Weltentag, Weltennacht 286 (vgl. 62)
Weltflucht 387
Weltstoffenergie 126 f., 279, 287
Weltuntergänge 40, 62, 131
Wirklichkeitsbesinnung 334

X 349 ff.

Yājñavalkya 202 ff.
Yājñavalkya-Gemeinde 205
Yama 150
Yoga-Bewegung 92
Yogabhakti 158
Yogācāra 177
Yogācārabhūmiśāstra 177
Yoga, echter 313
Yogalehrbuch 190
Yoga-Metaphysik 230 ff.
Yogaśikhā-Up. 116
Yogatattva-Up. 143
Yoga-Theologie 297
Yoga-Upaniṣaden 86, 95
Yogavāsiṣṭha 212 ff.
Yogāṅga-Text 234 ff.

Zahlenvergleiche 126
Zarathustra 34
Zeitproblem 278 ff.
Zeit- und Schicksalsgottheit 40
Zen-Buddhismus 368, 404
Zen-Schule 262
Zentralerfahrung des Menschseins 312
Zervanismus 37 ff.
Zweckgerichtetheit der Urnatur 291

Index der wichtigsten Sanskritwörter*)

abhiniveśa 285
abhyāsa 160, 225
ac, añc 59
acintyatā 176
acyuta 163
ādibuddha 261
ādinātha 261
aditi 32
ādividvān 232
aja 32, 135
ajā 32, 127, 135
akartar 127
akratu 134
ākūti 72
ālayavijñāna 176
aliṅgam 285
ambikā 32
amṛtāmṛta 154
anantya 319
aṅga 312
antaraṅga 319
aṇu 217, 278
anvaya 290
apāna 317
aparigraha 185
appamaññā 347
apramāṇya 259
arthapravicaya 259
arthavattva 291
arūpa-jhāna 347
asaṃprajñāta-samādhi 365
āsana 167, 316
āsandī 45
asāra-sāra-saṃsāra 214
āśis 285
asmitā-mātra 274, 288
asmitā-mātratā 232
aṣṭāṅga-yoga 142
āstikya 276
aśūnyam 215
atithi 35
ātman-puruṣa-brahman 187
ātma-jñāna 216
ātmatattva 130
ātmayoni 123
avidyā 139
avyākṛta 216
avyaktam 59, 98, 274, 398

bahiraṅga 319
bālopacārika 259
bhakti 140, 145, 191
bhaktimārga 192
bhaktiyoga 192
bhāva 139
bhāvanā 315
bhoga 292
bhūman 302
bhūmi 259
bhūta 105
bindu 110
brahman 23, 312, 401
brahmabandhu-ū 47, 36
brahman-Burg 70
brahman devadarśi 152
brahma pūrviyam 120
brahmāsmi 217
brahmavādinaḥ 124
brahmavid 125
brahmayoga 24
brahmayoni 108, 123
buddhi 97, 137, 191, 217, 370
buddhi-yoga 370
buddhīndriya-jñānendriya 289

cakra 116
cinmātra 214
cinmaya 210
ci, cit 19
cit-ākāśa 213
citiśakti 365
citta 95, 231, 282 f., 319
cittaprāsadana 168, 321
citta-vṛtti-nirodha 345

daiva maithuna 28
dehin 189
deṣṭrī 32
dhāman 420
dhāraṇā 319, 469 Anm. 14
dhāraṇī 260, 471
dharma 233, 280
dharmin 280
dhyāna 91, 169, 182, 217, 319, 322
dhyānayoga 119, 125, 199, 208
doṣa 200
duḥkha 301
duḥkha (Phänomenologie von) 305
durgā 32
dviguṇa-yoga 204

ekāgra 191
ekāgratā 201, 322
ekāgrya-citta 323
ekarṣi (= eka ṛṣi) 36
ekavrātya 36, 48

gāthā nāvāśaṃsī 36
gāyatrī 76
gṛhapati 36
guṇa 32, 63, 125, 134, 285

hiraṇyagarbha 49

iddhi (= ṛddhi) 170, 331
indriya 274
īśāna 32
īśvara 293
īśvarapraṇidhāna 152, 237
itihāsa 36
itihāsa-purāṇa 36

jālavān 131
japa 91, 199
japadharma 198
japa-dhyāna 87
japaviddhi 198
jarat 39
jhāna 165, 170
jīvabhūta-prakṛti 398

* Da dieses Wörterverzeichnis auch für Nichtfachleute bestimmt ist, ist die Reihenfolge die des europäischen Alphabets.

jñāna-indriya 105
jñānayoga 193, 208
jyeṣṭha 36
jyeṣṭha-brahman 53

kaivalya (m) 108, 237, 338
kāla 40
kaniṣṭha 36
kanīyaṃs 36
karma-indriya (karmendriya) 105, 289
karman 281
karmāśaya-saṃskāra 466 Anm. 5
karmayoga 193, 208
karuṇā 170
kasmai (kaḥ) 77
keśin 28
kevala 90, 108, 128, 338
kevalībhāva 216
kevalin 184
kilesa 238
kitāb pātanğala (arab.) 269
kleśa 128, 236, 237
kuṃbhaka 317
kuṇḍalinī 263

lakuḍa 35
lakulīśa 94
laya 101
layayoga 326
liṅgam 144
liṅgamātra 286

mada 263
madhyama 36
māgadha 36
mahad brāhmaṇam 60
mahādeva 32
mahādevī 144
mahāyogin 197
mahāvrata 185
mahān ātmā = mahat 98, 105
maithuna 263
maitrī 170, 321
māṃsa 263
manaḥ-praśamana 216
manas 289
maṇḍala 112
manman 30
mantrajapa 323
mantrarāja 91
mantrayoga 323
mātratā 179
mātra 288
matsya 263
māyā 103, 122, 275
muditā 170
mudrā 263
muhūrta 182
mukti 292
munayaḥ samadarśinaḥ 206
muni 30, 90

napuṃsakaḥ 138
nārāyaṇa 143
nimitta 281
nirguṇa 202, 204
nir-īśvara 208, 293
nirmāṇacitta 230
nirmāṇakāya 231
nirodha 225, 227
niroddhavya 101
nirūddha 191
nirvāṇa 116, 204, 349
nirvicāra samāpatti 218
nivṛtti 233
niyama 313 f.
nṛśaṃsa 36
nyāsa 145

odana 79
om (hum) 24, 106, 113, 199

pañcatattva 263
parama aṇu 290
paramahaṃsa 117
paramakāraṇa 216
parameśvara 213
pariṇāma 279, 328
pariṇāmavāda 214
parisuddhi 347
paryāya 49
pātañjalam 223
phalasaṅga 388
pradhāna 128, 274, 285
prajñā 337
prakṛti 32, 103, 136, 274, 279
prāṇa 26, 78, 317
prāṇasaṃrodha 216
praṇava 25, 129
prāṇāyāma 91, 317
prasāda 134
pratibhā 336
pratipakṣa 314
pratiṣṭhā 315
pratoda 35
pratyaya 477 ff.
pratyāhāra 168, 319
pratyakcetanā 226, 466 Anm. 4
pratyakśa 200
pratyātmagati 259
puṃścalī 36
pūraka 317
purāṇa 36
puruṣa 64, 99, 105, 312, 333, 393
puruṣa–jñāna 337
puruṣa-khyāti 325, 361
puruṣa – prakṛti 284 f.
puruṣa-viśeṣa 295

rāga 280, 325
rākṣasī 101
recaka 317
ṛtam 467 Anm. 13
rūpa 330

ṣaḍaṅgayoga 102
sadāśiva 116, 148
sādhana (neun) 219
saguṇa 202, 204
sahaja 262
sa-īśvara (= seśvara) 208
śakti 32, 116
samādhi 102, 157, 165, 169, 204, 217, 237, 319, 332, 336 ff.
samādhi asaṃprajñāta 113
śamanīca medhra 36
samāpatti 214, 228, 343, 467 Anm. 7
saṃjñānirodha 259
saṃkalpa 138
sāṃkhya 126, 200, 275
sāṃkhya-kathanam 201

sāṃkhya-pravacanam 223
sāṃkhya-yoga 105, 119, 208
saṃnyāsin 117
saṃnyāsayoga 145
saṃprajñāta samādhi 365
saṃsāra 179
saṃyama 324 ff.
saṃyoga 191
sarasvatī 144
sarvadarśin 106
śāstra 200
sat-cit-ānanda 19, 231
ṣaṭkoṇacakra 152
savicāra samāpatti 218
savitar 54, 120
seiðr 44
seśvara 293
siddhi 327
siddha-darśanam 336
śikhā 108
sīla 149, 166
sītā 211
skaṃbha 53
spanda-śakti 213
śruti 217
sukha 301
śukla-dhyāna 183
sūkṣma-rūpa 290
śūnyam 114, 176, 215
śūnyatā 176, 259
śūnyavāda 214
surā 28, 79
suṣupti 156
sūta 36
svādhyāya 22, 182, 237
svapna 156
śvetāśva 118
śvetāśva 118
sthapati 36
sthavira 36
sthūla 105
stimita-gaṃbhīra 215

tadvanam 72
tanmātra 105, 274, 288
tapas 21, 167, 182, 186, 237
tāra 32, 107
tārā 32
tarka 102
tathāgata-śubha 259
tathatālaṃbana 259
tattva 105, 130, 139
tattvabhāva 128
tṛṣṇā 285
tum (deutsche Silbe) 420
turīya ātman 155
turīyam 154

ucchiṣṭa 78
ugra 83
umā 32, 108
upekkhā 170
ūrdhvaretas 36, 94, 101
urvaϑa (iran.) 34

vā 225
vairāgya 225, 325
vastu 276
vibhūti 170
vicāra 171, 217
vijñānavāda 214
vijñapti-mātratā 178, 215
vikṣepa 101
vitarka 171, 183, 416
vitarka-dhyāna 183
vitṛṣṇa 325
vivartavāda 214
vivekakhyāti 333, 337, 466 Anm. 13
viyoga 191
vijñānamaya ātman 95
virāj 32
viṣam 29
viṣ-ṇu 47
vrātya 34
vyakta 59, 274

whisge (gälisch) 29
wu-wei (chinesisch) 325

yakṣam 70
yakṣam ātmanvat 70, 312
yama 313 ff.
yantra 211
yoga 20, 23, 95, 182, 187, 191
yoga aṣṭaguṇin 204
yogajñāna 203
yoga-kṛtya 201
yogānuśāsanasūtram 223
yogasāṣṭāṅga 148
yogasūtram 223
yuj 20

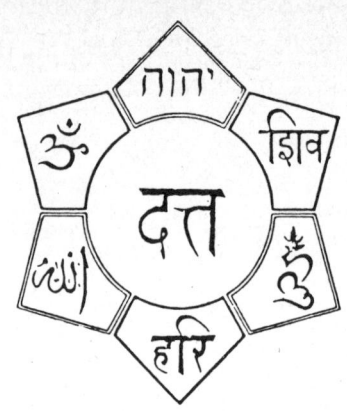